Louis-Pierre-Edouard Bignon, Bign

Bignons Geschichte von Frankreich

3. Band

Louis-Pierre-Edouard Bignon, Bignon; Louis-Pierre-Eduard

Bignons Geschichte von Frankreich

3. Band

Inktank publishing, 2018

www.inktank-publishing.com

ISBN/EAN: 9783747767764

Bignon's Geschichte von Frankreich,

vom

achtzehnten Brûmaire (November 1799)

bis

zum Frieden von Tilsit (Julius 1807).

Uebersetzt

durch

Heinrich Hase,

Königl. Sächs. Hofrath und Aufseher der Königl. Antiken-Sammlung und des Münz-Cabinets zu Dresden.

Dritter Band.

Leipzig, 1831.
Hartleben's Verlags-Expedition.

Inhalt.

Sechs und zwanzigstes Capitel.

Bruch des Friedens von Amiens.

Sieben und zwanzigstes Capitel.

Bruch des Friedens von Amiens.

Acht und zwanzigstes Capitel.

Aeußere Politik.

Neun und zwanzigstes Capitel.

Krieg.

Dreißigstes Capitel.
Auswärtige Politik.

Ein und dreißigstes Capitel.
Auswärtige Politik.

Zwei und dreißigstes Capitel.
Auswärtige Politik.

Drei und dreißigstes Capitel.

Innere Verhältnisse.

Vier und dreißigstes Capitel.

Italienischer Freistaat.

Fünf und dreißigstes Capitel.
Innere Verhältnisse.

Sechs und dreißigstes Capitel.

Innere Verhältnisse.

Seite.

Sieben und dreißigstes Capitel.

Verhältnisse nach außen.

Sechs und zwanzigstes Capitel.

Bruch des Friedens von Amiens.

Verlegenheit der englischen Regierung, diesem Bruche eine rechtliche Wendung zu geben. — Ausübung des Vertrags von Amiens. — Charakter dieses Friedens. — Günstige Stimmung des ersten Consuls für ein Handelsbündniß. — Forderungen der englischen Regierung. — Peltier's, Redacteurs des Ambigu, Proceß. — Wörtliche Erwiederung des englischen Cabinets auf die Fragen des ersten Consuls. — Gegenbefehl, welcher die Räumung des Caps der guten Hoffnung verschiebt. — Englands Bemerkungen, in Bezug auf die Angelegenheiten der Schweiz. — Rede des Königs von England. — Eigentliche Willensmeinung der neuen Gegenpartei. — Aenderung des ministeriellen Benehmens. — Kammer der Pairs. — Kammer der Gemeinen. — Folgen der Unterhandlung zwischen Frankreich und England. — Klagen des englischen Cabinets bei Gelegenheit eines Berichtes des Obersten Sebastiani. — Unterredung des ersten Consuls mit Lord Withworth. — Bestimmter Gegenstand der Unterhandlung.

Unter allen Kriegserklärungen der neuern Zeit giebt es keine, deren Rechtfertigung sich mehr Schwierigkeiten entgegenstellten, als dem Bruche des Friedens von Amiens. Und doch hat es England, um diesen zu rechtfertigen, an Vorwänden und mehr oder weniger wichtigen Ursachen nicht gefehlt; allein selbst dieser Ueberfluß von angeführten Beleidigungen, diese lange Reihe von Vorwürfen verhüllte nur schwach den Mangel an wahren und vollgültigen Beweggründen, oder wenigstens von solchen Motiven, welche der öffentlichen Anerkennung werth wären.

In der That berief es sich auch auf entfernter liegende Umstände, welche damals Statt gefunden hatten und höheren Orts nicht nur geduldet, sondern sogar anerkannt waren, ohne ihnen jedoch die Wichtigkeit zu geben, welche man später denselben beizulegen für rathsam hielt. Auf diese Weise mußte England an dem Tage, an welchem es den Frieden zu brechen entschlossen war, weil es (nach dem Ausspruch seiner eigenen Geschichtsschreiber) den rechten Augenblick der gesetzlichen Rache versäumt hatte, zu erdichteten Beweggründen seine Zuflucht nehmen, um die Ursache der Kriegführung um so dringender darzustellen, als schon jeder einzelne dieser Scheingründe stark genug gewesen wäre, jene Spaltung herbeizuführen. Ob nun England dies Unrecht seiner Handlung der Unfähigkeit seiner ersten Staatsdiener beimesse oder nicht, kann hier wohl schwerlich in Erwägung kommen. Fremde Nationen können keinen Unterschied zwischen einer Regierung und den Parteiungen, welche ein Land spalten, annehmen. Sie sehen nur auf die ausübende Macht, und dies ist der einzige Gesichtspunct, von dem aus sie die Lage der Dinge in das Auge zu fassen haben. Was uns aber betrifft und jeden denkenden Geist in Erstaunen setzt, ist die Rohheit, mit welcher es durch die Worte: „Entweder Malta oder Krieg!" Frankreich seine feindliche Stellung zu erkennen gab, d. h. indem es den Frieden von Amiens abschwur und den Bruch dieses Bündnisses aus dem Grunde verlangte, um ein zweites zu schließen, welches ihm zugestände, was das erstere ihm abschlug.

Die Actenstücke dieser großen Begebenheit liegen beinahe alle am Tage. Das Urtheil der Geschichte kann also auf keine Weise ein bestochenes seyn. Noch weniger hoffe ich mir irgend einen Verdacht zuzuziehen, indem ich alle Thatsachen selbst aus den Bekanntmachungen der britischen Regierung schöpfte. Jedoch kann ich nicht leugnen, daß diese Bekanntmachungen nicht selten grobe Entstellungen enthalten. Irgend ein geschichtliches Beweisstück verbergen, kann nur kleinherzige Behutsamkeit genannt werden, aber ein unvollständiges Document, dessen Hauptinhalt durch willkürliche Auslassung entstellt ist, für vollständig ausgeben, verdient den Namen eines wirklichen und sogar plumpen Betruges. Diese letztere Art von Entstellung scheint zwar dem englischen Ministerium, wie wir bald hinlängliche Beweise haben werden, keineswegs fremd zu seyn. Frankreich hat alle Verpflichtungen, welche es durch den Frieden von Amiens auf sich genommen, erfüllt. Es sollte zuvörderst Neapel und Rom räumen; die neapolitanischen Staaten und das Gebiet von Rom waren schon vor Ablauf der drei zugestandenen Monate von aller Mannschaft entblößt. England hingegen sollte seine Truppen aus allen Ländern zurückziehen, welche ihm der Friedensschluß nicht vorbehält. Dessen ungeachtet besetzte es, dem Bündniß zum Trotze, noch Malta, Alexandrien und das Cap der guten Hoffnung. Die Insel Malta scheint ihm vor allen am Herzen zu liegen. Endlich erklärt es deutlich den Entschluß, dieselbe zu behalten, indem es diese Forderung auf die in dem Staatengebäude der Continental-Mächte zum Vortheil der französischen Republik vorgegangenen Veränderungen und auf die Furcht gründet, daß Frankreich eine neue Expedition nach Aegypten, dessen Schlüssel Malta ist, unternehme, und endlich auf viele der französischen Regierung entgegenstrebende Puncte, von welchen letzteres nur um den Preis dieser Abtretung sich befreien kann.

Merkwürdig bleibt bei diesem sonderbaren Streite der Umstand, daß ihn nur ein Einzelner führt. In Wahrheit, die französische Regierung hat zwar auch verschiedene Klagen gegen England geführt, verschiedene Forderungen aufgeworfen; aber es hat weder diese Klagen noch diese Forderungen auf die Bedingung einer Kriegserklärung begründet. Man will nicht darauf achten; darum läßt es sie fallen. Es dringt auf die Ausübung des Vertrages, und hat nun nichts mehr zu verlangen.

Schon als man die Vorbereitungen des Friedens unterschrieb, schloß schon die Sprache der Minister und ihrer Parteigänger, so wie ihrer Feinde, die Erklärung der gewichtigen Schritte in sich, welche einst später noch die englische Regierung thun könnte. Nach dem Geständnisse der einen und der andern Partei hatte England Friede geschlossen, weil es allein auf der Wahlstatt zurückblieb, keinen einzigen Bundesgenossen mehr hatte, und folglich seine Kräfte in einem Kampfe erschöpfte, von dem es nun und nimmermehr günstige Ergebnisse erwarten konnte. Pitt selbst fand zu jener Zeit den Frieden so unumgänglich nothwendig, daß er ihm nicht nur seinen Ehrgeiz opferte, sondern daß er, bei seinem Rücktritte aus dem Ministerium, auch noch Lord Grenville und andere

1*

Häupter der aristokratischen Partei, deren Kriegsmuth noch nicht so sehr wie der seinige, ermüdet war, mit nach sich zog. Auch werden diese Letzteren sich dann noch als Anhänger des Krieges zeigen, wenn es ihm einst gefällt, der Anwalt des Friedens zu seyn; trägt aber dieser Friede, durch ein — um mich so auszudrücken — plebejisches Ministerium geschlossen, in dessen Hände Pitt für einige Zeit die höchste Gewalt niedergelegt hatte, die Absicht und Keime einer langen Dauer in sich? Nein, durch die Noth herbeigeführt, wurde er als ein Versuch unterzeichnet. Man darf wohl noch hinzufügen, daß ein Hauptzweck jenes Versuches darauf beruhte, die Frage auszumitteln, ob für den britischen Handel der Zustand des Friedens oder des Krieges vortheilhafter sey. In Bezug auf den Handelsverkehr hat der Friede lange nicht den Vortheil gewährt, den man davon hoffte. In Frankreich hat die Aufrechthaltung der Einfuhrverbote, und in Holland und Italien Frankreichs Einfluß den britischen Waarenumsatz bedeutend geschwächt.

Man kann zwar nicht annehmen, daß die französische Regierung jede Handelsverbindung, welche Englands Wünschen entspräche, auf eine bestimmte Weise abgelehnt habe; allein der erste Consul sah mit Weisheit und vollem Rechte ein, daß er, ohne große Gefahr für seine so eben in Frankreich begründeten Gewerbeanstalten, nicht mit einem Male jedes Verbot aufheben und dadurch den Erzeugnissen des englischen Fleißes die Thür öffnen könne. Weniger ausschließend, als man vermuthete, hat er im Gegentheil nicht selten Neigung gezeigt, jene Art von Interdict, welches er zur Zeit des Krieges durch den französischen Botschafter, den General Andréossy, ausgesprochen hatte, gänzlich aufzuheben und demselben, wenn nicht ein Handelsbündniß, welches nur die Frucht der Zeit und reiflichen Ueberlegung seyn konnte, wenigstens eine Reihe einzelner Verbindlichkeiten und gegenseitiger, nach dem Interesse der beiden Nationen berechneter Auseinandersetzungen unterzuschieben. Wenn diese Stimmung des ersten Consuls ohne Erfolg blieb, wenn er sogar später seinem Botschafter den Auftrag ertheilte, über ähnliche Fragen zu schweigen, so war nur der Umstand daran Schuld, daß Englands unfreundschaftliches Benehmen in andern Angelegenheiten ihm die Aufsuchung solcher Mittel, welche, von dem Gesichtspuncte des Handels aus betrachtet, den gegenseitigen Vortheil beider Länder bezweckten, nicht gestattete. In diesem Betracht also war der Erfolg des Friedens für England nicht sehr erfreulich; und obgleich unter seinen Beschwerden diese nur als eine untergeordnete dargestellt ist, kann man doch annehmen, daß die Handelsfrage, wenn der Krieg eben so gut die Wirkung einer gewissen Partei als der Berechnung gewesen wäre, einen Hauptbeweggrund des Bruches abgegeben habe. Welches auch immer die verheimlichten Ursachen der englischen Regierung bei einem solchen Benehmen seyn mochten, laßt uns sehen, welch' einen Vorwand die eine und die andere Partei angeführt habe.

Die Forderung der französischen Regierung konnte man auf zwei Hauptpuncte zurückführen: 1) in Bezug auf die Flugschriften und Beleidigungen gegen den ersten Consul; 2) in Hinsicht des Aufenthaltes der französischen Ausgewanderten in den Staaten seiner großbritannischen Majestät. Die Vollziehung des Friedens hatte nur auf wenige Tage die Feindseligkeit der englischen Zeitung gegen Frankreich und seine Regierung abgehalten. Da die neue Gegenpartei, welche den Frieden tadelte, nun auf dessen Bruch bedacht war, so gaben sich alle Journale der englischen Aristokratie dazu her, zum Tummelplatze ihrer Leidenschaften zu dienen und zwischen beiden Ländern immer neuen Stoff zum Hasse und zu Mißhelligkeiten zu unterhalten.

Obgleich das britische Ministerium sich niemals mit dem Ansehen des ersten Consuls versöhnen konnte, so dünkte es dennoch gerathen, den Ausgewanderten und den Chouans, welche man lange Zeit als die nützlichsten Verbündeten der englischen Regierung angesehen hatte, nicht so plötzlich seine Gunst entziehen. Diese machten sogar, des Friedensschlusses ungeachtet, häufige Ausflüge auf die Westküste von Frankreich und blieben mit dessen Bewohnern in fortdauerndem Verkehr. Bischöfe, welche mit der französischen Kirche im Kriege und mit dem römischen Stuhle in offenem Zwiespalt lebten, bedienten sich der geistigen Waffen der Religion, um Unruhen im Innern anzuregen. Die verläumderischen Beleidigungen der englischen Blätter, welche von den zu London in französischer Sprache erschienenen Zeitschriften nicht nur wiederholt, sondern noch vergrößert wurden, fanden in Frankreich eine immer günstigere Aufnahme. Das Schwerdt des Krieges war in die Scheide zurückgekehrt, nur die Schriftsteller blieben gewaffnet. Obgleich dieser Zustand der Dinge, so fremdartig er auch den Gebräuchen anderer Zeiten war, der französischen Regierung sehr unangenehm seyn mußte, so hätte der erste Consul dennoch kein besseres Theil ergreifen können, als sich mit Gleichmuth über die Verirrungen der englischen Presse hinwegzusetzen und seine Wachsamkeit auf die Ausgewanderten und Chouans zu beschränken. Allein das war nicht seine Ansicht. In Bezug auf die Preßvergehen dachte er, es liege der englischen Regierung ob, dieselben, wo nicht gänzlich zu unterdrücken, doch wenigstens einzuschränken. Was die Chouans und Ausgewanderten betrifft, glaubte er sich, nach dem Beispiele der ehemals von Frankreich gegen die Stuarts [1]) und ihre Anhänger getroffenen Maaßregeln, zu gleichen Forderungen gegen die englische Regierung berechtigt.

In Bezug auf den ersten Punct verlangte er, das englische Cabinet sollte die kräftigsten Maaßregeln zur Unterdrückung jener unanständigen und aufrührerischen Aeußerungen anwenden, wovon die Zeitungen und andere englische Schriften angefüllt wären. Wenn der Gegenstand dieser Forderung auch zu allgemein ausgesprochen war, fiel ihr Sinn doch um so leichter in das Auge. Herr von Talleyrand und der erste Consul wußten recht gut, daß die Preßfreiheit, durch Englands Grundgesetze geheiligt, dem Ministerium jede vorläufige Censur der Zeitschriften untersagte; aber er nahm nichts destoweniger den Einfluß des englischen Cabinets so weit in Anspruch, als es die unter demselben stehenden englischen Zeitungen, und die durch französische Ausgwanderte herausgegebenen Flugschriften betraf, deren Unterdrückung dem Ministerium, vermöge der Alien-Bill, leicht werden mußte.

1) Im Jahre 1655 mußten Carl II. und der Herzog von York, Enkel Heinrichs IV., auf Cromwell's ausdrückliches Verlangen, Frankreich, ihren Zufluchtsort, verlassen.

Statt dieser Vorstellung ein günstiges Ohr zu leihen, wie es seit 1815 gegen andere Ausgewanderten geschah, entschuldigte sich die englische Regierung mit ihren, solchen Forderungen zuwiderlaufenden Reichsgesetzen; sie ließ darauf die halb offiziellen Zeitungen mächtig mit denen der neuen Gegenpartei in die Schranken treten, und gab sogar späterhin vor, in dem Benehmen des ersten Consuls den kühnen Vorsatz einer englischen Staatsumwälzung zu erblicken. Dieser spitzfindige Vorwurf glänzt sogar in ihrer nachmaligen Erklärung.

Um jedoch den Schein auf sich zu ziehen, als wollte sie der Forderung des ersten Consuls, hinsichtlich der in London erscheinenden französischen Zeitung, entsprechen, ließ sie durch den Generalanwalt des Gerichtshofes den Redacteur des Ambigu, Peltier, zur Strafe ziehen. Der erste Consul erblickte in diesem Benehmen des englischen Ministeriums eher feindselige als versöhnende Grundsätze. Dieser Proceß erhielt in der That durch die glänzende Vertheidigung Sir James Mackintosh zu Gunsten des Angeklagten eine große Berühmtheit. Peltier wurde dessen ungeachtet für schuldig erklärt; „allein," sagt Walter Scott, „das Urtheil wurde nicht vollzogen, indem die Mißhelligkeiten mit Frankreich einen gänzlichen Bruch zur Folge hatten." — Diese Bemerkung des englischen Geschichtsschreibers ist in jeder Beziehung höchst befremdend. Welchen Werth legt man in England den Gerichtsaussprüchen bei, wenn sie auf diese Weise durch jede Veränderung des Geschäftsganges im Staate für nichtig erklärt werden? Auf diese Weise würde Peltier, einmal verurtheilt, seine Strafe geduldet haben, hätte der Friede fortgedauert; seine Schuld aber verwandelt sich in Unschuld, weil der Krieg losbricht! Ist die Gerechtigkeit bei einer solchen Ansicht nicht der Spielball der Politik? Uebrigens, als die Anforderung, welcher man auf eine so wenig befriedigende Weise nachzukommen strebte, an England gemacht wurde, hatte der erste Consul zugleich angezeigt, daß er im Verweigerungsfalle die französischen Schriftsteller zu strengem Gegenrechte ermächtigen würde. Er hielt Wort, und dies wird in den Augen Englands, welches ohne Bedenklichkeit alle Rücksicht von Herkömmlichkeit und Achtung mit Füßen tritt, ein neues Verbrechen seyn.

Die übrigen Bedingungen der französischen Regierung hatten zum Gegenstande: die Insel Jersey von bekannten Aufwieglern, deren Liste man einreichte, zu säubern, und überhaupt dieselben aus Frankreich zu entfernen. Diese waren: 1) einige Bischöfe, welche unter dem Vorwande der Religion Unruhen aufzuregen suchten; 2) Georges und seine Anhänger, welche nach Canada zu verbannen, Lord Hawkesbury selbst versprochen hatte; 3) die Prinzen der Familie Bourbon, um sie nach Warschau zu dem Haupt der Ihrigen zu senden; 4) endlich alle diejenigen Ausgewanderten, welche darauf beharrten, in England die alten Auszeichnungen der französischen Monarchie zu tragen.

Diese Forderungen beruhten auf dem ersten Artikel des Friedensschlusses von Amiens, worin es heißt: daß von beiden Seiten jede Feindseligkeit, für welche Sache und unter welchem Vorwande es immer seyn möge, von nun an streng untersagt sey.

Was den ersten Punct, d. h. die Verschworenen von Jersey, betrifft, hat die englische Regierung keine Schwierigkeit gemacht, einen Theil der bezeichneten Personen von dieser Insel zu entfernen.

Die Forderung, welche die Bischöfe von Arras und St. Pol betraf, wurde keineswegs gänzlich zurückgewiesen. Man verlangte nur eine Auseinandersetzung der Umstände und Thatsachen, welche ein solches Verfahren zu rechtfertigen im Stande wären.

Man leugnete nicht, daß Georges und seine Anhänger zu einer eigenthümlichen Classe gehörten, ohne jedoch zuzugeben, daß man versprochen habe, sie nach Canada zu deportiren, zeigte man sich nicht abgeneigt, alle nöthigen Anstalten zu treffen, um sie aus den europäischen Besitzungen Sr. großbritannischen Majestät zu entfernen [1]).

In Betreff der Prinzen aus dem Hause Bourbon antwortete das britische Ministerium, daß es keineswegs eine Verlängerung ihres Aufenthaltes in England wünsche, wenn

1) In the purpose of removing them out of his european dominions.

sie auf was immer für eine Weise veranlaßt werden könnten, Großbritannien zu verlassen, daß man aber, wenn sie nicht freiwillig sich dazu entschlössen, unmöglich gegen sie die Gesetze der Gastfreundschaft verletzen dürfe.

Ebenso verhielt sich es mit den Ausgewanderten im Allgemeinen, und zwar hauptsächlich denjenigen, welche noch die Auszeichnung der französischen Monarchie trugen, wiewohl es nach dem Urtheile des Ministeriums klüger gewesen wäre, sich derselben zu enthalten. —

Diese Erklärungen der englischen Regierung wurden durch Herrn Merry dem Ministerium der auswärtigen Angelegenheiten der Republik Wort für Wort mitgetheilt.

Man antwortete nicht schriftlich auf die Note des Herrn Otto vom 17. August, welcher sie veranlaßt hatte. Somit waren von Seiten Frankreichs die Mißhelligkeiten mit England beendigt; allein obgleich der erste Consul einigen dieser Puncte genug Wichtigkeit beilegte, so ließ er doch keineswegs den Krieg von dergleichen Ursachen abhängen. Als man seinen Forderungen kein Gehör gab, zögerte er mehrere Monate mit Wiederholung derselben und schickte sogar während dieser Zeit einen Botschafter nach London. Diese Sendung übernahm der General Andréossy und begab sich am 2ten Nov. 1802 auf seinen Posten. Während diese Gesandtschaften von beiden Seiten wenigstens äußerlich die Befestigungen des Friedens anzudeuten schienen, bereitete sich das britische Ministerium, das öffentliche Wohl seinem Privat-Interesse hintansetzend, allmählig zu einem Bruche vor. In Momenten glücklicher Eingebung und alter Treue, hatte es Befehl ertheilt, das Vorgebirge der guten Hoffnung zu räumen. Zwar kann man wohl zweifeln, daß es den Vollstreckern dieser Maaßregel rasche Handlung aufgetragen habe, indem ein in den ersten Tagen des Octobers abgesendeter Gegenbefehl noch früh genug zur Verhinderung desselben am Vorgebirge anlangte.

In demselben Monate gab der erste Consul auch der Schweiz die Erklärung, daß er die ihm angebotene Vermittelung anzunehmen geneigt sey. Dieses Ereigniß verschaffte dem britischen Ministerium, welches begierig jeden Stoff des

Haders und der Entzweiung mit Frankreich ergriff, einen neuen Vorwand zur Beschwerde, welchen es keineswegs versäumte. In dem Augenblicke, als die helvetische Regierung Frankreichs Vermittlung anflehte, hatte die oligarchische Partei von Bern, welche schon seit einiger Zeit Geschäftsträger bei den verschiedenen großen Mächten unterhielt, ganz im Geheimen auch einen Bevollmächtigten nach Paris gesendet, um gegen diese Vermittlung die Unterstützung der bevollmächtigten Minister von Oestreich, Rußland, England und Preußen in Anspruch zu nehmen. Der Entschluß dieser Mächte war jedoch schon gefaßt, und der bernische Agent wurde nicht einmal bei den Herren von Markof, Graf Philipp von Cobenzl und Marquis von Lucchesini vorgelassen. Es war natürlich, daß er bei der englischen Gesandtschaft eine bessere Aufnahme fand. Diese Bitte wurde durch einen Brief von Herrn Merry vom 10ten Oct. nach London berichtet, und Lord Hawkesbury nahm dieselbe schon aus dem Grunde an, um der französischen Regierung eine Vorstellung darüber machen zu können. Zu gleicher Zeit schickte er Herrn Moore als Bevollmächtigten nach der Schweiz, um den Unzufriedenen jede Hülfe an Geld, Waffen, Schießbedarf und Kriegsbedürfnissen jeder Art zum voraus zuzusichern.

Der Gesandte hatte aber überdies den Auftrag, sich von dem Bewaffnungszustande Oestreichs, wenn die Aufrührer plötzlicher Hülfe bedürfen sollten, in Kenntniß zu setzen; allein England wurde in Hinsicht der östreichischen Maaßregeln entweder betrogen, oder betrog sich selbst. Diese Macht, welche sich zu jener Zeit ganz anderen Interessen hingab, wollte Herrn Moore zu Wien nicht einmal aufnehmen. Englands Vorstellungen in Hinsicht der Schweiz, an und für sich etwas verspätet, wurden daher sofort abgewiesen. Es war in der That nicht wenig befremdend, daß England damals von dem ersten Consul Rechenschaft über die, wie es sich ausdrückte, „Verletzungen“ des Friedens von Lüneville verlangte, während es, bei jener Unterhandlung keineswegs betheiligt, heute Alles zu dessen Bruche aufbot, und Oestreich dagegen, als die zu Lüneville abschließende Macht, allen Maaßregeln des ersten Consuls in Hinsicht der Schweiz seinen Beifall zollte. Da unter den Gegenständen der Verhandlung zwischen Frankreich kein einziger wichtig genug war, um den Bruch zu bedingen, sah sich das britische Ministerium, einmal in die Lage der Kriegführung versetzt, genöthigt, in Ermangelung bestimmter und frischer Thatsachen, zu allgemeinen Klagen seine Zuflucht zu nehmen. Es wählte die Eröffnung des Parlaments (23sten Nov. 1802) zu dem Zeitpunkte, wo es sowohl Frankreich als England lehren wollte, daß der Friede schon seinem Ende entgegen gehe. Indem der König einen erhöhten Zuschuß für die Marine und das Heer verlangte, sagte er: „daß es ihm trotz seiner Wünsche nicht möglich wäre, für die Aufrechthaltung des Friedens, den alten Grundsatz, welcher die Wohlfahrt Englands stets mit dem Frommen anderer Nationen in Vereinbarung bringt, aus dem Auge zu verlieren; daß er gegen die in ihren Staatskräften vorgegangenen Veränderungen keineswegs gleichgültig bleiben könnte, und daß sein Benehmen sich unausgesetzt auf eine gerechte Prüfung der europäischen Verhältnisse und auf eine wachsame Fürsorge für das Gesammtwohl aller Völker stützen werde."

Diese Sprache, von dem Könige von Großbritannien so wenig gewohnt, und die von ihm angekündigten Rüstungen setzten sowohl die Cabinette als die Völker in nicht geringe Verwunderung. In England selbst aber war dies der Anfang eines Triumphes der neuen Partei, von der wir schon gesprochen haben, dieser dritten Classe, an deren Spitze Lord Grenville stand, und welche unter dem Namen der neuen Opposition [1]) nicht weniger die alte Opposition, als das Ministerium haßte.

Obschon der Groll eines getäuschten Ehrgeizes den heftigen Gemüthern einiger Mitglieder dieser neuen Gegenpartei nicht fremd war, so wurde letztere nichts desto weniger von einem guten Geiste, fern von allem persönlichen Eigennutz, beseelt; denn der Blick auf das Allgemeine war ein Hauptgrundsatz

1) Dazu gehörten in dem Oberhause: Lord Grenville, der Marquis von Buckingham, die Grafen Pembroke, Spencer, Carlile, Warwick, Fitzwilliam, Radnor, Caernarvon und der Bischof von Rochester. In dem Unterhause die Herren Windham, Thomas Grenville, Lord Temple, Elliot, der Doctor Lawrence u. A.

ihrer Politik. Das Haupt derselben, Lord Grenville, war in der That der treueste, ausharrendste und unveränderlichste Vertreter jener britischen Aristokratie, welche durch eine längst eingewurzelte Feindseligkeit gegen Frankreich unaufhörlich an einer gänzlichen Gegenrevolution arbeitete, welche nicht nur den anarchischen Grundsätzen Frankreichs vom Jahre 1793, sondern auch den Hauptgrundsätzen der Staatsumwälzung, besonders aber der Lehre von der Gleichheit, welche sie als den Sturz jener ihr so theuren hierarchischen Bündnisse ansah, einen immerwährenden Krieg auf Leben und Tod geschworen hatte. Diese Aristokratie adelte sich in ihren eignen Augen, denn sie sah sich nicht wie eine vom Kastengeiste erzeugte Adelsherrschaft im Verhältnisse zu ihren Unterthanen, sondern als eine Herrscherpartei der ganzen Nation im Verhältnisse zu der plebejischen Menge fremder Völker an, welche sich der Vortheile einer freien Regierung noch nicht würdig gemacht hätte. Als sie die Nothwendigkeit des Friedens einzusehen genöthigt wurde, hatte sie mit diesem Geschäfte einen Minister von geringem Herkommen [1]) beauftragt. Dann fing sie an, diesen Frieden, welchen einzig und allein ihre Fehler so unvortheilhaft gemacht hatten, zu verdammen, indem sie sich den Bruch desselben durch das Ministerium vorbehielt, sobald eine kurze Erholungszeit, welche man der Ungeduld der ermüdeten Nation gewähren mußte, den Völkern Englands erlaubte, die Waffen zu ergreifen, um nicht eher wieder von der Wahlstatt abzutreten, als bis eine von den kriegführenden Parteien ausgerottet wäre. Auch lebte das Ministerium im beständigen Kampfe mit ihr, und die im Sinne der Regierung geschriebenen Blätter hatten, in einen doppelten Krieg verwickelt, nicht weniger mit der neuen

1) „Un ministère roturier" lautet das französische Original. Man nannte allerdings in London selbst das damalige neue Ministerium spottweise „Physician-Ministry", d. i. das Doctor-Ministerium, als Anspielung auf Addington, welcher an der Spitze stand und der Sohn des königlichen Leibarztes war. Der satyrische Sheridan spielte sogar bei einer Parlamentsversammlung in einem Epigramme, womit er seine Rede eindringlicher und lebendiger zu machen suchte, und den Accent ganz besonders auf das Wort „Physician" (Arzt) legte, auf jenen Spottnamen an.

Opposition, als mit der französischen Staatsverwaltung zu kämpfen. Der Charakter dieser Gegenpartei hatte nach und nach eine so feindselige Tendenz angenommen, daß die ministeriellen Blätter, trotz ihrer früher beobachteten Schonung, womit sie dieselbe als am Kriege für unschuldig erklärte, sie jetzt eine Meute grausamer Bluthunde nannte [1]), ein Ausdruck, der allein jene Begierde nach Entzweiung, Blut und Vernichtung zu bezeichnen im Stande wäre.

Der Streit war aber ungleich. Die Partei nahm von Tage zu Tage an Umfang und Festigkeit zu. Um daher diesen mächtigen Nebenbuhler zu vernichten, glaubte das Ministerium die nämliche Laufbahn betreten zu müssen. Daher seine Botschaft am 23sten November. Still und schweigsam bis zu diesem Zeitpuncte schien das Ministerium die Veränderungen, welche auf dem Festlande vorgingen, mit gleichgültigem Auge anzusehen. Von dem Augenblicke aber, als es die Erklärung giebt, daß seine Politik sich künftighin nach den Vorgängen und den wechselnden Verhältnissen der fremden Mächte richten werde, ertönt auch schon in dem Parlamente von allen Seiten die wetteifernde Beredsamkeit der Volksvertreter in feindseligen Ausfällen gegen die französische Regierung.

Die neue Opposition, jetzt weit entfernt, die Unfähigkeit der Minister öffentlich anzuklagen, huldigt vielmehr dem neuen Systeme, welches jene annahmen, und stimmt mit freudigem Ungestüm allen ihren Maaßregeln und den dadurch bedingten Forderungen bei. Ihr einziger Vorwurf besteht darin, daß sie keine größeren Forderungen machten. Der englische Stolz, durch Frankreichs aufgehende Blüthentage beleidigt, vermummt sich unter der Maske der Nationalehre.

„Die Ehre," sagt der Held vom Nil, Lord Nelson, „ist die erste unserer Angelegenheiten. Wenn der falsche Ehrgeiz einer fremden Macht uns unter die Waffen ruft, so wird das englische Volk, zu jedem Opfer bereit, das erste seyn, welches die Regierung anfleht, den größtmöglichsten Kraftaufwand in Bewegung zu setzen, um Englands Nationalehre zu retten." Statt 30,000 Matrosen, welche im Friedenszustande als hin-

1) „A Pack of sanguinary Blood-Hounds."

reichend erklärt wurden, schlug das Ministerium eine Anzahl von 50,000 vor. Nach Lord Grenville's Meinung war dies zu viel für den Frieden und zu wenig für den Krieg. „Die Tinte, womit der Friede unterzeichnet worden," fährt der edle Redner fort, „war kaum trocken, und das Wachs, womit der Vertrag untersiegelt wurde, kaum erkaltet, als der erste Consul schon Länder auf Länder an Frankreich riß."

Sey uns hier die Bemerkung vergönnt, daß man sowohl in dem Ober- als Unterhause über die von Frankreich vor und nach dem Frieden von Amiens gemachten Erwerbungen schreiet, als wären diese vor dem Frieden weder verwirklicht worden, als nach demselben auszuführen in Vorschlag gewesen. Ferner über die Erwerbung von Piemont, als wenn dieses Land vor dem Frieden nicht schon unter dem Titel der 27sten Militair-Abtheilung einen Theil von Frankreich ausgemacht hätte; über die Aneignung der Insel Elba, welche England selbst den Franzosen überlassen hatte; über die Eroberung von Luisiana, dessen Abtretung aber ebenfalls schon vor dem Frieden bekannt war; über den Einfluß des ersten Consuls auf die Vertheilung der Schadloshaltung Teutschlands, als wenn England dazu berufen gewesen wäre, das Recht der Wachsamkeit über den Vertrag von Lüneville, in Folge dessen jene Theilung vorgenommen worden, auszuüben; endlich über die Einmischung des ersten Consuls in die Angelegenheiten der Schweiz, als wenn die mit Zustimmung beinahe aller großen Mächte des Festlandes unternommene Abwehrung eines Bürgerkrieges in der Schweiz, ein Eingriff in die Rechte Großbritanniens gewesen wäre. Ich habe hier alle Thatsachen zusammengestellt, von denen eine jede sowohl die Grundworte als zahllose Ausdeutungen derselben darbietet.

Nachdem Herr Windham in der Kammer der Gemeinen einen Theil dieser Ereignisse seinen Zuhörern in das Gedächtniß zurückgerufen hatte, wollte er den Muth des Ministeriums wecken, indem er von ferne die Zuversicht hervorschimmern ließ: „daß das britische Reich nicht Männern wie Augustulus unterliegen werde .... Wenn früherhin die französischen Grundsätze Großbritannien erschreckt haben, sey es jetzt bloß das französische Uebergewicht."

„Man hat vor einigen Jahren gesagt," schrie ein Abtrünniger von Fox's Gegenpartei, Herr Sheridan, „daß man auf der Charte Europa's nur einen einzigen leeren Flecken sehe, da wo früher Frankreich gestanden habe. Ich habe jetzt diese Charte vor Augen, und doch sehe ich Frankreich, und zwar nichts als Frankreich. Ich sehe Italien in seiner Lehnbarkeit, Preußen in gehorsamer Unterwürfigkeit einem Winke seines Hauptes gehorchen, und Spanien der Bewegung seines Fingers folgen; ich sehe Portugal zu seinen Füßen hingestreckt, Holland unter seiner Hand gebeugt, und die Türkei in seinen Netzen gefangen. Was bleibt jetzt dem ersten Consul noch zu unterjochen übrig, als England? Ja, ich zweifle nicht, daß dies sein alleiniger Gedanke, seine einzige Bitte sey, welche er Tag für Tag zu der Gottheit, die er anbetet — es mag dies Mahomed, oder die Göttin der Vernunft, oder die Lenkerin des Krieges und der Schlachten seyn —, in feuriger Inbrunst emporsendet. Für eine Nation, die, wie die englische, einen so hohen Punct der Größe erreicht hat, giebt es keine Zuflucht zu kleinlicher Schwäche [1]), welche nichts als Schande ohne Sicherheit darzubieten im Stande wäre."

Unter diesen politischen Klagen ließen einige Stimmen ihre nicht weniger tief gefühlte Betrübniß über das Darniederliegen der Manufakturen vernehmen. Andere, welche behaupteten, daß die Gewerbe nichts von ihrem frühern Glanze verloren hätten, fürchteten dessenungeachtet die Fortschritte des Handelsfleißes und der Gewerbthätigkeit in Frankreich. Elliot sagte: „Würden dieselben Ursachen, welche die französische Regierung so furchtbar im Kriege machten, auf die Handelsunternehmung angewendet, nicht dieselben Wirkungen hervorbringen? Der bewaffnete Räuber ist vor unsern Pforten, und wenn wir ihm nicht kräftigen Widerstand leisten, wird Alles, was wir besitzen, eine Beute seiner Habsucht seyn." — Dieselben Gedanken hat Canning, obgleich in einem edlern Style, ausgedrückt: „Als Bonaparte die bewunderungswürdigen Ergebnisse, welche aus dem Geiste eines einzelnen Menschen entsprangen,

1) Die Worte des englischen Redners lauteten: „That a country which had achieved such greatness," had not retreat in littleness."

übersah, fühlte er um so lebhafter die Nothwendigkeit, die Landesverwaltung in den tauglichsten Händen zu sehen, welche in den Tagen der Gefahr am ehrenvollsten und vortheilhaftesten für das allgemeine Beste die Zügel zu führen im Stande wären."

Auf diese Weise sah man dem Ministerium die Kriegsrüstung nach; aber es geschah nur in der Meinung, ihm zugleich anzuzeigen, daß zur glücklichen Beendigung des Kampfes die klügsten Köpfe und kräftigsten Arme erfordert werden. Eine der besten Stützen des Ministeriums war damals die alte Opposition, obwohl sie durch den Austritt eines großen Theils ihrer Mitglieder um ein Bedeutendes verringert worden war.

Fox fand sehr natürlich, daß diejenigen Männer, welche den Frieden mißbilligt hatten, nun auch für dessen Auflösung stimmten; aber diejenigen, welche ihn gutgeheißen hatten, sollten nun auch die Aenderung ihrer Ansichten rechtfertigen. Frankreich will an Gewerbthätigkeit mit England in die Schranken treten. Ich frage: „Ist diese Nebenbuhlerschaft zu fürchten? England muß seine Schritte verdoppeln; ist übrigens die Ursache der Kriegserklärung triftig genug? Um den Frieden mit dem Kriege vertauschen zu wollen, muß man entweder ein bedrohtes Daseyn zu vertheidigen oder eine gekränkte Ehre einzulösen haben. Greift aber Frankreich unsere Ehre, unsere Freiheit an? Man sagt zwar, Frankreich habe sich weder für unsere Wünsche, noch für unser Bestes günstig gezeigt; aber konnte man bei einem Bündnisse mit dem ersten Consul erwarten, daß dieser deshalb unser Freund werden und unsern Wünschen und Interessen eine große Rücksichtsnahme angedeihen lassen würde? Die Minister haben, als sie den Frieden schlossen, recht gut die wenig genügende politische Stellung von Europa erkannt; muß man deshalb die Waffen ergreifen, weil Europa sich noch immer in derselben Lage befindet? Welche Beleidigungen hat sich denn Frankreich gegen unser Vaterland erlaubt? Welchen Friedensbruch haben wir ihm vorzuwerfen? Dies ist gewiß, die französische Macht ist zu einer Höhe emporgestiegen, welche keinen Engländer erfreuen kann; aber es bedarf doch noch anderer Beweggründe, als um deshalb schon geradezu Krieg zu erklären."

„Das Ministerium wußte noch nicht, ob es von Frankreich ein nachgiebiges Betragen erwarten durfte, welches ihm bei der Aufrechthaltung des Friedens genugsame Unterstützung bei der neuen Gegenpartei verschaffen könnte. Demzufolge bemühte es sich, zu behaupten: „daß man von Lord Pelhams Vorschlage für die Vermehrung der Streitkräfte noch nicht auf einen unausbleiblichen Krieg schließen müsse; dies war vielmehr eine Vorsichtsmaaßregel der Klugheit, als der Noth, welche die beunruhigende Gestaltung der Ereignisse auf dem Festlande Europa's in das Leben rief. Der Hauptgrundsatz, welcher das Ministerium bei der Unterzeichnung des Vertrages lenkte, war der, daß es besser sey, wegen bloßer Continental-Angelegenheiten eher die Folgen des Friedens als des Krieges abzuwarten, wenn anders die Mächte des Festlandes uns nicht zuvor ihre Unterstützungen versprochen hätten. Nach diesen Grundsätzen haben die Minister gehandelt, und werden nicht aufhören, so zu handeln. Sie können sich in der Politik nicht von dem übrigen Europa ausschließen, und können daher auch niemals gegen das Schicksal der andern Nationen gleichgültig seyn. Kann der Friede mit Glück dauerhaft begründet werden, so werden sie dessen Aufrechthaltung gewiß dem Wiederbeginnen der Feindseligkeiten vorziehen. Wenn wir übrigens von dem Geiste in Frankreich, über dessen Anfeindung man sich beklagt, abwarten wollten, bis er seinen Haß gegen England in Freundschaft verwandeln würde, so hätte man sich zu einem ewigen Kriege vorzubereiten."

Ueberdies hat man das Ministerium angeklagt, die Verringerung der Seemacht zu weit getrieben zu haben.

Addington antwortete auf dieses vorgebliche Unrecht durch folgende Erklärung: „Als der Krieg erklärt wurde, hatten Frankreich, Spanien und Holland nicht mehr als 23 Linienschiffe. England hatte deren 192, also 169 mehr, als jene Mächte zusammengenommen. Eben so wurden diese von England durch die Anzahl von Fregatten und andern Kriegsfahrzeugen übertroffen. Was den Vorwurf anlange, daß das englische Ministerium die englische Nationalwürde sinken lasse, so sey ihm wenigstens Niemand bekannt, der Englands Abhängigkeit von Frankreich auszusprechen wagte; aber er bemerke in einigen Personen sehr wohl: das freudige Verlangen, beide Nationen gegen einander aufzuhetzen und, *ohne irgend einen triftigen Grun*[illegible]), zum Kriege zu nöthigen."

Diese Geständnisse des Ministers Addington über die englische Seemacht in Vergleich mit Frankreich und seinen Verbündeten, bleiben schon deshalb von großer Wichtigkeit, weil dadurch die Ursachen der Beunruhigungen wegfallen, welche man über Frankreichs und Hollands Kriegsrüstungen zur See und über den Mangel eines hinlänglichen Beweggrundes zu haben vorgab. Es handelt sich jetzt nur noch um diesen bestimmten Punct, und deshalb sind die Unterhandlungen des britischen Ministeriums mit der französischen Regierung eingeleitet worden. Dieser Gegenstand des Streites wird Malta seyn.

Doch um einigermaßen den dringenden Vorstellungen des ersten Consuls in Hinsicht des V[illegible]ags von Amiens zu genügen, wird m[illegible] noch einig[illegible] Ze[illegible]en Entschluß, diese Insel an sich zu re[illegible]en, zu verbergen suchen. Man wird die Versicherung aussprechen: „daß Se. britische Majestät nichts so sehnlich wünsche, als jenen Frieden in seinem ganzen Umfange aufrecht zu erhalten" [2]); aber um dieses Heuchlerspiel in die Länge zu ziehen, muß man nach guten und bösen Gründen haschen, um der französischen Regierung in ihren Maaßregeln unaufhörlich einen neuen Vorwurf verletzter Rechte aufbürden zu können. Auf diese Weise wird England mit Begierde einen Bericht des Obersten Sebastiani an den ersten Consul bei seiner Heimkehr von einer Gesandtschaft in den Orient ergreifen und zu diesem Zwecke zu benutzen wissen. Dieser Officier hat Aegypten, Syrien und die jonischen Inseln bereist, um jene Länder sowohl in ihren Handels- als Militairverhältnissen genauer kennen zu lernen. Ein Hauptgegenstand aber seiner Sendung war, zu erforschen, ob die Bedingungen des Friedens von Amiens, soweit diese England betrafen, vollzogen worden wären.

Das Unrecht seines öffentlichen Berichtes bestand darin, daß er die Nichträumung Malta's und die Verweigerung

1) „Without any definite object."

2) Laut eines Briefs des Lords Hawkesbury an Lord Withworth vom 9ten Februar 1803.

Alexandrien abzutreten, so wie die schlechte Aufführung mehrerer englischen Militairpersonen, über deren Benehmen sich der Oberste Sebastiani mit grosser Freimüthigkeit aussprach, vor den Augen Europa's enthüllte. In der öffentlichen Bekanntmachung dieses Berichtes gefiel sich das britische Ministerium, „Absichten zu erblicken", in Folge deren es ihm unmöglich wäre, „irgend eine Verhandlung wegen Malta einzugehen, ohne daß es zuvor in dieser Hinsicht eine genügende Antwort erhalten hätte."

Dieser Vorwand war in der That ohne Gewicht. Nichts destoweniger machte ihn Lord Withworth, so viel es in seinen Kräften stand, geltend. Als aber Talleyrand diese Beschwerde und die Art und den Grad der Genugthuung, welche Se. britische Majestät zu wissen verlangte, in ihrer ganzen Nichtigkeit darstellte, konnte dieser Botschafter auf einen so festen und bestimmten Schritt, welcher mit einem Male den Zögerungsgrundsätzen seines Cabinets ein Ende machte, nur mit einer höchst verlegenen und auf lächerliche Art ausweichenden Antwort Rede stehen. Er zeigte auch keineswegs die Mittel an, womit man die Befürchtungen, welche die französische Regierung in England erregt hatte, beschwichtigen oder beseitigen könnte. Die üble Absicht des britischen Ministeriums lag am Tage. Frankreich mußte es aber daran liegen, zu wissen, welches sein geheimer Gedanke und der Zielpunct seines Strebens wäre. In Folge dessen hatte der erste Consul mit Lord Withworth jene berühmte Zusammenkunft, von welcher der englische Botschafter eine so lebendige Schilderung an seinen Hof sendete, daß sein Cabinet die Vermuthung darauf gründete, als habe der erste Consul Aegypten wieder erobern wollen, eine Gefahr, welche England nach seiner Meinung nur durch die Erhaltung Malta's abwenden konnte.

Obwohl der Bericht eines englischen Botschafters an seine Regierung über eine mehrstündige Unterhaltung nicht zu einem unumstößlichen Glauben dessen, was das Haupt der französischen Regierung geäußert und wie es sich dabei ausgedrückt habe, keineswegs berechtigt, — und doch hängt in solchen Fällen Alles mehr oder weniger von der Wahl der Worte ab — tragen wir doch kein Bedenken, die Sprache, welche Lord Withwörtlich dem ersten Consul in den Mund legt, ohne die geringste Veränderung hier mitzutheilen. Der Hauptinhalt davon ist folgender: „Es war für mich, sagte der erste Consul, ein sehr empfindlicher Schmerz, daß der Friede von Amiens statt Versöhnung und Freundschaft einzig und allein Mißtrauen und Eifersucht zur Folge hatte. Hierauf machte er mehrere Erklärungen namhaft, welche er von England erhalten zu haben vorgab, und nannte zuerst die Nichträumung Malta's und Alexandriens. Dann sprach er von den so vielfältig in den englischen Blättern gegen ihn verbreiteten Schmähungen, fügte jedoch hinzu, daß er ihnen lange nicht so viel Aufmerksamkeit schenke, als den zu London in französischer Sprache erscheinenden Zeitschriften. Er beklagte sich über den einem Georges und andern Personen seines Gelichters angediehenen Schutz. Er gestand es ein, daß der Groll, den er gegen England im Herzen trage, von Tag zu Tag neue Nahrung bekäme, weil jedes Lüftchen, welches an Englands Küste wehe, neuen Haß und neue Feindschaft mit sich führte.

... „Sollte er die Dauer des Friedens nicht wünschen? Die Sache ist wohl keinem Zweifel unterworfen. Wie sehr man ihm auch den Vortheil, welchen ein Krieg mit England nach sich zöge, groß und herrlich schildern mochte, so konnte die Feindseligkeit von seiner Partei doch durch nichts als eine Landung begonnen werden; er war entschlossen, diese zu wagen und sich an die Spitze der Unternehmung zu stellen; aber wie konnte man annehmen, daß er auf dem hohen Standpunct, zu welchem er sich emporgeschwungen hatte, so leichtsinnig sein Leben und seinen Ruf durch eine so gewagte Unternehmung auf das Spiel setzen würde, wenn ihn nicht die äußerste Nothwendigkeit dazu antreiben würde?

„Er sprach lange über diese Gefahr, ohne jedoch der Mittel zu erwähnen, wodurch derselben vorgebeugt werden könnte, und gestand sogar ein, es wären Tausende gegen Eins zu wetten, daß er unterliegen müßte; aber nichts desto weniger sey er entschlossen, den Feldzug zu wagen, wenn die gegenwärtige Unterhandlung den Krieg zur Folge haben sollte.

„Hiervon abbrechend, lenkte er das Gespräch auf Aegypten und sagte, daß er nicht im geringsten die Absicht, dies Land zu unterjochen, gehabt habe, welches ihm leicht geworden wäre, wenn er hätte 25,000 Mann nach Abukir senden wollen, welche, der 4000 zu Alexandrien gelegenen Engländer ungeachtet, das ganze Land in Besitz genommen hätten; denn statt Aegypten zu beschützen, lieferte ihm seine Besatzung nur einen Vorwand, es anzugreifen. Jedoch werde er es nimmermehr thun, so groß der Reiz, diese Kolonie zu haben, auch seyn möge, indem der Gewinn doch nicht das Wagniß eines Krieges aufwiege, in welchem er als der angreifende Theil betrachtet werden könnte, indem Aegypten früh oder spät, entweder durch den Sturz des türkischen Reiches, oder durch irgend ein Uebereinkommen mit der hohen Pforte, ein Besitzthum Frankreichs werden müsse.

„Hierauf verbreitete er sich weitläufig über die Naturkräfte beider Länder. Zwei Mächte, von diesem Umfange und dieser Stärke, könnten, wenn sie zusammen wirkten, die ganze Welt beherrschen, aber eben so gut durch Zwietracht und Kampf dieselbe umstürzen, wobei er damit schloß, daß sein eifrigstes Bestreben, hätte er nicht beständig die feindseligen Gesinnungen der britischen Regierung seit dem Friedensschlusse von Amiens in Wort und That zu empfinden gehabt, dahin gerichtet gewesen wäre, derselben zu beweisen, wie sehr er von jeher gewünscht habe, mit ihr in gutem Vernehmen zu leben. Er würde sie an allen Schadloshaltungen, so wie an dem Einflusse auf das Festland, haben Theil nehmen lassen. Ein Handelsbündniß hätte ihre gegenseitigen freundschaftlichen Gesinnungen gekrönt. Allein nichts hätte vermocht, den alten eingeimpften Haß der englischen Regierung zu besänftigen, der jetzt die große Frage zwischen Frieden und Krieg zur Entscheidung brächte.

„Um den erstern beizubehalten, bedürfe es nur der genauen Erfüllung der Beschlüsse von Amiens, wenn auch von der Unterdrückung der Schmähungen in englischen Zeitschriften und dem Schutze eines Georges und anderer Feinde des Vaterlandes nicht die Rede seyn sollte. Wünsche man den Krieg, so bedürfe es nur einer Erklärung und der Verweigerung der durch die Beschlüsse von Amiens gegebenen Versprechen.

„Hierauf ging er die Staaten Europa's durch, um mir

zu beweisen, daß bei der gegenwärtigen Lage der Dinge England auf keine andere Macht zum Kriege gegen Frankreich rechnen könne. Uebrigens thue man ihm Unrecht, wenn man dafür halte, daß er sich über die öffentliche Meinung seines Landes, und sogar die Europa's, erhaben glaube; er fühle sich in Frankreich nicht mächtig genug, die Nation zu einem Kriege zu bewegen, von dessen Nothwendigkeit er sie nicht zu überzeugen im Stande wäre.

„Er fügte hinzu, Algier habe er deshalb nicht gezüchtigt, um die Eifersucht der andern Mächte nicht zu erregen; aber er hoffe, daß England und Frankreich einst die Nothwendigkeit und den Vortheil einsehen werden, ein solches Raubnest zu zerstören. Dies ist der Hergang jener Unterhandlung, so weit ich mich derselben noch erinnern kann. Doch muß noch bemerkt werden, daß er nicht, wie Talleyrand vorgab, die Sendung des Obersten Sebastiani einzig und allein nur Handelsinteressen zuschrieb, sondern vielmehr unter dem militairischen Gesichtspuncte nothwendigen Maaßregeln gegen unsern Bruch des Friedens von Amiens."

Um diese nur zu sehr schon ausgedehnten Ausführungen von Bonaparte's eignen Worten abzukürzen, habe ich die anderweit angeführten Bemerkungen des englischen Botschafters, als von einem nur untergeordneten Interesse ausgehend, weggelassen; doch ein Punct darf dabei nicht übergangen werden. Als dieser Abgesandte die Vergrößerung und den Einfluß Frankreichs seit dem Frieden erwähnte, unterbrach ihn der erste Consul mit den Worten: „Sie meinen wahrscheinlich Piemont und die Schweiz; dieses sind Kleinigkeiten. Uebrigens hätten Sie es voraus sehen sollen, als die Unterhandlung noch unbeendet war. Jetzt haben Sie kein Recht mehr, davon zu sprechen."

Diese letzten Worte, und besonders das früher Gesagte im Betreff Aegyptens, ergreift die englische Regierung begierig als einen Hauptgrund, dadurch dem Kriege ein rechtliches Ansehen zu geben. Beweist diese Unterredung, die wir der Aussage eines vorurtheilsfreien und verdachtlosen Dolmetschers verdanken, und in welcher wir eine solche Umsicht, verbunden mit der größten Offenheit, wahrnehmen, von Seiten des ersten Consuls seinen ungeschminkten Wunsch für die Aufrechthaltung des Friedens? Hätte das britische Ministerium dieselbe Neigung gehabt, würde es nicht diese Zuvorkommenheit mit Freuden ergriffen haben, die schon lockern Bande auf's Neue zu knüpfen? Es will Krieg, oder wenigstens die Partei will ihn, der zu folgen es sich genöthigt sieht.[1]).

Die Unterhandlung zwischen den beiden Regierungen begann bald, einen besondern, mehr in das Einzelne gehenden Charakter anzunehmen. Der britische Minister, zu einer Erklärung genöthigt, läßt seine geheimen Gedanken, obwohl noch verhüllt in einige gehässige und willkürliche Vorstellungen, endlich durchschimmern: „Was den Punct in dem Friedensschlusse betreffe, welcher von Malta handelt, sagt Lord Hawkesbury, die Forderungen, welche er enthalte, hätten aus Umständen nicht erfüllt werden können, deren Verhinderung nicht in der Macht Sr. Majestät gestanden habe." Ich übergehe die Einzelnheiten der von dem britischen Cabinet diese Ausführung

1) Ich habe den Bericht des Lord Withworth als diplomatisch genau angeführt; aber wo ist die Bürgschaft dafür? Ohne die Beweise für die Behauptung, daß das britische Ministerium wenig Bedenken trage Thatsachen und Worte nach dem Interesse des Augenblicks zu verändern, weit her zu suchen, brauche ich nur eines Beispiels, das mich selbst betrifft, und welches sich in dem Annual Register 1806 pag. 680 abgedruckt findet, zu erwähnen. Ein Brief des englischen Gesandten in Preußen an Lord Hawkesbury, von Berlin den 21sten August 1802 datirt, enthält folgende Worte: „Herr Bignon, wie ich in verschiedenen Zusammenkünften mit ihm zu bemerken Gelegenheit hatte, vermied bis jetzt sorgfältig jede Erwähnung von Malta, und hat über diesen Punct, als einen Gegenstand von zu geringer Wichtigkeit, die Miene der größten Gleichgültigkeit angenommen, als einer Sache, welche der Aufmerksamkeit der französischen Regierung gänzlich unwerth wäre." Nichts ist lächerlicher, als diese Behauptung; aber das englische Cabinet wollte vor den Augen Europa's Frankreich an Eifer, den Frieden von Amiens aufrecht zu erhalten, übertreffen; deshalb beschuldigte es mich, den französischen Geschäftsträger zu Berlin, der Gleichgültigkeit, so wie den General Hédouville zu St. Petersburg abgeschmackter Aeußerungen. Wenn man es nicht verschmähte, den Bericht eines in ungeordneter Stellung wirksamen Agenten, wie ich war, zu verdrehen, warum sollte man dieselbe Kunst nicht mit noch größerem Rechte auf die Worte anwenden, welche ein so erhabener Mund ausgesprochen hatte, und die in der Waagschaale des politischen Schicksals von so bedeutendem Gewichte seyn konnten?

hindernden Schwierigkeit. Wie groß aber immer, oder wie gering die Wichtigkeit dieser Gründe auch seyn mochte, durfte das Schwierige der Form den ganzen Grundsatz aufheben? Konnten die eingebildeten, oder wirklich vorhandenen Hindernisse, welche sich der Unabhängigkeits-Erklärung der Insel Malta entgegenstellten, auf keine andere Weise, als dadurch aufgehoben werden, daß man die Insel, zum Vortheile Englands, an sich riß? Diese Auflösung ist zwar äußerst bequem, aber doch ein wenig zu leoninisch.

Man sieht in dieser verworrenen Unterhandlung, daß Lord Hawkesbury sich gar zu gern auf einige Worte des ersten Consuls stützen möchte, um ihm dadurch den Wiedereroberungsplan von Aegypten unterzuschieben. Unglücklicherweise enthielt der Brief des Lord Withworth, vom 21sten Februar, in Bezug auf jenen Gegenstand, eine sehr ungelegene Nachschrift.

Am Schlusse der Unterredung dieses Botschafters mit dem ersten Consul hatte ihm Herr von Talleyrand auf des Letzteren Befehl eröffnet: „Man beschäftige sich ernstlich mit einem Vorhaben, welches nicht nur das türkische Reich zu beschützen, sondern auch jeden Zweifel und jede Unruhe in Betreff Aegyptens oder eines andern ottomanischen Staates auf einmal zu lösen im Stande wäre." Von einer andern Seite sah man die Behauptungen, daß England Malta nicht räumen werde, nach und nach verschwinden. Es beschwerte sich nur noch, daß dem Orden des heiligen Johannes von Jerusalem ein Oberhaupt fehle; sogleich wurde ein Großmeister gewählt; ferner, daß die als Bürgen für den zehnten Punct des Friedens von Amiens aufgerufenen Mächte ihre Zustimmung nicht gegeben hätten; diese mittlerweile in Frankreich angelangte Zusage war so eben auch dem englischen Cabinette mitgetheilt worden. Um also aus einer Lage, welche keinen Ausweg mehr darbot, sich zu befreien, blieb England nichts Anderes übrig, als die Worte mit der That zu vertauschen und sein Vorhaben zu beschleunigen.

Sieben und zwanzigstes Capitel.

Bruch des Friedens von Amiens.

Innerer Zustand von England. — Sonderbares Geständniß des englischen Ministers. — Sendung des Königs an das Parlament am 8ten März. — Einige, den englischen Nationalstolz beleidigende Züge. — Kammer der Pairs. — Kammer der Gemeinen. — Folge der Unterhandlungen. — Des ersten Consuls Anrede an Lord Withworth. — Bemerkungen über das persönliche Eingreifen des ersten Consuls in die Unterhandlung. — Notenwechsel zwischen den beiden Cabinetten. — Neue Unterbrechungen. — Englands letzter Entschluß. — Antwort des französischen Ministeriums. — Lord Withworth verlangt seine Pässe. — Frankreichs Anerbieten, Malta an England gegen eine Vergütung abzutreten. — Erklärung des Kaisers Alexander gegen Lord Withworth. — Abreise dieses Lords. — Sendung des Königs von England vom 16ten Mai. — Verdacht gegen die Redlichkeit des Herrn von Markof. — Beitritt Oestreichs, Rußlands und Preußens zu dem 10ten Artikel des Friedens von Amiens. — Rede für den Krieg im Oberhause. — Im Unterhause stimmt man bei. — In beiden Kammern erheben sich Stimmen für den Frieden. — Vorschlag, die Minister der Censur zu unterwerfen. — Erschütterung Pitt's. — Dessen Unterhandlungen mit dem Ministerium. — Allgemeine Beobachtung. — Persönliche Gefahren für den ersten Consul bei einem Kriege.

1803.

In jedem andern Lande als Großbritannien würde der innere Zustand der Nation jeden Kampf nach Außen gefährlich gemacht haben. Für England scheinen äußere Kriege im Gegentheile ein Heilmittel gegen die häuslichen Uebel seines Innern zu seyn.

Zu Ende des Jahres 1802 entdeckte man eine sonderbare Verschwörung, an deren Spitze ein bis dahin ausgezeichneter Officier, Oberst Markus Despard, stand; welcher aber, auf einmal allen Gefühlen für Ehre entsagend, ein eben so verbrecherisches als unkluges Complott geschmiedet hatte. Funfzig unbedeutende Menschen machten den ganzen Heerbestand eines Mannes aus, welcher unter dem Vorwande, die Freiheiten des Volkes zu vergrößern, das ganze regierende Haus und dessen Ministerium umstürzen wollte. Despard wurde nebst einigen seiner Mitschuldigen im Februar 1803 hingerichtet. Jedermann war bei dieser Gelegenheit über den Unterschied betroffen, welcher zwischen dem Benehmen der französischen und englischen Regierung stattfand. Vielleicht wurde seit 30 Jahren in Frankreich keine einzige Verschwörung entdeckt, in welcher man nicht die Hand von Großbritannien wahrgenommen hätte. Waren jemals französische Spuren unter Englands Unruhen wahrzunehmen? Hat man je dergleichen in solchen Fällen entdeckt, wo es das Leben des Oberhauptes der Regierung galt? Der erste Consul wollte jedoch niemals, obgleich von Verschwörungen, deren Wurzeln in England lagen, immerwährend verfolgt, seine Unterthanen zur Wiedervergeltung ermächtigen.

In Irland, wo es so leicht gewesen wäre, dem stolzen Britannien jene Feindseligkeiten und Uebel, womit es unsere westlichen Provinzen heimgesucht hatte, durch schlimme Missethat zu ersetzen, erlaubte sich Frankreich unter dem Directorium ein einziges Mal, durch einen klug angezettelten Aufruhr das Wiedervergeltungsrecht zu üben. Zu Anfang des Jahres 1803 loderte das so oft gedämpfte, aber nie ganz ausgelöschte Feüer der Verschwörung von Neuem auf dieser Insel empor.

Die kurze Zeit, welche seit dem Frieden verflossen war, hatte eine Verbesserung der Finanzen nicht zugelassen; unerachtet der Ordnung und des guten Haushaltes eines Addington war es der Bank doch unmöglich, die Zahlungen in Baarschaft zu leisten. Eine eigene Bill mußte die Termine verlängern.

Außer, daß die gewöhnlichen Handelsverbindungen durch die Sperrung der Straßen auf dem Festlande, welche es vor der französischen Revolution zu benutzen gewohnt war, bedeutende Hindernisse fanden, hatte der Krieg selbst, wie in allen Ländern, so auch in Großbritannien, manche Quelle der Wohlfahrt, manchen Nahrungszweig, welchen nur ungehinderter Gewerbfleiß fruchtbar machen kann, fast gänzlich zerstört.

Zu dem Lieferungsgeschäfte für die Armeen kann man Wechsel-, Leih- und alle Arten von Tauschhandel hinzuzählen, welche in kurzer Zeit dem Unternehmer großen Reichthum verschaffen. Diese Classe von Handelsleuten war durch die vorgeblichen Beleidigungen von Seiten Frankreichs gegen die brittische Volksthümlichkeit am meisten beleidigt. Dieser Umstand veranlaßte Charles Fox zu der Aussage: „Es sey zweifelhaft, was für ein Land ehrenvoller sey, dem Ehrgeize eines zweiten Alexander zum Werkzeuge dienen, oder zur Befriedigung so geiziger und Schande bringender Zwecke Krieg zu führen. — Auf jeden Fall waren diese Stimmen des Mißvergnügens, als ein täglich sich erneuendes Echo, für die Aristokratie von hohem Nutzen, welche, obwohl aus andern Beweggründen, nach einem und demselben Zwecke strebte; während das Ministerium, sein Unvermögen, sich einem solchen Strome entgegenzustämmen, fühlend, demselben um seiner eignen Selbsterhaltung willen unbedingt folgen zu müssen glaubte. Daher, laut eines frühern Geständnisses Lords Hawkesbury, die Sendung vom 8ten März.

„Es ist gewiß," sagte, einem Briefe des Generals Andréossy an Herrn von Talleyrand vom 1sten März zu Folge dieser Minister acht Tage zuvor dem Abgesandten von Frankreich, „daß die englische Regierung bis jetzt nichts gethan, nichts vorausgesehen, sondern nur zugegeben und fast ohne Kopf bewilligt habe. Unsere Stellung ist eine solche, daß wir nur officielle Mittheilungen zu machen haben, und doch legt uns die Form der Verfassung sowohl, als die öffentliche Meinung, welche nothwendig gelenkt werden muß, diese letztere Verpflichtung auf. Wenn nicht irgend ein Uebereinkommen, dessen Inhalt wir, als nach dem Geiste des Volkes entworfen, bekannt machen können, uns zu Hülfe kommt, so ist es nicht schwer, vorauszusehen, daß wir drei Monate früher oder später durch dieselben Menschen ersetzt und entsetzt seyn werden, welche jetzt als Feinde der guten Ordnung und des Friedens da stehen."

Aus dieser Sprache Lords Hawkesbury gehen zwei für das englische Ministerium wenig ehrenvolle Thatsachen hervor, daß es sich einer unverzeihlichen Schwäche sowohl gegen Frankreich, als gegen die Partei in England, welche es zu stürzen bemüht ist, für schuldig hält: gegen Frankreich, indem es demselben Ländereien ohne Entschädigung zugesteht, ein Fehler, der nur sehr spät wieder gut gemacht werden kann; gegen die neue Opposition dadurch, daß es lieber in ihre Absichten eingeht, als ihr seinen Platz einräumt.

Die Aufrichtigkeit kann nicht weiter getrieben werden. Von diesem Gesichtspuncte sucht Lord Hawkesbury dem Botschafter von Frankreich Zuflüsterungen zu machen, deren Zweck kein anderer ist, als die Inseln Malta, Gozzo und Comino, als Entschädigung für die in dem gegenseitigen Länderbesitze der beiden Mächte vorgefallenen Veränderungen, zu erwerben. „Nachdem die Umstände sich geändert haben," fuhr Lord Hawkesbury fort, „kann man sich nur an den Geist und nicht an die Worte des Vertrages halten. Der Entschluß des Ministeriums ist gefaßt. Es wird das Parlament von den großen zu ergreifenden Maaßregeln für die Ehrenrettung der Krone unterhalten, und Alles von dieser Erklärung hoffend, durch die scheinbar gleichen Gesinnungen die Hände seiner Gegner entwaffnen und Frankreich zu der Abtretung Malta's bewegen, indem es diese Abtretung als das einzige Mittel, den Frieden zu erhalten, darstellt." Dieser Vernunftschluß, von der falschen Stellung des Ministeriums ausgegangen, war zu entschuldigen. Die Art und Weise aber, denselben in das Werk zu setzen, war schwierig. Das Ministerium benahm sich bei der Wahl der anzuführenden Beweggründe so ungeschickt, daß es sowohl dem französischen Cabinette, als dem Parlamente die Waffen gegen sich in die Hand legte. Die Meldung des Königs an das letztere ist kurz. Folgendes ist sein ganzer Inhalt.

„Se. Majestät sieht sich bewogen, die Kammer der Gemeinen von den neuen Vorsichtsmaaßregeln für die Sicherheit seiner Staaten in Kenntniß zu setzen, indem Sie in allen Häfen Frankreichs und Hollands Kriegsrüstungen machen sieht. Obgleich man vorgiebt, daß letztere nur zu Kolonial-Zwecken vorgenommen werden, will Se. Majestät Ihren treuen Communen diese Mittheilung um so weniger vorenthalten, als gegenwärtig zwischen Ihr und der französischen Regierung Unterhandlungen von großer Wichtigkeit gepflogen werden, deren Ergebniß noch unbekannt ist, und Sie die feste Hoffnung beseelt, daß sowohl Stadt als Land Ihre unermüdete Sorgfalt für die Erhaltung des Friedens theilen und mit dem gewohnten Gemeingeist alle Maaßregeln unterstützen werde, welche die Ehre der Krone und die allgemeine Wohlfahrt des Volkes erheischen."

Auf diese Weise führt das britische Ministerium, um die Bitte für neue Abgabenbewilligung zu begründen, zwei Thatsachen an: Beträchtliche Rüstungen in den holländischen und französischen Häfen, und wichtige Unterhandlungen zwischen England und Frankreich. Sind diese Thatsachen aber wahr, oder falsch? In Bezug auf das Erstere möchte man fragen: Wo geschehen die vorgeblichen Rüstungen? In was bestehen sie? Welche Erklärung hat England darüber verlangt? Was bedeuten übrigens, wenn sie auch in der That vorhanden wären, die Bewaffnung und Bemannung einiger Schiffe in Frankreich und Holland, nachdem der Kriegsminister die Erklärung gegeben hatte, daß in England 60 Linienschiffe flott und zum Kampfe bereit lägen; eine Anzahl, welche die Seemacht aller jener Staaten zusammengenommen, und selbst die spanische mit eingerechnet, übertrifft?

In Hinsicht des zweiten Punctes kann man wohl fragen: Ueber welchen Gegenstand und an welchem Orte sind jene Unterhandlungen gepflogen worden? In Europa, Asien, Afrika oder Amerika? Fox wünscht es zu wissen. Das Ministerium läßt ihn aber darüber in Zweifel. Alles, was die Gewißheit des Krieges vermehrt, entspricht den Wünschen der neuen Opposition. Statt der Abstimmung von zehntausend Staatsbürgern, welche das Ministerium vorschlug, brachte ein Redner fünf und zwanzigtausend in Vorschlag.

Die durch einen Aufsatz in dem Moniteur, worin es heißt: „England muß sich einzig und allein mit dem Vertrag von Amiens begnügen", mehr als gereizte Eigenliebe wurde durch eine Stelle in dem jüngsthin von der Republik an den gesetzgebenden Rath der Franzosen eingereichten Berichte über ihren Zustand noch mehr verletzt. Sie lautete also: „Wie groß auch in London die Gewalt der Kabale seyn mag, so wird sie doch nicht über andere Völker die Oberhand gewinnen, daß, wie es die Regierung mit gerechtem Stolze selbst sagt, England allein mit Frankreich zu kämpfen nicht im Stande sey." [1])

1) Frau von Staël hat irgendwo dieselbe Meinung auf eine sehr

Dieser letzte Zug schien beleidigend, aber er war wahr. Britannien hat dessen Richtigkeit selbst ausgesprochen, indem es eingestand, daß es von dem Augenblicke an, als die Unterstützung fremder Mächte ausblieb, den Kampf abzubrechen sich genöthigt gesehen habe. Auch Herr Windham hat in einer seiner letzten Parlamentsreden die nämliche Wahrheit anerkannt, indem er das Ministerium aufforderte: „Oestreichs Treue in Anspruch zu nehmen und die Erfüllung seiner Verbindlichkeiten gegen England zu verlangen." 1)

Die stolzen Aeußerungen des französischen Gouvernements waren allerdings eben so unbescheiden, als unzart; aber sie waren der Erguß eines Hochmuths, welchen eine Macht der andern entgegensetzte, und frei von jeder Persönlichkeit. Es war die Sprache der Gewalt, nicht der Ehre und der moralischen Würde. Wie viele ähnliche beleidigende Züge, sowohl gegen Frankreich, als gegen sein erstes Regierungspersonal, in öffentlichen Zeitungen und in den Parlamentsreden, kommen nicht auf Rechnung Großbritanniens? Hat man nicht einen Sidney-Smith die französische Nation ein Volk ohne allen Zusammenhang nennen hören, welches nur nach Theater-Effecten hasche? „Mag es," sagt dieser eben so höfliche als aufgeklärte Richter, „Julius Cäsars Tod, den Untergang des byzantinischen Reiches oder den Zug Alexanders des Großen nach Indien betreffen, Alles wird für die Franzosen gleich unwichtig seyn."

Dieselbe Thatkraft fand Gelegenheit, in den Abstimmungen über die neue Botschaft, obgleich mit mehr Anstand in der Form, an das Licht zu treten. Lord Moira hoffte, das Ministerium würde endlich einen höhern Ton anstimmen und die Furcht vor dem ersten Consul zu übertäuben suchen. Für seinen Theil sehe er keine Ursache, mit dem neuen Hannibal auf diesem Tone höfischer Zuvorkommenheit zu leben, da er, auf dem Altare des Ehrgeizes, Großbritannien einen ewigen und unvergänglichen Haß zugeschworen habe. — Wenn

geistreiche Weise ausgesprochen, indem sie sagt: „Que l'Angleterre aurait dû honorer la France d'un tête-à-tête."

1) „By vindicating the fidelity of Austria in her engagements with this country."

er sagt, „daß England nicht im Stande gewesen sey, allein mit Frankreich den Krieg fortzuführen, darf man wohl fragen, woher er diese kostbare Nachricht habe? Etwa von den edlen Lords, welche er, Lord Moira, nicht ohne Stolz unter seine Freunde zählte? (Lord Nelson und Lord Hutchinson.) Oder in welcher Periode unserer Geschichte hat man jene Entdeckung gemacht?" Diese mit häufiger Anführung von Stellen aus Ossian's Gedichten geschmückte Rede endigte sich mit dem lauten Aufruf an die Minister, sich mit der Nation zu vereinigen, um das gemeinschaftliche Vaterland zu vertheidigen.

Unter den Gründen, welche Fox zur Vertheidigung des Friedensschlusses auch in dem Falle, als dessen wohlthätige Einwirkung nur von kurzer Dauer wäre, aufführte, heben wir nur folgende Betrachtungen heraus: „In seinen Augen bestand der größte Vorzug des Friedensschlusses von Amiens darin, daß er England von den abscheulichen Grundsätzen befreite, nach welchen der letzte Krieg geführt worden war. Er hoffe, künftighin nicht mehr von Kriegen sprechen zu hören, welche man als einen Kreuzzug zum Schutze der Religion und der gesellschaftlichen Ordnung betrachtet wissen wollte. Er lebe der festen Ueberzeugung, daß eine solche Heuchelei für immer aufgehört habe, und daß man in Zukunft die Staatsminister nicht mehr sich abmühen sehen möge, ein großmüthiges Volk durch lügenhafte Vorspiegelungen über den eigentlichen Zweck zu hintergehen."

Wie viele gehässige Kriege haben wir seit der Zeit, wo sich ein Mann, wie der freisinnige Fox, so über England aussprach, unter dem Vorwande von Aufrechthaltung der Religion und öffentlichen Ordnung bemänteln gesehen! Wir haben nicht nöthig, zu erwähnen, daß die Vorschläge des Ministeriums ohne Widerspruch bei der Abstimmung durchgegangen sind. Bei einem großen Theile der Stimmenden war die Hoffnung eines Krieges der Hebel dieser Beschlußnahme, und dennoch fuhr Herr Addington in seiner Versicherung fort, daß er die Hoffnung, den Frieden zu erhalten, noch nicht aufgegeben, daß die Rüstungen der Regierung nur aus Vorsicht und zur Aufrechthaltung der innern Ruhe, nicht aber zu feindlichen Angriffen gemacht würden.

Die Botschaft vom 8ten März, welche ganz Europa in Staunen versetzen sollte, war hauptsächlich darauf berechnet, dem französischen Botschafter zu London einen seltenen und wunderbaren Eindruck zu machen. Dieser Gesandte, welcher schon beauftragt war, genaue Aufschlüsse über die Fortdauer der Besetzung von Malta zu verlangen, der sich aber bis jetzt blos auf mündliche Erörterungen, als zur Annäherung der Geister mehr geeignet, eingelassen hatte, glaubte, dem befremdenden Charakter der königlichen Botschaft zufolge, von nun an andere Schritte thun zu müssen. Zwei Tage darauf, am 10ten März, überreichte er dem Ministerium seine Anfrage schriftlich, und zwar in einem dringendern Style abgefaßt: „In Gemäßheit des Friedens von Amiens," sagte er, „hat England die Verpflichtung übernommen, drei Monate nach der Auswechselung der darüber ausgestellten Urkunde die Insel Malta und Alles, was davon abhängig ist, zu räumen.

„Nun sind bereits zehn Monate seit der Vollziehung jenes Vertrags verflossen, und noch befinden sich englische Truppen auf Malta.

„Das französische Heer im Gegentheile, welches Rom und die neapolitanischen Staaten räumen sollte, hat selbst die ihm zugestandene Frist von drei Monaten nicht einmal abgewartet."

„Was kann man zur Rechtfertigung jener verzögerten Räumung Malta's anführen? Hat der 10te Artikel des Vertrags von Amiens nicht alle kommenden Ereignisse vorausgesehen? Da aber die neapolitanischen Truppen zurückgekommen sind, warum nicht auch die englischen? Was kann England für einen Grund jenes Verweilens anführen? Haben etwa nicht alle Mächte, welche der 6te Paragraph namhaft macht, die ihnen zugestandene Bürgschaft angenommen? Und doch wäre diese Bedingung nicht einmal auf die Räumung in Anschlag zu setzen. Ueberdem hat Oestreich seine Sicherheits-Acte schon ausgestellt. Rußland selbst hat nur in einer Beziehung Schwierigkeiten gemacht, welche aber auch durch den Beitritt des ersten Consuls zu den in Vorschlag gebrachten Abänderungen erledigt werden, vorausgesetzt, daß England von seiner Seite nicht wieder neue Hindernisse entgegensetze.

und Rußlands Vorschlägen seine Einwilligung verweigere, welches zwar genau betrachtet, laut dem Buchstaben des Vertrags, Se. großbritannische Majestät nicht der Verpflichtung entbände, die Insel Malta innerhalb dreier Monate zu räumen und unter Neapels Schutz zu stellen, welches bis zu Austrag der mit dem Orden zu treffenden Uebereinkunft die Besetzung derselben übernehmen wird."

Nichts desto weniger ist die Botschaft des Königs von England zu Paris angelangt. Herr von Talleyrand hat daher am 12ten März dem Lord Withworth eine auf die beiden, in dessen Erklärung erwähnten Thatsachen begründete Note übergeben. Diese Note hatte zum Inhalte, daß, wenn Se. großbritannische Majestät auf die Kriegsrüstung von Helvoet-Sluys anspiele, diese, obgleich sie, wie Jedermann wisse, nach Amerika bestimmt sey, sogleich eingestellt werden solle; daß, wenn England eine Bewaffnung vornehmen sollte, der erste Consul sich genöthigt sähe, 20,000 Mann nach Holland marschiren zu lassen, die Grenzen von Hannover zu besetzen und bei Calais und an andern Puncten der Küsten ein Beobachtungslager aufzuschlagen; ferner eine bewaffnete Macht in der Schweiz zu erhalten, die frühere Stellung bei Tarent wieder einzunehmen, und mit einem Worte Krieg dem Kriege entgegenzusetzen. Was die vorgeblichen Differenzen betreffe, von denen man spreche, sey sich Frankreich gegen England gar keiner bewußt: „denn es scheine doch keineswegs denkbar, daß man in England glaube, den Vertrag von Amiens unter dem Schutze einer militairischen Bewaffnung zu vollziehen."

Der erste Consul, welcher aus dem alten Geschäftsgange der Cabinette herausgetreten war, indem er mit einem fremden Botschafter unterhandelte, wich auf's neue davon ab, als er am 13ten März bei einer öffentlichen Audienz über die politische Frage der Zeit folgende Worte an denselben Gesandten richtete: „Ihr seyd also," sagte er zu Lord Withworth, „zum Kriege entschlossen. Wir haben funfzehn Jahre Krieg geführt, und ihr nöthigt mich, ihn auf noch einmal so lange Zeit auszudehnen."

„Die Engländer wollen Krieg," sagte er, zu den Abgesandten von Spanien und Rußland, den Herren von Azara und von Markof, gewendet; „allein wenn sie die Ersten sind, welche den Degen ziehen, so werde ich der Letzte seyn, welcher denselben in die Scheide steckt. Sie ehren keine Verträge, man muß sie daher mit einem schwarzen Flor bedecken."

Er machte hierauf seinen gewöhnlichen Gang in dem Audienz-Saale, sagt Lord Withworth, dessen eigener Ausdrücke ich mich hier wörtlich bediene, und nahm, in wenig Augenblicken zurückkehrend, durch eine leicht hingeworfene höfliche Phrase, den Faden des Gesprächs wieder auf: „Warum Bewaffnungen? Gegen wen sind die Vorsichtsmaaßregeln gerichtet? Ich habe nicht ein einziges Linienschiff in den Häfen von Frankreich; aber wenn ihr euch durchaus auf Kriegsfuß setzen wollet, so werde ich auch meine Maaßregeln zu treffen wissen. Wenn ihr euch schlagen wollet, so werde ich gewiß nicht zurückstehen. Es mag euch vielleicht gelingen, Frankreich zu tödten, niemals aber Frankreich einzuschüchtern."

„Man verlange weder das Eine noch das Andere," gab ich zur Antwort; „der Wunsch der Britten sey, mit Frankreich in gutem Vernehmen zu stehen."

„Dann muß man aber die Verträge unverletzt erhalten," erwiederte er. „Unglück über die, welche dieselben nicht zu ehren wissen! Sie werden ganz Europa dafür verantwortlich seyn."

Man hat mir gar zu gern und oft die Bemerkung wiederholt, der erste Consul, obwohl eben so geschickt in der Führung des Schwerdtes, als in der Leitung des Steuerruders am großen Staatsschiffe, hätte die zartere Waffe der Diplomatie der durch lange Uebung damit vertrauten Hand seines Ministers der auswärtigen Angelegenheiten überlassen sollen. Die Unterhandlung des ersten Consuls mit Lord Withworth, und die bei einer öffentlichen Audienz gehaltene Anrede an diesen Botschafter, trügen, streng genommen, sowohl in dem Grundsatze als in der Ausführung, das Gepräge der Unschicklichkeit, ja sogar einer schweren Verirrung, welche nicht ohne Einfluß auf die nachmalige Kriegserklärung gewesen wäre. Solche Urtheile scheinen mir, ihrer Ursache und ihrem Wesen nach, die Quelle in der abergläubisch fesselnden Macht der Gewohnheit zu haben.

Abgesehen davon, daß der erste Consul, als höchste Magistratsperson eines republikanischen Staates, nicht nach dem nämlichen Maaßstabe, wie Fürsten von Geblüt und souveraine Herrscher beurtheilt werden muß, denen die Klugheit jede unmittelbare Berührung mit fremden Ministern untersagt, so scheint uns doch, wenn man den Zeitpunct und die obwaltenden Umstände genau in das Auge faßt, als wären jene zwar von dem Herkommen in Monarchien abweichenden Unterhandlungen bei den damaligen Verhältnissen der Dinge nicht nur sehr natürlich, sondern auch ganz gesetzmäßig gewesen.

Was die specielle Thatsache betrifft, so hat wohl der König von England durch seine öffentlichen Anklagen den ersten Consul zu jenem Schritte veranlaßt. Warum sollte dieser jene nicht auch öffentlich Lügen strafen? War es nicht ganz einleuchtend, daß er, um sich zu entschuldigen, die erste beste Gelegenheit ergriff, wo er sich in Gegenwart der verschiedenen Abgesandten der europäischen Mächte befand?

Hätte er Krieg gewünscht, so würde er ohne Zweifel besser gethan haben, seinen Ministern die heuchlerische Versicherung freundschaftlicher Gesinnungen zu überlassen; aber da er nur den Frieden im Auge behielt und der brittische Abgesandte selbst damit einverstanden war, so konnte der erste Consul ohne alle Gefahr seinen Gefühlen, seinen Gedanken, ja selbst seinen Leidenschaften freien Lauf lassen. Würde man seine Gedanken nicht errathen haben, selbst dann, wenn er nicht gesprochen hätte? Es ist also doch wohl eine zu große und zu gefällige Leichtgläubigkeit, vermöge welcher sich die britische Regierung zu ihrer Erklärung veranlaßt glaubte. In diesen Worten wird man einen Vorwand suchen; aber ein Vorwand ist keine Ursache.

Unter dem 8. März wollte das Cabinet von London in den Häfen Frankreichs und Hollands eine bedeutende Menge Waffen und Kriegsfahrzeuge gesehen haben, welche jedoch jedem andern Auge als einem britischen unsichtbar waren. Unter dem 15ten März stellte es in aller Form und schriftlich, unter dem Vorwande, daß Frankreich sich sowohl vor als nach dem Frieden an Areal vergrößert habe, den Grundsatz

3*

der Schadloshaltung, an welche es früher nicht gedacht hatte, auf, ein Princip, welches zwar während der Auseinandersetzung der Friedens-Präliminarien von London im Jahre 1801 sehr passend war, jetzt aber, als Beschönigungsmittel des Friedensbruches von Amiens, eben so abgeschmackt erscheinen muß.

In einer dem französischen Botschafter zu London, in Erwiederung auf seine vom 10ten März eingereichte Erklärung, unter dem 16ten desselben Monats mitgetheilten Note, stellte Lord Hawkesbury als Lehrsatz und gleichsam als eine allgemein anerkannte Thatsache auf: „daß jenes Uebereinkommen in Bezug auf den gegenwärtigen Zustand des Länderbesitzes beider abschließender Parteien unterzeichnet, und auf diese Weise mit der Periode des Abschlusses innigst verbunden sey; so daß, wenn der Zustand jenes Länderbesitzes von der einen oder der andern Seite verändert würde, es der entgegengesetzten Partei frei stehen müßte, dem Völkerrechte zufolge sich in das Mittel zu schlagen, um entweder eine Genugthuung oder eine Schadloshaltung für jedwede dadurch herbeigeführte wesentliche Veränderung in ihrer gegenseitigen Stellung zu einander zu verlangen.“ Die Folgerung dieses Vernunftschlusses war, daß England sich das Recht auf Malta's Besitz zusprach.

Man begreift sehr leicht, wie viel Beunruhigendes, ja selbst Gefährliches für das Wohl aller Nationen solche Grundsätze haben, wie auch das britische Cabinet sich immer stellen mag, jede anderweite Folgerung durch angeführte Abweichungen und wesentliche Veränderungen, welche die Natur des Vertrages in seinem innersten Seyn angriffen, zu beseitigen, ein um so weniger gültiger und wirksamer Kunstgriff, als demzufolge jeder Staat dann auch Richter in seiner eignen Sache wäre. Wenn man dieser Lehre Eingang gestattete, würden die Verträge nicht nur ihre bindende Kraft, sondern auch die Heiligkeit ihres Charakters verlieren. Sie wären nichts mehr als einstweilige bedingungsweise gestellte, von der mehr oder weniger richtigen Kraftschätzung der gegenseitigen Mächte abhängende Uebereinkünfte, schon am Morgen nach deren Abschlusse jeder willkürlichen Abänderung fähig.

Was den Vorwurf einer Staatenvergrößerung, den man Frankreich macht, betrifft, so hätte dieser mit mehr Vortheil gegen England selbst angewendet werden können, welches nach Abschluß des Friedens von Amiens noch eine bedeutende Erwerbung in Indien, wir meinen Carnate, gemacht hat, dessen Bevölkerung man auf einige Millionen Menschen anschlagen kann.

Man kann sich leicht denken, daß diese Thatsache in der französischen Antwort auf jene von England gegebene Erklärung nicht vergessen werden wird; aber die Regierung von Frankreich hat sich während der Unterhandlung gehütet, damals schon diese Stellung anzunehmen. Ohne sich bei der neuen Art, Schlüsse und Beweise zu führen, welche England angewendet hat, länger aufzuhalten, begnügte es sich, die Behauptung von einer zu Gunsten der Republik entworfenen und nach dem Frieden ausgeführten Staatenvergrößerung zu zu widerlegen. Es beruhte, sagte der französische Botschafter Andréossy in seiner Antwort an Lord Hawkesbury vom 29sten März, jener Vorwurf auf einem Irrthum in dem fraglichen Gegenstande. Frankreich hat seit jenem Zeitpuncte viele Länder geräumt, aber keinen Fingerbreit Zuwachs erhalten; eine Antwort, welche, wie wir schon erwähnt haben, in so weit ganz wahr ist, als die Verbindungen, welche schon vor dem Friedensschlusse eingeleitet waren, von Jedermann gekannt und als unmittelbar darauf in Wirksamkeit tretend betrachtet wurden.

Als in dieser nämlichen Note vom 15ten März Lord Hawkesbury aufs neue die Anklagen hervorhob, welche der Oberst Sebastiani in seinem Berichte gegen die englische Regierung, gegen die britische Armee und deren Anführer in Aegypten erhoben hatte, so verwies Frankreich in seiner Antwort diese Beschuldigungen auf ein früheres Jahrhundert: „Solche Beweggründe konnten wohl vor 400 Jahren einen Kampf von Dreißigen veranlassen, aber heutiges Tages können sie nicht eine Ursache zum Kriege zwischen zwei Ländern seyn. Es besteht daher, fuhr General Andréossy fort, nur eine Frage zwischen uns — die Vollziehung des Vertrags von Amiens. Se. britische Majestät wird jedes Sophisma, jede Unterscheidung und jeden geistigen Vorbehalt verbannen. Was bliebe in Zukunft, wenn es anders wäre, den Nationen für ein Mittel zu ihrem gegenseitigen Verständnisse übrig? Verfiele nicht Alles in ein Chaos zurück? Ein Unheil würde das andere in dem bürgerlichen Verbande verdrängen. Mit wenig Worten: der Unterzeichnete hat den Auftrag, zu erklären, daß der erste Consul nicht geneigt ist, den Fehdehandschuh, welchen ihm England hingeworfen, aufzuheben; daß er, was Malta betreffe, keinen Stoff zur weitern Auseinandersetzung darin erblicke, zumal da man bei dem Abschlusse des Vertrages schon Alles habe voraussehen können."

England gab dieser Angelegenheit eine ganz andere Deutung. Um seine Verweigerung, diese Insel zu räumen, nur einigermaßen zu begründen, kam es unaufhörlich auf seine alten Forderungen um erläuterte Auskunft zurück, welche es in Beziehung auf den Bericht des Obersten Sebastiani machen zu dürfen glaubte, und beharrte auf der Auseinandersetzung des Princips, inwiefern man bei neuen Erwerbungen das Vergeltungsrecht anwenden könne. Hierauf kam es nach dem Ausdrucke des Lord Withworth zu dem Hauptgegenstande der Unterhandlung. Allein Herr von Talleyrand wiederholte nochmals, dem ersten Consul liege nichts so sehr am Herzen, als die Nothwendigkeit zu vermeiden, je wieder zum Kriege seine Zuflucht nehmen zu müssen. Um den Frieden zu erhalten, wäre er zu jedwedem Opfer erbötig, das nicht seiner Ehre zu nahe trete. Während der erste Consul auf der treuen Befolgung des Vertrages besteht und immerhin darauf bestehen wird, ist er nichts desto weniger abgeneigt, alle Mittel für Ihre Sicherheit anzuwenden.

Genügt Ihnen die Unabhängigkeit der neapolitanischen Besatzung nicht; so geben sie nur die Mittel an die Hand, wie die Zufriedenstellung zu erreichen sey. Er wird sogar in den Vorschlag eingehen, jene Besatzung aus Engländern, Franzosen und Deutschen zugleich bestehen zu lassen.

„Im Allgemeinen, fuhr der englische Botschafter in dem Berichte an seine Regierung fort, Alles, was irgend eine Schmälerung der Unabhängigkeit Malta's und des Ordens zum Zwecke hat, kann von Seiten Frankreichs nie zugegeben werden. Die französische Regierung wird alle Mittel, welche dem englischen Cabinette zur Beseitigung der gegenwärtigen Hindernisse vorzuschlagen beliebte, wenn anders dieselben dem Vertrag von Amiens nicht zuwiderlaufen, mit Freuden ergreifen, denn sie macht in dieser Hinsicht nicht die geringste Einwendung.

Diese günstige Stimmung Frankreichs schien von nun an neuen Erklärungen den Eingang zu öffnen und eine gewisse Annäherung der Gemüther zu bewirken.

So war die Lage der Dinge, noch schimmerte ein schwacher Funke von Hoffnung, als von beiden Seiten ein neuer Gegenstand der Beschwerde sich erhob. Man sah an der holländischen Küste ein englisches Fahrzeug kreuzen, welches die Absicht zu verrathen schien, das Auslaufen französischer Schiffe zu verhindern. Vier und zwanzig Brigantinen lagen an der Küste zwischen Ostende und Dünkirchen. Eine in die Rhede von Ostende eingelaufene Brigg hatte eine französische Schaluppe genöthigt, eine gewisse Anzahl Soldaten aus allen Ländern, welche unter Englands Fahnen gedient hatten, ans Land zu setzen.

Solche Handlungen waren keineswegs mit dem innern Seyn und Wesen des noch immer fortbestehenden Friedensschlusses übereinstimmend; und selbst hierzu kam noch eine ungleich wichtigere Thatsache — der unter dem 31sten October erlassene britische Cabinetsbefehl, welcher die Räumung des Vorgebirges der guten Hoffnung widerrief. Derselbe erstreckte sich auf alle Kolonien, welche bis zu jenem Zeitpuncte noch nicht zurückgegeben waren. Er verhinderte ebenfalls die Zurückgabe der Insel Goree. Alles war neu und sonderbar in der Handlungsweise der britischen Regierung. In ihren Augen hatte der Friede von Amiens nicht den Charakter eines wahren Friedens gehabt. Die englischen Truppen hatten die Capstadt wohl verlassen, waren aber in Folge einer Capitulation wieder eingerückt. — „Mitten im Friedenszustande Capitulationen!" rief Frankreich voll Verwunderung aus; und in der That, nach einem solchen Benehmen war eine Klage wohl an ihrem Orte.

Die französische Regierung beschwerte sich also mit Recht, obgleich mit Mäßigung, ohne Drohung und Heftigkeit, und begnügte sich mit der bescheidenen Forderung eines erklärenden

Aufschlusses. Sie gab sogar einer schon zur Abreise bereitstehenden Expedition nach Louisiana Gegenbefehle; allein England war nicht so leicht zu besänftigen.

Als die Hamburger Zeitung in den ersten Tagen des Aprils einen Artikel aufgenommen hatte, welcher die von dem Könige von England dem Parlamente gethane Eröffnung näher beleuchtete, und den man von Seiten der bei den Hansestädten beglaubigten französischen Gesandtschaft veranlaßt wähnte, erhob Lord Withworth über diesen Eingriff einen gewaltigen Lärm. Man brachte ihn zwar durch die Antwort zum Schweigen, „daß, wenn Frankreich wirklich den Fehler, dessen man es beschuldige, begangen habe, so nehme man das Gesagte gern zurück, und sey zu jeder Genugthuung gegen England erbötig."

Allein diese Empfindlichkeit von Seiten Großbritanniens, dieses auf Nebensachen und Kleinigkeiten gelegte Gewicht hatten keinen andern Zweck, als den Erfolg seines Strebens immer mehr zu sichern. Zu derselben Zeit war Lord Withworth beauftragt worden, der französischen Regierung anzuzeigen, daß Se. Majestät zu einem friedlichen Vergleiche nicht abgeneigt wäre, im Falle man England den Besitz der Insel Malta auf eine noch festzusetzende Zeit gewährleistete; denn alsdann würde die Forderung, dieselbe auf immer besetzt zu halten, sich von selbst erledigen; doch dürfte die festgesetzte Zeit nicht weniger als zehn Jahre betragen, und der König von Sicilien müßte sich bewegen lassen, die Insel Lampedosa gegen eine angemessene Auslösung abzutreten. Würden diese Vorschläge angenommen, so fiele die Insel Malta als ein unabhängiger Staat der Oberherrschaft seiner Bewohner anheim.

Bei dieser Erklärung der britischen Regierung kommen aber drei wichtige Fragen in Betrachtung: die dem Könige von Neapel gehörende Insel Lampedosa, die Auflösung des 10ten Artikels in dem Friedensvertrage von Amiens, und endlich die Uebertragung der Souverainetätsrechte auf Malta betreffend; da man wollte, daß dieselben nach Ablauf einer Frist von zehn Jahren an die Einwohner der Insel und nicht an den Orden des heiligen Johannes von Jerusalem zurückfallen sollte. Abgesehen aber von jeder andern Betrachtung, wer kann noch daran zweifeln, daß ein Besitz von zehn Jahren sich nicht in einen immerwährenden verwandeln würde? Und gesetzt auch, man spräche nach zehn Jahren von einer Wiedererstattung, — ist es nicht einleuchtend, daß alsdann England in lakonischem Style antworten würde: „Erobert sie!"

Nachdem Herr von Talleyrand die Mittheilungen des englischen Cabinets der französischen Regierung bekannt gemacht hatte, eröffnete er zugleich: „daß der erste Consul, unter keiner Bedingung, weder einen immerwährenden, noch einen auf gewisse Zeit festgesetzten Besitz von Malta genehmigen könne; daß er sein Hauptaugenmerk unverwandt auf die Erfüllung des Friedens von Amiens richte, und daß er, bevor er einen solchen Vergleich einginge, lieber den streitigen Punkt auf immer unentschieden lassen wolle; denn auf der einen Seite wäre Großmuth und edle Sinnesart, auf der andern Schmiegsamkeit und Schwäche vorherrschend — auf jeden Fall also ein zu großes Mißverhältniß. Sein Entschluß sey daher gefaßt, und ihm bleibe kein anderer Vorschlag mehr übrig, als die Besitznahme von Lampedosa, welche schon gewünscht worden, oder die Aneignung irgend einer andern kleinen zwischen Malta und der Küste von Afrika gelegenen Insel.

Wenn weder Lampedosa, noch eine andere Insel in den Augen Englands Malta zu ersetzen im Stande wäre, hatte Lord Withworth den Auftrag, sein Ultimatum einzureichen und sogleich abzureisen, wenn die gemachten Bedingungen nicht sogleich darauf erfüllt würden. Jenes Ultimatum, das, gegen allen Gebrauch, nicht schriftlich ausgefertigt war, bestand in folgenden Puncten:

1) Daß Se. britische Majestät während zehn Jahre die Insel Malta mit englischen Truppen besetzen könne.
2) Daß die Insel Lampedosa an die Krone Großbritannien abgetreten und ganz zu eigen erklärt werde.
3) Daß Frankreichs Truppen Holland räumen sollten.

Wenn nach Verlauf von sieben Tagen nicht eine auf dieser Basis begründete Uebereinkunft unterzeichnet würde, sollte Lord Withworth nach Aufhebung seiner Gesandtenpflicht unmittelbar nach London zurückreisen.

Die Zusammenkunft, bei welcher der englische Botschafter dem französischen Ministerium dieses hochtrabende und sonderbare Ultimatum bekannt machte, fand am 26sten April statt. Herr von Talleyrand antwortete darauf am 2ten Mai, in den gewöhnlichen und in folgenden Ausdrücken:

„Da die Insel Lampedosa nicht unter französischer Botmäßigkeit steht, kann der erste Consul dem Wunsch Sr. großbritannischen Majestät, dieselbe zu besitzen, weder erfüllen, noch ablehnen. — Was die Insel Malta betrifft, würde die Forderung des Königs von England einen wesentlichen Punct des Vertrags von Amiens verändern; der erste Consul müßte sie daher zuerst Sr. Majestät dem Könige von Spanien und der batavischen Republik, als den bei jenem Vertrage betheiligten Mächten, mittheilen, um ihre Willensmeinung zu vernehmen. Ueberdieß, da der deutsche Kaiser, der König von Preußen und der Kaiser von Rußland Bürgschaft für die auf Malta Bezug habenden Stipulationen geleistet haben, so seyen die den Vertrag abschließenden Parteien pflichtmäßig gehalten, sich vor jeder Abänderung desselben mit den bürgenden Mächten zu verständigen."

In Hinsicht der Räumung Hollands wiederholte das französische Cabinet von neuem, daß sie unbedingt erfolgen werde, sobald die durch den Vertrag von Amiens festgesetzten Bedingungen erfüllt worden seyen.

Eine solche Antwort war weit entfernt, den Wünschen Englands zu entsprechen. Lord Withworth verlangte daher am 3ten Mai seine Pässe. Statt ihm dieselben zuzusenden, meldete ihm Talleyrand noch an demselben Tage, daß er ihm noch eine wichtige Eröffnung zu machen habe. Am 4ten hatte der Lord auch schon eine Note in den Händen, welche in vermittelnden Ausdrücken die Würde und die Wohlfahrt beider Länder näher in Erwägung ziehen zu wollen schien.

Se. britische Majestät hat geglaubt, daß die neapolitanische Besatzung, welche auf Malta bleiben sollte, nicht Macht genug haben würde, um die gänzliche Unabhängigkeit dieser Insel zu sichern. Dieser Beweggrund scheint wenigstens der einzige zu seyn, welcher die verweigerte Räumung jenes Postens einigermaßen zu entschuldigen im Stande wäre. Der erste Consul ist aber bereit, zuzugeben, dies in die Hände der einen oder der andern von den drei Mächten zu legen, welche seine Unabhängigkeit verbürgt haben, Oestreich, Rußland oder Preußen.

Dieser Ausweg war aber eben so wenig, als irgend ein anderer, nach dem Sinne der britischen Regierung.

England wollte Malta für Niemanden anders als für England selbst. Es lag nichts weniger in seinen Wünschen, als die Insel in den Händen dieser oder jener Macht zu sehen; allein die Stellung war höchst schwierig. Seine Antwort lautete daher: Der Kaiser von Rußland wäre bei der gegenwärtigen Lage der Dinge der einzige Herrscher, den Se. großbritannische Majestät für einige Zeit gern in dem Besitze der Insel wissen möchte; allein der Vorschlag der französischen Regierung, sagte Lord Withworth in seiner Note vom 10. Mai, den er selbst seinem Hofe habe zukommen lassen, hätte sich durch die abschlägige Antwort Sr. Majestät des Kaisers von Rußland, als unausführbar erwiesen und würde auf jeden Fall den gerechten Anforderungen Sr. britischen Majestät zu nahe getreten seyn.

Das Einzige, was England aus Rücksicht für die Ehre des ersten Consuls zuzugestehen sich entschloß, war, daß die Verabredung, welche der britischen Regierung Malta's Besitz auf zehn Jahre zusicherte, in einen geheimen Artikel gefaßt und aufgenommen werden sollte. Lord Withworth hatte zugleich strenge Weisung, nach Empfang der Depesche[1]), welche diesen sonderbaren Beweis von Nachgiebigkeit enthielt, nicht länger als sechs und dreißig Stunden noch in Paris zu bleiben.

1) Diese enthielt außerdem eine unwahre Behauptung, welche wir bald widerlegt und bestritten sehen werden. Das britische Ministerium trug deshalb auch Sorge, sie in der den beiden Kammern mitgetheilten Acte zu unterdrücken, und die Antwort Talleyrands vom 12ten Mai, welche das Falsche derselben augenscheinlich bewies, gänzlich zu vernichten. So fügte das britische Ministerium zu dem durch eine Unwahrheit gegen Frankreich begangenen Unrecht noch die weit größere Falschheit, durch Entstellung von Thatsachen in seinen Berichten das Parlament selbst auf eine unwürdige Weise hintergangen zu haben.

Am 11. Mai hatte dieser Botschafter mit Herrn von Talleyrand eine Unterredung, während welcher er ihm eine von dem Abende zuvor datirte Note überreichte, durch die er ihm bei der gegenwärtigen Lage der Dinge den Entschluß seiner Handlungsweise kund that. Nach flüchtiger Durchlesung fragte Talleyrand Lord Withworth, ob er sich durch seine erhaltenen Befehle für ermächtigt halte, mit ihm einen Vertrag abzuschließen, vermöge dessen der Krone von England der immerwährende Besitz von Malta gegen eine Entschädigung zugesichert würde. Somit war der Annäherung beider Parteien ein neuer Weg geöffnet. Bei den auf solchen Grundsätzen beruhenden Verhandlungen war wenigstens eine Art von Gleichheit zwischen ihnen festgestellt.

Obwohl Lord Withworth erklärte, daß er allerdings nicht ermächtigt sey, irgend eine Verbindlichkeit dieser Art einzugehen; denn das heiße eine Unterhandlung gegen die andere vertauschen, eine Gewährleistung mit einer andern Verbindlichkeit aufheben, so bat er doch Herrn von Talleyrand, „den Gegenstand seines Antrages zu nennen;" „allein" — fuhr jener Botschafter fort — „er konnte, oder er wollte sich nicht in eine nähere Erörterung einlassen." Man kam nichts desto weniger überein, daß ein die ganze Sache näher auseinandersetzender Vortrag bei der britischen Gesandtschaft eingereicht werden sollte, als plötzlich ein Courier von St. Petersburg der Verhandlung die nämliche Stelle anwies, die sie vor dieser Unterredung eingenommen hatte.

England hatte auf jeden Fall eine Unklugheit begangen, indem es auf jenes Anerbieten — Malta's Schicksal in Rußlands Hände zu legen — durch die Erklärung antwortete, als hätte der Kaiser von Rußland jene Schutzherrschaft nicht annehmen wollen. Eine von Herrn von Markoff officiell gemachte Mittheilung eröffnete der französischen Regierung, daß der Kaiser Alexander die schon einmal gegebene Zusicherung bestätige, und daß er das von Seiten des ersten Consuls erbetene Amt eines Vermittlers gern übernehmen wolle, wenn beide Mächte ihn darum ersuchten.

Durch diese Nachricht, welche ohne allen Zweifel, wenn

anders England nicht fest schon zum Kriege entschlossen gewesen wäre, einen entscheidenden Einfluß gehabt hätte, wurde der fragliche Punct der Unterhandlung auf einmal abgeändert. Das französische Ministerium beeilte sich, den großbritannischen Gesandten von dem Irrthume zu überzeugen, in welchem sich seine Regierung in Hinsicht der Gesinnungen des Cabinets von St. Petersburg befinde, indem es die authentische Erklärung der russischen Gesandtschaft zur Beglaubigung anführte, „woraus hervorgehe, setzte Herr von Talleyrand hinzu, daß es unmöglich sey, die letzte Eröffnung Sr. Excellenz des Lords Withworth mit der neuen Bestätigung, die man über die Ansichten des russischen Kaisers erhalten habe, in Einklang zu bringen, und daß man sich der Ueberzeugung nicht erwehren könne, Se. großbritannische Majestät habe, von der Lage der Dinge besser unterrichtet, ihrem Botschafter gewiß schleunigst andere Verhaltungsmaaßregeln zukommen lassen, als die sind, welche er als von seiner Regierung erhalten zu haben vorgab."

England mochte eben so wenig etwas von Vermittlung, als von der Bürgschaft des Kaisers Alexander hören; und Lord Withworth bestand, unerachtet der Wichtigkeit der neu eröffneten Thatsache, ohne sich in irgend eine Eröffnung einzulassen, auf der Forderung seines Reisepasses. Diese Bitte wurde ihm nun auch ohne Weiteres gewährt.

Am 13ten Mai, kurz vor seiner Abreise, wurde ihm als letzter Beweis, wie sehr Frankreich immer noch für die Beibehaltung des Friedens gestimmt gewesen sey, eine Note überreicht, welche die sämmtlichen Verhandlungen zwischen beiden Ländern, seit der Botschaft des Königs vom 8ten März, in einen kurzen Auszug zusammengestellt enthielt.

Durch dieses Actenstück tritt der grelle Widerspruch zwischen dem zu jeder Ausgleichung — mit Ausnahme dessen, was dem Vertrag von Amiens zuwiderläuft, — bereitwilligen Frankreich, und dem nur Vorwand auf Vorwand eines begangenen Treubruchs suchenden Englands recht deutlich in's Licht.

Wenn ich bei Erwähnung des hochfahrenden Benehmens von Seiten der englischen Regierung, um jede unnütze Wiederholung zu vermeiden, die aus derselben Absicht gegen Frankreich ausgestoßenen Vorwürfe über einige Worte des ersten Consuls überging, so werde ich im Verlaufe meiner Schilderung der britischen Parlaments-Debatten diese Anschuldigungen näher beleuchten, welche sich dann gewiß bei jedem Unbefangenen in ihrer ganzen Bitterkeit und Absichtlichkeit darstellen werden.

Wie auch immer das Urtheil fallen möge, so viel ist gewiß, daß bei diesem Verhältnisse das, was man die Form nennt, nicht auf der Seite Englands war. Mittelst Recrutirungen und Waffensammeln unterhandeln, seine Ansprüche und Wünsche nicht anders als mit den Waffen in der Hand eröffnen, ein Ultimatum von sieben Tagen, ein anderes von sechs und dreißig Stunden, und zwar gegen alle Gesandtschaftsrechte, ein mündliches Ultimatum aufstellen, falsche Behauptungen anführen, und wenn endlich die Unwahrheit enthüllt und der Irrthum aufgedeckt ist, mit Schweigen antworten, jede weitere Unterhandlung abbrechen und die Kriegserklärung auf eine stürmische Weise herausfordern — ist ein Benehmen, welches in keinem Falle, am allerwenigsten aber gegen einen Staat vom ersten Range, wie Frankreich, ausgeübt, gerechtfertigt werden kann.

Die von Frankreich erlassene Note vom 12ten Mai, welche den übertriebenen Forderungen Englands einen gerechten Stolz entgegensetzte, wollte einer möglichen Annäherung noch immer nicht den Weg abschneiden, und endigte sich mit den Worten: „Der Unterzeichnete ist daher beauftragt, Sr. Excellenz dem Lord Withworth anzuzeigen, daß keine Mittheilung, deren Inhalt und Form nicht ganz und gar mit den zwischen großen Mächten üblichen Gebräuchen übereinstimmend und dem Grundsätze der vollkommensten Gleichheit zwischen einem sowie dem andern Staate entsprechend ist, von Seiten Frankreichs angenommen werde; daß nichts die französische Regierung bewegen könne, über Länder, die ihr nicht angehörten, zu verfügen, und daß sie das von England angemaßte Vorrecht, die mit ihm eingegangenen Verträge nach Willkür zu brechen, niemals — unter welcher Form es auch immer seyn möchte — anerkennen werde.

Der Unterzeichnete wiederholt übrigens seinen Vorschlag, die Insel Malta einer oder der andern der drei bürgenden Mächte zu überlassen, und in Hinsicht der andern, von dem Vertrage von Amiens abweichenden Gegenstände, erneuert er die Erklärung, daß die französische Regierung durchaus nicht abgeneigt sey, dieselben in einer eigens deshalb eingeleiteten Unterhandlung einer näheren Berathung zu unterwerfen."

Dieser letzte Vorschlag aber, sowie das Anerbieten Rußlands, das Vermittlungsamt zu übernehmen, war nur ein Trugbild, welchem die Freunde des Friedens umsonst noch einen schwachen Schein von Hoffnung beilegten. Großbritannien, welches mit Hastigkeit jede Vermittlung zu verhindern strebte, suchte eben so schnell nun den Anfang des Krieges herbeizuführen. Der König von England hat, als er unter dem 16ten Mai das Parlament von der Zurückberufung des Lords Withworth und der Abreise des Generals Andréossy in Kenntniß setzte, nach altem Gebrauche und in den üblichen Ausdrücken die gute Gesinnung und den Thateneifer seiner treuen Unterthanen zur Vertheidigung der Rechte seiner Krone und Wohlfahrt seines Volkes in Anspruch genommen. Schon vor diesem officiellen Schritte wurden durch englische Schiffe Repressalienbriefe hin und her gesendet; so begannen, nach der rohen Sitte der britischen Regierung, die Feindseligkeiten noch vor dem eigentlichen Bruche.

Man vermuthete zu jener Zeit, daß der Graf von Markof, bevollmächtigter Minister des kaiserlich-russischen Hofes, mehr geneigt, England, als Frankreich zu dienen, die Mittheilung der durch Kaiser Alexander gemachten Vermittlungsvorschläge vier und zwanzig Stunden hindurch absichtlich verschoben habe, so daß der britische Gesandte, nachdem alle persönliche Berührung zwischen ihm und Talleyrand aufgehört und er schon dreimal seine Pässe verlangt hatte, sich endlich der Nothwendigkeit entbunden halten konnte, auf die Erklärung, welche ihm durch das französische Ministerium gemacht worden, zu antworten.

Dieser Verdacht, selbst wenn er ungegründet und ungerecht wäre, — und er war allgemein verbreitet in Paris — zeigt deutlich, was man von der Gesinnung und dem Cha-

nehmer des Herrn von Markof, sowie über die Gesetzlosigkeit der russischen Diplomatie überhaupt für eine Meinung hegte. Es war zu jener Zeit offenkundig, daß trotz des aufrichtigen Willens, den Kaiser Alexander für die Aufrechthaltung des Friedens stets bewiesen hatte, die drei russischen Botschafter, Markof zu Paris, Simon Woronzow zu London, und Rasumoffski zu Wien, geheime Umtriebe und Pläne zur Zwietracht und zum Kriege geschmiedet hatten. Der britische Geschäftsträger wurde noch zur rechten Zeit von Allem benachrichtigt, und konnte sich daher durch Beschleunigung des Ausbruchs die Unannehmlichkeit ersparen, eine Vermittlung ablehnen zu müssen, welche ihn selbst gesucht hatte.

Als die französische Regierung in Erwiederung der von Englands Seite gemachten Anträge, vor Allem an die bürgenden Mächte berichten zu müssen vorgab, so war dies nicht etwa eine leere Ausflucht, sondern die Erfüllung einer tiefgefühlten Pflicht. Schon seit dem 6ten October hatte Oestreich die Garantie des 10ten Artikels von dem Vertrage von Amiens übernommen. Am 12ten November trat Rußland nur unter einer kleinen und leichten Bedingung, welche einzugehen, der erste Consul keinen Augenblick Bedenken trug, jener Bürgschaft bei. Preußen folgte zu Anfang Aprils und erklärte zu London, daß es der von Rußland aufgestellten Abänderung vollen Beifall zolle; allein von der Allmacht seiner Minister gelenkt, nahm Großbritannien keine Rücksicht auf die verbürgenden Mächte, und machte sich ein Kinderspiel aus dem Bruche eines Vertrages, bei dem alle jene Mächte betheiligt waren, ja es fand sogar nicht einmal für gut, sich mit denselben vorläufig darüber zu verständigen.

So hat das britische Ministerium, ob es gleich die Vortheile eines verlängerten Friedens einsah, in der Meinung, sich gegen die neue Gegenpartei nicht anders als durch die Erwerbung von Malta halten zu können, so schnell als möglich die Kriegserklärung herbeigeführt, und deshalb auch keinen von den durch Frankreich vorgeschlagenen Wegen der Annäherung betreten.

Nachdem wir dem Laufe der Parlamentsverhandlungen in Bezug auf Frankreich werden gefolgt seyn, wird noch ein

Blick auf den vorwaltenden Geist und die innere Entzweiung im Ober- und Unterhause dessen innern Zustand näher beleuchten.

Die dem Parlamente vorgelegten Briefe schienen weder die gehörigen Belege, noch genügende Erkundigungen und Thatsachen zu enthalten, und Lord Grey verlangte daher die Beweisstücke der ministeriellen Behauptungen von Gewaltschritten, welche in Frankreich gegen englische Unterthanen und englische Besitzungen sollten gethan worden seyn, sowie von den Auseinandersetzungen in Betreff der in mehrere Häfen Großbritanniens gesendeten Handelsagenten und vieler anderer Vorfallenheiten, weil diese auf die raschere Betreibung des Krieges großen Einfluß gehabt hatten.

Um dieser Frage auszuweichen, führte Lord Hawkesbury den sonderbaren Vorwand an, daß keiner dieser Punkte für sich allein, wohl aber alle vereinigt eine genügende Anhäufung von Unbilden darböten, um die deshalb gethanen Schritte des Ministeriums zu billigen. Es sey nicht nöthig gewesen, daß Frankreich ausdrücklich die Genugthuung verweigerte; das beständige Ausweichen derselben habe augenscheinlich auf eine feindliche Gesinnung hingedeutet."

Aus diesen Worten kann man leicht entnehmen, daß, wenn man auch das Interesse des Ministeriums unberücksichtigt läßt, der Krieg nicht nach Grundsätzen des Rechts, sondern des Vortheils entschieden werde.

Lord Pelham gesteht es uns zu, daß der entscheidende Punct unter den letzten Streitigkeiten mit Frankreich die Insel Malta gewesen sey, und fügt hinzu, das britische Ministerium habe von dem Augenblicke an, als Malta's Räumung auf eine so entschiedene Weise von dem französischen Cabinette gefordert worden sey, geglaubt, jede Handlung desselben, seit dem Abschlusse des Friedens, einer genauern Prüfung unterwerfen, und auf Erhaltung dieser Insel bestehen zu müssen, um sie als Sicherheitspfand gegen die Anschläge Frankreichs in Bezug auf Aegypten zu betrachten, weil es seit der Aufhebung des Johanniter-Ordens unmöglich gewesen wäre, die in jener Beziehung gemachten Bedingungen ganz genau in's Werk zu setzen.

Die Herzoge von Cumberland und Clarence, mehr mit der Ehre ihrer Nation, als mit den Einzelnheiten ihres Auftrages beschäftigt, überließen sich der Macht ihres beleidigten Stolzes und des Grolls gegen den Mann, der es gewagt hatte, zu sagen, daß England nicht ohne fremde Hülfe den Kampf zu wagen im Stande sey, welcher die Besetzung von Piemont und der Schweiz für eine unbedeutende Kleinigkeit, oder höchstens als Thatsachen erklärte, welche man vor Abschluß des Friedens hätte voraussehen können, und schlossen aus diesem Allem, daß England die Insel Malta behalten müsse, um der Welt zu beweisen, daß die jetzige Generation ihrer Ahnen nicht unwerth sey.

„Malta beizubehalten, sagt Lord Mulgrave, ist ein Recht, welches Frankreich selbst durch seine über alle Mächte des Continents sich erstreckende Oberherrschaft in unsere Hände gelegt hat. Nach dem Buchstaben des Vertrags sollten wir Malta dem Johanniter-Orden zurückerstatten; allein der Orden ist von Frankreich aufgehoben und aller seiner Vorrechte und Freiheiten beraubt worden. Es wurde zwar ein neuer Großmeister erwählt, aber von wem? — Von dem Papste, welcher ein Lehnträger Frankreichs genannt werden kann. Malta jenem Großmeister überlassen, hieße den Franzosen den Besitz von Aegypten einräumen. Wenn die Minister noch längere Zeit das geringschätzende Betragen Frankreichs geduldet hätten, würde man ihnen einen Napper-Tandy als Handelsagenten, und Arthur O'Connor als Proconsul nach Großbritannien gesendet haben."

Dieselbe Offenherzigkeit zeigte sich in den Ausdrücken des Lords Melville. Er äußerte seine Freude darüber, daß die Unterhandlung wegen Malta ihr Ende erreicht habe, daß der Vertrag in dieser Beziehung als eine todte Urkunde zu betrachten sey, indem die Handlungsweise des französischen Cabinets dessen Vollstreckung unmöglich gemacht habe. Für England müsse man Malta aufbewahren, aber für Niemand anders. Er fühle sich glücklich, sagen zu können, daß der Krieg einzig und allein wegen Malta angekündigt und unternommen worden sey.

Nach solchen Aeußerungen blieb den Häuptern der Par-

trengungen nichts mehr zu sagen übrig; zu dieses Mal schien sogar die Rede Lord Grenville's matt und schwach im Vergleich mit jenen seiner Anhänger. Ebenso verhielt es sich mit der Rede Pitt's im Unterhause. „Frankreich hatte, nach ihm, solche in das Auge springende Beweise von Feindseligkeit gegeben, daß England gegen den Vorwurf, Malta an sich gerissen zu haben, ganz gerechtfertigt dastehe."

Der Bericht des Obersten Sebastiani, die nähern Umstände seiner Sendung, Buonaparte's eigenes Geständniß während der Unterredung mit Lord Withworth, daß Aegypten früh oder spät eine Provinz von Frankreich seyn werde, waren eben so viele Beweggründe, die Kriegserklärung gesetzlich zu machen. Er führte dabei die Vereinigung Piemonts mit Frankreich [1]) und den bei der Theilung des Schadenersatzes in Teutschland sowohl, als bei der Vermittlung der Schweiz ausgeübten Einfluß in das Gedächtniß zurück.

„Wenn unsere Anstrengungen," setzte er hinzu, „in dem letzten Kriege Staunen erregend und ohne Beispiel waren, so sollen diejenigen, die wir in dem neuen Kriege aufzubieten gedenken, jene an Kraft und Ausdauer noch weit übertreffen."

Wenn er auf diese Weise ein ungewöhnliches Aufgebot von Mitteln und Kraftanstrengung als eine unumgängliche Nothwendigkeit ankündigte, gab Pitt seinen Anhängern zu gleicher Zeit eine neue Gelegenheit an die Hand, die schon oft gethane Aeußerung zu wiederholen, daß er allein der Mann sey, solche außerordentliche Maaßregeln in das Werk zu setzen. Getrennt von der Sache des Ministeriums, dessen Stütze er einige Zeitlang gewesen war, blieb Pitt während der Verhandlungen, welche die beiden Botschaften vom 23sten November und 8ten März zur Folge hatten, in sich versunken und stumm. Sein Stillschweigen wurde zwar nicht als ein öffentliches, aber doch als ein ministerielles Unglück angesehen. Bald wird er aber gegen die Minister mit noch andern Waffen als mit Stillschweigen auftreten.

1) Pitt sah also im Jahre 1803 die Vereinigung Piemonts mit Frankreich als einen der wichtigsten Gründe an, den Krieg zu rechtfertigen, vergißt aber dabei, daß er selbst jene Vereinigung schon im Jahre 1801 als eine abgemachte Sache betrachtet habe.

4*

Mehrere Sprecher, als Thomas Grenville, Elliot, Dallas, Sergeant Best und Peel zeichneten sich durch die Kraft ihrer Rede und durch die vielfachen Ausfälle gegen Frankreich und sein Ministerium aus. „Nicht nur Malta," sagte der eine (Sergeant Best), „sondern sogar die kleinste Insel der Erde wären schon ein hinlänglicher Grund zum Kriege, wenn sie auf eine so dictatorische Weise wie Malta von Frankreich verlangt worden." — „Es handelte sich diesesmal nicht sowohl um Malta's Felsen," erwiederte ein anderer (Peel), „als um den Riesenbau und die Grundmauern der englischen Constitution."

Mitten unter diesem Sturme von Leidenschaftlichkeit, welche sich nicht im geringsten zu verhüllen bemüht war, fanden doch die Mäßigung und Weisheit, obgleich in geringer Anzahl, noch muthige Vertheidiger.

Lord Stanhope machte die Bemerkung, daß man Vieles über dasjenige hin und hersprече, was Frankreich gewonnen, ganz und gar aber darüber schweige, was es verloren habe. „In dem Augenblicke, als der Friede unterzeichnet worden, war es nicht nur im Besitze von Holland und Italien, sondern auch St. Domingo (Hayti), welches es seitdem wieder verloren hat, gehörte ihm eigen. Hätte es dieses Eiland behalten, so würden unsere Colonien in Westindien in die größte Gefahr gerathen seyn. Ueberdies," fuhr er fort, „hat uns Buonaparte ja den Antrag gemacht, gegen eine Entschädigung uns Malta auf immer abzutreten. Wäre es nicht billig gewesen, diesem Vorschlage Gehör zu geben, welcher vielleicht mit der Zeit ein Mittel der Wiedervereinigung zwischen beiden Ländern geworden wäre?"

Der Marquis von Landsdown fand, daß die Frankreich Schuld gegebenen Vergehungen in Hinsicht Italiens und der Schweiz, vielmehr Oestreich und die andern Mächte des Festlandes, als Großbritannien berührt hätten [1]).

1) Man darf nicht aus den Augen verlieren, daß sowohl Oestreich als Preußen dem französischen Staate für die in Italien erworbenen Besitzungen Bürgschaft geleistet haben; Preußen durch seinen Vertrag vom 23sten Mai 1802, und Oestreich durch eine am 26sten December desselben Jahres abgeschlossene Uebereinkunft.

Ein noch regeres Rechts- und Billigkeitsgefühl entwickelte Lord King in seiner Rede. Er führte an, daß der Wille, Malta zu behalten, England durchaus nicht das Recht einräumen könne, „die Fehler eines Vertrages durch den Bruch desselben wieder gut zu machen,“ und da es augenscheinlich war, daß die Kriegserklärung nicht von Frankreich ausgehe, so verlangte er, daß die Ausdrücke, welche mit allzu lebendigen Farben Frankreich des Friedensbruches beschuldigten, in dem Vertragsentwurfe, welchen man dem Könige zu überreichen gesonnen sey, gestrichen oder wenigstens gemildert werden sollten.

Nur zehn Pairs [1]) stimmten gegen die Addresse an den König, aber diese zehn Personen haben unbestreitbare Ansprüche an die Achtung der ganzen Menschheit und besonders der französischen Nation.

Auch in dem Unterhause fand das Recht und die Vernunft nicht minder würdige Vertheidiger. Nach Withbread's Meinung, habe es eine gehässige Außenseite, sich über eine Menge vorgeblicher Beleidigungen zu beschweren, während dem man eingestehe, daß, hätte Frankreich die Insel Malta dem britischen Staate freiwillig überlassen, mit einemmale alle Beleidigungen verschwunden wären, jeder Stoff zu Beschwerden sich gelegt und Alles auf das Herrlichste geendigt hätte. Zudem hätte man alle die Beweggründe, die man heute zu Beschönigung des Krieges anführe, schon ein Jahr zuvor anführen und so die Unterzeichnung des Friedens verweigern können und sollen.

Eines Fox war es würdig, den Geist der Wahrheit und der Gerechtigkeitsliebe in ein noch schöneres Licht zu stellen. Nachdem er zugegeben hatte, daß man mit Recht der französischen Regierung einzelne Vorwürfe machen könne, wunderte er sich nicht weniger, daß man so laut über den Stolz und das hochfahrende Betragen des ersten Consuls schreie, nachdem dieser doch bei seiner Unterredung mit Lord Withworth, als er gerade die Idee eines möglichen Einfalles berührte, selbst

1) Es waren die Herzoge von Bedford und Leicester, die Grafen von Derby, Cowper, Besborough, Thanet, Albemarle, Stanhope, Guildford und Lord King.

eingestanden habe, daß ein solcher hundert Schwierigkeiten herbeiführen, Gefahr auf Gefahr häufen und die Möglichkeit eines glücklichen Erfolges zweifelhaft machen würde. Für uns konnte der Wunsch des ersten Consuls, Aegypten zu besitzen, keine Veranlassung zum Kriege seyn; oder wir hätten dann niemals mit dem Hause Bourbon in Friede leben können. Was das allgemeine Vergrößerungssystem Frankreichs betrifft, so haben wir nicht mehr Ursache uns zu beschweren, als Frankreich sich über die Erweiterung unserer Staaten in Ostindien mit Recht beklagen kann, wenn wir uns anders, wie jene Dame, welcher man einige Fehltritte vorwarf, mit den Worten entschuldigen wollen: „Nein! wahrhaftig nicht, bei meiner Ehre — auf dieser Seite des Vorgebirgs der guten Hoffnung." ... Was bedeutet die Sendung des Generals Sebastiani? Nach dem Utrechter Frieden hat die französische Regierung ebenfalls ähnliche Gesandtschaften veranstaltet.

Hierauf tadelte Fox die Minister, daß sie die vielen kleinen Beleidigungen sich so lange häufen ließen, ohne deshalb Genugthuung zu verlangen, um einen auf den Grundsatz einer entehrenden Habsucht begründeten Krieg schon in seinem Entstehen zu unterdrücken, zu welchem sich auf dem ganzen Festlande nicht ein einziger Bundesgenosse würde gefunden haben. Er äußerte sein Befremden, ein Mitglied der alten Verwaltung (Pitt) die Entwickelung ungewöhnlicher Thatkraft verlangen und versprechen zu sehen, welches, nicht zufrieden, der Nation ohnedies schon eine so ungeheure Last aufgebürdet zu haben, sie auch jetzt noch mit der Vermehrung von zwei oder drei Millionen der allgemeinen Staatsschuld bedrohe, und dies einzig und allein wegen Malta, ohne irgend ein edleres und allgemeineres Interesse für Europa.

Diese freisinnigen und edelmüthigen Worte verhallten fruchtlos in dem britischen Parlamente. Ohne sich dadurch abschrecken zu lassen, wagte der Redner in der Sitzung des 27sten Mai einen letzten Versuch, der aber eben so spurlos vorüberging. Er brachte eine Adresse an den König in Vorschlag, um diesem die Bitte vorzustellen, daß doch die Regierung die von dem Kaiser von Rußland angebotene Vermittlung annehmen wolle. „Wenn auch diese Vermittlung, vorausgesetzt, daß England sie annähme, an der Unrechtmäßigkeit von Frankreichs Forderungen scheitern sollte, so könnte die englische Regierung auf jeden Fall des Schutzes dieser großen vermittelnden Macht gewärtig seyn, und die öffentliche Meinung von ganz Europa und dem Erdkreise für sich gewinnen.“

Dieser Vorschlag wurde jedoch abgelehnt. Nach Lord Hawkesbury sey der Vermittlungsantrag von Rußland nur in allgemeinen Ausdrücken, mit unbestimmten Worten und dann erst gemacht worden, als die Unterhandlungen mit Frankreich schon abgebrochen waren und Lord Withworth im Begriffe stand, Paris zu verlassen. Er glaube nicht, daß die Idee, sich des russischen Ansehens bei der Vermittlung unserer Mißverhältnisse mit Frankreich zu bedienen, einen großen Nutzen gewähren würde; denn Frankreich habe ausdrücklich erklärt, daß es fest entschlossen sey, sich nicht mit bloßen Worten abspeisen zu lassen. Nach dieser nachdrücklichen Erklärung fügte er noch einige Versicherungen von dem festen Willen des Ministeriums hinzu, den Frieden zu erhalten, oder wieder zu erwerben; allein es seyen alle Bemühungen jetzt zu spät, die betheuernden Worte aber theils ohne Kraft, theils ohne Aufrichtigkeit. Vielleicht würde man sich sogar nicht irren, wenn man behauptete, das Ministerium wolle nicht nur Malta haben, sondern nebst dieser Insel verlange es noch — Krieg. Es lenke die neue Gegenpartei, um das, was es auszuführen strebe, durch sich selbst zu bewerkstelligen. Wenn es übrigens sein Daseyn noch auf eine kurze Zeit mühsam fortschleppe, so könne dies nur ein schwankendes, ohne Mitleiden hin und her geworfenes Leben genannt werden, das sich nur mühevoll noch fortbewege — bis zu seinem Sturze.

Kaum ist der Krieg gegen Frankreich erklärt, so erhebt sich schon in den beiden Kammern ein heftiger Streit gegen die Minister. Wenn die Angreifenden sowohl als die Vertheidiger auch nicht sehr den Gesetzen des guten Geschmacks, der Höflichkeit und feinen Sitte huldigten, ließen sie es doch nicht an Offenheit und Wahrheitsliebe fehlen. „Was auch das Ministerium,“ hörte man von der einen Seite (es war die Stimme des Grafen von Carnarvon), „immer für Privat-

ugenden besitzen möge, der Mangel an Einsicht und Auffas-
ungsvermögen, bleibt in Männern, welche das Steuerruder
des Staates lenken, stets ein Hochverrath."

„Es ist unmöglich," hörte man von einer andern Seite (Lord Ellenborough sprach), „seinen Unwillen zu bemeistern, wenn man Männer, denen alles Talent abgeht, auf diese Weise den Stab über die Minister brechen sieht und die personifizirte Unwissenheit über den höhern oder niedern Grad der Kenntnisse und Verdienste Anderer absprechen hört."

In dem Unterhause machte man Vorschläge, welche zu ernsten Entschlüssen und endlich zu der Ueberzeugung führen sollten, daß in einer verhängnißvollen Zeit eine schwache Verwaltung der Geschäfte nicht genüge, sondern daß man vielmehr das Benehmen der Minister prüfen und diese alsdann zur Rechenschaft ziehen müsse. Jetzt war der Augenblick gekommen, wo die Freunde Pitts erklären konnten, die öffentliche Wohlfahrt erheische in so schwierigen Zeitverhältnissen ungewöhnliche Kräfte, und fordere an die Spitze der Geschäfte einen Mann von der allerhöchsten Fähigkeit, die allein im Stande sey, das Vaterland vom Untergange zu retten. Ein eben so natürliches, als mächtiges Gefühl von Beschämung hätte dem anwesenden Pitt bei dieser Gelegenheit Stillschweigen auferlegen sollen; allein Zartgefühl und Seelengröße waren keine hervortretenden Züge in seinem Charakter.

Als er nach langen Umschweifen erklärt hatte, es sey ihm die ganze Sache noch nicht klar genug, um seine Meinung darüber zu erklären und in den verhandelten Entschließungen Partei zu nehmen, schlug er eine Vertagung des Gegenstandes vor. Er fühle zwar wohl, wie sehr es für den Kanzler der Schatzkammer und für seine auf derselben Bank sitzenden Freunde schmerzhaft seyn müßte, unter der Last einer so wichtigen Frage, in welche sie selbst verwickelt wären, ohne Auflösung und Antwort zu erliegen. Wenn aber die öffentliche Wohlfahrt andere noch größere Opfer verlangte, so wäre es billig, für dieselben alle persönliche Interessen und das eigene individuelle Gefühl in die Schanze zu schlagen.

So feig und gehässig dieses Benehmen Pitt's war, so großartig und edel kann Lord Hawkesbury's Handlungsweise genannt werden. Dieser Staatsmann wies das entehrende Mitleid, welches ein in der Sache Betheiligter und einer directen Prüfung sowohl, als einer bevorstehenden Absetzung Unterworfener dem Ministerium anbot, stolz zurück.

„Er lasse," waren seine Worte, „der Reinheit der Beweggründe, welche den Vorschlag seines verehrten Freundes geleitet habe, alle Gerechtigkeit widerfahren; allein die Minister könnten bei dem Verbote öffentlicher Beurtheilung der Unehre nicht entgehen. Wenn sie nur den Posten, den sie bekleiden, beibehalten wollten, so könnten sie den traurigen Ausweg einschlagen, der ihnen offen stehe; aber sowohl er, als seine Collegen, würden nur so lange ihr Amt verwalten, als sie glaubten, nützlich seyn zu können. Würden sie Letzteres nicht zu bewirken im Stande seyn, so legten sie das Siegel und Portefeuille zu den Füßen ihres großmüthigen Monarchen nieder und würden um Nachfolger bitten. Um nicht in Mißgunst zu fallen und eine üble Meinung auf sich zu ziehen, lehnten sie die vorerwähnte Frage von sich ab; denn sie würden nicht eine Stunde länger ihre Stelle beibehalten, wenn sie glaubten, das Zutrauen des Parlaments und die Liebe der Nation verloren zu haben."

Jeder kräftige Aufschwung der Seele macht einen tiefen Eindruck auf die Menge. Pitt's Motion hatte funfzig Stimmen für sich und 333 gegen sich. Also ein Mehr von 277 Stimmen gegen Pitt. Dieses Ereigniß beweiset, daß man in England das Talent eines Mannes zu schätzen weiß, ohne seinem Charakter Achtung zu zollen.

Das Benehmen jenes Staatsmannes (Pitts) bei dieser Gelegenheit beweiset, was man früher schon vermuthet hatte, daß die mit ihm eröffneten Unterhandlungen, um durch seinen Namen und seine Talente das Ministerium zu heben, ohne Erfolg geblieben. Von der Partei der Minister, deren Stütze er Anfangs gewesen war, neigte er sich gegen die neue Opposition, ohne jedoch von ihr abhängen zu wollen. Er bildete ganz allein mit seinem Ehrgeize eine getrennte Partei. Als man ihn um seine Meinung gefragt hatte, gab er zur Antwort, er fühle die Nothwendigkeit eines raschen und thatkräftigen Ministeriums; er würde die Stelle eines Ministers, wenn ihm diese von oben herab angeboten werden sollte, annehmen; würde man ihn fragen: mit wem? so würde er antworten: Am liebsten mit Lord Granville und Lord Spencer; aber, ohne dieses sich jedoch zur Bedingung zu machen — —. Er wurde nicht von höchsten Orts dazu berufen, und sein Plan scheiterte.

Der kluge Addington sah nur zu gut ein, daß er die einzelnen Mitglieder der neuen Gegenpartei nicht von einander trennen könne, suchte sich also seine Verbündeten unter den Männern der alten Opposition; die Lage der Minister wurde immer schwieriger. Wenn sie mit Recht in irgend Jemandem eine Unterstützung zu finden hoffen durften, so wurde diese Freude durch die Furcht gestört, von demselben bemeistert zu werden, und sich so eine Ruthe aufzubinden, bis sie sich endlich genöthigt sahen, ihre Leute in dem zweiten Range aufzusuchen. Die Herren Tierney (Schatzmeister der Marine) und Hobhouse, deren Verwaltung eine bedeutende Summe einbrachte, gaben seinen Kräften einen bedeutenden Zuwachs.

Indem wir diese kurze Uebersicht der britischen Parlaments-Verhandlungen zur Zeit des Friedensbruches beendigen, sey es uns vergönnt, hier eine allgemeine Bemerkung über die gezwungene Huldigung zu machen, womit der bitterste Haß, obwohl mit größtem Widerwillen, den ersten Consul beehrte. Seine heftigsten Gegner wußten dem Namen Bonaparte keinen andern, als den eines Cäsar, Hannibal und Alexander entgegenzustellen.

Demnach, da wir im Verlaufe der Unterhandlung und bei Erwähnung der Parlaments-Streitigkeiten das Nöthigste erwähnt haben, wäre es jetzt mehr als überflüssig, uns bei der im Namen Sr. britischen Majestät erlassenen Bekanntmachung länger aufzuhalten, indem dieses Actenstück die verhandelten Gegenstände der beiden Kammern weitläufig wiederholen würde. Wenn in Ermangelung größerer Beleidigungen das Ministerium nicht nöthig gehabt hätte, Vorwand auf Vorwand zu häufen, würde man sich wundern, die geringfügigsten Umstände, z. B. die von Frankreich seinen Handelsagenten ertheilten Verhaltungsmaaßregeln, die sich seit Colbert's Ministerium von Mund zu Mund fortgepflanzt hatten, als

Beweggründe angeführt zu sehen. Allein man muß sich in das Gedächtniß zurückrufen, daß dieser Krieg, wie Lord Hawkesbury selbst zugiebt, nur durch Anhäufung vieler kleiner Veranlassungen entstanden sey. Das System des Ministeriums war, einen Berg von Beschwerden aufzuhäufen, um denselben in die eine und Malta in die andere Wagschale zu legen. Man trete Malta ab, und der ganze Berg zerfällt in Staub.

Eben so verhält es sich mit den pomphaften Beweisen von Menschlichkeit, auf welche England die Verweigerung stützte, die französischen Ausgewanderten, und besonders die Anführer der Chouans, aus seinen Gränzen zu entfernen, als der erste Consul deren Auslieferung verlangt hatte. Dieses ganze Gebäude von großmüthigen Gefühlen und unverletzbarer Achtung gegen die Rechte der Gastfreundschaft hatte keinen andern Zweck, als dessen Umsturz um so höher anschlagen zu können. Ein einzelnes Wort hätte dasselbe verschwinden gemacht. Der erste Consul brauchte nur Malta abzutreten, und Edelmuth, Menschenliebe, Gastfreundschaft hätten sogleich alle ihre Rechte verloren.

Die vertrauensvollen Schriftsteller, welche den Cabinetten die Ehre erzeigen, zu glauben, daß sie stets nach einem wohlüberlegten und tiefgeprüften Grundsatze handeln, haben geglaubt, daß England in seiner Kriegserklärung nur darum so viele falsche Ursachen angeführt habe, um die wahre desto besser zu verbergen, und daß in der That die Hauptursache des Krieges nur auf Handelsinteressen beruht habe. Was die Sache selbst betrifft, so sind sie im Reinen; nämlich wahr ist es, daß der britische Handel, sowohl in Frankreich, als auf dem ganzen Festlande, manch unverhofftes Hinderniß gefunden habe; und daß die in England auf einen so hohen Grad gesteigerten Erzeugnisse der Gewerbsthätigkeit im Frieden keinen so großen Absatz als im Kriege gefunden haben würden. Sie schlossen daraus, daß die Regierung von dieser Rücksicht auf die Idee geführt worden sey, aus diesem so unvortheilhaften Frieden herauszutreten, um auf dem Wege des Krieges zu einem bessern Frieden zu gelangen. In diesem Sinne hatte ein Parlaments-Mitglied (Courtenay) die Bemerkung gemacht, daß das Ministerium in Bezug auf Friedensverträge die Lehren des Hippokrates über die Brüche befolge; Vorschriften, welche uns lehren, ein gebrochenes Glied, welches schlecht geheilt worden ist, zum zweiten Male zu brechen, um es dann besser aneinander zu hängen. Unstreitig ist das Darniederliegen des Handels eine von den Betrachtungen, welche in den Augen der Minister einem Kriege, zu dem sie sich gezwungen glauben, den Schein des Unrechts benehmen; aber es ist nichts desto weniger gewiß, daß der Krieg von ihrer Seite kein freiwilliger, sondern ihnen durch die aristokratische Partei aufgedrungen war. Als Gegengewicht hätten sie die Erwerbung Malta's gebraucht, um dieser Partei auch einmal die Oberherrschaft fühlen zu lassen und sie zur Duldung des Friedens zu zwingen [1]).

„Wenn eine fremde Regierung haben will, daß man sie unterstütze," sagte man dem Generale Andréossy, „muß diese für diejenigen, welche an der Spitze der Geschäfte stehen und allen Einfluß lenken, Etwas thun." „Auf diese Weise werde Europa," nach der Bemerkung jenes Gesandten, „auf's Neue allem Unglücke des Krieges preisgegeben und vielleicht in eine gänzliche Anarchie zurückgeschleudert werden, weil man den Lord Hawkesbury nicht in den Stand gesetzt habe, seine Stelle als Staatssecretair beibehalten zu können." Dies ist nur zu wahr; die wichtigsten Ereignisse haben nicht selten eine der geringfügigsten Veranlassungen. Um sich in dem Ministerium zu halten, faßt Lord Hawkesbury den Entschluß zu einem Kriege, welcher in dem Zeitraume von 12 Jahren beinahe ganz Europa Napoleon's Scepter unterwirft, bis endlich dasselbe Europa Napoleon den Händen Englands überliefert.

Wenn man bei Unterhandlungen mit unumschränkten Monarchen sich für verpflichtet hält, die Schwächen ihrer Günstlinge und Favoritinnen zu benutzen und deren Leidenschaften zu schonen, gebietet die Klugheit nicht auch, wenn man mit freien Staaten verhandelt, auf die Gesinnungen der Parteien zu achten, sich von dem Willen und der Kraft der Minister

1) Diese Bemerkung ist aus einem Briefe des Generals Andréossy vom 14ten April entnommen.

zu überzeugen, und dann der Regierung weder die Fehler noch die Feindseligkeiten der Parteien, welche sich und um sie bewegen, zuzurechnen?

Vielleicht hätte der erste Consul klüger gehandelt, die kriegerische Stimmung der einen Partei auf den gemäßigten und friedlich gesinnten Geist der andern, an deren Spitze Lord Hawkesbury und Addington standen, überzutragen und in dieser Beziehung ein Opfer zu bringen, welches in der Erhaltung dieser Minister auf ihren Posten, und durch dieselben in der Aufrechthaltung des Friedens schöne Früchte getragen hätte. Der erste Consul fehlte darin, diesen Unterschied nicht gemacht zu haben, wenn anders, was bezweifelt werden kann, das innere Getriebe der Repräsentativ-Staaten, deren Spiel sich heutiges Tages vor unsern Augen enthüllt, damals schon seine Blicke auf sich gezogen hätte, wie es heute die unsrigen fesselt. Sey es aus Mangel an genauer Kenntniß der Lage, in der sich das britische Ministerium befand; sey es die übertrieben strenge Ansicht, welche sich mit Thatsachen begnügt, ohne auf die Ursachen zurückzugehen; der erste Consul erblickte in Allem, was sich in England zutrug, nichts Anderes, als die englische Verfassung, und dachte, hörte und beobachtete, daß jener Regierung eine Alles besiegende Macht innewohne, so wie dieselbe in Frankreich einzig nur seine Person vergegenwärtige. Doch auf der andern Seite war es auch nicht unmöglich, daß aller Opfer, welche der erste Consul hätte bringen können, ungeachtet, das Ministerium und mit ihm der Friede unterlegen hätte. In diesem Falle hätte Frankreich das Unglück des Krieges und überdies noch die Schande einer freiwilligen Hingebung seiner Rechte getroffen.

Uebrigens konnte man sich in Paris die Wichtigkeit der Folgen nicht verhehlen, welche ein Bruch nothwendiger Weise nach sich ziehen mußte, sowohl in Bezug auf den Kampf zwischen zwei Mächten als Staatskörpern, als auch in Hinsicht auf die individuellen Angriffe, denen sich der erste Consul dadurch aussetzen werde. Und in der That, bald zeigte sich der Beweis, als nach der Einziehung eines Picot, Le Bourgeois und Anderer ein Mordanschlag gegen den ersten Consul gemacht worden war, obwohl Einige behaupteten, das Vorhaden der Ermordung sey mehr oder weniger das Werk der frühern Verwaltung gewesen. Man hatte die geheimen Fäden in ihrem ganzen unheilschweren Gespinnste von dem letzten Unterbeamteten an bis hinauf zu Georges, und von diesem bis zu Windham aufgefunden.

Obwohl man in Bezug auf das gegenwärtige Verwaltungspersonale keine solche Gewißheit hatte, war es doch nur zu bekannt, daß dasselbe durch den hohen Schutz, welchen es selbst während des Friedens Menschen, die nicht nur zu Allem fähig waren, sondern selbst einigen, des Mordversuchs gegen das Haupt der französischen Regierung Ueberwiesenen hatte angedeihen lassen, diese Menschen in den Stand setzte, ihre Freiheit zu verderblichen Unternehmungen anzuwenden.

Der Briefwechsel des Generals Andréossy hatte mehr als einmal die Gefahren des Krieges zum Voraus angekündigt, hauptsächlich in Bezug auf das allgemeine Wohl des Staates und auch in Hinsicht auf das Privat-Interesse seiner ersten Verwalter. „Der Krieg," schrieb Andréossy unter dem 28sten März, „kann nur mit einem an Verzweiflung gränzenden Entschlusse von Seiten des Ministeriums unternommen werden, obgleich ihn die Nation, welche man leicht zu Allem begeistern kann, mit ungewöhnlicher Thatkraft und mit dem bekannten französischen Muthe durchführen wird. Die Mittel unseres Volkes sind groß, wenn man auch die geheime Unterstützung der Kabale, der Falschheit und des Verbrechens, deren Elemente sich auf das erste Zeichen mit Blitzesschnelle zu einander finden und zur thätlichen Hülfeleistung in einander greifen, für nichts anschlagen wollte."

Der erste Consul ist von Allem benachrichtigt; er weiß, was er für Frankreich — für sich selbst zu fürchten hat; allein er glaubt nicht, daß Frankreichs Interesse ihm gebiete, den Forderungen Englands nachzugeben. Die Sorge für sein Leben wird ihn auch nie dazu bestimmen. Also um Malta, wird man sagen, um eines erbärmlichen kahlen Felsens im mittelländischen Meere willen, wird Frankreich sich in neue Gefahren stürzen, deren Ausgang Niemand vorauszusehen vermag! — Keineswegs für Malta; die Nationalehre, das Wohl des Staates sind die Beweggründe, welche nicht dulden, daß eine fremde Regierung sich das Recht anmaße, nach seiner Willkühr Verträge zu schließen und Verträge zu brechen.

„Niemals," lautete Talleyrand's Brief vom 4ten Mai an den General Andréossy, „werden wir eine Abänderung oder förmliche Widerrufung des Friedens von Amiens zugeben. Hier liegen für uns die Gränzen der Ehre." — „Heut zu Tage," bemerkt dieser Minister in einer Note vom 12ten Mai, „hielt es das wohlberechnende England für vortheilhafter, sich eine Garantie gegen Frankreich zu begründen, und dazu soll Malta dienen. Schon früher hatte es denselben Plan, zu dessen Behufe es für gut fand, Dünkirchen zu zerstören! Ja, ein englischer Abgeordneter erlaubte sich sogar, in einem Lande Gesetze zu geben, wo Frankreichs Nationalfarben wehten! Morgen wird es Großbritannien vielleicht passend erscheinen, eine Gewährleistung gegen zu große Fortschritte des französischen Gewerbsfleißes zu verlangen, und zu diesem Behufe uns einen Handelstarif vorzulegen!"

Diese Auseinandersetzungen waren tief erwogen, die angeführten Gründe schlagend. Jede Schwäche einer Regierung reizt die Gegenpartei zu immer größeren Ansprüchen; und da es in dem Schicksale Frankreichs gelegen hätte, gegen einen unversöhnlichen Feind zu kämpfen, dessen Kühnheit durch ein nachgiebiges Benehmen nur noch mehr gereizt worden wäre, mußte es der erste Consul für eine seiner höchsten Pflichten halten, als Haupt eines so großen Staates, zwischen Krieg und Unehre — das Erstere zu wählen.

Wenn ich mit so großer Weitschweifigkeit alle, auch die kleinsten Umstände der Verletzung des Friedens von Amiens beleuchtet habe, so geschah es nur, weil gerade dies Ereigniß der Wendepunct im Leben des ersten Consuls geworden ist. Von diesem Tage an sah er England, sich gegenüber, wie ein Vorgebirge von Stürmen aller Art sich erheben, welches zu umsegeln nicht so leicht von dem Schicksale gewährt seyn dürfte.

Acht und zwanzigstes Capitel.

Aeußere Politik.

Frankreichs Stellung zu Rußland. — Rußlands Beitritt zum 10ten Artikel des Vertrags von Amiens. — Maaßregeln des ersten Consuls zur Kriegsführung. — Man erblickt allerlei Hindernisse zu Wien, Petersburg und Berlin. — Sendung des Obersten Colbert nach Petersburg. — Vermittlungsantrag des Kaisers Alexander. — Frankreichs Anerbieten, Malta einstweilen an Rußland abzutreten, und dessen Annahme dieses Vorschlags. — Anerbieten des ersten Consuls, sich der Entscheidung Rußlands zu unterwerfen. — Des Letzteren Aufruf zur Neutralität des Nordens von Teutschland und des Königreichs Neapel. — Sendung des Obersten Düroc nach Berlin. — Preußens Vorschläge an England, in Bezug auf Hannover. — Frankreichs Stellung zu Oestreich. — Hof von Neapel. — Spanien. — Dänemark. — Schweden. — Der erste Consul verweigert die Neutralität des Nordens von Teutschland und des Königreichs Neapel. — Stimmung der Gemüther in Frankreich.

Um den Faden der unmittelbaren Verhandlungen zwischen Frankreich und England nicht abzubrechen, habe ich nur theilweise die Handlungen der andern großen Mächte angeführt, welche zur Vollstreckung und Gewährleistung des Friedens von Amiens aufgefordert waren. Man weiß, daß laut des 10ten Artikels dieses Vertrags nicht nur unter die Garantie der abschließenden Parteien, England und Frankreich, sondern auch unter diejenigen von Rußland, Oestreich, Preußen und Spanien gestellt worden ist. Man mußte also, was diesen Punct betrifft, zuvörderst den Beitritt der vier letzteren Mächte zu erlangen suchen; allein nach der Lage, in der sich damals Europa befand, war es augenscheinlich, daß der Beitritt Aller von dem Beitritt einer einzigen — Rußlands — abhänge. England gab sich den Anschein, als bemühe es sich auf das Angelegentlichste für diese Verbindung; und doch beweiset Alles, daß Lord Saint-Helens, damaliger Botschafter zu St. Petersburg, nur darum eine so große Lebendigkeit in seine

Forderungen setzte, um sich eine abschlägige Antwort zuzuziehen [1]).

Da von eben diesem Botschafter kurz zuvor eine Uebereinkunft mit dem Cabinette von St. Petersburg in Betreff Malta's geschlossen worden war, welche keineswegs mit dem Vertrage von Amiens übereinstimmte, so war es vorauszusehen, daß Rußland, beleidigt über die Vergessenheit dieser Uebereinkunft, seine Zustimmung oder wenigstens die Versicherung eines unmittelbaren Beitrittes nicht geben werde. Dieses bestätigte auch der Erfolg. Zu jener Zeit wurde Lord Saint-Helens in seiner Sendung am russischen Hofe durch den Admiral Borlase-Warren, einen Mann von äußerst rechtlichem und biederem Charakter, welcher sehr gern zur Aufrechthaltung des Friedens das Seinige beigetragen hätte, abgelöset. Als der französische Abgesandte, General Hédouville, diesem Letzteren den Vorschlag eines gemeinschaftlichen Schrittes bei dem russischen Cabinette machte, verwahrte sich Admiral Warren durch Anführung der abschlägigen Antwort, welche sein Vorgänger erhalten habe. Erst nach langen gegenseitigen Erklärungen entschloß er sich dazu.

Am 3ten November wurde dem russischen Staatskanzler von diesen beiden Gesandten eine Note überreicht, und der Verdacht, welchen das Benehmen des Lords St. Helens erregt hatte, fand sich gerechtfertigt. Die Antwort des Kanzlers vom 12ten desselben Monats lautete: „daß Se. kaiserliche Majestät bis jetzt noch nicht solchen Entschließungen hätte beitreten können, welche den Wünschen, die Sie ausgesprochen hätten, geradezu entgegenliefen; indem schon der Vertrag die Gränzen, welche Sie und eine der abschließenden Parteien festgesetzt, überschritten habe." Aber auch abgesehen, schloß jene Note, von der Leichtigkeit, welche jetzt die Cabinette von Paris und London bewiesen, in gleichem Sinne mit Rußland zu handeln, so ist doch wenigstens eine der größten Schwierigkeiten — die Ernennung und Anerkennung eines Großmeisters des Johanniter-Ordens — gehoben, indem Se. Majestät

1) Möglich ist es jedoch, daß Lord Saint-Helens im Geiste der frühern Verwaltung, zu welcher er seiner politischen Ueberzeugung zufolge gehörte, gehandelt habe.

der Kaiser sich vorgenommen, den beiderseitigen Regierungen das einzige Mittel an die Hand zu geben, welches ihn in den Stand setzen würde, ihre Bitte zu berücksichtigen. Dies wäre: eine Uebereinkunft abzuschließen, laut welcher der 10te Artikel motivirt und umgearbeitet würde.

Mit dieser Note zugleich übergab der Graf Woronzow den beiden Botschaftern einen aus sechs Artikeln bestehenden Vorschlag, welcher die von dem Kaiser verlangten Abänderungen enthielt. Frankreich nahm ihn an, England aber wird niemals seine Zustimmung geben. Am 26sten Januar 1803 machte ein neues Schreiben des Grafen Woronzow bekannt, „daß, sobald die beiden Mächte über die Ergänzungsacte des Friedensschlusses von Amiens übereingekommen wären, Se. Majestät der Kaiser keinen Augenblick Bedenken tragen würde, die von Ihm verlangte Gewährleistung zu übernehmen." Das britische Ministerium dachte aber an nichts weniger als an einen Beitritt, welcher für Malta eine ganz andere Ordnung der Dinge herbeiführen würde, und den es eben so wenig jetzt als je zuvor ernstlich gewünscht hatte.

Die Auseinandersetzungen zwischen Paris und London nehmen von nun an einen neuen Charakter an, während dem man in St. Petersburg immer noch an die Möglichkeit einer Versöhnung glaubt. Die Gestalt der Geschäfte ist geändert; die Adresse des Königs vom 8ten März an das Parlament erscheint, und in den Augen der französischen Regierung ist der Krieg unvermeidlich. Was bleibt nun dem ersten Consul zu thun übrig?

Da Englands Oberherrschaft zur See durch die Ereignisse des vorhergegangenen Krieges mehr als jemals außer allen Zweifel gesetzt worden ist, bleiben der Thatkraft Frankreichs gegen einen so wenig verwundbaren Feind nur zwei Mittel übrig: Gewalt und Kühnheit durch einen bewaffneten Angriff auf die britischen Inseln (eine Maaßregel, von der Niemand so gut als der erste Consul die Gefahren kennt), oder Geduld und Vorsicht durch indirecte Schläge gegen das englische Handelssystem, durch verdoppelt strenge Sperrung auf dem Festlande.

Die ungeheuern Vorbereitungen, welche der erste dieser

Auswege darbietet, weisen den ersten Consul nothwendig auf den zweiten hin. Dieser aber wird selbst als ein wahres Unglück angesehen, indem seine Anwendung nur dann stattfinden könne, wenn das Interesse einer Menge von Staaten dabei in Berührung komme, welches dann sowohl bei den Ministerien als den Völkern den Keim der Unzufriedenheit und des Hasses gegen die französische Regierung nähren würde. Diese Betrachtung ist eine von jenen, welche dem ersten Consul die Vermeidung des Krieges am wünschenswerthesten gemacht hat; doch, im Fall dieser Plan gänzlich vereitelt würde, muß er wenigstens auf die größtmögliche Verringerung des aus dem Bruche hervorgehenden Nachtheils bedacht seyn.

Sogleich nach Empfang einer nähern Nachricht über die Adresse des Königs vom 8ten März hat der erste Consul an dessen Ministerium berichtet, daß er sich genöthigt sehe, Krieg dem Kriege entgegenzusetzen, in das Churfürstenthum Hannover einzurücken und Tarent nebst den übrigen Posten, welche er nur wegen des Friedens verlassen habe, wieder zu besetzen. Diese Besetzungen sind möglich, und nach dem Zustande der Dinge in Europa ohne wirkliche Gefahr. Soll sie der erste Consul wegen einer noch zu befürchtenden Gefahr aufgeben, und indem er sich genau innerhalb der Gränzen von Frankreich hält, Frankreich allein einem Feinde entgegensetzen, welcher durch seinen ununterbrochenen Verkehr mit allen Nationen des Festlandes unaufhörlich neue Schätze und Hülfsmittel sammelt, um einst das Festland zu beherrschen? Wenige Staaten wären solch einer Uneigennützigkeit fähig; warum dies gerade von dem ersten Consul verlangen wollen? Da England alle seine Kräfte aufbietet, um Frankreich anzugreifen, so wird auch dieses nichts unbenutzt lassen, um sich zu vertheidigen und den britischen Flotten französische Bajonette entgegensetzen.

Bald werden wir aber den Kaiser von Oestreich, als Oberhaupt des teutschen Reiches, beleidigt sehen wegen der Besitznahme von Hannover; der Kaiser von Rußland wird als junger Vermittler der Angelegenheit dieses Staates, sowie der König von Preußen als Reichsmitglied und Nachbar des von französischen Truppen überfallenen Landes, Beschwerden führen.

5*

Ganz für sich besonders aber wird die Wiederbesetzung von Tarent den Kaiser Alexander verletzen, welcher alle seine Ehre in dem Schutze des Königreichs Neapel findet, und dessen Hülfe der König beider Sicilien anzusprechen nicht verabsäumen wird. Diese Umstände sind nicht ohne üble Vorbedeutungen; allein der erste Consul ist darauf gefaßt.

Von den drei Mächten ist Oestreich diejenige, welche am wenigsten Besorgnisse erweckt. Für den Augenblick kann man wohl auf seine Unthätigkeit rechnen, erstens, weil es sich von den im letzten Kriege erlittenen Verlusten noch nicht wieder erholt; zweitens, weil es in der That den Vorrechten des teutschen Reiches niemals eine größere Bedeutung und Wichtigkeit beigelegt hat, als wenn es von einem directen und unmittelbaren Interesse geleitet ist. Die nächsten Schwierigkeiten dürften daher zuerst von Petersburg und Berlin aus zu erwarten seyn.

Der erste Consul, in der Schule der Gefahr aufgewachsen, kennt sie und weiß sich vor ihr zu schützen. Er sendet zu Anfang Mai zwei Officiere nach Berlin und St. Petersburg, um dem Könige von Preußen und dem Kaiser Alexander vertraute Handschreiben zu überreichen. Der für Preußen bestimmte Abgeordnete war der Oberst Düroc, der an diesem Hofe niemals anders als mit Auszeichnung aufgenommen worden ist. Der Oberst Colbert, ein durch die Vorzüge seines Geistes, seiner Talente und seiner Tapferkeit gleich ausgezeichneter Officier, war mit der Sendung an den Kaiser Alexander beauftragt.

Den Verhaltungsbefehlen des französischen Ministeriums zufolge, sollte der General Hédouville den Mangel an Uebereinstimmung und Genauigkeit des von England angeführten Vorgebens besonders herausheben; er sollte den Unterschied zwischen dem Betragen des Cabinets von Paris und jenem von London vor allem in's Licht stellen, damit, wenn England etwa eines guten Rathes bedürfte, es diesen von Niemand anders als von Rußland sich erbitten möchte, indem kein Staat von Europa den innern Zustand der Reiche so gut zu beurtheilen im Stande wäre, keiner so gut wüßte, daß bei dem kaum wiederhergestellten Gesundheitszustande es in Europa nur eines Funkens bedürfe, um die Gemüther der Völker auf's Neue in volle Flammen zu setzen. Frankreich werde die Gewährleistung des russischen Hofes in Betreff Malta's genehmigen, unter was für einer Form es diesem auch gefallen dürfte. Die Insel soll von den Engländern geräumt — ohne jedoch von den Franzosen besetzt zu werden."

Bei all' dieser friedfertigen Entwicklung der Umstände verhehlt der erste Consul jedoch nicht, daß er von nun zu allen Maaßregeln der Vorsicht schreiten zu müssen sich genöthigt sehe. Er zieht an der Nordküste und in Holland ein Truppencorps zusammen, um für den Fall, wenn die Drohungen Englands zu wirklichen Feindseligkeiten führen sollten, zu Schutz und Trutz gerüstet zu seyn. „Wenn England auf der Nichträumung Malta's beharren sollte, so sehe sich der erste Consul nothgedrungen, den Posten von Tarent auf's Neue zu besetzen, welcher auf den Gewässern des mittelländischen Meeres der Wichtigkeit nach Malta ganz an die Seite gesetzt werden kann, und den die Franzosen nur deshalb so schnell geräumt hätten, weil sie die feste Ueberzeugung gehabt, daß auch England eben so gewissenhaft und rasch in der Erfüllung seiner übernommenen Verbindlichkeiten seyn würde."

Der Kaiser Alexander wünschte von Herzen, den Frieden aufrecht zu erhalten. Vielleicht hatte der Kanzler Woronzow selbst eben so aufrichtig den Wunsch, obgleich er kein Geheimniß daraus machte, daß er den Engländern und Oestreichern sehr gewogen sey, ohne jedoch vergessen zu wollen, sagte er oft, daß er in Frankreich erzogen worden. Uebrigens behauptete er, „der Gesinnung wie der Geburt nach nur Russe, und zwar guter Russe zu seyn." Er war in der That ein Mann von höchst achtbarem Charakter, der aber, weil man seinem Bruder Simon Woronzow, russischem Gesandten in London, und dem Grafen Markof in Paris in Angelegenheiten, welche England und Frankreich betrafen, ein zu großes und unbedingtes Vertrauen schenkte, sich mehr oder weniger durch den antifranzösischen Geist seiner Correspondenten dahinreißen ließ. Doch war er aber wieder zu vernünftig, um mit der französischen Regierung nicht eng verbunden zu bleiben, so lange es wenigstens für sein Vaterland von Nutzen seyn konnte.

In Folge der Zuschrift des ersten Consuls, welche Oberst Colbert dem Kaiser überreicht hatte, gab dieser seinen Botschaftern zu Paris und London in einem Rescripte vom 10ten April den Befehl, den beiderseitigen Ministerien seine Vermittlung zu eröffnen. „Gegen die feierlichst eingegangenen Verbindlichkeiten,“ waren die Worte jenes Schreibens, „Malta behalten zu wollen, kann weder der Wunsch, noch ein Beweggrund seyn, der Englands Schritte zu bestimmen vermöchte. Der Gegenstand selbst ist nicht der Mühe werth. Der Londoner Hof muß daher andere Gründe haben.“ — Man weiß sehr gut zu St. Petersburg, daß England keine hat; allein dieses vorgebliche Ueberzeugtseyn des Gegentheils beweiset hinlänglich, wie sehr man sich bestrebt, diese Macht zu schonen, während man sich zugleich das Ansehen giebt, die friedliebenden Ansichten des ersten Consuls nach Kräften zu unterstützen.

„Ich wünsche,“ fährt Kaiser Alexander fort, „daß die beiden Regierungen sich über die wahren Gründe ihrer gegenseitigen Unzufriedenheit mit einander verständigen möchten. In diesem Sinne habe ich dem ersten Consul geantwortet. Wenn die beiden Staaten glauben, daß meine Vermittlung zu einem besseren Einverständnisse etwas beitragen kann, so werde ich mit Vergnügen dieser Aufforderung mit der strengsten Unparteilichkeit zu entsprechen mich bemühen.“ In Folge dieses Rescripts machte Graf Markof zu Paris seine oben erwähnte Erklärung, welche die Vermuthungen des englischen Botschafters über die vermeinten Gesinnungen des Kaisers Alexander widerlegte. Bald sollen aber Lord Withworths leichtgläubige Vermuthungen auf eine noch glänzendere Weise des Gegentheils überwiesen werden.

Zur gleichen Zeit, als der erste Consul dem Lord Withworth eröffnet hatte, daß er bereit sey, die Insel Malta in die Hände der einen von den drei Mächten: Oestreich, Rußland oder Preußen, niederzulegen, hatte er dem General Hédouville den Auftrag ertheilt, dem Hofe zu St. Petersburg die Versicherung zu geben, daß Frankreich von allen drei Mächten besonders Rußland zu deren Schutze zu gewinnen hoffte. Ein solcher Antrag konnte dem russischen Cabinette nicht anders als angenehm seyn, und es beeilte sich daher, denselben sobald als möglich in's Werk zu setzen. „Die Freude, dem in mich gesetzten Vertrauen der französischen Regierung entsprechen zu können, bestimmt mich, Ihnen zu befehlen, dem Ministerium der Republik ehestens die Mittheilung zu machen, daß ich nicht abgeneigt sey, die Insel Malta unter meine Obhut zu nehmen, wenn anders die beiden Staaten England und Frankreich mich gemeinschaftlich darum ersuchen."

Lord Withworth war daher offenbar im Irrthume, als er behauptete, daß der Kaiser Alexander eine ähnliche Vermittlung ausgeschlagen habe, oder vielmehr er sowohl, als sein Cabinet kannten die Gesinnung jenes Monarchen über den fraglichen Punct nur zu gut, wollten ihm aber nicht die Zeit lassen, dieselbe auszusprechen. Hierin mag man auch einen der Hauptgründe wahrnehmen, welche England zu einem so schleunigen und plumpen Bruche bestimmt haben. Das kaiserliche Rescript, welches den russischen Botschaftern zu Paris und London den Befehl ertheilte, die Vermittlung des Kaisers den beiden Regierungen kund zu thun, war vom 24sten Mai datirt, während der König seine Kriegsadresse unter dem 16ten desselben Monats schon mitgetheilt hatte.

Das Cabinet von London zeigte sich jedoch, um nicht den Anschein einer Mißbilligung jenes edlen Entschlusses des Kaisers Alexander auf sich zu ziehen, zu Allem bereit, „was Se. Majestät nach Ihren Grundsätzen der Vermittlung für gut finden möchten; es behielt sich aber dessen ungeachtet die Bemerkung vor, daß jenes Dazwischentreten den strengen Maaßregeln keinen Einhalt thue, zu denen es sich genöthigt gesehen habe, um die französische Regierung zu einem gemäßigteren Benehmen zu zwingen."

Lord Hawkesbury fügte hinzu: „Die englische Regierung wird sehr gern jeden Vorschlag annehmen und befolgen, welcher die Wiederherstellung der allgemeinen Ruhe auf einer dauernden Basis zu bewerkstelligen im Stande ist."

Dieser Brief des Lord Hawkesbury wurde der französischen Regierung durch die Vermittlung der beiden russischen Botschafter zu London und Paris mitgetheilt, und der erste Consul hielt es für seine Pflicht, Großbritannien nicht einen

Augenblick in dem Wahne zu lassen, als ob irgend ein Hinderniß der Annäherung und des Friedens von Frankreich ausgehe.

„Wenn das englische Ministerium," schrieb bald darauf (am 10ten Juni) Herr von Talleyrand dem General Hédouville, „es aufrichtig mit dem neuen Vorschlage meint, so kann der Friede als wiederhergestellt betrachtet werden, indem der erste Consul keinen Anstand nimmt, zu erklären, daß er in dieser Angelegenheit sich ganz nach dem russischen Kaiser richten werde, daß er Alles für gut achte und zum Voraus genehmige, was Se. kaiserl. Majestät mit Ihrer bekannten Großmuth und dem eben so regen Rechtsgefühle im gegenwärtigen Geschäfte zu beschließen für gut finde."

„In diesem Falle würde dem Blutvergießen mit einem Male Einhalt gethan, und das Festland würde gegen jene Raubsucht geschützt seyn, welche das englische Volk so sichtbar zum Kriege antreibt." Man fügte hinzu, der erste Consul sey so fest entschlossen, sich den Beschlüssen des Kaisers Alexander ohne Rückhalt zu unterwerfen, daß er sich sogar bereitwillig erklärt habe, sein Versprechen durch ein Handgelöbniß zu bestätigen.

Mitten unter diesen Ehrenbezeugungen und Huldigungen gegen Rußland gab es doch einen Punct, über welchen sich der erste Consul durch jene Macht keineswegs die Hände binden lassen wollte. Alexander hatte in seinem Rescript vom 24sten Mai als Lohn für seine Gewährleistung Malta's dem Grafen Markof den Befehl ertheilt, von der französischen Regierung die Erklärung zu verlangen, daß für den Fall, daß der Krieg nicht vermieden werden könne, die nordischen Staaten von Teutschland und das Königreich Neapel volle Neutralität beobachten sollten. Für Teutschlands Unparteilichkeit nahm er die in Regensburg gemeinschaftlich mit Rußland und Frankreich angewendete Vermittlung in Anspruch, in Bezug auf Neapel aber die geheimen Artikel der Uebereinkunft vom 11ten October 1801. Dies war freilich ein Punct, über den es niemals zum Einverständnisse kommen konnte.

Wenn es nur von Rußland abhinge, so würde jedes Hinderniß sogleich gehoben seyn. Schon ernster und weiter entfernt würde die Vereinigung seyn, wenn Preußens Ansehen durchdränge. Der erste Consul hat die Mißverhältnisse und Schwierigkeiten mit Preußen ganz offen herausgefordert. Er gab dem Obersten Düroc den Auftrag, ohne Umschweife die unausweichliche Besetzung von Hannover anzukündigen, wenn der Friede nicht erhalten werden könne. Der Oberst sollte hinzufügen, daß der Hauptzweck dieser Maaßregel eigentlich der sey, dem englischen Handel im Norden von Teutschland Einhalt zu thun, und eben deshalb sey es auch schwer, die allgemeine Sperrung nicht bis an die Häfen von Bremen und Hamburg auszudehnen.

Man begreift leicht, was schon die Besetzung von Hannover allein für Klagen veranlassen mußte. Natürlicher Weise gab es viele Schreier, welche ihre Stimmen über Verletzung der Neutralitätsrechte des römisch-teutschen Reiches erhoben und darin einen Eingriff in die Unabhängigkeit der teutschen Staaten erblicken wollten. Möge England immerhin mit Frankreich in den gehässigsten Krieg voll arger Erbitterung verwickelt seyn — Hannover, als teutscher Reichsstaat, obwohl der englischen Krone gehörend, müsse dem Feinde heilig und unantastbar bleiben. Dieser Vernunftschluß, immer wiederholt und eben so oft unbeachtet und vernachlässigt, konnte von Seite Preußens und Rußlands keine große Wirkung hervorbringen, wenn man sich erinnert, daß Preußen zwei Jahre zuvor auf Betrieb des russischen Cabinets, in Bezug auf Angelegenheiten, in jenes Churfürstenthum eingefallen war, welche sich keineswegs auf das teutsche Reich bezogen, sondern einzig und allein ihren Grund in dem harten und anmaßendem Charakter Englands, als Seemacht, hatten. Obwohl der Hof von Berlin gern Alles gethan hätte, um den Einmarsch der französischen Truppen auf teutschen Grund und Boden abzuwehren, hütete er sich sehr wohl, eine Beweisführung geltend zu machen, deren Umsturz so leicht geworden wäre. Sich Hannovers bemächtigen, heißt England einen Schlag versetzen; aber Hamburg! Bremen! — das hieße Teutschland angreifen, das heilige römische Reich in seinem Innern verwunden! —

Obwohl man in Berlin keineswegs blind war für die muthmaßlichen Folgen eines neuen Krieges zwischen England und Frankreich, so war man doch nicht wenig durch den Gedanken in Schrecken gesetzt, daß die Gefahr so nahe sey. Man bat daher den ersten Consul, die Ausführung seines Vorhabens zu verschieben, in der Hoffnung, es ließe sich vielleicht noch ein Mittelweg ausfindig machen, um die Interessen beider Parteien einander näher zu bringen — wo nicht zu vereinigen.

Unter allen Mächten, welche im Jahre 1800 dem nordischen Seebündnisse beigetreten waren, ist Preußen die einzige, welche, die alten Verbindungen mit dem Hofe von London wieder anknüpfend, die Grundsätze jener Neutralität nicht verletzt hatte. Das Berliner Cabinet schmeichelte sich daher auch mit der Hoffnung, aus seiner Stellung zu England und den übrigen Reichen einen entschiedenen Vortheil zu ziehen. Es bot der britischen Regierung an, durch Hannovers Besetzung mit preußischen Truppen dem französischen Einfalle zuvorzukommen und so dieses Land der britischen Krone bis zum Frieden zu erhalten. Die einzige Bedingung, die es dabei machte, war: daß die preußische Flagge auf den nordischen Meeren als unabhängig und frei geachtet werde."

Frankreich, welches, in dem Falle, als dieser Vorschlag angenommen worden wäre, sich an Preußens Flagge hätte halten können, schien gar nicht abgeneigt, zu diesem Annäherungsversuche die Hände zu bieten. Für England selbst war dieser fragliche Punct von hohem Interesse, denn auf diese Weise hätte es sich nicht nur den Besitz eines Landes, sondern auch den freien Zutritt an alle teutschen Flüsse — ein für den Handel sehr bedeutender Umstand — ungeschmälert erhalten. Allein der Verlust von ganz Hannover und die gänzliche Unterbrechung seines Handels schien Englands Stolze nicht bedeutend und wichtig genug, um mit der Neutralitäts-Anerkennung — wenn auch nur einer einzigen Flagge — in die Wagschale gelegt zu werden. Uebrigens schien die Furcht, welche Preußen vor dem Gedanken hatte, die Franzosen im Herzen seiner Besitzungen heimisch zu sehen, bei dieser Gelegenheit dem britischen Cabinette eine neue Quelle von Hoffnungen darzubieten, die sich auf das nothwendig daraus entstehende Mißverhältniß zwischen Paris und Berlin begründen ließen.

Eine förmlich abschlägige Antwort der britischen Regierung machte daher auf einmal die süße Hoffnung verschwinden, der sich Preußen schon hingeben zu dürfen glaubte. Die Lage dieses Hofes wurde von nun an eine der peinlichsten; man verschonte, man fürchtete Frankreich, und bezahlte am Ende dessen Freundschaft doch theuer. Der König sowohl als sein Ministerium, welches seit einem Zeitraume von sechs Jahren, stolz darauf, die Rolle eines Beschützers des Nordens von Teutschland gespielt zu haben, sich für jede andere — als eine preußische Macht, als unzugänglich und unantastbar gehalten hatte, war nun mit einem Male und zu gleicher Zeit durch den Einfall eines französischen Truppencorps im Mittelpuncte seiner Besitzungen tief gekränkt und in finanzieller Hinsicht durch die Flußsperre und andere Gewerbs- und Handelshindernisse in dem Interesse des Staats verletzt. Aus diesen angeführten Gründen konnte die Erneuerung eines Seekrieges nicht anders als höchst unheilbringende Früchte für Preußen tragen.

Wenn aber ebensowohl der Kaiser von Rußland als Friedrich Wilhelm sich über das Beginnen der Feindseligkeiten betrübten und ängstliche Sorgen für die Zukunft hegten, lebte man zu Wien in weit größerer Ruhe, denn in Oestreich fand ein ganz anderes Verhältniß statt. Niemals hat Oestreich bei Verhandlungen oder Verträgen Etwas zugestanden, was es nicht wieder hätte zurücknehmen können. Sowohl zu Lüneville, als zu Regensburg hatte es sich den Verhältnissen der Politik gefügt, und es zugleich der Zeit überlassen, dasjenige wieder zu erwerben, was es verloren hatte. Ganz außer Berührung mit den streitenden Mächten und fern vom Kampfe konnte es dem Cabinette von Wien nur Freude gewähren, Frankreichs Kräfte sich an einem andern Staate, als dem seinen, erschöpfen zu sehen.

Durch ein besonderes Band mit England verbunden, dem es durch seine in den letzten Feldzügen angehäuften Schulden beinahe zinsbar geworden, mußte es schon aus Dankbarkeit die herzlichsten Wünsche für das Gelingen dieser Macht hegen, wenn auch nicht dem geheimen Gedanken Raum geben, dieselbe, wenn die Gefahr sich verringerte, zu unterstützen und dann die Hülfe zum eigenen Vortheile zu benutzen. Solche Gefühle mußten ihm von seiner Lage eingehaucht werden. Niemand hat das Recht, sie ihm zu verargen, oder ihm wohl gar andere aufzudringen.

Aus diesem Grunde begnügte sich die französische Regierung, mit Oestreich sich mit einigen Höflichkeitsformeln abzufinden: „Se. Majestät der Kaiser," sagte Frankreich, „wird ohne Zweifel nicht haben wollen, daß die von Ihr dem zehnten Artikel des Friedens von Amiens versprochene Gewährleistung nur als eine leere Form betrachtet werde. Ist aber diese Garantie je verkannt, oder wohl gar verletzt worden?" Die Antwort des östreichischen Ministers war: „Welch' einen Schritt sollen wir thun?" „Welchen seyd Ihr zu thun bereitwillig?" gab Frankreich zur Antwort. Diese Besprechungen endigten damit, daß der Hof von Wien sich erbot, von London aus sich Erläuterung verschaffen zu wollen und dann mit Rußland und Preußen in gleichem Geiste zu handeln. Dieser Vorschlag verdankt seine Entstehung einer leeren Förmlichkeit und wurde als solche auch aufgenommen. Uebrigens versicherte dieser Hof, nichts weniger als über den Umstand eifersüchtig zu seyn, daß der erste Consul die Vermittlung des Kaisers Alexander angesprochen habe, sondern gestand vielmehr ein, Oestreich wäre nicht im Stande gewesen, dem französischen Volke in dem gleichen Maaße nützlich zu seyn. Seine Lage war in der That auch sehr zweideutig und damals von der Zukunft abhängig. Dies wußte die englische Regierung recht gut und schmeichelte sich, obgleich die Anerbietung der reichlichsten Unterstützungsgelder Oestreich für den Augenblick nicht zu dem Versprechen einer baldigen Hülfeleistung bringen konnte, nicht ohne Grund mit der Hoffnung, aus dem Kriege selbst irgend ein Ereigniß hervortauchen zu sehen, welches die Unschlüssigkeit dieser Macht zu besiegen im Stande wäre.

Vielleicht gab der in London beglaubigte östreichische Botschafter, Graf von Stahremberg, welcher bei seinem kurzen Aufenthalte zu Paris beleidigende Auftritte mit der französischen Regierung nicht zu vermeiden verstand, dem britischen Ministerium Hoffnung, die Aufträge seines Hofes durch eigenmächtiges Handeln zu überschreiten und so Veranlassung zu einem entschiedenen Entschlusse zu werden.

Eine Unterredung des Kaisers von Oestreich mit dem französischen Gesandten in Wien liefert uns das treueste Gemälde dieses Cabinets, und diese Unterredung ist um so merkwürdiger, als jener Monarch fast niemals längere Gespräche mit den Abgeordneten fremder Höfe einzugehen pflegt. An diesem Tage äußerte Kaiser Franz II., nachdem er schon Vieles von seiner Liebe zum Frieden, von den schmerzlichen Erinnerungen, die noch von dem letzten Kriege in seiner Seele zurückgeblieben, und andern Dingen gesprochen hatte, plötzlich eine nicht geringe Besorgniß, „daß die französische Regierung, wenn ihre Plane in Hinsicht Englands scheitern sollten, die Waffen gegen irgend eine Macht auf dem Festlande wenden möchte, um England zum Frieden zu zwingen. „Nur auf diese Weise," fuhr er fort, „kann ich zum Kriege genöthigt werden."

Obgleich der französische Botschafter Sr. Majestät die Versicherung gab, daß diejenigen Mächte des Continents, welche in keiner offenen oder geheimen Verbindung mit England ständen, nichts von Frankreich zu befürchten hätten, und hierauf sein nicht geringes Befremden über die sonderbare Idee, welche Se. Majestät als ausgemacht anzunehmen schien, äußerte, gab der Kaiser zur Antwort: „Sie sind durch meine Vermuthung befremdet; allein was ich hier sagte, ist nicht sowohl meine eigene Meinung, als die Idee Aller. Ueberall höre ich davon sprechen." — Diese kaiserliche Aeußerung enthüllt sattsam das innere Wesen des Wiener Cabinets. Man will da zwar für diesen Augenblick keinen Krieg; allein in die arglose Seele des Monarchen die Furcht einschwärzen, von Frankreich angegriffen zu werden, heißt in ihm den Entschluß vorbereiten, den Franzosen zuvorzukommen und die Feindseligkeiten selbst anzufangen, wenn es das Ministerium für passend und an der Zeit findet.

Zu Berlin also ist und bleibt der bevorstehende Einmarsch der Franzosen in das Hannöverische ein eben so betrübendes als demüthigendes Ereigniß. Zu Petersburg wird die Wiederbesetzung von Tarent den Kaiser Alexander unangenehm berühren, der durch den geringen Einfluß, den seine Vermittlung und sein Schutz auf die Staaten von Italien ausübt, nicht wenig verletzt zu seyn scheint. Zu Wien ist der Geist des Monarchen zu feindseligen Muthmaßungen und jedem Grade von Mißtrauen vorbereitet, dessen Ausbruch zu bestimmen sich das dortige Cabinet vorbehält. Diese allseitige Stimmung ist augenscheinlich zu Gunsten Englands und dem französischen Interesse entgegen. Umsonst wird sich der erste Consul bemühen, die Wirkung derselben unschädlich zu machen. England aber unterhält diese Stimmung sorgfältig und sucht sie sogar mit jedem Tage noch mehr zu verschlimmern und in Bitterkeit zu entflammen. Dann wird es einst, über seine Bemühungen triumphirend, Stürme daraus zu entwickeln verstehen, welche die verschiedenen Reiche über den Haufen werfen und das ganze Festland erschüttern werden.

Ich übergehe hier die Staaten der zweiten Größe mit Stillschweigen, denn diese gehören aus Mangel an Selbstständigkeit dem sie beherrschenden Systeme an. Die kleinern Mächte Teutschlands müssen Frankreich ergeben seyn, welches sie zum Theil schon vergrößert hat, oder noch zu vergrößern Willens ist.

Im Süden Europa's ist der Hof von Neapel durch Noth an den französischen Freistaat gekettet, im Herzen aber England zugethan — je nach dem Erfordernisse der Zeit und der Gelegenheit zu jedem Benehmen bereitwillig, bald demüthig, bald verwegen; und diese Zweideutigkeit wird noch dessen Sturz herbeiführen.

Selbst Spanien ist, wie wir sehr bald zeigen werden, nicht ganz frei von einem gewissen Schwindel, von ungelegenen Versuchungen, deren Ergebniß kein anderes seyn kann, als den Druck der schon schwer lastenden Kette noch schwerer zu machen.

Im Norden beschäftigt sich die dänische Regierung mit der Wiederherstellung der durch die früheren Ereignisse erlittenen Verluste, immer fest an dem Gegenstande seiner Rechte haltend, welche triumphiren zu machen ihr zwar nicht gelungen war, wo aber der Erfolg den Grundsatz bestätigte, daß die Würde eines Staates weder von der Menge seiner Truppen, noch von der Gewalt seiner Flotten abhänge.

Nicht fern davon stellt sich ein überspannter Prinz, der

die Rolle eines zweiten Gustav Adolf's zu spielen wähnte, ohne jedoch die dazu nöthigen Talente zu besitzen, nach und nach jeder Macht feindlich gegenüber, um auf diese Weise sich und seinen Staat aus dem Nichts herauszureißen, in welchem sein Reich, nach dem politischen Standpuncte der Dinge in Europa betrachtet, zu schlummern verurtheilt ist. Weiter unten werden wir über die unsinnigen Handlungen, welche Gustav IV. Adolf schon begangen hat und sicherlich noch begehen wird, ein Mehreres sprechen. Wir nennen ihn hier bloß, um schon jetzt anzuzeigen, daß dieser so unbesonnene, so leidenschaftliche und besonders gegen Rußland so verwegene Regent in weniger als zwei Jahren das politische Band geworden ist, mit dem der Kaiser Alexander sein Interesse an Englands Regierung knüpfte, oder vielmehr, dessen Großbritannien sich bedienen wird, um Rußland gegen ihn aufzubringen.

Europa's Zustand, von dem Gesichtspuncte aus betrachtet, von welchem wir diese leichte Skizze entwarfen, ist dem ersten Consul nicht unbekannt. Dies beweist er durch seine Maaßregeln, welche alle auf diese genaue Kenntniß begründet sind. Er zweifelt nicht, daß er noch einstens, früher oder später, neue Kämpfe auf dem Festlande zu bestehen haben werde. Er weiß, daß man sich zu Wien unaufhörlich bemüht, die lästigen Fesseln des Vertrags von Lüneville, so wie man es zu London in Hinsicht des Friedens von Amiens machte, abzuschütteln; eine Tendenz, deren Verwirklichung man nur so lange verschieben wird, bis sich eine passende Gelegenheit darbietet, die Waffen mit Vortheil zu ergreifen. Er weiß eben so gut, daß Rußland, für diesen Augenblick zwar ohne festen und bestimmt ausgesprochenen Entschluß, dennoch heute oder morgen sich zu einer oder der andern Partei schlagen werde, je nachdem die russische Diplomatie, welche ganz feindselig gegen Frankreich gesinnt ist, über den Geist Alexanders I. die Oberhand gewinnt, oder nicht.

In Folge dieser Thatsachen besteht die Politik des ersten Consuls einzig und allein darin, den Zeitpunct des Bruches zu verspätigen, und das beste Mittel, dies zu bewerkstelligen, ist, sich stets in einem solchen Wehrzustande zu erhalten, daß man die Gegner immer weniger und weniger zu fürchten braucht.

Sein Wunsch wäre freilich, die Dauer dieses zweideutigen Friedens zu verlängern, um Zeit zu gewinnen, durch einen längst vorgehabten Einfall in England diesem Hauptfeinde einen entscheidenden Schlag zu versetzen. Da man aber die Unmöglichkeit eines glücklichen Erfolgs voraussieht, so stellt man sich, als glaube man nicht an die Verwirklichung des Vorhabens. Allein für alle Fälle, man möge ihm zu diesem kühnen Unternehmen Zeit lassen, oder durch die Aushebung einer bedeutenden Armee ihm zuvorkommen, liegt ihm ganz besonders daran, den Standpunct festzustellen, von wo aus er seine Plane bei neuen Kämpfen in Wirksamkeit zu setzen habe; er sorgte dafür, daß er in dem Augenblicke, wo man ihn anfallen würde, den Krieg in dem Herzen der feindlichen Staaten zu führen im Stande sey. Daher sein fester Entschluß, in dem Norden von Teutschland Hannover und in Italien alle jene Puncte zu besetzen, welche das Land zu sichern, England davon auszuschließen und irgend eine Ablenkung hervorzubringen im Stande wären, um die Seekräfte jener Macht zu schwächen.

Würde der erste Consul bei größerer Mäßigung, Umsicht und Kraft, sich jedes freiwilligen Eingreifens zu enthalten, selbst da, wo er ungestraft handeln könnte, einst Lohn für diese Mäßigung davon tragen? Nein, er würde ganz bestimmt, vielleicht schon in kürzester Zeit, eine Macht nach der andern gegen sich erheben sehen, deren Aufstand als unvermeidlich gehalten wird. Es bleibt ihm nichts übrig, als dieselben zu bekriegen, und zwar nicht auf einem für ihn günstigen Boden, in seiner verschanzten Stellung, vielleicht dicht an der französischen Gränze, oder sogar auf dem republikanischen Gebiete.

Der unveranlaßte Einfall, den man ihm vorwirft, ist in seinen Augen nichts als eine kluge Berechnung der Vernunft; und nicht ganz ohne einen Anschein von Wahrheit, hat er oft gesagt: „Man zwingt uns, zu erobern, um zu erhalten."

Der erste Consul wußte, da er sich zu dem neuen Kriege viel eher entschloß, als daß er die von Seiten der englischen Regierung so frei und offen vorgenommene Verletzung des Friedens von Amiens mit gleichgültigen Augen ansah, recht wohl, was für einen Stoß Frankreich von diesem Bruche erhalten werde, was für Wunden derselbe dem Handelssysteme, welches, in Voraussetzung eines langen Friedens, bedeutende Geschäfte in den Kolonien unternommen, schlagen würde. „Er glaube sich aber keineswegs," äußerte er einst in einer Unterredung mit Lord Withworth, „über die öffentliche Meinung seines Landes, oder wohl gar Europa's, erhaben." Im Gegentheile wandte er alle Mittel an, sich zum Herrn dieser Meinung aufzuwerfen.

Die von ihm an das gesetzgebende Corps erlassene Adresse, die den Volksvertretern gemachten Mittheilungen, Daru's merkwürdiger Bericht über diese Eröffnungen, die Antwort des ersten Consuls auf die von dem Volke ausgegangenen Wünsche, und eine Menge weniger feierlicher, aber in demselben Sinne verfaßter Bekanntmachungen, gestalteten den Krieg in der That zu einer Nationalsache um, und gewannen die Stimme des Volks in so hohem Grade, daß, da derselbe von England ausgegangen und mit aller Gewalt betrieben wurde, sich die allgemeine Ueberzeugung verbreitete, er hätte auf keine Weise können vermieden werden.

Da schon seit langer Zeit der Haß Frankreichs in England die herrschende Stimmung ausmachte und Jedermann das Wachsthum der Wohlfahrt Frankreichs fürchtete, so glaubte man sich auch zu Paris und in den Provinzen zu einem ähnlichen Grundsatze, zu demselben Hasse gegen England verpflichtet.

Die Art und Weise der Angriffe, welche sich die englische Regierung gegen die Republik, besonders gegen das Consulat erlaubt hatte, die verabscheuungswürdige Wahl der Mittel, die Ungleichheit der Waffen, deren man sich schon früher bediente, hatte in der Seele eines Jeden einen tiefen Groll zurückgelassen, welchen die kurze Dauer des Friedens nicht auszulöschen im Stande war.

Zu der politischen Aufregung gegen die englische Regierung hatte sich im Verhältnisse ihrer Nation zu der französischen bei letzterer ein stolzes Selbstgefühl, und sogar eine Art Verachtung gebildet, welche sich auf die Gewerbsthätigkeit von Luxus- und Geschmacksgegenständen, in welchen die Britten den Franzosen weit nachstanden, begründet haben soll. Man war daher, obwohl vielleicht mit Unrecht, weniger durch die möglichen Folgen eines neuen Krieges geängstigt, als man vermuthen sollte, und die ganze Nation bot mit entschlossenem Muthe und jener ihr eigenthümlichen Offenheit alle ihre Kräfte zur Vereinigung mit den Maaßregeln und Entschlüssen der Regierung auf.

Neun und zwanzigstes Capitel.

Krieg.

Verletzung des Völkerrechts von beiden Seiten. — Beweggründe des ersten Consuls. — Einfall in Hannover. — Suhlinger Vertrag. — Mittheilungen in Bezug auf Hannover. — Capitulation der hannöverschen Armee. — England entzieht dem Lande Hannover seinen Schutz. — Betrachtungen über den Einmarsch der Franzosen in jenes Churfürstenthum. — Unpolitische Bewegungen in Dänemark. — Strenge der französischen Regierung gegen dieses Land. — Errichtung neuer Festungen in Holland. — Besetzung mehrerer Posten in dem Königreiche Neapel. — Die Sicherheit der französischen Küsten wird verbürgt. — Verbote gegen den englischen Handel. — Vorhaben, Großbritannien durch eine Landung anzugreifen. — Bau mehrerer zur Landung in Großbritannien bestimmten Kriegsschiffe. — Reise des ersten Consuls nach Belgien. — Schrecken in England. — Bestimmtere Richtung zur Kriegsrüstung daselbst. — Geheimer Anschlag in Irland. — Schadloshaltung des Hauses Oranien. — Doppelte Art der Kriegführung gegen Frankreich. — Nichtbeachtung des Vertrags von Amiens in den Pflanzstätten. — Einnahme von Tabago und St. Lucie. — Besitzergreifung mehrerer holländischer Ansiedlungen.

Der Krieg ist erklärt und beginnt. Das Zusammentreffen der beiden Colosse wird einen heftigen Schlag verursachen; er wird alle die unvorsichtigen Mächte, welche sich seit zehn Jahren zwischen die Riesenstaaten geworfen haben, zerschmettern. Ein Kampf wird es seyn der Kühnheit gegen die Kühnheit, der Stärke gegen die Stärke, und wenn man will, der Barbarei gegen die Barbarei; doch Frankreich wird seine Handlungsweise und seine Waffen nur aus dem Gesichtspuncte des Vergeltungsrechtes, von den Zeiten barbarischer Jahrhunderte, entlehnen.

In England scheint, wie wir schon bei der Auseinandersetzung des Neutralitätssystems gesehen haben, ein unheilbringender Gebrauch den Stempel des Rechtes, und zwar eines ausschließenden Rechtes, erhalten zu haben, bei Seekriegen das Völkerrecht ungescheut zu verletzen.

Die Jahre 1755 und 1773, so wie die Ereignisse vom Jahre 1803 bestätigen die Wahrheit des Gesagten. Französische Schiffe sind entweder schon in dem Hafen selbst, oder auf dem hohen Meere weggenommen worden, noch ehe die Gesandten, von ihrem Posten abgerufen, ihr gegenseitiges Vaterland wieder erreicht hatten. Auf diese Weise sind die Rechte des Friedens vernichtet worden. Der Friede konnte nicht einmal das Eigenthum, geschweige die Personen von Frankreich in Schutz nehmen. Die Schiffsmannschaft unserer Fahrzeuge wurde eben so, wie die darauf befindlichen Reisenden, mitten im Frieden wie Kriegsgefangene behandelt. Wie hat Europa, wie hat aber vor Allem Frankreich die Ausübung eines so furchtbaren Privilegiums, welches sich England seit undenklicher Zeit angemaßt und mit dem Stempel der Gesetzlichkeit zu einem seiner Vorrechte erhoben hat, so ungestraft erdulden können? Eine solche Duldung kann Schwäche genannt werden; zum wenigsten erscheint sie als Geständniß der Unterwürfigkeit, zu welchem sich der erste Consul nie verstehen kann. Die französische Regierung unter dem ersten Consul kannte keine Macht, welche so erhaben dastände, daß sie sich nicht der unbeugsamen Regel der politischen Gleichheit unterwerfen sollte. Der erste Consul wird es an nichts fehlen lassen, wodurch die Ausübung dieses Gegenrechts nach allen Grundsätzen der Großmuth und des Edelsinnes befördert werden kann. Sollte aber England das Gegentheil verlangen, so wird der erste Consul nach der geringsten Verletzung eine furchtbare und grausame Vergeltung nehmen.

Fast zu derselben Zeit, als der König von England seine Adresse erließ, wurden französische Schiffe in der Bucht von Audierne durch englische Fregatten weggenommen. Um das

6*

Vergeltungsrecht an den Fahrzeugen, den Matrosen und den französischen Reisenden, welche auf diese Weise, allem Völkerrechte zuwider, gefangen gehalten wurden, auszuüben, ließ der erste Consul, laut eines Befehls vom 22sten Mai, alle in Handelsangelegenheiten oder sonstigen Geschäften in Frankreich reisenden Engländer ebenfalls einziehen und als Kriegsgefangene behandeln. Man hat zwar behauptet, daß einige Tage zuvor das französische Ministerium der auswärtigen Angelegenheiten diesen Reisenden Versicherungen habe zukommen lassen, welche ganz geeignet waren, sie über das Auffallende einer solchen Maaßregel zu beruhigen. Ich habe die Beweise für diese Behauptung zwar nirgends auffinden können; aber gesetzt auch, sie sey wahr, was folgt daraus? Die französische Regierung hat wenigstens den Willen kund gethan, das Völkerrecht anzuerkennen. Und dieser Wille war aufrichtig. Wenn aber England dasselbe Völkerrecht, welches Frankreich beobachten will, auf so kühne Weise bricht, wird es dann auch noch zu den Pflichten verbunden seyn, von denen sich sein Nebenbuhler durch Verletzung befreit? Dem bösen Beispiele Großbritanniens folgen, hieße die Civilisation nicht nur hemmen, sondern rückwärts schleudern! Möchten doch alle Nationen sich vereinigen, um dieses stolze England in die Schranken der gebildeten Welt wieder zurückzuweisen, dann wird das Völkerrecht eben so bei den Seekriegen, wie jetzt schon bei Landkriegen, heilig und unverletzlich bleiben. Denn es wäre doch in der That zu bequem für eine hochmüthige Regierung, wie jene von Großbritannien, das allgemein anerkannte Gesetze nach Willkühr zu verwerfen und sich eigne Gesetze, nur für sich selbst zulässig, nach Gutdünken zu modeln, um sowohl die Früchte seiner eignen Ungerechtigkeit, als die segenreichen Folgen der allgemein anerkannten Rechtspflege der andern Nationen einzuernten.

Wenn die Maaßregel, welche die französische Regierung angewendet hat, ihre Rechtfertigung nicht schon hinlänglich in dem Grundsatze der Reciprocität fände, so wäre es dem ersten Consul sehr leicht geworden, andere Gründe aufzufinden, und in der That waren es folgende Betrachtungen, welche ihn zu seiner Handlungsweise aufforderten. Er dachte, es sey jetzt an der Zeit und von der höchsten Wichtigkeit, die Engländer von allem Anfange an zu überzeugen, daß dieser Krieg keinem der von ihnen früher geführten Kriege zu vergleichen sey, und daß man sich keineswegs fürchte, Gleiches mit Gleichem zu vergelten. Uebrigens war er überzeugt, daß die Gefangenhaltung einer großen Anzahl, meist zu den einflußreichsten Familien Englands gehörender Personen nur um so eher den Weg zu einer gegenseitigen Annäherung eröffnen könne. Diese Hoffnung aber wurde getäuscht.

Die britische Regierung zeigte sich eben so ohne Mitleiden für ihre eigenen Unterthanen, als sie sich in Hinsicht der fremden Staatsgefangenen unerbittlich bewiesen hatte. Sie vergaß die Verhafteten und ließ sie in einer langwierigen Gefangenschaft schmachten, ohne auf deren Auswechselung bedacht zu seyn. Sie hat wohl gefürchtet, durch die Auswechselung den Franzosen das Recht zuzugestehen, über die Engländer selbst in Kriegszeiten jene Oberherrschaft auszuüben, welche sie sich noch vor dem Bruche über die Franzosen anmaßte. Diese Art von Ungerechtigkeit betrachtet England als ein Monopol, bei deren Ausübung es keinen Theilnehmer anerkennt.

Die englische Regierung hat die Kriegserklärung nicht abzuwarten für gut gefunden, um die Feindseligkeiten zur See anzufangen. Der erste Consul, dem Völkerrechte getreuer, war in dem Augenblicke jener Erklärung so eben mit seinen Kriegsrüstungen zu Ende. Alles war zur Besitznahme Hannovers bereit, und England ist es nicht entgangen, daß schon am 12ten März in Folge der früheren Ausmärsche sich französische Truppen in Holland einfinden und nach den Gränzen jenes Churfürstenthums begeben würden.

Zehn Tage nach der Adresse des Königs (16ten Mai) erhielt die französische Armee, welche Coevorden zu ihrem Sammelplatze erwählt hatte, den Befehl, sich in Marsch zu setzen. Diese Armee bestand nur aus 13- bis 14,000 Mann Infanterie und 2000 Pferden. Die hannöverische Armee zählte 4000 Mann Cavalerie und 1800 Mann Infanterie. Die von dem ersten Consul dem Generallieutenant Mortier ertheilten Befehle waren in den Worten enthalten: „Marschiret, schlagt die hannöverische Armee und nehmt ihr die Waffen." Eine so lakonische Sprache führte damals das Haupt der französischen Regierung, und man faßte diese Rede eben so rasch und entschlossen auf.

Das britische Ministerium, vielleicht in seinen, den Seedienst betreffenden Befehlen nicht weniger gebieterisch, übte nicht dieselbe Wohlredenheit auf dem Festlande. Am 16ten Mai, dem Tage, an welchem der König dem Parlamente den Bruch der Unterhandlungen kund that, erließ der Herzog von Cambridge in Hannover ein Manifest, welches bei Androhung strenger Strafen ein allgemeines Waffenaufgebot befahl. „Jeder Hannoveraner, welcher im Stande wäre, die Waffen zu tragen, sich aber der Werbung entzöge, sollte eben dadurch freiwillig aller seiner Güter, welche er in den teutschen Ländern Seiner großbritannischen Majestät besitze, entsagen, so wie auch aller Rechte und bürgerlichen Vortheile in Zukunft für verlustig erklärt werden."

Ein erbärmliches Mittel, durch Furcht von Güterverlust den Patriotismus zu wecken! Die Sprache Seiner Majestät verhallte und wurde kaum von äußerst Wenigen vernommen. Der Befehl eines allgemeinen Aufgebots fand nur bei Müßiggängern und Abentheurern Eingang, und die Auswanderung einer zahllosen Menge Staatsbeamter und Unterthanen nach Dänemark bewies hinlänglich, daß das hannöverische Volk sich nicht zum Opfer ausersehen glaube, noch weniger für Pflicht halte, sich selbst preiszugeben, damit Malta den Engländern unversehrt erhalten bliebe. Die ganze Vertheidigung des Landes beruhte daher auf dem darin liegenden Armeecorps. Diese Truppen waren zwar schön, gut ausgerüstet, wohl gekleidet, mit einer trefflichen Artillerie versehen, und von einem Ehrenmanne, dem General Grafen von Walmoden, angeführt. Hätte sich diese Armee aber auch noch so sehr durch Muth und Tapferkeit in den glänzendsten Gefechten ausgezeichnet, so war doch mit Gewißheit vorauszusehen, daß sie am Ende der Uebermacht weichen und vor dem trefflichen Corps des Generals Mortier, der nur die Vorhut anführte, die Waffen strecken müsse. Die Franzosen hatten nämlich keinen Augenblick verloren, denn der Ruf ihres Namens war ihnen überall Schrecken verbreitend zuvorgeeilt, und in weniger als acht Tagen hatten sie nicht nur eine bedeutende Strecke Weges zurückgelegt, an mehreren Puncten über die Ems gesetzt und ohne Hinderniß die Ufer der Weser erreicht.

Den kräftigsten Widerstand fanden sie in der Nähe von Borstell, wo die muthvolle Aufopferung der Hannoveraner nur dazu diente, um jene unausweichbare Uebermacht, welche im Kriege geübte Truppen allezeit über weniger geübte, die Gewohnheit des Sieges über den Neuling im Kampfe, ausübten, nur in ein um so glänzenderes Licht zu stellen. Um den Franzosen den Uebergang der Weser zu versperren, hatte der Graf von Walmoden alle seine Streitkräfte bei Nienburg, als dem wichtigsten Posten, zusammengezogen; aber in demselben Augenblicke, als der französische General den Befehl zum Angriffe ertheilte, erschienen Abgeordnete der Landesregierung von Hannover, um wo möglich noch eine Vereinigung zu Stande zu bringen. So schien der Krieg, der eben erst begonnen hatte, durch eine am 4ten Juni zu Suhlingen abgeschlossene Uebereinkunft auf einmal beendigt zu seyn.

Die hannöverische Armee mußte sich hinter die Elbe zurückziehen und das Versprechen ablegen, so lange der gegenwärtige Krieg dauere, wenn anders nicht ein vorausgegangenes Manifest sie des Gelübdes entbände, nie wieder gegen Frankreich die Waffen zu ergreifen. Sie zog sich mit allen kriegerischen Ehren zurück; nur die Artillerie und die darauf Bezug habenden Waffen und der Schießbedarf, mit einem Worte, Alles, was Eigenthum des Königs von England war, wurde den Franzosen übergeben. Diese fanden in den Festungen, Zeughäusern und Magazinen 500 Kanonen, 40,000 Gewehre und mehr als 200 Packwagen, nebst vollständigem Gespann, 3,000,000 Kartätschen und 4000 Centner Pulver. Eine große Anzahl englischer Schiffe wurden theils auf der Elbe, theils auf der Weser weggenommen. Die Trophäen dieses raschen Sieges wurden noch überdies durch 19 eroberte Fahnen und 16 Standarten, welche die Hannoveraner ehemals den Franzosen abgenommen hatten, gekrönt. Wo sich überhaupt noch eine Spur ehemaliger Niederlage zeigte, wurde sie durch einen neuen Sieg verwischt.

Die hannöverischen Truppen hatten die ihnen angewiesene Stellung eingenommen und die Uebereinkunft treu und redlich erfüllt. Damit sie aber auch für die Zukunft gesichert bleibe, sollten sie noch die beiden betreffenden Regierungen durch eine eigene Acte bestätigen.

Das französische Ministerium eröffnete laut eines Briefes des Herrn von Talleyrand an den Lord Hawkesbury vom 10ten Junius dem Cabinette zu London, daß der erste Consul den Vertrag sogleich vollziehen werde, wenn ihm Se. britische Majestät darinnen zuvorgekommen, und schlug zu gleicher Zeit die Auswechselung der hannöverischen Armee vor. Ein besonderes Gewicht wurde in dieser Erklärung darauf gelegt, „daß der erste Consul bei seiner Handlungsweise nichts Anderes vor Augen gehabt habe, als sich ein Unterpfand für die Räumung Malta's vorzubehalten und dadurch auf die genaue Vollziehung des Vertrags von Amiens hinzuwirken; es hätte keineswegs aber in seiner Absicht gelegen, den Unterthanen Sr. großbritannischen Majestät alle die strengen Folgen des Kriegs fühlen zu lassen, und nicht ohne großes Leidwesen sehe er sich genöthigt, Hannover als ein Land zu betrachten, welches sein eigener Landesherr verlassen, und er ohne Capitulation erobert habe."

Auf diesen Vorschlag der französischen Regierung machte das englische Cabinet die Bemerkung, daß Se. Majestät der König von Großbritannien als doppelter Charakter auch eine zweifache Rücksicht verdiene, und, obwohl als König im Kriege begriffen, dennoch als Churfürst den Frieden zu verlangen das Recht habe. Hierauf eröffnete es, daß dieser Fürst Willens sey, „an die Mächte, welche die teutsche Reichsverfassung aufrecht zu erhalten gutgesagt hätten, zu appelliren;" dann berief es sich auf den Vertrag von Lüneville, führte die Vergangenheit und besonders das Betragen Frankreichs als Beispiel an, welches in dem letzten Kriege die Neutralität Hannovers anerkannt habe, vergaß jedoch, daß neben jenem letztern Kriege, dem teutschen Neutralitätssysteme zum Trotze, Hannover auf Anstiften Rußlands von Preußen selbst überfallen worden sey.

Die Verweigerung der Vertragsvollziehung von Seiten Englands machte seine nothwendigen Folgen sehr bald fühlbar.

Friedrich II. belebte nicht mehr die Scene des Schauplatzes, wie im Jahre 1750, wo er die Franzosen bei Roßbach schlug, und England von seinem zu Kloster Seven gegebenen Worte befreite.

Schon am 30sten Juni aber that der General Mortier, von seinem Hauptquartiere Lüneburg aus, dem Grafen von Walmoden die Beschlüsse der englischen Regierung kund und eröffnete ihm die neuen Vorschläge Frankreichs, indem er zugleich binnen 24 Stunden eine entscheidende Antwort verlangte. Jene Forderungen gingen dahin, daß die hannöverischen Truppen ihre Waffen niederlegen und als Kriegsgefangene nach Frankreich geschickt werden sollten. Eine solche Demüthigung schien den Hannoveranern unerträglich. Die Antwort darauf war: „sie zögen den Tod mit den Waffen in der Hand einem so entehrenden Antrage vor.“ Von beiden Seiten wurden daher kräftige Anstalten zum Kriege getroffen; doch als eben der Befehl zum Angriffe ertheilt worden war, knüpfte man die Verhandlungen wieder an. Von beiden Seiten wurden Commissarien ernannt, um auf einer Barke mitten auf der Elbe zu unterhandeln.

Durch ein unglückliches Mißverständniß gab eine hannöverische Batterie Feuer auf die Abgeordneten von Frankreich; diese, an Kanonenkugeln gewöhnt und voller Vertrauen auf die Rechtlichkeit ihrer Gegner, ließen dies großmüthig an sich vorübergehen, und schienen zu edel, um einen unwürdigen Verdacht zu schöpfen, nicht einmal die Gefahr geahnet zu haben, welche ihnen bevorstand. Am 5ten Juli wurde die zweite Uebereinkunft abgeschlossen. General Mortiers Bericht darüber enthält die Worte: „Der Graf von Walmoden hat mit blutendem Herzen unterzeichnet.“ Die Bedingungen waren zwar hart und streng, aber doch war die hannöverische Armee nicht in den Zustand einer entehrenden Gefangenschaft gesetzt. Sie wurde vielmehr aufgelöst, gezwungen, die Waffen zu strecken, und diese, nebst dem sämmtlichen Geschütze, dem Fuhrwesen und den Pferden, der französischen Armee ausgeliefert. Die Generale, Officiere und Soldaten kehrten in ihre Heimath zurück, das Land aber fiel unmittelbar der Oberherrschaft der besetzenden Macht anheim. General Graf von Walmoden hatte zwar ein schmerzliches, aber ein edles und großartiges Opfer gebracht, indem er sein Vaterland vor unnützem Blutvergießen befreite. England hatte ohne Mitleiden Hannover verlassen; ja die edle teutsche Armee wäre, hätte sie sich zur Wehre gesetzt und für England gefochten, ohne Nutzen und Zweck zu Grunde gegangen.

Man hat oftmals die Frage aufgestellt, warum das Cabinet von London, welches doch den Augenblick des Bruches in seiner Hand hatte, nicht zum Voraus bessere Vertheidigungsmaaßregeln getroffen, noch sich auf klügere Weise einen Rückzug gesichert habe, welcher ihm die ganze hannöverische Armee nicht nur erhalten, sondern auch den größten Theil der Vorrathskammern, Zeughäuser und Kriegsvorräthe, nebst den festen Plätzen in Hannover für bessere Zeiten gesichert hätte. Diese unerklärliche Kurzsichtigkeit ist eine Thatsache, von der man das britische Ministerium durchaus nicht lossprechen kann.

Läßt man aber diesen Fehler außer Acht, so leuchtet aus dem Benehmen dieses Ministeriums, wie aus der Tiefe der Hölle ein Gedanke hervor, dessen kluge Berechnung die Reihenfolge der Ereignisse näher beleuchten wird. Ein feiges Verlassen von Seiten eines Fürsten gegen seine Unterthanen, wie Englands und Hannovers Beispiel uns zeigte, bleibt immerhin eine schändliche Berechnung.. Freilich, was kümmert sich ein Cabinet, welches an Hannover nur durch die Bande der Politik, nicht aber durch die der Liebe und Anhänglichkeit geknüpft ist, ob dieses Churfürstenthum die vaterländische Ehre verliere, ob es überfallen, ja sogar von einem fremden Sieger beraubt und erbeutet werde? Dem englischen Ministerium liegt einzig und allein daran, daß Hannover stets fort ein Gegenstand des Streites bleibe, unter dessen Schutze es seinen Neid, seine Leidenschaften mit dem tief eingewurzelten Hasse gegen Berlin und Petersburg auszubrüten und zu verbergen im Stande sey; ja, damit Hannover, sollte es verwüstet und durch Brand verheert werden, zu gleicher Zeit als Feuerzeichen eines allgemeinen Brandes für das ganze Festland diene.

Aber auf diese Weise wäre die Eroberung Hannovers durch französische Truppen in den Händen der englischen Diplomatie eine Waffe gegen Frankreich geworden, und diese Maaßregel also auch ein Fehlgriff von Seiten des ersten Consuls gewesen? Diese Besitznahme hat trotz der Mängel ihre entschiedenen Vortheile gewährt, und wenn man von dem rechten Gesichtspuncte ausgeht, daß das neue Frankreich sich nur durch Gewalt gegen das übrige Europa in Ansehen zu erhalten im Stande war so war die Ansicht des ersten Consuls eben so treffend als großartig, indem er mit einem Male die Kraft seines Staate in ihrer möglichsten Ausdehnung und Entfaltung anzuwende sich bestrebte. Dieser ausgesprochene Grundsatz wird zehn Jahr hindurch ohne Erwiederung bleiben, ja er wird nie aufhören seine Anerkennung zu finden, denn spätere, unvorhergesehene ja zum Voraussehen unmögliche Ereignisse geben der Welt eine neue Gestaltung. Allein ein weit bedeutenderer Beweggrund hatte auf die Besetzung des Churfürstenthums einen entschiedenen Einfluß geäußert. Der Keim des späterhin sogenannten Continentalsystems hatte damals schon in der Seele des ersten Consuls geschlummert, und dieses System sollte auf eine Grundlage gebaut werden, welche einzig und allein Preußens Schwäche und Unentschlossenheit durch die Verbindung der Cabinette von Paris und Berlin zu vernichten im Stande war. Einer der Hauptgründe des Einfalls in Hannover war daher das Bedürfniß, dem preußischen Cabinette alle üblen Folgen seines schwankenden Benehmens gegen Frankreich und die Vortheile einer innigeren Verbindung mit demselben fühlbar zu machen. Der Plan des ersten Consuls war, Preußens Macht zu heben, um mit ihr gemeinschaftlich das ganze Festland im Zaume zu halten.

Man wird sich zwar eines Tages fragen, warum Napoleon in den letzten Jahren seiner Regierung sich so ganz ohne alles Mitleiden gegen Preußen gezeigt habe; weil Preußen ihm schon durch den Umstand am meisten geschadet hätte, weil es ihn endlich doch zum Kampfe und zu seinem eigenen Sturz würde aufgefordert haben; jenes Preußen, welches er einst zu vergrößern, zu kräftigen und in jeder Beziehung empor zu heben beabsichtigte, um mit ihm zugleich Rußland und Oestreich zu einem immerwährenden Stillstande zu zwingen, dem Continentalsysteme eine unbestrittene Entwickelung verschaffe und somit England zum Frieden nöthigen zu können.

Die Beweisführung, daß dieses Vorhaben des ersten Consuls eben so wahr empfunden, als zur innersten Ueberzeugung herangewachsen sey, kann nur nach und nach entwickelt werden; aber ich habe es jetzt schon vorläufig andeuten zu müssen geglaubt, damit man dem Faden seiner übrigen Handlungen und Beweggründe um so leichter zu folgen im Stande seyn möge.

Wenn die großen Mächte des Nordens, Rußland und Preußen, wenn sie anders den Einfall der Franzosen in das Churfürstenthum Hannover nicht mit gleichgültigen Augen ansahen, sich wenigstens jeder militairischen Bewegung enthielten, so ist es kaum zu begreifen, wie sich eine durch Vorsicht geprüfte und weise Regierung, die von Dänemark, zu so unklugen Reden und Erörterungen hat verleiten lassen können, welche jene Mächte, die den unglücklichen Rath hierzu ertheilt haben, niemals mit Nachdruck unterstützen werden.

Schon zu Anfange des Monats August waren fast alle dänischen Truppen, selbst die Besatzung von Copenhagen nicht ausgenommen, in dem Holsteinischen versammelt. Dieses Zusammenziehen von Streitkräften hätte eine ordentliche Auseinandersetzung veranlaßt, wenn zwischen Frankreich und Hannover ein Kampf stattgefunden hätte, welcher ernstere Besorgnisse für die Neutralität der Nachbarstaaten zu veranlassen im Stande war; allein der Feldzug hatte nicht länger als einen Tag gedauert, und dennoch kann das Erscheinen der Dänen Niemanden anders, als der französischen Armee gelten.

Zu gleicher Zeit hatte auch der Churfürst von Hessen, unter dem Vorwande einer Heerschau, seine ganze Armee zusammengerufen, so daß diese Bewegung mit Dänemarks Rüstung in eine und dieselbe Epoche fiel; allein schleunige Vorstellungen des französischen Abgesandten zu Cassel ließen dem churfürstlichen Cabinette das Unziemende eines solchen Schrittes fühlen, und der gegebene Befehl wurde zurückgenommen. Von wo mögen wohl die ersten Anregungen solcher falschen Maaßregeln ausgegangen seyn, welche die untergeordneten Höfe von Cassel und Copenhagen zu ähnlichen Mißgriffen bewogen haben? Von der englischen, russischen oder preußischen Diplomatie? Weniger von dieser letztern, indem das Cabinet von Berlin zu jener Zeit noch von dem Grafen von Haugwitz gelenkt wurde, als von einer Partei, welche schon damals an diesem Hofe einen großen Einfluß hatte, welche auch bald dieses Ministerium zu entfernen wissen und alle die Fehler und all' das Unglück von Preußen veranlassen wird. Die Nennung der Namen scheint hier um so mehr erfordert zu werden, indem zu Berlin die französische Partei nur zu bald in der Person des Grafen von Haugwitz dargestellt, die englisch-russische aber in dem Freiherrn von Hardenberg ihren Vertheidiger und Vertreter finden wird.

Was Dänemark betrifft, so hat die französische Regierung die einzige Rache, welche sie an seinem voreiligen Betragen nahm, durch einen von Hamburg aus datirten und in den Moniteur vom 28sten August eingerückten Aufsatz geäußert, und doch war diese unbedeutende Rache selbst schon zu strenge. „Die Leidenschaft, Krieg zu führen, hieß es unter andern in jenem Aufsatze, ist eine unglückselige Verblendung der kleinen Fürsten." Die Bemerkung wäre richtiger und dem Gegenstande angemessener gewesen, wenn man sich damit begnügt hätte, die dänische Regierung zu fragen: „ob sie wohl glaube, daß ihre Armee einen größern Schrecken einzujagen im Stande sey, als die einzige Flagge, welche sie auf dem Meere als Gränzwächter aufgestellt habe?" Diese Regierung erkannte sogleich den hohen Werth der ihr ertheilten Rathschläge und die Truppen kehrten ohne Verzug in ihre Standörter zurück. Holland aber, von wo aus das Armeecorps, welches Hannover besetzt, marschirt war, durfte nicht den Angriffen der Engländer blosgestellt bleiben. Neue Bollwerke und Befestigungen wurden den schon vorhandenen an die Seite gesetzt. Der General Victor, welcher die französischen Truppen in dieser Republik befehligte, ließ vorzugsweise die Forts Goree, Briel und die Insel Voorn befestigen. Und doch hatte damals noch keine förmliche Kriegserklärung zwischen der batavischen Republik und England statt gefunden. Diese Erklärung wurde erst durch die Adresse des Königs an das Parlament vom 17ten Juni bekannt gemacht; aber von dem Augenblicke an, als die Feindseligkeiten gegen Frankreich begonnen hatten, wurde auch Holland als Feind betrachtet.

Als jene Adresse erschien, befanden sich in den Häfen von England schon zwischen 70 und 80 holländische Fahrzeuge, welche nicht sowohl durch Seeräuber, als durch Schiffe von der englischen Marine weggekapert worden waren.

Eine gleichzeitige Maaßregel mit dem Einfalle in das hannöverische Gebiet und den in Holland vorgenommenen Befestigungen war eine andere Unternehmung des ersten Consuls, welche Herr v. Talleyrand in seinem Auftrage unterm 12ten März dem Cabinette kund gethan hatte.

Dies war die Wiederbesetzung der festen Puncte: Brindisi, Otranto, Tarent in den Königreiche Neapel, welche Posten erst seit dem Frieden von Amiens von den Franzosen geräumt worden waren. Als der Bruch erklärt war, bestand dieses Besatzungscorps aus 13—14,000 Mann, und wartete in Faenza auf nähere Befehle. Für eine so wichtige und zugleich so zarte Sendung als diese war, brauchte er, um weder das Volk noch den Hof von Neapel zu verletzen, einen Mann von eben so festem und ruhigem als einnehmendem Charakter. General Murat, welcher in Italien den Oberbefehl hatte, war weit davon entfernt, alle diese Eigenschaften in sich zu vereinigen.

Die von dem Königreich Neapel bestimmten Truppen wurden zwar unter sein Obercommando gestellt, der erste Consul trug aber Sorge, als besondern Befehlshaber den General Gouvion-Saint-Cyr, mit dem Titel eines Generallieutenants, jenem Corps beizugesellen. Eine Proclamation gab Europa die Versicherung, daß Frankreich diese Posten in den neapolitanischen Staaten so lange besetzt halten werde, als England nicht die Insel Malta zurückgebe.

Der erste Consul, der unausgesetzt darauf bedacht war, zum Besten der französischen Finanzen Alles zu ersparen, was fremde Mächte zu tragen in Stande waren, hatte Anfangs gefordert, daß sowohl die Nahrung, Kleidung, der Sold, als die ganze Unterhaltung aus dem Schatze des Königs beider Sicilien bezahlt werden sollte. Die neapolitanische Regierung aber, welche über die Besitznahme einiger Posten auf ihrem Gebiete gänzlich still schwieg, erhob über die ungebührlichen Auflagen, die man ihr ansinne, ein großes Geschrei. Frankreich gab endlich so weit nach, daß das Land für nichts anderes als Wohnung, Lebensmittel und Futterbedarf zu sorgen habe. Diese Nachgiebigkeit wurde wie eine Wohlthat betrachtet. Ueberdies erhielt der General Saint-Cyr strenge Verhaltungsmaaßregeln, das Lästige der Besitznahme so wenig als möglich fühlbar zu machen, die Meinungen und Vorurtheile, mit einem Worte den vorherrschenden Geist der Einwohner zu schonen, und denselben mit den Ansichten der französischen Soldaten, selbst in Beziehung auf ihre religiösen Grundsätze und Gefühle, so viel als möglich in Einklang zu bringen.

Aus dem Gesichtspuncte des ersten Consuls betrachtet war besonders die Besetzung der schönen Rhede von Tarent von der äußersten Wichtigkeit. Ja, darf man sich hier eine Hypothese erlauben, so war Tarent in der That der günstigste Ort zur Ausfahrt nach Aegypten, ein Umstand, der von nun an für Frankreich nicht mehr gleichgültig seyn konnte. Wenn aber damals der erste Consul die Lage der Dinge nur zu genau kannte, und es ihm keineswegs verborgen war, wie weit sich die Gränze des Möglichen erstrecke, und er deshalb wohl schwerlich eine ernstere Absicht zu einem neuen Feldzuge nach dem Orient in seinem Busen nährte, so ertheilte ihm die Politik dennoch den Rath, der Welt glauben zu machen, daß er jenen Plan mit sich herumtrage, um die Engländer zu täuschen und ihre Aufmerksamkeit nicht nur weit von dem Schauplatze seiner wahren Plane abzulenken, sondern vielmehr eine vergrößerte Wachsamkeit und Zersplitterung ihrer Seekräfte zu veranlassen.

Dieselbe Vorsicht, welche die festen Plätze der Halbinsel so schnell wieder in Besitz nahm, hatte aber auch für die Vertheidigung der westlichen Küsten und der benachbarten Inseln Sorge getragen. Livorno wurde in Belagerungszustand gesetzt, neue Maaßregeln und Befestigungen leisteten für die Sicherheit der Inseln Elba und Corsika Gewähr. Jene des Festlandes von Italien wurde von Tage zu Tage vollkommener. Alessandria, welches alle Anlage hat, einst die erste Citadelle von Europa zu werden, zog des ersten Consuls ganze Aufmerksamkeit auf sich. Nach seiner eignen Aeußerung war dieser Platz „der Schlüssel zu ganz Italien, oder in dessen Besitz lag der Besitz des ganzen Apenninenlandes."

Auf diese Weise konnte sich Frankreich schon einen Monat nachdem der Friede aufgehört hatte, in seinem Gebiete von der Mündung der Elbe bis zu dem Meerbusen von Tarent gleichsam als unverwundbar betrachten.

Doch diesem Freistaate konnte es nicht genügen, sich nur gegen die Angriffe von außen her geschützt zu sehen; ein selbstständiger Angriffskrieg war der einzige Weg, auf welchem der Friede wieder zu erlangen war.

Ein eigener Beschluß vom 23sten Juni lautete: „Daß von nun an in den Häfen der französischen Republik keine aus den englischen Pflanzstätten kommenden Waaren der Eingang mehr gestattet sey, noch sonst ein Gegenstand englischen Handels oder Gewerbfleißes, sey er auf geradem Wege oder Umwegen angelangt, die Erlaubniß zur Einfuhr erhalten sollte.

Ein am 23sten Juli erfolgter zweiter Befehl ging noch weiter und untersagte in allen Häfen von Frankreich das Einlaufen englischer Schiffe, oder auch nur solcher Fahrzeuge, welche an Großbritanniens Küste gelandet hatten.

Gesetzt auch, der erste Consul wäre niemals Willens gewesen, eine Landung in England zu versuchen, so war er es doch schon seiner Politik schuldig, diesen Glauben zu verbreiten; doch sein Wille war aufrichtig und sein Entschluß fest; bald sollte England darüber nicht mehr lange im Ungewissen bleiben. Er sprach seinen Entschluß öffentlich aus; er forderte alle Zweige der Regierung, so wie alle Provinzen des Freistaates auf, sein Vorhaben zu unterstützen, und ganz Frankreich folgte seinem Aufrufe. Von allen Seiten, und selbst in den Häfen, die im Kriege der meisten Gefahr ausgesetzt waren, wurden Linienschiffe, Fregatten und Kanonenböte ausgerüstet. Frankreich glaubte, daß einem Manne, welcher die Welt schon durch so viele Wunder in Erstaunen gesetzt hatte, nichts unmöglich sey, und diese hochgespannte Erwartung ließ das Genie des ersten Consuls noch weit hinter sich zurück. Der Geist des Volkes in den Provinzen, selbst in den westlichen Departements, war so allgemein für ihn, daß er keinen Augenblick Bedenken trug, die Errichtung einer vendéeischen Legion anzubefehlen, „welche, wie er sich selbst ausdrückte, aus lauter Officieren und Soldaten bestehen sollte, die ehemals die Waffen gegen die Republik geführt haben."

Die Armeelisten waren noch nicht vollzählig; die Kriegszucht hatte bedeutend gelitten. Doch in einem Nu waren die Listen gefüllt und Uebungslager errichtet, um die Mannszucht in Eile herzustellen. Diese Lager wurden dergestalt vertheilt, daß sie beinahe sämmtlich England bedrohten, das eine in Holland, das andere in der Nähe von Gent, ein drittes in Saint-Omer, und die übrigen zu Compiegne, Saint-Malo und Bayonne.

Derjenige Punct aber, auf welchem sich während der zwei folgenden Jahre die Augen Englands und fast ganz Europa's richteten, ist der Hafen von Boulogne. Dieser Hafen sollte nämlich für die zum Einfall bestimmte Armee sowohl der Sammelplatz als der Punct der Abfahrt seyn. Da dieses Unternehmen, obwohl es nie zur eigentlichen Ausübung kam, nach Maaßgabe der, den neuern kriegführenden Nationen zu Gebote stehenden Kräfte eines der kühnsten genannt werden kann, welches in unsern Tagen ausgedacht werden konnte, so sey es vergönnt, der Geschichte einige nähere Umstände über dessen Vorbereitungen zu überliefern.

Der Hafen von Boulogne selbst mußte zu seiner neuen Bestimmung vorher zubereitet werden, sein Becken war zu eng; dieß mußte man daher erweitern, befestigen und in Vertheidigungszustand setzen. Alle Kunstgriffe der Mechanik wurden angewendet und zahllose Werke, eben so tief erdacht, als kühn und kunstfertig durchgeführt, machten bald das Ungünstige seiner Lage verschwinden und gaben den anderweiten Vortheilen einen erhöhten Werth. Um die rechte Seite der Rhede zu schützen, wurde ein ungeheurer Thurm auf einem beweglichen Grunde aufgeführt, unerachtet die Brandung die begonnene Arbeit täglich mit neuer Gewalt erschütterte und nicht selten im Wogengedränge ganze Lagen mit sich fortriß. Die benachbarten Rheden, wie die von Etaples, von Vimereux und Ambletouse, welche vermöge ihrer Lage der von Boulogne zur Unterstützung dienen sollten, sahen ebenfalls bedeutende und schwer ausführbare Werke sich ihrem Ende nahen. Zu gleicher Zeit wurden Fahrzeuge von ganz neuer Bauart, auf allen Schiffswerften längs der Küste und selbst in dem Innern, vom Texel an bis Cherbourg, und weiter noch gebaut. Diese Fahrzeuge waren von vier verschiedenen Gattungen:

1) Prahmen (Prames) *), eine Art von schwimmender Batterie auf zwei Kielen, mit flachem Grunde und sechs Vierundzwanzigpfündern versehen, hauptsächlich dazu bestimmt, um die freie Bewegung der Geschwader zu beschützen;
2) Kanonenböte, von einer zum schnellen Handhaben weit günstigeren Bauart als alle, die bis jetzt im Gebrauch gewesen waren. Diese Böte trugen Vierundzwanzigpfünder, häufig auch Sechsunddreißigpfünder, und außerdem noch eine Haubitze. Auf den größten derselben konnte man gegen 200 Mann einschiffen;
3) kurze und gebogene Kähne, deren jeder 80 Mann und 2 Stück schweres Geschütz zu tragen vermochten, leicht zu handhaben waren und eben so längs der Ufer und auf offner See gebraucht werden konnten;
4) Penischen (Peniches) oder große Kähne, eigentliche Galeeren mit 18 Ruderbänken, welche eine Haubitze und zwei Kanonen auf dem Vorder- und Hintertheile des Schiffes trugen.

Außer dieser neuen Schiffbauart sammelte man in den Häfen von Holland und Frankreich alle Fahrzeuge von jeder beliebigen Form, und wie sie immer heißen mochten, wenn sie nur Lebensmittel, Schießbedarf, Pferde und den übrigen Armeetroß zu tragen im Stande waren.

Diese Erbauung und der Ankauf einer Menge Schiffe in allen Hafenstädten und bei allen Flußmündungen schienen ein leichtes Werk zu seyn. Die erste Schwierigkeit, welche sich darbot, lag in dem Umstande, wie man dieselben auf eine sichere und wenig auffallende Weise auf den Hauptsammelplatz nach Boulogne bringen könne. Westlich und südlich die-

*) Kleinere Schiffe mit breitem, flachem Grunde und niedrigem Gewände, nach Art der sogenannten Fähren, zum Gebrauche der Artillerie und der Reuterei, gewöhnlich nur auf Flüssen oder an der Küste anwendbar. Anmerk. d. Uebers.

ses Hafens war die Schwierigkeit geringer, indem der Kanal von La Manche sich da erweiterte und dieselben Winde, welche die englischen hin und wieder kreuzenden Beobachtungsschiffe zurückstießen, den Franzosen den Einlauf in den Kanal unter Deckung der Küstenbatterien erleichterten; allein vom Texel aus nach Boulogne hin waren weit größere Schwierigkeiten zu überwinden. Bei dieser Höhe ist der Kanal weit enger, dieselben Winde begünstigen das Auslaufen aus englischen so gut wie aus holländischen Häfen. Die holländischen Abtheilungen des Geschwaders werden jedoch in ihrer Geschicklichkeit über diese Gefahr zu triumphiren wissen.

Dem Beobachter bietet sich leicht die Gedankenfolge dar, daß es in der Absicht des ersten Consuls gelegen habe, sogleich, nachdem alle Zurüstungen beendigt waren, alle seine Streitkräfte zur See zusammenzuziehen, um das Geschwader zu unterstützen, seinen Marsch zu decken, und so die Landung zu begünstigen. Dieser Gedanke schwebte unaufhörlich allen Gemüthern sowohl in Frankreich als in England vor; aber woran Niemand dachte, ja davon nicht einmal die geringste Ahnung hatte, dies war der weite Umfang tief durchdachter Plane, und die Größe und das wohlberechnete Gewicht der Mittel, worauf der erste Consul sein Unternehmen gestützt hatte.

Dieser Plan, so wie er ihn ausgedacht und befolgt hatte, wurde schon deshalb von Niemandem errathen, weil er auf den ersten Anblick gänzlich unausführbar zu seyn schien. Der darüber ausgebreitete Schleier wird für das Festland sowohl als für Britannien erst in dem Augenblicke gelüftet werden, wo diese Möglichkeit der Ausführung zuerst sichtbar, aber auch zugleich durch eine glänzende, außerordentliche Katastrophe zerstört werden wird.

Dem Manne, welcher allen Theilen seines ihm anvertrauten Landes einen so gewaltigen Umschwung zu geben im Stande war, blieb auch nicht die kleinste Arbeit, welche seinen Planen nützen konnte, weder in dem Ganzen, noch in ihren Einzelheiten unbekannt. Bei neuen Bauten und Einrichtungen wohnte er persönlich jedem Versuche bei und überzeugte sich nicht selten mit eignen Augen von der Ausführung seiner Befehle. Eben so unermüdet an Körper als an Geist

7*

ließ er bald auf sich warten, bald kam er unerwartet plötzlich auf die Punete hin, wo er am wenigsten erwartet wurde. Die Nothwendigkeit, die Küsten zu untersuchen, verband sich für ihn in den Monaten Juni und Juli mit einer Reise nach Belgien. In allen Städten, in allen Häfen, welche er besuchte, als in Ostende, Dünkirchen, Gent, Brüssel, Vliessingen und auf der Insel Cadsandt, beurkundeten Verbesserungen aller Art seine Anwesenheit; er richtete aber besonders sein Augenmerk auf Antwerpen, und dieses wurde ein Gegenstand höherer Plane. Es war seinem Geiste nicht entgangen, daß Kriegsschiffe die Schelde aufwärts fahren und bei dieser Stadt Sicherheit finden könnten; sein Entschluß war daher gefaßt, hier ein See-Arsenal und Schiffswerfte anzulegen.

Ein Rescript vom 21sten Juli befahl, an der Schelde ein tiefes Becken zum Ankerwerfen, welches 25 Kriegsschiffe und eine verhältnißmäßige Anzahl Fregatten nebst andern Fahrzeugen zu fassen im Stande wäre, ungesäumt anzulegen. Sein ungewöhnlicher Scharfblick und der stets richtige Takt, den rechten Mann zu wählen, ließ ihn zur Leitung dieser Arbeiten in Herrn Malouet einen Ingenieur finden, welcher nicht nur durch seine Talente, sondern auch durch seine Rechtlichkeit eines so hohen Vertrauens vollkommen würdig war. Bei allen diesen Planen und Eingebungen des Augenblicks hatte der erste Consul nur England vor Augen. Nichts wurde verabsäumt, was sowohl die Gemüther der Armee, als der Marine, ja sogar die ganze Nation zu begeistern und zu entflammen im Stande war.

Wenn man den damals verbreiteten Nachrichten Glauben beimessen will, so soll bei Umgrabung der Erde, als man für den ersten Consul ein Zelt vorbereitete, eine Streitaxt aus den Zeiten der Römerzüge und mehrere Münzen von Wilhelm dem Eroberer gefunden worden seyn. Wenn auch die kalt prüfende Vernunft diese politischen Entdeckungen nicht zuläßt, so fühlt sich doch die Einbildungskraft davon ergriffen, und die beabsichtigte Wirkung ist hervorgebracht. In einem umgekehrten Sinne aber auch, waren die Gemüther des Feindes nicht weniger in Furcht gesetzt und Frankreichs drohende Zurüstungen brachten einen allgemeinen Schrecken hervor. Man überzeugte sich endlich, daß die neuen Plane des ersten Consuls nicht zu jenen Traumgebilden gehören, auf die man durch ein Wortspiel oder mit dem Bleistifte der Karikatur antworten kann. Alle Parteien und Stände erkannten die Gefahr und scheuten sich nicht, dieselbe in ihrer ganzen Ausdehnung und mit all' ihren Folgen einzugestehen.

Am 8ten Juni hatte der König die Aushebung einer Verstärkungsarmee von 50,000 Mann, nämlich 34,000 auf England, 6,000 auf Schottland und 10,000 auf Irland gerechnet, von dem Parlamente verlangt. Diese Forderung wurde ohne Widerspruch genehmigt. Man warf den Ministern sogar vor, die Forderungen der Größe der Gefahr nicht entsprechend vorgetragen zu haben. In Folge dessen schlug der Kriegssecretair schon in den folgenden Monaten eine allgemeine Truppenaushebung vor, welche alle Unterthanen der britischen Krone vom 17—50sten Jahre in sich begriff, und das Parlament ertheilte sogleich die Genehmigung, indem die Bill vom Jahre 1798 nicht mehr für die gegenwärtigen Zeitverhältnisse passe, da sie Sr. großbritannischen Majestät das Recht vorenthielt, alle ihre Unterthanen unter die Waffen zu rufen.

Bei der geringsten Bewegung, die an Frankreichs Küste vorging, gerieth Alles in England in Schrecken. In der Nähe von Deal, Brighton, Sussex und an verschiedenen andern Puncten, waren Stadt- und Landbewohner von der äußersten Furcht ergriffen. Viele Familien verließen ihre Wohnungen und eilten nach London. Selbst für diese Hauptstadt war man nicht außer Besorgniß. Der Herzog von York, welcher doch die Möglichkeit einer Landung anzunehmen schien, ertheilte überall Befehle, und gab den Einwohnern aller Ortschaften Verhaltungsmaaßregeln, welche sie, bei der herannahenden Gefahr, schleunigst in Ausübung setzen sollten, um den Feind zu necken, zu beunruhigen und zu ermüden. Nichts aber bestätigt die allgemeine Unruhe und den Grund ihrer Stärke mehr, als die Sprache eines Pitt's im Parlamente. Dieser alte vorsichtige Minister billigte die vorgeschlagenen Maaßregeln nicht nur gänzlich, sondern wünschte ihnen sogar eine noch weit größere Ausdehnung.

Er bestand hauptsächlich auf der Errichtung von Befestigungen längs der Küste. „Aber wie", wendete man in der Sitzung vom 22sten Juni ein, „die sämmtlichen Küsten England befestigen? Wäre es nicht besser, gleich eine Mauer rings um die Insel herum zu ziehen?" Er gab ganz gelassen zur Antwort: Es sey nur die Rede von der Befestigung derjenigen Puncte, wo die Landung am leichtesten wäre, und zudem verstehe sich von selbst, daß man alle Vortheile des Bodens zu Hülfe nehmen müsse, wie z. B. da, wo Thäler durch Flüsse bespült würden, indem man das Land unter Wasser setze, um beide Armeecorps zu trennen. Er beharrte auch auf dem Vorschlage von Errichtung mehrerer Bollwerke im Innern, indem er hinzufügte, daß in solchen Zeiten der Gefahr der Gedanke und Einwurf einer zu großen Ausgabe für nichts geachtet werden könne.

„Ich werde fürwahr mir niemals einfallen lassen," fuhr Pitt fort, „die Hoffnung der Franzosen auf Unkosten des Muthes unserer Armee, unserer Marine und unseres ganzes Volkes zu erheben; allein zur Zeit des Krieges hängt oft die größte Schwierigkeit und die Frage über die Ausführbarkeit oder Unausführbarkeit einer Sache von einem einzigen Tage, einer einzigen Stunde, ja sogar von einem Augenblicke ab, gegen dessen Allgewalt oft die tapferste Armee nichts vermag. Es giebt Unternehmungen, welche kein General in irgend einem andern Kriegsdienste unternehmen würde, weil er es mit seinem Kopfe zu verantworten hätte, welches aber ein französischer General schon darum wagt, weil es seinen Kopf kosten würde, das Unternehmen nicht gewagt zu haben. Die an Unglaublichkeit gränzenden Unternehmungen, die Andern als bloße Wirkung eines verzweifelten Entschlusses erscheinen, spiegeln sich in der Seele Bonaparte's keinesweges als unausführbar ab. Wir müssen nicht, wenn wir an unsere Vertheidigung denken, mit zu großer Zuversicht ausrufen: wenn dieser Mann ein Narr seyn will, so mag er seine Thorheit auch theuer bezahlen. Nein! es giebt vielmehr Zufälle, welche das Unheil eben so gut über uns bringen können."

Ein anderer Sprecher hatte verlangt, daß die Regierung sofort auch die Stadt London selbst in Vertheidigungsstand setzen möge. Der Kriegsminister schlug aber diese Forderung ab, als Grund anführend, es würde dies nicht nur die furchtbare Landarmee und 80,000 Matrosen seiner Flotte, sondern selbst die ganze Nation beleidigen. Pitt begnügte sich aber mit einer solchen Antwort nicht. — „Man wende mir ein, unsere Vorfahren hätten London niemals befestigt! — Ist unsere Lage aber nicht eine ganz andere? Hat sich nicht die Gestaltung unseres Landes, so wie die von ganz Europa, fast ganz geändert? Unsere Vorfahren kämpften einst mit Lanzen und Pfeilen. Sollen wir deshalb auch die nämlichen Waffen gebrauchen, unsere Artillerie verlassen, und die Schilder unserer Väter als die beste Schutzwehr gegen die feindlichen Kanonen betrachten? Es versteht sich von selbst, daß es sich hier nicht um eine Befestigung Londons nach allen Regeln der Kriegskunst handelt, noch diese Stadt in einen solchen Vertheidigungszustand zu versetzen, um eine Belagerung, wie die von Lille, Tournay, aushalten zu können, sondern vielmehr nur, um den Boden, so wie er sich uns darstellt, gehörig zu benutzen, um im Nothfalle die siegreichen Fortschritte des Feindes einige Tage lang aufhalten zu können, und so diese Hauptstadt vor Raub und Zerstörung zu schützen."

Solche Rathschläge, von einem Manne wie Pitt ertheilt, lassen deutlich genug durchschimmern, was man in England für eine Meinung von dem Muthe und der Kühnheit der französischen Armee, so wie von der Geisteskraft der republikanischen Regierung hege.

Noch andere Sprecher drangen darauf, man sollte einen außerordentlichen Kriegsrath ernennen und mit der größten Macht ausrüsten, der besonders mit alle dem beauftragt würde, was die Ruhe und Sicherheit für Stadt und Land betreffe. „Für einen Zustand der Dinge ohne Beispiel gehören auch Vorkehrungen ohne Beispiel und außerordentliche Maaßregeln der öffentlichen Wohlfahrt." Die Lage der drei Königreiche war in der That in mehr als einer Beziehung höchst zweifelhaft. In Schottland herrschte eine große Gährung, und viele Familien wanderten aus diesem Lande nach Amerika aus.

Die stets unterdrückten, aber immer wieder sich erneuenden Unruhen in Irland erhöhten jetzt mehr als je zuvor den Augenblick der Gefahr. Eine in dem tiefsten Geheimnisse ausgebrütete und in der strengsten Verschwiegenheit wirkende Verschwörung brach am 23sten Juli in Dublin aus. Diese Stadt sah sich auf einmal von einer Menge Bauern aus der Grafschaft Kildare, an deren Spitze ein Fanatiker, Namens Emmet, stand, plötzlich überfallen. Dieser junge Enthusiast, welcher nur von der Befreiung seiner Landsleute geträumt hatte, fand keine andern Helfershelfer und Mitarbeiter, als den Gefängnissen entsprungene, nach Raub und Mord schnaubende Galeerensclaven und Baugefangene. Er ergriff, als er sahe, daß sein Anschlag mißlungen war, die Flucht. Seine sich selbst überlassene Gesellen waren bald zerstreut, oder durch geregelte Truppen festgenommen.

Eine von dem Könige, vom 28sten Juli erlassene Adresse schlug den beiden Kammern vor, dem Lord-Statthalter von Irland und andern Befehlshabern die Vollmacht zu ertheilen, jedes Individuum, welches Aufruhr stiftete und sich gegen die Person Seiner großbritannischen Majestät oder dessen Statthalter auflehnte, sofort ergreifen und in den Kerker werfen zu lassen. Mehrere Rädelsführer wurden daher einer besonders dazu beauftragten Commission übergeben und später hingerichtet. Als einige Monate darauf neue Unruhen ausgebrochen waren, erhielt der Lord-Statthalter laut eines Beschlusses vom 2ten December die Vollmacht, in Irland Standrecht zu halten.

Wir können nicht umhin, einer großmüthigen und in Bezug auf die damalige Zeit edel zu nennenden Handlung zu erwähnen, welche bei den großen Unruhen, die ganz England erschütterten, und bei allen durch den Krieg veranlaßten ungeheuern Ausgaben, den englischen Nationalcharakter in ein nur um so schöneres Licht setzt; dies ist der gemachte und genehmigte Vorschlag, das Haus von Nassau-Oranien mit Subsidien zu unterstützen. Die Adresse des Königs vom 21sten Juli, welche diesen Vorschlag in Anregung brachte, zeigte, indem sie auf die vielen, von jenem Hause der Krone von England geleisteten Dienste aufmerksam machte, die Nothwendigkeit, daß die zu bewilligenden Unterstützungsgelder, sowohl der Lage dieser erlauchten Familie, als ihren Ansprüchen, besonders aber der Nationalgroßmuth der Engländer entsprechend seyn müßten.

Das Haus Oranien hat in der That gerechte Ansprüche an die englische Regierung zu machen, denn ihrer Verbindung verdankt es zum großen Theile seinen Sturz; allein die Forderungen, auf welche sich die Adresse des Königs bezieht, hatten einen bestimmten Gegenstand. Es ist nämlich dem Gedächtnisse nicht entfallen, daß während des englisch-russischen Feldzuges im Jahre 1799 die batavische Flotte in Folge eines auf den holländischen Schiffen ausgebrochenen Aufstandes, welchen Officiere von der Partei des Statthalters (Stathouders) angestiftet hatten, in die Gewalt der Engländer gefallen war.

Gegen die Erwartung der Aufrührer, welche sie Niemand anders, als dem ehemaligen Stathouder hatten übergeben wollen, ist die Flotte der oranischen Flagge, welche sie kurze Zeit aufgepflanzt hatte, beraubt, nach englischen Häfen geführt, und da als britisches Eigenthum betrachtet worden. Dem Hause Oranien also eine Entschädigung aussetzen, hieß nichts Anderes, als ein Verbrechen sühnen, eine Schuld tilgen; aber es liegt etwas Großartiges in dem kühnen Stolze, grade in einer Zeit diesen Entschluß zu fassen, wo die Lage Englands kritisch genug war, um dessen Ministerium einzig und allein nur an sich selbst denken zu machen. Während dieses Ministerium sich beeilte, alle diese Vertheidigungsmaaßregeln, welche wir schon erwähnt haben, in das Werk zu setzen, beschäftigte der Angriffskrieg mit nicht geringerer Thätigkeit sowohl die Marine als seine Rathsversammlungen und den Schatz. Für diese Regierung war der Angriffskrieg von doppelter Art. Eine davon war frei, offen, aufrichtig und rechtschaffen; die andere heimlich, verschmitzt, unwürdig und allen Grundsätzen des Völkerrechts widerstreitend.

In Folge dieses letzten Systems hatten einige französische Auswanderer, in großer Anzahl sich auf den Inseln Jersey und Guernsey versammelt, in der Vendée die Fackel der Bürgerzwietracht anzuzünden versucht. Die letzten Funken dieses Feuers aber wurden durch die unermüdete Sorgfalt eines Verwaltungsausschusses gedämpft, der keine Duldungslosigkeit, keine Verfolgungssucht mehr kannte. Wenn aber England in dem Westdepartemente keinen Zutritt mehr findet, so wird es diesen anderswo suchen; das Jahr 1804, welches durch eine Art von Kriegführung besudelt ist, welche das britische Ministerium kaum ohne Erröthen nennen kann, zeigt uns zu gleicher Zeit unwürdige Angriffe und eine eben so schändliche Vergeltung.

Selbst der offene Krieg, so wie ihn England mit Frankreich geführt hat, war nur so lange redlich (loyal) zu nennen, als er mit materiellen Kräften in Berührung kam. Seitdem aber der Krieg aufs Neue angefacht ist, war Frankreich mehr als einmal zur Einsicht genöthigt worden, daß Englands Regierung die Bedingungen des Vertrages von Amiens noch nicht vollzogen habe. Umsonst hatte der französische Befehlshaber am Senegal, laut eines Briefes des General Blanchot vom 15ten Pluviose des Jahres XI (5ten Januar 1803) von dem General Frazer die Rückgabe der Insel Goree verlangt; stets wich dieser Officier der Antwort, so wie der Abtretung aus. In Ostindien war dasselbe Verhältniß. Als am 16ten Juni 1803 die französische Fregatte, das schöne Huhn (la belle Poule), in die Rhede von Pondichery eingelaufen war, wohin sie den für diese Pflanzstatt bestimmten Kolonialvorsteher gebracht hatte, wurde auch ihr von dem englischen Befehlshaber unter dem Vorwande, daß er noch weitere Befehle abwarten müsse, die Auslieferung dieses Platzes verweigert.

Der Contre-Admiral Linois, welcher am 11ten Juli denselben Landungsplatz berührt hatte, wurde noch zur rechten Zeit gewahr, daß er einer weit stärkern Macht gegenüber in Verlegenheit gerathen könne; er lichtete daher noch in der Nacht die Anker, und setzte auf Isle de France den Generalcapitain Decaen ab.

In diesem neuen Kriege, wie in allen übrigen, haben die Franzosen von allen ihren Besitzungen in Asien nur Isle de France und Isle de Bourbon beibehalten *). In dem Zeit-

*) So lautet wörtlich der Text des französischen Originals (Paris. Ausg. T. III. p. 157): „L'île de France et l'île de Bourbon sont les seules possessions d'Asie que conservent les Français." — Hier

puncte, von dem hier die Rede ist, hatten weder der Contre-Admiral Linois, noch die Admirale und Militaircommandanten von England Nachricht von einem ganz neuen Bruche haben können, folglich müssen die Befehle, die Vollziehung des Friedens zu verhindern, früher ertheilt worden seyn, als dieser aufgehört hatte.

Den Stempel der Rechtlichkeit von Seiten der brittischen Regierung trugen in dem Kriege nur diejenigen Angriffe, welche mit offener Gewalt gemacht worden waren, die gegen die Ansiedlungen von Frankreich und Holland unternommenen Expeditionen, die Sperrung der Hafenstädte, soweit diese möglich war, und wir wollen aus Liebe zur Gerechtigkeit noch hinzufügen, die Sperrung der Weser- und Elbe-Mündungen, von dem Zeitpuncte an, als die Franzosen sich Hannovers bemächtigt und den englischen Schiffen den Zugang zu ihren Flüssen verweigert hatten. Da Teutschland jene Besetzungen geduldet hatte, so stand England wohl das Recht zu, ihm die Folgen davon fühlen zu lassen.

Die erste Kriegsbewegung in den Antillen war die Wegnahme von Sainte-Lucie und Tabago. Zu einer andern Zeit würde man einer so leichten Eroberung wenig Gewicht beigelegt haben. In einem Augenblicke aber, wo es galt, dem Nationalmuth zu heben, verkündigten die Kanonen des Towers von London diese kleinen Ereignisse als große Siege. Die holländischen Pflanzstätten Demerary, Berbice, und Essequebo fielen im Monate September wieder in die Gewalt der Engländer zurück.

Wir haben anderswo schon die Handlungen der Habsucht, der Plünderung und einer wahren Seeräuberei beleuchtet, welche sich die englischen auf dem Meere kreuzenden Schiffe gegen die Franzosen erlaubt haben, die das Cap Henri,

scheint sich in dem Originaltexte ein Druckfehler eingeschlichen, oder das geographische Gedächtniß dem Herrn Verfasser einen Streich gespielt zu haben, da die beiden genannten Inseln zu der Gruppe der Maskarenen am Ostrande von Afrika gehören, Frankreich aber in Asien noch Besitzungen in dem Gebiete von Mahé, Karikal, Pondichery, und Handelscomptoire zu Chandernahor, Patna, Chassimbazar, Yanaon, Balasore, Dacca und Sukate hat. Anmerk. des Uebers.

Port au Prince und die übrigen Plätze von Saint-Domingo zu verlassen genöthigt waren.

Eine andere Eroberung schien den Briten schon gewiß zu seyn, hätte der erste Consul jenes Unternehmen nicht scheitern gemacht. Ohne seinen raschen Entschluß wäre Louisiana eine kurze Zeit hindurch wiederum französisches Eigenthum geworden, um den Engländern nur ein neues Recht in die Hände zu spielen, sich dieser Provinz zu bemächtigen. Allein Bonaparte, sagen einige Schriftsteller, habe sich der Provinz Louisiana nur darum bemächtigt, um sie zu verkaufen. Es ist wahr, und der Leser soll alsbald sehen, auf welche Weise er sie verkauft habe.

Dreißigstes Capitel.

Auswärtige Politik.

Unterhandlung mit Spanien über die Abtretung der beiden Florida's. — Unzufriedenheit der Vereinigten Staaten wegen Frankreichs Wiedererlangung von Louisiana. — Die Vereinigten Staaten verlangen die Abtretung von Neu-Orleans. — Außerordentliche Sendung des Herrn Monroe. — Betrachtungen, welche die Rückgabe Louisiana's an Spanien verhindern. — Berathschlagung des ersten Consuls über Louisiana. — Offenheit der Unterhandlung von Seiten Frankreichs. — Vertrag vom 30sten April, wodurch Louisiana abgetreten wird. — Bedingungen des ersten Consuls zu Gunsten der Einwohner. — Aufmerksamkeit desselben auf das Interesse des spanischen Handels. — Gegenseitiger Vortheil des Vertrags, für die Vereinigten Staaten sowohl als für Frankreich.

Was man auch immer für ein Urtheil über den Feldzug nach Saint-Domingo fällen möge, kein Franzose kann den Wunsch des ersten Consuls tadeln, Frankreich seine alte Kolonialmacht wiederum zu verschaffen, indem er das Ansehen, welches er bei der spanischen Regierung genießt, zugleich benutzt, um Louisiana wiederum an sich zu ziehen. Sein Ehrgeiz begnügte sich nicht damit, nur das zurück zu nehmen, was Frankreich verloren hat. Er wollte zu Louisiana die beiden Florida's hinzufügen. Schon im Jahre 1802 wurde aus diesem Gesichtspuncte eine Unterhandlung mit dem Hofe zu Madrid eröffnet.

Als die Staaten Parma und Piacenza durch den Tod des regierenden Herzogs verwaist waren, machte man diesem Hofe zur Belohnung für jene Abtretung den Antrag, die beiden Herzogthümer dem Königreiche Hetrurien einzuverleiben. Aus Rücksicht für das Wohl ihrer Tochter zeigte sich die Königin von Spanien zu diesem Vergleiche nicht abgeneigt. In Wahrheit aber forderte das spanische Cabinet die beiden Herzogthümer ohne Tausch, indem es die Behauptung aufstellte, daß es ihm so durch den Botschafter Lucian Bonaparte versprochen worden wäre. Nichts aber bestätigte diese Verheißung, welche schon in der förmlichen Anordnung und Einleitung der Verträge ihre Erledigung gefunden. Man bestand auch nicht lange auf der Erfüllung des Versprechens, und willigte endlich ein, Ost-Florida abzutreten, wenn anders Frankreich noch die Republik Lucca dem Könige von Hetrurien zusprechen würde.

Wie wir sehen, bitten immer die fremden Mächte den ersten Consul, zu ihrem Besten über Staaten zu verfügen, deren rechtmäßiger Herr er doch nicht ist. Warum sollte er noch ein Bedenken haben, dieselben sich selbst zuzusprechen, wenn man ihm das Recht zugesteht, sie an Andere vertheilen zu können?

Während sich der erste Consul mit solchen Entwürfen und Zusammenstellungen beschäftigt, die auf die Dauer des Friedens und einen glücklichen Ausgang des Feldzugs nach St. Domingo berechnet waren, ist der Friede zweifelhaft geworden; St. Domingo stand auf dem Puncte, Frankreich entrissen zu werden, und war diese Kolonie verloren, womit vermöchte man Florida zu erlangen? Wie konnte man selbst hoffen, Louisiana zu erhalten?

Obwohl die Wiedereinsetzung französischer Herrschaft in letzterer Provinz den vereinigten Staaten nicht angenehm seyn konnte, so hätten wir, wäre St. Domingo uns geblieben, diese Unzufriedenheit der amerikanischen Regierung herausfordern können. Da aber die Umstände sich veränderten, könnten auch die Maaßregeln des ersten Consuls nicht mehr dieselben bleiben. Schon scheint Frankreich keine Kolonie mehr zu vertheidigen zu haben, als um immer eine verlieren zu können.

Ist es in einer solchen Lage nicht weiser, freiwillig zu entsagen, als später dasselbe gezwungen zu thun? Jedoch muß diese Entsagung nicht ohne Berechnung für die Zukunft, noch ohne Berechnung für die Gegenwart seyn.

In dem ersten Augenblicke, als der Vertrag vom 1sten October 1800, wodurch Louisiana Frankreich zugesprochen wurde, zur allgemeinen Kenntniß kam, beeilte sich das englische Ministerium, in dem Parlamente die Möglichkeit einer baldigen Entzweiung, welche eine so nahe Berührung zwischen Frankreich und den vereinigten Staaten herbeiführen möchte, als Trostgrund für England anzuführen. Dieser Schluß war nicht ganz aus der Luft gegriffen. „Die Nähe von Frankreich, thätig und mächtig, wie es unter der Consular-Regierung war, mochte den vereinigten Staaten weit weniger behagen, als jene von Spanien, und selbst die Berührung dieser beiden Länder unter einander gab häufig genug Gelegenheit zu Auseinandersetzungen und leichten Mißhelligkeiten. Mehrere Staaten von Nordamerika, besonders Missisippi, Kentucky und andere, mußten, sollte ihr Handel gedeihen, ganz freie Schifffahrt auf dem Missisippi haben, und doch hatten sie dafür keine andere Gewährleistung, als die einstweilige Einwilligung der spanischen Regierung.

Dieser schwankenden Uebereinkunft noch zum Trotze hatte der spanische Statthalter Moralès die vereinigten Staaten sogar des Niederlagerechts beraubt, welches sie bisher in Neu-Orleans besessen hatten. „Um ähnliche Auseinandersetzungen mit der französischen Regierung, als neuer Besitzerin von Louisiana, zu vermeiden, war der amerikanische Gesandte zu Paris, Livingston, beauftragt, die Abtretung von Neu-Orleans und mit ihr zugleich noch einiger anderer den Freistaaten geschickt gelegener Ländereien zu verlangen. So lange Frankreich noch der Hoffnung Raum geben konnte, mächtige Niederlassungen in Ostindien zu begründen, mußte es wenig Lust empfinden, weder seine alten noch neuen Besitzungen zu veräußern. Die Forderungen des Herrn Livingston blieben daher ohne Antwort.

In einem so ungewissen Zustande, in dem sich die Vereinigten Staaten in Bezug auf die besonders in den westlichen Provinzen erhobenen Klagen gegen den spanischen Statthalter, dessen Maaßregeln ihren Handel unterbrochen hatten, befanden, glaubte der Präsident des großen Freistaates, der edle Thomas Jefferson, dem amerikanischen Botschafter zu Paris noch einen außerordentlichen Gesandten beigesellen zu müssen, der in Folge seiner ihm übergebenen Vollmacht jeden das wahre Interesse seiner Nation und seiner Regierung beabsichtigenden Vorschlag thun und annehmen könne.

Tugendhafte und verdiente Menschen wissen ihren Werth gegenseitig zu schätzen. Zu dieser eben so wichtigen, als zarten und schwierigen Sendung hatte Jefferson Niemanden anders, als Herrn Monroe auserlesen, obwohl dieser bereits aus freier Wahl eine andere Laufbahn eingeschlagen hatte. Der Präsident kannte diesen Patrioten zu genau, um über dessen Zusage in Zweifel zu bleiben, und wußte sehr wohl, daß Monroe die Annehmlichkeiten des Privatlebens und den Vortheil seiner eigenen Geschäfte mit großer Bereitwilligkeit der öffentlichen Wohlfahrt zum Opfer bringen würde.

Zu Ende des Januars 1803 schiffte sich dieser nach Frankreich ein. Seine Vollmacht setzte ihn in den Stand, sowohl mit dem Cabinette von Paris, als dem von London und Madrid zu unterhandeln. Der Hauptgegenstand seines Auftrags war, die Ländereien an dem linken Ufer des Missisippi-Stromes für den Ehrgeiz der vereinigten Staaten zu erwerben, und von Frankreich die Abtretung von Neu-Orleans zu erhalten; von Spanien die Abtretung beider Florida's, indem man sich jedoch, wenn nicht die förmliche Genehmigung, wenigstens die Duldung Englands über diese Erwerbungen vorbehielt. Frankreich sollte er für dessen Abtretung 2,000,000 Dollars, ungefähr 10,000,000 Franken, anbieten.

Während dieser amerikanische Unterhändler auf den Wogen des Meeres der Küste Frankreichs entgegenschwamm, bereitete das Glück ihm schon einen so herrlichen Erfolg vor, daß ihn dessen kühnste Erwartungen kaum erreichen konnten. In der Seele des ersten Consuls hat während der Zeit ein großes Opfer seine Reife erlangt. Er hat sich entschlossen, auf Louisiana Verzicht zu leisten.

Eine strenge Gerechtigkeit würde verlangen, daß er diese Provinz wieder an Spanien zurückgebe, von dem Frankreich sie empfangen. Dies wäre nicht nur eine Maaßregel, welche die in dem Menschen begründete Billigkeit fordert; es wäre zugleich auch die Abtragung einer früheren Schuld. Bei dem Abtretungsvertrage v. J. 1800 hat die französische Regierung dem Hofe zu Madrid versprochen, daß sie, in dem Falle sie es nicht für thunlich halten sollte, diese Kolonie länger zu behalten, derselben nur zu seinem Gunsten entsagen wolle. Spanien verdient daher den Vorzug, ja, es hat sogar ein Vorrecht dazu; allein das Recht muß häufig einem großen Interesse nachstehen. Dieselben Beweggründe, welche Frankreich nöthigen, dieser Besitzung zu entsagen, bestehen in ihrer Wirksamkeit auch für Spanien. Abgesehen davon, daß diese Macht, selbst wenn man annähme, daß sie nur unmittelbar bei dem Kriege betheiligt sey, nicht lange mehr die Neutralität behaupten könne, wie ist es möglich, zu glauben, daß England in dieser Hinsicht eine Kolonie berücksichtigen werde, die es nur als eine zeitgemäße, von Frankreich an Se. katholische Majestät abgetretene Provinz betrachtet?

Louisiana an Spanien zurückgeben, hieße sie den Engländern ausliefern. Die Augenscheinlichkeit dieser Gefahr mußte daher den ersten Consul bestimmen, diese Besitzung nicht aus seinen Händen zu lassen, als um sie in diejenigen einer Regierung niederzulegen, welche im Stande wäre, sie zu vertheidigen, und sich derselben als Waffe gegen die englische Oberherrschaft zu bedienen. Sein Enschluß ist daher gefaßt. Doch, bevor er zur Ausübung desselben schreitet, will er noch seiner löblichen Gewohnheit nach, vorerst diejenigen seiner Räthe anhören, welche ihm in den Gegenstand der Verhandlung am meisten eingeweiht scheinen. Er berief daher den 10ten April zwei seiner Minister, den General Berthier, welcher den Befreiungskrieg in Amerika mitgemacht hatte, und Herrn Barbé-Marbois, welcher sich lange Zeit in Aufträgen der französischen Republik in den vereinigten Staaten aufgehalten hatte.

„Ich kenne," sagte er zu diesen, „den ganzen hohen Werth von Louisiana's Besitz. Einige Zeilen eines Vertrages haben mir dieses Land verschafft; aber kaum habe ich davon Besitz genommen, als ich darauf gefaßt seyn muß, es wieder zu verlieren. Ich will, wenn es anders noch Zeit ist, den Engländern für immer die Möglichkeit, diese Kolonie zu besitzen, benehmen. Ich gedenke sie den Amerikanern abzutreten. Wenn ich aber nur noch kurze Zeit zögere, so steht zu befürchten, daß ich den Freistaaten nichts anderes als einen leeren Titel überlasse. Sie verlangen von mir nur eine Stadt, aber mir scheint, ganz Louisiana würde in ihren Händen für die Politik, und selbst für den Handel von Frankreich einen größern Nutzen gewähren, als wenn ich versuchen würde, sie für uns zu behalten."

Die Berathung dauerte lange [1]). Einer der Minister, dessen Auge nicht fähig war, den ganzen Umfang der kritischen Lage von Frankreich zu umfassen, verbreitete sich über den Nutzen, den die Erhaltung Louisiana's gewähren würde und bestritt das Vorhaben, diese Provinz abzutreten, wozu der erste Consul sehr geneigt zu seyn schien.

Der Andere, welcher die Gegenwart sowohl als die Zukunft mit ihren Folgen besser beurtheilte, erklärte sich für die Abtretung, indem er behauptete, daß man einen um so größern Nutzen daraus ziehen werde, wenn diese sogleich und aus freien Stücken geschähe. Diese letztere Meinung gewann das Uebergewicht. Der Minister, welcher sie ausgesprochen hatte, Herr von Marbois, wurde mit der Unterhandlung beauftragt.

In der That, der erste Consul verstand sich nicht auf das freiwillige Entsagen. Der Krieg, welcher so eben im Beginnen war, hätte ihn hochfahrend und anspruchsvoll machen können; er war es aber nicht, oder er war es weniger, als er es zu seyn glaubte. Er gab nämlich seinem Minister die Weisung, eine Summe von 50 Mill. dafür zu verlangen,

1) Man kann die nähere Auseinandersetzung derselben in Barbé-Marbois interessantem Werke nachlesen, welches im Jahre 1828 unter dem Titel erschien: Histoire de la Louisiane etc.

und dieser erhielt weit mehr. Uebrigens hatte diese Uebertragung nicht den gehässigen Charakter des Seelenhandels, welcher in den Verträgen der letzten Zeit so häufig geworden ist.

Außer dem Werthe, der in dem Grund und Boden lag, und der einer so ungeheuern Vermehrung fähig war, erlaubten die außerordentlichen Kosten, welche Frankreich und Spanien seit hundert Jahren auf dieses Land verwendet hatten, dem letzten Besitzer wohl eine billige Entschädigung zu verlangen. Dies war nur eine unvollständige Wiedererstattung der durch seine Mutterstaaten der Colonie gemachten Vorschüsse.

Das Benehmen des ersten Consuls war offen wie seine Seele. „Die Herren von Monroe und Livingston," sagte er zu Barbé-Marbois, „werden schwerlich auf eine Entscheidung vorbereitet seyn, welche alle ihre Erwartungen, alle ihre Bitten in so hohem Grade übertrifft. Eröffnen Sie ihnen ohne weitere Umschweife meinen Willen."

Hier war also nichts von dem behutsamen Fragen, Ausweichen und Ausforschen, nichts von den halben Maaßregeln, von dem bald Zugeben bald Zurücknehmen der diplomatischen Handlungsweise zu erblicken. Im Gegentheile war die Art der Unterhandlung so neu, daß der amerikanische Bevollmächtigte Livingston eine List darunter wahrzunehmen glaubte. Bei der ersten Mittheilung, die man ihm über den Willen des ersten Consuls machte, stutzte er gewaltig und wollte nicht daran glauben. Allein der Vorschlag ist so schön, so wichtig für die Vereinigten Staaten, daß er, selbst noch im Zweifel, 30 Mill. Ersatzgelder anbietet. Am folgenden Morgen, den 12ten April, erscheint der zweite und letzte Abgeordnete, Monroe. Nun sind alle drei unterhandelnde Personen vereinigt. Herr von Marbois wiederholt die Auseinandersetzung der Ansichten und Wünsche der französischen Regierung. Die Einfachheit und der bestimmte Ton seiner Sprache kann nun nicht mehr länger eine Ungewißheit in der Seele der amerikanischen Bevollmächtigten zurücklassen. Man kann sich leicht vorstellen, ob Männer, denen das Wohl ihres Vaterlandes so sehr am Herzen lag, über einen solchen Vorschlag sich freuten oder nicht.

In ihren Augen wäre schon die Erlangung einer Stadt, oder die freie Beschiffung des Mississippi nebst dem Ufer dieses Stromes ein herrliches Resultat gewesen. Und nun erhalten sie nicht nur jenes Uferland, sondern ganz Louisiana und den ganzen weiten Umfang des zwischen dem Mississippi und dem atlantischen Ocean gelegenen Landstriches.

Als man endlich zu der Preisbestimmung kam, die der erste Consul für seine Abtretung verlangte, sprach der französische Bevollmächtigte mit langsamer Stimme, und scharf betonend, die Summe von 80 Mill. Franken aus. Man ging auf diese Weise gesetzlich zu Werke; die amerikanischen Minister handelten eben so rechtlich, und bewilligten die verlangte Summe, aber eine glückliche Abänderung begleitete ihre Zustimmung. Es hatte nämlich zwischen den beiden Regierungen ein noch immer ungelöstes Mißverhältniß bestanden, welches durch die Uebereinkunft vom 30sten September und hauptsächlich durch den 2ten und 6ten Artikel veranlaßt worden war. Es waren dies die durch die Bürger von Amerika gegen Frankreich erhobenen Klagen wegen mehrerer weggekaperten Schiffe, und anderer sowohl auf offener See, als in Frankreichs Häfen den Amerikanern zugefügten Beleidigungen.

Von der Summe von 80 Mill. wollten die Herren Livingston und Monroe 20 Mill. als Schadenersatz in Abzug gestellt wissen. Man war sogleich über diesen Punct im Reinen. Drei verschiedene Urkunden wurden darüber ausgestellt, und noch an demselben Tage (30sten April) waren alle Unterhandlungen zwischen Frankreich und den nordamerikanischen Freistaaten beendigt, ja sogar diejenigen, welche bis dahin unentschieden geblieben waren. Die erste Acte enthielt die Uebereinkunft über die Abtretung ganz allein; die zweite bestimmte den Preis, welcher dafür an Frankreich sollte bezahlt werden, nebst der Schadloshaltung der von Amerika's Seite erlittenen Verluste; die dritte enthielt die genaue Bestimmung der Termine, wie diese Gelder sollten bezahlt werden, welches jedoch in dem gegenseitigen Interesse der weisen Ansicht und Würdigung der Regierung der vereinigten Staaten anheimgestellt wurde.

Bei Louisiana's Abtretung hat Frankreich die Einwohner

8*

keineswegs ohne alle Gewährleistung der freien Willkühr ihrer neuen Herren überlassen. Nicht selten nämlich herrschen freie Völker über unterjochte Völkerschaften. Dies ist zwar, man muß es eingestehen, nicht der Geist der amerikanischen Regierung, allein der erste Consul glaubte selbst der Möglichkeit einer so unglücklichen Behandlung für die Zukunft vorbeugen zu müssen, indem er bei der Uebergabe des Staates Louisiana gleiche bürgerliche und religiöse Rechte für dessen Einwohner mit dem nun brüderlich verbundenen Volke zur Bedingung machte.

„Der erste Consul war, wenn er sich seinen natürlichen Eingebungen überließ, stets geneigt," sagte Herr von Marbois, „überall eine großmüthige und erhabene Gerechtigkeit obwalten zu lassen. Er selbst hat den Artikel, welcher diese wichtige Bedingung einschließt, abgefaßt, und das Protocoll der Unterhandlung hat die Worte aufbewahrt, deren er sich in dieser Hinsicht bediente: Die Einwohner von Louisiana sollen wissen, daß wir uns nur ungern von ihnen trennen; daß wir alles dasjenige, was sie selbst zu ihrem Wohl und Frommen wünschen können, in dem Vertrage zur Bedingung machen, damit sie in Zukunft in einer glücklichen Unabhängigkeit sich mit Freuden daran erinnern mögen, daß sie einst Franzosen waren, und daß Frankreich, als es sie an Amerika abtrat, ihnen Vortheile verschafft habe, welche sie niemals unter der Herrschaft eines europäischen Mutterstaates, so mild und väterlich dessen Regierung auch seyn mochte, würden erlangt haben. Mögen sie daher uns stets gewogen bleiben, und der gemeinsame Ursprung, die Verwandtschaft des Stammes, die Sprache, und alle ihre Sitten und Gebräuche die alte Freundschaft nie erlöschen lassen."

Wenn der erste Consul gleichwohl nicht nöthig hatte, auf die Forderungen des Hofes von Madrid bei der Abtretung von Louisiana Rücksicht zu nehmen, hat er dennoch in seinen Bedingungen mit der amerikanischen Regierung das Wohl des spanischen Handels nicht vergessen, sondern behielt ihn eben so wie den französischen Handel beständig im Auge. Der siebente Artikel der Abtretungsurkunde setzte eigene Vortheile für Spanien und Frankreich in ihrem Wechselverkehr mit Louisiana fest, welche während eines Zeitraumes von 12 Jahren keiner andern Nation gewährt werden durften. Der Erfolg lehrte zwar, daß diese Clausel keine Früchte trug. Nichts desto weniger war die Vorsicht, welche sie in's Leben rief, wahr und treffend.

Der Vertrag vom 30sten April schloß einen seltenen Vortheil in sich, indem er beiden Parteien größeren Nutzen verschaffte, als ein jeder erwartet hatte. Auch war von beiden Seiten die Zufriedenheit eben so vollkommen, als tief empfunden und aufrichtig. „Die vereinigten Staaten werden," sagte Livingston, „allen Völkern des Erdkreises die Rechte auf der See wiederum zu verschaffen wissen, welche ein einziges Volk an sich gerissen." — „Dieser Ländererwerb," fügte seinerseits der erste Consul hinzu, befestigt die allgewaltige Macht der Vereinigten Staaten, und England erhält dadurch einen Nebenbuhler zur See, der einst früh oder spät seinen Hochmuth dämpfen wird."

Man kam auf diese Weise durch die Ausfertigung des Vertrages, der so eben unterzeichnet worden war, darin überein, daß Nordamerika zu den Mächten des ersten Ranges emporgehoben würde, und dadurch einen Einfluß erlange, welcher einst über die wichtigsten Fragen in Hinsicht der freien Schifffahrt auf dem Oceane, eine entscheidende Stimme zu führen habe. Es ist vielleicht nie eine Unterhandlung irgend einer Art leichter vollbracht worden, als diese, denn niemals beruhte eine wohl auf reinern und das allgemeine Wohl mehr befördernden Grundsätzen. Eine philanthropische Vorsorge vergaß nicht das Geringste, was sich in dem Vertrage zu Gunsten der benachbarten indianischen Völkerstämme gestalten konnte, als besondere Bedingung festzusetzen; eine Vorsorge, welche eben sowohl für die Regierung, die sie in Vorschlag brachte, als für denjenigen, welcher dieselbe zu genehmigen keinen Augenblick Anstand nahm, gleich ehrenvoll war.

In der That, wenn man auch die anderweiten Früchte dieser Abtretung, als die unmittelbare Erwerbung von 60 Mill. Franken, außer den 20 Mill. als Abzug behaltener Ersatzgelder, und die Vereinigung beider Länder zur Aufrechthaltung der Neutralitätsrechte, gar nicht in Anschlag bringen wollte, so wäre schon die Abtretung Louisiana's an den Freistaat von Nordamerika ein höchst verdienstliches Werk gewesen, weil diese Provinz einem unvermeidlichen Einfalle der Engländer dadurch entzogen wurde. Sie hieß zu gleicher Zeit, eben weil sie die vereinigten Staaten, als nothwendige Bundesgenossen Frankreichs in Allem, was die große Frage des Oceans betraf, vergrößerte, das heilsame Ergebniß ihres Wachsthums gegen England richten. Dadurch war auch in der That mehr erreicht, als wenn die Colonie für Frankreich erhalten worden wäre. Jede andere Entschließung des ersten Consuls hätte in diesem Falle eine Thorheit genannt werden können. Wenn ihm auch das Opfer, obwohl durch die Nothwendigkeit geboten, schwer geworden wäre, so hat es in den klügsten Winken der Politik hinlängliche Rechtfertigung gefunden.

Ein und dreißigstes Capitel.

Auswärtige Politik.

Oestreich erklärt seine Neutralität. — Dänemarks Neutralität. — Uebereinkunft zwischen England und Schweden. — Neutralität von Portugal. — Neutralität der Vereinigten Staaten. — Neutralität der Republik der sieben Inseln. — Spaniens Lage. — Hauptmitglieder des spanischen Ministeriums. — Zweideutiges Benehmen Spaniens. — Unbescheidenheit des englischen Botschafters. — Englands Gründe, warum es an die Unbeständigkeit einer neuen Regierung glaubt. — Amtliche Forderung des spanischen Antheils. — Uebelwollendes Benehmen Spaniens gegen Frankreich. — Neue Art von Diplomatie gegen Spanien in Anwendung gebracht. — Zustimmung des Friedensfürsten in die Bedingungen Frankreichs. — Kühne Gewandtheit des Friedensfürsten. — Zurückberufung des Ritters Azara. — Hauptbedingungen des Neutralitätsvertrags. — Spanien bedingt Unterstützungsgelder für Portugal. — Ein spanischer Günstling bringt Unglück über Frankreich. — Spaniens Verlegenheit bei Zahlung der Unterstützungsgelder.

Sobald man aus dem Gange der Ereignisse entnehmen konnte, daß der so eben entzündete Krieg nicht allzubald beendigt werden dürfte, so beschlossen die meisten, nicht in diesen Kampf mit verwickelten Cabinette durch eine Neutralitäts-Erklärung eine dem Zustande der Dinge angemessene Stellung anzunehmen.

Der Hof von Wien war nicht im Stande, an diesem Kriege Antheil zu nehmen. Er sah nur zu gut ein, daß eine Truppenaushebung vor der Zeit nachtheilige Folgen haben könnte; allein Rußlands Einfluß würde auf jeden Fall nicht wenig bei seinen Entschlüssen mitgewirkt haben. Der Graf von Cobenzl war durch eine lange Gewohnheit persönlich mit der Politik des Petersburger Cabinets auf's innigste verbunden. Man konnte voraussehen, daß dieser Botschafter so lange Zeit friedliche Gesinnungen beibehalten werde, als es das System des russischen Cabinets erheischen würde.

Ohne aus diesem Zustande der Unentschlossenheit herauszutreten, traf die östreichische Regierung einige Vorkehrungen, welche wohl im Stande gewesen wären, beunruhigende Gefühle zu erwecken, und wirkliche Absichten vorauszusetzen. Ein großes Uebungslager wurde in Steyermark gebildet; man schickte ein Verstärkungscorps von 8000 Mann nach Venedig, und vermehrte überhaupt alle Besatzungen der italienischen Gränzen, „um," wie Graf Cobenzl sich ausdrückte, „der Neutralität ein gewisses Ansehen zu verschaffen." Wahrscheinlich glaubte man Englands Hülfe nicht zu bedürfen, um ihr dieses Ansehen auf dem Festlande von Italien zu sichern. Doch enthielt die Neutralitäts-Acte, welche am 7ten August durch das kaiserliche Cabinet bekannt gemacht wurde, unter den Vorschriften und Regeln einen Grundsatz, welcher sie nicht nur entstellte, sondern gänzlich mangelhaft machte.

In Bezug auf die Gegenstände des Schleichhandels, hat man die Bedingungen der, am 17ten Junius 1801 zu St. Petersburg abgeschlossenen Uebereinkunft, zur Basis angenommen; dieser freiwillige Zutritt Oestreichs zu einer so wenig ehrenvollen Uebereinkunft, verdiente als eine feige Vernachlässigung seiner eigenen Rechte betrachtet zu werden, wenn es dadurch nicht ein freiwilliges und wohlüberlegtes Zeugniß seiner Parteilichkeit für Englands Regierung hätte ablegen wollen. Obgleich das östreichische Cabinet keine Marine besaß, um für England eine günstigere Behandlung als die war, womit sich Rußland begnügte, zu verlangen, so hat es immerhin ein Recht, welches ihm keineswegs streitig gemacht werden konnte, das Recht, die den Neutral-Mächten freiwillig aufgebürdeten Gesetze öffentlich und von Amts wegen zu verwerfen.

Kein Cabinet weiß besser, als das von Wien, was für ein Unterschied zwischen dem wirklichen Gegenstande einer Forderung und der bloßen Zulässigkeit ihres Grundsatzes ist. Es gab daher England einen absichtlichen und deutlichen Beweis seiner Ergebenheit, indem es eine Forderung förmlich anerkannte, gegen welche es, in Bezug auf jede andere Macht, einen schönen und reichen Stoff des Widerspruchs gefunden haben würde.

Seit dem 4ten Mai hatte ein vorsichtiger Befehl des Königs von Dänemark seinen Unterthanen die Verpflichtungen eingeschärft, welche sie in Kriegszeiten gegen die Seemächte zu beobachten hätten. Dies war eine der weisesten Anordnungen, welche zu jener Epoche erschienen; allein die dänische Regierung, zu ihrem eigenen Unglücke sowohl, als zum Nachtheile der allgemeinen Bildung, befand sich damals noch unter dem Drucke der Convention vom 17ten Juni 1801, welcher beizutreten, sie gleichsam gezwungen worden war.

Ein am 25sten Julius zwischen England und Schweden unter dem Vorwande, einen Punct des seit dem Jahre 1761 zwischen beiden Ländern bestehenden Handelsbündnisses näher zu erörtern, hatte keinen andern Zweck, als einige Abänderungen vorzunehmen, welche den englischen Grundsätzen mehr anpassend wären. König Gustav IV. gab seinen Unterthanen erst am 21sten Januar 1804 die zu beobachtenden Verhaltungsmaaßregeln. Das betreffende Rescript war von München aus datirt, wo sich damals dieser gekrönte Parasit, nach seiner üblichen Weise, die Gastfreundschaft der ihm durch Familienbande befreundeten Höfe auf eine kostbare Probe zu stellen, zu jener Zeit aufhielt.

Ein sonderbarer Zug, der am 3ten Juni von dem Lissaboner Hofe erlassenen Neutralitäts-Erklärung war derjenige, welcher den Seeräubern aller kriegführenden Mächte untersagte, die weggekaperten Schiffe in die portugiesischen Häfen zu bringen. Es hieß darin: die Häfen könnten ihnen nur in dem Falle geöffnet werden, wenn es das Völkerrecht oder die Menschlichkeit geböte, ohne jedoch weder die Beute verkaufen oder die Schiffsladung auf portugiesischen Grund und Boden abladen zu dürfen.

Diese Aenderung, deren Wirksamkeit mehr Früchte für Frankreich als für England tragen mußte, zeigt zur Genüge, was für ein Ansehen der erste Consul einzuflößen im Stande war, da es ihm gelungen, ein früher nur dem englischen Einflusse untergebenes Cabinet zu einer solchen demüthigen Willfährigkeit zu bewegen.

In den Vereinigten Staaten, als einem Lande, wo die Gesetzgebung nicht das Werk eines Einzelnen, sondern der ganzen Nation ist, bestimmte erst am 4ten November 1804 eine besondere Congreßacte die Aufrechthaltung der Neutralität während dieses Krieges, welche in Folge früheren Gesetze nur einstweilen beobachtet worden war. Die Acte ertheile dem Präsidenten die Vollmacht: „Nach seinem Gutdünken alles, was immer für einer fremden Nation angehörenden bewaffneten Schiffen entweder die Einfahrt in die der amerikanischen Gerichtsbarkeit unterworfenen Häfen und Rheden zu verweigern, oder dieselben zurückzuweisen, und führte nur als Ausnahme solche Umstände an, wo die Menschlichkeit eine Zufluchtsstätte nicht verweigern könnte, als bei einer allgemeinen Schiffsnoth, bei Meeresstürmen, bei Verfolgung von Feinden oder andern Gefahren."

Der Inhalt dieser Acte beweiset, daß die freien Amerikaner ihrem Oberhaupte da, wo sie glauben, daß er sein Ansehen zum Besten der ganzen Nation anwenden werde, eine große Ausdehnung seiner Willkühr und Gewalt nicht versagen. Zu gleicher Zeit enthält sie die stillschweigende Erklärung, daß man die Verletzung der Neutralität in seinen vaterländischen Häfen keineswegs dulden werde. Auf diese Weise wird in der Gesetzgebung eines freien Volkes Alles veredelt. Eine gewöhnliche Neutralität glaubt ihrer Pflicht schon auf das pünktlichste nachzukommen, wenn sie den kriegführenden Parteien ohne allen Unterschied der Verhältnisse ihre Häfen öffnet oder schließt. Bei den Amerikanern giebt es eine großmüthige Ausnahme, bei welcher die Menschlichkeit frohlockt. Wenn zwei Fahrzeuge sich ihren Ufern nähern, deren eines von dem andern geraubt zu werden bedroht wird, so öffnet sich der neutrale Hafen dem schwachen Schiffe und rettet es so vor der Gewalt des Stärkern. Niemals hat das Recht des Asyls einen heiligern Zweck verfolgt. Eine auf diese Weise ausgeübte Parteilosigkeit kann stets Gerechtigkeit genannt werden, denn sie bleibt nicht nur sich gleich, sondern auch ohne Unterschied für die kriegführenden Mächte.

Die Republik der sieben Inseln, unter Rußlands Schutz stehend, erklärte auch am 3ten Juli durch ein besonderes Manifest des Präsidenten ihre Neutralität. Unter allen Mächten, welche wir so eben genannt haben, hätte sich der spanische Hof zuerst entweder als Verbündeten Frankreichs, oder als neutral erklären sollen. In der That, die Lage dieses Hofes hätte es erfordert, mit bereitwilliger Offenheit ein Bündniß einzugehen, dem zu entfliehen beinahe unmöglich war, und auf diese Weise sich durch freiwilligen Entschluß die Last, der man sich einmal unterwerfen mußte, wenigstens zu mildern. Dies hat selbst der Botschafter Sr. katholischen Majestät zu Paris, der Ritter Azara, gerathen, welcher, die Nothwendigkeit klug beurtheilend, seinem Vaterlande wenigstens den Vortheil eines festen, mit Rechtlichkeit und Ausdauer durchgeführten Systems zu verschaffen wünschte. So handelte man aber nicht in dem Cabinette von Madrid.

Man beurtheilt Spanien falsch, wenn man voraussetzt, daß, da der Friedensfürst als unumschränkter Herrscher regierte, Frankreich auf eine sehr ruhige Weise durch ihn regiert habe. Der Friedensfürst, mit einem zügellosen Ehrgeize begabt, hatte einen zu wenig systematischen Kopf, um einen tiefberechneten Plan mit Standhaftigkeit und Gleichmuth des Geistes durchzuführen. Bei ihm jagte eine Idee die andere; bald erhob er den Kopf mit Hochmuth und schien schon bereit zu seyn, sich in die Hände der Feinde Frankreichs zu werfen, bald kroch er mit unwürdiger Wohldienerei vor Frankreich. Obschon unumschränkter Herrscher des Königreichs, folgte auf seinen Wink nicht unbedingter Gehorsam. Die

Minister kannten seinen schwankenden Charakter, entzogen ihm oft ihre Hülfe, oder unterstützten ihn schlecht, selbst wenn er es mit seinen Entschlüssen aufrichtig meinte. Die drei Hauptminister waren Cevallos, der Minister der auswärtigen Angelegenheiten, Solar, Finanzminister, und Cavallero, Minister des Krieges. Der erste ist der nämliche, welcher sich in der Folge durch die Bekanntmachung einer mit Wahrheit und Lüge vermischten Schrift eine gewisse Berühmtheit verschafft hat.

Ein Verwandter und zugleich Creatur des allmächtigen Günstlings, hatte er genug Gewalt über ihn, um ihn auf schlechte Wege zu bringen, ohne Geschicklichkeit genug zu besitzen, ihn zu seinem Vortheile wieder davon zurückzubringen.

Der Finanzminister Solar zeichnete sich durch seinen unversöhnlichen Haß gegen den französischen Handel aus, welchem er, soviel es nur möglich war, Schwierigkeiten und Hindernisse in den Weg legte.

Cavallero, der Kriegsminister, war ein stolzer Mann, beseelt von dem edlen Gefühle der Nationalehre und dem großmüthigen Stolze der Spanier, welche Eigenschaften ihn weit über die beiden andern Collegen emporhoben. Durch die Vereinigung des Titels eines Generalissimus und Oberbefehlshabers der Artillerie und des Ingenieur-Wesens in der Person des Friedensfürsten, war die Stellung des Kriegsministers nur eine untergeordnete. Diese Erniedrigung brachte Cavallero auf das äußerste auf, und er fürchtete sich nicht, darüber bei dem Könige Carl IV. Beschwerde zu führen, indem er ihm fühlbar machte, daß es der königlichen Würde beinahe entsagen heiße, wenn man alle Macht, allen Einfluß und alles Ansehen einer einzelnen Person übertrage. Er hatte sogar den Muth, dem Könige zu sagen, „daß die Herrschsucht in der That, der Sucht, dem Namen nach zu herrschen, sehr nahe verwandt sey."

Die dem Könige hinterbrachten kühnen Einflüsterungen dieses Ministers konnten dem Günstlinge nicht unbekannt bleiben. Er trug auf die Entfernung Cavallero's an, konnte sie aber nicht erreichen. Selbst das Ansehen der Königin in dieser Sache verfehlte die erwartete Wirkung. Carl IV. hatte wenigstens dieses Mal seinen eigenen Willen, den er durchzusetzen wußte. Es war vielleicht der erste und letzte Entschluß.

In Gegenwart der französischen Gesandtschaft befanden sich zu dieser Zeit in Madrid drei feindliche Botschafter: der eine als offener Gegner, der von England; die beiden andern als vermummte, aber nichts desto weniger gefährliche Feinde: die von Rußland und Oestreich. Obwohl die Cabinette von Petersburg und Wien mit Frankreich stets in Frieden lebten, so benahmen sich doch die Geschäftsträger dieser Mächte an fremden Höfen, als mehr oder weniger zu der englischen Regierung hinneigend. Der Friedensfürst, von seinen spanischen Ministern umringt, welche alle gegen das Bündniß mit Frankreich stimmen, hatte außer diesen noch mit den geschickten Wendungen einer Diplomatie zu kämpfen, welche ihm huldigte, die ihm die Höfe von Oestreich und Rußland als halb und halb schon mit England im Einverständniß lebend schilderte, und welche ihn aufreizte, die schon etwas lockern Bande zwischen Spanien und Frankreich vollends zu lösen, um alsdann dem allgemeinen Bündnisse beizutreten.

Schon lange vor dem Bruche des Friedens von Amiens hatte sich das spanische Ministerium gegen Frankreichs Handel feindselig gezeigt; es hatte sich gegen die von dem französischen Abgeordneten zu Parma, Moreau de Saint-Mery, getroffenen Maaßregeln aufgehalten, und gegen die Abtretung Louisiana's an die nordamerikanischen Freistaaten laut seine Stimme erhoben; ja es hatte sogar der letztern Maaßregel seine Einwilligung verweigert und durch seinen Bevollmächtigten, Casa Irujo, diese Mißbilligung dem Congresse zu erkennen gegeben. Zuletzt schien es sogar eine besondere Freude daran zu finden, Klagen über Klagen zu erheben und seine wenig freundschaftlichen Gesinnungen für Frankreich an den Tag zu legen.

Am 28sten Februar hatte der Gouverneur von Barcelona, der General Isquierdo, zwei batavische Fregatten im Angesichte der Mauern dieser Stadt wegnehmen lassen. Um diesen Eingriff in das Völkerrecht und das fehlerhafte Betragen des Vollstreckers dem Scheine nach zu bestrafen, hatte man diesen General zurückberufen, ihm aber bald darauf die Generalstatthalterschaft von Valencia übertragen. Als zu Vittoria Unruhen ausgebrochen waren, fand man für gut, dieselben französischen Blättern und Meinungen zuzuschreiben. Nun wurde ein königlicher Befehl erlassen, dessen Einleitung viel Beleidigendes für das Volk und die Regierung von Frankreich enthielt.

So benahm sich, selbst vor der Erneuerung des Krieges, ein Cabinet, welches in den Augen von ganz Europa ein gelehriger und sklavischer Vollstrecker des französischen Willens zu seyn schien.

In dem Augenblicke, als der Bruch zwischen Frankreich und England unvermeidlich schien, wich das spanische Ministerium, durch den Botschafter Beurnonville in Kenntniß gesetzt, daß Frankreich die Casus Foederis in Anspruch nehme, jener Mittheilung mit einer zweideutigen Antwort aus, indem es diese Frage mit dem Austausche des Herzogthums Parma und mit andern Gegenständen vermischte, um einer freien und bestimmten Auseinandersetzung dieses Punctes zu entgehen.

Man weiß, daß zu Folge des Schutz- und Trutz-Bündnisses vom Jahre 1796, die angesprochene Partei im Fall eines Krieges 15 Schiffe, 6 Fregatten und 4 Corvetten mit der nöthigen Seemannschaft liefern sollte; an Landtruppen 18,000 Mann Infanterie und 6000 Reiter. Der englische Gesandte forderte von dem Madrider Hofe nun ernstlich die Erklärung, zu welcher Partei er sich schlagen werde, wenn der Krieg ausbrechen sollte. Gleich nach dem Bruche wurden diese Forderungen natürlich noch dringender.

Im Jahre 1804 wurde der englische Gesandte zu Madrid, Herr Frere [1]), beschuldigt, bei Gelegenheit der Verschwörung von Georges, eine verdächtige Sprache geführt zu haben. Dieser Gesandte, ein Mann von einem heftigen und leiden-

1) Er war früher in dem Bureau des Ministers Pitt angestellt, und hat sich die Gunst dieses Staatsmannes vorzugsweise durch seinen lebendigen Haß gegen die Franzosen und durch die Heftigkeit mehrerer in dem Journale: „L'Anti-Jacobin", (der Anti-Jacobiner) erworben. Dies waren die Vorzüge, welche damals bei der britischen Regierung als die besten Empfehlungen galten, und nach welchen die Fähigkeit ihrer Gesandten beurtheilt wurde.

schaftlichen Charakter, der seine Zunge kaum zu zügeln wußte, hat schon im Jahre 1803 seine Unbesonnenheiten begonnen. Aus allen seinen Reden ging hervor, daß England zu einer und derselben Zeit einen doppelten Krieg führe; einen National- und einen Privat-Krieg, d. h. einen mit Frankreich und den andern mit dessen Oberhaupte, und es leuchtete in die Augen, daß man auf den Erfolg dieses letztern nicht am wenigsten rechne. Der Nationalkrieg hatte sich zum Hauptgegenstande die gänzliche Vernichtung der französischen Marine und Schifffahrt vorgesetzt. Der Zweck des Privatkrieges wurde nicht mehr länger verheimlicht.

„Den Worten des Herrn Frere zufolge," sagte der Friedensfürst, „ist nicht mehr daran zu zweifeln, daß das Cabinet von London dem ersten Consul nach dem Leben trachtet." Uebrigens ward dieses System eines doppelten Krieges gegen Frankreich, da es von der englischen Regierung als Grundsatz aufgestellt zu seyn schien, auch von ihren sämmtlichen Abgesandten an den übrigen Höfen, eben so wie in Spanien, laut ausgesprochen und erklärt. Ueberall suchten die englischen Geschäftsträger diese Ansicht zu verbreiten, je nachdem einer mehr oder weniger Verwegenheit besaß, schwächer oder bestimmter den Unterschied derselben in das Licht zu setzen.

„Es ist nicht genug," sagten sie, „Frankreich zu besiegen. Auch besiegt wäre es noch für das öffentliche Wohl und die gesellschaftliche Ordnung (d. h. mit andern Worten für England) stets zu fürchten, so lange Napoleon an der Spitze seiner Regierung bliebe." Hiermit begnügten sich die klugen Botschafter. Der Admiral Warren, Gesandter zu Petersburg, sagte bloß, daß der Krieg ganz bestimmt neue Erschütterungen in Frankreich hervorbringen werde, welche sich mit dem Sturze des ersten Consuls endigen würden. Andere gingen weiter, und unter dieser Anzahl befand sich Herr Frere. Um den Hof von Madrid von seinem engen Bündnisse mit Frankreich abzubringen, so eröffnete er diesem Hofe, daß es unklug wäre, auf den Vortheil und die Dauer einer solchen Verbindung rechnen zu wollen. „Allem Anscheine nach ist es unmöglich," sagte er zu dem Friedensfürsten, „daß der erste Consul lange Zeit widerstehen kann, und über kurz oder lang wird er entweder dem Dolche oder Gifte seiner unzähligen Feinde erliegen müssen."

Strenge genommen könnte man diese Sprache, als Organ einer unschuldigen Meinung, welche sich von einer gereizten Stimmung so vieler Feinde des ersten Consuls herschreibt, rechtfertigen wollen. Anderweite Umstände aber verleiten uns, zu glauben, es sey unter diesen Worten der Ausdruck eines finstern, schrecklichen Gelübdes, und die Hoffnung auf dessen baldige Erfüllung, verborgen gewesen. Diese Todfeindschaft der englischen Regierung, welche so sehr an dem Sturze eines einzigen Mannes hing, ist nichts desto weniger eine ehrenvolle, dem mächtigen Genius des ersten Consuls dargebrachte Huldigung.

Von heute an wird man einsehen, wie schwer es für denjenigen ist, welchem ein ähnlicher Krieg angekündigt wird, nach allem Kampfe doch nicht zu unterliegen, da es ihm nicht erlaubt seyn wird, wie andere Staatsoberhäupter, ungestraft einen Fehler zu begehen. In solchen Augenblicken der Parteilichkeit zu Gunsten der Feinde Frankreichs, hat der Friedensfürst vielleicht die kühnen Eröffnungen des britischen Botschafters nicht nur stillschweigend angehört, sondern sogar unterstützt. Als endlich in ihm die Furcht vor Frankreich vorherrschend wurde, theilte er sie dem General Beurnonville mit.

Diese Mordanschläge und Pläne zum Sturze des ersten Consuls, fielen von Englands Seite weit weniger, als von irgend einer andern Macht auf. Aus Erfahrung ihrer alten eigenen Umtriebe, wissen die Engländer nur zu gut, daß der Untergang des Hauses Hannover mehr als einmal nur an den kleinsten Umständen hing. In den Jahren 1745 und 1746 wäre es darum geschehen gewesen, wenn Frankreich dem Prinzen Carl Eduard nur 8000 Mann Hülfstruppen gesandt hätte. Das Schicksal der drei Reiche wurde durch zwei Armeen, wovon die eine aus 11,000 Mann, die andere aus 7 — 8000 bestanden hatte, zu Culloden entschieden. Das Haus Hannover sah sich noch obendrein, um sich auf Englands Throne zu erhalten, genöthigt, von den Holländern Hülfe zu erflehen.

Nicht weniger Kabalen wurden an dem Hofe von Portugal in's Werk gesetzt, um ihn, wie den von Spanien, gegen

Frankreich einzunehmen. Der General Lannes, welcher zu Lissabon beglaubigt war, sah deutlich ein, daß nur die Furcht vor einem französischen Einfalle diesen Hof von seiner Erklärung abzuhalten im Stande sey. Und dafür hatte auch der erste Consul schon gesorgt. Eine Observations-Armee unter dem Befehle des Generals Augereau, hatte sich nächst Bayonne zusammengezogen. Spanien erschrak; man suchte es durch die Erklärung zu beruhigen, daß diese Maaßregel nicht ihm gelte.

Dieser Betheuerung ungeachtet, war der Friedensfürst nicht außer Besorgniß; er vermehrte die Truppenanzahl in den benachbarten Provinzen der Pyrenäen und gab sich alle Mühe, was gewiß recht lobenswerth war, die ganze spanische Armee auf schlagfertigen Fuß zu stellen. Diese bestand damals dem Namen nach aus 160,000 Mann. Ihre eigentliche Stärke überschritt die Anzahl von 70,000 nicht. Man zählt 536 Generale und Staabsofficiere. Die französische Armee hatte keinen solchen Bestand. Der Botschafter Beurnonville hatte laut des Bundesvertrages vom 20sten Juni die Frage eingereicht, wie stark das spanische Contingent sey. Cevallos äußerte den Wunsch, das Contingent durch ein Unterstützungscorps zu vergrößern. Dieser Vorschlag mißfällt zu Paris nicht. Im Kriegsbündnisse läuft Spanien Gefahr, großen Verlust zu erleiden, ohne seinen Verbündeten viel helfen zu können. Der erste Consul verlangt daher nichts als dessen Neutralität. Jetzt handelt es sich nur noch um den Preis, für welchen es diese Parteilosigkeit erkaufen soll. Der General Beurnonville ist beauftragt, die Unterhandlungen zu Madrid fortzusetzen. Der Friedensfürst zeigt aber wenig Verlangen, darauf einzugehen. Cevallos bleibt unthätig. Man zieht vor, in Frankreich zu unterhandeln.

Wie alle schlechte Regierungen, welche Ansprüche auf Feinheit machen, unterhielt Spanien an den größern auswärtigen Höfen stets mehrere diplomatische Geschäftsführer auf einmal, und schenkte den unteren Beamten dabei nicht selten das meiste Vertrauen. So wurde in Paris die Unterhandlung über die Unterstützungsgelder nicht durch den Ritter Azara als den eigentlichen Botschafter, geführt. Man trug dies

Geschäft einem andern Spanier, Namens Hervas, nachmaligem Marquis von Almenara, auf. Um zu gleicher Zeit den französischen Gesandten zu Madrid zu beruhigen, theilte ihm der Friedensfürst ein Schreiben König Carls IV. mit, worin es heißt, daß er nicht gern mit dem ersten Consul brechen möchte. Was alles Uebrige anbelangt, bezog sich der Monarch auf den Friedensfürsten.

Dieser macht ein vorläufiges Anerbieten, und sucht, um von den Umständen Gebrauch zu machen, vorläufige Bedingungen für den Fall einer feindseligen Behandlung gegen Portugal mit einzuflechten. Hierbei muß bemerkt werden, daß es eine der unheilbarsten Forderungen des Cabinets von Madrid von jeher gewesen ist, Portugal als seinen Vasallen-Staat zu betrachten, um bei jeder Gelegenheit über das Schicksal dieses Königreichs zu entscheiden, oder dasselbe in Zweifel schweben zu lassen.

Zwischen den beiden Höfen von Madrid und Lissabon hatten sich kleine Gränzstreitigkeiten erhoben, wobei der Friedensfürst nicht ermangelte, viel Lärm zu machen und diesen geringfügigen Unterschied der Meinungen zu einer großen und wichtigen Staatsangelegenheit zu erheben.

Mitten unter den, in Bezug auf die Unterstützungsgelder eingeleiteten Unterhandlungen, deren endlicher Abschluß und Vereinigung nahe zu seyn schien, hat der Friedensfürst plötzlich sein altes vertrauliches Verhältniß mit Herrn Frere, dem englischen Botschafter, wieder angeknüpft.

Ein französisches Geschwader von vier Schiffen war seit einigen Wochen in den Hafen von Corunna eingelaufen, von wo es nach Ferrol segelte. Es bedurfte der Hülfe. Der Friedensfürst trägt keinen Augenblick Bedenken, diese zu gewähren; Cevallos aber schlägt die Bitte ab, und der Friedensfürst bestätigte späterhin diese Verweigerung. „Wenn wir in der Folge,“ schrieb Beurnonville, „vor diesen Leuten ruhig und sicher seyn wollen, so müssen wir zuerst denselben in einer Schlacht gegenüber gestanden haben.“ Zu Ende des Monats August ließ das französische Ministerium eine ungewöhnlich dringende Note an den Ritter Azara gelangen. Eigene

Correspondenz-Vorschriften werden dem französischen Gesandten zu Madrid übergeben. Die Verlängerungsfrist, binnen welcher das spanische Cabinet seine letzte und entscheidende Antwort geben sollte, wird auf den 20sten Fructidor (7ten September) festgesetzt. Der Friedensfürst benimmt sich auf eine solche Weise, daß der französischen Regierung jeder Verdacht erlaubt wird. Sollte man in dem Benehmen dieses Günstlings nicht das Spiel einer gewöhnlichen Politik, die niedrige Verstellung einer für England erheuchelten Liebe, um von Frankreich weniger lästige Bedingungen zu erhalten, wahrnehmen? Dieses Spiel wäre in einer Lage, wie die seinige, und mit einem Manne unternommen, wie der erste Consul ist, ein höchst unvorsichtiges. Auf jeden Fall wäre es zu weit getrieben worden. Der Friedensfürst hat wenig Vertrauen zu dem Ritter Azara; er betrachtet ihn als dem französischen System zu sehr ergeben, und ruft ihn endlich zurück. Sein Wille hierüber ist ernst; jedoch wird die Ausführung aufgeschoben; vielleicht wird er in der Folge ausgeführt. Der 7te September ist nicht mehr fern; Beurnonville begiebt sich am 5ten nach San-Ildefonso, erhält von dem Könige eine Audienz und bittet ihn um seine letzte Erklärung. Der König meint, der Gegenstand der Verhandlung sey zu wichtig, um sich mündlich darüber auszusprechen. Man will die Antwort schriftlich ertheilen. An dem Tage, mit welchem die Frist abgelaufen, erhält der Botschafter auch in der That eine Antwort von dem Könige, aber diese ist in klug gestellten, ausweichenden und nichts sagenden Worten abgefaßt. Er verläßt San-Ildefonso, kehrt nach Madrid zurück und vermeidet jede fernere Berührung mit dem spanischen Cabinette. Einzelne Thatsachen enthüllen den vorherrschenden Geist desselben. Der General-Capitain von Gallicien behauptet, in Folge eines alten Befehls, bevollmächtigt zu seyn, die französische Fregatte „La Revanche“ in Gegenwart eines englischen Kreuzers, von dem Ufer vertreiben zu können. Die englischen Geschwader, welche die Häfen besetzt halten, versorgen sich ohne die geringste Schwierigkeit zu ihrer Reise auf dem Ocean und dem mittelländischen Meere an Spaniens Küste mit Mundvorrath. Nun ist der Friedensfürst mit einem diplomatischen Triumvirate:

Frere, Ely und Morawiew (den Gesandten von England, Oestreich und Rußland) umgeben.

Man spricht von einem Bündnisse, welches sich im Norden gegen Frankreich erheben soll; auch im Süden müsse man eine Conföderation errichten, bei welcher Spanien mit Recht die erste Rolle zugetheilt würde. Die Idee eines solchen Bündnisses wurde ebenfalls an den verschiedenen Höfen von Italien genährt, und der Vice-Präsident der italienischen Republik, Melzi, scheint derselben keineswegs fremd zu seyn. Die Unterbrechung jedes Verhältnisses der französischen Gesandtschaft mit dem spanischen Cabinette hat schon 29 Tage gedauert, jetzt hat die Crisis ihren höchsten Grad erreicht; alle Geister sind von Angst beklommen; ein Abfall ist möglich, und Alles zeigt zur Genüge, daß, wenn er stattfindet, er zu Lissabon und Madrid zu gleicher Zeit losbricht.

Ueber diese Muthmaßungen sind drohende Nachrichten von Paris bei dem Friedensfürsten angelangt; dieser kömmt dem französischen Botschafter Beurnonville in etwas entgegen. Auch dieser beeilt sich, das Benehmen zu erwiedern. Der Friedensfürst erklärt, daß er den Ritter Azara beauftragen werde, 50 Millionen Unterstützungsgelder anzubieten, oder, wenn diese keinen Beifall fänden, zu eröffnen, daß Spanien Antheil an dem Kriege nehmen werde.

Zehn Tage früher wäre diese Vorstellung unbedingt von Frankreich angenommen worden, und somit Alles beendigt gewesen, da aber Spanien seine Antwort zu lange verschoben hatte, so war der Regierung von Paris die Geduld ausgegangen. Man hat den Entschluß gefaßt, eine Art von ganz neuer Diplomatie anzuwenden, deren kühnes, wenig großmüthiges und bestimmtes Einschreiten nur dann und an solchem Orte zu entschuldigen ist, wenn und wo der erste Minister abweichende Interessen von denen seines Herrn und Staates nährt. Der befremdende Schritt der französischen Regierung wird entweder die Gewährung aller ihrer Ansprüche zur Folge haben, oder Spanien einen großen Dienst dadurch erweisen, daß er dies Land von einem Günstlinge befreit, welcher nicht nur das ganze Königreich, sondern auch die königliche Familie beherrschend unterdrückt. Dies ist der gefürchtete Gewaltschritt.

9*

Der erste Secretair der französischen Gesandtschaft, Herman, welcher einige Zeit in Paris gewesen war, ist am 2ten October wieder in Madrid eingetroffen. Er bringt den Vorschlag zu einem Vertrage mit, wie dieser den Wünschen des ersten Consuls entsprechend wäre, und zu gleicher Zeit für den Botschafter Beurnonville die Vollmacht, den Vertrag ohne weitere Abänderung zu unterzeichnen. Zu gleicher Zeit hat ihm der erste Consul einen Brief für den König und eine Note für den Minister der auswärtigen Angelegenheiten anvertraut; allein die Uebergabe des Briefes soll erst nach dem glücklichen Ergebnisse eines vorhergegangenen Schrittes erfolgen. Herr Herman hat sowohl von dem Briefe als der Note eine Abschrift in Händen; vor Allem müssen sie dem Friedensfürsten vorgelegt werden und die Originale werden dann erst an ihre Bestimmung abgegeben, wenn der Fürst sich weigern sollte, den von Frankreich gewünschten Vertrag einzugehen. Der Friedensfürst befand sich grade in dem Escurial; Herr Herman begiebt sich sogleich dahin, eröffnet ihm die Absicht seiner Sendung, stellt ihm die von der französischen Regierung vorgeschlagene Alternative, und legt so die Entscheidung in seine Hände. Der Brief des ersten Consuls, in einem sehr energischen Tone abgefaßt, stellte dem Könige alle die Gefahren vor, welche nicht nur seine Familie, sondern auch sein Reich in der falschen Politik eines zu mächtigen Ministers bedrohten. Nichts desto weniger war das Kräftige dieser Vorstellungen durch die gefälligen Formen, welche die feine Sitte vorschreibt, so viel als möglich gemildert. Diese Milderungsmaaßregel fand man jedoch in der, für den Minister der auswärtigen Angelegenheiten bestimmten Note, für überflüssig.

In der That, diese letztere Schrift sollte nichts anderes als eine Drohung enthalten, denn man war zum Voraus überzeugt, daß der Minister Cevallos nur einen solchen Gebrauch, wie es dem Friedensfürsten genehm wäre, davon machen würde; sie enthielt unter Andern, daß das Blut eines Berwick und Vendôme noch immer in den Adern der Franzosen fließe, und daß dieselben Franzosen, welche einst die Bourbons auf den Thron von Spanien gesetzt hätten, auf's neue den Weg nach Madrid zu finden wüßten, „um aus dieser Residenz einen Mann zu verjagen, welcher Frankreich zu Badajoz verkauft habe, — jenen Günstling, welcher auf dem lasterhaftesten Wege, durch eine Reihe von Verbrechen, zu einem in den Jahrbüchern des neuern Europa unerhörten Grade von Fürstengunst sich empor zu schmeicheln gewußt habe." Das Schwert der Rache schwebte über dem Haupte des Friedensfürsten. Zwischen dem Wohle und Wehe seiner Person und dem allgemeinen Besten des Landes, wenn das Vaterland in dieser Angelegenheit noch einiges Gewicht gehabt hätte, wäre dieser Mensch nicht einen Augenblick zweifelhaft gewesen. Die Forderungen Frankreichs wurden eingegangen.

So gilt bei allen Menschen in absoluten Monarchien, welche unter dem Namen der Könige regieren, das Interesse des Staates weniger als ihr eigenes, oder ist zum mindesten in eins mit demselben verschmolzen. So riß in Frankreich der Herzog von Orleans, der Regent, während Ludwig des XV. Minderjährigkeit, obwohl für die Erhaltung des königlichen Mündels bedacht, in einem Tage das Werk langer Anstrengungen der Politik eines Ludwigs XIV. — die Vereinigung Frankreichs mit Spanien — ein, und verband sich mit England gegen Philipp V. Auf diese Weise opferte sein Minister, der Abbé Dubois *), die Unabhängigkeit und die Rechte der Regierung für einen Cardinalshut auf.

Man muß übrigens bemerken, daß es dem Friedensfürsten keine große Anstrengung gekostet hat. Es handelte sich für ihn nur um einiges Geld mehr als gewöhnlich. Der von Frankreich eröffnete Vertrag lautete auf 72 Millionen jährlicher Unterstützungsgelder, und wenige Tage zuvor hatte der Fürst selbst 50 Millionen angeboten. Auf den Rand des Vertrages, welchen ihm der Legationssecretair Herman vorgelegt hatte, schrieb der Friedensfürst die Bemerkung, daß er dem spanischen Botschafter die Vollmacht, denselben abzuschließen, ungesäumt zusenden werde. Noch in demselben Augenblicke reiste ein Courier vom Escurial nach Paris, um sowohl den Vertrag mit dieser Randbemerkung, als die Vollmacht für den Botschafter zu überbringen.

*) Der Abbé Dubois, sagt Voltaire, ließ die Bulle „Unigenitus" einzig und allein durch den großen Rath, oder vielmehr ohne Zustimmung des großen Raths, in die öffentlichen Register eintragen.

Diese Schritte, welche der Friedensfürst zu thun für gut fand, stimmten nicht mit denjenigen überein, welche dem Herrn von Beurnonville vorgeschrieben waren. Dieser mißbilligt das Benehmen des Gesandtschaftssecretairs Herman; er begiebt sich sogleich nach dem Escurial, verständigt sich mit dem Fürsten, gewinnt bei dieser Unterredung die Ueberzeugung, daß das spanische Cabinet nur in Bezug auf die Subsidien sich verbindlich gemacht zu haben glaube, nicht aber alle übrigen Bedingungen, welche zu Gunsten Frankreichs ausgemacht worden waren, habe unterzeichnen wollen. Er dringt daher in den Friedensfürsten, den Vertrag ohne irgend eine Abänderung zu unterzeichnen, und eröffnet ihm zugleich, daß, wenn er dieses verweigere, der Brief des ersten Consuls in weniger als 24 Stunden dem Könige überreicht und die Note dem Minister der auswärtigen Angelegenheiten eingehändigt seyn werde. Der Fürst verspricht binnen dieser Frist zu unterzeichnen. Allein er bricht sein Wort. Beurnonville aber ist im Begriffe, das seine zu halten. Welch' eine Lage für den Friedensfürsten! Das Mittel der Rettung ist gefunden. Der Fürst geht aus dieser Verlegenheit durch einen wahren Meisterstreich hervor. Man muß nichts desto weniger bekennen, daß dieses Hülfsmittel bei keinem andern Monarchen auf der Erde, als bei Carl IV. gelungen wäre. Der König wird zwar den Brief erhalten, aber man giebt ihm zu verstehen, daß, da der Gegenstand seines Inhalts bereits erledigt sey, die Absicht des ersten Consuls nur die seyn müßte, daß er niemals in die Hände Sr. Majestät gelangen sollte; daß nur der Schritt des französischen Gesandten als eine leere Form zu betrachten sey, der er sich, um den Buchstaben seiner Verhaltungsbefehle zu erfüllen, unterwerfen zu müssen verpflichtet halte; daß es in diesem Falle am rathsamsten wäre, wenn der König den Brief uneröffnet dem Gesandten zurückgäbe.

Alles geschah, wie es der Friedensfürst angeordnet hatte. Der König befolgte dessen Lehre von Punct zu Punct. Er sagte zu Beurnonville, daß jetzt Alles in kurzer Zeit im Reinen seyn werde; er hätte bereits auf directem und indirectem Wege die bestimmteste Nachricht darüber erhalten, und seine

Correspondenten täuschten ihn gewiß nicht. Während der Botschafter zu Madrid behauptete, daß sein Secretair Herman betrogen worden sey, begnügte man sich in Paris mit dem Versprechen der von Spanien zugestandenen Unterstützungsgelder, und sprach nun noch nebenbei von einigen andern Bedingungen des ersten Vorschlags.

Die Uebereinkunft wurde am 19ten October 1803 zwischen dem Herrn von Talleyrand und dem Ritter Azara unterzeichnet und vollzogen.

Als nun Frankreich seinen Zweck erreicht hatte, schien man von beiden Seiten zu wünschen, daß endlich jede Spur der Mittel, durch welche derselbe so schnell gekrönt wurde, verschwinden möchte. Der Brief des ersten Consuls wurde dem Könige am 12ten November überreicht, ohne je entsiegelt worden zu seyn. Der Botschafter nahm zu gleicher Zeit die Originalnote zurück, welche er in die Hände des Ministers Cevallos niedergelegt hatte. Es versteht sich von selbst, daß dieser sich wohl hütete, den König davon in Kenntniß zu setzen. Dieser Mann, den man einst zum Helden der spanischen Vaterlandsliebe machen wird, war nichts als ein unterthäniger Diener des Friedensfürsten, welchem er nicht selten unheilbringende Rathschläge ertheilte. Der Fürst, welcher schon die Zurückberufung des Ritters Azara angekündigt hatte und der dessen Amtsführung nur gleichsam gezwungener Weise verlängerte, dachte jetzt, da er einmal den Wünschen Frankreichs Genüge geleistet habe, könne er wenigstens seiner Privatrache volles Gehör geben. Seit längerer Zeit trug er mit sich die Ueberzeugung herum, daß der Ritter Azara nicht zu der Zahl seiner Parteigänger gehöre, ja er betrachtete ihn sogar als den Anstifter der in Paris gegen ihn unternommenen Maaßregel, welche in der That seinen Sturz hätte zur Folge haben können, wenn er sich nicht ohne Rückhalt der französischen Regierung übergeben hätte. In Folge dessen ließ er dem General Beurnonville wissen, daß der König die von seinem Botschafter in Paris genommene Entlassung genehmigt hätte.

Während die Uebereinkunft vom 19ten October, durch welche Frankreich (in sechs Artikeln) die Neutralität Spaniens anerkannte, die Subsidien-Gelder dieser Macht als einen Hauptpunct betrachtete, schloß sie nichts desto weniger noch zwei andere wichtige Puncte in sich: Die Ehrenerklärung einiger, wegen spanischer Gerichtsbarkeiten gegen Frankreich unternommenen Thatsachen, und einiger Ausnahmen von Vorrechten zu Gunsten unsers Handels.

Der erste Artikel machte die Absetzung des Gouverneurs von Cadix, des Gouverneurs von Malaga und des Commandanten von Algesiras, als solcher Männer, welche sich gegen die französische Regierung schwer vergangen hätten, zur Bedingung. Man fragt sich, warum das spanische Cabinet sich nicht die Schande einer ähnlichen Bedingung erspart habe. Die von ihm selbst ausgehende Absetzung dieser Beamteten, bevor noch Frankreich es gefordert, hätte bis auf einen gewissen Punct seine Ehre retten können; allein seit einiger Zeit hat der castilianische Stolz sehr viel von seiner Empfänglichkeit verloren.

Wahrscheinlich haben die drei Gouverneure in den Tagen der allgemeinen Aufregung gegen Frankreich nichts Anderes gethan, als die Befehle des Friedensfürsten befolgt. Wenn der dritte Artikel der Uebereinkunft Spanien die monatliche Auszahlung von 6 Millionen auferlegt, so ist jedoch dabei zu bemerken, daß diese ganze Summe nicht auf einmal in die Hände Frankreichs niedergelegt werden muß, sondern daß 2 Millionen davon jeden Monat zurückbehalten werden dürfen, um die in den Häfen von Cadix, Corunna und Ferrol einlaufenden französischen Schiffe, wenn sie beschädigt seyn sollten, ausbessern zu lassen.

Unablässig mit dem Gedeihen des französischen Gewerbfleißes beschäftigt, begnügte sich der erste Consul nicht damit, ihm in Spanien Eingang zu verschaffen, sondern wollte ihn auch in Portugal mit den Erzeugnissen des englischen Handels und Fabrikwesens in die Schranken treten lassen. Durch den achten Artikel der Uebereinkunft genehmigt Seine katholische Majestät den freien Durchgang der französischen Tücher [1]) und anderer Manufacturgegenstände, jedoch ohne Ausnahme von den gesetzlich bestehenden Zöllen, durch Ihre Staaten nach

1) Die Einfuhr der Tücher und anderer Erzeugnisse des französischen Gewerbfleißes in Portugal ist schon durch den 6ten Artikel des Vertrags vom 29sten September 1801 bedungen und festgesetzt worden.

Portugal. Was die übrigen Forderungen, welche einen besondern Gegenstand der Besprechungen ausmachten, betrifft, so wurde beschlossen, daß im Laufe des Jahres XII eine eigene Unterhandlung eingeleitet werden sollte, welche die Aufmunterung des Handels beider Nationen in den gegenseitigen Ländern zum Hauptgegenstande machen würde.

Nicht zufrieden, Unterstützungsgelder auf Unkosten Spaniens bewerkstelligt zu haben, hatte sich der Friedensfürst durch den siebenten Artikel auch anheischig gemacht, sowohl um dem Hofe von Madrid eine Art von Oberherrschaft über den von Lissabon zu begründen, als auch um sich in Frankreichs Gunst zu heben, so lange der Seekrieg dauere, auch von Portugal monatlich 1 Million Subsidien zum Besten der französischen Regierung zu bewirken. Man hat aber später durch den Lissaboner Hof vernommen, daß der Friedensfürst eine weit bedeutendere Summe Unterstützungsgelder verlangt habe, sey es nun, um Spanien von einem verhältnißmäßigen Antheile zu befreien, oder Frankreich dadurch um so mehr seine Ergebenheit zu beweisen.

Das Daseyn eines Günstlings, der zu gleicher Zeit im wahren Sinne des Wortes König von Spanien ist und der dies Reich dem freien Schalten des ersten Consuls übergiebt, scheint beim ersten Anblicke für Frankreich von großem Nutzen zu seyn. In der That aber ist ein solcher Mensch für diesen Freistaat sowohl als für Spanien vielmehr ein Unglück. Nehmen wir einmal an, dieser Günstling sey nicht vorhanden. Entweder wäre die Regierung von Spanien alsdann in den Händen von Männern, welche, wie der Ritter Azara, mit edler Freimüthigkeit das Schicksal ihres Vaterlandes demjenigen von Frankreich beigesellten, oder eine kühne Festigkeit stieße selbst das sanfte Joch eines fremden Herrschers entschlossen von sich. In diesem letzten Falle hätte ein gerechter und offener Krieg, welcher schon in den Jahren 1803 — 1804 die spanischen Streitfragen aufgelöset haben würde, der französischen Regierung die Ereignisse von Bayonne und den daraus entsprungenen furchtbaren Krieg erspart.

Kaum war der Subsidien-Vertrag abgeschlossen, als der Hof von Spanien schon eine nicht geringe Verlegenheit wegen der ersten zu leistenden Zahlungen fühlte. Sein Banquier zu Paris, Hervas, versuchte in Holland eine Anleihe zu machen, und für den Fall, daß auch dies nicht gelänge, schlug er der französischen Regierung vor, amerikanische Piaster [1]) an Zahlungs Statt anzunehmen. Erst im Januar 1804 ist die spanische Handelsschaft durch ein königliches Schreiben von der Neutralität ihres Vaterlandes in Kenntniß gesetzt worden.

Wohl mögen unter den vielen Einzelheiten, welche wir an uns haben vorübergehen lassen, einige sehr kleinlich erscheinen, allein auch selbst unbedeutende Thatsachen bringen immer das treueste Gepräge von dem Charakter der handelnden Personen sowohl, als von dem Thatenbestande und den Ereignissen der Dinge. Durch die eben angeführten Thatsachen hat sich Jeder ein Bild von der Lage ganz Spaniens, von dem Könige und dessen Günstling, so wie von der Natur der Verhältnisse entwerfen können, welche wenigstens noch einige Zeit darauf zwischen beiden Höfen fortgedauert haben. Ein scharfsehender Kopf kann zu gleicher Zeit den Grundsatz der Unvorsichtigkeiten erkennen, welche das spanische Cabinet in der Folge begehen wird, und nicht weniger auch den Keim des Hasses und der Verachtung erblicken, welche einst den Kaiser Napoleon zu falschen Maaßregeln veranlassen werden.

Zwei und dreißigstes Capitel.

Auswärtige Politik.

Vorzügliche Schwierigkeit der neuern Geschichte. — Ueble Gesinnung des Herrn von Markof. — Aehnlichkeit der Lage zwischen dem ersten Consul und dem Kaiser Alexander. — Offenherziges Geständniß eines gegenseitigen Wetteifers zwischen Paris und Petersburg. — Entschädigungsvorschläge für den König von Sardinien. — Folge der russischen Vermittelung zwischen Paris und London. — Die für das

1) Man wollte den Piaster auf drei Livres und funfzehn Sols in Rechnung bringen.

Schiedsrichteramt von dem ersten Consul festgesetzten Grundsätze. — Nachgiebigkeit des ersten Consuls. — Englands abschlägige Antwort, über dessen Ultimatum zu unterhandeln. — Rußland bringt auf die Räumung Hannovers und des Königreichs Neapel. — Antwort der französischen Regierung. — Der erste Consul verlangt die Zurückberufung des Herrn von Markof. — Vorwürfe, die diesem letzteren gemacht werden. — Des ersten Consuls amtliche Aufforderung an Herrn von Markof. — Markof's Abreise. — Herr von Alopeus in Berlin. — Die gegenseitigen Gefälligkeiten zwischen Paris und Petersburg hören auf. — Vorliebe des ersten Consuls für eine Verbindung mit Preußen. — Gegenseitige Vortheile eines solchen Bündnisses für Frankreich sowohl, als für Preußen. — Man unterscheidet zu Berlin zwischen „Hof" und „Cabinet." — Hannöverische Anleihe. — Sendung des Herrn Lombard an den ersten Consul. — Anerbieten Hannovers an Preußen als Belohnung für ein Bündniß mit Frankreich. — Preußens Vorschläge. — Man verwirft die von Preußen vorgeschlagenen Bedingungen. — Preußen schlägt einen geheimen Artikel vor. — Der erste Consul verwirft jede Vereinigung, welche kein Bündniß ist. — Feste Stellung zwischen Frankreich und Oestreich. — Edelmüthiger Zug der französischen Regierung. — Abschluß eines Schutzbündnisses mit der Schweiz. — Capitulation der Schweizertruppen im Dienste Frankreichs.

Dem Verfasser eines Werkes über die neuere Geschichte bieten sich mit jedem Jahre größere, fast unbesiegbare Schwierigkeiten dar, welche alle den Schriftstellern des Alterthums und des Mittelalters unbekannt waren: es ist dies die Mannigfaltigkeit, das gleichzeitige Zusammentreffen und das Verschmelzen der verschiedenen Interessen, welche sich heutiges Tages von Macht zu Macht durchkreuzen, bald gegenseitig unterstützen, bald einander aufreiben. Z. B. habe ich bei Erwähnung der Schadloshaltung des teutschen Reiches schon angeführt, daß auch Frankreich und Rußland in demselben Zwecke sich begegnen; bei Erwähnung der Unterhandlungen zwischen Frankreich und England zeigte ich, wie eifrig Rußland seine Dienste anbot, allein noch in demselben Jahre, ja sogar in denselben Monaten, wo jene wichtigen Fragen verhandelt wurden, fanden die Cabinette von St. Petersburg und Paris noch viele Puncte, in denen sie ganz übereinstimmten. Bald darauf war die Vereinigung Piemonts mit den Ländern der Republik zu Stande gekommen, und der erste Consul hatte das Amt eines Vermittlers in der Schweiz übernommen. Rußland hatte während der Zeit seinen Einfluß auf die Republik der sieben Inseln erstreckt. Es verlangte von dem ersten Consul, daß er des Herzogs von Oldenburg auf dem Reichstage zu Regensburg in Gnaden gedenken und den König von Sardinien entschädigen möge. Alle diese fraglichen Puncte erschienen auf einmal, und da sie Hand in Hand gingen, so war es natürlich, daß die Gefälligkeit der einen Regierung mehr oder weniger auch die Wiedervergeltung der andern in Anspruch nahm.

Die verschiedenen Charaktere dieser gegenseitigen Interessen, und ihre Wechselwirkung auf einander in ein einziges Bild zusammenfassen zu wollen, wäre die Unmöglichkeit versuchen. Aber nachdem wir die wichtigsten Gegenstände derselben im Einzelnen näher betrachtet haben, so dürfte es nicht ganz ohne Anziehung seyn, den Entwickelungsgang eben so sorgfältig zu verfolgen, und zu sehen, wie kleinere untergeordnete Gegenstände auf die Hauptfragepuncte einwirken, und so in der Quelle zu erblicken, wie oft und wie sehr die Persönlichkeit auf die Verhandlungen einen gewaltigen Einfluß äußert; wie häufig endlich die Diplomatie, eigentlich doch zur Versöhnung der Cabinette bestimmt, durch die Ungeschicklichkeit und noch öfterer durch den üblen Willen der Agenten, ein Instrument des Mißverständnisses und der Zwietracht wird.

Ein Abgesandter, welcher, wie Herr von Markof, weil er zu Anfang seiner Sendung in einem wenig ehrenvollen Briefwechsel mit dem Verfertiger geheimer, gegen die Regierung gerichteter Bülletins ertappt wurde, hatte kein Recht an das Wohlwollen des ersten Consuls, und als eine natürliche Folge erzeugte der dadurch bewirkte Verlust von Zuneigung sehr bald ein unausbleibliches Mißtrauen. Die auswärtigen Freundschafts-Betheuerungen, die von der andern Seite verschwendet wurden, enthielten daher wenig innere Aufrichtigkeit, und der erste Consul, zu stolz oder zu heftig, um sich lange zu verstellen, ermangelte nicht, die Stimmung seiner Seele unumhüllt blicken zu lassen. Es war in der That eine wahre Widerwärtigkeit für den ersten Consul, als Dolmetscher der freundschaftlichen und dienstfertigen Gefühle des Kaisers Alexander, zu Paris den Herrn von Markof und zu London den Herrn von Woronzow zu finden, beide eben so sehr, wie England, geneigt, den Frieden zu brechen.

Wir haben schon gesehen, wie Herr von Markof bei den Unterhandlungen über die Entschädigungen des teutschen Reichs, seine Privatmeinung derjenigen des Kaisers Alexander unterschob, um Oestreich auf Unkosten Baierns, Würtembergs und Badens zu nützen, welches letztere doch seinem Gebieter am meisten am Herzen lag. Es ist also nicht dem Benehmen des russischen Botschafters in Frankreich zuzuschreiben (ja man kann sogar sagen, es geschah trotz seiner heimlichen Cabalen), wenn der erste Consul und der Kaiser Alexander bis zu dem Jahre 1803 auf einem leidlichen Fuße mit einander standen.

Es war damals etwas Aehnliches in ihrer beiderseitigen Lage. Diese schien eben so wenig in Petersburg als in Paris ganz gesichert zu seyn. An Unzufriedenen fehlte es weder in der einen, noch in der andern Hauptstadt. Wenn der erste Consul Jakobiner oder Chouans zu fürchten hatte, so lebte in Rußland, und zwar zunächst dem Throne, eine Classe von Menschen, welche ihren rechtmäßigen Herrscher nicht länger mehr schonen zu müssen glaubte. Man war über die neuen ökonomischen Umgestaltungen sehr unzufrieden, man vermißte sehr bald die von Catharina II. auf Kosten Polens, oder die von Paul I. auf Kosten Rußlands verschwendeten Schenkungen. Gab es außer diesen vielleicht noch Verbindungen gegen das Leben des Kaisers? Fast möchte man es glauben, wenigstens glaubte es dieser Fürst einige Zeit sogar selbst [1]).

1) Ein Officier der russischen Garde, Namens Schoubin, ein Spieler, Flüchtling, Abenteurer und mit einem Worte, ein Mensch, dem man jede schlechte That zutrauen konnte, machte einst dem Kaiser Alexander die Eröffnung, daß man ihm 80,000 Rubel als Belohnung angetragen habe, wenn er ihn ermordete. Derjenige, welcher ihm die Summe angeboten, hieß Gregorewanitz. Der Kaiser befiehlt Schoubin, in seinem übernommenen Geschäfte auch fernerhin noch guten Willen zu zeigen, um auf diese Weise in den Besitz vertraulicher Mittheilungen über den ganzen Mordanschlag zu gelangen. In Folge dessen fanden einige Stelldichein statt; wir übergehen aber die Namen, welche da genannt worden sind, mit Stillschweigen. Acht Tage darauf wurde Schoubin um 10 Uhr des Nachts in dem Sommergarten (Jardin d'été) durch einen Pistolenschuß verwundet. Dies war, wie er selbst sagte, (denn er hatte nur eine Streifwunde an

Mitten unter den Gefahren ihrer Stellung widmeten sich der erste Consul und der Kaiser Alexander mit allem Eifer dem Wohle ihrer Staaten, und vielleicht hat der Briefwechsel des ersten Consuls mit Alexander das Gute bewirkt, daß er gewisse Geschäfte selbst untersuchte und prüfte, die er ohne diesen Umstand, höchst wahrscheinlicher Weise, gänzlich seinen Ministern überlassen haben würde. Lange Zeit hat zwischen diesen beiden Männern, nebst dem Briefwechsel ein Austausch wohlwollender Gesinnungen statt gefunden.

Als Frankreich mit der ottomanischen Pforte ein Bündniß abgeschlossen, nahm Kaiser Alexander einen so lebhaftern Antheil daran, als er sich nicht wenig über die freie Beschiffung der Dardanellen [1]) zu freuen vorgab, als welche, nebst dem Vortheile des französischen Handels, auch für Rußland von großem Vortheil werden könne. Der erste Consul begünstigte bei den Auseinandersetzungen zu Regensburg die von

der Brust empfangen), die Strafe für seine Schwatzhaftigkeit. Eine Menge Menschen werden eingezogen, aber alle dabei genannten Personen werden für unschuldig erklärt. Schoudin, dessen Wunde nicht tödtlich war, fand in Sibirien Gelegenheit, seine Unbesonnenheit zu bedauern. Sollte aber der ganze Hergang der Sache nur erdichtet und an dem Ereignisse nichts Wahres gewesen seyn? Man hat es vielfach bezweifelt, und doch zweifelt man in der Regel nur an Begebenheiten, welche in dem Bereiche der Möglichkeit liegen.

In Bezug auf dieses Ereigniß hat der Großfürst Constantin in Gegenwart vieler Personen geäußert: „daß, wenn er das Unglück haben sollte, seinen Bruder zu verlieren, er niemals den Thron besteigen, um ebenfalls ermordet zu werden, und daß er in diesem Falle zu Gunsten eines seiner jüngern Brüder auf die Thronfolge Verzicht leisten würde.“ Nachdem seither der Großfürst Constantin der Regierung entsagt hatte, wurde diese Handlung als eine bescheidene Rücksicht auf den Willen der Kaiserin Mutter angesehen; wenn ihn aber die Erinnerung an dieses Ereigniß nicht verlassen, ihm im Gegentheile noch einige seiner frühern Gefühle übrig geblieben sind, so hat ihm die Entsagung weniger Mühe gekostet, als Viele glauben mögen.

1) Der späterhin zum Gouverneur von Odessa ernannte Herzog von Richelieu hat in einem Danksagungsschreiben an die französische Regierung hinzugefügt: „Der Posten, welcher mir an dem schwarzen Meere anvertraut ist, wird mich vielleicht in den Stand setzen, meinem Vaterlande nützliche Dienste zu leisten.“

Rußland empfohlenen Fürsten, und hauptsächlich hatte er auf die Empfehlung des Kaisers Alexander zu Gunsten des Herzogs von Oldenburg Rücksicht genommen. Der Kaiser hatte sehr sinnreich gesagt (Monat Februar 1803): „Er würde sich sehr freuen, alle die Beweise der Erkenntlichkeit des Herzogs mit dem ersten Consul theilen zu können.“ Von Zeit zu Zeit war sogar eine gewisse Offenheit nicht nur zwischen den beiden Staats-Oberhäuptern, sondern selbst zwischen den Ministern bemerkbar. Wenn das französische Ministerium über das Herrscheransehen, welches sich der Kaiser Alexander in Beziehung auf die Republik der sieben Inseln anmaßte, eine Bemerkung machte, gab das russische Cabinet zur Antwort: „Der Kaiser hat sich auch nicht um die im November und December 1802 in der Schweiz erlassenen Proclamationen des ersten Consuls bekümmert.“ Bestand nun Frankreich weiter darauf, und machte die Einwendung, der Kaiser habe laut eines Schreibens an den ersten Consul versprochen, sich mit ihm über die bei Errichtung einer für die ionischen Inseln passenden Regierung zu nehmenden Maaßregeln jederzeit zu besprechen, so gestand der Kanzler Graf Woronzow ein, dieser Brief wäre ohne seine Zustimmung geschrieben worden; was ihn betreffe, so glaube er, jene Republik stehe in einem besondern Verhältnisse zu Rußland; dann fügte er hinzu, daß, was die Schweiz betreffe, der Kaiser ein unbedingtes Zutrauen in die liberalen Ansichten des ersten Consuls habe.

Diese gegenseitige Ehrsuchts-Naivetät ist bei diesen beiden großen Mächten begreiflich. Allein, muß es uns nicht lächerlich erscheinen, wenn wir bald die eine davon im Zwiste mit der andern erblicken und ihr dieselben Vorwürfe machen hören, welche sie unter der Bedingung einer ähnlichen Toleranz nicht nur hätte dulden, sondern sogar gut heißen müssen?

Der erste Consul drückte über das, was Rußland in Bezug auf die Republik der sieben Inseln vornahm, wo es Truppen und Schiffe unterhielt, zuletzt ein Auge zu.

Eben so war es seine aufrichtige Meinung, sich dem Kaiser Alexander zu verpflichten, als er dem Könige von Sardinien für den Verlust von Piemont eine Entschädigung zuerkannte. Von den Staaten Parma und Piacenza war nur flüchtig die Rede gewesen, hierauf hat die französische Regierung das Gebiet von Siena in Antrag gebracht, und zwar in dem Augenblicke selbst, als die Vereinigung Piemonts mit Frankreich auch von dem Wiener Hofe anerkannt worden war. Im März 1803 schlug er eine andere und leichtere Uebereinkunft vor (denn die Abtretung von Siena hätte eine vorläufige Unterhandlung mit Spanien nothwendig gemacht), und dies war die Republik Lucca, das Fürstenthum Massa-Carrara und zwei zu letzterem gehörende, und auf dem Gebiete der italienischen Republik gelegene Balleien, im Ganzen eine Bevölkerung von 50,000 Seelen mehr, als Siena enthalten hätte. So war der Staat auch in sich gerundeter, seine innere Einrichtung mehr vorbereitet und der Grund und Boden besser. Es war Frankreichs Wunsch gewesen, daß dieser Antrag Eingang gefunden hätte. Eine Schwierigkeit weniger hätte dann zwischen beiden Mächten obgewaltet. Wenn sich diese Auseinandersetzung damals nicht schon endigte, so war der Fehler nicht in dem ersten Consul zu suchen, und doch werden wir späterhin Rußland gerade hierauf die schwersten Anklagepuncte stützen sehen.

Obwohl die Unterhandlungen, welche seit dem Bruche des Seefriedens von Rußlands Seite ununterbrochen fortdauerten, kein Endergebniß hervorgebracht hatten, so liegt doch viel daran, daß Europa den Gang derselben kenne, damit es zu urtheilen im Stande sey, welche von den kriegführenden Parteien den Frieden gewünscht, und welche ihn verschmäht habe. Bei Anführung der erstern Mittheilungen zwischen den Cabinetten von Frankreich und Rußland haben wir zu zeigen Gelegenheit gehabt, daß der erste Consul bereitwillig gewesen sey, sich der Bestimmung des Kaisers Alexander zu unterwerfen. Ueber diese Aeußerung des Vertrauens war man nur mittelmäßig zufrieden. „Statt der Rolle eines Vermittlers durchzuführen," schrieb der Reichskanzler an Herrn von Markof, „kann er nicht die eines Schiedsrichters annehmen. Uebrigens würde die vorläufige Bedingung des ersten Consuls — nämlich die unmittelbare Einstellung aller Feindseligkeiten — von der englischen Regierung, welche im Gegentheile wünscht, daß die Operationen weder gestört noch unterbrochen werden, nicht angenommen worden seyn. Der Kaiser muß daher abwarten, daß diese beiden Regierungen sich selbst ihre gegenseitigen Gesinnungen und Vorschläge eröffnen."

In dem Augenblicke, als der Graf Woronzow dem russischen Gesandten zu Paris diese Verhaltungsmaaßregeln ertheilte, machte der erste Consul durch ein Schreiben vom 18ten Junius zu Petersburg bekannt, auf welchem Wege er glaube, daß man die beiden Regierungen von England und Frankreich einander näher bringen könne. Russische Truppen sollten so lange, als es für nothwendig erachtet würde, auf Malta bleiben. Was die Insel Lampedosa betreffe, sey Frankreich keinesweges dagegen, daß England sich dieselbe zueigne. Die Schweiz und Holland sollten von französischen Truppen geräumt werden. Da die Angelegenheiten des Königs von Sardinien genau nach einem von dem Cabinette zu Petersburg ertheilten Vorschlage regulirt worden wären, so sollte England diese Italien betreffenden Anordnungen genehmigen. Der erste Consul glaubte, daß diese Andeutungen „die Grundlage einer guten Geschäftsschlichtung" abgeben dürften.

Dieselbe Mittheilung war auch dem Grafen Markof in Paris gemacht worden, und dieser hatte sie unter dem 11ten Junius dem Botschafter Simon von Woronzow in London zugesendet. Die Bestimmungslinien schienen der englischen Regierung zu enge gezogen zu seyn. Laut eines Briefes des Lords Hawkesbury vom 27sten Junius, sollte sich die Unterhandlung, welche unter dem Schutze Sr. kaiserlichen Majestät stattfinden könnte, nicht auf einen einzigen Gegenstand beschränken, sie sollte im Gegentheile „alle streitigen Puncte, welche zu dem Kriege zwischen Frankreich und England Veranlassung gegeben hatten, umfassen."

Obgleich die französische Regierung behauptete, daß zwischen den beiden Ländern nur ein einziger Punct des Zwistes obwalte, hatte Herr von Markof, von dem ersten Consul dazu beauftragt, dem Grafen Simon von Woronzow den Wink gegeben, daß, wenn man sich zu London bei der Unterhandlung mit der Frage der allgemeinen Sicherheit und Unabhängigkeit Europa's beschäftige, „der erste Consul zu Allem bereitwillig sey, was in dieser Hinsicht geschlossen würde, vorausgesetzt, daß der Zustand der Territorial-Verhältnisse Frankreichs, so wie er vor dem Kriege stattgefunden habe, in allen Hauptpuncten aufrecht erhalten werde."

Herr von Markof fügte noch hinzu, er habe sogar diese Ausdrücke noch gemildert; denn der erste Consul habe in seiner Liebe für den Frieden versichert, daß er von seiner Seite nicht nur Alles zur Erleichterung der fraglichen Uebereinkunft beitragen, sondern sogar, wenn es die großen Mächte wünschen sollten, alle möglichen billigen Opfer darbringen wolle.

Bis jetzt hat der erste Consul immer gehofft, daß die russische Vermittelung über alle die verschiedenen Puncte sich erstrecke, welche in dem von Lord Withworth überreichten Ultimatum enthalten wären. So versteht man es aber nicht mehr in London; das britische Ministerium glaubt nicht, daß die Grundzüge in seinem Ultimatum, welche zwar hinreichend wären, um den Krieg zu verhindern, dies auch jetzt noch seyen, um einen festen und dauerhaften Frieden zurückzuführen. „Da man das Ultimatum nicht angenommen habe, als es sich darum handelte, den Bruch zu verhindern," sagt Lord Hawkesbury in einer Note vom 15ten Juli, „kann es Se. großbritannische Majestät nicht mehr als die Grundlage einer Unterhandlung ansehen."

Es ist natürlich, daß die französische Regierung über eine solche neue Anmaßung sich beschwert. Wie ist es aber möglich, daß England sein eigenes Ultimatum nicht mehr gültig genug findet, da es doch als der erste Anfangspunct der Unterhandlung betrachtet worden war? Heißt das nicht das Schiedsrichteramt Rußlands über die Angelegenheiten der Schweiz, Hollands, des Königs von Sardinien und eines großen Theiles der italienischen Staaten in Anspruch nehmen? „Welches sind denn die übrigen Gegenstände, welche man in Frage ziehen will," lautet ein Brief der französischen Regierung vom 23sten Juli an ihren Botschafter in Rußland. „Handelt es sich vielleicht zufälliger Weise um Belgien und um das linke Rheinufer?"

Zu der Hauptfrage, welche den Grundtext zu diesen Noten und den nach und nach daraus folgenden Briefen bildete — der Wiederversöhnung Englands mit Frankreich — kamen noch einige Nebenumstände, welche die Unterhandlung mit Bitterkeiten erfüllten, und deshalb natürlicher Weise einem günstigen Erfolge entgegenwirken mußten. Rußlands Stimme gegen die Besitznahme von Hannover und Neapel war nicht verhallt, sondern tönte immer mahnend wieder. Diese von Frankreich stets mit Klugheit abgelehnten, vom Herrn von Markof aber stets wieder erneuerten Fragen, wurden endlich der Zankapfel eines directen Streites zwischen den beiden Cabinetten. Alle die kleinen Staaten des Nordens von Teutschland warfen sich in Rußlands Arme, und dieser Hof schien sich geschmeichelt zu fühlen, daß sein alleiniges Dazwischentreten ihre Neutralität sichere. Die Wiederholung dieser Klagen ermüdete endlich den ersten Consul, dessen Gefälligkeit nicht so weit ging, sich einer so wichtigen Stellung zu entschlagen.

Weit entfernt, in diesem Puncte nachzugeben, hatte er durch seine Truppen Curhafen in dem Gebiete von Ritzebüttel besetzen lassen. Sogleich erhoben sich neue Bitten aus dem Cabinette von St. Petersburg. Man verlangt von dem ersten Consul eine förmliche Verpflichtung, die Unabhängigkeit der Hansestädte, und des Handels auf der Weser und Elbe aufrecht halten zu wollen. Dieser Schritt von Seiten Rußlands wird durch den preußischen Gesandten in Paris auf alle mögliche Weise unterstützt. Die französische Regierung giebt zur Antwort, daß der Handel auf der Elbe und Weser ja an und für sich frei wäre, daß diese Flüsse allen neutralen Schiffen offen ständen, daß die Neutralität der Hansestädte noch nicht den geringsten Angriff erhalten habe, und daß die französischen Truppen noch um keinen Fingerbreit das Gebiet des Königs von England überschritten hätten. Wenn sie gleichwohl Curhafen besetzt hätten, so sey dies nur aus der Ursache geschehen, weil dieser Stapelplatz von jeher als englisches Gebiet betrachtet worden wäre, indem die Engländer daselbst das Herrscheramt ausgeübt, und selbst Se. Majestät der König von Preußen, bei Gelegenheit der Besetzung Hannovers durch seine Truppen, diesen Platz als gleichsam mit dem Churfürstenthum innig verbunden, ja sogar von ihm abhängig betrachtet und deshalb ebenfalls in Beschlag genommen habe.

In Bezug auf die neapolitanische Angelegenheit steht der erste Consul keinen Augenblick an, sich über die Grund-

10*

sätze zu erklären, die ihn bei seinem Benehmen geleitet haben. Frankreich würde aufhören, ein Seestaat zu seyn, wenn es den Engländern, welche ohnehin schon den ganzen Handel nach Ostindien und Amerika an sich gerissen haben, durch die Beibehaltung Malta's gelänge, Frankreichs Schiffe von der Levante abzuhalten und aus dem mittelländischen Meere zu vertreiben. „Der erste Consul mache sich überdies anheischig, die durch seine Truppen in dem Königreiche Neapel genommenen Stellungen augenblicklich zu verlassen, sobald die Engländer Malta geräumt hätten."

Diese anscheinend stets freundschaftlichen Berührungen hatten nach und nach von der einen sowohl als von der andern Seite eine immer größere Steifheit angenommen. Graf von Woronzow war sogar in seinen Beileidsbezeugungen über das Unglück des Krieges so weit gegangen, zu erklären, daß, wenn er länger dauern sollte, eine der schlimmsten Folgen die seyn würde, „daß Rußland sich genöthigt sähe, daran Theil zu nehmen." Das aus diesem Grunde immer steigende Mißverhältniß Frankreichs ist daher nur als eine durch den russischen Botschafter herausgeforderte Gegenwirkung zu betrachten. „Unsere letzte Antwort ist bestimmt und fest[1])," sagte das französische Ministerium, „denn man will absichtlich dem Herrn von Markof merken lassen, daß man unzufrieden ist. Herr von Markof sollte zu Paris ein wenig französisch seyn, so wie Graf Simon Woronzow zu London etwas englisch ist." Dies zu hoffen, wäre ebensogut ein Trugbild als ein Hirngespinnst gewesen, und dies wußte man recht gut. Auch machte der erste Consul mit diesem Botschafter wenig Umstände. Am 6ten Juni ließ er bei einer Versammlung in den Tuilerien einige Worte fallen, über deren Ton und Inhalt Herr von Markof gerechte Ursache gehabt hätte, sich zu beklagen, wenn er deren Erinnerung während einer eine halbe Stunde langen Unterhaltung voller Anmuth, nicht zu verwischen gewußt hätte; allein die Unverträglichkeit war nicht mehr zu überwinden, sie mußte daher mit einem plötzlichen Ausbruche endigen. Die Gelegenheit war nicht mehr fern. Man war geneigt, zu glauben, daß

1) Brief an den General Hedouville vom 18ten Julius.

der erste Consul Alles vorausgesehen habe, und deswegen auch dem Bruche vorzuarbeiten bemüht war; denn er schrieb unter dem 29sten Juli an den Kaiser Alexander, um ihn zu bitten, den Herrn von Markof von seinem Posten zurückzurufen. Der General Hedouville mußte dieses Schreiben dem Kaiser überreichen, ohne dem Kanzler etwas davon wissen zu lassen.

In der That waren aber die dem Herrn von Markof gemachten Vorwürfe nicht ungegründet. Dieser Botschafter beging in der Gesellschaft solche Unbesonnenheiten, wie sie von einem in dem diplomatischen Geschäftskreise alt gewordenen Agenten unerklärlich wären, wenn die Leidenschaft nicht sehr oft die Klugheit selbst bei Männern schweigen machte, denen sie als erste Pflicht erscheinen muß. Uebrigens hat er, durch das zuvorkommende Benehmen des Kaisers Alexander gegen den ersten Consul wenig erfreut, selbst nicht einmal seine eigne Regierung geschont. „Der Kaiser hat zwar seinen Willen," sagte er, „allein die russische Nation hat auch den ihrigen." Einer seiner Secretaire, Herr Laykof, ahmte der Kühnheit seiner Sprache nicht nur nach, sondern überbot sie sogar in der Kraft des Ausdrucks.

Schon früher war Lord Withworth mit Joseph Bonaparte darin übereingekommen, daß Herr von Markof zwischen Frankreich und England eine gehässige Rolle gespielt habe, und der erste Consul hat Sorge getragen, daß es diesem Letzteren nicht verborgen bliebe, was man von ihm dachte und sprach. Das Benehmen des Herrn von Markof hat ohne Widerspruch genug beleidigende Umstände herbeigeführt, um die französische Regierung, wie sie es nachher auch gethan hat, zu bewegen, daß sie dem Cabinette von St. Petersburg die Eröffnung machte: „Wenn man auch diesen Abgesandten während des Friedens geduldet habe, so schlösse doch die Gegenwart eines so übelgesinnten Mannes während der Kriegszeit, mehr als ein gewisses „Unangenehmseyn" für den ersten Consul in sich.

Bis hierher ist das vollste Recht auf der Seite der französischen Regierung, allein das Benehmen des ersten Consuls bleibt nicht ganz frei von Tadel; er kann sich nicht bis zu der Ankunft einer Antwort von Seiten des Kaisers Alexander in Geduld mäßigen; ein unerwartetes Ereigniß wird die Ursache einer neuen und weit ernsteren Rüge, zu welcher er sich gegen Herrn von Markof veranlaßt glaubt.

Seit einiger Zeit hat der erste Consul sein Mißfallen darüber zu erkennen gegeben, daß Rußland mit wahrem Vorbedacht französische Auswanderer zu geheimen Anschlägen gegen ihn anzuwenden, sich nicht entblöde, wie den Herrn von Vernegues zu Rom und Herrn von Antraigues zu Dresden. Bei Entdeckung einer dieser Meutereien, welche nur das Vorspiel zu größern Unternehmungen war, fand man einen gewissen Christin, ehemaligen Secretair des Herrn von Calonne, gegenwärtig aber bei der russischen Gesandtschaft in Frankreich angestellt, in den Anschlag mit verwickelt. Er wurde festgenommen. Herr von Markof befand sich damals in den Bädern von Bareges, wohin er der französischen Regierung gleichsam zum Trotze gegangen war, indem diese bei der Thätigkeit seiner nach Petersburg gesendeten Berichte, die Anwesenheit dieses Gesandten in Paris für nothwendiger haltend, ihm den gewünschten Paß zu dieser Reise nur auf wiederholtes Ansuchen ausgefertigt hatte. Von Bareges aus verwendete sich Herr von Markof angelegentlich für die Freilassung Christin's, als zum Dienste der russischen Gesandtschaft gehörend, welcher Umstand ihm ein Recht auf seinen Schutz gewähre.

In dieser Zwischenzeit war der Brief des ersten Consuls an den Kaiser, worin er um Zurückrufung des Herrn von Markof bat, in St. Petersburg angekommen. Der Kanzler gab über diesen Schritt der französischen Regierung seine große Unzufriedenheit zu erkennen. Er glaubt, es sey unter der Würde seines Herrn, mit zu großer Bereitwilligkeit diesem Wunsche zu entsprechen. Die Antwort wurde daher bis zum Monate November aufgeschoben. Als Herr von Markof wiederum in Paris eingetroffen war, fragte ihn der erste Consul bei einer öffentlichen Audienz, warum sein Cabinet den Herrn von Antraigues zu Dresden beschütze, welcher Schmähschriften gegen Frankreich und dessen Regierung herausgebe? Hierauf sprach er von Christin, von dem Herr von Markof behauptete, er sey ein Schweizer und kein Franzose. Diese sehr lebhafte

Unterredung schloß der erste Consul mit den Worten: „Wir sind noch nicht so sehr in weibischer Verlegenheit, um ein solches Betragen [1]) geduldig hinzunehmen, und ich werde nicht aufhören, alle diejenigen, welche gegen die Wohlfahrt Frankreichs handeln, in gefängliche Haft zu setzen."

In Folge dieses Auftrittes schrieb Herr von Markof [2]) an das französische Ministerium, daß er den Hof nicht wieder besuchen werde, bevor er von seiner Regierung eine Antwort erhalten hätte. Man machte ihm hierauf die Eröffnung, daß man nur abwarte, was Sr. kaiserlichen Majestät gefallen werde, über ihren Botschafter in Frankreich zu verfügen. Herr von Markof wurde zurückberufen, allein der Kaiser Alexander äußerte dem Herrn von Hedouville sein Befremden, daß der erste Consul seinen bevollmächtigten Minister, bei einer öffentlichen Audienz, mit solcher Lebhaftigkeit habe behandeln können. Nichts desto weniger erkannte er das Unrecht seines Gesandten und fällte über ihn kein so günstiges Urtheil, wie der Reichskanzler, Graf Woronzow.

Bis zu dem Tage seiner Abreise bezeichnete Herr von Markof seine Gegenwart zu Paris unausgesetzt durch unziemende Handlungen, welche dem Verhältnisse der beiden Mächte zu einander nur schädlich seyn konnten. Er nahm auf seiner Rückreise nach Rußland den Weg über Wien nicht ohne den Plan, das östreichische Ministerium von dem Geiste, der ihn beseelte, in Kenntniß zu setzen. Eines Tages wird sich dieser Geist noch mehr kund geben; bis jetzt ist der Zeitpunct noch nicht gekommen. Das zu rasche Werkzeug des Hasses, der ganz anderswo Verderben brütete, wurde Herr von Markof durch eine unzeitige Heftigkeit gestürzt.

Seit diesem Augenblicke ist er nie wieder in die russische Diplomatie, welche in ihm einen ihrer Tonangeber erblickt hatte, eingetreten. Es lag in dem Schicksale des General Bonaparte, als Consul und als Kaiser, mächtig auf das Wohl und Wehe der politischen Geschäftsführer fremder Mächte ein-

1) Herr von Markof hat in dem an seinen Hof erstatteten Berichte nach den Worten: „ein solches Betragen", den Ausdruck „von Seiten Rußlands" hinzugefügt.

2) In einer Note vom 26sten September.

zuwirken, indem er sowohl den für Frankreich günstigen Ehrgeiz unterstützte, als den feindlich gesinnten unterdrückte. Der Fürst, welcher einen seiner Abgeordneten, auf Verlangen eines fremden Herrschers, zurückruft, fühlt sich, wie sehr er dessen ungeschicktes Benehmen auch tadle, durch eine solche Maaßregel stets verletzt, wenn er auch die Gerechtigkeit derselben einsieht. Man ersetzte die Stelle des Herrn von Markof durch keinen Agenten von hohem Rang und Titel; der Secretair der russischen Gesandtschaft in Frankreich, Herr von Dubril, blieb als Geschäftsträger in Paris.

Während ein Markof, ein Simon Woronzow, ein Razoumoffski u. A. den Kaiser Alexander nach dem englischen Systeme hintreiben, ermüdet ihn sein Minister zu Berlin, Herr von Alopeus, in seiner Gesinnung ganz preußisch, mit Aufhetzungen über den Einfall der Franzosen in Hannover, was bei der gegenwärtigen Lage der Dinge zu dem nämlichen Ergebnisse führen mußte. Auf diese Weise haben alle russischen Gesandtschaften sich unter einander verschworen, obwohl auf verschiedenem Wege und nach verschiedenen Grundsätzen, ihren Herrscher gegen die französische Regierung aufzureizen.

Nun mußte eine Vermittelung ihr Ende erreichen, welche von russischer Seite den Grundsatz der Unparteilichkeit nicht mehr aufrecht erhalten konnte, indem der Reichskanzler, Graf Woronzow ganz und gar von dem Einflusse seiner Correspondenten in Paris und London beherrscht war. Um sich dafür zu rächen, hat der erste Consul aufgehört, so zuvorkommend seine Gefälligkeiten geltend zu machen. Man antwortete sogar dem Cabinette von Petersburg auf die Bitte, seine Agenten mit Geschäftsanträgen in Beziehung auf die Republik der sieben Inseln zu versehen: „dies hieße unverhohlen anerkennen, daß dieser Staat der russischen Herrschaft unterworfen sey.“ [1]) In Frankreich wenigstens kann die Regierung niemals zugeben, daß die Angelegenheit der jonischen Republik durch Jemand anders als durch die Franzosen geleitet werde, wenn nicht Männer aus dem Lande selbst sich an die Spitze stellen. Einige Monate früher wäre die Antwort ohne Zweifel ganz

1) Brief an den General Hedouville vom 4ten December.

anders ausgefallen. Wenn zu Ende des Jahres 1803 der Anfang der Kälte, welche zwischen Paris und Petersburg immer bemerkbarer wurde, noch keine Feindschaft genannt werden konnte, so ging doch daraus deutlich hervor, daß das Band der innigen Freundschaft, welche früher zwischen den beiden Cabinetten geherrscht hatte, jetzt weit lockerer geknüpft war.

Seitdem der erste Consul zur höchsten Macht gelangt war, und vorzüglich seit dem Frieden von Amiens, hatte er, so wie später auch als Kaiser Napoleon, um alle Maaßregeln, welche ein Seekrieg erforderte, ungestört ergreifen zu können, nur einen Gedanken, und dies war: ein Verhältniß aufzufinden, welches ihm die freie Ausübung aller seiner Kräfte gegen England gestattete, und ihm zu gleicher Zeit die Aufrechthaltung des Friedens auf dem Festlande sicherte.

Vielleicht wird man ihm vorwerfen, diesen Frieden nur dadurch begründen zu können geglaubt zu haben, daß er sich zum Beherrscher des Festlandes aufwerfe; allein würde er diesen Zweck durch mehr Schonung und Zurückhaltung erreicht haben? Im Jahre 1806 hat er stets nur ein Bündniß mit Preußen vor Augen gehabt. Schon Tags darauf, nach dem wichtigen 18ten Brumaire, hat er den Obersten Düroc nach Berlin gesandt; und hier hat dieser zehnmal einen Vorschlag wiederholt, den man zwar anzunehmen geneigt war, ihm aber beizutreten sich nicht getraute. Von dem Jahre 1802 bis in die Mitte des Jahres 1803 hat der erste Consul von einer dreifachen Verbindung zwischen Preußen, Frankreich und Rußland geträumt, und in dieser Absicht seinem Gesandten zu Petersburg, dem General Hedouville, die nöthige Erlaubniß und Vorschriften ertheilt. Bald aber hat ihn dieses Traumbild verlassen; er hat einsehen gelernt, daß zu Petersburg und Wien der englische Einfluß noch lange Zeit stärker seyn werde, als der seinige, und daß er in diesen beiden Cabinetten zwei mehr oder weniger zu einem einstweiligen Frieden geneigte, aber stets drohende und bei der ersten Gelegenheit schlagfertige Feinde zu erblicken habe. Sein Plan, in Bezug auf das Festland, lag daher in klaren Umrissen vor ihm, und bestand darin, es in zwei Zonen einzutheilen, von denen die eine durch Rußland und Oestreich, die andere durch Preußen und Frankreich besetzt werden sollte.

Wenn diese Theilung als das einzige Mittel zur Aufrechthaltung der Ruhe auf dem Festlande betrachtet werden kann, so ist sie auch für Preußen das einzige Mittel zum Heile und zur Rettung. Zwischen der französischen Regierung und den beiden andern großen Mächten mitten inne schweben wollen, heißt Gefahr laufen, allen zu schaden, ohne einer einzigen derselben zu genügen, von ihnen stark in die Enge getrieben zu werden, und endlich als Opfer ihrer Kämpfe unterzugehen. Nimmt man im Gegentheile eine offene und freie Verbindung Preußens mit der französischen Regierung an, so wird Oestreich genöthigt, sich ganz ruhig zu verhalten, und somit der Krieg in den Jahren 1805 — 1806 vermieden. Wenn Oestreich sich durch diese Verbindung der Cabinette von Paris und Berlin auch nicht halten ließe, so würde dennoch der Friede nicht lange Zeit getrübt seyn. Napoleon hat ihn, auf sich selbst zurückgeführt, durch einen Feldzug von drei Monaten wiederhergestellt. Von 200,000 Preußen unterstützt, hätte er dazu kaum drei Wochen gebraucht. Diese herrliche preußische Armee, welche wir in der Folge in einer einzigen Schlacht gegen die Franzosen vernichtet sehen, hätte, wäre sie mit den Franzosen vereinigt gewesen, ihre Kraft und ihren alten Ruhm erhalten; und wenn der Wunsch nach Vergrößerung das preußische Cabinet beseelte, so hätte ihm die Verbindung mit Frankreich die reichste Beute, gleichsam als Preis seiner Unterstützung in einem Kriegsfalle, zu Theil werden müssen. Die Einfachheit dieser Idee hat den ersten Consul lange Zeit und ernst beschäftigt, er hat Alles in Bewegung gesetzt, um dem Hof von Berlin dieselbe einleuchtend zu machen.

Bei der Theilung der Entschädigungen des deutschen Reiches hat er diesem Hofe ein bedeutendes Loos zu verschaffen gewußt, welches den Neid und die Eifersucht der übrigen Staaten, besonders Oestreichs, nach sich zog. Das Vernehmen des ersten Consuls mit dem Könige ist ein vollkommen friedliches. Ersterer ehrt in dem Letztern den Großneffen Friedrichs des Einzigen, und der König ehrt in dem ersten Consul den neuaufgelebten Friedrich. Bis zu dem Jahre

1803 hat das freundschaftlich innige Verhältniß von Tage zu Tage neuen Zuwachs gewonnen. Der Hof von Berlin war in gewisser Hinsicht französisch zu nennen.

In Berlin, so wie in Wien und Petersburg, haben die Gesellschaften der Hauptstadt einen großen Einfluß auf das Cabinet. In den drei ersten Jahren des Consulates genoß die französische Gesandtschaft eines eben so großen Ansehens in der ersten Gesellschaft, als wie am Hofe [1]) und in den Arbeitszimmern der Minister; aber gegen das Ende des Jahres 1803 hatte die östreichische, englische und russische Gesandtschaft ebenfalls große Fortschritte in der Gesellschaft gemacht, und bei Hofe sogar das Uebergewicht bekommen. Obwohl es dem neuen Gesandten, Herrn von La Forest, gelungen war, das Cabinet in derselben Stimmung zu erhalten, so wich der Hof dennoch allen ferneren Anträgen Frankreichs aus. Bald behielt die Königin und ihr glänzendes Gefolge nichts mehr von dem Franzosenthume, als den Geschmack und dessen Moden. Es gab nur zwei Meinungen, nur zwei Partien in Berlin: der Geist des Hofes und der Geist des Cabinettes. Das Cabinet selbst sah sich genöthigt, um den Hof zu schonen, wenn nicht sein System, doch seine Sprache zu ändern. Angeklagt, auf die französische Regierung zu viel Rücksicht zu nehmen, mußte es nun einen ganz andern, gesteigerten Ton annehmen, und sich empfindlich zeigen aus Furcht, in der Vertheidigung der preußischen National-Ehre saumselig zu erscheinen. Kleine Um-

1) Vorzüglich war dies dem General Beurnonville bei seiner Sendung nach dem 18ten Brümaire gelungen, welcher durch seinen edlen Anstand, seine Offenheit und durch das Ritterliche seines ganzen Wesens sich die Gunst aller Anführer der preußischen Armee zu erwerben wußte. Ebenso hatten die jungen Leute, welche der Gesandtschaft beigesellt waren, bei den Hoffesten, Bällen und andern Vergnügungen durch ihre ungezwungene edle Haltung, und durch die der Königin sowohl, als den jungen Frauen dargebrachten Huldigungen selbst in der königlichen Familie eine Aufnahme gefunden, welche für die französische Regierung nicht ohne Nutzen war. Diese Gesandtschaft wurde im Jahre 1803 durch Männer ersetzt, welchen Einsicht und Geschicklichkeit gewiß nicht abzusprechen war, denen aber weder der Vortheil einer längern Bekanntschaft mit dem Standorte ihrer Wirksamkeit, noch der einer schon errungenen Gunst zu statten kam.

stände, welche man einige Monate zuvor kaum der Beachtung werth gehalten hatte, wurden jetzt der Stoff mancher lebhaften und bittern Auseinandersetzung. Folgendes möge hier als Beispiel dienen.

Die Stände von Hannover hatten den Entschluß gefaßt, um den Unterthanen ihres Landes einen Theil der Lasten, welche die Unterhaltung der französischen Armee ihnen auferlegte, zu mildern, dem commandirenden General die Bitte um eine Anleihe vorzutragen, gegen welche sie die in dem Churfürstenthume gelegenen Domainen des Königs von England, mehr als 200 Millionen an Werth, als Hypothek einzusetzen Willens wären. Für die französische Armee konnte es gleichgültig seyn, aus welcher Quelle die ihr nöthigen Unterhaltungsmittel flössen; allein sie mußte doch derjenigen den Vorzug geben, welche für das Land mit den wenigsten Lasten verbunden war. Der Vorschlag der Stände wurde daher angenommen, und man wendete sich dem zu Folge für die Anleihe an die Stadt Hamburg und an den Churfürsten von Hessen-Cassel, den gewöhnlichen Wechsler bei Geldangelegenheiten in Teutschland. Sogleich erhoben sich von diesen Seiten Vorstellungen und Klagen; die Stadt Hamburg sowohl, als der Churfürst von Hessen, schienen zu glauben, dieser Wunsch sey ein Befehl, und reichten sogleich zu Berlin und Petersburg ihre Beschwerden ein. Das preußische Cabinet verfaßt in dieser Angelegenheit eine lange Auseinandersetzung, und der Marquis Lucchesini, dessen Gesandter in Frankreich, erhebt über die vorgeblichen Erpressungen ein lautes Geschrei. In Paris wurde nichts für gleichgültiger gehalten, als diese hannöverische Anleihe. Die französische Regierung bekümmerte sich wenig darum, ob das Churfürstenthum sich einige Millionen mehr oder weniger durch eine Anleihe, oder das Nöthige durch neue Auflagen erwerbe. Man überließ dem Lande selbst die Sorge, Alles herbeizuschaffen, und so war das lächerliche Ungewitter, welches sich auf einmal erhoben hatte, plötzlich beruhigt. Dessen ungeachtet werden wir diesen vorgeblichen Eingriff, welcher von Frankreichs Seite keinen anderen Zweck hatte, als Hannover die Lasten zu erleichtern, später noch in den Rechtfertigungs-Schriften Rußlands glänzen sehen.

Bei Gelegenheit der Anleihe und anderer durch die Anwesenheit der französischen Armee in Niedersachsen entstandenen Verlegenheiten sendete der König von Preußen einen Abgeordneten an den ersten Consul, der sein ganzes Vertrauen besaß. Der Geheimerath und Cabinetssecretair des Königs, Herr Lombard, wurde von dem ersten Consul in Brüssel zur Audienz gelassen [1]), wo sich zu gleicher Zeit eine Gesandtschaft der Stadt Hamburg befand. Der Gegenstand dieser Sendung war wichtig. Es betraf den Vorschlag einer Räumung Hannovers von den französischen Truppen und dessen Besetzung durch Preußen, welches dies Land bis zur Wiederherstellung des Friedens in Verwahrsam behalten sollte.

Diese Forderung schien kaum zulässig zu seyn, denn sie schloß nur für England einen erheblichen Nutzen in sich. Dagegen machte der erste Consul, sich frei und offen aussprechend, der preußischen Regierung einen Vorschlag, den sie entweder jetzt oder niemals annehmen konnte, nämlich: eine Verbindung mit Frankreich, welche durch die endliche Besitznahme Hannovers besiegelt werden sollte. In diesem Falle würden die französischen Truppen sich zurückgezogen und Preußen die Verpflichtung übernommen haben, während der ganzen Dauer des Krieges die Mächte des Nordens abzuhalten, daß sie dem Feinde Frankreichs auf dem Festlande keine Hülfe leisteten.

Diese Entschließung wäre das einzige Mittel gewesen, welches Europa die gewünschte Ruhe zu sichern vermocht hätte. Frankreich, welches wußte, wie viel dem preußischen Cabinette an der Erwerbung jenes Churfürstenthums lag, glaubte sich zu der Hoffnung berechtigt, daß der Vorschlag nicht abgelehnt werden würde; allein wenn sich auch das preußische Ministerium hätte entschließen können, in die Ansichten Frankreichs einzugehen, so behielt doch der König eine entgegengesetzte Meinung, und gab dem Einflusse nach, der ihn von allen Seiten drängte.

Die Verbindung dieses Fürsten mit dem Kaiser Alexander hielt ihn stets in einem zweifelhaften Zustande, welcher sich jeder freien thatkräftigen Entschließung widersetzte. Hin-

1) In den letzten Tagen des Julius.

gewiesen auf Frankreich durch eine wohlberechnete Politik, und zugleich angezogen von der persönlichen Zuneigung zu dem Kaiser Alexander, schien er geschworen zu haben, sich niemals weder mit Frankreich noch mit Rußland zu schlagen; eine der unglückseligsten Lagen, indem er eben dadurch genöthigt wird, sich wider seinen Willen sowohl mit der einen als mit der andern in Krieg zu verwickeln.

Wenn das preußische Cabinet zwar fürchtet, sich zu enge mit der französischen Regierung zu verbinden, so verhehlt es sich doch die Vortheile nicht, welche aus einer solchen Vereinigung entstehen würden, und es wünscht nichts so sehnlich, als dieses gegenseitige Anschließen so weit zu treiben, wie es immer, ohne ein förmliches Bündniß eingehen zu müssen, möglich wäre.

Im Monate November 1803 [1]) fragte Preußen bei dem ersten Consul an, ob er wohl geneigt wäre, seine Truppen aus dem Hannöverischen zurückzuziehen, wenn man ihm die Gewißheit verschaffte, während des ganzen Krieges von Teutschlands Seite nicht angegriffen werden.

Die Grundlage dieses Uebereinkommens sollte seyn, von Seiten Frankreichs: die Räumung des Landes Hannover und die Anerkennung der Neutralität des teutschen Gebietes; von Seiten Preußens die Gewährleistung für die vollkommenste Neutralität des teutschen Reiches, so daß Frankreich niemals, weder durch das Reich selbst, noch von einer andern durchmarschirenden Macht während der ganzen Dauer des gegenwärtigen Krieges angegriffen werden könne.

Diese Bedingungen genügten jedoch der französischen Regierung nicht. Vorerst erklärte sie sich nur in dem Falle bereitwillig, Hannover zu verlassen, wenn sie dafür hinlänglich entschädigt würde; allein, auch diese Forderung bei Seite gesetzt, war der Hauptzweck des ersten Consuls, den Frieden des Continents zu begründen, nicht erreicht, die Gewährleistung, welche Preußen in Vorschlag brachte, deckte Frankreich nicht hinlänglich, denn Rußland und Oestreich konnten es sowohl von der Seite der Schweiz, als der von Italien angrei-

1) Note des Marquis Lucchesini vom 25sten November.

sen. In diesem Falle wäre die Neutralität des teutschen Reiches, statt ihm zu nützen, ein großer Nachtheil für Frankreich. Oestreichs Verwundbarkeit ist am größten in der Gegend des Inn. Die von Preußen besprochene Neutralität würde daher nur für die östreichische Regierung von Nutzen seyn.

Preußen, welches sich nicht getraute, eine wirkliche und öffentliche Abtretung Hannovers anzunehmen, hatte gewünscht, sich in's Geheim dessen fernerweiten Besitz zu sichern. In den neuen dem Marquis von Lucchesini übersendeten Verhaltungsbefehlen [1]) hat das Berliner Cabinet durch einen geheimen Artikel, welcher ungefähr, wie folgt, abgefaßt werden sollte, darauf hingearbeitet: „Ohne etwas Bestimmtes über das Schicksal des Churfürstenthums Hannover auszusprechen, welches jetzt hauptsächlich von dem Ausgange des Seekrieges und den allgemeinen Kriegsunterhandlungen abhängen wird, macht sich der erste Consul in Betracht auf die geographische Lage Preußens, dem die Verabredungen in dieser Hinsicht wichtiger als jedem andern Staate seyn müssen, anheischig, in allen Unterredungen, welche das Schicksal dieses Landes herbeiführen werden, hauptsächlich auf das Interesse Sr. preußischen Majestät Rücksicht zu nehmen."

Diese Anführung giebt uns einen Maaßstab für die preußische Politik. Da sie sich nicht getraut, anders als mit halben Dienstleistungen aufzutreten, so muß sie sich auch mit einem bloßen Versprechen begnügen, in der Hoffnung, dasjenige, was man ihr heute anbietet, mit der Zeit wenigstens erhalten zu können. In dieser ganzen Unterhandlung (wobei man bittet, sich an die oben gemachte Bemerkung zu erinnern), hat der Geist des Hofes den Beschlüssen des Cabinettes stets zuwidergehandelt. Der Graf von Haugwitz, der Oberst von Köckritz, Adjutant des Königs, der Geheimerath und königliche Privatsecretair Lombard, der Feldmarschall Möllendorf und alle Männer, welche das wahre Interesse des Staates vor Augen haben, wünschen die Verbindung, allein der Geist des Hofes ist gegen ihre Meinung. Dieser Geist, von feindlichem

1) Vom 17ten December 1803.

Einflusse geleitet, ist ein Bundesgenosse Oestreichs, Englands und Rußlands geworden, und hat für diesen Augenblick das Uebergewicht über die berechnende Klugheit und die besonnene Umsicht der Staatsmänner davon getragen. Der König beharrt auf der Ausweichung des Bündnisses. Die französische Regierung verwirft von ihrer Seite mit Recht jedes Uebereinkommen, wobei der Name „Bund" nicht bestimmt ausgesprochen ist. Die umschreibenden Ausdrücke, welche man an die Stelle dieses Wortes setzt, entsprechen den Wünschen des ersten Consuls keinesweges. Nach seiner Meinung giebt es nur ein Wort, welches den fremden Mächten Ehrfurcht einzuflößen im Stande wäre, und dies heißt — Bündniß. Was würden dem ersten Consul alle seine Opfer nützen, wenn es ihm nicht gelänge, Oestreich und Rußland zu fesseln? Die Unterhandlung wurde, ohne beendigt zu seyn, immer schwächer und schwächer, und zog sich bis in die ersten Monate des Jahres 1804 hinaus. Die Lage Frankreichs und Oestreichs, nach dem Bruche des Friedens von Amiens, ist uns schon aus dem Vorhergehenden bekannt. In dem Verlaufe des Jahres erlitt diese Lage keine wesentliche Veränderung. Zwischen den Cabinetten von Paris und Wien hat niemals der Wunsch einer engern Verbindung, wie zwischen Frankreich und Preußen, bestanden, und sich eben so wenig eine Kälte gezeigt, wie zwischen Rußland und Frankreich. Die große Frage über die Entschädigung des teutschen Reichs hatte im Jahre 1802 und selbst noch zu Anfang des Jahres 1803 die beiden Cabinette einander gegenüber gestellt. Als diese Auseinandersetzung beendet war, glaubten beide sich einer schmerzlich vermißten Ruhe hingeben zu können.

In der That, die östreichische Regierung war nicht lange Zeit unthätig geblieben; sie hatte zu Regensburg gewisse Anforderungen gemacht, denen sie ohne Zweifel entsagt haben würde, hätte der Friede fortgedauert. Allein Frankreich hat absichtlich jede Ursache des Zankes vermieden. Da die Verhältnisse des teutschen Reiches, welche den Stoff zu einer langen Auseinandersetzung zwischen den beiden Mächten abgegeben haben, ihre hauptsächliche Entwickelung erst im Jahre 1804 erreicht hatten, so wollen wir deren nähere Beleuchtung bis dahin verschieben. Für gegenwärtigen Augenblick hat die französische Regierung von Oestreich nichts zu fürchten, allein die Ursache liegt weniger in der Gesinnung als in dem Umstande, daß es noch nicht wieder bewaffnet ist. Das einzige Unterpfand der Ruhe, welches der Wiener Hof zu geben vermag, ist seine Schwäche. Jeder Monat, ja sogar jeder Tag äußert seinen Einfluß auf denselben. In eben dem Maaße, als seine Kräfte wachsen werden, muß sich das französische Vertrauen mindern.

Oestreich hat seine größten Schwächen, Wunden möchte man es nennen, in seinen Finanzen. Bei der Unmöglichkeit, alle seine Verluste durch die Abgaben allein zu decken, sahe es sich genöthigt, zu der Vervielfältigung des Papiergeldes seine Zuflucht zu nehmen. Man schätzt die Masse der im Umlauf stehenden Papierscheine auf 350 Millionen Gulden. In dieser Hinsicht würde bei gegenwärtigem Verhältnisse der beiden Länder nichts von einem größern Vortheile für Frankreich seyn, als was den östreichischen Finanzen Schaden zufügte. Ein solches Mittel wird dem ersten Consul angetragen. Das Verbrechen, es ausfindig gemacht zu haben, würde nicht auf ihn zunächst zurückfallen. Er braucht nur die Augen zuzuschließen, und geschehen lassen. Bei dieser Gelegenheit giebt er einen Beweis von rechtlicher Gesinnung, welcher zwar nichts Außerordentliches in sich schließt, der aber wegen des entgegenhandelnden Benehmens einiger Regierungen, der historischen Aufbewahrung werth geworden ist. Wie oft z. B. hat nicht England, um die Geldmittel einer nebenbuhlerischen Nation zu schwächen, die Verfertigung falscher Scheine oder eines Geldes von geringerem Gehalte nicht nur gebilligt, sondern auch sogar unterstützt? Der Kaiser Napoleon sieht sich vielleicht eines Tages in die Versuchung gebracht, England in diesem Punkte nachzuahmen, der erste Consul aber ist frei von einem ähnlichen Vorwurfe.

Als man zu Straßburg eine geheime Falschmünzerwerkstätte, wo östreichische Banknoten verfälscht wurden, entdeckt hatte, ließ er das Cabinet von Wien sogleich davon in Kenntniß setzen, und gab ihm so die Gelegenheit an die Hand, einem verbrecherischen Beginnen zu steuern, durch welches eben sowohl die Finanzen des Staates, als der Wohlstand des Einzelnen gefährdet waren. Das östreichische Cabinet zeigte sich voll Bewunderung und Dankbarkeit für die Großmuth des ersten Consuls. Würde es aber auch im entgegengesetzten Falle, bei einer ähnlichen Gelegenheit sich eben so gegen Frankreich benommen haben? Diese edle Denk- und Handlungsweise des ersten Consuls berechtigt uns, zu glauben, daß er keinen innigern Wunsch gehabt habe, als mit den fremden Staaten stets in den Gränzen des Völkerrechtes zu bleiben, wenn man ihn nicht gezwungen hätte, zu der gesetzlichen Vertheidigung bei einem Wiedervergeltungsfalle seine Zuflucht zu nehmen.

Während der erste Consul, voll Rücksicht für Rußland und Oestreich, in den Verkehrungen dieser beiden Mächte die Bedrohung einer ferneren oder nahen Gefahr erblickt, während er in Preußen einen neuen Bundesgenossen für sich zu gewinnen sucht, führt er Frankreich einen alten Bundesgenossen wieder zu, den eine neuerdings ihm erwiesene Wohlthat nur um so mehr verpflichtet hatte. Die heilsame Vermittlung, welche der schweizerischen Nation ein neues Daseyn geschaffen hatte, welche, nach Zurückberufung der französischen Truppen, ihr die volle Unabhängigkeit wiederhergestellt hatte, mußte dem Verhältnisse beider Staaten zu einander eine bessere Gestaltung geben. Eifersüchtig, die Wünsche und das allgemeine Beste der Schweiz und Frankreichs Interesse auf das Innigste zu verknüpfen, hat er die Verhältnisse der beiden Völker zu einander wieder so ziemlich auf den nämlichen Fuß, auf dem sie vor der Revolution waren, zurückzuführen gewußt. Ein Schutz- und Trutz-Bündniß wurde daher auf den Grundlagen desjenigen vom Jahre 1777 abgeschlossen [1]).

Frankreich verbürgte der Schweiz völlige Unabhängigkeit und Sicherheit. Man versichert, keine Dienstleistungen und keine Mittel zu scheuen, um ihr nicht nur völlige Neutralität, sondern auch die Nutznießung aller Vorrechte gegen andere Staaten zu sichern. Die Schweiz verspricht dagegen im Falle

1) Am 27sten September.

außerordentlicher Ereignisse mit einem Unterstützungscorps von wenigstens 8000 Mann Frankreich zu Hülfe zu kommen.

Die Capitulation, welche einen besondern Artikel des Bundes ausmachte, bestimmte, daß die französische Republik 16,000 Mann Schweizer-Truppen, in vier Regimenter, jedes zu 4000 Mann vertheilt, in ihrem Dienste unterhalten sollte. Die übrigen Bedingungen waren ungefähr die nämlichen, wie zu den Zeiten des Königthums. Diese Truppen durften weder nach Ost-, noch nach West-Indien geschickt werden, und die Tagsatzung durfte sie in Zeiten drohender Gefahr zur Vertheidigung der Heimath zurückrufen.

Der Wunsch, mit Frankreich dieses alte Bündniß zu erneuern, war von den Schweizer Cantonen selbst ausgegangen. Obschon ihre Regimenter unter der neuen Regierung Frankreichs sich nicht mehr ganz der so hohen Auszeichnung und der großen Vortheile wie ehemals zu erfreuen hatten, so glänzte doch die jetzige französische Armee in so hellem Lichtglanze des Ruhmes und der kriegerischen Ehre, daß die Schweizer stolz darauf waren, mit ihr auf gleichen Fuß gestellt, in gleiche Rechte eintreten zu können. In Frankreich sah man mit wahrer Freude die National-Armee durch so tapfere Bundesgenossen verstärkt. Warum hat sich seit dem Jahre 1815 ein verschiedenartiges Gefühl gezeigt? Die Ursache mag darin liegen, daß im Jahre 1803 die Schweizer keine vorgezogenen Truppen waren, welche in der Achtung und im Solde über den einheimischen Truppen standen, weil damals Niemand sich getraut hätte, zu behaupten, die Schweizer seyen mehr französisch gesinnt, als die Franzosen.

11*

Drei und dreißigstes Capitel.

Innere Verhältnisse.

Frankreichs Finanzen. — Neue Gesetze der französischen Bank. — Budget vom Jahre 1803. — Englands Finanzen. — Wirkungen des Krieges für England sowohl als für Frankreich. — Strenge des ersten Consuls in Bezug auf das Finanzwesen. — Handel und Gewerbfleiß. — Gesetzgebung. — Verwaltung. — Errichtung von Unteranstalten für das Invalidenhaus. — Lager der Veteranen. — Französisches Prytaneum. — Die Feldrichter im Staatsrathe. — Schule von Compiegne. — Neue Einrichtung dieser Anstalt. — Achtung für den geistlichen Stand. — Uebersicht der Lage der Republik. — Oeffentliche Arbeiten. — Preisvertheilungen. — Wiedereinführung des Festes der Jungfrau von Orleans (Jeanne d'Arc). — Glücklicher Takt des ersten Consuls in der Wahl seiner Untergebenen. — Begründung der Senatorswürden. — Feststellung der Eröffnungsfeierlichkeit für den gesetzgebenden Körper. — Anzeigen einer nahen Veränderung in der Regierungsform. — Verweisung der Frau von Staël. — Anregung der fremden Mächte zur Begründung der erblichen Rechte in Frankreich. — Untersuchung der Ursachen, welche den Brief des Königs vom 23sten Februar 1803 veranlaßt haben. — Behauptung des Herrn von Bourienne. — Wichtigkeit der genauen Angabe der Thatsachen. — Inhalt des Briefes des Königs. — Erläuterungen des Gefangenen von St. Helena über den Brief des Königs. — Mittheilung des Hofes zu Berlin in Bezug auf die Bourbons. — Geschicklichkeit Sr. Maj. Ludwigs XVIII., den rechten Augenblick zu ergreifen. — Auflösung des auswärtigen Frankreichs.

Der nachtheilige Einfluß, welchen die Zerrüttung der Finanzen auf die alte Monarchie ausgeübt hatte, schwebte dem ersten Consul beständig als eine warnende Lehre vor der Seele, welche ihn auf Alles aufmerksam machte, was einen dauerhaften und wohlbestellten Finanzzustand begründen konnte. Pünctlichkeit, verbunden mit der strengsten Ordnungsliebe, waren ohnedies hervorstechende Züge in seinem Charakter, welche durch eine lange Gewöhnheit immer mehr und mehr befestigt wurden. Auf diese Weise entging Nichts, was die Wohlfahrt des Staates und das Frommen jedes Einzelnen betraf, seinem wachsamen Auge. Bei der Herannäherung des Bruches mit England hatte er die Ueberzeugung, ein unausweichliches Einken der Gelder und Grundstücke voraussehend, daß man dieses Ereigniß, wenn auch dessen Erfolg nicht verhütet werden konnte, wenigstens durch Ankauf der Renten mittelst einer Tilgungskasse in Etwas mildern könne.

Er setzte deshalb eine Summe von 12 Millionen zu diesem Ankauf fest, indem drei Tage hindurch täglich 4 Millionen sollten erhoben werden. Nichts desto weniger sanken die Gelder mehr als um zehn Procent; als man aber die Geschäfte ihrem natürlichen Gange überließ, stiegen sie nach und nach wieder, durch die Bekanntmachung der monatlichen Rechnungen der Tilgungscasse gehoben. Diese Casse hatte im eilften Jahre der Republik (1803) mehr Renten gekauft, als in den drei vorhergehenden Jahren. Schon waren drei Millionen sechsmalhunderttausend Franken auf ihren Namen in das große Buch eingeschrieben. So hatte sie durch ähnliche wohlberechnete Unternehmungen den vierzehnten Theil der ausgesprochenen Schuld auf sich genommen; ein um so wichtigeres Ergebniß, als es für die Hauptunternehmer der Börse von großem Nutzen war, und schon vor Beendigung des Jahres die öffentlichen Gelder auf den alten gesetzlichen Zinsfuß zurückführte, auf dem sie vor der Kriegserklärung gestanden hatten.

In Betracht der zweifelhaften Staatsverhältnisse, hielt es der erste Consul für eine seiner ersten Pflichten, um das Gedeihen der Bank und des Handels zu fördern, vor allem die Gesetze der Bank auf's Neue durchzugehen und zu vervollkommnen. Schon in dem Augenblicke, als die Aufrechthaltung beinahe unvermeidlich schien, war er über den Zustand der Nationalbank sehr betrübt, indem er voraussetzte, daß sie einen großen Theil der zu dem Seekriege verwendeten Gelder vorgeschossen habe. Um sich in dieser Hinsicht zu belehren, hat er, ohne jedoch die Ursache seiner Besorgniß einzugestehen, einen des vollsten Vertrauens würdigen Verwalter *) befragt, ob die von der Bank dargeliehenen Gelder in dem Falle, daß alle Schiffe dieses Feldzuges untergingen, bezahlt würden; ob der Aufschub der Schuldtilgung für die Bank nicht eine be-

*) Dies war der durch seine Reisen in Afrika und dem südlichen Amerika, hauptsächlich in Columbien, so berühmt gewordene Herr Mollien. Anmerk. des Uebersetzers.

deutende Katastrophe herbeiführen könne; ob überdies ähnliche Anstalten, welche ebenfalls zu Paris ein Disconto-Bureau eröffnet haben und vielleicht zufällig eine Erschütterung erlitten, der französischen Bank nicht auch nothwendiger Weise einen gewaltigen Schlag versetzen müßten?

Einrichtungen dieser Art gab es damals vorzüglich zwei, die eine unter dem Namen Handels-Disconto-Casse, welche aus einer einfachen Verbindung von Kaufleuten bestand, die sich gegenseitig ihre Unterschrift liehen; die andere Handels-Comptoir genannt, welche sich mit dem Kleingeschäfte des Transito-Handels und der Gewerbe befaßte. Diese beiden letztern Banken hatten schon einige Stöße erhalten. Das Zusammentreffen dieser drei Einrichtungen zur Verfertigung eines Papiergeldes schien dem ersten Consul gefährlich; er sah darin eine Quelle von zahlreichen Banquerotten, wenn irgend ein politisches Ereigniß den Handel in seinen Berechnungen störte. Nach seiner Meinung sollte ein künstliches Geld, wie dasjenige der Banken, nur von einer einzigen Quelle ausgehen. Uebrigens wäre eine einzelne Bank viel leichter von der Regierung zu übersehen. Diese Ideen, welche er in dem Umgange mit Geschäftsmännern und in solchen Angelegenheiten wohlerfahrenen Leuten geschöpft und mit aller Lebendigkeit des Geistes ergriffen hatte, weil sie seiner Ansicht für eine allgemeine Centralisation entsprachen, wurden endlich die Grundlagen eines neuen Planes für die französische Bank. In dieser hätte nämlich ein kaum vertilgbarer Krebsschaden gewuchert, die den Actien-Inhabern gewährte Freiheit, Wechsel, die nur mit zwei Unterschriften versehen waren, vorzulegen. Diesem Mißbrauche sollte abgeholfen werden. Nur mit einiger Schwierigkeit gaben die ersten Beamten ihre Zustimmung dazu; denn sie fanden es sehr angenehm und passend, sich ausschließend das Recht der Disconto-Einnahme zuzueignen, folglich wünschten sie, daß man die Handels-Disconto-Casse unterdrücken und ihnen die Oberaufsicht über das Handels-Comptoir übertragen möge. Allein sie vergaßen, daß zu einem vollgültigen Wechsel drei Unterschriften als nothwendige Bedingung eintreten, und daß keine Bank in der Regel und auf rechtlichem Wege einem Andern discontiren könne.

Die Regierung hielt es vor Allem und zwar mit Recht für ihre Pflicht, den Scheininhabern, d. h. dem Publicum, eine sichere Gewährleistung zu verschaffen; doch glaubte man, diese Bürgschaft würde unvollständig bleiben, wenn die Actien-Inhaber von den strengen Bedingungen des Disconto befreit wären. Die allgemeine Gerechtigkeit verlangte überdies, daß man bei Aufhebung der Handels-Disconto-Casse diejenigen Menschen der daraus entspringenden Vortheile beraube, welche als Mittheilnehmer an der Casse sich dieselben auf rechtlichem Wege erworben hatten. Man begründete daher zu ihren Gunsten in der Bank von Frankreich 15,100 neue Actien, welche das Capital von 30 Millionen der Actien-Inhaber auf 45 steigerte. Obgleich die neue Gestaltung, welche die neue Bank damals erhielt, nicht ohne mancherlei Fehler und Unvollkommenheiten war, so hatten doch die neueingeführten Veränderungen einen unbestreitbaren Nutzen, und dem ersten Consul gebührt das Verdienst, sie in's Leben gerufen zu haben.

Die bei mehreren Verträgen gemachten Bedingungen, deren wir weiter oben erwähnt haben, zeigen, wie der erste Consul mittelst eines ziemlich gemäßigten Abgaben-Systems allen Bedürfnissen seiner Land- und Seemacht Genüge zu leisten im Stande war. Die von Spanien und Portugal als Preis ihrer Neutralität bezahlten Unterstützungsgelder, die dem Hofe von Neapel auferlegte Verbindlichkeit, die französischen Truppen, welche einige Plätze dieses Königreichs besetzt hielten, zu beköstigen, die Unterhaltung eines andern Armeecorps auf Kosten des Churfürstenthums Hannover, die von Seiten der italienischen Republik alljährlich in die französische Schatzkammer gelieferte Summe und alle äußere Geldmittel brachten in den Geschäftsgang von Frankreich eine große Erleichterung. Durch diese Erzeugnisse der Politik und der Macht sah sich der erste Consul in den Stand gesetzt, ohne die zur Erneuerung des Krieges nöthigen Ausgaben durch verdoppelte Auflagen bestreiten zu müssen, große Zurüstungen zur See vorzunehmen, und die Landarmee stets auf einem ernsten, Furcht erregenden Fuße zu erhalten.

Die Einkünfte des Jahres 1803 beliefen sich ungefähr auf 571 Millionen, nämlich:

Directe Abgaben	305,105,486	Fr.
Verwaltungsgebühren u. s. w.	200,106,529	"
Mauth	36,924,535	"
Post	11,205,200	"
Lotterie	15,326,671	"
Salinen	2,300,000	"
Gesammtzahl	570,968,421	Fr.

Diese Summe floß ganz in den Schatz als reine Einnahme, nachdem die Verwaltungskosten schon abgezogen und die bei den Departements=Ausgaben hinzugefügten Centimes nicht mit gerechnet waren. Auf der andern Seite muß man jedoch bemerken, daß das alte Frankreich bereits, wenigstens vom finanziellen Standpuncte aus betrachtet, einen Zuwachs von 22 neuen Departements erhalten hatte. Unter dieser Anzahl sind die Departements von Piemont und das von Taro (im Herzogthume Parma), weil die Einkünfte dieses Landes schon früher den französischen Cassen zugefallen waren, bevor eine feierliche Urkunde die bestimmte Vereinigung ausgesprochen hatte.

Ein Unglück für die gesammte Menschheit war es, daß die beiden Mächte, welche Europa theilten, in dem Kriege selbst Stoff zum Kriege fanden: Frankreich in dem Mittel, durch Ausschreibung außerordentlicher Abgaben in mehreren seinem Einflusse unterworfenen Staaten eine größere Anleihe entbehrlich zu machen; England im Gegentheile durch verstärkte Auflagen in der Mitte seines eigenen Volkes und durch unaufhörliches Entlehnen fremder Gelder. Der jährliche Zuwachs der Einkünfte, welchen die englische Regierung in immer steigendem Verhältnisse erhielt, beweist zur Genüge, daß zu der Zeit, von der wir hier sprechen, das Monopol des Seehandels auf gewisse Weise als ein von der Natur bevorrechteter Zustand betrachtet wurde, wie ungefähr die Seeräuberei der Barbaresken=Staaten heute noch angesehen wird. Die Erhaltung eines Friedens, wie ihn Frankreich gewünscht hatte, mit der billigen Freiheit für jede Nation, nach Gutdünken die Angelegenheiten ihres Handels zu ordnen, wurde von England als eine europäische Verschwörung gegen den britischen

Handel betrachtet. Der Krieg, welcher dieser letztern Macht eine fast ausschließende Seefahrt verbürgte, hat sie auf einmal von einer lästigen und nachtheiligen Nebenbuhlerschaft befreit. Ihre Einkünfte, welche noch niemals die Summe von 30 Millionen Pf. Sterling überschritten hatten, betrugen im Jahre 1803, 38 Millionen. Sie brauchte also in diesem Jahre, nach dem Maaßstabe ihrer Einkünftevermehrung, nur eine um die Hälfte kleinere Anleihe zu machen als die vorhergehenden Jahre.

Abgaben . .	38,401,738 Pf. St.	=	960,043,450 Fr.
Anleihe . .	14,000,000 Pf. St.	=	350,000,000 Fr.
Gesammtzahl:	52,401,738 Pf. St.	=	1,310,043,450 Fr.

Auf diese Weise wird der Krieg, welcher alle Küsten und Häfen Frankreichs [1]) in Armuth stürzt, für England eine Quelle großer Reichthümer.

1) Man hat vor einigen Jahren in Frankreich eine ihrem Gegenstande nach hochwichtige Frage verhandelt, die wir hier um so eher berühren zu müssen glauben, als sie späterhin wieder zur Sprache kommen könnte, nämlich: aus Paris einen Seehafen zu machen. Zur Ausführung eines solchen Vorhabens ist nur eine vorläufige Bedingung nöthig, und diese ist, an demselben Tage, welcher Paris in einen Seehafen umgestaltete, plötzlich wie durch einen Zauberschlag auch die völlige Gleichheit der Seemacht zwischen Frankreich und England, und zwar für alle Zeiten, herzustellen. Wäre letztere nicht in Wirklichkeit vorhanden, wer bürgte uns dafür, daß nicht schon Tags darauf nach einem Bruche englische Schiffe die Mündung der Seine besetzten, und was würde dann in Paris aus einer Bevölkerung von 4 — 500,000 Seelen und noch mehr werden, deren Daseyn einzig und allein von dem Seehandel abhinge. Wenn schon der durch den Krieg mit den Engländern hervorgebrachte Verlust, selbst auf die verschiedenen Häfen zwischen Marseille und Dünkirchen vertheilt, eine für ganz Frankreich so fühlbare Krisis herbeizuführen im Stande ist, um wie viel mehr müßte dies der Fall seyn, wenn der Kern des Handels und der Gewerbsthätigkeit in der Hauptstadt vereinigt wäre? Welche Regierung hätte Geistesgegenwart und Kräfte genug, einer halben Million an den Bettelstab gebrachter Menschen gegenüber zu stehen, welche durch eine bloße Kriegserklärung, in der Hauptstadt wenigstens, in das größte Elend gestürzt wurden? Eine solche Regierung hätte weder Willensfreiheit noch Thatkraft. Das Daseyn jedes Einzelnen wäre dann an die Willkühr des Londoner Cabinettes geknüpft, welches ihn in der vollsten Unabhängigkeit, nicht nur

Wir wollen der Entwickelung der Thatsachen, deren eine aus der andern entspringt, nicht vorgreifen; allein es genügt hier, bemerkt zu werden: daß der Ertrag der Auflagen in England, welcher zu Anfang des Krieges achtzehn Millionen Pf. Sterling betragen hat, im Jahre 1813 sich über sechszig Millionen, mehr als tausend fünfhundert Millionen Franken belaufen wird. Außerdem, daß das englische Volk diese Summe zu zahlen im Stande war, blieben ihm noch Mittel genug in Händen, um jedes Jahr beträchtliche Summen zu der Anleihe zu liefern, welche die Regierung eröffnet hatte.

Wenn gleichwohl die Waffenruhe, womit sich Frankreich berauschen wird, nicht das allgemeine Völkerglück begründet, so bleibt doch die Frage erlaubt, ob sich dasselbe häufiger und dauerhafter in den gefährlichen Reichthümern der englischen Nation auffinden lasse? Obgleich diese letztere Nation sich einer besser eingerichteten repräsentativen Verfassung erfreut, wobei aber das Uebergewicht einer nach und nach illiberal und hemmend gewordenen Aristokratie binnen zwölf Jahren jede verfassungsmäßige Gegenpartei unterdrücken wird, kann man wohl annehmen, daß ein auf diese Weise regiertes Volk (ich nehme Irland aus), unter der Verwaltung eines Pitt, Perceval und Castlereagh in der That freier zu nennen sey, als Frankreich unter dem Consulate, oder selbst während der kaiserlichen Herrschaft?

Uebrigens findet sich der so oft und so sehr gerühmte englische Wohlstand nicht unter der ganzen Bevölkerung gleich vertheilt. London und einige andere Seehäfen bereichern sich zwar durch die Beute von weggekaperten Schiffen anderer Handel treibenden Nationen; allein ganz England ist doch nicht in London und einigen Häfen enthalten. Das Innere des

in Angelegenheiten zur See, sondern selbst in Hinsicht der Festlandgeschäfte, erhalten würde. Ohne ein Wunder, was doch schwerlich zu hoffen ist, welches Frankreich plötzlich in eine Lage zauberte, worin es in den Stand gesetzt wäre, Großbritannien die Herrschaft des Weltmeeres streitig zu machen, würde Paris, als Seehafen, das Daseyn des ganzen Staates auf das Spiel setzen. London im Gegentheile bereichert sich als Seehafen durch den Krieg und verspricht dem Lande und dessen Regierung nicht zu berechnende Vortheile.

Landes leidet nur zu häufig Mangel, und die gewerbtreibenden Städte werden bei mehr als einer Gelegenheit noch schwere Proben zu bestehen haben. Auf der andern Seite legt die Dauer eines langen Krieges, welcher in Frankreich die unumschränkte Macht eines Mannes begründen hilft, zu gleicher Zeit ein unbegränztes Ansehen in die Hände des britischen Ministeriums.

Eine Parlaments-Acte bestätigt von neuem die einstweilige Aufhebung der Habeas-Corpus-Acte und die Aufrechthaltung des Militair-Gesetzes in Irland. Die Freiheit hat nur noch eine kleine Zahl von Vertheidigern; das Parlament ist nichts weiter als ein gefügiges Werkzeug in den Händen des Ministeriums, um über neue Auflagen und Anleihen abzustimmen. Die Verfassung selbst, auf welche England so stolz ist, verschlechtert sich nach und nach in dem Maaße, daß bei Beendigung des Krieges zwischen einem englischen Minister und den Ministern des heiligen Bundes wohl schwerlich mehr ein großer Unterschied der Meinungen und politischen Ansichten obwalten wird. Auf die Weise dürfte der Krieg, wenn er sich in die Länge zöge, auf die Nationen vielleicht weniger durch das vergossene Blut, als durch den unglücklichen Einfluß, welchen er auf die Grundsätze ihrer innern Verwaltung ausübt, unheilbringend einwirken.

Die Männer, welche behaupten, daß nur da von der wahren Finanzklugheit die Rede sey, wo die Regierung, ihr Daseyn auf Creditmittel stützend, stets mehr, als sie schuldet, zu zahlen bereitwillig ist, sind im Jahre 1803 beauftragt worden, gerechte Klagen gegen den ersten Consul zu erheben, welcher für gut fand, die Zahlung von 42 Millionen unregelmäßig aus St. Domingo gezogener Wechsel ohne vorhergegangene Bewahrheitung, zu verweigern. Im Ganzen ging die erste Maaßregel der Regierung darauf hin, eilf Millionen solcher Wechsel, welche noch nicht in Umlauf gekommen waren, zu vernichten. Wechsel, deren vollständiger Werth wirklich empfangen worden war, sind sogleich mit Inbegriff der Zinsen getilgt worden; der Rest ist einer strengen Prüfung unterworfen worden. Einige unternehmende Geschäftsmänner, welche geglaubt hatten, durch schwache Vorschüsse dem Staate unermeßliche Wohlthaten zu erzeigen, sich aber dabei die Börse zu füllen, schrieen laut über die Ungerechtigkeit des ersten Consuls. Frankreich aber frohlockte über die Festigkeit seines Schatzmeisters, welcher die Erzeugnisse seines Schweißes den Eingriffen der Habsucht und des Betruges so geschickt zu entziehen wußte.

Ganz gewiß ist es immer besser für eine Regierung, auf ein bloßes Wagniß hin eine zweifelhafte Schuld zu bezahlen, als eine wahre von sich zu weisen; allein [illegible] genau betrachtet, bleibt die Untersuchung erlaubt, ja strenge Prüfung ist sogar Pflicht. Nur Ordnung in den Staatseinkünften zu erhalten, hieße wenig leisten: man muß die Canäle reinigen, welche den Wohlstand und den Ueberfluß in die Staatsbehältnisse führen. Ueberall, vor und während dem Kriege, wurde nichts versäumt, um den Ackerbau, den Handel und den Gewerbfleiß zu ermuthigen und zu heben. Eine kluge Berechnung richtete sowohl zu Marseille, als zu Cöln und Mainz wohlversehene Waarenniederlagen ein. Plötzlich gestalten sich in allen größern Städten Börsen für den Handel; man errichtet Berathungskammern für Manufacturen und Fabriken, für Künste und Handwerke. Der erste und allgemeine Handelsrath hat seinen Sitz zu Paris.

Wenn es wenige Regierungen giebt, welche den hohen Werth des Gewerbfleißes nicht fühlen, so verstehen doch nicht alle, mit derselben Einsicht die zweckdienlichen Mittel zu ergreifen, welche das Wachsthum und Gedeihen derselben zu fördern vermögen. Eine große für das allgemeine Wohl in ihren herrlichen Folgen kaum zu berechnende Idee! Die von Zeit zu Zeit wiederholte Ausstellung der Erzeugnisse französischen Gewerbfleißes, verdankt ihre Entstehung dem Drange stürmischer Zeiten. Der erste Consul bewahrte und unterstützte diese schöne Idee mit allem Eifer. Seit dem Jahre 1801 [1]) war er unablässig bemüht, ihr eine immer größere Entwickelung zu verschaffen, und dadurch auch ein erhöhtes Gewicht beizulegen. Er will, daß diese Ausstellung ein großer Nationalmarkt werde, welcher den Käufern die Industrie-

1) Beschlußnahme vom 4ten März.

Charte von ganz Frankreich vor Augen lege, während dem er zu gleicher Zeit, durch eine glückliche Nebenbuhlerschaft, dem Armen Arbeit, dem Talente Mittel zur Bereicherung, dem Consumenten aber einen wohlfeilen Einkauf verschaffe. Zu diesem Behufe geben Lobeserhebungen, Belohnungen in Geld, vor allem aber Ehrenpreise als: goldne, silberne und bronzene Denkmünzen, ja sogar oft das Kreuz der Ehrenlegion, dem Manufakturisten, Fabrikanten und Künstler die schönsten Beweise, wie sehr der Staat und dessen Oberhaupt ihre Arbeiten zu würdigen wisse. Dieses Haupt, in dessen einziger Person sich schon so viel Größe, so viel Ruhmwürdiges und Edles vereinigt, durchwandelt die Bogengänge des Louvres, wo alle Departements von Frankreich vereinigt sind; hier verweilt er vor dem einfachsten Werkzeuge, das zu dem gewöhnlichsten Gebrauche dient, ebensowohl, als vor den geistreichsten Erfindungen. Er ehrt die Arbeit an dem groben Materiale, wie an den feinsten, glänzendsten und reichsten Stoffen; er unterhält sich mit dem Handwerker wie mit dem Fabrikanten und Künstler; er läßt sich von ihnen belehren und belehrt sie wiederum im Wechseltausche der Ideen. Die Herablassung der Staatsoberhäupter zu ihren Völkern und deren unmittelbarer Umgang mit denselben, erniedrigt nur diejenigen, welche nichts durch sich selbst sind. Der erste Consul hat den Königen künftiger Geschlechter andere Verpflichtungen auferlegt.

Wenn die Erörterungen des Gerichtshofes im Jahre 1803 gleichwohl durch keine lauten und heftigen Leidenschaften beseelt waren, so hatten dessen Arbeiten und die des gesetzgebenden Körpers ein um nichts desto weniger großes Gewicht. Ein Theil der wichtigsten Gesetze, aus denen der Civil-Codex bestehen wird, ist nach dem zwischen dem Tribunate und der Regierung abgehandelten Beschlusse aufgenommen worden. So sind auch einige Specialgesetze, wie das von den Mauthen und ein anderes von der Schifffahrt, im Inlande entstanden.

Der Verwaltung war zum Hauptgegenstande ihres Wirkens die öffentliche Wohlfahrt, als von dem wahren Interesse der Macht unzertrennbar, vorgeschrieben. Unter einer Regierung, deren Oberhaupt seine Größe dem Waffenruhme verdankt, ist es wohl, zumal in einer Zeit, wo das Ansehen und die Ehre der Waffen zur Aufrechthaltung dieses Staates unumgänglich nöthig ist, höchst natürlich, daß man Allem, was den Krieg betrifft, eine um so größere Sorgfalt widme. In allen Einrichtungen des ersten Consuls ist Belohnung für das Geleistete und Aufmunterung für die Zukunft, als besonders hervorleuchtender Grundsatz zu bemerken. Nach der unerhörten Ausdehnung der Revolutionskriege wurde das Bedürfniß fühlbar, den alten, schwachen und zum Kampfe unfähigen Kriegern neue Zufluchtsstätten zu verschaffen. Das Invalidenhaus erhielt eine feste Einrichtung, welche den neuen Bedürfnissen entsprach, und mehrere Unteranstalten [1]) dieser Stiftung wurden an verschiedenen Puncten der Republik begründet.

Eine andere nicht weniger wohlwollende Idee war die Begründung [2]) eigener Veteranen-Lager in der sechsundzwanzigsten und siebenundzwanzigsten Armee-Division, eine Nachahmung der römischen Kolonien, wo nur der ehrenvolle Unterschied obwaltete, daß die französische Ansiedelung keine Beraubung nach sich zog, noch irgend einen Gutsbesitzer [3]) von seinem väterlichen Erbe oder rechtlich erworbenen Eigenthume vertrieb. Ländereien, welche dem Staate gehörten, wurden zu dieser frommen Anwendung bestimmt. Jeder Veteran hatte eine ländliche Wohnung mit einem kleinen Stück Landes, welches ihm ein dem Gnadengehalte gleichstehendes Einkommen verschaffte. Diese kleine Besitzung ging auf seine in der Ehe erzeugten Kinder über.

Wenn es keiner Behörde gelang, die Versprechungen, welche die Republik in den Tagen der Gefahr ihren Vertheidigern gemacht hatte, zu verwirklichen, so muß man um so mehr dem ersten Consul die Gerechtigkeit widerfahren lassen, so sehr als es die Gränzen des Möglichen gestatteten, die Schuld des Vaterlandes redlich getilgt zu haben.

Die Maaßregeln, welche er ergriff, beschränkten sich nicht auf allgemeine Befehle. Er sorgte mit größter Strenge für

1) Nach einem Beschlusse vom 8ten Julius 1803.

2) Entschließung vom 15ten Junius 1803.

3) Unsere Soldaten waren, wenn sie von dem ihnen angewiesenen Gebiete Besitz nahmen, nicht wie die Römer verurtheilt, auszurufen: „.... Veteres migrate coloni!"

die genaueste Vollstreckung derselben. Auf einer seiner gewöhnlichen Besichtigungsreisen an die Nordküste und durch Belgien kam er durch Löwen, wo sich Invaliden aufhielten. „Ich bin sehr unzufrieden," schrieb er sogleich an den Kriegsminister; „die hiesigen Invaliden sind kaum mit Lumpen bedeckt. Eine große Anzahl Verstümmelter wartet auf die Erhebung zum Lieutenant, welche Ehre ihnen gebührt. Das Ministerium antwortet nicht. Lassen Sie sich Rechenschaft ablegen, und fertigen Sie aus."

Da der erste Consul so schön für eine sorgenlose Lage des verstümmelten Kriegers sorgte, konnte er derer nicht vergessen, welche für das Vaterland auf dem Schlachtfelde verblutet hatten. Mehr als ein unentgeldlicher Zufluchtsort war den Söhnen jener Tapfern schon in höheren und niederen Schulanstalten eröffnet. Dies schien dem ersten Consul nicht genug zu seyn. Er wollte dem Institute zur Aufnahme der Kinder, welche der Krieg zu Waisen gemacht hatte, einen bezeichnenden Charakter geben. Die Benennung [1]) eines französischen Prytaneums, worunter man damals mehrere Bürgerschulen begriff, wurde der Schule von Saint-Cyr ausschließend beigelegt, und die Freistellen waren darin einzig und allein für Soldatensöhne bestimmt, deren Väter auf dem Felde der Ehre gefallen waren.

Ebenso wie das Vaterland zu Saint-Cyr auf seine Kosten junge Soldatenknaben unterrichten ließ, welche ihm einst alles das, was sie von ihm erhalten haben, zurückbezahlen werden, gestattete eine besondere Militairschule zu Fontainebleau [2]) den durch Glücksumstände begünstigten Familienvätern, ihren Söhnen alle zu der künftigen Laufbahn als Krieger nöthigen Kenntnisse, nebst einer gewählten Erziehung beibringen zu lassen. Die beiden äußersten Endpuncte des kriegerischen Lebens sind also der Hauptgegenstand der Fürsorge. Neben den Heiligthümern der errungenen Ehre erheben sich Pflanzschulen zur Erwerbung neuen Ruhmes.

Nicht nur für die Wissenschaft des Krieges verschafft der erste Consul der französischen Jugend jede Erleichterung zur

1) Beschluß vom 8ten October 1803.

2) Beschluß vom 28sten Januar 1803.

nützlichen Lehre und Erwerbung von Kenntnissen; eben so ist er überzeugt, daß es Vorbereitungs-Anstalten geben müsse für Civil-Staatsbeamte und geschickte Verwalter. Zu diesem Behufe errichtet er Auditorstellen in dem Staatsrathe[1]).

Die Gunst selbst, welche man dieser Einrichtung gewährte, wurde nach und nach zum Mißbrauch; allein der Mißbrauch entsteht vorzugsweise durch außerordentliche Umstände, — die Siege Napoleons. Bald als Oberaufseher der Provinzen in die eroberten Länder geschickt, erhielten diese jungen Staatsdiener bei ihrer Heimkehr nach Frankreich eine zu schnelle Beförderung, so daß endlich die Verwaltungsgeschäfte fast gänzlich durch junge Leute geführt wurden, von denen nicht Wenige mit ihrer Unerfahrenheit noch Anmaßung verbanden. Der Mißbrauch konnte abgeschafft werden; deshalb bleibt der Grundsatz der Einrichtung gleich lobenswerth.

Allein die Nation besteht nicht nur aus Soldaten und einer Verwaltungsbehörde. Vor allem muß sie sich ernähren, ehrenvoll ihr Daseyn sichern, und somit für die nöthigsten Bedürfnisse sorgen; Thätigkeit in allen Zweigen und ununterbrochene Arbeit in den untern Classen muß den Wohlstand unterhalten und auch für die Ergötzlichkeiten des Lebens sorgen. Damit die Arbeit selbst von Nutzen und Ergiebigkeit sey, kömmt es hauptsächlich darauf an, daß sie Einsicht und Besonnenheit leite, und sowohl die Fehler als die Vortheile der sogenannten Arbeitsfertigkeit ihr ferne bleiben; eine Hauptsache bleibt, die Verfahrungsart zu vereinfachen, durch Abkürzung alles Ueberflüssigen Zeit zu gewinnen, mit einem Worte, Geist und Umsicht auf den unbedeutendsten Stoff übertragen. Dieser Gedanke war des ersten Consuls würdig. Vielleicht mag man anderswo auch für die Bildung des Kriegers und des verwaltenden Beamten sorgen; — die Veredelung und Heranbildung des Handwerkers bleibt sein Werk. Eben so wie Fontainebleau und der Staatsrath, wird Compiegne[2]) eine vaterländische Pflanzschule. Der Unterricht ist daselbst in fünf verschiedene Zweige getheilt: die Bildung des Schmieds,

1) Entschließung vom 9ten April 1803.

2) Beschluß vom Monate April 1803.

des Schlossers, des Metalldrechslers und des Ausgleichers *) umfaßte den einen; der Unterricht des Gießers den zweiten; die Tischler- und Zimmermanns-Kunst war in dem dritten begriffen, und die Uebung im Holzdrechseln, so wie Alles, was zum Stellmacher- und Wagner-Handwerk gehört, machten die beiden letzten Zweige aus. Fünfhundert junge Leute lernen in wenig Monaten alles das, wozu sie nach früherem Gebrauche mehrere Jahre nöthig gehabt hätten. Ihr Geist gewann an Umsicht und schneller Auffassung, so wie ihre Hände an Gelenkigkeit und Genauigkeit. Eine große Anzahl derselben wird eines Tages die Gränzen der Kunst, welche sie anfänglich erlernt haben, überschreiten, und dann wird diese Anstalt eines der ersten Beförderungsmittel zur Entwickelung der National-Industrie werden.

Gewöhnt, mit seinem Geiste Alles zu umfassen, zu prüfen und zu würdigen, steigt der erste Consul ohne Mühe von den höchsten Zusammenstellungen der Politik zur Aufmunterung der gemeinsten Arbeiten herab, und erhebt sich mit eben derselben Leichtigkeit aus den Werkstätten von Compiegne zu dem Nationalinstitute empor. Hier will ich nicht gutheißen, nicht loben, nur erzählen und darstellen. Das Institut [1]), nur aus drei Classen bestehend, wurde nun in vier Classen eingetheilt, welche ungefähr die alten Akademien zu ersetzen suchten; allein eine der schon bestehenden Classen verschwand gänzlich, diejenige der Moral und politischen Wissenschaften. Man behauptete allgemein, ob mit Recht oder mit Unrecht, daß in dieser Classe sich der Feuerheerd der antireligiösen Philosophie des letzten Jahrhunderts befunden habe. Ebenso sollte sich da ein System entwickelt haben, welches demokratischer war, als es die Gesinnung und die Ideen des ersten Consuls zuließen. Diese beiden Feuerheerde einer aufgeregten Geistesrichtung umfaßte er mit der uneigentlichen Benennung Ideologie, unter welcher er den Einflüssen derselben entgegenarbeiten zu müssen geglaubt hat. Diese unterdrückte Classe fehlte von nun an in dem Institute. Es ist jedoch zu hoffen, daß sie unter einer

*) L'ajusteur. Anmerk. des Uebers.

1) Entschließung vom Januar 1803.

verfassungsmäßigen Regierung, für welche die moralischen und politischen Wissenschaften von besonderer Wichtigkeit sind, wiederhergestellt werde.

Nach demselben Grundsatze, welcher den ersten Consul bei der Unterdrückung der Classe der politischen Wissenschaften lenkte, mußte er natürlicher Weise nicht abgeneigt seyn, in religiösen Gefühlen einen Ersatz und eine nöthige Stütze zu finden. Auch vernachlässigte er nichts, um den Priesterstand, wenn auch nicht in sein voriges Ansehen und seinen Wohlstand, doch in eine der Würde des Amtes angemessene Stellung zu versetzen. Um die Staatsausgaben zu schonen, waren die Besoldungen der Geistlichen auf einen Grad herabgesetzt worden, welcher nach genauerer Prüfung kaum ausreichend erschien. Die Oberbehörden der verschiedenen Departements sind ermächtigt [1]) worden, über eine Vermehrung der jährlichen Einkünfte aller Bischöfe und Erzbischöfe ihrer Diöcese abzustimmen. Unter der Consular-Regierung, so wie später unter der Kaiserherrschaft, war diese Ermächtigung mit keinem großen Hindernisse verbunden. Die bischöfliche Würde erhielt sich im Ansehen, allein ihr Einfluß erstreckte sich nicht mehr auf zeitliche Angelegenheiten, und vielleicht verdankt sie gerade dieser Abtrennung von allem Weltlichen die hohe Achtung des Volkes.

Wenn sich jedoch der erste Consul auf den geistlichen Stand stützte, so war es mehr auf jenen Clerus, wie er durch den Vergleich verbessert und umgestaltet worden war. Er that dies öffentlich mit einer gänzlichen Freimüthigkeit. „In allen Departements" [2]), sagte er, als er von dem allgemeinen Unwillen sprach, den Englands Untreue hervorgebracht hatte, „haben die Verkündiger des göttlichen Wortes den Einfluß der Religion zu Hülfe genommen, um diese zeitgemäße Bewegung aller Herzen zum Dienste des Vaterlandes zu weihen." Diese vom höchsten Staatsmanne ausgehende Achtung für die Religion und deren Vertreter verdient eine gerechte Anerkennung; er hätte mehr erlangen können, allein er wollte es nicht.

1) Beschluß vom 8ten April 1803.

2) In einem Berichte über den Zustand der Republik vom 16ten Januar 1804.

Da ich in einer Zeit schreibe, in der man noch ganz kürzlich mit dem Wiederaufleben eines geistlichen Ordens zu kämpfen hatte, der seit mehr denn 40 Jahren aus Frankreich vertrieben war, kann ich nicht umhin, hier eines Ereignisses zu erwähnen, welches ich unter einem andern Zeitumstande mit Stillschweigen übergangen hätte. Im Jahre 1803 wendete sich das Oberhaupt der Jesuiten, deren letzte Zufluchtsstätte damals Rußland gewesen war, an den ersten Consul, um ihn um Schutz und Beistand anzuflehen. Dieses Schreiben wurde durch den französischen Botschafter in Wien im Monat September nach Paris befördert. Allein der erste Consul war und fühlte sich zu groß, um ähnliche Bundesgenossen erwerben zu wollen. Das Bündniß wurde nicht angenommen.

Wenn der erste Consul nichts unbeachtet ließ, um die Macht der Regierung zu vergrößern, so benutzte er dennoch diese Kraft zu keinem andern Zwecke, als um Frankreich zu vergrößern und dessen Wohlfahrt zu befördern. Unter den öffentlichen Arbeiten sind jene ganz gewiß die nützlichsten, welche am meisten zu dem Kaufe und Verkaufe der Erzeugnisse des Gewerbfleißes oder des Ackerbaues beitragen. Lange Zeit waren die Meinungen der Ingenieurs über zwei vorgeschlagene Richtungen des Canals von St. Quentin getheilt; diese Unentschlossenheit wurde durch ein Machtwort [1]) gelöst, welches die unmittelbare Vereinigung der Schelde und der Somme anbefahl. Zu gleicher Zeit wurde beschlossen, man wolle künftig alle zur Vereinigung der Oise mit der Schelde bestimmten Canäle unter dem Namen des Canals von St. Quentin begreifen.

Mehrere andere Canäle waren ebenfalls schon zu graben begonnen worden, als: die von Arles, d'Aigues-Mortes, der von der Saône und der von der Yonne; derjenige, der bestimmt war, die Saône mit dem Rheine zu verbinden, der, welcher den Rhein, die Maas und die Schelde vereinigen sollte, und endlich derjenige, welcher durch die Verbindung der Rance mit der Villaine, La Manche mit dem Weltmeere zu vereinigen bestimmt war.

Endlich war auch ein Canal in's Werk gesetzt worden [2]),

1) Beschluß vom 11ten Thermidor, Jahr X (30sten Julius 1802).

2) Am 5ten Vendémiaire, Jahr X (27sten September 1801).

12*

um die Stadt Paris mit Wasser aus dem Flusse Ourcq zu versehen. Schon lange Zeit war die Vernunft durch den Umstand beleidigt worden, daß Paris bei seiner großen Einwohnerzahl kein anderes, als das mühsam der Seine entwundene unreine Wasser und was die kleine Wasserleitung von Arcueil, einem alten Römerwerke, deren Wiederherstellung dem ehemaligen Regentenhause ein Riesenwerk zu seyn schien, nothdürftig hergab, zum Trinken und zu andern Bedürfnissen des Lebens hatte. In der That, Marly bot der gemeinen Neugierde durch die ungeheuern und kostenreichen Wasserbauwerke einen großartigen Anblick dar, allein das Königthum hatte damals, von jedem höheren Interesse entblößt, nur an die Gärten von Versailles gedacht. In unsern Tagen würde das Königthum, seiner ursprünglichen Bestimmung zurückgegeben, nur die öffentliche Wohlfahrt vor Augen haben, und die hydraulischen Maschinen eines Ludwigs XIV. würden zum allgemeinen Besten nach der Hauptstadt geführt werden. Auf diese Weise waltet die Macht in der Hand des ersten Consuls. In Paris fehlt es an Wasser, um die Straßen zu waschen. Eine geringe Anzahl kleiner Brunnen spenden kärglich ein ungesundes Wasser, welches sich durch kein Mittel reinigen läßt. Noch einige Jahre und wir werden auf den meisten Plätzen unserer Hauptstadt das herrlichste Wasser aus freien Stücken von hohen Brunnen herab in ihre Becken springen sehen. Der Arme wie der Reiche wird ein gesundes und frisches Trinkwasser im Ueberflusse haben, welches sich ehemals der reichste Mann mit allem seinem Golde nicht zu verschaffen im Stande war.

In verschiedenen Provinzen trifft die Regierung alle nöthigen Anstalten, um dem Ackerbaue die ehemals verlorenen Ländereien wieder zu schenken. Bedeutende Summen sind angewiesen, um die Sümpfe von Rochefort und Cotentin auszutrocknen.

Beinahe alle Häfen Frankreichs: Boulogne, Havre, Cherbourg, La Rochelle, Marseille, Cette, Nizza, Antwerpen und Ostende, sehen irgend eine großartige Arbeit von höchstem Interesse für den Staat beginnen oder fortsetzen.

Ueberall werden Brücken erbaut oder ausgebessert. In Paris selbst aber gesellen sich mehr, als irgend anderswo, zu den nützlichen Unternehmungen Versuche und Arbeiten der Verschönerung. Ein Beschluß vom 1sten October 1803 verordnet, daß auf dem Vendômeplatze eine Säule nach dem Muster der berühmten Trajanssäule errichtet werden soll, um das Standbild Carls des Großen zu tragen. Später dürfte dieses Vorhaben eine andere Richtung bekommen; allein der erste Gedanke, der Stadt Paris dadurch eine Zierde zu verschaffen, wird immer und jedenfalls erreicht seyn.

Ein ausgesuchter Geschmack verwendet auf die Erhaltung der alten von unsern Königen errichteten Denkmäler große Sorgfalt. Er befreit den Louvre von entstellenden Schnörkeln und Nebenbauten, welche seine Bogengänge und Thore bedecken und die herrliche Architektur des ersten Erbauers schänden. Der Carousselplatz hat nebst beträchtlicher Erweiterung mehr Regelmäßigkeit erhalten. Der Grundstein zum Kai Orsay wird gelegt. Schon wird der Entschluß gefaßt, durch drei neue Brücken in den am meisten begangenen Theilen der Stadt die beiden Ufer der Seine mit einander zu verbinden. Schon ist das Schlößchen verschwunden, ein Gebäude, dessen unförmliche Steinmassen nichts Denkwürdiges enthielten, als die verhaßte Erinnerung an ein unheilbringendes Alterthum, verbunden mit dem traurigen Umstande, daß es den freien Verkehr in einem der volkreichsten Stadtviertel hemmte und nichts als ungesunde Dünste verbreitete. Von dieser Seite frei geworden, verlängern sich die neuen Kaien von Tage zu Tage und gewähren in dieser Hinsicht für Paris einen Anblick, welchen keine andere Hauptstadt darbietet.

Wenn wir von Sachen zu Menschen übergehen, so trifft unser beobachtendes Auge in allen Richtungen die Person des ersten Consuls an, wie er das Verdienst nach dem Tode noch belohnt, da er es bei Lebenden ausgezeichnet und geehrt hatte. Für alle Abstufungen der großen Leiter des bürgerlichen Lebens, für alle Handwerke und Gewerbe sind Preise für Schönes und Nützliches bestimmt. Gnadengehalte werden zu gleicher Zeit dem Maler der Phädra, Herrn Guérin, und einem Handarbeiter, welcher in einer Fabrik zu Lyon eine verbesserte Verfahrungsart erfunden hat, zuerkannt. Während der erste Consul verordnet, daß man dem General Desaix ein colossales Standbild [1]) auf dem Siegesplatze errichte, läßt er in der Schatzkammer das Brustbild des Herrn Dufresne aufstellen, und äußert bei dieser Gelegenheit dem Finanzminister [2]) sein Beileid über den Tod dieses eben so unbescholtenen als geschickten Verwalters. So bittet er ebenfalls den Minister des Innern [3]), in dem großen Stadtkrankenhause (Hôtel-Dieu) zu Ehren Dessault's und Bichat's, wegen ihrer für die Heilkunde und Wundarzneikunst geleisteten ausgezeichneten Dienste, einen marmornen Denkstein aufstellen zu lassen.

Zwei ausgezeichnete Administratoren, Herr Bénezech, ehemals Minister des Innern und zuletzt Ansiedlungs-Vorsteher zu St. Domingo, wo er starb, und Herr von Normandin, Rechnungsberichtiger der öffentlichen Schuld, haben nach langen, mit wahrer Uneigennützigkeit dem Staate geleisteten Diensten ihre Familien in Dürftigkeit zurückgelassen. Der erste Consul nimmt sich ihrer als Vater an und verleiht den Töchtern beider Staatsmänner ansehnliche Gnadengehalte.

Die junge, in der Zeit wirkende Tugend hat nicht allein Ansprüche auf seine Achtung und Anerkennung; die dem alten Frankreich geleisteten Dienste finden in ihm einen dankbaren Verehrer. Er führt die französische Nation, die nun mit Recht auf ihre neuen Thaten stolz seyn kann, zur Anerkennung und Verehrung der edelgroßen Handlungen zurück, welche die früheren Jahrhunderte mit unvergänglichem Ruhme bestrahlt haben. Auf diese Weise ist das Fest [4]), welches man ehemals in Orleans zum Andenken der Johanna d'Arc feierte, auf's Neue und noch mit größerer Feierlichkeit begangen worden. Dünkirchen, der Vaterstadt von Johann Bart [5]), wurde die Büste dieses unerschrockenen Seemannes geschenkt, um sie in dem Rathhause aufzustellen. Im Kampfe gegen England hatte sich sowohl Jener als Dieser um Frankreich verdient gemacht.

1) Unter dem 19ten Vendémiaire des Jahres XI (11ten Octob. 1802).

2) In einem Briefe vom 8ten Ventose, Jahr X (27sten Febr. 1802).

3) Schreiben vom 14ten Thermidor, Jahr X (1sten Sept. 1802).

4) Am 28sten April 1803.

5) Am 14ten October 1803.

konnte der erste Consul seine Franzosen zu dem neuen Seefeldzuge, der so eben vorbereitet wurde, auf eine edlere Weise ermuntern?

Einer der hervorstechendsten Züge im Charakter des ersten Consuls, den ihm Niemand absprechen wird, war ein scharfblickender Verstand, der wenigstens lange Zeit hindurch zu jedem Geschäfte den rechten Mann zu wählen wußte. Ohne von der Wahl der Militairpersonen zu sprechen, welche der Erfolg des Krieges auf das Glänzendste rechtfertigte, könnte man sagen, er habe bei Besetzung der wichtigsten Aemter im Innern bald der Stimme der öffentlichen Meinung gehuldigt, bald aber auch die herrlichsten Talente aus einem geheimnißvollen Dunkel hervorgezogen, welche, in Thätigkeit gesetzt, durch Geschäftsbrauchbarkeit bald Aller Augen auf sich zogen. Ist ein Minister des Innern nothwendig? Der Augenblick macht strenge Anforderungen. Der Gewerbfleiß verlangt, daß man ihm neue Bahnen öffne. Da ernennt der erste Consul den gelehrten Chemiker Chaptal. Braucht man einen Vorsteher der Kriegsverwaltung? Er findet diesen in dem General Decaen. Wird ein Oberaufseher des Museums der Künste vermißt? Ein Denon fällt sogleich in das Auge. — Directoren und Oberbeamte im Studienwesen? Schon bekleiden diese Stellen im Fache der Mathematik: Laplace, Monge und Lacroix; für die lateinische Sprache: Fontanes und andere gleich empfehlenswerthe Männer.

Auch sieht man, der Liebe für Gleichheit unerachtet, vielleicht sogar durch dieses Gefühl angeregt, Männer auf dem Schauplatze des öffentlichen Staatslebens erscheinen, deren Namen schon dem alten Frankreich theuer waren, wie in dem Stadtrathe ein Séguier, und ein Aguesseau in der Diplomatie.

Wenn von diesen neuen Einrichtungen sich beinahe Alle des herrlichsten Erfolges freuen konnten und sogar vor den befangensten Gemüthern Gnade gefunden hatten, wurde dennoch zwei Maaßregeln nicht derselbe Beifall ertheilt — der Begründung neuer Senatorstellen [1]) und der Einführung neuer Formen bei der Eröffnung des gesetzgebenden Körpers. Der

1) Entschließung vom 4ten Januar 1803.

Vortheil, welcher aus den Senatorstellen entsprang, hielt den Ausgaben, welche sie veranlaßten, nicht das Gleichgewicht. Der Gehalt eines jeden dieser Aemter sollte in 20- bis 25,000 Franken, nebst andern Einkünften und Geschenken bestehen. Die Stelle wurde auf Lebenszeit vergeben. Zu der Begründung derselben wirken verschiedene Ursachen zusammen. Ein Beweggrund, den man offen nannte, hängt sehr mit der politischen Rechnungskunde zusammen. Ich bin weit entfernt, ihn läugnen zu wollen. Es scheint mir nicht unwahrscheinlich zu seyn, daß der erste Consul, sowohl in dem Senate als anderswo, den Ehrgeiz in beständiger Thätigkeit habe erhalten wollen.

Vielleicht hat er gefürchtet, daß Menschen, welche vermöge ihrer Lage für sich selbst nichts zu hoffen hatten, nach und nach einen Grad von Unabhängigkeit erlangen möchten, welcher der Regierungsmacht Eintrag thun könnte. Wenn man auch zugiebt, daß er sich von solchen Betrachtungen habe leiten lassen, muß man doch eingestehen, daß sie nicht die einzigen Beweggründe gewesen.

Als Oberhaupt der höchsten Staatsbehörde, zu dieser Würde aber im Kriege und durch die Waffen in der Hand gelangt, fühlte der erste Consul mehr als jeder Andere, wie nothwendig es sey, der militairischen Macht eine Civil-Hierarchie entgegen zu stellen, welche die der Armee gewährten Auszeichnungen dadurch, daß sie dieselben theilte, zu schwächen oder wenigstens aufzuwiegen im Stande wäre. Da man im Jahre 1803 nicht an einen Erbadel denken konnte, so ersetzte er diesen durch die Senatorwürde, deren Glanz er durch das damit verbundene Einkommen erhöhte.

Man darf eine Thatsache nicht aus dem Auge verlieren, welche der so eben ausgesprochenen Meinung zur Stütze dient, nämlich, daß er in seiner ganzen Herrscherperiode sein Hauptaugenmerk darauf gerichtet hatte, daß die Militairmacht in das innere Getriebe der Staatsmaschine nicht störend eingreife, noch dem Ansehen der Verwaltungsbehörden und der Justizpflege schädlich werde. Die sogenannten Senatorien sind eine vervollkommnete Nachahmung der Starosteien in Polen. Der einzige Unterschied bestand darin, daß die erstere Würde nur einer einzigen Person auf Lebenszeit, die letztere gewissen Familien für bestimmte Jahre ertheilt worden war.

Die Ansicht des ersten Consuls, die Civilbehörden mit dem Glanze eines großen Ansehens zu umgeben, hat den Senatsbeschluß [1]) herbeigeführt, welcher für die Eröffnung des gesetzgebenden Körpers gewisse feierliche Anstalten und Formen festsetzte, dieser Versammlung ein Oberhaupt gab, und dieses, als eine Person vom ersten Range, durch ansehnliche Einkünfte und durch eine Ehrenwache selbst in den Augen des Volks auszeichnete.

Wenn der erste Consul, durch übermäßige Schmeicheleien ermüdet, vorzugsweise ein zartes und bei allem Lobe stets die Würde der Unabhängigkeit behauptendes Talent zu einem solchen Geschäfte wünschen mußte, so konnte er beim Anblicke des Verzeichnisses von Bewerbern keine glücklichere Wahl treffen, als wenn er sein Auge auf die Person des Herrn Fontanes richtete. Wie durch eine geheime Eingebung fiel ihm dieser Name auf dem Papiere ganz besonders auf.

Die hohe Wichtigkeit, welche der erste Consul der Eröffnung des gesetzgebenden Körpers beilegte, ist von einigen Schriftstellern als eine lächerliche Eitelkeit geschildert worden, indem ihm nur daran gelegen habe, sich mit seinem prächtigen Gefolge in der ganzen Größe seiner Macht zu zeigen. Sie fanden aber nicht für gut, zu bemerken, daß die Eröffnung jenes Körpers sich nicht auf eine bloße pomphafte Feierlichkeit beschränkte, daß er, sowohl als Consul, wie später als Kaiser, es für seine höchste Pflicht erachtete, der Nation, als deren ersten Vertreter er sich betrachtete, von Zeit zu Zeit Rechenschaft über dessen Wirksamkeit zu ertheilen; eine Aufgabe, welche zu lösen kein anderes Regentenhaupt, selbst nicht einmal der constitutionelle König von England, veranlaßt ist.

Allerdings waren diese Berichte über den Zustand der Republik, oder späterhin des Kaiserreichs, nichts anderes als die Apologie seiner eigenen Handlungen; um aber das Recht zu genießen, die Nation mit einem solchen Selbstlob und einer solchen Selbstvertheidigung abzufertigen, muß man zum Vor-

1) Vom 20sten December 1802.

aus des Erfolgs gewiß seyn, daß man in keinem Falle Lügen gestraft werden kann. Vielleicht wäre die Verpflichtung, alle Jahre einen ähnlichen Bericht dem französischen Volke vorzulegen und diesen mit allen kleinen Nebenumständen, in welchen sich Anfangs das Consulat und später die Kaiserregierung gefiel, auszustatten, seit der Restauration kein ganz unnützer Damm gegen vielerlei Mißbräuche geworden, obgleich diesem Uebelstande auf eine andere Weise, und zwar durch die Oeffentlichkeit der Verhandlungen abgeholfen werden könnte.

Enthüllen aber alle diese Handlungen des ersten Consuls; die Einführung der prunkenden Feierlichkeit bei der Eröffnung des gesetzgebenden Körpers, die Begründung der neuen Senatorwürden, wodurch die Gleichheit in dem Staatsrathe zerstört und in der Gesellschaft ein neues Rangverhältniß begründet wurde, die Errichtung eines Standbildes von Carl dem Großen in demselben Paris, wo man wenige Jahre zuvor alle nur von fern an das Königthum mahnende Statüen umgestürzt hatte, verbunden mit den wenig republikanischen Ideen, die man in den Umschwung brachte; enthüllen sie, sage ich, nicht deutlich genug das Vorhaben, den französischen Freistaat baldigst in eine Monarchie umzugestalten? In der That, Alles unterstützt den Glauben, daß der erste Consul diese stufenartigen Vorkehrungen nur deshalb angewendet habe, um die Gemüther des Volkes wenigstens an eine *Wortveränderung* zu gewöhnen, denn die Umgestaltung in der *That* ist bereits schon erfolgt. Die Monarchie besteht schon seit drei Jahren. Als Wiederhersteller der Ruhe und Ordnung in der Heimath, als Sieger in der Fremde, als Friedensstifter und Vermittler zu Lüneville und Amiens, ist der erste Consul besonders bei der Gefahr eines neuen, von ihm nicht gewünschten Krieges so sehr der Mann des Volks, der Abgott Frankreichs geworden, daß er nicht nöthig hat, die höchste Gewalt aufzusuchen, denn diese kommt ihm gleichsam schon auf halbem Wege entgegen.

Was kann die französische Nation, welche in den Gedanken des Oberhauptes ihrer Regierung die eigenen wieder erkennt, in seinem Willen den ihrigen wahrzunehmen glaubt, dessen Macht sie nur zu ihrem Frommen und zur Wohlfahrt und Vergrößerung des Staates anwenden sieht, für einen andern Wunsch hegen, als die Gewalt in den Händen des Mannes zu befestigen, welcher davon einen so guten Gebrauch zu machen versteht? Dieser Wunsch lebt hauptsächlich in den Herzen der großen Masse der Bevölkerung, für welche Ruhe und Ordnung das erste Bedürfniß, die höchste Wohlthat ist.

Ohne Zweifel giebt es aber auch noch mehrere Köpfe, welche voll Beharrlichkeit des Geistes in die Umgestaltung der Dinge nicht eingehen wollen, oder derselben wenigstens gewisse Gränzen vorzusetzen sich bemühen, und unter dieser Anzahl befinden sich vorzugsweise die Männer, welche sich in dem Gesellschaftskreise der Frau von Staël versammeln. Diesen Vereinigungsort hat der erste Consul, nichts Gutes ahnend, längst schon mit scheelen Augen angesehen. Jetzt will er die Gefahr in ihrem Keime zerstören. Die berühmte Frau erhält plötzlich den Befehl, Paris zu verlassen und auf vierzig Meilen die Umgegend zu meiden. Ganz gewiß kann ich, ein Bewunderer des herrlichsten Talentes in einer durch Geistesgröße, Großmuth und Erhabenheit der Gefühle gleich ausgezeichneten Frau, nicht ohne Rührung die eiserne Hand der Gewalt auf das entwaffnete Genie niedersinken sehen; ist aber dieser strenge willkührliche Befehl, welcher Frau von Staël von Paris entfernt — wie Viele behaupten — die Wirkung einer mit nichts zu entschuldigenden Tyrannei? — Ist es als eine Verletzung der persönlichen Freiheit, als Eingriff der jedem einzelnen Menschen zukommenden Rechte und der Gesetze, welche diese Freiheit aufrecht erhalten sollten, anzusehen? Mir scheint, man müsse hier eine Unterscheidung machen. Die Antwort hängt von der Nationalität der Frau von Staël ab. Ist sie Französin, Schwedin oder Schweizerin? Tochter eines alten Ministers Ludwigs XVI., ist sie zu gleicher Zeit Wittwe eines schwedischen Gesandten. Obschon dem Geiste nach im ausgedehntesten Sinne Französin, hat sie nichts desto weniger einen unbesiegbaren Hang, in allen ihren Schriften den fremden Nationen die geistige Oberherrschaft [1]) über die Franzosen zu-

1) Ihre Vorurtheile zu Gunsten der Engländer verdienen sie z. B. in einem solchen Grade, daß er jedes Maaß übersteigt. „Die Englän-

zugestehen. Eigentlich hat sie, so gut Französin als Fremde, nach dem Vortheile dieser beiden Stellungen gehascht; die Sache aber ist unmöglich. Sie hat sich niemals bemüht, das französische Bürgerrecht, welches ihr übrigens hätte abgestritten werden können, in Anspruch zu nehmen. Sie ist also in Paris nichts anderes, als eine ausgezeichnete Fremde, berühmt und der höchsten Achtung würdig. Da es aber in Frankreich keine so genau bestimmte Alienbill, wie in England, giebt, so ist es natürlich, daß eine jede, mit um so größerem Rechte aber eine neue Regierung, es nicht ungestraft dulde, daß fremde Personen sich in Angelegenheiten mischen, welche gegen deren eignes Daseyn gerichtet sind.

Hier weicht man aber der Frage aus. Das einzige Verbrechen [1]) der Frau, welche Bonaparte so unglücklich gemacht hat, wendet man uns ein, ist eine geistreiche und lebendige Unterhaltungsgabe. Ich will es glauben, und in diesem Falle, wie mir Jedermann zugestehen wird, ist die ihr widerfahrene Verfolgung als die glorreichste Huldigung anzusehen, welche der Herrschaft der Unterhaltungsgabe in Frankreich, so wie dem Geiste, der in diesem Kreise die Herrschaft sichert, dargebracht werden kann. Allein, ging das Unrecht des Generals Bonaparte gegen diese Frau nicht weiter? Kann ich hier etwas Besseres thun, als mich auf Frau von Staël selbst zu beziehen? Uebrigens hat sie, nach ihrem eignen Geständnisse [2]), den ersten Consul noch auf eine andere Weise als mit Worten bekriegt. In ihrem Hause hat man zur Widersetzlichkeit gegen dessen Regierung aufgemuntert, bei ihr haben sich die Häupter einer im vorigen Jahre vereitelten Verschwörung versammelt.

Ihre Ueberzeugung riß sie hin, sich selbst zum Mittel-

der," sagt sie, „reizen Bonaparte's Zorn hauptsächlich aus dem Grunde, weil sie das Mittel gefunden haben, erfolgreiche Thaten mit Ehrlichkeit auszuführen." Man wird mir beistimmen, diese vorgefaßte Meinung ist etwas stark. — Ehrlichkeit in der englischen Politik, und besonders während des letzten Krieges!

1) Dies behauptet Benjamin Constant in seinen „Mélanges de littérature et de politique."

2) In der Schrift: Dix années d'exil.

puncte einer aufgeklärten Gegenpartei zu machen; sie schien sich darin zu gefallen, in ihrem Hause alle Unzufriedenen von ausgezeichnetem Range, sowohl Fremde als Einheimische, aufzunehmen, und so auf gewisse Weise neben der Macht, welche schon einen Theil von Europa beherrschte, eine zweite Macht als Nebenbuhlerin aufzustellen. Diese Aufgabe ist einer starken Seele nicht unwerth, und Niemand war mehr dazu geeignet, sie zu lösen, als Frau von Staël. Allein der erste Consul hat mit Scharfblick in ihrer Seele gelesen, und besitzt, wie sie mehr als einmal bemerkt, eine furchtbare Geschicklichkeit, in allen Personen, die er züchtigen will, den empfindlichsten und am leichtesten verwundbaren Punct aufzufinden. Sie erzählt es selbst, der erste Consul habe an die Polizei geheime Befehle erlassen, sie zu vernichten. Sie liebte Paris leidenschaftlich; hier wünschte sie zu wohnen, hier einen Kreis der ersten Männer der Gesellschaft, von geistreichen Personen aller Stände und von den interessantesten Fremden um sich zu versammeln, und hier mit Hülfe ihres bedeutenden, durch das große schriftstellerische Talent noch vermehrten Vermögens eine Art von politischem Widerstande zu bilden. Der Zweck ist augenscheinlich — ist errathen; Paris ist ihr unentbehrlich, deshalb muß Paris für sie verschlossen seyn. Dessen ungeachtet hat sich der erste Consul nicht ohne eine gewisse Neigung zu dieser Maaßregel entschlossen. Er hat, so zu sagen, der Frau von Staël Freundschaft und Bündniß angetragen; er hat von ihr wenigstens verlangt, alle Feindseligkeiten einzustellen. Sein Bruder Joseph Bonaparte hat ohne Erfolg die Stelle des Unterhändlers übernommen. Frau von Staël hat einem Bündnisse, ja sogar dem neutralen Zustande, offenen Krieg vorgezogen. Durch die Verweisung von Paris, gleichsam um dem Kampfe auszuweichen, hat der erste Consul dargethan, wie sehr er sie fürchte.

Wäre Frau von Staël eine gewöhnliche Frau gewesen, so würden wir selbst jetzt einem solchen Ereignisse nicht diese hohe Wichtigkeit beimessen.

Von dem Augenblicke an, daß sie nicht mehr als Französin angesehen seyn wollte, hat der erste Consul streng, aber nicht ungerecht gegen sie gehandelt.

Die Personen, welche die Ideen der Frau von Staël theilten — und ich zolle mehreren darunter, wegen der Geradheit ihres Charakters und der Rechtlichkeit ihres Willens und ihrer Gefühle, die höchste Achtung — waren, ihrer geringen Anzahl wegen, in dem großen Haufen wenig bemerkbar. Schon ist der herrschende Geist von Frankreich fast gänzlich umgewandelt. Die größere Anzahl der Republikaner selbst erkennt, während dem sie nicht die Staatsumwälzung, sondern bloß das ungestörte Wirken der Freiheit betrauert, die Vereinigung einer großen Gewalt in Demjenigen, welcher sie aus ihren eignen Verirrungen gerettet und ihre Feinde sowohl von innen als außen bezwungen hat, als eine unerläßliche Nothwendigkeit. Wenn unter ihnen noch eine Meinungsverschiedenheit obwaltet, so erstreckt sich diese bloß auf den künftigen Titel und die Benennung des Amtes. Könige will man nicht mehr, denn dem Königthume ist längst schon blutiger Haß geschworen. Doch dieser Verlegenheit ist leicht Abhülfe zu leisten; es wird künftig kein König, aber ein Kaiser die Franzosen beherrschen.

Alles scheint sich zu vereinigen, um diesen Moment zu beschleunigen. Frankreichs Freunde, theils aus Anhänglichkeit, theils weil es ihr eigner Vortheil erheischt, seine Feinde, und vor Allem England, — wegen des willkührlichen Beginnens — welches, indem es Frankreich in das Chaos der Anarchie zurückzuschleudern droht, doppelt stark das Bedürfniß fühlt — scheinen seiner Zukunft gewiß zu seyn. Von allen Seiten rief man den Franzosen zu, hier aus aufrichtiger Besorgniß, dort aus niedriger Schadenfreude: „Heute seyd Ihr allmächtig; aber was werdet Ihr morgen seyn?" — „Zwei Augen können sich schließen," sagte im Jahre 1803 Graf von Haugwitz zu mir. Freunde und Feinde führten damals die nämliche Sprache. Die Wünsche sowohl als die Drohungen kamen zu den Ohren des ersten Consuls. Dieser, ein eben so guter Beurtheiler von Frankreichs Lage, als die Franzosen und Fremden selbst, der den Vorhang künftiger Ereignisse weit besser, als alle übrigen Menschen zu lüften verstand, wußte genau, was Frankreich Noth that und was ihm selbst obliege, um Frankreichs Wohl zu befördern.

Was Frankreich vor Allem bedurfte, um weder in die Directorial-Anarchie, noch in die blutigen Greuel des öffentlichen Wohlfahrtsausschusses zurückzufallen, war eine Regierungsform, welche nicht mit einem einzelnen Menschen wiederum aufhöre, war die Erblichkeit im Herrschen. Was Frankreich vermöge des Verhältnisses, in welchem es zu der übrigen Welt stand, vorzugsweise bedurfte, war weder der Kaiser- noch Königstitel, sondern einzig und allein die Dictatur. Was er auch immer für einen Namen sich aneignen wird, er kann, so lange das neue Frankreich, mit allen Eroberungen der Republik, mit Allem, was ihm aus der Staatsumwälzung selbst unter dem Kaiserreiche noch übrig bleibt, sein Daseyn behauptet, „nur Selbst- und Alleinherrscher seyn;" doch dieses Daseyn wird so lange einen Widersacher haben, als England nicht bezwungen ist. Nur auf dieser Bedingung beruht das künftige Schicksal Frankreichs und des Hauptes seiner Regierung.

Wenn es allgemein bekannt ist, daß der erste Consul im Jahre 1803, oder schon 1802, damit umging, den Grundsatz der Erblichkeit für seine Familie in Frankreich einzuführen, läßt es sich eben so gut beweisen, daß er, ob auf directem oder indirectem Wege, oder durch die Dazwischenkunft einer dritten Macht, Versuche gemacht habe, von Sr. Majestät Ludwig XVIII. die gänzliche Entsagung auf die Krone Frankreichs für sich und seine Nachkommen zu erlangen? Zum Beweise, daß eine Unterhandlung über diesen Gegenstand stattgefunden habe, führt man den mit Recht berüchtigten Brief dieses Monarchen an den ersten Consul an, den wir weiter unten mittheilen werden. Auf der andern Seite weiß man sehr gut, daß die französische Regierung eine ausdrückliche Widerrufung gegen die in der Schrift: „Publication du Comte de Lille" (Mittheilung des Grafen von Lille) enthaltenen Behauptungen öffentlich bekannt gemacht habe. Fern sey von uns der Gedanke, das wirkliche Vorhandenseyn von Beweggründen, welche den König zu dem Schreiben veranlaßt haben mögen, in Zweifel ziehen zu wollen; allein diese Gründe bleiben, als ein historisches Räthsel, unaufgehellt in dem Dunkel der Vermuthung begraben.

Ich glaubte in den Denkwürdigkeiten des Herrn von Bourienne hierüber einige Aufklärung zu erlangen; statt dessen stieß ich nur auf neue Verwickelungen, und fand sogar eine noch nicht dagewesene Schwierigkeit. Herr von Bourienne spricht die Vermuthung aus, was ich früher nirgend gelesen, der erste Consul habe auf geradem Wege Sr. Majestät Ludwig XVIII. geschrieben, um von ihm die Entsagung zu verlangen. In der That aber erklärt jener, seinen Brief niemals erhalten zu haben, er vermuthet, daß derselbe von dem ersten Consul in Gemeinschaft mit seinem Bruder Lucian verabredet und verfaßt worden sey, und bei dieser Gelegenheit erzählt er, was sich bei dem Könige in dem Augenblicke seiner Antwort darauf zugetragen habe.

Wenn man das Daseyn dieses Schreibens annimmt, so erblickt Herr von Bourienne darinnen den unbesonnensten Schritt, den man nur immer machen konnte, und in der That, er hatte nicht so unrecht; doch Alles beweist, daß der Brief auf diese Weise nicht entstanden ist. Ein einziger Umstand genügt zu diesem Beweise. Wäre ein solcher Brief des ersten Consuls vorhanden gewesen, so würde er ohnfehlbar mit der Antwort des Königs zugleich bekannt gemacht worden seyn; ja, dieses hätte um so eher stattfinden müssen, als der erste Consul später die in öffentlichen Blättern mitgetheilten Behauptungen Lügen strafte. Hätte ihm Jemand den Brief vorzeigen können, so wäre er des Betrugs überführt gewesen.

Uebrigens ist die betreffende Stelle in den Denkwürdigkeiten des Herrn von Bourienne ein wenig verworren, und wir können ihm deshalb auch keine Vorwürfe machen, denn er wiederholt ja selbst oft genug, daß er sich an die Vorschriften der Chronologie binde. Um ein Beispiel anzuführen: „nach seinen Denkwürdigkeiten ist der Brief des Königs von Mitau aus im Jahre 1802 datirt; da es doch bekannt ist, daß Paul I. Se. Majestät König Ludwig XVIII. in den Stand gesetzt habe, Mitau zu verlassen, und Paul I. war schon im Monat März 1801 gestorben. Der König hatte aber, als er den Brief in Mitau geschrieben haben sollte, schon ungefähr zwei Jahre lang diese Stadt verlassen, von wo er sich zuerst nach Königsberg, dann nach Warschau begab. Alle die Nebenumstände, welche Herr von Bourienne, als in Mitau vorgefallen, erzählt, wären also nach Warschau zu versetzen. Es ist nicht zu verwundern, daß ein Schriftsteller, der, wie er selbst von sich sagt, nur dasjenige erzählt, was er gesehen hat, kein besonders großes Gewicht darauf legen, Tag, Monat und Jahr mit Genauigkeit auszumitteln. Für den Geschichtsschreiber aber ist dies die erste und wichtigste aller Pflichten.

Die Ausmittelung von Thatsachen nach der strengen Forderung der Zeitrechnung ist zwar ein eben so undankbares als mühsames Geschäft; nichts destoweniger muß man sich demselben unterwerfen, denn in der Geschichte überhaupt, besonders aber in der neuern, wird die Wahrheit nur auf diesem Wege aufgefunden, nur durch diesen Preis erkauft. Man verlege irgend einen Beschluß dieser oder jener Macht auf einen andern Tag, und erzähle, mit Absicht oder aus Versehen, diese oder jene Maaßregel eines Cabinets, als früher denn von einer andern Regierung getroffen, wenn sich die Sache doch nicht so verhält, und der fragliche Gegenstand ist durch diese einzige Verwechselung des Tages auf einmal umgestaltet. Man würde den für den angreifenden Theil halten, welcher nur den Angriff erwiederte. Diese Betrachtungen schweben mir stets vor Augen, und sollte mir dennoch ein Fehler dieser Art entschlüpfen, so bitte ich, denselben weder auf Kosten meines Willens, noch meines Bewußtseyns zu setzen.

Wenn wir also berechtigt sind, zu glauben, daß die Vermuthung eines von dem ersten Consul direct an den König gerichteten Briefes, den Herr von Bourienne übrigens auch nur als eine bloße Muthmaßung darstellt, nicht den geringsten Grund habe, gab es aber dessen ungeachtet nicht später als im Jahre 1801 zwischen dem ersten Consul und Sr. Majestät Ludwig XVIII. gewisse Berührungen einer ganz andern Natur [1]), und welches war ihr Ursprung oder ihr Ergebniß?

[1]) Es scheint außer allem Zweifel zu seyn, daß zwischen den beiden Monarchen späterhin noch andere Verhältnisse stattgefunden haben, als die sind, welche wir vom Jahre 1801 kennen. Eines Tages sagte

Ohne uns auf eine nähere Prüfung einzulassen, wollen wir dem Briefe, von dem hier die Rede ist, ein paar Augenblicke der Aufmerksamkeit schenken. Was immer für ein Umstand ihn herbeigeführt habe, bleibt dieses Schreiben doch ein ehrenwerthes Denkmal, welches die Geschichte seinem ganzen Inhalte nach aufbewahren muß.

„Ich verwechsele keineswegs", schrieb Ludwig XVIII., „Herrn Bonaparte mit seinen Vorgängern; ich ehre seinen Muth, seine Tapferkeit, seine militairischen Talente; ich weiß ihm sogar für einige Handlungen in der Verwaltung des Landes herzlichen Dank, denn die Wohlthaten, welche man meinem Volke erzeigt, werden mir stets theuer bleiben; allein er irrt sich, wenn er glaubt, mich zur Entsagung meines mir zukommenden Rechtes bewegen zu können. Ich bin weit davon

der erste Consul zum General Lafayette: Ludwig XVIII. habe ihm bei Gelegenheit der Ereignisse vom 3ten Nivose geschrieben, um ihm sein Mißfallen und seinen Abscheu über solche Frevelthaten auszudrücken. „Sein Brief war gut abgefaßt," setzte der erste Consul hinzu, „meine Antwort aber auch nicht weniger; er endigte aber mit einer Forderung, die ich doch nicht gut gewähren kann, nämlich ihn wieder auf den Thron zu setzen." Die Geschäftsführer der alten Herrscherfamilie ließen ihre Vorschläge gewöhnlich durch Josephine überreichen. „Man verspricht mir überdies," fuhr er weiter fort, „eine Ehrenbildsäule zu errichten, wo ich in dem Augenblicke dargestellt seyn sollte, wie ich die Krone dem Könige zurückgebe: darauf habe ich natürlich geantwortet, daß ich befürchten müßte, in dem Fußgestelle eingesperrt zu werden." In einer andern Unterredung mit dem General Lafayette, welcher seine Bemerkungen über die Fortschritte der Consularregierung machte, gab der erste Consul zur Antwort: „Sie können das Benehmen der Regierung tadeln, mich sogar für einen Tyrannen halten; eines Tages werden Sie und alle Zeitgenossen sehen, ob ich für mich oder die Nachkommenschaft arbeite. Uebrigens bin ich der Gebieter der kommenden Ereignisse; ich, den die Staatsumwälzung dahin gestellt hat, wo ich bin, dahingegen die Vaterlandsfreunde Sie zu dem gemacht haben, was Sie sind, — und würde ich nun die Bourbons zurückrufen, so hieße das, Euch alle ihrer Rache preisgeben." In dieser Sprache finde ich nur Eines unrichtig, das ist, mit dem Gedanken an die Bourbons den Gedanken der Rache zu verbinden; doch hier meinte der erste Consul diejenigen Menschen, welche in ihrem Gefolge wieder nach Frankreich zurückkehren würden; und war die Furcht in Bezug auf dieselben ungegründet?

entfernt, um so mehr, als er selbst durch die so eben gethanen Schritte dieselben mir zugesteht, wenn anders darüber noch ein Zweifel obwaltete. Ich weiß nicht, was Gott über mein Geschlecht verhängt hat; allein ich kenne die Verpflichtungen, die er mir durch die hohe Stellung, in der es ihm gefiel, mich geboren werden zu lassen, auferlegt hat. Als Christ werde ich diese Verpflichtungen bis zu meinem letzten Athemzuge erfüllen. Als Sohn des heiligen Ludwigs werde ich mich, nach seinem Beispiele, selbst in Ketten noch zu achten wissen. Als Nachfolger Franz I. will ich wenigstens mit ihm sagen können: „Wir haben Alles verloren, außer die Ehre."

Dieser Brief trägt das Gepräge eines großartigen Charakters, und zeugt von jenem Muthe, der über das Unglück erhaben ist. Aber bei welcher Gelegenheit ist er geschrieben worden? Er spricht von Schritten, welche der erste Consul gethan habe? Was waren dies aber für Schritte?

Man hat öffentlich gesagt, ja sogar in mehreren Druckschriften bekannt gemacht, daß der erste Consul, auf die Entsagung des Fürsten, den man damals den Prätendenten nannte, den höchsten Werth legend, um dieses zu bewerkstelligen, das preußische Cabinet, dem er sein ganzes Vertrauen schenkte, zum Vermittler gewählt habe. Auf wiederholtes Ansuchen des ersten Consuls habe Graf Haugwitz, Minister der auswärtigen Angelegenheiten zu Berlin, den Vorsteher der Regierung zu Warschau, Herrn Meier, beauftragt, Sr. Majestät, Ludwig XVIII., für seine gewünschte Entsagung Entschädigungen in Italien und glänzende Einkünfte anzubieten. So lautet die Behauptung; allein keine der zahllosen Flugschriften, in denen sie wiederholt worden, enthält den geringsten Nebenumstand, welcher die Wahrheit dieser Handlung des ersten Consuls bestätigte.

Die Thatsache an und für sich, die Dazwischenkunft des Präsidenten Meier bei Sr. Majestät, Ludwig XVIII., ist erwiesen, allein fand diese Dazwischenkunft auf Anordnung des ersten Consuls statt? Hier steckt der Zweifel, denn hier fehlen alle Beweise. Wenn diese in den Denkwürdigkeiten einer bestimmt ausgesprochenen Meinung sich nicht auffinden lassen,

13*

so verlange ich wenigstens einige Anzeigen in den Schriften der entgegengesetzten Meinung. Bei Durchblätterung der verschiedenen Denkwürdigkeiten von St. Helena findet man bei Las Cases eine Stelle, welche sich auf diesen Umstand bezieht. Napoleon leugnet die Thatsache auf das Förmlichste: „Wie hätte dieses stattfinden können? ich hätte so etwas veranlaßt, ich, der ich gerade mittelst eines Grundsatzes regieren konnte, welcher Jene ausschließt, nämlich durch die höchste Gewalt des Volkes?" Uebrigens erzählt er ferner, daß das durch den Brief Ludwigs XVIII. und dem durch die Prinzen seiner Familie beigefügten Anhängsel veranlaßte Gerücht, ihn zu der strengsten Nachforschung bewogen habe, woher das Gerücht entstanden sey. Er habe darüber folgenden Aufschluß erhalten.

„Zur Zeit [1]) unsers Einverständnisses mit Preußen, als dieses Cabinet, mit uns noch in gutem Einverständnisse lebend, sich bemühte, uns angenehm zu seyn, machte es die Anfrage, ob es uns wohl Verdruß verursachte, wenn es den französischen Prinzen Aufenthalt auf seinem Grund und Boden gewährte. Man antwortete Nein. Durch diese Antwort kühner gemacht, fragte es ferner, ob die Bitte, es in den Stand zu setzen, jenen Prinzen eine jährliche Unterstützung zu geben, wohl zu großen Widerstand finden möchte. Man verneinte es noch einmal, vorausgesetzt, daß Preußen für deren ruhiges Verhalten Bürgschaft leiste. Da die Unterhandlung einmal im Gange war, und sich einzig und allein zwischen ihnen bewegte, so weiß Gott, was der Eifer irgend eines Geschäftsführers, oder selbst auch das preußische Cabinet, dessen Grundsätze nicht in Allem die unsrigen waren, vorgeschlagen haben mag. Dies ist ohne Zweifel der Beweggrund und der Vorwand, der zu dem schönen Briefe Ludwigs XVIII. Veranlassung gab."

So erklärte sich über diesen Punct der Gefangene von St. Helena. Wäre diese Erklärung auf sich selbst beschränkt, so hätte man wohl das Recht, sie als verdächtig anzusehen. Doch aus Folgendem mag man urtheilen, ob nicht Alles das

1) Las Cases, Gedenkbuch von St. Helena, Thl. I. S. 339.

Gepräge der Wahrheit und den Charakter der unbedingtesten Rechtlichkeit habe. Als Geschichtsschreiber gebührt es mir, wie ein Augenzeuge zu sprechen, und zwar wie einer, der mit unumstößlichen Beweisen gewaffnet ist.

In der fraglichen Zeit, zu Anfang des Jahres 1803, war ich französischer Geschäftsträger in Berlin. Meine dort gemachten Beobachtungen, verbunden mit den durch den Briefwechsel mit dem Minister der auswärtigen Angelegenheiten erlangten Kenntnissen, stimmen vollkommen mit dem Berichte des Grafen Las Cases überein.

Rußland, welches unter Paul I. ganz allein für den Unterhalt des Grafen von Lille gesorgt hatte, sprach von dem Augenblicke an, als dieser Fürst sich nach Warschau begeben, die vornehmsten regierenden Häuser um Beistand an, diese Last mit ihm gemeinschaftlich tragen zu helfen. Diese Aufforderung fand von allen Seiten eine kalte Aufnahme. England zeigte wenig guten Willen und Theilnahme für einen Fürsten, welcher nicht auf seinem Gebiete lebte, und ihm folglich auf directem Wege auch nichts nützen konnte. Oestreich hatte gar nicht darauf geantwortet. Preußen, welches noch immer die Summe von 1,700,000 Thalern (ungefähr 6,000,000 Franken), welche Friedrich Wilhelm II. den französischen Prinzen vorgestreckt hatte, nicht verschmerzen konnte, schien sich gar zu gern der von Seiten Rußlands gemachten Anforderung entziehen zu wollen.

So standen die Sachen, als am 17ten Januar 1803 der Graf von Haugwitz in einer Unterredung, die ich mit ihm hatte, und wobei die Rede auf die im Gefolge des Prätendenten zu Warschau befindlichen Auswanderer kam, mir eine Eröffnung machte, welche ich sogleich in folgenden Worten nach Paris berichtete: „Dieses Gespräch [1]) (über die Auswanderer)," schrieb ich an den Minister der auswärtigen Angelegenheiten, „führte bald eine längere Unterredung über das Schicksal der Bourbons herbei. Der Graf von Haugwitz warf, nachdem er das Gespräch mit vieler Behutsamkeit vorbereitet

1) Wörtlicher Auszug aus meiner Depesche vom 28sten Nivose, Jahr XI (18ten Januar 1803).

hatte, die Idee hin, daß es vielleicht bei der allgemeinen Verlassenheit dieser Familie keine unwürdige Aufgabe für den ersten Consul seyn dürfte, für deren Unterhaltung zu sorgen. Er fügte hinzu, daß diese Idee von ihm ganz allein ausgehe, und daß er es sich nicht erlaubt haben würde, dieselbe so ohne allen Rückhalt auszusprechen, wenn ihn nicht das innige Vertrauen, welches in unsern gegenseitigen Verhältnissen vorherrsche, dazu ermuntert hätte. Dazu kam bald darauf die Bemerkung, daß, wenn der erste Consul diesem schönen Gefühle der Menschlichkeit sich hingeben zu können glaube, es wohl keinem Zweifel mehr unterworfen wäre, daß diese Familie auf alle Ansprüche in Hinsicht Frankreichs, wenn dies anders noch nöthig seyn sollte, Verzicht leisten werde; ohne diese Bedingung würde er an der Stelle des ersten Consuls keinen Pfennig hergeben."

Zwischen dem Datum dieses meines von Berlin nach Paris gesendeten Berichtes und dem Datum jenes Briefes von Ludwig XVIII., der sich damals in Warschau aufhielt, lag nur ein Zwischenraum von wenigen Tagen. Ist nun der von dem Präsidenten der Warschauer Regierung dem Könige gemachte Vorschlag auf Anordnung des preußischen Ministeriums, welches sich, ohne eine Antwort von Paris abzuwarten, durch Beschleunigung der Sache bei dem ersten Consul ein Verdienst erwerben wollte, gemacht worden, oder hat er durch eine besondere Zustimmung der französischen Regierung, welche durch den Marquis von Lucchesini nach Berlin hätte berichtet werden können, stattgefunden?

Dieser Punct ist noch in ein tiefes Dunkel gehüllt. Um der letztern Hypothese beizustimmen, müßte man annehmen, daß, nach Maaßgabe meiner angeführten Datums vom 18ten Januar und 23sten Februar, in demselben Augenblicke, als meine Depesche in Paris ankam, die Idee des preußischen Cabinets sogleich Eingang gefunden habe; daß man ungesäumt beschlossen, Ludwig XVIII. dergleichen Anträge zu machen, und zu dem Behufe die Dienstfertigkeit des preußischen Cabinets in Anspruch zu nehmen; daß man alsdann zu Berlin keinen Augenblick angestanden habe, Verhaltungsmaaßregeln nach Warschau zu senden; daß dieselben in dem Momente ihrer Ankunft dem Könige mitgetheilt worden wären, und er noch an dem nämlichen Tage darauf geantwortet habe.

Streng genommen ist keine physische Unmöglichkeit vorhanden; allein ist es nicht eben so denkbar, daß von Seiten Preußens eine allzugroße Dienstfertigkeit obgewaltet habe, welche die in den Denkwürdigkeiten von St. Helena ausgesprochene Klage rechtfertigte? Ein sonderbarer Umstand unterstützt diese letztere Vermuthung. Man beleidigt in der Regel Personen, von denen man Etwas erlangen will, nicht. Uebrigens ist zu derselben Zeit, in welcher der erste Consul mit Ludwig XVIII. hätte in Unterhandlungen begriffen seyn müssen, ungefähr ein Monat vor der Antwort dieses Fürsten in dem Moniteur ein Artikel erschienen, welcher zwar im Ganzen gegen England gerichtet war, aber auch mehrere sehr beleidigende Ausfälle gegen die Bourbons enthielt. Würde ein ähnlicher Ausfall, wenn damals schon eine Unterhandlung mit Ludwig XVIII. im Namen des ersten Consuls eröffnet oder auch nur beschlossen gewesen wäre, gewagt worden seyn? Würde es nicht viel eher den Stolz der Bourbons aufgeregt, statt sie zur Bewilligung dessen, was man in den gegenwärtigen Verhältnissen wünschenswerth hielt, bewogen haben? Ja, sie würden dadurch unstreitig zu einem ehrenvollen Widerstande gereizt worden seyn, der sie aus der Vergessenheit gerissen haben würde, in welche man sie dadurch einhüllen zu können glaubte. Wie es sich denn auch mit einer oder der andern dieser Hypothesen verhalten möge, so scheint es doch, selbst wenn man ein geheimes Einverständniß mit Paris und dem Regierungspräsidenten von Warschau annehmen wollte, daß der dem ersten Consul angesonnene Schritt seit dem Zeitpuncte, als das preußische Cabinet darein verwickelt worden war, bedeutend von seinem Gewichte verloren habe.

Wenn der erste Consul aber dieses Cabinet mit irgend einer Einmischung beauftragt hat, so geschah es nur auf fremde Aufforderung, und diese geschah nur in Hinsicht auf eine Geldfrage, bei welcher auf die Politik nur nebenbei Rücksicht genommen wurde. Es ist dies das Ersparungssystem, der Geiz der königlichen Häuser, in Beziehung auf entthronte

Fürsten, welche, um sich der Sorge für ihren Unterhalt zu entheben, nichts so sehnlich wünschen, als diese Prinzen zur Entsagung aller ihrer Rechte, die man nur gar zu gern als unziemende, geringfügige Forderungen betrachten möchte, zu bewegen.

Es mag sich nun der erste Consul in dieser Angelegenheit über den unpassenden, nicht zeitgemäßen Rath, oder über das selbstständige Einmischen eines ungeschickten Freundes beklagen, so bleibt die Ergreifung des Augenblicks, wodurch ein unbekannter Schritt zu einer öffentlichen Angelegenheit, eine Geldsache zu der wichtigsten Staatsfrage erhoben wurde, eine bewunderungswürdige Geschicklichkeit. Ich bin weit entfernt, durch die Prüfung der Thatsachen, welche den Brief Ludwigs XVIII. veranlaßt haben, das Verdienst jener großartigen Erklärung schmälern zu wollen. Ich finde im Gegentheile, dieser Prinz verdiene durch die geistreiche Auffassung des ersten schicklichen Augenblicks, wodurch er seine edlen Gefühle an den Tag legen konnte, eine doppelt große Anerkennung.

Faßt man den Gegenstand aber scharf in das Auge, so drängt sich dem unbefangenen Beobachter unwillkürlich die Frage auf: was nützt einem verbannten Könige die moralische Kraft, wenn alle Monarchen des Festlandes, obwohl mit geheimem Widerwillen, einem Fremdlinge den Stolz ihrer Ahnengeschlechter und den Hochmuth ihrer Kronen zu Füßen zu legen, um die Wette sich bestreben? [1])

1) Einige Schriftsteller sprachen von einem vermeinten Vergiftungsversuche gegen Ludwig XVIII. zu Warschau, und lenkten den Verdacht auf einen gewissen Galon-Boier, welcher in dem Departement der auswärtigen Angelegenheiten von Frankreich angestellt war und sich damals in dieser Residenz befand. Zu seiner Zeit wurde es mit allen Beweisen dargethan, daß dieses Gerücht von einem Menschen erfunden und verbreitet worden war, der sich durch diese sogenannte Entdeckung zu nicht geringem Ansehen und Gewinn verhelfen wollte, wie sich im Jahre 1815 manch' Aehnliches in Frankreich selbst zugetragen hat. Was Herrn Galon-Boier anbelangt, so war er zwar, aller Wahrscheinlichkeit nach, ein Spion des Ministeriums. Aber welcher Prinz, der auf eine Krone Ansprüche macht, wäre je einer ähnlichen Aufsicht und Beobachtung von Seiten seines rechtmäßigen oder unrechtmäßigen Nebenbuhlers entgangen?

Außer dem unter Tausenden von Menschen, welche durch die Amnestie-Acte einem demüthigenden Bettelstabe in fremden Ländern entrissen und ihrem Vaterlande wieder geschenkt wurden, auf jeden Einzelnen zurückfallenden Nutzen, hatte der Widerruf der Verweisung der Auswanderer auch ein für die Politik eben so wichtiges Ereigniß herbeigeführt, — die Auflösung dessen, was man so lange das auswärtige Frankreich nannte. Was an Emigranten noch außerhalb der Gränzen Frankreichs zurückblieb, bildete kaum den funfzigsten Theil desselben.

Unter Denjenigen, welche durch ihre Rückkehr nach Frankreich der Regierung des ersten Consuls gleichsam ihre Huldigung darbrachten, erblickte man Männer vom ersten Range, gleich ausgezeichnet durch Edelsinn, Fähigkeit und Charakterstärke, als: einen Malouet, Cazalès und Lally-Tolendal. Mag nun die unkluge Zuversicht, welche den Emigranten in den erstern Jahren leichte Triumphe zuzuwinken schien, die Staaten, welchen sie durch unheilbringende Kriege nichts als Noth und Verderben verursacht hatten, gegen dieselben aufgereizt haben, oder mag das Mitleiden, welches das größte Unglück bei zu langer Dauer als ein verdientes Loos anzusehen geneigt ist, sich nach und nach verringert haben, die Theilnahme wurde immer seltener, und nahm zu gleicher Zeit an Großmuth und Aufopferung ab. In mehreren Ländern Teutschlands, und hauptsächlich in Oestreich, verfuhr die Polizei mit den aristokratisch gesinnten Auswanderern Frankreichs gerade so, wie sie später mit den italienischen und spanischen Liberalen verfahren hat.

Wenn französische Bischöfe [1]), welchen man Schuld gab, in Frankreich aufrührerische Flugschriften verbreitet zu haben, in Wien eine Zufluchtsstätte suchten, wurde ihnen diese nur mit Mühe, und zwar nur in den entferntesten Provinzen des Kaiserstaates, als in Galizien und Siebenbürgen, gewährt. Eben so ging es einen Prácy, Saint-Felix und Andern. Man schickte sie an das äußerste Ende von Mähren und Böh-

1) Unter Andern Herr von Sabran, Bischof von Laon und ehemaliger Bischof von Châlons.

men. Die Unglücklichen, welchen man den Aufenthalt in der Hauptstadt nicht verweigerte, erfreuten sich weder der geringsten Achtung noch Auszeichnung; hiervon sind jedoch diejenigen auszunehmen, welche in der östreichischen Armee Dienste nahmen. Gegen alle Uebrigen aber hatte die Wohlthätigkeit nur zu oft das Ansehen einer Beleidigung. „Selbst von Leuten unserer Ansicht und Ueberzeugung," erzählte einer von ihnen," werden wir mit einer Geringschätzung behandelt, welche die Seele des ehrlichen Mannes zerfleischt. Man glaubt Großmuth gegen uns auszuüben, da man doch nur unsere Talente, unsere Gefälligkeit und alle Arten von Dienstleistungen nach Kräften benützt. Das Unglück, welches uns fremdes Mitleid anzusprechen nöthigt, wird von Vielen als Elend betrachtet und entehrt uns selbst in den Augen unserer unverschämten Beschützer."

Man urtheile, ob ein Franzose, welcher das Entehrende seiner Lage so lebhaft fühlte, von dem Augenblicke an, als ihm die Heimkehr in das Vaterland vergönnt war, noch lange zögerte, die Gränzen desselben zu überschreiten. Wie Viele haben ein und dasselbe Schicksal theilen müssen! Weshalb sollten die Gebieter von Frankreich ihren Landsleuten die Beleidigungen entgelten lassen, die sie im Auslande noch selbst von Fremden haben dulden müssen? Sollten die von der Verbannung Befreiten, nun selbst eine verbannende Behörde geworden, unversöhnlicher als die Revolution selbst seyn? Ist denn das „niemals" der Wiederherstellungen unwiderruflich?

Die Auswanderer, welche nicht nach Frankreich zurückkehrten, können in drei Classen getheilt werden. Die eine besteht aus Männern, welche zwar von der allgemeinen Amnestie Gebrauch machten, allein sich von der französischen Regierung zugleich die Erlaubniß erbaten, in dem Dienste fremder Mächte zu bleiben, wie der Herzog von Richelieu, der Statthalter in Odessa war; Herr von Langeron, der eine hohe Würde in der russischen Armee bekleidete, und Andere, welche in einer minder erhabenen Stellung wirkten. Frankreich, das ihnen seinen Busen öffnete, wollte sie weder des Glückes, welches sie anderwärts gefunden hatten, berauben, noch des Undanks zeihen. Die zweite Classe umfaßte solche Männer, welche eine innige Anhänglichkeit an die Person des Königs oder der Prinzen, in deren Lande sie sich aufhielten, für ihr ganzes Leben knüpfte; die dritte endlich umfaßte eine Menschenclasse, welche nicht anders nach Frankreich zurückkehren wollte, als mit dem Schwert und der Fackel in der Hand, oder Abenteurer und Spione, deren Ergebenheit an das regierende Haus nur auf Eigennutz gegründet war, und für deren Bedürfnisse die englische Schatzkammer sorgte. Unter diesen, durch einen irre geleiteten Fanatismus für eine Herrscherfamilie erhitzten Menschen, aber mehr unter den finstern Rotten einer durch Anmaßung des königlichen Namens gleichsam veredelten geheimen Räuberanstalt, suchte England seine Werkzeuge aufzufinden, welche, mit gelehrigem Arme, unbesorgt, durch welch' ein Mittel es geschehe, dessen Plane gegen das Oberhaupt der französischen Regierung ausführen sollten.

Vier und dreißigstes Capitel.

Italienischer Freistaat.

Abschluß eines Concordats. — Truppenaushebung und Errichtung einer Nationalgarde. — Bildung einer neuen Verwaltungs- und Rechtsbehörde. — Oeffentlicher Unterricht. — Oeffentliche Arbeiten. — Verehrung der Vaterlandsliebe der Italiener.

Die vielen Geschäfte des Krieges und des Friedens, welche in Bezug auf Frankreich allein schon alle Kräfte und alle Aufmerksamkeit des ersten Consuls erschöpfen zu müssen schienen, hinderten diesen nicht, ganze Stunden und Tage dem Wohle des Freistaates von Italien, dessen Vorsteherschaft er angenommen hatte, zu widmen. Schon waren auch in diesem Freistaate höchst wichtige Verbesserungen bezweckt und ausgeführt worden. Für Italien weit mehr noch als für Frankreich schienen die ersten Sorgen sich auf die Angelegenheiten der Religion beziehen zu müssen. In diesem Sinne, um die aufgeregten Gemüther zu schonen, um sowohl der Volksmasse als der zahlreichen Geistlichkeit zu gefallen, schaffte der Präsident den Decaden-Kalender ab, und trug Sorge, diese Maaßregel als eine den Landesgebräuchen dargebrachte Huldigung aufzustellen. Wäre diese Abschaffung nicht an und für sich schon von Nutzen gewesen, so fand sie die Politik wenigstens für die Oertlichkeit einflußreich. Es wird Niemandem entgehen, daß dieser Anfang bei dem italienischen Freistaate das sichtliche Vorspiel zur Einführung derselben Maaßregel auch in Frankreich geworden ist. In Frankreich aber waren die Beweggründe, welche diese Einführung veranlaßten, verschiedener Natur, und wir werden diese näher zu prüfen Gelegenheit haben.

Der nämliche Geist, welcher den Abschluß des Concordats vom Jahre 1801 für Frankreich bewirkte, führte auch dasjenige für die italienischen Freistaaten, das in den Hauptpuncten sogar noch ganz mit jenem übereinkam, herbei. Die betreffende Urkunde wurde von Herrn Marescalchi, dem Minister der auswärtigen Angelegenheiten dieses Freistaates, und dem Cardinal Caprara, dem Legaten des heiligen Stuhles, am 16ten September 1803 zu Paris unterzeichnet.

Wie der erste Consul dem Concordate in Hinsicht Frankreichs einige wichtige Artikel hatte beifügen lassen, um jeder gefährlichen Ausdehnung von Seiten des römischen Hofes zuvorzukommen, hatte auch der Vice-Präsident Melzi, veranlaßt durch die gesunden Lehren des Bischofs Ricci von Pistoja, welche Leopold für sein Toscana so weise anzuwenden verstanden hat, bei Gelegenheit des italienischen Uebereinkommnisses ein Decret bekannt gemacht, wodurch er den Eingriffen der geistlichen Macht vorbeugen und deren zeitlicher Macht legitime Gränzen setzen wollte. Der Papst beschwerte sich deshalb bei dem ersten Consul. Dieser hörte ihn mit Wohlwollen an, allein Melzi's Entwürfe und Anordnungen waren zu weise, um von Bonaparte nicht aufrecht erhalten zu werden.

Hätte der erste Consul nichts Anderes gethan, als die in Frankreich getroffenen Einrichtungen nach Italien zu verpflanzen und der dortigen Oertlichkeit anzupassen, so wäre er schon als ein großer Wohlthäter dieses Landes zu betrachten, und von diesen Wohlthaten war vielleicht die wichtigste „die Einführung geregelter Truppenaushebungen." Nationalität ist ohne National-Armee kaum denkbar. Damit die verschiedenen Völkerschaften, welche nun unter dem Namen der italienischen Republik zusammengefaßt wurden, einen wahren volksthümlichen Wehrstand ausmachten, war es unumgänglich nothwendig, daß diese früher so vielen Herrschern unterworfenen, der Waffen, der Ermüdungen des Marsches und den Gefahren des Schlachtfeldes ganz entwöhnten Völker einsehen und fühlen lernten, daß sie jetzt ein gemeinschaftliches Vaterland besäßen, dem Jeder als Bürger angehöre, welches er aber auch gegen alle Angriffe von Außen vertheidigen müsse.

Zwar haben sich italienische Truppenabtheilungen an der Seite der Franzosen mit Ruhm geschlagen; allein bei dem neuen Zustande des Freistaates bedurfte man mehr; es war eine vollständige, im Verhältniß zu der Einwohnerzahl und zu dem Bedürfnisse der öffentlichen Sicherheit stehende Armee nothwendig. Eine Abtheilung derselben zog im Jahre 1803 durch Frankreich, um mit den Franzosen zugleich die Küsten des atlantischen Oceans zu besetzen. Unter solchen Meistern konnte die Lehre nicht schwer seyn; es fehlte ihnen nicht an Vorbildern.

Unabhängig von der Linien-Armee, erreichte die Einführung einer Nationalgarde in dem ganzen italienischen Freistaate den doppelten Zweck: die Ruhe im Innern aufrecht zu erhalten, und dem Volke Geschmack für militairische Uebungen einzuflößen.

Die Verwaltung wurde, wie in Frankreich, in Vorsteherschaften und Untervorsteherschaften (Präfecturen und Unterpräfecturen) eingetheilt.

So lernten die Völker, welche lange Zeit von fremden Gebietern beherrscht worden waren, endlich sich selbst regieren. Ein Ausschuß von kenntnißreichen und aufgeklärten Männern arbeitete in jeder Provinz an der Aufzeichnung und Tilgung der öffentlichen Schuld. Man führte ein gut durchdachtes System der Rechnungsablegung ein. Die Gerichtsordnung wurde allenthalben nach einem und demselben Grundsatze ausgearbeitet und nach einer Norm vollstreckt.

Schon machte sich die Wichtigkeit einer und derselben Form bis zur Einführung gleicher Gewichte und Maaße fühlbar.

Der öffentliche Unterricht, welcher in dem gesetzgebenden Körper der Gegenstand der weisesten Berathungen und Auseinandersetzungen gewesen, war durch ein besonderes Gesetz bestimmt und geregelt. Man theilte ihn, was das Oekonomische betrifft, in drei Classen: allgemeinen Volks-, Departements- und Gemeinde-Unterricht, und in wissenschaftlicher Hinsicht in eben so viele Classen, in eine höhere (philosophische), mittlere und Elementarbildung. Um dieses geistige Gebäude gleichsam zu krönen, wurde noch ein National-Institut errichtet.

Zu diesen Verbesserungen, in Hinsicht der Politik und der Staatsverwaltung, traten bald noch andere, welche geeignet waren, die Augen der Menge zu fesseln, neue Bauten, oder Fortsetzung und Veredlung unvollendeter und weniger vollkommener Gebäude. Unter die erstern muß man das Forum Bonaparte, welches sich auf dem Platze des alten Schlosses zu Mailand befindet, rechnen, ein Bau-Denkmal, welches an Pracht und Größe der Römerzeit werth ist [1]), unter die letztern die Vollendung der berühmten Cathedrale dieser Stadt, des prächtigen Marmor-Doms. Damit letzteres Werk mit der größten Genauigkeit bis in die kleinsten Verzierungen vollendet werden könne, wurde dazu eigens eine Begabung festgesetzt.

Unter Bonaparte's Regierung wurden in zwei Jahren mehr nützliche Anstalten begründet und mehr glückliche Veränderungen getroffen, als früher der Lauf zweier Jahrhunderte gesehen hatte.

Wenn man sich in das Gedächtniß zurückruft, was dieses Land seit acht Jahren, sowohl in natürlicher Folge des Krieges, als durch die Härte der Sieger, wer diese auch immer waren, gelitten hat, kann man es eher beurtheilen, wie

1) Auf diese Weise äußert sich Carl Botta in seiner trefflichen Geschichte von Italien über dieses Denkmal.

dankbar der italienische Freistaat dem Manne war, welcher ihn als doppelter Schöpfer nicht nur Oestreichs Scepter entrissen, sondern aus dem Gewühle einer ungeregelten Volksherrschaft zu einer der freiesten und beglückendsten Verfassungen, die damals auf dem Festlande bestanden, erhoben hat. Die Masse des Volkes, bis auf den geringsten Mann, fühlte den hohen Werth dieser Vorzüge, und schickte täglich Gebete für deren Bestand gen Himmel. Der Undank schlich sich nur in die Gemüther solcher Männer, welche eigentlich, vermöge ihrer bürgerlichen Stellung und ihrer Einsicht, diesen Werth am meisten hätten schätzen können, und bei diesen nahm der Undank noch die Ehrenmaske einer italienischen Vaterlandsliebe an, welche das gegenwärtige Gute einem unter den damaligen Umständen unmöglichen Bessern, eine glückliche Wirklichkeit nie zu erreichenden Träumereien hinzuopfern strebte.

Ich habe schon anderswo [1]) ein Gemälde des vielfachen Unglücks entworfen, welches die falschen Maßregeln, die Anhänger der sogenannten italienischen Einheit hervorgebracht haben. Man sollte glauben, daß eine traurige und so frische Erfahrung die Gemüther auf gesundere Ideen zurückgebracht hätte; doch die Stimme der Erfahrung ist jetzt schon wieder übertäubt. Wir sehen dieselben Irrungen, dieselben Fehler sich erneuern.

Unheilbringend ist es in der Politik mehr noch als in dem gewöhnlichen Leben, wenn man den allbekannten Volksgrundsatz: „von zwei Uebeln stets das kleinste zu wählen," unbeachtet läßt. Wenn ein Staat aber von zwei unglückseligen Nothwendigkeiten gedrängt wird, und jetzt der einen ausweichen will, ohne sich der andern freiwillig zu unterwerfen, so setzt er sich der Gefahr aus, eine nach der andern und nicht selten beide zugleich mit ihrem ganzen Drucke zu fühlen. Dies ist Italiens Lage in Verhältniß zu Oestreich und Frankreich.

Die einzigen weisen Männer dieses Landes sind diejenigen, welche den Geist ihres heimischen Bodens richtig beurtheilen, welche sowohl seine Kräfte und seine Zurechnungsfähigkeit, als auch die gegenwärtige Unmöglichkeit, alle Mei-

1) Im Jahre 1799.

nungen und Ansichten nach einem Gusse zu modeln, mit Scharfblick auffassen, dann einer von den beiden großen Mächten sich in die Arme werfen und alles daraus entspringende Wohl und Wehe mit Gleichmuth tragen. Dies fordert die gesunde Vernunft; und nur Feuerköpfe und überspannte Geister, welche Träumereien für Thatsachen und leere Hoffnungen für Wirklichkeit halten, können dies Benehmen knechtisch nennen. Ganz gewiß bleibt es ein großartiger und edler Gedanke, ganz geeignet, die Einbildungskraft zu verführen, die Barbaren, wie es schon einst Julius II. gewünscht hatte, aus Italien zu vertreiben; bevor man sich aber einem solchen Vorhaben hingiebt, so ist es Pflicht, zuvor genau zu erwägen, ob die Mittel zur Ausführung vorhanden oder wenigstens möglich seyen; und ob endlich unkluge Versuche, statt dieselben herbeizuführen, sie nicht noch weiter entfernten.

Auf diese Weise hätten die Unitarier z. B. gewünscht, daß Frankreich sogleich nach der Eroberung zu ihnen gesagt hätte: Ihr seyd frei [1]); ich ziehe mich zurück und trete nun außer Wirksamkeit. Vor Allem aber gebe ich zu bedenken, daß die Franzosen Italien darum nicht überfallen haben, um dessen Unabhängigkeit festzusetzen und aller Welt zu offenbaren; sondern daß vielmehr dieselben Beweggründe, welche sie über die Alpen geführt haben, das Bedürfniß, die östreichische Macht innerhalb der Gränzen ihrer teutschen Staaten

1) Man könnte dies für eine Uebertreibung halten und glauben, ich lege den Unitariern darum so unsinnige Worte in den Mund, um sie desto leichter bekämpfen zu können. Doch ich berufe mich hier nur auf eine Thatsache. Im Jahre 1798 ist zwischen Frankreich und der cisalpinischen Republik ein Vertrag abgeschlossen worden. Darin wurde festgesetzt, daß Frankreich, weil dieser Freistaat noch nicht im Stande war, sich selbst zu vertheidigen, 25,000 Mann darin zurücklassen möchte, für deren Unterhalt die Republik 18 Millionen Franken bezahlen sollte. Diese Bedingung erregte aber, wie der Geschichtsschreiber Italiens erzählt, eine allgemeine Unzufriedenheit. Der gesetzgebende Körper verweigerte die Vollziehung des Vertrags. Hier glaubten nun die Männer, welche diese Weigerung bewirkt hatten, entweder ganz für sich allein sorgen zu können, oder sie wollten, daß Frankreich, ohne irgend eine Vergeltung, sich freiwillig für sie aufopfern sollte. Eines scheint mir aber so abgeschmackt als das Andere zu seyn.

zurückzudrängen, sie nun auch nöthigen, sich auf dem italienischen Boden so lange zu halten, bis dieses Vorhaben ausgeführt seyn wird. Zu gleicher Zeit vergesse man nicht, zu erwägen, daß, wenn die Franzosen sich freiwillig oder gezwungen zurückziehen, bevor die italienischen Staaten im Stande sind, ihre Unabhängigkeit zu verfechten, die Oestreicher sogleich wieder von ihrem alten Posten Besitz ergreifen werden.

Wenn nun aber Italien eine oder die andere Macht nicht zu verdrängen vermag, so bleibt ihm nichts Anderes übrig, als in Erwägung zu ziehen, welche von beiden ihm die am wenigsten drückende Abhängigkeit und die hoffnungsreichste Zukunft darbietet. Hat man aber einmal diesen Entschluß gefaßt und die Wahl getroffen, so gebietet die gesunde Vernunft, der auserkorenen Macht sich mit Offenheit und ohne Rückhalt anzuschließen. Man sollte glauben, Jedermann müsse diese Vernunftschlüsse theilen, es liegt Alles so einfach vor uns es bedarf zu der Einsicht keines scharfblickenden kritelnden Geistes, welcher nur in der Schlauheit eine tief angelegte Politik, nur in der Untreue und Doppelzüngigkeit einen glücklichen Erfolg wahrnimmt. Einige durch die mündliche Uebergabe auf sie gelangte Staatsgrundsätze der alten Regierungen von Italien sind die Richtschnur ihrer Handlungen. Sie bilden sich ein, sie werden durch Aufhetzung eines ihrer Feinde gegen den andern, am Ende über beide triumphiren. Im Allgemeinen kann man aber die Unitarier als ausgemachte Demokraten betrachten.

Nichts destoweniger zeigen sie sich in ihren geheimen Verhältnissen zu den römischen, neapolitanischen und toskanischen Unterthanen keineswegs feindlich gesinnt gegen diese Staaten; sie sind vielmehr bereit, sich innigst an die Höfe von Rom, Neapel und Florenz anzuschließen und alle ihre Vorschriften zu befolgen.

Da in diesem Augenblicke aber die Franzosen ihre Hand über Italien ausstrecken, so muß man vor Allem diese vertreiben. Hat man einst diesen Zweck erreicht, so wird sich das Uebrige von selbst ergeben. Die Throne werden nicht lange Widerstand leisten können, und aus dem Zusammenflusse aller italienischen Nationen wird sich eine einzige große

Republik erheben, deren Hauptstadt Rom seyn wird. So urtheilen die vornehmsten Häupter der Verbindung; allein unter denjenigen, welche schon an das von Allen genehmigte Werk Hand angelegt haben, die Vertreibung der Barbaren, sind die Meinungen über einige untergeordnete Gegenstände noch getheilt: die Einen wünschen eine durchgreifende Einförmigkeit der Regierung durch ganz Italien, ohne sich an die republikanische Form zu kehren, die Andern sind geneigt, Alles zur Aufrechthaltung der schon bestehenden Regierungen zu thun, wenn es gelänge, die Unabhängigkeit von Italien fest zu begründen.

Einige Mitglieder dieser geheimen Gesellschaften bekleiden zu Mailand erhabene Posten. Wer sollte es glauben? Der Mann, welcher dazu bestimmt ist, den ersten Consul zu vertreten, Melzi, begünstigt unter der Hand diese Umtriebe, deren Wirkung für Frankreich nur höchst schädlich seyn kann, Italien aber niemals Nutzen bringen wird. „Die italienische Republik gedieh," sagt uns deren Geschichtschreiber [1]), „ungeachtet sie einen Tribut an Frankreich bezahlte; die Cassen waren angefüllt, die Zahlung leicht, die Wissenschaften und Künste blühten, die Armee erhob sich zu einer bedeutenden Höhe, nur die Tagesliteratur war in Sclaverei versunken, und die Freiheit verschwunden. Diesem Allem gleichsam zum Trotze," fuhr er fort, „hatte ein geheimes Vorgefühl von Freiheit und Unabhängigkeit die Gemüther erfaßt, und hatte große Ergebnisse hervorbringen können. Melzi war ganz Italiener; er liebte sein Land, er konnte diese Stimmung sehr leicht und mit Erfolg unterhalten, und that es auch."

So urtheilt ein achtbarer Schriftsteller, welcher, sonderbar genug! den ersten Consul unaufhörlich mit Worten anklagt, aber fast immer ihn durch die Thatsachen lobt. Wir können es nur mit Mühe ergründen, welches die großen Resultate waren, die man durch den von Melzi ausgebrüteten Unabhängigkeitsgeist hätte erwarten können. Wir wollen jedoch annehmen, daß sich in das Betragen dieses Vice-Präsi-

1) Carl Botta, in seiner Geschichte von Italien, Th. IV. S. 484 bis 486.

denten kein persönlicher Ehrgeiz gemischt habe, daß er ein eben so guter Italiener war, als für welchen er sich hielt, und daß er sich nur zuweilen unschuldigen Täuschungen hingegeben habe; aber wir sehen nichts desto weniger unter allen diesen Täuschungen ein Listgewebe hervorschimmern. Träumer, rechtliche, aber befangene Menschen, welche das eben so aufrichtige als natürliche Verlangen hatten, Italien von der Gegenwart fremder Gebieter befreit zu wissen, wurden in den Händen geschickter Agenten [1]), die von den Cabinetten von Neapel, Florenz, Rom und hauptsächlich von dem Hofe zu Wien ausgesendet waren, zu gefährlichen Werkzeugen. Was war die Folge davon? Diese Umtriebe verbreiteten sich immer weiter; der erste Consul wurde davon in Kenntniß gesetzt. Nachforschungen wurden über mehrere angesehene Einwohner, ja sogar über einige Beamte des italienischen Freistaates eingeleitet, und auf Melzi fiel das traurige Loos zurück, sich selbst zu rechtfertigen, indem er mit Strenge einen Fehler bestrafte, dessen er sich ebenfalls schuldig gemacht.

„Der erste Consul," sagt der oben angeführte Geschichtsschreiber, „entzog von diesem Augenblicke an dem Vice-Präsidenten sein Wohlwollen." Hatte er Unrecht? Wie waren diese Menschen bethört! und wie oft mußten seitdem die überspannten und in doppelter Meinung befangenen Köpfe erröthet seyn, von denen Mehrere eine unausführbare Volksherrschaft zu begründen strebten, die Andern aber völlige Einheit der Regierungsform für ganz Italien wollten: mit einem Worte, die verblendet genug waren, um statt einer glänzenden Abhängigkeit unter den Gesetzen des ersten Consuls, welche durch die Blüthe der Wissenschaften und Künste wo nicht erleichtert, doch wenigstens verschönert wurde, dem bleiernen Joche und der eisernen Ruthe der östreichischen Regierung sich zu unterwerfen, die man damals an ihre Spitze rief!

1) Der thätigste unter diesen war ein Neapolitaner, der Ritter Marulli.

14*

Fünf und dreißigstes Capitel.

Innere Verhältnisse.

Man wetteifert in der Verletzung des Völkerrechts. — Ereignisse vom Jahre 1804. — England nimmt an den geheimen Anschlägen gegen den ersten Consul Theil. — Verschwörung von Georges, Pichegrü und Moreau. — Man sucht die verschiedenen Elemente in der Verschwörung zu vermischen. — Pichegrü's Ankunft in Paris. — Gefangennehmung des Generals Moreau. — Zögerung des ersten Consuls, bevor er die Einziehung Moreau's befiehlt. — Moreau's Abläugnung. — Man wünscht dem ersten Consul Glück. — Antwort desselben. — Pichegrü und Georges werden verhaftet. — Das Geschwornengericht in Angelegenheiten des Hochverraths wird verschoben. — Gefangennehmung des Herzogs von Enghien. — Der erste Consul wird durch verschiedene Berichte verleitet. — Zusammentreffen des östreichischen Waffenaufgebots mit Englands geheimen Anschlägen. — Prüfung einiger Behauptungen in Betreff der Gefangennehmung des Herzogs von Enghien. — Muthmaßliche Betrachtungen des ersten Consuls. — Verhaftungsbefehl gegen den Herzog von Enghien und Dümouriez. — Verletzung der durch die Gesetze vorgeschriebenen Formen bei der Verurtheilung des Herzogs von Enghien. — Eindruck, den der Tod des Herzogs von Enghien auf die Gemüther macht. — Entlassung des Herrn von Châteaubriand. —, Betrachtungen über den Tod des Herzogs von Enghien. — Wie sich die verschiedenen Denkwürdigkeiten von St. Helena darüber aussprechen. — Verletzung des fremden Gebietes. — Würdigung der den französischen Prinzen gemachten Vorwürfe. — Einführung des bürgerlichen Gesetzbuches. — Drake's Verschwörung. — Schreiben des Herrn von Talleyrand an die fremden Gesandten und ihre Antwort darauf. — Drake's Flucht. — Entweichung Spencer Smith's. — Neuer Bericht des Oberrichters. — Herr Taylor als bevollmächtigter Minister am Hofe zu Cassel. — Schreiben des Lords Hawkesbury an die fremden Botschafter. — Talleyrand's Note an die französischen Geschäftsträger im Auslande.

1804.

Wenn jedes Jahr in der Geschichte mehr oder weniger seine eigene Charakteristik und besondere Bezeichnung hat, so kann man das Jahr 1804 mit allem Rechte das Jahr der Verschwörungen und der Eingriffe in das Völkerrecht nennen. Der erste Anfang dieser Verletzungen des Natur- und Völkerrechts, welche sich von nun immer mehr und mehr entfalteten, sind bei der Regierung Großbritanniens aufzusuchen. Der erste Consul antwortete auf die verruchte Herausforderung jener Regierung auf eben so derbe und abscheuliche Weise. Sein Zorn entlud sich in der unwürdigsten Verirrung über einem Haupte, welches sich niemals hatte träumen lassen, auf eine so derbe Weise gezüchtigt zu werden. Ein trauriges Bild sahen wir in den ersten Monaten dieses Jahres vor unsern Augen aufgerollt, welches jeden Edelgesinnten mit Abscheu und Entsetzen erfüllen muß: Von der einen Seite Mordanschläge gegen das Haupt der französischen Regierung, welche von den Agenten des Londoner Cabinets ausgebrütet und von diesem geleitet worden sind; überall Fallen und Nachstellungen von gedungenen Mördern, wozu noch der höchste Grad von Verruchtheit sich gesellte, daß das nämliche Cabinet, um seinen schändlichen Handlungen gleichsam die Krone aufzusetzen, das verbrecherische Beginnen seiner Abgeordneten mit unbegreiflicher Frechheit öffentlich zugestand, und somit den geheiligten Charakter der Botschafter in dem furchtbaren Grundsatze, daß es sie zu Werkzeugen des Verraths und des Meuchelmords entwürdigte, in die tiefste Gemeinheit herabzog; — auf der andern Seite der Eingriff in die landesherrlichen Rechte eines fremden Fürsten, Ueberschreitung der Gränzen in Friedenszeit, Entführung eines französischen Prinzen, welcher auf jedem andern Gebiete als demjenigen der Republik sicher zu seyn glaubte und dieser Hoffnung mit allem Rechte sich hingeben durfte, und endlich das grausame und allen Gesetzen widerstrebende Urtheil und dessen Vollstreckung.

Bonaparte wird sich durch die Gewalt der Stürme, welche sich mit immer größerer Heftigkeit aus dem englischen Cabinette gegen ihn erheben, nur um so länger und dauerhafter als Haupt der französischen Regierung erheben. Die sogenannte Höllenmaschine hat ihm die Ernennung zum Consul auf Lebensdauer verschafft. Von dieser Würde erheben die Verschwörungen eines Georges, Pichegru und Moreau, verbunden mit den durch die englischen Abgeordneten Drake und Spencer Smith bewirkten geheimen Anschlägen, den lebenslänglichen Consul auf den Kaiserthron.

Allein die Wirkung dieser gährenden Ereignisse kann unmöglich innerhalb einer engen Gränze verschlossen bleiben. Die Gefangennehmung des Herzogs von Enghien auf dem Gebiete eines teutschen Reichsfürsten, und die Einführung der erblichen Kaiserwürde in Frankreich sind zwei Umstände, welche nothwendig zu wichtigen Auseinandersetzungen Veranlassung geben müssen. Jetzt herrscht in allen Cabinetten die höchste Spannung und eine gleiche Thätigkeit. Im Norden ist man über die Besitznahme von Hannover noch immer in großer Bewegung; im südlichen Teutschlande sind Bewegungen wegen der Schwierigkeiten in Hinsicht der unmittelbaren Reichsritterschaft sichtbar. Diese Angelegenheiten werden von Tag zu Tage eine ernstere Richtung nehmen, und bei jeder Truppenbewegung wird man den Ausbruch eines plötzlichen Festlandkrieges befürchten. Daß die Gefahr von allen Seiten drohend sich erhebe, ist wohl kein Hirngespinnst mehr.

Zwar ist der Stoß zwischen England und Frankreich bis jetzt noch nicht sehr heftig gewesen. Mehrere Anschläge der englischen Regierung sind ohne Ergebniß gescheitert. Von Seiten Frankreichs ist man nicht gänzlich vorbereitet und gerüstet. Unterdessen fahren die Cabinette beider Nationen fort, einmal über das Völkerrecht sich erhebend, sich ohne Scheu anzugreifen, zu berauben und zu zerstören. England greift mitten im Frieden, während es noch einen diplomatischen Geschäftsführer zu Madrid unterhält, vier spanische, von Monte-Video kommende Fregatten an und sprengt die eine in die Luft, wobei 300 Personen ihr Leben einbüßen. Frankreich nimmt auf dem Gebiete von Hamburg den englischen Geschäftsträger Rumbold, welcher bei den hanseatischen Städten beglaubigt war, gefangen.

Man sollte glauben, der Monat October sey zu dieser zweifachen Verletzung des Völkerrechts absichtlich ausgewählt worden. Das britische Cabinet machte am 5ten dieses Monats den Anfang, und die französische Regierung folgte am 25sten nach. Um dieses Jahr in der Geschichte noch würdiger herauszuheben, eröffnet ihm der Krieg durch Vergrößerung des Schauplatzes ein neues Feld, und ruft zwei neue Mächte, Spanien unter Frankreichs Fahne, Schweden im Gefolge von

England, in die Schranken. Die folgenden Ereignisse scheinen durch ihr Gewicht alles Vorhergegangene zu verdunkeln, und dennoch werden sie von den darauf folgenden noch weit übertroffen. Das politische Leben Bonaparte's ist wie ein Drama, dessen Regeln nach der strengen Forderung der Kunst ein allmähliges Steigen der Theilnahme vom Anfange bis zu der End-Katastrophe erheischen.

Als bei den britischen Parlaments-Verhandlungen, welche unmittelbar dem Kriege vorausgingen, Lord Grenville dem Ministerium den Vorwurf machte, „sich nur auf die Zeit zu verlassen," und Lord Pelham zur Antwort gab „die Meinung der Minister sey, so viel als möglich den günstigen Zeitpunct zu ergreifen, der Englands Sicherheit begründen könne," nannte ein unter dem Einflusse der französischen Regierung stehendes Blatt diese Sprache eine versteckte Androhung von Höllenmaschinen und anderen hinterlistigen Feindseligkeiten.

„Wenn man einst vernehmen wird," sagte der Moniteur [1]), „daß ein Schwarm geheimer Agenten unter den Befehlen eines Drake, Wickham und Andern ganz Teutschland und Italien überschwemmt, da läßt sich wohl die Prophezeihung wagen, Lord Pelham habe richtig geweissagt." Diese Auslegung reizte den heuchlerischen Zorn der englischen Zeitschriften und selbst sogar einiger Feinde des ersten Consuls in Frankreichs Mitte. Die unschuldigen Worte Lord Pelhams bezogen sich jedoch auf nichts weiter, als auf gesetzliche Unterhandlungen mit den Mächten des Festlandes. Man nannte daher den Moniteur, und folglich auch den ersten Consul, dessen Organ diese Zeitschrift war, einen Verläumder. Diese vorgebliche Verläumdung enthielt jedoch nichts Anderes als die strengste Wahrheit, und in kurzer Zeit wird England selbst diese Wahrheit anerkennen.

Das englische Ministerium, welches dem ersten Consul das Anerbieten gemacht hat, Georges und seine Gefährten auszuliefern, wenn Frankreich Sr. britischen Majestät den Besitz von Malta zuspräche, hatte die nämlichen Leute für den Fall zurückbehalten, wenn man diese Bedingungen verweigern

1) Vom 20sten Nivose J. XI (2ten Octob. 1802) S. 406.

sollte, um sich derselben hernach gegen Frankreich zu bedienen. Schon einen Tag nach der Kriegserklärung wurden diese kaum die Nacht zuvor dem Auslieferungsurtheile entronnenen Menschen die innigsten Vertrauten und Freunde der englischen Minister und deren brauchbarste Helfershelfer. Geld, Schiffe, Waffen und Alles, was ihre Wuth gegen Frankreich unterstützen [1]) kann, wird ihnen zur freien Benutzung angeboten. Georges verlor keine Zeit. Schon im Monate August landete er an der normannischen Küste. Seine Agenten durchwanderten das Gebiet von Morbihan, die Bretagne und die Vendée. Sein Aufruhr wurde aber nicht gehört. Das Landvolk, ruhig und zufrieden unter einer beschützenden Verwaltung, entdeckte der obersten Behörde selbst das Daseyn von Waffenniederlagen, welche sie wenige Jahre zuvor zu einem ganz entgegengesetzten Zwecke verborgen hatten. Unvermögend, die West-Departements von Neuem für ihre Plane zu entflammen, nehmen sich England und dessen Emissarien vor, ihre Wirksamkeit nach Paris zu verlegen, und an dem Rheinufer die Hülfe vorzubereiten, welche die in der Hauptstadt angezettelten Umtriebe unterstützen sollte.

Alle königlich gesinnten Verschwörungen sind bis jetzt noch gescheitert. Man träumte von einer neuen Einrichtung, einer innigen Verschmelzung der entgegengesetzten Parteien. Nach der allgemeinen Ueberzeugung, welche damals die Gemüther in Frankreich ergriffen hatte, daß die republikanisch Gesinnten noch immer in starker Anzahl vorhanden wären, machte man sich gar kein Gewissen daraus, die Verfechter der Volksregierung mit den Vertheidigern des alten Königthums zu vereinigen. Der Zweck schien dies Bündniß zu adeln, zumal da dieser nur auf einen Gegenstand hinstrebte, den ersten Consul zu stürzen. Wäre dieser Zweck einmal erreicht, so hätte jede Partei ihre frühere Unabhängigkeit gesichert geglaubt: der Kö-

1) Der Redacteur des französischen Blattes „Le courrier de Londres" wärmte zu dieser Zeit die berüchtigte Schmähschrift gegen Cromwell: „Killing no murder" (tödten nicht morden), wieder auf und begleitete das Ganze mit einem an Bonaparte gerichteten Briefe, worin er sagte, daß er an jener Schrift nichts abgeändert, sondern nur folgenden kleinen Zusatz gemacht habe: Necesse est unum mori pro populo.

niglichgesinnte hätte die weiße Cocarde aufgesteckt und geschrieen: „Es leben die Bourbons!" die brutusähnlichen Vaterlandsfreunde des Clubs hätten die rothe Mütze wieder an einer Lanze befestigt und dieselbe mit dem Ausrufe: „Es lebe die Freiheit!" vor sich her getragen. Das Glück würde dann für den Stärksten und für den Geschicktesten entschieden haben. Die Auswanderer glaubten zwar, die Mächtigsten und Geschicktesten auf ihrer Seite zu haben.

Um jedoch diesen Plan ausführen zu können, mußte man in Frankreich vor Allem einen Mann von hoher Achtung, und vorzugsweise einen ausgezeichneten Soldaten gewinnen, unter dessen Fahnen die unzufriedenen, und auf den ersten Consul neidischen Vaterlandsfreunde sich reihen konnten. Wer konnte dieser vorzügliche Kriegsmann anders seyn, als der General Moreau? Man hat behauptet, daß Fouché, in der Hoffnung, sich wiederum in das Polizei-Ministerium einsetzen zu können, diesem Feldherrn Fallstricke gelegt und auf alle mögliche Weise anzuschwärzen gesucht habe [1]). Es leuchtet so sehr in die Augen, daß England und seine Agenten zu Niemandem eher, als zu Moreau ihre Zuflucht nahmen; es ist auch eben so natürlich, daß er mit seiner Charakterschwäche, seiner Heftigkeit und seinem unbesonnenen Betragen sich mehr oder weniger in geheime Anschläge habe verwickeln lassen, welche in den Augen der Regierung des Hochverraths schuldig erachtet wurden, da es vielmehr überflüssig gewesen zu seyn scheint, in diesem Unternehmen eine handelnde Person mehr theilnehmend zu wissen. Hochtrabende Unterhändler, welche von England nach Frankreich an den General Moreau geschickt waren, hatten leichtsinnigerweise leere Hoffnungen für Thatsachen und halbe Versprechungen für Gewißheit angenommen.

Um einen ununterbrochenen Verkehr des innern Frankreichs mit dem Auslande zu erhalten, mußten die betheiligten Auswanderer sich an den Ufern des Rheines aufhalten, um im Nothfalle dieselben wiederum mit bewaffneter Hand über-

1) Siehe Bourienne's Denkwürdigkeiten, Theil V. S. 285. An einer andern Stelle (Seite 294) erzählt dieser Schriftsteller, daß Fouché ihm, wenn auch nicht geradezu gesagt, doch zu verstehen gegeben habe, daß er der Urheber der Verschwörung des Georges und Moreau gewesen sey.

schreiten zu können. In dieser Absicht hatten verschiedene Sendschreiben aus dem englischen Cabinette die Auswanderer eingeladen, sich in der Nähe des Rheins aufzuhalten; zu diesem Behufe wurden ihnen ansehnliche Summen angeboten.

Vor Allem trug man jedoch Sorge, daß der erste ausübende Abgeordnete, Georges Cadoudal, zu Paris stets nur von vertrauten und ganz zuverlässigen Menschen umgeben ward. Ihre Geschäfte zerfielen in vier Abtheilungen, und um der Sendung ein größeres Gewicht beizulegen und dem Versammlungspuncte ein höheres Ansehen zu verschaffen, wurde beschlossen, einen französischen Prinzen, den Herzog von Berry, oder wohl gar den Grafen von Artois, in das Vertrauen zu ziehen.

Schon waren bereits zwei Landungen bewerkstelligt worden. Der dazu gewählte Ort befindet sich zwischen Dieppe und Tréport, ein um so sicherer Platz, da jeder Zugang mit Schwierigkeiten verbunden ist. An dem nämlichen Tage, an welchem der erste Consul zu dem gesetzgebenden Körper sagte: „die britische Regierung [1]) wird nichts unversucht lassen, und vielleicht hat sie dies schon ausgeführt, um einige jener Ungeheuer, welche sie während des Friedens so lange ernährt hatte, an unsern Ufern auszuwerfen, damit sie das Land, welches ihre Kindheit sah, zerfleischen sollten," fand die dritte Landung statt. Ein Vertrauter nimmt die Ankömmlinge in Empfang; er leitet hinführo ihre Schritte, bringt sie in ein schon zubereitetes Wohnhaus und hält sie da verborgen.

Ich begreife alle diese Ueberspannungen, kann sie sogar nicht verwerfen; denn in allen derselben läßt sich eine Seite entdecken, welche mehr oder weniger an Heldenmuth gränzt. Wie schwer muß aber die Ausführung dieser Plane und Vorhaben seyn! Nur unter dem Schutze der Finsterniß leben, ängstlich das Tageslicht zu fliehen, nur auf den Augenblick der finstern Nacht lauern, wo sich der Räuber in dem Hinterhalte versteckt, dies ist das Schicksal der Verschwörungen. Diese traurige Rolle spielten die Menschen, welche England an Frankreichs Küste ausgesetzt hatte, um eine Macht umzu-

1) Bericht über Lage und Verhältniß des Freistaats vom 16ten Januar.

stoßen, welche jenes Inselreich vergebens mit allen Flotten und mit allen Armeen des Festlandes bekriegt hatte. Die Nacht ist angebrochen, und mit ihr der Zeitpunct, wo man sich in Bewegung setzt, und die Menschenwohnungen fliehend, schleicht man, um jedem Blick der Sterblichen zu entgehen, auf steilen, unwegsamen Pfaden zu dem verhängnißvollen Werke, das sich selbst vor dem Monde und dessen treulosem Schimmer fürchtet.

Unter dieser schwarzen Schaar erhebt sich eine hohe Gestalt mit düstern, schwermuthsvollen Zügen, und schreitet schweigsam, in schweren Gedanken versunken, einher; alles dessen, was ihn umgiebt, sich schämend, ungewohnt, in solcher Begleitung und unter dem schwarzen Schleier der nächtlichen Finsterniß zu weilen, scheint er selbst auf den Schatten, der ihn umgiebt, neidisch zu seyn; tiefes Leiden wühlt in den Furchen seiner Stirne und entstellt seine männlich schönen Züge. In dem bewegten Busen streitet der Stolz, der einst Armeen commandirte, mit der bittern Erinnerung an einen Ruhm, dessen Lorbeeren verwelkt sind, und mit dem Ueberdrusse eines Daseyns, welches mit Centnerdruck auf der früheren Tugend lastet; in dies zerfleischende Gefühl mischt sich noch die Reue, die Edelsten und Tapfersten hingeopfert zu haben für einen Zweck, der niemals erreicht wurde. Jetzt schwebt nur ein Gedanke vor der gemarterten Seele, der Durst nach einem einzigen Erfolge, welcher allein im Stande ist, ein früher begangenes Verbrechen zu sühnen und in ein Werk der Treue umzugestalten; dieser Thatendurst findet Befriedigung in dem unauslöschlichen Hasse, der sich durch die Triumphe eines mächtigen Gegners stärkt, und in der blinden Verzweiflung, welche das Hinbrüten auf eine unbestimmte Rache einflößt. Dieser Mann, heute Georges gleich, oder tiefer noch als er, war Pichegru.

Nebst vielen tugendhaften Verbannten, als schuldiger Verbrecher am 18ten Fructidor des Landes verwiesen, hat er, nachdem er von Sinamari entflohen war, nicht wie die übrigen Opfer jener Zeit, sein Vaterland geschont, das gegen ihn doch nur gerecht war, und ihn, wie jene, gewiß zurückberufen hätte, wäre er nicht mit Verschwörungsplanen auf dessen Sturz bedacht gewesen. Im Jahre 1799 von England zu einem Feldzuge gegen das südliche Frankreich bestimmt, hierauf in die geheimen Anschläge von Bayreuth verwickelt, und endlich in den Rath der Feinde Frankreichs aufgenommen, kann ihn die Nation nicht anders als wie einen gefallenen Engel betrachten, dem sie jetzt nicht verzeihen kann, wie schwer es ihr auch wird, ihn zu hassen und zu verachten.

Pichegru ist in Paris und lebt in innigster Freundschaft mit seinem Vertrauten Georges. Zu diesem Paare fehlte nur noch ein dritter ausgezeichneter Verschworner, den Beide begierig aufsuchen. In diesem Augenblicke zeigen alle öffentlichen Anschläge und Bekanntmachungen, daß dieser große Helfershelfer in der Person des General Moreau gefunden ist.

Am Abend vor dieser Bekanntmachung ist Moreau festgenommen und nach dem Tempel geführt worden. Seine Verhaftung war nicht die Wirkung eines voreiligen Entschlusses. Als einer von den schon gefangenen Verschwornen bei dem Verhöre zum erstenmale den Namen dieses Generals fallen ließ, wollte der erste Consul gar nicht daran glauben. Er fürchtete, man lege ihm Fallen, um ihn zu strengen Maaßregeln zu verleiten, welche ihm bei dem Volke schaden könnten. Bouvet de L'Hozier war es, der sich durch eine unwillkührliche Schwatzhaftigkeit, welche er alsobald bitter bereute, diese Anzeige entschlüpfen ließ, niemals jedoch durch seine Unterschrift bestätigen wollte. Kaum war der Bericht zu den Ohren des ersten Consuls gelangt, so vernahm man auch, daß Bouvet den Versuch sich zu tödten gemacht habe. Die Unentschlossenheit und Ungewißheit des ersten Consuls wird noch mehr gesteigert: das Verbrechen, dessen Moreau angeklagt worden, scheint ihm unmöglich, so wie die Anklage unwahrscheinlich; die Rolle, zu welcher dieser herabgestiegen seyn sollte, ist eines Mannes von so großem Rufe gänzlich unwürdig. Uebrigens kann der Verschworene, der ihn anklagt und Alles nur mündlich beweiset, der am Ende durch den Selbstmord sich aus aller Verlegenheit zieht, sehr leicht ein überspannter und zu großen Opfern fähiger Mensch gewesen seyn.

In der That, es wäre ein Ergebniß von nicht geringer Wichtigkeit, den ersten Consul mit Moreau zu entzweien, um in der Folge die Unschuld des Einen allgemein bekannt zu machen, auf den Andern aber das Gehässige jener Ungerechtigkeit zu wälzen, welche eine Tochter der Eifersucht und Feigheit ist. Bouvet hat sich in seinen Bemühungen gegen sich selbst getäuscht; man kam ihm noch zur rechten Zeit zu Hülfe; schon athmete er wieder, und in dem Mittelzustande zwischen Leben und Tod ist jede Art von Künstelei oder Verstellung von ihm gewichen. Alles, was er weiß, wird nun eingestanden; besonders macht er sich kein Gewissen daraus, der Wahrheit ein Opfer zu bringen und Alles zu enthüllen, was den General Moreau betrifft, denn er ist der Ueberzeugung, daß die Säumniß dieses Feldherrn seinen und seiner Freunde Sturz bewirkt habe. Die Zusammenkünfte Moreau's mit Pichegrü sind erwiesen: zwei haben bei Moreau statt gefunden, die eine aber auf dem Magdalenen-Boulevard. Seine Erklärungen sind bestimmt und tragen den offenen Stempel der Wahrheit. Bouvet ist nicht nur damit einverstanden, die Aussagen zu unterzeichnen, er schreibt sie sogar ganz mit seiner eigenen Hand.

Jetzt ist es dem ersten Consul nicht mehr möglich, zu zweifeln [1]); doch wird vor der Hand nur die Verhaftung Moreau's beschlossen [2]). „Im Jahre XI der Republik," lautet der Bericht des Oberrichters an den ersten Consul, „hat eine verbrecherische Versöhnung Moreau und Pichegrü wieder vereinigt, zwei Männer, welche schon die Ehre allein hätte trennen, und durch ewigen Haß hätte von einander entfernt halten sollen."

In der That bot die Vereinigung Moreau's und Pichegrü's ein schwer zu lösendes Räthsel. Frankreich war wohl

1) Der erste Consul hat sich in einem Briefe vom 17ten Februar über das Ereigniß folgendermaßen geäußert: „Wie konnte sich Moreau zu einem ähnlichen Geschäfte hergeben? — Wie konnte der einzige Mann, welcher im Stande war, eine Unruhe einzuflößen, der Einzige, welcher gegen mich etwas vermochte, sich auf eine so ungeschickte Weise in's Verderben stürzen? Ein guter Stern leuchtet über mir."

2) In dem Augenblicke, als der erste Consul diesen Entschluß gefaßt hatte, machte er die Bemerkung, daß der General Moncey, Befehlshaber der Gensd'armerie, Moreau's Freund sey. „Gleichviel," sagt er, „Moncey ist ein Mann von Ehre und kennt seine Pflicht; der Befehl ist gegeben, er wird ihn vollstrecken."

berechtigt, an eine Unvereinbarkeit dieser entgegengesetzten Elemente zu glauben. Allgemein war man deshalb betrübt, auf der Liste der Verschwornen einen Namen zu erblicken, den die Ehre begründet und der Ruhm bisher vergrößert hatte; doch nicht so allgemein war das Erstaunen. Die Charakterschwäche Moreau's war bekannt, und Jedermann weiß, daß solche Menschen nur zu leicht der Spielball der Ränkesucht und List werden. Die Anhänger dieses Generals zogen zwar die Wahrheit der gegen ihn gemachten Anschuldigung in Zweifel.

Um den Gesinnungen des ersten Consuls zu genügen, mußte Moreau entweder zu einem Geständnisse gebracht, welches seine Handlungen zum wenigsten einer großen Unvorsichtigkeit zieh, oder seine Schuld bewiesen werden. Ein Geständniß hätte dem ersten Consul der Unannehmlichkeit enthoben, mit der Strenge des Gesetzes eine Anklage zu verfolgen, welche, wie auch ihr Ausgang seyn mochte, nur unangenehm und nachtheilig für die Regierung seyn mußte. Schritte auf Schritte [1]) wurden versucht, um dieses freie, so sehr gewünschte Geständniß zu erhalten, allein vergebens. Diese Verweigerung konnte auch ihren Nutzen haben. Weder Georges noch Pichegrü waren bis jetzt verhaftet; wenn man zufälliger Weise sich ihrer nicht bemächtigen konnte, so wäre die Anklage Moreau's eine Verläumdung gewesen, und Jedermann würde die Regierung der bösen Absicht, den ersten Consul aber einer gehässigen und neidischen Verläumdung beschuldigt haben, welcher zur Erdichtung seine Zuflucht genommen habe, um sich von einem Nebenbuhler zu befreien, dessen Ruhm und Popularität ihn belästigten. Eine förmliche Abläugnung war daher Moreau's und seiner Freunde erste Ausflucht. Es konnte überdies wenig befremden, daß der Bruder dieses Generals, selbst ein Mitglied des Gerichtshofes, alle Anschuldigungen, welche gegen einen Mann gerichtet waren, dessen Ruhm auf ihn und seine Familie belebende Strahlen warf, als ein Lügengewebe zurückwies. Ein solches Benehmen war bei einem

1) Nach Herrn von Bourienne (Th. VI. S. 158) soll der erste Consul Lauriston beauftragt haben, dem General Moreau zu erklären, daß, wenn er nur zugäbe, Pichegrü gesehen zu haben, so wolle er die ganze Untersuchung gegen ihn auf sich beruhen lassen.

ähnlichen Schmerze und einer so tief in den Schwächen der menschlichen Natur begründeten Angelegenheit zu entschuldigen.

Allein neben den Verwandten und Freunden des Generals Morrau, neben all' den Neidern des ersten Consuls, stand eine ganze Nation, für welche das Leben des ersten Consuls das einzige Unterpfand der Ruhe und öffentlichen Sicherheit war. Wie sehr man auch immer für den General Moreau eingenommen seyn mag, Niemand will in dem gegenwärtigen Augenblicke den Umsturz der Consular-Regierung, Niemand will freiwillig sich der Gefahr aussetzen, Frankreich von Neuem den Schrecknissen der Anarchie, oder der Rachsucht einer Gegenrevolution preis zu geben. Die Nation war durch die Gefahren, denen sie kaum erst entronnen war, noch zu sehr erschreckt und konnte auch mit Recht solchen Besorgnissen sich hingeben. Wenn von allen Seiten Glückwünsche an den ersten Consul ergingen, so ist es wohl abgeschmackt, eine niedrige Kriecherei in dem Ausdrucke von Gefühlen zu finden, welche in dem allgemeinen Wohle des ganzen Volkes begründet waren.

„Der Wunsch des Senats," sagte dessen Vorsteher zum ersten Consul, „ist der, daß Sie weniger der Stimme des Muthes folgen, welcher alle Gefahren verachtet, als daß Sie vielmehr Ihre Aufmerksamkeit nicht nur auf die öffentlichen Geschäfte hinlenken, sondern auch einen Theil davon für Ihre persönliche Sicherheit, welche keine andere als die des Vaterlandes selbst ist, bewahren." — „An Ihr Daseyn," sagte derselbe Vorsteher bei einer andern Gelegenheit, „ist das Leben von vielen Millionen Menschen geknüpft. Sie allein können Frankreich von dem entsetzlichen Unglücke des Bürgerkrieges und vor den Gräueln einer neuen Staatsumwälzung bewahren. Mit dem Tode eines einzigen Hauptes will man unsere Unabhängigkeit, unsere Nationalehre, unsere Ruhe und unser Glück zerstören!"

Jedes Gespräch war mit diesem nämlichen Gedanken erfüllt, denn jedes Herz fühlte seinen hohen Werth. „Diejenigen, welche sich gegen Sie bewaffnen, kündigen einem ganzen Volke den Krieg an: dreißig Millionen Franzosen, für ein Leben, an dem alle ihre Hoffnungen hangen, zitternd, stehen auf, um dies Kleinod zu vertheidigen. Welcher Franzose, welcher nur einigermaßen gebildete Mann, wollte auch in der Zeit rückwärts schreiten? Welcher würde den schon mit so viel Kraftaufwand und Thränen zurückgelegten Weg wieder einschlagen, auf dem jede Partei, wie sie auch hieß, nur Klippen fand, die jetzt noch mit den Trümmern ehemaligen Glückes umlagert sind? Muß man nicht bei dem Gedanken, daß die Hand eines verruchten Mörders den größten Mann niederstoßen und das ganze Reich, dessen Stütze er war, in Trauer stürzen könnte, von Schrecken ergriffen werden?" So sprach der Vorstand des gesetzgebenden Körpers, Herr von Fontanes: ein Meister, es ist wahr, in der Kunst, das Lob im schönsten Gewande zu spenden; allein das Lob war damals nichts als der Wiederschein des wahrsten Gefühls in Aller Herzen.

Man hat dem ersten Consul nicht selten den Vorwurf gemacht, in seinen Schreiben und Reden den Pomp des orientalischen Styles angewendet zu haben. Wer kann sich aber wundern, wenn er auf solche Lobeserhebungen im blumenreichen Tone antwortete: „In dem Lager aufgewachsen und durch den Krieg erzogen, habe ich nie eine Gefahr gescheut, und das Gefühl der Furcht ist mir unbekannt. Alle Momente meines Daseyns wende ich an, um den hohen Pflichten zu genügen, die das französische Volk und mein Schicksal mir auferlegt haben. Mein Leben wird, so lange es der Nation von Nutzen ist, unantastbar seyn; allein die Nation soll auch wissen, daß ein Daseyn ohne ihr Vertrauen und ihre Liebe, für mich nicht nur zwecklos, sondern unerträglich wäre."

Aus allen Theilen Frankreichs, aus allen Lagern, aus allen Häfen, aus allen, der verschiedenartigsten Gottesverehrung geweiheten Tempeln ertönten Stimmen der Freude und der Glückwünschung, deren feuriger Ausdruck späterhin in den Augen Einiger, der Unwahrheit ähnlich zu seyn schien. Die Menschen, welche ein ähnliches Urtheil zu fällen im Stande waren, haben vergessen, aus welch einem Wirrwarr von unheilbringenden Anordnungen, und aus welch' einem Elende Frankreich durch den ersten Consul gerissen worden war, und zu welcher Größe und zu welchem Grade von Ordnung er es erhoben hat. Vorzüglich schien man sich darin zu gefallen, die merkwürdigsten Züge aus den Berichten und Schreiben der Bischöfe zusammenzustellen, um daraus Beleidigungen gegen den französischen Clerus zu folgern; wenn man sich aber erinnert, daß Bonaparte noch als General sich als eifriger Beschützer der durch die französische Regierung verfolgten Geistlichkeit gezeigt, daß er im Besitze der höchsten Macht die Fesseln der gefangenen Priester gelöset und die verbannten Geistlichen aus ihrer Verweisung zurückgerufen habe; zieht man noch überdies in Erwägung, daß er der bekannten Gegenpartei zum Trotze mit dem heiligen Stuhle ein Bündniß geschlossen, und den katholischen Gottesdienst wieder eingeführt habe, so wird man sich wundern, daß die Geistlichkeit sich mit aufrichtigem Gefühle dem Daseyn eines Mannes widme, welchem sie ihre Wiedereinsetzung verdankt, und daß sie in ihrer Besorgniß für den ersten Consul zugleich für das Wohl von ganz Frankreich zitterte, womit sich die Furcht verband, ihr Vaterland mit einemmale wieder in das namenlose Elend zurückgestürzt zu sehen, aus welchem es herauszureißen, der erste Consul allein mächtig genug gewesen war?

Außer dem Umstande, daß die Sicherheit des ersten Consuls die schnellste Verhaftung der Häupter des Mordanschlages verlangte, war auch diejenige eines Pichegru und Georges von der höchsten Wichtigkeit, um durch ihre Gegenwart in Paris der Wahrheit mehr auf die Spur zu kommen, und die Schuld des General Moreau zu beweisen. Ein eigenes Gesetz erklärte [1]), daß die Verhehlung George's und seiner sechszig Raubgenossen gleich dem Verbrechen des Hochverraths bestraft werden sollte. Zu der Furcht vor der Strafe fügte die Polizei noch die Hoffnung einer Belohnung. Wenige Tage darauf wurde Pichegru festgenommen [2]). Georges entging den thätigsten Nachstellungen noch für kurze Zeit, wurde aber endlich auch ergriffen [3]). In einem Miethscabriolet überrascht, schoß er mit Pistolen auf die beiden Häscher, welche ihn umzingelten, tödtete den einen und verwundete den andern ge-

1) Am 26sten Februar.
2) Am 28sten Februar.
3) Am 9ten März.

fährlich. So hat dieser Mensch durch Unerschrockenheit und Geistesgegenwart in dem entscheidendsten Momente noch bewiesen, daß sein Muth der verwegenen Kühnheit seiner Unternehmung in keiner Weise nachstehe.

Gleich nach Entdeckung der Verschwörung berathschlagten die Häupter des Staates, welchem Gerichtshofe man den Urtheilsspruch über die Hochverräther anvertrauen solle. Nach den bestehenden Gesetzen mußte Georges und seine Genossen von einer Militair-Commission gerichtet werden. Der General Moreau, eines geheimen Briefwechsels mit dem Feinde und durch seine Verbindungen mit Pichegrü des Hochverrathes überwiesen, fiel dem höchsten Kriegsrathe zur Verurtheilung anheim. Sollte man nun alle Verschwornen vor dieselben Richter bringen, oder Untersuchung und Urtheil verschiedenen Gerichtshöfen überlassen? Sowohl die Militair-Commission, als der höchste Kriegsrath hätten von der Regierung selbst ernannt werden müssen. Die Gerechtigkeitsliebe und Politik des ersten Consuls geboten, sich einer solchen Wahl zu enthalten. Auf der andern Seite war es wohl an der Zeit, in einem Momente, wo alle Gemüther durch diese große Verschwörung noch leidenschaftlich bewegt waren, diese wichtige Sache von dem Ausspruche des Geschwornen-Gerichts abhängen zu lassen? Die Regierung hielt dies nicht für passend.

Der zwei und neunzigste Artikel der Constitution, durch den fünf und funfzigsten Paragraphen eines neueren Rathsbeschlusses unterstützt, hat den Fall vorausgesehen, wo das Gesetz die verfassungsmäßigen Gewährleistungen aufheben könnte. Schon in dem vorigen Jahre wurde in Bezug auf einige Departements Anwendung davon gemacht. Durch eine Abstimmung [1]) des Senates war die Ausübung des Geschwornen-Gerichtes im Laufe der Jahre XII und XIII in allen Departements der Republik, hinsichtlich der Verurtheilung von Majestätsverbrechen, Hochverrath, Anschlägen auf die Person des ersten Consuls und anderer, die öffentliche Sicherheit im Aeußern und Innern des Freistaates gefährdender Unternehmungen, aufgehoben worden. Das Criminal-Gericht mußte daher

1) Vom 26sten Februar.

nach den Anordnungen des Gesetzes vom 23sten Floréal des Jahres X, jedoch mit Vorbehalt, aufgehoben werden zu können, in Wirksamkeit treten. Alle Angeklagten wurden daher vor das Criminal-Gericht der Seine gestellt. Allein ehe wir uns mit diesem Verfahren beschäftigen, von welchem erst im Laufe des Monats Julius das Endurtheil gefällt wurde, nehmen Ereignisse von der höchsten Wichtigkeit vorher unsere Aufmerksamkeit in Anspruch, und hier ist eine strenge Zeitfolge um so unentbehrlicher, da die Ereignisse selbst neue Ereignisse erzeugen.

Durch die Verschwörung des Georges wurde England mitten in der Ausübung seiner heimlichen Verbrechen ertappt. Den Nachrichten zufolge, welche dem ersten Consul schon zu Ohren gelangt sind, die er aber keineswegs schon bekannt wissen will, wird er sehr bald, und um nichts weniger auffallend, in geheimen Umtrieben am rechten Rheinufer überrascht werden. Der nämliche Geist, welcher einen Georges von London nach Paris geschickt hat, beseelt alle britischen Gesandtschaften in Teutschland. Die Thatsachen sind bekannt und die Beweise unumstößlich; diese werden daher verbreitet und von Jedermann anerkannt werden. England selbst wird eingestehen, daß es kein Völkerrecht anerkenne. In der That hat von jeher sein ganzes Benehmen gegen Frankreich sich nach diesem Grundsatze gerichtet. Die Folgen davon werden schrecklich seyn. Der erste Consul wird seinerseits ebenfalls kund thun, daß er, um England und dessen Parteigänger, vor Allem aber die in seinem Solde stehenden französischen Auswanderer zu züchtigen, kein Völkerrecht mehr anerkenne. Dieser Grundsatz ist gleichsam das Todesurtheil des Herzogs von Enghien.

Seit den letzten Monaten des verflossenen Jahres sind von den beiden Rheinufern verschiedene Gerüchte in Paris angelangt, daß die französischen Auswanderer sich in großer Anzahl an dieser Gränze versammelten. In mehreren festen Plätzen hat man Versuche von hinterlistiger Werbung gemacht. Die französische Regierung, durch diese Berichte nicht wenig beunruhigt, hat sowohl den Beamten im Innern, als ihren Geschäftsführern im Auslande die größte Wachsamkeit anempfohlen. Natürlicher Weise nahm die Beunruhigung zu, seit-

15*

dem die Verschwörungsplane des Georges entdeckt waren, und man fürchtete in Teutschland einen ähnlichen Ausbruch.

Ein eigener Vorfall hat die Aufmerksamkeit der französischen Polizei hauptsächlich nach dieser Seite hingelenkt. Lange vor George's Verhaftung hatten Leute, welche in seinem Dienste standen, ausgesagt, daß zu wiederholten Malen, stets in Zwischenräumen von 10—12 Tagen, eine Person zu ihm gekommen sey, welcher er eine ungewöhnliche Hochachtung gezollt habe; daß bei ihrem Erscheinen sowohl Herr von Riviere als Herr von Polignac sich von ihren Sitzen erhoben, und mit den Geberden tiefer Ehrfurcht sich genähert hätten. Wer mochte diese geheimnißvolle Person gewesen seyn? [1]) Niemand wußte es zu sagen. Die französische Polizei fiel, wie es natürlich war, in ihrem Verdachte auf Niemand anders als auf ein Mitglied der königlichen Familie, aber — welches? Dies war die noch unbeantwortete Frage. War es der Graf Artois, der Herzog von Angoulême oder der Herzog von Berry? Alles, was man über jeden einzelnen dieser Prinzen erfahren konnte, verneinte die Vermuthung. Man gab sich alle Mühe, die Schilderung der Diener von Georges bald diesem bald jenem davon anzupassen, nirgends fand sich Aehnlichkeit. So kam dann die Vermuthung endlich auf den Herzog von Enghien.

Seit längerer Zeit hatte man ihn zwar gewissermaßen aus dem Gesichte verloren. Bei näherer Ueberlegung aber wurde man immer mehr geneigt, hauptsächlich weil er an der Gränze Frankreichs seinen Wohnsitz aufgeschlagen hatte, zu glauben, daß der Unbekannte Niemand anderes als er seyn könnte. Doch blieb dies nur eine Vermuthung; die Wahrheit lag noch unter einem dunkeln Schleier verhüllt, den nur gegründete Beweise zu lüften im Stande waren. So schloß der Staatsrath Real, welcher damals mit der Leitung der Polizeigeschäfte beauftragt war; denn, wie man weiß, war das Polizei-Ministerium aufgelöset. Nun handelt es sich hauptsächlich darum, einen vertrauten Agenten an Ort und Stelle

1) Es war Pichegrü, von dessen Ankunft in Paris Niemand etwas gewußt hatte.

zu schicken, um zu erforschen, ob der Herzog von Enghien sich beständig zu Ettenheim aufhalte, womit er sich da beschäftige und wer seine Umgebung sowohl als sein nächster Umgang sey.

Man beauftragte mit dieser Sendung einen Officier der Gensd'armerie, und dies ist die Veranlassung alles Unheils. Bei seiner Durchreise durch Straßburg hört dieser Officier als von einer gewissen Sache erzählen, daß der Herzog von Enghien von Zeit zu Zeit das Schauspiel dieser Stadt besuche. Ist diese Behauptung wahr, oder ist sie falsch? Uns kömmt die Entscheidung hierüber nicht zu, aber beinahe Niemand zweifelte damals an der Wahrheit dieses Umstandes[1]).

Der abgeordnete Beobachter kommt daher an seinem Bestimmungsorte Ettenheim, voll von Vorurtheilen, an, welche natürlich durch den geringsten Schein noch mehr vermehrt wurden. Er vernimmt, daß in der Nähe des Herzogs von Enghien mehrere Ausgewanderte sich aufhalten; daß er diejenigen unter ihnen, welche ihn besuchen, gut aufnehme, und daß sich der Herzog endlich öfters auf mehrere Tage entferne. In der That scheint es, daß die Freuden der Jagd den Prinzen von Zeit zu Zeit mehrere Tage in dem Gebirge des Schwarzwaldes festgehalten haben. Dies war noch nicht Alles. Die undeutliche Aussprache der Deutschen wurde Veranlassung, daß man in dem Namen eines unbedeutenden Mannes in dem Gefolge des Herzogs, des Herrn von Thumery, die Gegenwart Dumouriez's in Ettenheim ahnete. Man begreift leicht, was bei dem Zusammentreffen solcher Umstände ein mit Vorurtheilen erfülltes Gemüth für Folgerungen ziehen konnte. Das Ergebniß davon war natürlicher Weise ein Plan, den ein mehr blinder Feuereifer, als eine klare, ruhige Ansicht entworfen,

1) Der Secretair des Herzogs von Enghien hat seitdem die Thatsache geläugnet; allein er hat zu gleicher Zeit einen Umstand offenbart, welcher jenen allgemeinen Glauben nur unterstützen mußte, daß der Herzog nämlich nicht selten Spaziergänge längs dem Rheine hin unternommen habe. Das Gerücht, daß der junge Prinz das französische Gebiet zu betreten wage, ist sogar bis nach England vorgedrungen. Zum Beweise dienen die Briefe des Prinzen von Condé, welcher das Benehmen seines Enkels getadelt und ihm mehr Klugheit anempfohlen hat.

der durch Scheinbilder — zwar ohne böse Absicht — unschuldige Thatsachen entstellt und ganz einfache, natürliche Begebenheiten in schwere Verbrechen umgewandelt hat.

Ich habe schon weiter oben bemerkte, daß die Ursache alles Unrechts in dem Mißgriffe der Wahl eines Gensd'armerieofficiers zu der Auskundschaftung in Ettenheim ihren Grund gehabt habe, welches sich so erklären läßt: hätte der Beobachter seine Berichte an den Staatsrath eingesendet, welchem damals die Aufsicht über die polizeilichen Angelegenheiten übertragen war, so würde diese Versammlung, welche bei ähnlichen Vorfällen das Wahre von dem Falschen und das Bestimmte von dem Ungewissen zu unterscheiden gewohnt ist, die Sache mit ruhiger Ueberlegung geprüft und ihre Nachforschungen ohne Uebereilung fortgesetzt haben, statt ungewisse Vermuthungen sogleich zur untrüglichen Wahrheit zu stempeln. Allein jener Officier der Sicherheitswache begnügte sich nicht damit, an Herrn Real allein zu berichten; er hat auch dem Oberaufseher seiner Truppenabtheilung, dem General Moncey, Rechenschaft von seinen Nachforschungen und vorgeblichen Entdeckungen abgelegt. Vielleicht gab er seinem unmittelbaren Vorgesetzten noch ausführlichere Nachrichten von jedem einzelnen Umstande — als Herrn Real.

Wie dem immer seyn möge, der General Moncey, „ein pflichtgetreuer Ehrenmann," wie sich der erste Consul über ihn ausdrückte, beeilt sich, Alles, was er vernommen, in den Tuilerien mitzutheilen. Daher kamen die falschen Muthmaßungen, welche das Urtheil des ersten Consuls irre leiten, daher die Erhitzung seiner Einbildungskraft, welche ihm unbestimmte und weitläuftige Vermuthungen für Wahrheit annehmen läßt. Um von Straßburg nach Paris zu gelangen, bedarf man nur sechszig Stunden, d. i. fünf Tage, für die Hin- und Herreise. Die Person, welche man öfters bei Georges gesehen, und der Jedermann so viel Achtung bewiesen hat, — der Unbekannte ist Niemand anders, als der Herzog von Enghien. Der Herzog ist der Anstifter der Verschwörung, er ist dessen Seele, oder ganz bestimmt wenigstens einer der ersten Mitwissenden. England hat für Alles gesorgt; Dumouriez hat sich mit ihm vereinigt; Alles ist in Bereitschaft, diese

Beiden im Momente der Entscheidung so schnell als möglich nach Paris zu bringen.

Dies waren die Gedanken, welche sich in der Seele des ersten Consuls kreuzten; und in der That, die vermeinte Anwesenheit Dumouriez's in Ettenheim war ein bedenklicher Umstand. Wäre diese Vermuthung wahr gewesen, wie es der erste Consul glaubte, so hätte der Verdacht gegen den Herzog von Enghien nicht wenig an Bedeutung und Gewicht zugenommen. In Paris aber macht man den Einwurf, daß die Unhaltbarkeit des Verdachtes am Tage liege, daß der erste Consul davon unterrichtet sein müsse, denn der französische Geschäftsträger am Badischen Hofe hatte an das Ministerium der auswärtigen Angelegenheiten geschrieben, daß der Herzog von Enghien das friedfertigste und eingezogenste Leben in Ettenheim führe.

Man wird zugestehen müssen, daß eine solche Einwendung auf keinem festen Grunde beruhe; konnte denn in der That der Herzog von Enghien in den geheimen Anschlägen gegen den ersten Consul verwickelt, mit den in seiner Nähe wohnenden Auswanderern im Einverständnisse, und Dumouriez entweder unter seinem oder unter einem fremden Namen in seiner Umgebung sein, ohne daß dieser nöthig hatte, auch nur das Geringste von seiner ruhigen und zurückgezogenen Lebensart abzuändern? Wir glauben sehr gern, daß der Herzog von Enghien eben so wenig als die in England lebenden französischen Prinzen einen Gedanken an einen feigen Meuchelmord gehabt haben möge, allein der erste Consul konnte nicht so urtheilen, er mußte seine Stellung im Staate, seine Würde im Auge behalten.

Von dem Ursachen, welche den ersten Consul zu seinem nachmaligen Entschlusse bestimmt haben, darf eine nicht mit Stillschweigen übergangen werden, welche bedeutungsvoll und gewichtig ist. Die Verschwörung gegen den ersten Consul hat ihre Wurzel in England und vertheilt von da aus ihre Zweige nach allen Richtungen; nur wechselt sie je nach Zeit und Ort, ihr Wesen und ihre Form. Von der einen Seite im Finstern schleichende Mordanschläge, von der andern Bewaffnung; hier heimtückische Befehdung, dort offener

Krieg; überall aber Gefahren über Gefahren, von denen eine die andere vergrößert.

Wie sollte der erste Consul sich denken können, daß der Herzog von Enghien, als Prinz aus dem Hause Frankreich, und im Solde von Großbritannien stehend, von Allem, was da vorbereitet wurde, nichts wissen sollte? In den Augen des ersten Consuls hegen die Cabinette von London und Wien eine und dieselbe Sinnesart. Wie sollte er sich nun überzeugen, daß ein Bourbon, an der Gränze von Frankreich wohnend, nicht in den geheimen Anschlag verwickelt sey, welcher gegen ihn im Werke war [1]). Die zwischen Oestreich und Frankreich erfolgte Auseinandersetzung wurde von beiden Seiten beinahe bis zur Drohung gesteigert. Der erste Consul dringt sogar in einem Schreiben vom 9ten März an den teutschen Kaiser auf eine bestimmte Erklärung. An dem darauf folgenden Tage (10ten März) wird der unheilbringende Befehl in Bezug auf den Herzog von Enghien gegeben. Wer kann behaupten, daß diese beiden Ideen einander fremd gewesen seyen; daß die Größe der Gefahren, von welchen sich der erste Consul umgeben sah, nicht die Heftigkeit der Mittel, welche zur Vertreibung derselben, so wie zur Aufrechthaltung des Ansehens, und um dem Feinde Furcht einzujagen angewendet wurden, bestimmt habe? Man getraute sich ferner zu sagen, daß Oestreich, welches von jeher mit so engen Banden an England geknüpft war, nichts von den verschiedenartigen Unternehmungen gegen den ersten Consul gewußt, und je nach dem Erfolge der gemachten Plane zu jeder Hülfe sich bereitwillig gezeigt habe. Freilich kann hier von keinem eigentlichen Mordanschlage die Rede seyn [2]). Mitten unter diesen Ereignissen hat man die Berichte des geheimen Beobachters von Ettenheim dem ersten Consul vorgelegt. Au-

1) Sir Walther Scott sagt: „daß der Herzog von Enghien deshalb das Schloß von Ettenheim bezogen habe, um sich ohne Zweifel an die Spitze der Königlichgesinnten im östlichen Frankreich, oder, wenn die Gelegenheit sich darböte, selbst deren von Paris zu setzen."

2) Im Jahre 1803 bezeigten sowohl Kaiser Franz II., als die Grafen Collorede und Cobenzl, bei Gelegenheit eines Gesprächs von blutigem Vorhaben gegen den ersten Consul, ihr Entsetzen über ähnliches Beginnen.

genblicklich war der schreckliche Entschluß gefaßt und der Befehl ertheilt, den Herzog von Enghien gefangen zu nehmen. Wie hat aber dieser Entschluß seine Reife erlangt? War er die Wirkung eines plötzlichen und selbstständigen innern Antriebes oder das Ergebniß langer Berathungen einer Versammlung? So viel ist in dieser Sache gewiß, daß der Befehl an den Kriegsminister Nachts um 10 Uhr von dem ersten Consul nach Beendigung einer Unterredung dictirt worden war, welcher, außer den beiden andern Consuln, Herr von Talleyrand, der Großrichter und Fouché, der zwar nur Senator war, aber von dem man als ehemaligem Polizeiminister nützliche Aufschlüsse erhalten konnte, beigewohnt haben. Diese Männer begaben sich während des kritischen Zeitpunctes, in dem man lebte, alle Abend in die Tuilerien. Hatte man sie an diesem Tage durch eine besondere Aufforderung dahin berufen, oder kamen sie zufällig hier zusammen? Gleichviel. Es kamen ernste Dinge zur Sprache, und viel wurde hin und her geredet. So weit geht die Gewißheit, aber nicht weiter. Was hatte sich in jener Unterredung zugetragen? Hier beginnen die verschiedensten Auslegungen der Feindschaft und des Hasses. Hier findet die Willkühr den ersten Stoff, diese Person anzuklagen, jene zu entschuldigen, ohne weder für die Rechtfertigung noch für den Tadel Beweise und Stützen zu finden.

Ist es wahr, wie einige Denkwürdigkeiten behaupten, daß der Minister der auswärtigen Angelegenheiten nach einem Berichte über den allgemeinen Zustand Europa's seine Rede mit dem Rathe beschlossen habe, ein neutrales Gebiet durch eine Gewaltthat zu verletzen? Ist es wahr, was Männer, die sich wohl Unterrichtete nennen, aussagen, daß Fouché mit dem Vorsatze, den ersten Consul von Verlegenheit in Verlegenheit zu stürzen, um sich desto unentbehrlicher zu machen und die verlorene Würde wieder zu erlangen, unter dem Vorwande, die eifrigen Revolutionsmänner an die Regierung zu fesseln, eine Maaßregel angerathen oder unterstützt habe, welche er Tags darauf, der Erste, zu verdammen bereitwillig war? Ist es wahr endlich, daß die Weigerung eines Cambacérès, für die Verhaftung des Herzogs von Enghien auf fremdem

Gebiete zu stimmen, obgleich er rieth, Jenem, sobald er den ersten Fuß auf französischen Grund und Boden setzte, zu ergreifen, diesem Staatsmanne von Seiten des ersten Consuls die berüchtigte Anrede zugezogen habe: „Sie sind ja auf einmal sehr geizig geworden mit dem Blute der Bourbons."

Alle diese Gerüchte fanden mehr oder weniger in den Cirkeln von Paris Glauben, je nachdem der darin herrschende Geist dem einen oder dem andern dieser genannten Männer mehr oder minder günstig war. In meinen Augen ist jedoch keines als ganz gegründet anzusehen, keines verdient vollkommenen Glauben, und übrigens ist der erste Consul einer von jenen Charakteren, dessen Handlungen man keinem Andern zuschreiben kann. Das Böse so wie das Gute, welches er begangen, gehört ihm ganz und nur ihm allein an.

In den schwierigen Verhältnissen, in denen er sich befand, konnte sich der erste Consul wohl sagen: „Die Bourbons haben mir den Untergang geschworen, sie haben mein Haupt dem Schwerte ihrer Trabanten preisgegeben, sie haben mich tödten wollen. Nun denn, das Zittern ist jetzt an ihnen; ich kann auch morden; ich brauche nur den Arm auszustrecken, um einen von ihnen zu ergreifen; so will ich ihn denn festhalten und züchtigen, damit sie einsehen lernen, daß Niemand ungestraft nach meinem Leben trachten kann." Vielleicht hat in dem Augenblicke, als er sich so dem Ausbruche der höchsten Zorneswuth hingab, ein teuflischer Genius, um ihn so recht zu bestärken, ihm noch kalte Ueberlegung eingeflößt: „Die Scheidung zwischen Frankreich und der älteren Linie der Bourbons schien fest beschlossen zu seyn. Der Zustand der Unthätigkeit, zu welcher die Prinzen dieses Hauses verurtheilt waren [1]), wenn es sich um eine Krone für sie handelte, hat ihnen jede Fähigkeit benommen, mit dem heldenmüthigen Frankreich in die Schranken zu treten. Zwar erinnert der Name Condé vielmehr an die Zeiten des Ruhms und siegreicher Waffenthaten. Er erinnert sogar an unlängst mit entschiedenem Glücke geführte Kriege. Der Großvater und Enkel haben als Tapfere

1) Dies Urtheil kam von der englischen Regierung, welche aus ihnen Werkzeuge des Aufruhrs und der Unruhe schmieden wollte, statt ihnen die Fähigkeit zu Frankreichs Wohl und Beglückung zu überlassen.

gegen Tapfere mit gleichem Muthe Schlachten gelenkt. In dieser Betrachtung scheint der Keim der Möglichkeit zu einer Wiederversöhnung, ja sogar zu einer Art von Sympathie zu liegen. Vor Allem muß ich daher diesen Zweig und mit ihm den letzten Sprößling zerstören. Es ist zwar ein Verbrechen, ein großes Verbrechen, allein die That wird durch die Staatsklugheit und durch die Stimme des allgemeinen Besten geboten. Sie wird ganz Frankreich und selbst meine mir ergebensten Freunde in Bestürzung setzen; Europa wird erstaunen, allein morgen schon werden neue Ereignisse die Aufmerksamkeit Aller auf sich ziehen, man wird nächstens neue Schandthaten von England erfahren, und der Tod des Herzogs von Enghien wird sich unter allen diesen Ereignissen verlieren, welche das Schicksal eigens dazu geschaffen zu haben scheint, um diesen um so eher in die Nacht der Vergessenheit zu begraben."

In Folge der von dem ersten Consul ertheilten Befehle sind zwei Stabsofficiere in verschiedenen Aufträgen nach dem Rhein abgereist. Die eine Sendung war zur Haft des Herzogs von Enghien und des General Dümouriez's, nebst ihrem Gefolge bestimmt. Zur Vollziehung dieses Auftrags wurde General Ordener gewählt; die andere hatte die Gefangennehmung eines Clubs von Auswanderern, welche sich in Offenburg aufhielten, zum Gegenstande ihres Befehls: Der Oberst Caulaincourt, einer von den Adjutanten des ersten Consuls, stand an der Spitze dieser Sendung. Der Boden, auf welchem der Herzog von Enghien sich aufhält, gehört zwar einem neutralen Lande an, allein dessen Gebieter ist ein Frankreich befreundeter Fürst, der dem ersten Consul eine nicht geringe Vergrößerung seines Gebietes verdankt. Das Völkerrecht gestattet aber in keinem Falle einen solchen Eingriff in die badischen Staaten, ohne den Landesherrn früher davon in Kenntniß zu setzen, ohne dessen Zustimmung abzuwarten. Zu diesem Behufe ist ein Brief von dem Minister der auswärtigen Angelegenheiten abgefaßt worden.

Dieses Schreiben vom 11ten März 1804 kündigte dem Markgrafen von Baden nach einigen Vorwürfen über den Aufenthalt des Herzogs von Enghien und Dümouriez's in seinen Staaten die Absendung zweier kleinen Truppencorps an, welche den Auftrag hätten, nach Ettenheim und Offenburg zu gehen, um dort die Anstifter eines Verbrechens, welches seiner Natur nach alle Theilnehmer und Helfershelfer außer dem Schutze des Völkerrechtes setzte, festzunehmen. Der Oberste Caulaincourt hatte den Befehl, dieses Schreiben nicht eher an seine Bestimmung abzugeben, als in dem Augenblicke, wenn die Aufgabe der Sendung gelöst seyn würde. Hier entsteht, wie man sich leicht denkt, die Frage: ob diese Handlung eine Verletzung des Völkerrechts und ein Einfall in fremdes Gebiet genannt werden könne; doch hier ist nicht der Ort, sie zu erörtern, wir werden später darauf zurückkommen.

Der Herzog von Enghien wurde also am 15ten März zu Ettenheim festgenommen und nach Straßburg geführt. Von hier brachte man ihn am 18ten nach Paris, wo er am 20sten ankam, und sogleich von da aus in das feste Schloß zu Vincennes gesperrt wurde. Der Befehlshaber von Paris ernannte sogleich ein Kriegsgericht, welches sich noch in derselben Nacht versammelte. Man fällte das Todesurtheil, und im Augenblick darauf war der Prinz nicht mehr unter den Lebenden.

Bei einer Verurtheilung, welche die Politik vorschreibt, werden die durch die Gesetze anbefohlenen Förmlichkeiten selten beobachtet; so geschah es auch in Hinsicht auf den Herzog von Enghien. Der Gefangene von St. Helena will sich dadurch rechtfertigen, daß er unaufhörlich anführt, der Prinz „sey von einem vollgültigen Gerichtshofe verurtheilt worden." Diese richterliche Befugniß auszumitteln und zu beweisen, würde eine eben so schwierige als Streit erregende Aufgabe seyn. Könnte sie aber auch zu Gunsten dieser Meinung gelöst werden, so bliebe in diesem Verfahren stets noch die Nichtbeachtung der jeden Angeklagten schirmenden Gesetze in seiner Vertheidigung übrig. Dem Herzoge von Enghien wurde kein Vertheidiger zugestanden. Napoleon verwirft zwar, als eine ihm fremde Angelegenheit, die nähere Beleuchtung des Unrechts, welches allenfalls auf jener Gerichtsversammlung haften könnte: „War er schuldig," lauten seine eigenen Worte [1]), so mußte er verurtheilt werden. War er unschuldig, so mußte

1) Diese merkwürdige Erklärung findet sich in den eigenhändigen

man ihn freisprechen; denn keine Anordnung, keine Form, kein Verfahren kann das Gewissen eines Richters rechtfertigen."

Welch' eine Lehre für Magistratspersonen oder Beisitzer im Kriegsrathe, welche sich etwa verleiten lassen könnten, die Zunge der Gerechtigkeitswaage zum Vortheile des Eigennutzes und der Leidenschaft der Regierungen spielen zu lassen! Mitten unter allen Erläuterungen, womit man die Verhaftung und Verurtheilung des Herzogs von Enghien zu rechtfertigen bemüht ist, fragt Einer den Andern, wie es wohl zugehe, daß seit dem Augenblicke, als der Kriegsrath zum Urtheil des Prinzen ernannt war, zwischen diesem Rathe und der höchsten Behörde, mit einem Worte zwischen Vincennes und Malmaison keine Verbindung stattgefunden habe; daß, als der Herzog von Enghien den lebhaften Wunsch äußerte, mit dem ersten Consul zu sprechen, der Präsident jenes Rathes weder an die Regierung, noch an den ersten Consul direct zu schreiben sich entschließen konnte. Man denke sich an die Stelle des Generals, welcher bei dem Gerichte den Vorsitz führte, einen Mann, der mit der Einsicht in die Tiefen der Rechtswissenschaft jenen Bürgermuth verband, welcher es auf sich genommen hätte, den Herzog nach Malmaison zu bringen. Wer zweifelt noch, — ich berufe mich hier selbst auf die Verläumder des Generals Bonaparte — der nur einigermaaßen den Charakter dieses Helden kannte, daß durch einen solchen Schritt das Schwert in seinen Händen die Schärfe verloren hätte? Alle, welche damals den ersten Consul umgaben, haben ihn lange Zeit in der fürchterlichsten Gewissensangst gesehen, wie in seinem Innern die unheilsame, eiserne Nothwendigkeit der Lage der Dinge mit seinem bessern Selbst stritt, wie er gegen die Rohheit einer Handlung ankämpfte, welche sowohl seinem Herzen als seinem Geiste fremd war. Der Mensch, welcher ihm aus dieser schrecklichen Ungewißheit einen sichern Weg gezeigt hätte, wäre ihm als ein Wohlthäter erschienen. Unglückseliger Weise lehrt uns täglich die Erfahrung die bittere Wahrheit, daß die Lenker der Staaten nur selten von ähnlichen Freunden umgeben seyen.

Notizen Napoleons, welche bis auf den heutigen Tag noch nicht bekannt gemacht sind.

Die Nachricht von dem Tode des Herzogs von Enghien, welche plötzlich in Paris erschallte, während dem man kaum etwas vernommen hatte, brachte eine Art von allgemeiner Bestürzung hervor, der sich Niemand erwehren konnte. Während vier Jahren einer friedlichen Regierung hatte sich Frankreich der grausamen Strenge einer Staatsumwälzung und des Anblicks von Justizmorden gänzlich entwöhnt. Wie konnte der erste Consul so plötzlich das Racheschwert ergreifen, Verbannungslisten entwerfen und vor allem ein solches Opfer auserwählen? Der Name Condé hatte von jeher eine Art von magischer Kraft auf die Nation ausgeübt; und wenn man auch in Frankreich selbst weniger Gelegenheit gehabt hatte, die glänzenden Eigenschaften des jungen Prinzen in der Nähe wahrzunehmen, so war es doch Niemandem entgangen, daß er sich in mehreren Schlachten ausgezeichnet und im Felde jederzeit des großen Namens, den er trug, würdig bewiesen habe. Selbst bei den eifrigsten Parteigängern und den besten Freunden des ersten Consuls war der Schmerz nicht weniger groß. Sie fühlten, daß außerhalb der stürmischen Jahre 1793 und 1794 in einer durch ihn selbst herbeigeführten bessern Zeit, eine solche Handlung mitten auf der ungeheuern Scheibe seines Ruhmes ein Flecken sey, welchen nichts auszulöschen im Stande war.

Durch diese mit nichts zu entschuldigende Gewaltthat ist der erste Consul, welcher sich eine eigene und zwar so ungewöhnliche Laufbahn eröffnet hatte, freiwillig wieder in das Gewühl der alltäglichen Prinzen herabgestiegen, auf welche sich die nie alternde Wahrheit der Geschichte anwenden läßt, daß die politische Barbarei, welche nur kluge Streiche auszuführen glaubt, beinahe jedesmal, statt den Zeitpunct zu erreichen, ihn verfehlt.

Der allgemeine Schmerz war still und schweigsam, aber um so tiefer. Ein öffentlicher Beamter, welcher Anfangs aus Anhänglichkeit für unsere Königs-Familie ausgewandert war, später aber mit Treue und Biedersinn selbst der neuen Regierung diente, Herr von Chateaubriand, verhehlte, seine Liebe für das Herrscherhaus unausgesetzt im Herzen tragend, die Gefühle nicht, welche sein Inneres bestürmten. Zum Abgeordneten bei dem Freistaate Wallis ernannt, hat er sich an dem unglücklichen Morgen vom 21sten März nach den Tuilerien begeben, um von dem ersten Consul Abschied zu nehmen. Er hatte in seinem ganzen Wesen eine große Zerstörung und auf seinen Zügen den Ausdruck düsterer Schwermuth wahrgenommen, aus denen das Auge wie ein Blitz aus dunkler Nacht hervorleuchtete. Einige Stunden darauf war ihm die Ursache klar. Augenblicklich hielt er um seine Entlassung an. Dies ist die Regung und der Entschluß einer eben so edlen als erhabenen Seele, und werth, von dem Griffel der Geschichte festgehalten zu werden; denn ihre süßeste und belohnendste Aufgabe bleibt es stets, bei großen Talenten die Grundzüge eines edlen Charakters wahrzunehmen.

Der Eindruck, welchen das Ereigniß von Ettenheim nebst seinen Folgen auf die Gemüther aller Unbefangenen hervorbrachte, war im Auslande nicht weniger groß als in Frankreich. In der That beobachteten alle Cabinette, mit Ausnahme derer von London und St. Petersburg (?), eine ungewöhnliche Zurückhaltung; die ersten Classen der Gesellschaft aber, durch Vorurtheile sowohl als durch Grundsatz der französischen Macht und Regierung feind, erhoben ein lautes Geschrei, welches diesesmal eine nur zu gegründete Ursache hatte. Der russische Hof (?) legte seine Gesinnungen darüber auf eine ziemlich deutliche Weise an den Tag, indem er für den Herzog von Enghien Trauer anlegen ließ und allen seinen Gesandten an fremden Höfen den Flor zu nehmen befahl. Bald darauf wurde diese Begebenheit der Gegenstand diplomatischer Verhandlungen zwischen allen teutschen Höfen, wovon wir später zu sprechen Gelegenheit haben werden.

Eine vor zehn Jahren erschienene Schrift über den Tod des Herzogs von Enghien weckte in mir Gedanken und Betrachtungen, denen hier ein Plätzchen vergönnt seyn möge, denn es giebt Gefühle in des Menschen Brust, welche kein Umstand verändert, keine Zeit erkältet. Ich fragte mich, ob Napoleon ein grausamer Mensch war und — so sehr ich auch die schreckliche Handlung, von der meine Seele noch immer ergriffen ist, mißbillige, so fand ich doch, daß Grausamkeit nicht in seinem Charakter liege; allein schon Macchiavelli [1]) sagt: „von allen Fürsten ist es hauptsächlich dem neuen Regenten unmöglich, dem Verdachte der Grausamkeit zu entgehen." Diese Maxime hat Bonaparte bewährt. —

Das Glück, sagte ich schon im Jahre 1820, hat ihm einen unbesetzten Thron geschenkt. Glücklicher als Cromwell war er weniger schuldig. Er hat nicht wie jener, um zu der höchsten Stufe der Gewalt zu gelangen, seine Hände in Königsblut getaucht. Sollte er ihn um diesen schrecklichen Vortheil beneiden? Es giebt für alle Fürsten, deren Haupttugend nicht Menschlichkeit ist, unerklärbare Augenblicke, wo man sich zu dem Glauben versucht fühlt, sie strebten darnach, durch irgend eine große Gewaltthat die Welt in Erstaunen zu setzen. Sixtus V., welcher sich wenig Gewissensbisse daraus machte, dem leisesten Verdachte die würdigsten Personen zu opfern, beneidete bei der Nachricht von dem Tode der Maria Stuart die Königin Elisabeth um ihr Glück:

„O glückliches Weib," rief er aus, „welches du das Vergnügen genossen hast, ein gekröntes Haupt vom Rumpfe springen zu sehen!" — Ein Condé war es, welchen Napoleon als seinen gefährlichsten Gegner angesehen hat. Wer erkennt nicht bei dieser Gelegenheit auf's Neue die Wahrheit der Worte eines Marc-Aurel: „Keiner hat seinen Nachfolger getödtet!" [2]) Was blieb dem von dem älteren Zweige der Bourbons, welchen er nicht fürchten zu dürfen glaubte, entthronten Napoleon von diesem unverzeihlichen Morde übrig? Nichts als die marternde Erinnerung, ein unnützes Verbrechen begangen zu haben [3]).

Da der Tod des Herzogs von Enghien die verdammungswürdigste Handlung in dem Leben des ersten Consuls

1) Fra tutti i principi, al principe nuovo è impossibile il nome di crudele.

2) Successorem suum nullus occidit. Vulcatus Gallicanus.

3) Ebenso hat der Gefangene von St. Helena selbst geurtheilt. In seinen schnell hingeworfenen, bis jetzt noch nicht bekannt gemachten Anmerkungen über sein Leben, sagt er unter andern: „Der verdiente Tod des Herzogs von Enghien hat Napoleon in der öffentlichen Meinung geschadet, und ihm nicht den geringsten politischen Nutzen gebracht."

ist, so sind auch über keine mehr Aufschlüsse gegeben worden, als über diese. Ein Blick in die Denkwürdigkeiten von Montholon, Las Cases, O'Meara und Warden bestätigt die Aussage. Diese Handlung ist in jenen Schriften von zwei Gesichtspuncten dargestellt, als eine Sache, die das allgemeine Völkerrecht, und als Frage, welche das Naturrecht betrifft. In ersterer Beziehung wird man uns leicht die Aufgabe erlassen, die Behauptung einer vorgeblichen Gesetzmäßigkeit bei dieser Handlung zu prüfen und zu beleuchten.

Faßt man aber das Naturrecht schärfer in das Auge, so scheinen sich Gründe genug zu entwickeln, die Sache von einer scheinbar zu entschuldigenden Seite darzustellen. „Wenn ich auch nicht die Gesetze des Landes für mich gehabt hätte," sagte der Gefangene von St. Helena, „um den Vorwurf der Schuld von mir abzuwälzen, so wären mir zum Beweise, daß die Verurtheilung rechtlich war, noch die Rechte des Naturgesetzes — die der Selbstvertheidigung — übrig geblieben [1]). Er sowohl als seine Freunde und Helfershelfer hatten mir tagtäglich nach dem Leben getrachtet. Von allen Seiten war ich mit Feinden umgeben. Verschworne gingen überall vor mir her, und Verräther folgten mir auf dem Fuße. Rings um mich her drohten Mordgewehre, Windbüchsen, Höllenmaschinen und alle Arten verderblicher Netze. Ich war dieser Nachstellungen endlich müde und schickte den Schrecken an den Ort zurück, von wo er gekommen war, nach London. Dies gelang mir. Von diesem Tage an hörten alle Verschwörungen auf. Wer kann hierin etwas finden? Oder sollte man mir dessen ungeachtet in einer Entfernung von funfzig Meilen noch täglich nach dem Leben trachten; kein Gericht und keine Macht auf Erden sollte mir Gerechtigkeit widerfahren lassen, und selbst das Naturrecht verweigerte mir seine Hülfe? Ich dürfte nicht Angriff mit Angriff und Krieg mit Krieg erwiedern? Blut erheischt wieder Blut. Dies ist das untrügliche unfehlbare Gesetz der Natur, dies ihr geheimster Wille; Unglück über den, der ihn reizt und herausfordert! —

„Ich müßte ein Thor oder ein Rasender seyn, um mir

1) Las Cases Denkwürdigkeiten, Th. VII. S. 330.

die Ueberzeugung aufzudringen, als hätte eine einzelne Familie das sonderbare Vorrecht, mir täglich nach dem Leben zu trachten, und ich dürfte mich weder wehren noch dieselbe ebenfalls angreifen. Mit Vernunft kann doch Niemand verlangen, über die Gesetze erhaben zu seyn, und sich derselben nach Belieben zwar zum Sturze Anderer aber für sich zur eignen Selbsterhaltung zu bedienen. Das Gesetz und Alles, was daraus entspringt, muß gleich seyn für alle Menschen.

„Ich habe niemals eines von den Gliedern jener Familie persönlich beleidigt; einer großen Nation hat es gefallen, mich an ihre Spitze zu stellen; ganz Europa hat diese Wahl gebilligt; und endlich, Alles genau überlegt, war mein Blut kein Pfützen-Wasser. Jetzt war es an der Zeit, meines dem ihrigen gleich zu stellen. Was wäre erst daraus geworden, wenn ich die Gränzen meiner Rache und Vergeltung noch weiter ausgedehnt hätte? Es stand in meiner Macht; mehr als einmal lag das Schicksal der ganzen Familie in meinen Händen; mehr als einmal wurden mir ihre Häupter vom ersten bis zum letzten angeboten [1]). Mit Abscheu habe ich das Anerbieten von mir gewiesen. Mein Staatsgrundsatz ist von jeher der gewesen, daß sowohl im Kriege als in der Politik jedes Uebel, und wenn es sich auch in den Gränzen hielte, nur durch die unbedingte Nothwendigkeit zu entschuldigen sey."

Wir haben nicht nöthig zu bemerken, wie schädlich die Folgen solcher Vernunftschlüsse hauptsächlich in ihrer Anwendung auf diesen oder jenen Einzelmenschen sind. Zwar darf nicht außer Acht gelassen werden, daß die Bourbons, von dem Gesichtspuncte des ersten Consuls aus betrachtet, keine Individuen waren, sondern ein politisches Ganzes, die eine große und durch ihre Verbindung mit der englischen Regierung furchtbare Macht bildeten. Würde man selbst den Gegenbeschuldigungen in Bezug auf die in England gemachten geheimen Anschläge einigen Werth zugestehen, so müßte man doch in Hinsicht des Herzogs von Enghien eine Ausnahme machen. Als Erwie-

1) Cromwell pflegte zu sagen: „daß, wenn irgend ein Anhänger des Königs einen Mordversuch gegen ihn machte, dieser aber mißlänge, so würde er dem Königthume sofort einen Ermordungskrieg ankündigen und den ganzen Herrscherstamm zerstören." — Burnet's Denkwürdigkeiten.

derung darauf gab der Gefangene von St. Helena die Antwort, daß die wahren Urheber des Todes des Herzogs nicht eigentlich jene Männer seyen, welche die Verschwörungen und Mordanschläge gegen die französische Regierung in das Werk gesetzt hätten; „denn" fuhr er fort, „entweder haben sie den Prinzen mit in ihre Plane verwickelt und dadurch sein Loos geworfen, oder sie haben ihn, ihn nicht in ihr Geheimniß einweihend, am Rande des Abgrundes, zwei Schritte von der Gränze einschlafen lassen, während man den großen Schlag im Namen und in dem Interesse seiner Familie auszuführen begann."

Wenn wir diese Vernunftschlüsse und Beweisgründe des ersten Consuls hier anführen, so geschieht es keineswegs, um die Schuld einer Handlung zu vertilgen, welche uns mit dem tiefsten Schmerz erfüllt hat, sondern aus Vorliebe für die Gerechtigkeit, welche die Vertheidigung dessen, den man anklagt, nicht zurückweist, während sie nichts desto weniger auf der einmal gefaßten Meinung über die Handlung beharrt, die jener zu entschuldigen bemüht ist. Selbst aus den feindlichsten Schriften gegen Bonaparte kann man keineswegs entnehmen, daß die Verhaftung des Herzogs von Enghien eine mit kalter Ueberlegung und mit lang voraus bedachtem Entschlusse unternommene Handlung gewesen sey.

„Seit den ersten Tagen des März," erzählt einer der französischen Memoiren-Schreiber [1]), „hat der erste Consul in allen öffentlichen Blättern eine Ankündigung bekannt machen lassen, in welcher er den Prinzen von Condé beschuldigte, beinahe zwei Monate früher einen Aufruf an alle in Teutschland anwesende Emigranten erlassen zu haben, sich an dem rechten Rhein-Ufer zu versammeln; er behauptete, dieses Ufer sey von Tag zu Tag mehr von diesen Leuten überschwemmt worden, und ein Prinz aus dem Hause Bourbon hätte es nebst seinem Generalstabe zu seinem Sammelplatz erkoren, um von da aus seine Plane ins Werk zu setzen." — Beweist diese Thatsache, welche man zur Entschuldigung des Verbrechens anführt, nicht vielmehr das Gegentheil? Statt eine lang vor-

1) Herr Salgues.

16*

aus gehabte Absicht darzuthun, beweist sie weit eher einen plötzlichen Entschluß und eben so rasches Handeln. Hätte man für den Fall, wenn das Vorhaben, den Herzog von Enghien gefangen zu nehmen, zu Anfang des Monats März gefaßt worden wäre, nicht vielleicht durch einen Aufsatz in irgend einem öffentlichen Blatte diesem Fürsten einen Wink gegeben, und ihn veranlaßt, einen in den Augen der französischen Regierung verdächtigen Ort zu verlassen? Da das Völkerrecht durch solche Anschläge gegen den ersten Consul auf eine ganz öffentliche Weise verletzt worden ist, so begreift man wohl, daß es ihn befremden konnte, Jedermann die Ueberzeugung hegen zu sehen, als sey er allein zu der genauesten Beobachtung desselben verpflichtet. „Die Verletzung des badenschen Gebietes, über welche ein so großes Geschrei erhoben worden ist, kann, als nur wenig zur Sache gehörend, hier nicht erörtert werden. Die Unverletzbarkeit eines Landes kann nie zu Gunsten der Verbrecher, sondern nur zur Aufrechthaltung der Unabhängigkeit der Völker unter einander und der Würde der regierenden Fürsten ausgelegt werden."

Diese Bemerkung ist sehr richtig. Es bieten sich bei der Verhaftung des Herzogs von Enghien zwei Fragen dar, wovon die eine ihre ganze Wichtigkeit von der andern erhält. Denken wir uns an die Stelle des von Ettenheim entführten französischen Prinzen einen gewöhnlichen Verbrecher, der ganz auf dieselbe Weise in gefängliche Haft genommen worden. Würde Rußland dann auch ganz Europa gegen den ersten Consul aufzuwiegeln gesucht haben? [1]) Selbst in dem Falle, wenn die Verhaftung des Herzogs von Enghien auf eine gewaltthätige und gesetzwidrige Weise geschehen wäre, kann man nicht annehmen, daß der erste Consul, voll Begeisterung für seinen Ruhm, in diesem Prinzen einen edlen Feind erkannt

1) Unlängst hat die spanische Regierung, wie mehrere Zeitungen berichteten, bewaffnete Männer über ihre Gränze auf unser Gebiet geschickt, um da einige Auswanderer, welche für Verschworene gehalten wurden, zu verhaften. Die Sache ist wichtig und unser Ministerium hat ohne allen Zweifel seine Pflicht gethan. Hat sich aber das übrige Europa darum bekümmert? Und hat die Nachricht davon etwa die Cabinette von Petersburg und Wien mit Unruhe erfüllt? —

und ihn als solchen behandelt habe. Wie müßten bei dieser Voraussetzung die politischen Fragen Rußlands beurtheilt werden? Sie würden in dem Nichts der eiteln Form verschwinden und weder auf die Ansichten der Regierungen, noch auf den Geist der Völker den geringsten Eindruck machen. Das Verbrechen der Verletzung fremden Gebietes ist daher nur durch die Katastrophe, welche es zur Folge hatte, wahrhaft unverantwortlich geblieben, und auf keine Weise zu entschuldigen.

Außer den Vorwürfen, welche der erste Consul der englischen Regierung gemacht hat, hätte er mit noch größerem Rechte Beispiele aus früheren Zeiten anführen können, wie diese in ähnlichen Verhältnissen, in welchen sich jetzt Frankreich befand, politische Schritte gethan habe, welche ihre tiefe Verachtung des Völkerrechtes und der Unabhängigkeit fremder Herrscher an den Tag gelegt haben. Um nur eine Zeit und einen Regentenstamm zu erwähnen, hat ja das britische Parlament diese Handlungsweise zu wiederholtenmalen unter den ersten Königen aus dem Hause Hannover bewiesen, indem es das Haupt der Stuarts zum blutigen Preise setzte.

Was giebt es in der That auch für einen Unterschied zwischen der mit bewaffneter Macht auf fremdem Gebiete vorgenommenen Verhaftung eines Menschen und einer dem kühnen Mörder angebotenen Belohnung, welcher die freien Rechte dieses Landes mit kecker Faust verletzt, um ein Haupt zu treffen, welches dort unter dem Schutze der Gesetze sich sicher glaubte? Wenn das eine und das andere Beginnen dem Wesen nach gleich verbrecherisch war, so empört gleichwohl der Mißbrauch der Kraft in all' seiner Kühnheit weniger, als der im Dunkel der Nacht aus feiger Besorgniß dem Meuchelmörder in die Hand gelegte Dolch.

Die Anschuldigungen gegen die in England sich aufhaltenden Prinzen aus dem Hause Bourbon, welche wir schon aus dem Munde des Gefangenen von St. Helena vernommen haben, wiederholen sich im Laufe unserer Geschichte zu oft, als daß wir sie hier ganz mit Stillschweigen übergehen könnten. Georges selbst, welcher eingestand, daß jene Prinzen sein Vorhaben gekannt und gebilligt hätten, obwohl er zu gleicher Zeit behauptete, daß man niemals an eine Ermordung des ersten Consuls gedacht habe, sondern ihn nur mit den Waffen in der Hand auf freiem Felde hätte angreifen wollen, scheint den Verdacht, daß sie an dem ihm persönlich Schuld gegebenen Staatsverbrechen thätigen Antheil genommen haben, nur zu sehr zu bestärken. Die Gerechtigkeit verlangt in dieser Hinsicht einige Bemerkungen. Gestürzte Herrscherfamilien können nur selten dem Verdachte entgehen, den neuen Fürsten, welche den erledigten Thron einnahmen, nach dem Leben gestrebt zu haben. Unzähligemale hat man die Stuarts beschuldigt, ähnliche Verbrechen und Anschläge gegen den König aus dem Hause Hannover vollbracht oder wenigstens angezettelt zu haben. Waren aber alle diese Beschuldigungen gegründet? Hier muß man wohl unterscheiden: Neue Fürsten nennen jedes von ihren Gegnern in das Werk gesetzte Unternehmen einen Mordversuch; und letztere, voll Begierde, wieder auf den Thron zu steigen, sind genöthigt, sich dem blinden Eifer ihrer Helfershelfer, deren Hand und Waffe sie nicht immer zu lenken vermögen, blindlings hinzugeben. Es giebt sowohl Fürstenfamilien in der Verbannung, als Freistaaten, gebeugt unter dem Joche der Tyrannei. Wenn die Pisistratiden fallen, behandelt man einen Harmodius und Aristogiton mit Nachsicht. Vielleicht befanden sich die Bourbons in einer noch günstigern Lage.

Der Gefangene von St. Helena scheint mit Vorliebe anzuerkennen, daß Ludwig XVIII. zu Warschau in sehr gesetzmäßigen Träumen versunken, niemals solche Mittel gegen ihn angewendet habe, deren sich die Prinzen seiner Familie, welche sich in England aufhielten, sollten bedient haben. Ist es nicht klar, daß der auf Letztern fallende Schein sein Entstehen nur ihrer Verbindung mit der englischen Regierung und deren mit großem Aufwande von Geld und Waffen gegen Frankreich gerichteten Plane zu verdanken habe? Wenn aber der erste Consul in dieser Hinsicht den Bourbons Unrecht thut, indem er sie verschiedener Mordanschläge gegen seine Person beschuldigt, so kann man doch nicht leugnen, daß sowohl seine Lage, als der Zustand der Dinge und die zur Ausführung der Plane getroffene Wahl der bewaffneten Agenten ganz der Art waren, seinen Verdacht zu entschuldigen.

Das Leben des ersten Consuls, zu damaliger Zeit so voll

sonderbarer Gegensätze, bildete bei dieser Gelegenheit ein unerklärbares Ineinandergreifen. Der nämliche Tag, der ihn die verruchteste aller seiner Handlungen begehen sah, war durch die größte Wohlthat, die er jemals den Franzosen und vielleicht dem ganzen Menschengeschlechte erwiesen hatte, geweiht. Am 21sten März ist die Sammlung aller bis daher zerstreuten Civilgesetze zu einem eigenen Civilcoder unter dem Titel: Civilrecht der Franzosen, gesammelt worden. Die Dankbarkeit war erlaubt. Der gesetzgebende Körper beschloß auch, Bonaparte's Brustbild von weißem Marmor in dem Versammlungssaale aufzustellen. „Das doppelte Recht des Eroberers und des Gesetzgebers," sagte der Vorstand dieses Körpers zu dem ersten Consul, „hat alle andern Rechte zum Schweigen genöthigt. Sie haben dies in Ihrer eignen Person durch die Stimme des ganzen Volkes bestätigt gefunden. Wer könnte noch die verbrecherische Hoffnung nähren, Frankreich gegen Frankreich zu waffnen? Wird sich die Nation um einiger längst entschwundener Erinnerungen willen zertheilen, wenn sie durch alle Vortheile der Gegenwart verbunden ist? Sie hat nur ein Oberhaupt, und das sind Sie, und kennt nur einen Feind, und dieser ist England.

„Die politischen Stürme konnten selbst Weise von dem gewohnten Wege ab auf unvorhergesehene Wege führen. Es war leicht, sich mitten in diesen Stürmen, wo alle Parteien kämpften, in diesen unheilbringenden Zeiten, in welchen die Zwietracht überall ihr Haupt erhob, wo aller Orten Entzweiung sich zeigte, nirgend Vaterlandsliebe, in Plan und Ausführung zu irren; allein alsobald, nachdem Ihre Hand die Freiheitszeichen des Vaterlandes geschwungen hatte, sind alle gute Franzosen, das allgemeine Beste erkennend, dem Rufe gefolgt. Alle haben an Ihrem Ruhme Theil genommen."

Dieses Gemälde von Frankreich war treu aufgefaßt und wiedergegeben. In der That hatten die Lockungen des Ruhmes eine verführerische Gewalt über die Gemüther ausgeübt, und die Nation, durch ihre schnellen Fortschritte verblendet, hatte sich dem Manne, dem sie allein Glück und Größe verdankte, blindlings geweiht und hingegeben. Wenn eine so verdammungswürdige Handlung, als der Mord des Herzogs von Enghien war, nur einiger Erläuterung, ich will nicht sagen Entschuldigung fähig wäre, wenn das Wiedervergeltungsrecht je bis zu dem Meuchelmorde sich erstrecken könnte, müßte man zugeben, daß England dem ersten Consul hinlängliche Beweggründe an die Hand gegeben habe, wieder ein Verbrechen zu begehen, um die Gemüther von der rechtmäßigsten Trauer abzuwenden. Das britische Cabinet begnügte sich nicht mit den zu London ausgebrüteten und von da gegen den ersten Consul gerichteten geheimen Anschlägen. Dieses Cabinet hatte auf dem Festlande zahlreiche Feuerheerde ähnlicher Machinationen unter dem Schutze der Unverletzbarkeit seiner Gesandten.

Am 22sten März verstärkte eine neue Bekanntmachung des Oberrichters den Abscheu, welchen die Verschwörung von Georges eingeflößt hatte, um Vieles, indem sie diese neue Art von britischer Feindschaft an das Tageslicht zog. Der erste der englischen Unterhändler, welchem Tadel zuerkannt und der, was ihm nicht weniger schmerzhaft seyn konnte, dem Gelächter von ganz Europa preisgegeben war, Herr Drake, hielt sich damals als Gesandter am Hofe des Churfürsten von Baiern auf. Dieser Mensch spielte nicht seine erste Antrittsrolle. An seinen Namen reihete sich schon eine Art schändlicher Berühmtheit, und er war einer von Denen, von welchen der erste Consul voraussagte, daß sie bei dem ersten Ausbruche der Feindseligkeit gerüstet im Felde stehen würden. England schien diese Weissagung nicht Lügen strafen zu wollen.

Der eben so eitle und ungeschickte, als unverschämte und verdorbene Drake war bald von einem Haufen nichtswürdiger Helfershelfer umgeben, bereit zu Hochverrath und Verschwörung. Unter diesen Abenteurern, welche sich seines Vertrauens erfreuten, und das er wieder durch eine Hand voll Guineen von ihrer Seite zu erkaufen wußte, befand sich einer von bewunderungswürdiger Geschicklichkeit, welcher die Plane dieses Ministers in ihrer weitesten Ausdehnung mit kluger Umsicht und Gewandtheit ausführte, von ihm dann neue Verhaltungsmaaßregeln mit einer Schrecken erregenden Offenherzigkeit erhielt, indem er, ihn mit der Hoffnung eines baldigen und in allen Puncten glänzenden Erfolges einwiegend, seinem Herrn mündliche und schriftliche Geständnisse abzulocken wußte, welche die verbrecherische Schuld seiner Absichten hinlänglich beweisen konnten. Dieser Mensch war bei der geheimen Polizei von Frankreich angestellt. Drake, trunken vor Freude über die Fähigkeiten seines Untergebenen, da er die Ehre der Ausführung der im Werke stehenden großen Revolution mit ihm allein theilen würde, sah sich schon im Geiste auf dem höchsten Gipfel des Ansehens, mitten unter den ausgezeichnetsten Staatsmännern seiner Zeit, als ihn eine plötzliche Enttäuschung aus seinem Phantasiehimmel herabschleuderte auf die letzte Stufe untergeordneter Kundschafter. Er wurde nun ein lebendiger Beweis, wie oft die Untauglichkeit über die Verruchtheit siegt.

Die bis jetzt bekannt gemachten Urkunden über diesen Gegenstand bestehen hauptsächlich aus zehn von der Hand dieses Ministers geschriebenen Briefen, nebst einer Abschrift der Verhaltungsmaaßregeln, welche er seinen Agenten gegeben hat. In ihnen befinden sich Instructionen, welche zum Hauptzwecke hatten, die verschiedenen Parteien in Frankreich gegen einander aufzureizen, die Armee in Unordnung aufzulösen und tüchtige Werkzeuge zu finden, um die Pulverfabriken in die Luft zu sprengen. Einige Stellen aus diesen Briefen, welche auf die gegen den ersten Consul gerichteten Anschläge Bezug haben, sind von einer solchen Rohheit und in ihrer Form so empörend, daß die Würde der Geschichte es nicht gestattet, sie in ihre Tafeln aufzunehmen. Nichts konnte der französischen Regierung angenehmer und nützlicher seyn, als diese feigen Machinationen Großbritanniens.

Herr von Talleyrand setzte sogleich durch eine Note alle zu Paris beglaubigten Botschafter und Minister von Drake's Umtrieben in Kenntniß, und nahm dadurch ihren gerechten Zorn gegen eine solche Entheiligung des Charakters eines öffentlichen Bevollmächtigten in Anspruch. Die Ehre des diplomatischen Körpers gestattete ihm nicht, über diesen Punct zu schweigen. Alle Mitglieder desselben drückten auch in ihrer Gegenantwort, je nach ihrer Individualität mit mehr oder weniger Kraft, den tiefen Schmerz und Unwillen aus, den diese Mittheilung in ihnen hervorgebracht hatte. Doch haben die Antworten des östreichischen Botschafters, Grafen Philipp von

Cobenzl, und des russischen Geschäftsträgers, Herrn Dubril, sichtlich in gegenseitigem Einverständnisse geschrieben, sorgfältig jeden für England beleidigenden Ausdruck vermieden, ohne indessen das Benehmen des britischen Agenten anders als mit Verachtung zu beurtheilen. Die Antwort des preußischen Gesandten drückte in jeder Zeile die lebhafte Freude aus, welche der König darüber empfunden habe, daß der erste Consul über alle Anschläge seiner Feinde, wer auch immer deren Anstifter und Vollzieher seyn mochten, so glücklich triumphirt habe.

Alle übrigen Antworten, die des Nuntius vom heiligen Stuhle, der Minister von Dänemark, Spanien, Portugal, Neapel, der schweizerischen Eidgenossenschaft, Hollands, der vereinigten Staaten, des Erzkanzlers im teutschen Reiche und aller Churfürsten und Standesherren von Teutschland, so wie der Republiken Genua und Lucca, drückten die lebhafteste Theilnahme für den ersten Consul und das äußerste Mißfallen über den verderbten Charakter von Englands diplomatischen Agenten aus. Unter diesen Antworten bemerkte man vorzüglich zwei, deren Freimüthigkeit der Energie des Ausdrucks gleich kam, und wir glauben sie hier um so mehr namhaft machen zu müssen, indem die Minister, deren Unterschrift sie trugen, die Vertreter zweier in ihrer Basis so gänzlich verschiedenen Regierungsformen waren, die von Dänemark und den vereinigten Staaten. Ein schöner Beweis von Biedersinn und Rechtlichkeit, welcher die beiden Regierungen, ungeachtet der großen Verschiedenheit ihrer Grundsätze und Formen, der unbedingten Achtung aller Nationen werth macht.

Für den ersten Consul war es in Hinsicht seiner innern und äußern Politik kein Umstand von mittelmäßiger Wichtigkeit, die Vertreter aller Souveraine über die von Englands Regierung gegen ihn in's Werk gesetzten Plane das Verdammungsurtheil sprechen zu hören. Die Klagen, welche man über den Tod des Herzogs von Enghien hätte erheben können, wurden durch die Masse von Verbrechen, welche England begangen hat, erstickt.

Nachdem die Original-Acten, deren Abschrift in Frankreich bekannt gemacht worden, in München angekommen waren, benachrichtigte der erste Minister des Churfürsten, Graf von Montgelas, Herrn Drake, „daß es dem Churfürsten von diesem Augenblicke an unmöglich sey, ihn an seinem Hofe zu empfangen, noch die geringste Berührung mit ihm zu haben." Eben so feig in Widerwärtigkeiten, als hochmüthig und frech in seinem nichtswürdigen Beginnen, schlich sich Drake, wie von einem panischen Schrecken ergriffen, bei Nacht von München weg und lief mehrere Stunden weit wie ein Bandit und Straßenräuber, der dem strafenden Arme der Gerechtigkeit entrinnen will, feldeinwärts durch Gebüsche und Wälder, um die Landstraße zu erreichen, auf welcher er sich eiligst flüchtete.

Die französische Regierung hatte Anfangs nur Herrn Drake der öffentlichen Verachtung preisgegeben. Nicht lange darauf war sie jedoch durch den Besitz mehrerer nicht weniger authentischer Actenstücke in den Stand gesetzt, den Gesandten am würtembergischen Hofe, Herrn Spencer Smith, ähnlicher Umtriebe zu überführen. Ein ganz besonderer Umstand enthüllte auf eine bewährtere Weise die Gesinnungen des britischen Ministeriums, zu dessen schändlichem Werkzeuge sich dieser Diplomat hingab. Schon vor seiner Abreise von London ist Spencer Smith mit allen Hülfsmitteln und allen Verhaltungsbefehlen, welche er in seinem Briefwechsel beobachten sollte, versehen worden. Vorläufig hat man ihn mit den geheimen Versammlungen der französischen Auswanderer, sowohl in Holland als Frankreich, bekannt gemacht und ihn besonders dem großen Clubb der Auskundschafter empfohlen, an deren Spitze damals der Abbé Ratel stand, dem ein in allen Ränken und jeder Art von Hinterlist und Kabale wohlgeübter Stellvertreter in der Person des Abbé Pericault an die Seite gesetzt war. So hatte Spencer Smith die Würde eines bevollmächtigten Ministers entehrt, bevor er noch seinen Posten in Stuttgart angetreten hatte. In dieser Stadt angekommen, war er um nichts hellsehender, als sein College; denn er ging in dieselbe Falle und hatte, wie Jener, mit großem Kostenaufwande nur in der Einbildungskraft bestehende Staatsumwälzungen erkauft.

Die französische Regierung, welche in ihrem zweiten Berichte[1]) vorzugsweise Herrn Drake und sein Thun und Trei-

1) Vom 11ten April.

den schilderte, hielt ihn für zu tief gesunken für Tadel und Schimpf und wollte ihn deshalb durch Spott und Hohn zerknirschen. Man hob daher mit einer grausamen Schadenfreude, in Worten voll beißender Ironie, die Verrechnungen seiner getäuschten Eitelkeit und seiner albernen Dummheit hervor. Die Berichte, welche durch außerordentliche Schnellboten nach London geschickt wurden und die seinen ganzen Stolz ausmachten, waren das Werk der französischen Polizei. „Die größte Strafe für Herrn Drake wird seyn," sagte der Oberrichter, „wenn er einst vernimmt, daß die Aufhebung der vier Departements, die Einnahme von Hüningen, die Verführung der Armee, die Auslieferung der Gefangenen, das Daseyn geheimer Gesellschaften, die Talente und das Ansehen jenes Generals, der als ehemaliger Jakobiner von der Natur mit einer hinreißenden Beredsamkeit, einem ergreifenden und kriegerischen Ansehen begabt war, auf dessen Wink Frankreich umgestürzt werden sollte, nichts als Hirngespinnste seyen, womit der Befehlshaber von Straßburg seine einfältige Leichtgläubigkeit zu kitzeln für gut gefunden habe."

Diese Ausfälle auf die Bloßstellung des ehrwürdigsten Ministeriums wurden mit einer erläuternden Bemerkung geschlossen, welche die Gerechtigkeit zum Schutze anrief, damit nicht ehrwürdige Männer, der Achtung aller Edlen werth, einer so schmachvollen Beschuldigung preisgegeben würden.

„Die englische Diplomatie," fuhr derselbe Berichterstatter fort, „ist aus zwei Arten Geschäftsführern zusammengesetzt, welche das Festland sehr gut zu unterscheiden weiß. Minister, wie ein Cornwallis und Warren, werden stets nur zu ehrenvollen Sendungen gebraucht, um das gute Einverständniß zwischen den Nationen aufrecht zu erhalten und die großen Interessen der Politik und des Handels festzustellen, während Wickham, Drake und Spencer Smith durch ganz Europa als ränkevolle Achselträger und Verbrecher bekannt sind, deren Feigheit sich unter dem Mantel ihrer geheiligten Stellung verbirgt." Diese Unterscheidung war außer der darin vorherrschenden Billigkeit, die sie veranlaßte, scharf aufgefaßt und gut durchgeführt. Man hatte nicht mehr nöthig, eine unübersteigliche Gränze zwischen England und Frankreich zu ziehen.

Die Entdeckungen der französischen Regierung blieben bei Drake und Spencer Smith nicht stehen. Einige Monate später hatte man in Erfahrung gebracht, daß der englische Gesandte am Hofe des Churfürsten von Hessen-Cassel, Herr Taylor, ebenfalls mit den Häuptern eines vorgeblichen Bundes diesseits des Rheins in Verbindung stehe, welche den nämlichen Zweck, wie Englands Umtriebe, den Sturz des französischen Consuls vor Augen hatten. Man nahm einen gewissen Thum fest, der unter dem angenommenen Namen: „Ihler," mit diesem Minister, als einem der ersten Bundeshäupter, Briefe gewechselt hatte. Die Actenstücke dieses Briefwechsels sind durch den Moniteur zur Kenntniß Europa's gelangt.

Wirft man einen Blick auf die englische Diplomatie jener Zeit, so ist man versucht, zu glauben, sie habe zu der Schande dieser Bekanntmachungen noch selbst die entehrende Erniedrigung hinzufügen wollen, daß sie kein Gefühl für Schicklichkeit und Würde mehr anerkenne. Spencer Smith ergriff, ohne irgend eine Mittheilung von dem Hofe zu Stuttgart abzuwarten, nachdem er mit seinem Secretaire zuvor alle Papiere in größter Eile verbrannt hatte, welche einst so manches Gewebe schändlicher Hinterlist enthüllen könnten, gleich seinem Amtsgenossen Drake, die Flucht, mehr nach Art eines gemeinen Spions, als eines öffentlichen Ministers.

Der Churfürst von Hessen, welcher England bedeutende Summen vorgeschossen hat, getraute [1]) sich nicht, dem britischen Gesandten in seinem Lande zu eröffnen, daß er ihn nicht mehr anzuerkennen geneigt sey, sondern bat ihn sehr höflich, sich zurückzuziehen. Herr Taylor konnte nun weder seiner Stelle mit Anstand entsagen, noch einem so deutlichen, obwohl höflichen Befehle festen Widerstand entgegensetzen. Dreimal hat er zwar schon nachgegeben, doch sammelte er sich jedesmal wieder; dreimal von Cassel abgereist, um in dem Norden von Teutschland von Stadt zu Stadt und von Dorf zu Dorf herumzuirren, kam er dreimal wieder nach Cassel zurück, um den Churfürsten an seine Gegenwart zu gewöhnen, ohne Furcht

1) Ich bin damals gerade bevollmächtigter Minister von Seiten Frankreichs gewesen, und habe auf die Entfernung des britischen Gesandten gedrungen.

vor jener Geringschätzung, welche eine Tochter der Schwäche und Schamlosigkeit ist. Erst Frankreichs Triumphe vom Jahre 1805 waren vermögend, den allgemein Verhaßten aus Cassel zu vertreiben.

Die Stellung des englischen Ministeriums wurde nach der allgemeinen Mißbilligung, welche ganz Europa sowohl, als hauptsächlich alle Abgeordneten über das ränkevolle Beginnen der Herren Drake, Spencer Smith und Taylor ausgesprochen hatten, mit jedem Tage schwieriger. Es lag zu klar am Tage, daß diese drei britischen Agenten nur die Werkzeuge in der Hand der Regierung waren, als daß diese Regierung die Handlungen derselben hätte Lügen strafen und so ihre eigne Ehre retten können. Stillschweigen beobachten hieß also die ganze Verantwortlichkeit auf sich nehmen, und alles das, was die französische Regierung und das diplomatische Corps des Festlandes ihr vorgeworfen hatten, vertreten wollen. Es blieb noch ein anderer Ausweg, den zwar nur Kühnheit und schamlose Verwegenheit vorzeichnen konnten und vor dem gewiß jede andere Regierung zurückgeschaudert wäre. Das britische Ministerium aber fürchtete ihn nicht. Dieser war: sowohl die Thatsachen als deren Beweggründe einzugestehen und fürchterliche Handlungen durch noch fürchterlichere Lehren zu rechtfertigen. Dieser befremdende Muth zeigte sich in einem Rundschreiben, welches Lord Hawkesbury allen auswärtigen am Hofe von St. James beglaubigten Ministern zuschickte.

Nachdem er darin angezeigt hatte, daß man den Anklagen von Seiten Frankreichs nichts als das stumme Schweigen der Verachtung entgegensetze, „denn nur die sonderbaren Antworten mehrerer fremder Abgesandten hätten denselben ohne Vollmacht ihrer Höfe einen Grad von Wichtigkeit beigelegt, den sie sonst nie würden erhalten haben;" — nachdem er den Verdacht der Theilnahme an irgend einem Mordanschlage von sich abgewälzt und vielmehr die französische Regierung mehrerer gesetzwidriger Handlungen beschuldigt hatte, wobei der Tod des Herzogs von Enghien nicht vergessen wurde, stellte der englische Minister ohne Scheu folgenden Grundsatz auf: „Es giebt ein von allen kriegführenden Mächten anerkanntes Recht, jede Unzufriedenheit in den Ländern, wo der Kriegsschauplatz sich befindet, zu beiderseitigem Vortheile zu benutzen. Die Glieder der englischen Regierung würden nicht zu entschuldigen seyn, wenn sie ihr Recht vernachlässigten, welches ihnen die Vollmacht giebt, die Bemühungen aller jener Einwohner Frankreichs, welche die feindliche Stimmung gegen die gegenwärtige Regierung theilen, so weit es das von allen civilisirten Nationen anerkannte Völkerrecht gestattet, nach Kräften zu unterstützen. Ein bevollmächtigter Minister in einem fremden Lande muß, wie es die Natur seiner Stellung und das Verhältniß seiner Pflichten mit sich bringt, zwar jeder Verbindung mit den Unzufriedenen in dem Lande, in welchem er beglaubigt ist, entsagen, noch weniger aber irgend Etwas gegen das Frommen und Gedeihen dieses Landes unternehmen; aber die nämliche Strenge der Pflicht erstreckt sich nicht auf die Länder, mit denen sein Gebieter in Krieg verwickelt ist. Seine Handlungen in dieser Hinsicht können entweder Lob oder Tadel verdienen, je nach der Natur dieser Handlungen selbst; allein sie schließen keine Verletzung seines öffentlichen Charakters in sich, wenn sie anders nicht den Frieden oder die Sicherheit des betreffenden Landes gefährden."

Europa war in jener Zeit an schlechte Handlungen gewöhnt — nicht aber eben so an schlechte Maximen. England konnte die Ueberzeugung gewinnen, daß es vielleicht durch die Verletzung der Vorschriften der Moral weniger Unzufriedenheit erregt habe, als durch die Aufstellung von Lehrsätzen, welche diese Verletzung zu rechtfertigen trachteten. Schön war die Frage für den Dolmetscher der französischen Regierung. Herrn von Talleyrand kostete es keine Mühe, in der Hand des Feindes die Waffen zu zerbrechen, welche ganz Europa für unrechtmäßig erklärte.

In einem Rundschreiben [1]), welches dieser Minister an alle bei den verschiedenen Höfen Europa's beglaubigte Geschäftsführer gerichtet hatte, ließ er die Folgen der verderblichen Lehren des englischen Cabinets in ihrem ganzen Greuel hervortreten, indem er das durch Großbritanniens Regierung seit mehr denn einem halben Jahrhunderte gefaßte Vorhaben,

1) Vom 5ten September.

nach und nach das Schutzsystem des öffentlichen Rechtes, welches alle civilisirten Nationen enger an einander knüpft, zu zerstören, besonders heraushob. „Die Mächte des Festlandes," sagte er, „haben gesehen, mit welcher Kühnheit sie mit Eidschwüren spielte. Die Seefahrt treibenden Mächte fühlen täglich den Druck ihrer Tyrannei. Kein althergestammter Gebrauch im Seewesen, kein angenommener Grundsatz der Schifffahrtsrechte und keine schriftliche Uebereinkunft wird mehr heilig gehalten. An allen Ufern und auf allen Meeren wird Gebrauch und Recht verletzt."

Indem er hierauf zu den fast unglaublichen Eingeständnissen der britischen Regierung, in Hinsicht der unwürdigen Rolle, zu der ihre Agenten bestimmt waren, überging, stellte er einen geistreichen Vergleich zwischen dem geheiligten Charakter diplomatischer Geschäftsführer an, die als Organe des Friedens und der Versöhnung durch ihre Gegenwart schon eine gute Vorbedeutung für kluges Handeln, für Gerechtigkeit und Bürgerglück werden, und zwischen dem geschändeten Charakter der englischen Diplomaten, welche nach dem Eingeständnisse ihrer eigenen Regierung nur geheime Anschläge schmiedeten, finstere Umtriebe in's Werk setzten und als feile Spione und muthlose Werber nur Aufruhr brüteten und Meuchelmord mit Gold erkauften. Er hebt mit besonderen Farben die sophistische Unterscheidung heraus, welche, während sie dem diplomatischen Agenten alle Verbrechen in fremden Ländern gestattet, diese nur in dem Lande verbietet, wo die Gesandten gerade residiren. „Ein herrlicher Vorbehalt!" fährt Herr von Talleyrand fort. „Ganz Europa wird endlich von Verschwörungen angefüllt seyn, allein die Vertheidiger des öffentlichen Rechts können sich darüber nicht beschweren; man wird stets eine gewisse Ortsentfernung zwischen dem Oberhaupte und den Mitverschworenen stattfinden lassen. Die unter Lord Hawkesbury stehenden Minister werden die auf ihren Befehl vollzogenen Verbrechen bezahlen; aber sie werden die Artigkeit für die öffentliche Moral beobachten, nicht zu gleicher Zeit die Rolle eines Aufwieglers und Zeugen zu spielen.

„Aehnliche Grundsätze sind das Höchste, was Verwegenheit und Heuchelei auszuführen vermögen. Niemals hat man mit so wenig Schaamgefühl die öffentliche Meinung sowohl als das Urtheil der Cabinette hintangesetzt und mit dem Gewissen der Völker gespielt, als in dieser Periode. Se. Majestät der Kaiser [1]) findet es an der Zeit, dem Laufe solcher unheilbringender und aller Ordnung Hohn sprechender Grundsätze eine Gränze zu setzen. In Folge dessen erhalten Sie den Befehl, der Regierung, bei welcher Sie beglaubigt sind, zu eröffnen, daß Se. Majestät das diplomatische Corps von England in Europa so lange nicht mehr anerkennen werde, bis die britische Regierung allen ihren Ministern jedes anderweite Geschäft, als ihr Unterhandlungsberuf ihnen anweist, streng untersagt haben wird." Hier entwickelt der französische Minister von seiner Seite ebenfalls eine Lehre, welche etwas Neues und Kühnes enthält, die aber nur der Ausdruck einer allgemein gefühlten Wahrheit, und die nur eine große Macht mit ihrem Ansehen geltend zu machen im Stande ist.

„Europa's Plagen kommen größtentheils daher, weil man sich allenthalben verpflichtet glaubt, Grundsätze der Mäßigung und Freisinnigkeit anzunehmen, welche nur in Bezug auf Wiedervergeltung wahr sind, und nur für Diejenigen, welche sich ihnen unterwerfen, bindende Kraft haben. Auf diese Weise haben die Regierungen eben so von ihrer eigenen Gerechtigkeit, als von der Unredlichkeit eines Ministers zu leiden, welcher kein anderes Gesetz, als seine Willkühr und seinen Ehrgeiz kannte. Vielleicht nicht minder große Uebelstände erwachsen daraus, daß man das öffentliche Recht unter einem parteilichen Gesichtspuncte betrachtet, während es nur in seiner Unantastbarkeit Leben und wirkende Kraft erhält; das Seerecht, das Continentalrecht und das Völkerrecht sind Theile des öffentlichen Rechtes, welche niemals einzeln betrachtet und angewendet werden können. Die Nation, welche sich anmaßt, in irgend einem dieser Theile willkührliche Regeln und Abweichungen einzuführen, verliert alle seine Rechte mit der Freiheit des Ganzen; wer das Völkerrecht auf dem Wege des Systems verletzt, stellt sich außer-

1) In dieser Zwischenzeit hat Napoleon den Titel: „erster Consul" in den eines „Kaisers" verwandelt.

halb der Marken dieses Rechts und entsagt allen aus dem See- und Continentalrechte entspringenden Vortheilen."

Diese Gedanken sind wahr, und es wäre sehr zu wünschen, daß alle Völker sich vereinigten, um sie auch überall in der Ausführung geltend zu machen. Doch wenn der erste Consul, kühn genug, um dies selbst zu versuchen, die Anwendung des Gesagten in sein Verhältniß mit England überträgt, so wird man von allen Seiten ein lebhaftes Geschrei über diese Verletzung des Völkerrechts erheben hören, als wenn sie nur demjenigen als ein Verbrechen angerechnet werden müßte, der sich ihrer durch Entgegnung bediente.

Ich habe geglaubt, alle Thatsachen in Bezug auf die durch Englands Agenten gegen die Person des ersten Consuls geschmiedeten Anschläge ohne Unterbrechung in ein Ganzes zusammenstellen zu müssen; allein jetzt sey es mir vergönnt, den Faden der Erzählung da wieder aufzufassen, wo Drake's Briefwechsel dem Senate, den Volksvertretern und dem gesetzgebenden Körper mitgetheilt worden war.

Sechs und dreißigstes Capitel.

Innere Verhältnisse.

Allmähliges Wiederkehren zu den Formen der Monarchie. — Ursachen, warum die Erblichkeit wiederhergestellt wurde. — Schreiben des Senats an den ersten Consul. — Dessen Antwort an den Senat. — Vorschlag an diesen Körper, die Erblichkeit der höchsten Behörde wieder einzuführen. — Carnot's Widersetzung gegen diese Maaßregel. — Vorschlag eines von der Regierung dargereichten Rathsbeschlusses. — Annahme dieses Vorschlages. — Bemerkungen über die Verhandlungen des Senats und der Volksvertreter. — Einspruch Ludwigs XVIII. — Das Ansehen der Volksvertreter wird geschmälert. — Der Senat erklärt sich über sein Benehmen. — Fragen in Bezug auf Titel und Rangordnung. — Sonderbarer Charakter von Bonaparte's Königthum. — Großwürden des Reiches. — Ernennung der Reichsmarschälle. — Einfluß der englischen Anschläge auf die Erhebung des Generals Bonaparte. — George's, Pichegrü's und

Moreau's Rechtshandel. — Anklagepuncte gegen Moreau. — Brief des Generals Moreau an den ersten Consul. — Moreau's Brief wird dem Gerichtshofe vorgelegt. — Hauptzüge dieses Briefes. — Pichegrü's Festigkeit und sein Tod. — Gleichmuth und Seelenstärke von Georges. — Sonderbarkeiten der Bündnisse in Bürgerkriegen. — Würdige Haltung Moreau's vor dem Gerichtshofe und seine Rede. — Ehrenvolles Benehmen der französischen Behörde. — Urtheilsspruch über Moreau. — Abreise dieses Generals nach den Vereinigten Staaten. — Wackere Haltung des Gerichtshofes. — Moreau's Rechtshandel, eine wahre Crisis für die französische Regierung. — Lecourbe und Macdonald. — Betrachtungen über die Lage des Generals Moreau und des ersten Consuls.

Der Augenblick war endlich gekommen, wo manch' großes Vorhaben fester Staatsbegründung, welche seit langer Zeit entweder aus persönlichen Rücksichten eigenen Vortheils, oder mit Hinblick auf das allgemeine Beste, die Köpfe Hoher und Niedriger beschäftigt hatte, ausgeführt werden konnte. Bei den meisten Personen, so wie auch bei dem ersten Consul selbst, gingen diese beiden Ursachen Hand in Hand. Seit dem Tage, als die ersten Siege des Generals Bonaparte ihn zu einer historischen Person emporgehoben hatten, gewann sein Ehrgeiz eine Schwungkraft, welche mit jedem neuen glänzenden Erfolge auch einen neuen Kraftzuwachs erhielt. Sollte er aber von dem ersten Augenblicke an den Entschluß gefaßt haben, sich auf den Thron der Könige von Frankreich zu schwingen? Ein Stufengang ist in der moralischen, wie in der physischen Welt sichtbar und jede Sache hat eine fortschreitende Bewegung. Wenn auch der Ehrgeiz sich gar zu gern einen Hauptzweck als Zielpunct aufstellt, so steht doch weder die Art, noch der Augenblick der Erreichung in seiner Macht.

Der Zweck des ersten Consuls war unstreitig der gewesen: die erste Person des Staates, der Lenker der Republik, Consul, Archont, Ephorus, so lange der Lauf der Zeit nämlich die Aufrechthaltung der Republik gestattete, oder endlich das Oberhaupt der Regierung, was diese auch immer für einen Namen haben möge. Unterdessen hatte die Ausübung der höchsten Gewalt, unterstützt durch die allgemeine Stimmung der Gemüther, welche in der Sehnsucht nach Ruhe und Befestigung ihre Nahrung fand, die Nation nach und nach zu den Formen der Monarchie zurückgeführt, so daß die Wiedereinführung desselben auf eine fast unbemerkbare Weise vor sich ging. Schon blieb beinahe nichts mehr zu thun übrig, als die Namen zu verändern; aber gerade wäre vielleicht vermöge einer sonderbaren Richtung des menschlichen Geistes, welcher nur zu oft der Benennung mehr Gewicht als der Sache selbst beizulegen gewohnt ist, in den Zeiten allgemeiner Ruhe eine solche Umgestaltung nicht die leichteste gewesen. Hier kamen dem ersten Consul, ganz unabhängig von seinem Willen, die Ereignisse der Zeit selbst zu Hülfe. Er ist nicht der Schöpfer dieser Ereignisse, allein er weiß sie geschickt zu ergreifen und seinem Willen dienstbar zu machen. Als der erste Consul so dringend von England die Vertreibung eines Georges verlangte, hat er ja nicht die britischen Minister gebeten, jenem Menschen den Dolch in die Hand zu geben, um ihn zu ermorden. Er war es nicht, welcher den englischen Ministern die Verhaltungsbefehle an Drake dictirt hat, und doch sind es gerade diese Minister, welche durch einen Georges, Drake und andere ihrer Mitverschwornen die Krönung des Hauptes vorbereitet, erleichtert und beschleunigt haben, das sie vom Rumpfe trennen wollten!

So mußte man in Frankreich, wo man alle Tage das Leben des ersten Consuls auf dem Spiele sah, um so mehr für die Sicherheit des morgenden Tages besorgt seyn.

Schon war der erste Consul auf Lebenszeit mit der höchsten Würde bekleidet. Ihm stand das Recht zu, seinen Nachfolger zu ernennen. Was seine Person betrifft, so hat er das beste Theil erwählt, und dies ist ihm so gut, als nur immer möglich, gesichert. Verhält es sich aber eben so mit Frankreich? Ist man darüber ganz in Gewißheit, daß nach dem Tode des ersten Consuls, wenn seine Wahl nicht den Wünschen der ganzen Nation entspricht, man sie ehren und Frankreich nicht wieder durch Neid und Ehrgeiz in das Chaos politischer Ungewißheit zurückgestürzt werde? Solche Gefahren waren zu befürchten, ja man kann sagen, unvermeidlich. Um denselben zu steuern, oder wenigstens in Etwas entgegen zu kommen, gab es nur ein Mittel, und selbst die Geschichte bietet kein zweites dar, so wie auch bei der damaligen Lage von

Europa kein anderes zulässig war: dies ist die Einführung der Erblichkeit in der höchsten Würde, ein System, welches in den Augen der Völker leicht den Anschein eines religiösen Lehrsatzes annimmt, ohne daß die Nationen, welche durch eine Kette von Gebräuchen daran gefesselt sind, weder den Nachtheil, noch den Gewinn einer solchen Beständigkeit fühlen.

Diese Betrachtungen beschäftigten seit mehreren Jahren die weisen Männer aller Nationen, und um noch bezeichnender zu reden, entsprachen den meisten Interessen; denn der Zweck davon war Aufrechthaltung des öffentlichen und Privat-Lebens, Feststellung und Gewährleistung des einzelnen und allgemeinen Vermögens, wie sich das Daseyn und die Lage der Dinge seit der Revolution gestaltet hatte. Bevor wir daher zur Auseinandersetzung der entscheidenden Maaßregel schreiten, welche zur Einführung des Erblichkeit-Systems nöthig war, liegt uns ob, zu erkennen, daß beinahe alle Körper, deren Gutachten zur öffentlichen Anerkennung erforderlich ist, denselben Grundsatz angenommen haben. Der Augenblick ist gekommen, die Anlagen sind da, die Rollen ausgetheilt, die Vorkehrungen getroffen und die Handlung beginnt. Die Zuschriften, die Sendungen, die Adressen, und Berathschlagungen, von denen eine auf die andere folgt, sind nur eine nothwendige Form, um dem schnellen Wechsel den Charakter der Rechtmäßigkeit zu ertheilen und ihn völlig ausgearbeitet der Genehmigung des französischen Volkes vorzulegen. Die beiden zu dieser großen Staatsveränderung berufenen Behörden sind sowohl der Senat als das Tribunat. Der gesetzgebende Körper war nicht versammelt, und er wird nur unter Beistimmung seines Vorstandes und der in Paris anwesenden Mitglieder daran Theil nehmen.

Als Antwort auf die Mittheilungen der Actenstücke in Bezug auf Drake's Anschlag, legte der Senat dem ersten Consul am 27sten März eine Adresse vor, worin er ihn bat, den Franzosen eine Verfassung zu geben, welche ihren Urheber überleben würde. „Sie begründen," sagt er zu ihm, „eine neue Zeitrechnung, allein Sie müssen diese auch verewigen. Nur durch die Dauer gewinnt der Ruhm seinen Werth. Sie sind sowohl durch die Ereignisse der Zeit, als durch Verschwörungen und durch die Fallstricke ehrgeiziger Nebenbuhler gedrängt. Von einer andern Seite sind Sie es nicht weniger durch eine Ungewißheit, welche die Gemüther aller Franzosen beunruhiget. In Ihrer Macht steht es, die Zeit zu fesseln, die Ereignisse zu beherrschen, die Verschwornen zu Paaren zu treiben, den Ehrgeiz zu entwaffnen, mit einem Worte, Frankreich durch Gesetze und Einrichtungen, welche das Staatsgebäude zusammenhalten und das den Kindern sichere, was Sie den Eltern gewährten, seine verlorene Ruhe wieder zu schenken. In Städten, Dörfern und in dem ganzen Lande ist nicht ein Franzose, der Ihnen nicht dasselbe sagen würde. Großer Mann, krönen Sie Ihr Werk durch die Unsterblichkeit Ihres Ruhmes; Sie haben uns aus dem Chaos einer trüben Vergangenheit erlöset; durch Sie segnen wir die Gegenwart; sichern Sie uns die Zukunft."

Diese Sprache ließ den ersten Consul nicht mehr in Ungewißheit über den eigentlichen Sinn der Worte. Er erkannte darin die förmliche Einladung, das Erblichkeit-System, obwohl das Wort „Erblichkeit" bis jetzt noch nicht ausgesprochen worden war, in Frankreich einzuführen. Unter dem 25sten April berichtete er an den Senat, daß seine Adresse vom 27sten März das Ergebniß tiefen Nachdenkens und des festesten Entschlusses gewesen sey. Er halte dafür, daß sowohl der Senat als viele andere bestehende Einrichtungen einer Vervollkommnung bedürften, um den Triumph der Freiheit und öffentlichen Gleichheit für alle Zeiten zu sichern, und eben so der Nation als der Regierung eine doppelte Gewährleistung darzubieten. „Uns hat," fuhr Jener fort, „die große Wahrheit immerfort geleitet, daß die höchste Gewalt nur in dem Sinne in dem französischen Volke liege, daß Alles ohne Ausnahme wie Radien in dem Mittelpuncte seines Glückes und seines Ruhmes zusammenfließe, immerdar vor Augen geschwebt und unsere Beschlüsse geleitet. Um diesen Zweck zu erreichen, muß ein oberster Magistrat, müssen der Senat, der Staatsrath, der gesetzgebende Körper, die Wahlversammlung und die verschiedenen Zweige der Verwaltung neu organisirt werden."

Er zeigte hierauf an, daß sein Hauptaugenmerk nur auf

diese wichtigen Gegenstände des Staates gerichtet gewesen sey, und daß er immer mehr und mehr das Bedürfniß gefühlt habe, wie sehr er der Klugheit und der Erfahrung des Senats bedürfe, um seinen Ideen Festigkeit zu geben, und lud ihn daher ein, ihm ohne Rückhalt sein Gutachten hierüber mitzutheilen.

Da der Hauptzweck dieses Gedankens schon hinlänglich bekannt war, so konnte sich die Einladung des ersten Consuls nur auf die Abänderungen beziehen, welche man bei der neuen Verfassung wahrzunehmen gedachte, und auf die Wahl des Titels, unter welchem künftighin die höchste Gewalt ausgeübt werden sollte. Das Gutachten des Senates erfolgte in kurzer Frist; dieser Körper sagte am 4ten Mai zu dem ersten Consul: „Die Franzosen haben die Freiheit erkämpft, und wollen sich diesen Sieg auf alle Zeiten erhalten; nach dem Siege verlangen sie nichts so sehnlich, als Ruhe. Diese Ruhe kann ihnen hauptsächlich nur die erbliche Herrschaft eines Einzigen gewähren, welcher über Alle erhaben, mit großer Macht ausgestattet, umgeben von Ruhm, Glanz und Majestät, die öffentliche Freiheit vertheidigt, die Gleichheit aufrecht erhält, und seine Fasces vor dem allein herrschenden Willen des Volkes, welches ihn erhoben hat, beugt.

„Diese Art von Verfassung hat sich die französische Nation in den schönen Tagen von 1789 geben wollen, deren Andenken allen Vaterlandsfreunden auf immerdar theuer bleiben wird. — Der Senat hält dafür, Bürger, erster Consul, daß es das Wohl des französischen Volkes erheische, die Verwaltung der Republik dem Napoleon Bonaparte als erblichem Kaiser anzuvertrauen."

Während der Senat diese Beschlüsse dem ersten Consul mittheilte, trug ein Mitglied des Tribunates darauf an, auch von dieser Behörde ein ähnliches Gesuch für die Erblichkeit der höchsten Würde an ihn gelangen zu lassen. Da schon alle Gemüther auf diesen Antrag vorbereitet waren, fand er eine um so günstigere Aufnahme. Unter den Mitgliedern, welche ihn am meisten unterstützten, ragte vor allen Herr Simeon hervor. „Staatsumwälzungen" sagte er, „sind Krankheiten politischer Körper. Nicht Alles, was umgestürzt wurde, war schlecht. Es giebt in dem Daseyn der Nationen wesentliche Grundlinien, von welchen die Zeit und die Mißbräuche, die diese herbeiführt, sie häufig entfernen; allein ihr eigenes Gewicht führt sie auf natürlichem Wege wieder in die alte Stellung zurück; und wenn dann eine geschickte Hand den erschütterten Grund des Gebäudes befestigt, so steht es kräftiger als je zuvor für Jahrhunderte da. Man wird mir den langen Besitz der alten Dynastie entgegenstellen, welche doch auf eine so glänzende Weise umgestürzt wurde? Grundsätze und Thatsachen aber antworten: das Volk, als Inhaber und Vertheiler der höchsten Macht, kann nach Belieben seine Regierung ändern, folglich auch bei einer wichtigen Gelegenheit Diejenigen vom Ruder entfernen, welchen es dasselbe anvertraut hatte. Europa hat durch die Anerkennung unserer Unabhängigkeit auch die Folgen derselben, und somit auch die neue Regierung anerkannt. Das regierende Haus von England hatte kein anderes Recht, die Stuarts von der Thronfolge auszuschließen, als den Staatsgrundsatz, den ich so eben erwähnt habe."

Nachdem er noch mehrere Beispiele aus der Geschichte fremder Nationen entlehnt hatte, kam er wieder auf Frankreich zurück und führte Montesquieu's Worte an: „Als Pipin gekrönt wurde," sagt der berühmte Publicist, „so war dies nichts anders, als die Erhebung eines Körpers, aus welchem die Seele entflohen war. Es wurde dadurch nichts erreicht, als Pracht, und diese änderte nichts in der Entwickelung der Nation. — Nachdem Carl's des Großen Nachfolger die höchste Gewalt verloren hatten, übernahm Hugo Capet die beiden Schlüssel des Reiches. Man gab ihm eine Krone, welche er allein aufrecht zu erhalten und zu vertheidigen im Stande war." Diese Vergleichung war treffend und ganz in der Analogie begründet. Ein einziger Redner, Carnot, erhob seine Stimme gegen den Vorschlag.

Carnot meinte es redlich und sah nur Heil für Frankreich und dessen Freiheit in der Republik; er war auch von der Möglichkeit einer republikanischen Regierung fest überzeugt. Auch im Widerspruche war er edel, gemäßigt und ehrwürdig. Seine Rede endigte sich mit den Worten: „Wäre denn die Freiheit dem Menschen nur gezeigt worden, um sich niemals ihrer erfreuen zu können? Wäre sie ihm nur dargereicht worden wie eine verbotene Frucht, nach welcher er nur mit Todesgefahr seine Hand auszustrecken wagen dürfte? Dann hätte ja die Natur, welche die Sehnsucht und das Bedürfniß nach Freiheit tief in unsere Brust gepflanzt hat, uns wie eine böse Stiefmutter behandelt. Nein, ich kann es nie über mich gewinnen, ein so allgemein anerkanntes und geschätztes Gut, ohne welches alle übrigen Freuden und Güter der Erden nichts sind, nur als ein bloßes Spiel der Einbildungskraft zu betrachten. Mein Herz sagt mir, daß die Freiheit nicht nur denkbar, sondern auch möglich, und ihre Pflege nicht nur leicht, sondern auch beständig ist, wenn wir sie gehörig zu behandeln wissen, ja viel beständiger, als jede Art willkürlicher Regierung, als jede Oligarchie."

Dieser Schmerz, dies innige Bedauern Carnot's war aufrichtig; allein seine Vernunftschlüsse sind nichts weniger als unumstößlich. Nichts war leichter, als eine Beweisführung, welche sich hauptsächlich auf das Beispiel der vereinigten Staaten von Amerika stützte, umzustoßen. Nichts war auch in der That weniger treffend, als der Vergleich zwischen einem neuen auf der entgegengesetzten Hemisphäre einzeln dastehenden Volke und einer Nation des alten Europa, welche rings von neidischen und eifersüchtigen Regierungen umgeben ist, die nur darauf dichten und trachten, jede Neuerung, welche ihr Darseyn gefährden könnte, zu bekämpfen und zu unterdrücken. Die Aufgabe war leicht; sie wurde gut gelöset, doch zeigten sich einige Redner nicht großmüthig und edel, als sie in diese Widerlegung persönliche Anspielungen mischten, welche einen Mann um so mehr beleidigen mußten, der durch seine dem Vaterlande geleisteten großen Dienste ein Recht auf mehr Schonung und Rücksicht hatte.

Nachdem der Wunsch des Tribunats, welcher in der Sitzung vom 3ten Mai ausgesprochen und abgefaßt wurde, mit der von allen Seiten in Frankreich sich kund gebenden Stimmung dem Senate vorläufig mitgetheilt worden war, hat man diesem Körper die Verwirklichungs-Urkunde durch die Staatsräthe Portalis, Defermont und Treilhard vorlegen lassen. Alle Reden, welche bei dieser Gelegenheit gehalten wurden, waren mehr oder weniger glänzende Kunststücke der Rhetorik, die das System der Erblichkeit an das Licht zu setzen sich bestrebten. Die Rede des Herrn Portalis war sowohl durch das schöne Talent und durch die Gewalt über die Sprache, welche sich darin kund gab, als auch durch die Rechtlichkeit der ausgesprochenen Gesinnung im höchsten Grade merkwürdig. Nachdem er in's Gedächtniß zurückgerufen hatte, daß gewisse Grundsätze zwar im Sturme der Zeiten untergehen, oder von dem Gifthauche der Parteiungen verfinstert werden können, nichts desto weniger aber Jahrhunderte hindurch fortdauern und aus den Trümmern der Reiche wieder hervortauchen werden, um den aufgeregten Gemüthern nach so manchen überstandenen Gefahren als Ruhestätte zu dienen, nannte Herr Portalis als ersten dieser Grundsätze **die Herrschaft eines Einzelnen**, ohne welche große Staaten nicht bestehen können; als zweiten Grundsatz stellte er die Erblichkeit in einer von der Nation erwählten Familie auf, indem er zugleich bemerkte, daß die öffentliche Gewalt einzig und allein durch das allgemeine Interesse der Gesellschaft bedingt, die Erblichkeit aber nichts anderes sey, als die Art und Weise, zu dieser Gewalt zu gelangen, folglich keinen Einfluß auf die Natur der Herrschaft selbst habe.

„Es ist eine bloße Form, welche man aus dem Civilrechte entlehnt, ohne an den Ideen oder Grundsätzen des politischen Rechtes das Geringste zu ändern.“ Hierauf erwähnte er noch der sonderbaren Verwickelung der Verhältnisse, wodurch heutiges Tages die Nationen an einander geknüpft seyen, so „daß das Wahlsystem jede Nation, bei welcher es eingeführt wäre, allen Arten von Cabalen preisgeben würde. Der Augenblick, wo auf diese Art ein Thron erledigt würde, wäre zugleich das Zeichen zum Umsturze oder der Auflösung des Staates.“ — Diese Gefahr würde nach ihm nicht abgewendet werden, wenn auch der erste Consul das Recht behielte, seine Nachfolger selbst zu wählen. „Eine solche Wahl bleibt stets eine willkührliche Handlung. Uebrigens wird eine Handlung dieser Art unter einer Menge Umständen nur Eifersucht und gefährliche Mißgunst erzeugen, und nie würde sie im Stande seyn, der öffentlichen Meinung die nöthige Achtung abzugewinnen. Die Erblichkeit ist daher allem Andern vorzuziehen. Sie läßt keinen Zwischenraum zu zwischen dem, der stirbt, und demjenigen, der dem Todten nachfolgt; diejenige Person, welche mit der höchsten Staatsgewalt bekleidet ist, stirbt, der Fürst aber stirbt niemals; er bleibt stets dem ganzen Körper der Nationen gegenwärtig."

Was den Zeitpunct betrifft, unter welchem der erste Consul die höchste Gewalt angetreten, bemühte sich der Redner, zu erklären, daß man absichtlich den Titel eines Königs vermieden habe, weil er zu sehr an die Grundsätze einer Feudalherrschaft erinnerte, man habe auch nicht für gut gefunden, eine jener willkührlichen Benennungen zu wählen, deren einziger Zweck nur darin bestehe, den Bedürfnissen des Augenblicks und den Ideen des Tages zu genügen; daher habe der Titel „Kaiser" als der passendste geschienen, weil er den Freistaaten nicht fremder als der Monarchie sey, und weil man niemals die Idee einer unumschränkten Herrschaft in dem Fürsten, noch den Gedanken an die Sclaverei bei den Bürgern damit verbunden habe. Das Werk war zu seinem Ende gediehen.

Am 18ten Mai genehmigte der Senat auf den Bericht einer Commission den Vorschlag eines Senatus Consultus, der ihm vorgelegt worden war. Zwei Puncte waren bei dieser Erwägung in Betracht zu ziehen; der Senat beschloß und führte allein die Veränderung der Consularwürde in die Würde eines erblichen Kaisers aus. „In dem Augenblicke," sagte der Berichterstatter, „in welchem Sie, meine Herren Senatoren, das Siegel Ihrer Macht auf die über jenen Rathsbeschluß ausgefertigte Urkunde drücken, — ist Napoleon Kaiser der Franzosen." Allein der Senat bestimmte noch nichts über die Frage der Erblichkeit, sondern sagte: „das Volk soll über den Antrag der Erblichkeit der Kaiserwürde in der Familie Napoleon Bonaparte's befragt werden." Der Senatsbeschluß hielt nach Napoleon und seinen leiblichen Erben, nur seine Brüder Joseph und Ludwig als zur Kaiserwürde fähig. Die Ausschließung seiner beiden andern Brüder, Lucian und Hieronymus, wurde gewissen Ursachen zugeschrieben, über welche nur Napoleon als erster Richter urtheilen sollte und konnte, welche aber damals nicht ganz ungegründet erschienen sind.

Am 18ten Mai begaben sich alle Mitglieder des Senates nach St. Cloud, wo der Präsident desselben dem ersten Consul den so eben gefaßten Entschluß in einer feierlichen Anrede kund that. Napoleon antwortete: „Alles, was zu dem Wohle meines Vaterlandes gereicht, betrachte ich als einen wesentlichen Bestandtheil meines Glückes. Ich nehme den Titel an, durch den Sie glauben, den Ruhm der Nation befördern zu können. Von der Genehmigung des Volkes, in dessen Hände ich mein Schicksal lege, hängt das Gesetz der Erblichkeit ab. Ich hoffe, Frankreich werde niemals bereuen, meine Familie mit dem Glanze so großer Ehren umgeben zu haben. In jedem Falle wird mein Geist in dem nämlichen Augenblicke von meinen Angehörigen und Nachkommen zurückweichen, in welchem sie aufhören könnten, die Liebe und das Vertrauen der großen Nation zu verdienen."

Diese erste Antwort Napoleons als Kaiser, kann schon zu denen gerechnet werden, auf die sich in der Folge kein einziges Ereigniß, in so vielfältigen Verhältnissen es auch immer seyn mochte, mehr anwenden ließ. Der Vorschlag des Tribunats, das von dem Rathskörper dem ersten Consul überreichte Schreiben und dessen Antwort an den Senat, dieser Wechsel von Berathschlagungen, und die Förmlichkeiten der sowohl geheimen als öffentlichen Verhandlungen waren eine Art von theatralischer Vorstellung, welche zum Zwecke hatte, dieser großen Staatsveränderung den Anschein eines gänzlich freiwilligen Entschlusses zu geben, während die Stimmen zum Voraus schon gesammelt und die Gemüther bestochen waren. Wer könnte dies läugnen? In welchem Staate verhält es sich anders, wenn man, ohne zur Gewalt, dieser allgemein angenommenen Maaßregel, seine Zuflucht zu nehmen, Form und Titel der Regierung abändern will? Was aber von Wichtigkeit bleibt, ist — zu wissen, ob die Zustimmung dazu allgemein und aus freier Entschließung erfolgt sey. Was auch immer für eine Rücksicht diese Zustimmung hervorgebracht habe, ob bei dem Einen die bloße Sehnsucht nach Beständigkeit, bei dem Andern ein altes Vorurtheil zu

Gunsten der Alleinherrschaft, ob bei Jenem die Berechnung des Eigennutzes, bei diesem Charakterschwäche und knechtischer Sinn, kann hier nicht in Betracht kommen; der Grundsatz, welcher die Menschen zu handeln antreibt, gehört zunächst dem Gewissen an, nur die äußern Handlungen allein fallen der materiellen Ordnung der Welt anheim.

Uebrigens unterliegt es keinem Zweifel, daß zu keiner Zeit in irgend einem Lande eine einstimmigere [1]) Bewegung das Haupt einer Regierung erwählt, und so eine Dynastie begründet habe, wie die durch mehrjährige Vorbereitung bewerkstelligte Napoleons. Wir brauchen nicht hinzuzufügen, daß schon die Besitzergreifung der höchsten Macht, vorausgesetzt, daß sie sich erhalte, von jeher genügt habe, ihr den Ruf von Legitimität zu erwerben. Diese Rechtmäßigkeit sehen wir auch hier eilf Jahre hindurch von Tag zu Tag immer mehr sich begründen. Da sie aber endlich unterlag, verwandelte sie sich plötzlich in Usurpation. So verlangt es die Ansicht und die Gewohnheit der Jahrhunderte, und vielleicht auch das Interesse der Völker. Die bestimmte Charakteristik dessen, was man für gut fand, Gesetzmäßigkeit zu nennen, hing in der That, vor allem in den letztern Zeiten, von seiner längern oder kürzern Dauer ab.

In Folge dieses auf lange Dauer begründeten Rechtes, welches in den Augen einer gestürzten Dynastie durch eine zehnjährige Unterbrechung noch nicht als aufgelöset betrachtet werden konnte, beeilte sich der Graf von Lille, von seinem Aufenthaltsorte Warschau aus, ein Schreiben an alle Mächte Europa's ergehen zu lassen, worin er gegen die Usurpation eines Thrones, der seiner Familie angehörte, protestirte. Einsprüche bleiben das letzte Hülfsmittel auf der Seite der Schwachheit gegen die Gewalt. Wenn diese politischen Förmlichkeiten auch nichts an dem gegenwärtigen Zustande der Dinge verändern, so bedingen sie doch gleichsam mancherlei Veränderungen für die Zukunft und dienen dazu, den Streit zwischen den schon früher vorhanden gewesenen und neuen

1) Das Ergebniß der Abstimmung war: 3,572,329 Stimmen für ihn, und 2,569 Stimmen gegen ihn.

Rechten, die auf jene folgen, immer lebendig zu erhalten. „Bonaparte hat seiner Eroberungssucht und allen seinen ehrgeizigen Handlungen," sagte der Graf von Lille, „durch die Annahme des Kaisertitels das Siegel aufgedrückt. Diese neue Umwälzung, welche in der Bedeutung des Rechts wie die früheren größern auf nichts hinausläuft, ist nicht im Stande, mein Recht zu schwächen; doch verdient dieser Act, von allen Herrschern, deren Majestätsrechte nicht weniger als die meinigen angegriffen sind, und deren Throne durch die Grundsätze, welche der Senat van Paris auszusprechen sich nicht entblödete, vorzugsweise in Betracht gezogen zu werden. Es ist eine Sache, die nebst meiner Familie und meiner Ehre ganz Frankreich angeht; ich glaubte Verrath an dem allgemeinen Besten zu verüben, wenn ich bei dieser Gelegenheit ein längeres Stillschweigen beobachtete. Ich erkläre daher in Gegenwart aller Souveraine, nachdem ich meine Einsprüche gegen alle gesetzwidrigen Handlungen, welche nach der Eröffnung der Generalstaaten in Frankreich die furchtbare Crisis, sowohl für dies Land als für ganz Europa hervorgebracht haben, zur Genüge wiederholt habe, daß ich, weit entfernt, den Kaisertitel anzuerkennen, den er sich durch einen nicht einmal gesetzlichen Körper hat beilegen lassen, gegen diesen Titel, sowie gegen alle daraus zu ziehenden Folgerungen auf das Feierlichste protestire."

Man wird nichts natürlicher finden, als das Gefühl, welches diese Protestation dictirt hat; allein man vermißte darin jene Mäßigung und Gewandtheit, welche der Graf von Lille bei andern Gelegenheiten so oft bewiesen hat. Es war unklug von einem Prinzen, der öffentlich den Grundsätzen der Revolution beigestimmt hatte, auf einmal Alles, was sich darin zugetragen, von ihrem Anfange bis zum Ende für nichtig, und alle Handlungen, die seit der Eröffnung der Generalstaaten stattgefunden hatten, für unrechtmäßig zu erklären. Wenn eine solche Sprache vielleicht für die Ausgewanderten, oder auch für die, die nämlichen Staatsgrundsätze hegenden Cabinette nicht ohne Einfluß war, so wird man mir doch zugestehen, daß sie keineswegs sich dazu eignete, der entthronten Familie die Liebe der Franzosen wieder zu gewinnen; denn es lag in ihr für den Fall der Wiedereinsetzung dieser Familie zugleich die Drohung einer gänzlichen Gegenrevolution. Diesen Fehler, den der Prätendent im Jahre 1804 beging, wußte Ludwig XVIII., durch die Zeit eines Bessern belehrt, in der Erklärung von Saint-Ouen wieder gut zu machen. Der Einspruch Ludwigs XVIII. wurde sowohl in Frankreich als außerhalb dieses Landes, gleichgültig aufgenommen.

Als der neue Kaiser Kenntniß davon erhalten hatte, war er sogleich überzeugt, daß er, in diesen Ausdrücken abgefaßt, ihm keinen Nachtheil bringen werde. Hätte er die Bekanntmachung desselben dem Publicum zu entziehen gesucht, so würde der Parteigeist diesem Actenstücke dennoch einige Bedeutung beigelegt haben. Er ließ aber das Ganze in den Moniteur [1]) einrücken und zerstörte auf diese Weise jeden schädlichen Einfluß desselben. Was die auswärtigen Staaten betrifft, bot dieser Umstand eine neue Gelegenheit dar, um das geringe Interesse, welches die Monarchen an den alten Gesetzen nahmen, mit denen die Handlungen längst nicht mehr im Einklange waren, recht augenscheinlich fühlen zu lassen. Beinahe überall wurde die Protestation mit Kälte aufgenommen, und selbst mächtige Cabinette bezeigten dem unglücklichen Prinzen, der sie ihnen zugeschickt hatte, eine mehr als laue Theilnahme. Auf diese Weise stieg der erste Consul zu der höchsten Stufe menschlicher Größe empor. Augustus hat sich mit dem Titel „Imperator", Cromwell mit dem Ehrennamen „Protector" [2]) begnügt, indem keiner von Beiden sich getraute, den Königstitel anzunehmen. Diese heuchlerische Schonung war der Seele Bonaparte's fremd. Wenn er den Kaisertitel annimmt, so geschieht dies nur, weil dieser Titel den Begriff der höchsten und angesehensten Würde, die unsere Zeit in sich schließt, und weil er aus gerechtem Stolz sowohl für sich als in Hinsicht des

1) In das erste Blatt des Monats Julius.

2) Cromwell's Vorhaben, die Protectorswürde erblich zu machen, ist an seiner zu großen Raschheit gescheitert. „Die republikanischen Ideen," sagt Herr Villemain, „waren noch zu neu und zu kräftig, um einen ähnlichen Vorschlag durchgehen zu lassen. Zweihundert Stimmen gegen sechzig haben den Antrag verworfen."

von ihm vergrößerten Frankreichs, es nicht ertragen kann, daß irgendwo ein höherer Titel, als der des Oberhauptes der französischen Regierung, einen Monarchen schmücke.

Aber der General Bonaparte will nächst dem höchsten Titel auch die höchste Macht in sich vereinigen; der Rathsbeschluß vom 18ten Mai wurde daher in dieser Absicht bekannt gemacht, um durch seinen Einfluß Frankreichs Macht zu vergrößern. Das hauptsächlichste Ergebniß der neuen Staatsveränderung ist die ausschließende Vereinigung der National-Souverainetät in dem Senate und dem Staatsrathe, wodurch sie aber natürlich in die Hand des Hauptes der Regierung gelegt wird. Der gesetzgebende Körper fährt fort, eine schweigsame Gesellschaft zu bleiben, welche nur nach den von der Regierung vorgelegten Thatsachen ihr Urtheil fällt; das Tribunat aber in drei Abtheilungen: innere Verwaltung, Gesetzgebung und Finanzen, zerfallend, hat die Wichtigkeit verloren, welche ihm die öffentlichen Verhandlungen beilegten, indem es jetzt nur über die einzelnen [1]) Gesetzesvorschläge abzustimmen berechtigt ist, und bildet nichts anderes mehr, als ein Gegengewicht, oder vielmehr einen Anhang des Staatsraths, freilich eine grausame Umgestaltung, welche es beinahe überflüssig macht und so seinen baldigen Sturz vorbereitet.

Doch war nicht jedes neu aufgestellte System fehlerhaft oder schädlich; eben so wenig die gänzlich außer aller Gewährleistung gestellten Freiheiten der Nation. Wenn uns diese Garantien einst täuschend erscheinen und die Rathsbeschlüsse für körperliche und geistige Freiheit ohne Wirksamkeit bleiben, so ist dies das Werk des unabänderlichen Fortschreitens, während welchem jedes häusliche Interesse, so wie das Recht des Einzelnen, den Bedürfnissen der nach außen gerichteten politischen Macht sich anpassen muß. Wenn man aber nun annimmt, daß General Bonaparte den Despotismus um seiner selbstwillen geliebt und öffentlich zur Richtschnur angenommen habe, waren dann die Mächte, welche ihn dazu ver-

1) Der sechs und neunzigste Artikel lautet: „Jede Abtheilung stimmt im Einzelnen in einer besondern Sectionsversammlung über die Gesetzesvorschläge ab, welche ihr von dem gesetzgebenden Körper zur Ausarbeitung anvertraut und übergeben worden sind."

leitet, oder damit bekleidet haben, von geheimen Eingebungen niedriger Denkungsart oder von der Angst der Feigheit zu diesem Schritte bewogen worden? Wäre der Senat, in welchem so viele Männer, einzeln genommen, der größten Hochachtung würdig sind, und in dem sich so viele in der Wissenschaft berühmte Namen vereinigen, so manche ausgezeichnete Militair- und Civilbeamte Frankreichs glänzen, als ganzer Körper nichts anderes als die Werkstätte von Verbrechern, welche für das französische Volk Sclavenketten schmiedeten?

Nichts ist leichter, als schneidende und im Allgemeinen hingeworfene Urtheile, als Verdammungen in der Masse, welche ohne Rücksichtsnahme auf Zeit und Beweggründe die politischen, verwaltenden und richtenden Behörden Frankreichs als nichts Besseres denn feige Höflinge eines Nero und Tiberius darstellen. Ich habe oft mit nicht geringem Bedauern achtbare Freunde der Freiheit so gut wie deren Feinde ihr Rednertalent zu ähnlichen gemeinen Ausfällen mißbrauchen sehen. Die Gerechtigkeit, welche der Freiheit stets zur Seite gehen muß, spricht niemals solche bestimmte Verdammungsurtheile aus. Selbst in dem Falle, wenn die Handlungen ihr Gutheißen nicht verdienen, nimmt sie Rücksicht auf die Zeit, welche sie hervorgebracht, sieht auf die Umstände, welche zum Beweggrunde dienten, und vergißt bei der Beurtheilung der Wirkung die Ursache nicht.

Heut zu Tage verlangen wir mit Recht gänzliche Preßfreiheit in Frankreich, Freiheit jedes Einzelnen in der ganzen Ausdehnung des Wortes, nicht nur als die Hauptelemente der Wohlfahrt der Nation, sondern auch als Mittel zur Bekräftigung der Regierung. Bleiben diese Vernunftschlüsse, so treffend sie auch bei bestimmten Thatsachen und Ereignissen seyn mögen, gleich wahr in jedem Verhältnisse? Was für Frankreich in einer von den fremden Mächten aufrecht erhaltenen Lage als passend und gut erschien, war es dies auch für eine neue Regierung, deren politisches Daseyn, deren Areal-Vergrößerung sich nur durch den Zauberstab der erfochtenen Siege Anerkennung zu verschaffen gewußt hat, besonders wenn ein nie genug zu fürchtender Feind, wie England, mit einer starken Macht ausgerüstet, von ungeheuern Mitteln des Verderbens unterstützt, sich ohne Scheu das Recht anmaßt, mitten in dem Herzen Frankreichs selbst Verschwörungen anzustiften, und allen denen die Hand zu reichen, welche feindselige Gesinnungen gegen die bestehende Herrschaft hegen? Hätte man die individuelle Freiheit, besonders aber die Freiheit der Presse, in ihrem ganzen Umfange gestattet, wäre da nicht die Möglichkeit vorhanden gewesen, daß sie schon am nächsten Morgen dieselbe Richtung genommen hätten, die ihnen die auswärtigen Cabalen und fremden Einmischungen schon im Jahre 1797 gegeben haben? Würden sie nicht den Lenker der Regierung zu Gewaltstreichen veranlaßt haben, wie der vom 18ten Fructidor war? Alle diese Betrachtungen und Einwürfe sind natürlich; allein ich gehe noch weiter.

Ich nehme an, daß der größte Theil des Senates den unbeschränktesten Gebrauch dieser beiden so wichtigen Freiheiten unter einem andern Oberhaupte als Bonaparte, für zulässig erachtet habe; mußte sie nicht zu gleicher Zeit fürchten, mit einem für die Vertheidigung des Staates so unentbehrlichen Manne in die unangenehmste Berührung zu kommen, und dadurch dem Gange der Regierungsgeschäfte zu schaden, ohne dem Rechte der Bürger in etwas Wesentlichem zu nützen? Ich begreife, daß bei der Alternative: ob Frankreich den Greueln einer revolutionairen Anarchie auf's neue auszusetzen, oder dem Haupte der Regierung eine lebenslängliche Dictatur, mit der Hoffnung zu übergeben, entweder unter dem schon alternden Bonaparte, oder unter seinem Nachfolger die außer Händen gelassene Macht wieder zu ergreifen, man diese letztere Hypothese vorgezogen habe. Ich begreife, endlich, — es ist hier von keiner bloßen Vermuthung, sondern von einer Thatsache die Rede — daß Männer von dem stolzesten und unabhängigsten Charakter, während dem sie in Bonaparte die Eigenschaften, welche ihn für die öffentliche Freiheit gefährlich machten, verabscheuten, immer noch glücklich unter seiner Regierung viele Grundsätze der Revolution, welche er ganz zu zerstören aus Eigennutz nicht für gut fand, aufrecht erhalten zu müssen, sich ihm ohne Rückhalt haben anvertrauen und Frankreich seiner Willkühr überlassen konnten; denn bei genauer Vergleichung mußten sie sich sagen, daß es besser sey, manches Unangenehme von ihm zu dulden, als eine Gegenrevolution, und durch sie die Wiedereinführung der alten Herrschaft veranlaßt zu sehen. In der Politik, so wie in allen Lagen des Privatlebens sucht man nicht das absolut Bessere, sondern das relativ Beste. Hat das, was wir seit dem Jahre 1814, wenn nicht in Handlungen selbst, doch wenigstens an dem Willen zur Ausführung einer Gegenrevolution erfahren haben, uns beweisen können, daß wir Unrecht gehabt haben, schon im Jahre 1804 so zu denken? Die Begründung des Erblichkeitsystems in der Familie Bonaparte, und vor Allem die große, mit seiner Würde als Kaiser verbundene Macht, scheinen mir durch diese verschiedenen Betrachtungen auf eine billigere Weise, als durch die absprechenden Urtheile derer, welche alle Behörden eines Staates für nichts Anderes, als für eine Gesellschaft sittenloser und verworfener Menschen, und eine ganze Nation für nichts als eine feile Heerde Sclaven anzusehen belieben, erklärt und motivirt zu seyn. Diese so eben angeführten Bemerkungen können auf die ganze Regierungsperiode Napoleons angewendet werden.

Es bietet sich aber ein anderer Einwurf dar. Wenn man auch das System der Erblichkeit und die Einführung der kaiserlichen Würde annimmt, hätte ein Mann wie der General Bonaparte dem neuen Reiche nicht einen eigenthümlichen Charakter geben, es z. B. von allen überflüssigen Verzierungen der alten Höfe, als den Titeln von Majestät und Hoheit, von den leeren Förmlichkeiten der Etiquette, den Kammerherren, Palastdamen und dem übrigen Schwarm von Höflingen, die in den Palästen der Kaiser und Könige üblich sind, befreien können? Faßt man diese Frage schärfer in's Auge, so sieht man bald, daß der anscheinend unnütze Luxus eine Art von nothwendigem Uebel, wenigstens eine Art von relativer Nothwendigkeit ist.

Der Einwurf in Hinsicht der Titel Majestät und Hoheit wäre gerecht, wenn wir in einer ganz neuen Welt lebten, oder auf unserm Erdtheile Alles umgestaltet und in eine Verfassung wie die von Nordamerika versetzt wäre. Ein ganz anderes Verhältniß aber ist es mit unserer alten europäischen Welt. Die Abstufung der Titel giebt da ein Recht auf größere oder ge-

18*

ringere Ehrfurcht, und Napoleon wollte nicht, wie ich schon gesagt habe, daß es in der Welt noch etwas Höheres gebe, als Frankreich und dessen Oberhaupt; denn so verlange es das Wohl des Vaterlandes. So dachte er auch über Kammerherren, über die Hofceremonien der Etiquette und Alles, was damit in Verbindung steht. Ist die Ordnung der Königswürde einmal eingeführt, so haben die Thürsteher vor den Gemächern des Fürsten eine große Bedeutung gewonnen, und derjenige, welcher das Haupt des Staates sprechen will, hat es, statt mit Menschen von ausgezeichneter Erziehung, sehr häufig mit Menschen aus der Dienerklasse zu thun. Was aber noch einen andern Nachtheil mit sich führte, wäre der Umstand, daß unter einem kriegerischen Herrscher, wie der General Bonaparte ist, der Dienst der Kammerherren sich lediglich in den Händen seiner Officiere befände. Die Trennung von so verschiedenen Amtspflichten dürfte vielleicht in dem Interesse der militairischen Ehre noch wünschenswerther als in der Gesellschaft im Allgemeinen seyn. Vielleicht wäre es auch für das Haupt des Staates nicht ohne guten Einfluß, wenn er gerade, weil er ein großer Feldherr ist, andere Kleidungen um sich her erblickte und andere Bedürfnisse kennen lernte, als solche, welche zu der Armee gehören.

Wie es sich auch immer mit den mehr oder weniger vortheilhaften Abänderungen verhalten möge, die man den äußeren Formen der neuen Würde angepaßt hat, so kann man doch nicht in Abrede stellen, daß das Königthum, als solches, nur verbessert und zum Vortheile der Nationen verjüngt worden sey.

Niemals hat ein Herrscher und Vollstrecker der höchsten Staatsgewalt besser das Verdienst des Einzelnen zu würdigen und seine Fähigkeit und moralischen Eigenschaften vortheilhafter zu dem Dienste des Staates anzuwenden gewußt, als Napoleon. Niemals war aber auch ein anderer Regent mit Männern von mehr politischen, administrativen und militairischen Kenntnissen umgeben. Niemals war der Führer eines Staates mehr als er geeignet, Alles zu umfassen, Alles zu erlernen und Alles zu verstehen. Niemals hat ein Staatsoberhaupt einen so ausgezeichneten Rathskörper gebildet, wo alle Fragen in administrativer und civilistischer Hinsicht mit so großer Selbstständigkeit und mit so edlem Freimuthe behandelt worden wären.

Trotz dem Umstande, daß kein öffentlicher Gerichtshof vorhanden war, wodurch man die Meinung des Volkes am sichersten beurtheilen kann, wußte er besser als alle andere Monarchen die wahre Gesinnung seiner Unterthanen zu würdigen; kein anderer erkannte besser den Menschen als Menschen, und wußte so gut dessen Vorzüge und Fehler zu seinem Vortheile zu gebrauchen.

Wenn Napoleon dem französischen Reiche gleichwohl keine ganz constitutionelle Verfassung gegeben hat, mußte doch die Monarchie, so wie er sie hergestellt und ausgeübt hat, für Frankreich nach einer vertretenden Verfassung die angenehmste Regierungsform seyn. Es bleibt nur noch die Frage zu entscheiden übrig, ob Europa's Verhältnisse, und besonders seine Lage ihm nicht mehr zu thun erlaubt hätten.

Der Gedanke, ein großes Reich nach einem ganz neuen Plane, und mit neuen Benennungen zu begründen, wurde endlich als eine Sonderbarkeit, die keinen wahren Nutzen hervorbrächte, aufgegeben, und man hat den kaiserlichen Thron mit einer Verschmelzung von Großwürden umgeben, wovon die einen den Zeiten Carls des Großen, die andern den Regierungen seiner Nachfolger angehörten. Einige derselben schienen sogar nur in der Einbildung zu bestehen, und sich weder auf Personen noch auf Dinge zu beziehen, so daß sie nichts als einen leeren Titel ohne Amt in sich schlossen. Das Kaiserreich hatte daher einen Groß-Wahlfürsten in der Person Josephs Bonaparte, einen Connetable in Ludwig Bonaparte, einen Erzkanzler in dem zweiten Consul Cambacérès, nebst einem Großschatzmeister in der Person Le Bruns, des dritten Consuls.

Eben so wurden mit besonderer Rücksicht auf einen thätigen Wirkungskreis, statt der früheren Marschälle von Frankreich, Reichsmarschälle ernannt. Der Nationalruhm hatte schon längst diese Würde vorbereitet; die Listen der Männer standen in dem Urtheile des Volkes aufgezeichnet, und ein Fehler in der Wahl konnte daher nur relativ seyn. Mit großer Freude hörte die öffentliche Meinung die Namen: Berthier, Murat, Moncey, Jourdan, Massena, Augereau,

Bernadotte, Soult, Brüne, Lannes, Mortier, Ney, Davoust und Bessieres. In keiner Epoche der französischen Geschichte, selbst nicht in der kriegerischen Zeit Ludwig's XIV., hat die Liste der Marschälle von Frankreich eine so glänzende Vereinigung von fähigen Köpfen, die sich zum Theil schon so sehr ausgezeichnet haben oder noch neue Triumphe erwerben werden, dargeboten.

Mit der nämlichen Würde sind auch die Senatoren Kellermann, Lefevre, Perignon und Serrürier bekleidet worden.

Wenn es gleichwohl in dem Buche des Schicksals über den General Bonaparte beschlossen zu seyn schien, zu der höchsten Gewalt, ohne irgend ein Hinderniß, durch seine eigene Kraft und eine allgemein günstige Richtung der Gemüther empor zu streben, kann man doch nicht in Abrede stellen, daß jeder Aufschub abgekürzt und jede Art von Schwierigkeit durch Englands Anschläge beseitigt worden war, so daß die Macht dieses neuen Fürsten in dem Maaße wachsen mußte, in welchem die Parteigänger des Hauses Bourbon ihre verderblichen Hebel in Bewegung setzten. Auf diese Weise haben die gegen ihn gerichteten Anschläge, statt seinen Sturz zu befördern, vielmehr seine Thronerhebung bewirkt. Die Verschworenen haben den ersten Consul aus dem Wege räumen wollen; statt dessen aber werden sie von dem Kaiser Napoleon gezüchtiget.

Die traurigsten Tage seines Lebens hat ihm unstreitig die Verhaftung und das Verhör Moreau's, der auf seinen Befehl unter den übrigen Angeklagten vor das Criminalgericht gefordert war, bereitet. Wahrscheinlich hat dem General Bonaparte kein Feldzug größere Unruhe und mehr schlaflose Nächte zugezogen, denn in allen kriegerischen Unternehmungen hatte er die Stimme der öffentlichen Meinung für sich, in dem Processe aber, in den Moreau verwickelt war, blieben die Meinungen mehr oder weniger getheilt. Sah das Volk an diesem General gleichwohl einige Fehler, so wollte es dieselben doch keineswegs für Verbrechen angesehen wissen. Es wünschte seine Unschuld bestätigt zu sehen, während es dem ersten Consul daran gelegen war, daß Jedermann den General für schuldig halte. In allen Ländern hat sich zu allen Zeiten eine lebhafte Theilnahme an dem bedrohten

Ruhme großartiger Menschen ausgesprochen. Diese zeigt sich aber noch deutlicher in Frankreich als bei einem Zusammentreffen im Ruhme wetteifernder Männer, indem der Eine das Uebergewicht der Gewalt geltend machte, während dem Andern nichts als die erworbene Ehre zum Schilde übrig blieb. Die Großmuth findet leicht ihre Waffen; die vorgefaßte Meinung für die Unschuld des Schwächern stählt sich an dem Verdachte gegen den Stärkern. Wenn man zu diesem an und für sich rühmlichen Gefühle die unterstützende Kraft der Gegenpartei hinzudenkt, welche zum erstenmale ihren Unwillen eben sowohl gegen die Vertheidiger der Bourbons, als gegen die Verfechter der republikanischen Regierung kund giebt, wird man begreifen, daß alle Umstände jenes Processes dem neuen Kaiser die Freuden des gesättigten Ehrgeizes in nicht geringem Grade trüben mußten. Doch war er auch hier nicht wenig von dem Glücke unterstützt, und sogar von den Verschworenen, und unter diesen von Niemandem mehr als von dem General Moreau selbst.

Die Anklagepuncte dieses Letztern bestanden in folgenden Thatsachen: Außer den Verbindungen, welche er im Jahre XI mit Pichegrü gehabt hatte, war er durch die Vermittelung des Generals Lajollais in neuerer Zeit zu andern Mittheilungen hingerissen worden. Nach dem Gebrauche gewöhnlicher Mittelspersonen hatte der Letztere eine mit der seinigen übereinstimmende Willensmeinung bei dem General Moreau vorausgesetzt und Pichegrü Zusicherungen gemacht, daß derselbe nicht nur mit Zweck und Plan der Verschwörung einverstanden, sondern das ganze Unternehmen sogar schon ausgedacht und beschlossen sey, wozu er hinzufügte, daß man übereingekommen, den Herzog von Berry oder den Bruder des Königs, vielleicht auch Beide nach Frankreich zu schicken, um dort in Vereinigung mit Pichegrü und Georges die vorläufigen Mittel zu einer glücklichen Ausführung mit Moreau's Hülfe zu besprechen. Georges und Pichegrü hatten in der That sogleich nach ihrer Ankunft drei Unterredungen mit Moreau gehalten. Ein viertes Stelldichein ist schon verabredet gewesen, hat aber nicht stattgefunden. Bei diesen Unterhandlungen wollte es den sanguinischen Hoffnungen und Berichten des General Lajollais zum Trotze nicht gelingen, ein gegenseitiges Einverständniß hervorzubringen. Pichegrü und Georges wollten eine Staatsumwälzung zu Gunsten des Königthums. Moreau stritt heftig dagegen und fand sie — wenn nicht ganz unmöglich — doch unmittelbar zwecklos und eher verderblich als nützlich. Nach dem Sturze des ersten Consuls müsse man einstweilen zur republikanischen Form übergehen; in diesem Augenblicke könnte er sich auf das Vertrauen seiner Freunde im Senate stützen, um augenblicklich die höchste Gewalt zu ergreifen, und — was sich immer aus dem Zusammentreffen der Umstände und aus den Ergebnissen der öffentlichen Meinung schließen lasse. Pichegrü sowohl als Georges sahen sich durch diese Sprache in Moreau getäuscht und erkannten den begangenen Mißgriff. Daher auch die energischen Worte des Letztern, welcher Anfangs glaubte, daß Moreau sich von persönlichem Ehrgeize habe verblenden lassen.

Uebrigens haben die beiden Parteigänger nur zu bald einsehen gelernt, daß sie sich unklugerweise allzu trügerischen Hoffnungen hingegeben haben, und daß sie für die erste zu unternehmende Handlung, den Sturz Napoleons durch kühne That, mit Unrecht auf General Moreau sich verlassen hatten, wie sie denn auch bald die Ueberzeugung gewannen, daß zu einem glücklichen Ausgange der Staatsumwälzung, zu Gunsten der Bourbons, die Grundelemente noch nicht gehörig vertheilt und angeordnet seyen. Umsonst waren daher die Berathschlagungen, auf welche Weise man diesen Hindernissen begegnen könne, indem der Mann, gegen welchen der Anschlag gerichtet war, plötzlich den Arm erhob und das für ihn geschliffene Schwert gegen sie selbst zückte. Die Anklagen gegen General Moreau schienen sich durch die Aussage mehrerer der Theilnahme überführter Genossen, als des Royer Roussillon, Lajollais, Rolland und Anderer zu bestätigen. Vor Allem aber zeugte Bouvet de Lozier gegen ihn, der um so mehr Glauben verdient, als er seine Eröffnungen nach einem versuchten Selbstmorde, an welchem er aber verhindert worden, durch wiederholte Aussagen bestätigte. Ich habe mir schon Mühe gegeben, die dem General Moreau angeschuldigten Verbrechen mit milderem Namen zu nennen; aber auch schon in diesen Ausdrücken scheint seine Schuld außer allem Zweifel zu seyn. So viel ist gewiß, wenn er auch für seine Person nicht Antheil an der Ausführung des Planes hat nehmen wollen, so ist er doch bereit gewesen, Alles ungehindert geschehen zu lassen, und im Falle des Verschwindens des ersten Consuls selbst thätig handelnd aufzutreten.

Es ist keinem Zweifel unterworfen, daß das Eingeständniß des Generals Moreau in den ersten Tagen seiner Verhaftung zwar nicht hingereicht hätte, die Untersuchung gegen ihn aufzuheben, allein es hätte Bonaparte ein ungeheures Uebergewicht über ihn verschafft, und in so fern wäre ein solcher Schritt ein Fehler gegen die Klugheit gewesen. Wäre es Pichegru und Georges, welche damals noch nicht verhaftet waren, gelungen, ihren Verfolgern zu entgehen, würde man Moreau niemals der gemachten Anschuldigungen haben überführen können, ja er wäre sogar im Triumphe aus der Untersuchung hervorgegangen wie ein Schlachtopfer, welches nur ein Wunder der zügellosen Wuth des Ehrgeizes und Hasses entrissen hatte. Seine erste Rolle verlangte daher, daß er Alles standhaft läugnete; allein er war nicht im Stande, sie auf die Länge der Zeit durchzuführen. Wenn die Schwäche seines Charakters, seine politische Gehaltlosigkeit und seine Untauglichkeit zu jedem andern als einem kriegerischen Unternehmen gleichwohl nicht verborgen bleiben konnte, so traf ihn doch das Unglück, daß er selbst diese Schwächen recht eigentlich an das Tageslicht stellen mußte. Da er nicht zur rechten Zeit und nicht mit der gehörigen Offenheit ein Geständniß that, so mußte es in dem entscheidenden Momente unvollständig und unwirksam bleiben; und Niemand schadete den Angeklagten und unter diesen Pichegru, den er übrigens zweimal anzugeben so glücklich war, so sehr, als er. Er that dies noch durch einen Brief vom 8ten März an den ersten Consul, zehn Tage nachdem Pichegru verhaftet war.

Dieser Brief des Generals Moreau war im Vertrauen geschrieben. Ohne Zweifel wollte er dem ersten Consul ganz allein den Schlüssel zu seinem Benehmen in offenherziger Mittheilung geben. Hat dieser, als Mensch, gegen die Großmuth gesündigt, als er diese Schrift dem Gerichtshofe mittheilte, um in dem Processe als Actenstück zu glänzen? Als Haupt der Regierung hatte er mannigfache Pflichten zu erfüllen. Wäre jener Brief vierzehn Tage früher geschrieben worden, so hätte er ohne Zweifel andere Ergebnisse herbeigeführt; verdiente er aber, so verspätet und so ungeschickt geschrieben und überreicht, eine besondere Berücksichtigung? Der Kampf hatte begonnen. Dem ersten Consul lag es ob, eine ihm widerstrebende Meinung zu bekämpfen. Wer konnte ihm zu diesem Zwecke behülflicher seyn, als das halbe Geständniß des Generals Moreau, welches mehr vermuthen ließ, als es sagte, und für seine Ehre doch schon zu viel gesagt hatte? Wenn dieses Benehmen auch nicht das Verlangen, Moreau gegen eine ernstere Verdammung geschützt zu sehen, zerstörte, so war es doch ganz dazu geeignet, die hohe Theilnahme, die man allgemein für ihn hegte, zu schwächen, indem es seinen Geist als von Ränken überlistet, und seinen Ruhm durch eine seiner unwürdige, Verbindung befleckt darstellte. Um sein Unglück noch zu vergrößern, hatten die beiden Häupter der Verschwörung, Pichegrü und Georges, nach ihrer Verhaftung das verschiedenartigste Betragen gezeigt, indem Pichegrü Alles standhaft läugnete und bei seinem Schweigen hartnäckig beharrte, da Georges im Gegentheile nichts verhehlte und sein Vorhaben mit Stolz bekannte.

In jenem Briefe, den ein Feind nicht anders hätte abfassen können, wenn er die schärfsten Waffen gegen ihn hätte in Bewegung setzen wollen, hat Moreau die Geschichte von dem Ursprunge seiner Verbindung mit Pichegrü, des Dankes, welchen er ihm damals schuldig gewesen, und der im Jahre V gemachten unglückseligen Entdeckung von Papieren erzählt, welche er in dem Augenblicke, als sich die Ereignisse vom 18ten Fructidor vorbereiteten, dem Director Barthelemy überreichen zu müssen geglaubt habe. Ferner gestand er ein, — wovon er übrigens überzeugt war, daß die Regierung Alles wisse — daß ein gewisser Abbé David im Jahre XI die Rolle eines Vermittlers zwischen ihm und Pichegrü gespielt habe, versicherte aber, daß diese Verbindungen den alleinigen Zweck gehabt hätten, Pichegrü von der Liste der Ausgewanderten streichen zu lassen.

„Nun hörte ich," fuhr er fort, „nie wieder etwas von Pichegrü, als hie und da zufälligerweise von Personen, welche der Krieg nach Frankreich zurückzukehren genöthigt hat. Seit jener Epoche bis zu dem gegenwärtigen Augenblicke sind mir sowohl während der beiden letzten Feldzüge, als während des Friedens von Zeit zu Zeit entfernte Anträge gemacht worden, mit den französischen Prinzen in Verbindung zu treten. Ich fand aber alles dieses so lächerlich, daß ich das Anerbieten nicht einmal einer Antwort würdigte.

„Was die gegenwärtige Verschwörung betrifft, so kann ich gleichfalls heilig versichern, daß ich niemals den geringsten Antheil daran gehabt habe. Ich gestehe frei, daß ich kaum begreife, wie eine Hand voll zerstreuter Menschen jemals hat hoffen können, die bestehende Verfassung des Staates umzuändern und eine Familie wieder auf den Thron zu setzen, welche weder die Bemühungen von ganz Europa, noch die Gewaltstreiche des Bürgerkrieges, noch beide vereinigt dahin zu stellen vermocht haben. Ich hätte müssen von Sinnen gekommen seyn, einem solchen Unternehmen mich anzuschließen, um die Früchte aller meiner Arbeiten zu verlieren, und mich sowohl dem öffentlichen Vorwurfe, als unaufhörlichen Gewissensbissen auszusetzen.

„Ich wiederhole es, General, ich habe jeden mir gemachten Antrag nicht nur aus Grundsatz zurückgewiesen, sondern ihn sogar für die größte aller Thorheiten erklärt, und darnach gehandelt."

Ist diese Stelle, welche vielleicht nicht ganz ohne Absicht in so unbestimmten Ausdrücken abgefaßt wurde, nicht bedeutungsvoller, als alles früher Gesagte, besonders wenn man das Folgende damit vergleicht? — „Wenn man mir die Vorstellung machte," fährt Moreau fort, „daß die Landung in England ein günstiger Zeitpunct sey, der Regierung eine andere Gestalt zu geben, habe ich geantwortet, daß alle Franzosen bei den geringsten Unruhen sich um den Senat versammeln und ihn beschützen würden, und daß ich der Erste sey, der sich dem Ausspruche dieser Behörde unterwerfe."

Es war also doch von einem Sturze des ersten Consuls und einer Umgestaltung der Verfassung die Rede gewesen, wenn Moreau, in Voraussetzung dieser Möglichkeit, es für nöthig gefunden hat, seine treue Anhänglichkeit mit so bestimmten Worten auszusprechen. Der ganze Unterschied besteht darin, daß nach Moreau's Geständniß diese Möglichkeit nur als Ergebniß einer verunglückten Landung in England aufgestellt wurde, während die Verschworenen den Umsturz der Dinge und das Verschwinden des ersten Consuls ihren eignen Kräften zuzuschreiben geneigt waren, und darauf ihre Hypothese gründeten. Man sieht wohl ein, daß es sich hier um eine wichtige Thatsache handelt, welcher der General Moreau eine unschuldige Erklärung zu geben bemüht war; ist diese aber zureichend?

„Aehnliche Anträge," lautet seine Vertheidigung weiter, „die mir als isolirt lebendem Privatmann gemacht worden sind, der keine weitern Verbindung, weder mit der Armee, wovon ein Drittheil unter meinen Befehlen gedient hat, noch mit einer andern Behörde unterhalten wollte, konnten von meiner Seite nichts anders als eine abschlägige Antwort zur Folge haben. Eine Angabe und Entdeckung des mir Anvertrauten widerstritt zu sehr meinem Charakter: beinahe immer mit Strenge beurtheilt, zieht ein solches Betragen den Schein der Gehässigkeit auf sich und drückt dem, der sich desselben schuldig macht, um so mehr das Siegel der Verworfenheit auf, wenn es Männern gegenüber geschah, denen man Erkenntlichkeit schuldig ist, oder an welche man sich durch die Bande alter Freundschaft gekettet fühlt. Selbst die Pflicht weicht in gewissen Fällen der öffentlichen Meinung!" Diese letzteren Worte geben deutlich zu erkennen, daß ihm von Seiten Pichegrü's Anträge gemacht worden seyen, und der schwache ununterrichtete General Moreau bemerkte es nicht einmal, daß er zum zweitenmale zum Ankläger wird, während er sich dagegen zu verwahren sucht, aus Furcht, den Vorwurf der Anklägerei auf sich zu laden.

Pichegrü adelte seine Fesseln durch größere Festigkeit. In den wenigen Tagen, während welcher ihm in Paris zu leben vergönnt war, hatte er an dem übeln Ausgange der Bemühungen seines Freundes Georges recht wohl einsehen gelernt, daß die Sache, welcher er diente, nichts weniger als die des Volkes war. Dennoch wollte er nicht eingestehen, daß er die

Bourbons wieder auf den Thron habe setzen wollen. Er zog es daher vor, den Schein des persönlichen Hasses des ersten Consuls auf sich zu laden, „welcher," wie er sich ausdrückte, „in ihm wahrscheinlich ein Hemmrad seines Ehrgeizes erblickend, in die Ereignisse des Fructidor ganz besonders verwickelt gewesen sey, und zu seiner Entfernung aus Frankreich beigetragen habe. Der Schmähungen sowohl, als der Verbannung müde, habe er durch die Heimkehr in sein Vaterland den verläumderischen Gerüchten französischer Blätter, welche bald von ihm aussagten, er stehe an der Spitze feindlicher Heere, bald ihn an den Höfen fremder Monarchen als Rathgeber gegen Frankreich wirken ließen, zu widersprechen gesucht. Mehr hätte er nicht zu sagen."

In diesem stolzen und zurückhaltenden Benehmen kann man eine gewisse Seelengröße nicht verkennen, welche eher, als Jemandem durch Entdeckung oder Anklage zu schaden, seine eigne Ehre auf das Spiel setzte und das Aeußerste wagte; allein die Schwäche Moreau's, Lajollais und mehrerer Anderer hatten ihn hinlänglich überzeugt, daß ihn nichts mehr von dem Tode befreien könne. Pichegrü überlegte nur noch, ob er diesen erwarten oder ihm zuvorkommen sollte. Er zog das Letztere vor. So groß die Schwierigkeiten auch waren, sie hinderten ihn nicht. Das außerordentliche Mittel, zu welchem er in Ermangelung jeder andern Waffe seine Zuflucht zu nehmen sich genöthigt sah, erschreckte seinen kühnwilden Muth nicht. Eine Halsbinde und ein Stück Holz, mit der erfinderischen Geschicklichkeit eines kräftigen Willens[1]), endigten sein Leben in der Nacht vom 5ten auf den 6ten April.

Wenn die beiden auf kurze Zeit sich näher gebrachten Parteien, die der Republikaner, und die der Gegenrevolution, den Tod Pichegrü's dem ersten Consul Schuld geben, so ist dies eine natürliche Folge der Ereignisse, bei denen ein Jeder

1) Julius Celsus, Tribunus, in vinculis laxatam catenam et circumdatam in diversum tendens, suam ipse cervicem perfregit.

Tacitus.

Seit mehr denn zehn Jahren hat man mehrere Beispiele des Selbstmordes gesehen, welche mit noch mehr Schwierigkeiten, als der Pichegrü'sche ausgeführt worden sind.

die Anklage leicht versteht. Die Zeit aber und die kalt und ruhig prüfende öffentliche Meinung haben dem Angeklagten längst schon Gerechtigkeit widerfahren lassen. Voltaire hat bei Erwähnung des Czar's Peter des Großen, dem man die Vergiftung seines Sohnes, welchen er den Abend zuvor verurtheilt hatte, Schuld gab, die Worte ausgesprochen: „Ist wohl Jemand im Stande, sein Andenken bei der Nachwelt durch den Titel eines Giftmischers zu brandmarken, wenn es ihm so leicht wird, sich höchstens den Beinamen eines strengen Richters zuzuziehen?“ Ganz in derselben Lage befand sich der erste Consul in Hinsicht Pichegrü's, und des Philosophen Worte lassen sich daher auf Niemanden besser anwenden. Die angedichteten Beweisgründe, welche glauben machen sollten, es habe ihm besonders daran gelegen, daß Pichegrü niemals vor den Richtern erscheinen möge, sind unbedeutend, ja selbst lächerlich. Ein Verfasser von Denkwürdigkeiten [1]), welcher mit vielen Worten jene Gründe zu entwickeln sucht, schließt in einer Note: „Achtbare Männer, welche zu jener Zeit ebenfalls Gefangene waren, haben uns die Ueberzeugung ausgesprochen, daß Pichegrü sich selbst den Tod gegeben habe.“ Sonderbare Idee, zehn Seiten voll zu schreiben, um eine falsche Thatsache aufzustellen und durchzuführen, und am Ende nur in einer Note von wenigen Zeilen der Wahrheit ihr Recht widerfahren zu lassen! Pichegrü hat sich selbst entleibt, und konnte als der Mann, der er war, nicht anders handeln. Er fürchtet weder Verurtheilung noch Strafe, die Martern allein sind ihm unerträglich, welche er als Verbündeter mit Georges hat ausstehen müssen; die Vereinigung mit jenen Männern war ihm bei Lebzeiten schmerzhaft, und ist ihm vollends im Tode unerträglich.

Würde ihm aber der erste Consul, troß des gefällten Todesurtheils, nicht vielleicht Gnade erwiesen haben? Pichegrü kann sich in seinem Stolze nicht zu dem Gedanken herablassen, ihm diese Wohlthat schuldig zu seyn. Was konnte übrigens ein Leben, das mit der doppelten Bürde entlarvter Verbrechen und einer im Selbstbewußtseyn verdienten Strafe

1) Herr Salgues.

unausgesetzt demüthigender Güte [1]) belastet war, in seinen Augen noch für einen Werth haben? Wenn ich Pichegrü so beurtheile, glaube ich ihm Gerechtigkeit widerfahren zu lassen. Pichegrü war keiner jener Verschworenen, den der Fanatismus zu seiner That angetrieben; er wurde von den Schicksalsmächten, denen er von jeher unterworfen zu seyn schien, mit Allgewalt fortgerissen. Verfolgt von den Gewissensbissen des einmal an dem republikanischen Frankreich begangenen Verrathes, schritt er nur darum auf jener unheilbringenden Bahn fort, weil sich seinem Auge kein anderer Ausweg mehr eröffnete. Moreau sagt in seinem Schreiben, daß er auf Pichegrü's Verlangen, sich mit ihm zu vereinigen, ihn an den ersten Consul verwiesen habe, um dessen Genehmigung einzuholen; allein Pichegrü habe geantwortet: „Nur wenn er die Gewißheit hätte, die Bitte gewährt zu sehen, würde er sie auszusprechen im Stande seyn.“

Auf diese Weise hatte Pichegrü im Jahre XI sich entschlossen, zurückzukehren und unter den Befehlen dessen zu leben, gegen den er sich im folgenden Jahre verschworen hatte! Ich bin weit entfernt, in ihm das echt französische Gefühl zu tadeln, welches ihn nur mit großer Ueberwindung den heimischen Boden missen läßt, obwohl dieser von einem Manne beherrscht wird, den er nicht lieben kann; allein was wird nach dieser Erklärung aus der heroischen Aufopferung Pichegrü's für die Familie der Bourbons? Die Könige irren sich manchmal, und nicht selten in mehr als einer Beziehung, wenn sie Standbilder errichten lassen.

Die Lage des Georges war von der Pichegrü's ganz verschieden. Georges ist nur einem Pannier, einem Vorsatze treu geblieben. Ein unveränderliches Festhalten an einer und derselben Sache deutet stets auf einen großen Charakter und

1) „Pichegrü's Lage,“ sagt der Gefangene von St. Helena, „war ohne Ausweg, ohne Mittel. Sein kräftiger Geist konnte die Schande, auf dem Schaffot zu sterben, nicht ertragen; er verzweifelte an meiner Güte und Großmuth, oder verachtete beide.“ Nie habe ich ein treffenderes Urtheil über diesen außerordentlichen Mann weder gelesen noch gehört. Nach meiner Ueberzeugung hat Pichegrü die Gnade des ersten Consuls verschmäht; ich wage hinzuzufügen, er mußte sie verschmähen.

bleibt eine schöne Auszeichnung; ja der Ruhm eines Georges wäre allgemein geachtet geblieben, wenn er nicht seinen Muth in dem Bürgerkriege durch Barbarei geschändet und in dem Kriege nach außen das Schwert mit dem Dolche vertauscht hätte. Seinem Charakter, als Vertheidiger der Bourbons, treu, unfähig, so wie Pichegru, Jemanden durch feige Angabe zu verrathen, setzte er seine größte Ehre darein, sein Vorhaben laut zu bekennen, und sich nur über die Art und Weise, in welcher er es auszuführen gesonnen war, zu entschuldigen. Allen an ihn gerichteten Fragen setzte er kurze und bestimmte Antworten entgegen. Auf die Frage: wie lange er nach Frankreich zurückgekehrt sey? gab er zur Antwort: Fünf bis sechs Monate. — Wo er sich aufgehalten habe? Nirgends. — Was ihn nach Paris zu kommen bewogen habe? Den ersten Consul anzugreifen. — Mit welchen Mitteln? Ich hatte deren wenige, doch hoffte ich nach und nach mehr zu gewinnen. — Auf welche Weise er da seinen Mordanschlag ausführen wollte? Mit Gewalt. — War es nicht mit diesem Dolche? Nein; mit Waffen wie sie die Leibgarde des ersten Consuls trägt. — Wo er gehofft habe, Verstärkung und Hülfe zu finden? In ganz Frankreich. — Wer ihm aufgetragen, nach Frankreich zu kommen? Er sey aus freien Stücken, aber im Einverständnisse mit den französischen Prinzen zurückgekehrt, um das Königthum wiederherzustellen. Ein französischer Prinz wäre sogleich nachgefolgt, wenn er geschrieben hätte, daß Alles zur Ausführung des Vorhabens vorbereitet sey. Er habe erst dann handeln sollen, wenn ein Prinz in Paris eingetroffen wäre; dies sey aber bis jetzt nicht geschehen. — Mit welchen Personen haben Sie Umgang gepflogen? Diese werde ich niemals nennen; ich will die Zahl der unglücklichen Opfer nicht noch vermehren helfen. — Diese Gemüthsruhe und Geistesgegenwart hat Georges nicht einen Augenblick verlassen. Er läugnete hartnäckig, an dem Ereignisse vom 3ten Nivose Antheil gehabt zu haben, und verwarf die ihm vorgelegten Beweise seines Briefwechsels als verfälscht. Unter den Gefährten des Georges sah man mehrere Personen von Auszeichnung, als: Pichegru, zu andern Zwecken verbündet, die Herren Carl von Rivière, Julius und Armand von Polignac; ein neuer Beweis, daß zur Zeit der bürgerlichen Zwietracht der Stolz der Aristokraten es nicht verschmäht, sich unter die Fahnen des bürgerlichen Muthes und bürgerlicher Tapferkeit zu reihen, wenn diese ihre Zwecke verfolgen helfen. Herr von Rivière, bei welchem man ein Bildniß des Bruders des Königs gefunden hatte, gestand unverhohlen die Anhänglichkeit an die Person dieses Prinzen ein. Die beiden jungen Polignac's boten ein rührendes Schauspiel brüderlicher Liebe dar, indem der Eine die Unschuld des Andern betheuerte und für sich die Strafe verlangte, welche den Bruder zu treffen bestimmt war.

Moreau hatte allerdings nicht nöthig, sich an dem Beispiele Fremder Muth zu holen und seine Seele mit Unerschrockenheit zu waffnen, da er in offener Feldschlacht so oft dem Tode in's Antlitz gesehen. Bevor sein Vertheidiger das Wort genommen, glaubte er selbst mit wenig Zügen ein Bild seines Lebenslaufes, nach dem Grundsatze entwerfen zu müssen, „daß ein ganzes Leben stets das sicherste Zeugniß für oder gegen den Beschuldigten sey." Diese kurze Rede war durch die blühende und kräftige Sprache wohl geeignet, einen großen Eindruck auf die Gemüther zu machen, denn ihr Inhalt war einfach und wahr. „Ich wurde Krieger, weil ich Bürger war. Ich verläugnete diesen Charakter auch unter den Fahnen nicht; ich habe ihn stets zu bewahren gesucht. Der Krieg war, so weit ich zu befehlen hatte, nur auf dem Schlachtfelde eine Geißel."

Nachdem er die Schwierigkeit seiner Stellung am 18ten Fructidor entwickelt hatte, rief er in das Gedächtniß zurück, daß ihn das Directorium, welches nicht zur Nachsicht für ihn aufgelegt war, in Folge jenes Tages angestellt habe. „Ich glaube hoffen zu dürfen, daß die Nation nicht vergessen habe, mit welcher Ergebenheit ich in Italien die Pflichten meiner untergeordneten Stellung ausgeübt habe. Sie hat nicht vergessen, wodurch ich zum Oberbefehlshaber ernannt worden bin. Man hat mir den Vorschlag gemacht, mich an die Spitze eines Tages zu stellen, der jenem vom 18ten Brumaire ähnlich ist; allein ich glaubte Armeen befehlen zu können, nicht aber in der Republik zu herrschen." Der Tag des

18ten Brümaire war angebrochen. Moreau war in Paris, er hatte sich mit dem General Bonaparte vereinigt, und ihn mit Anstrengung aller Kräfte auf diese hohe Stufe der Macht zu erheben gesucht, welche zu ersteigen nothwendig war.

„Als er einige Zeit darauf," fährt Moreau in der Vertheidigung fort, „mir den Oberbefehl der Rheinarmee übertrug, habe ich diese ehrenvolle Auszeichnung mit derselben Ergebenheit von ihm, als früher aus den Händen des Freistaates selbst angenommen. Niemals war mein militairisches Glück sichtbarer und rascher, noch meine Siege zahlreicher und entscheidender. War dies der Augenblick zu einer Verschwörung? Hätte ein ehrgeiziger Verschworener an der Spitze einer Armee von 100,000 Mann, wovon der Letzte an Triumphe gewöhnt war, den Augenblick siegreicher Begeisterung unbenutzt vorbeigehen lassen? Ich dachte nur daran, den Befehl niederzulegen, und in das bürgerliche Leben zurückzutreten."

Ich halte mich hier ungern auf; denn dieser Theil von Moreau's Rede scheint mir wenigstens nicht an seinem rechten Orte zu seyn. Als ihm der erste Consul 120,000 Mann der besten Truppen zur Kriegsführung in Teutschland anvertraut, während er für sich selbst nur 60,000 zum Kampfe in Italien vorbehalten hatte, kann es sich Moreau wohl zum Verdienste anrechnen, damals nicht an Verrath gedacht, noch das hohe Zutrauen mit Bürgerkrieg vergolten zu haben. Der Sieger von Marengo hatte auch seinen Ruhm; ihm mangelten auch nicht sieggekrönte Truppen; und wenn es übrigens leicht war, sich zur Verschwörung zu gesellen, konnte denn Moreau glauben, daß das Gelingen derselben leicht seyn werde? Kluge Einsicht hätte diese Stelle eher unterdrückt als herausgehoben, indem sie seiner Vertheidigung mehr Schaden als Nutzen brachte.

Moreau ist der Wahrheit ungleich treuer geblieben, wenn er sagt, daß er seine Gesinnungen, hätte er anders die Einladung der Verschworenen angenommen, nicht nur verstellt, sondern sogar um eine Anstellung gebeten haben würde, welche ihn in den Mittelpunct der Volkskräfte gestellt hätte.

„Es war mir nicht unbekannt," fuhr er fort, „daß

Monk, als er sich verschworen, nicht von der Armee gewichen sey, und daß Cassius und Brutus sich dem Herzen Cäsars genaht haben, um ihm den Todesstoß zu geben." Er endigte seine Anrede mit der Betheuerung seiner Unschuld, indem er Gott und die Menschen zum Zeugen anrief. Obwohl diese Betheuerungen keine völlige Ueberzeugung in den Gemüthern hervorbrachten, so hatte doch das Ganze seiner Rede im höchsten Grade die allgemeine Theilnahme für einen Mann angeregt, dessen Leben so viele Glanzpuncte darbot. Nicht wenig wurde dieser Antheil durch seinen Vertheidiger, Herrn Bonnet, bestärkt und erweitert. Der Rechtshandel war wichtig, und der Anwalt der hohen Aufgabe würdig. Ein einziger Punct konnte mit Mühe gerechtfertigt werden, das waren die Zusammenkünfte Moreau's mit Pichegrü, und das über die Plane der Verschworenen beobachtete Stillschweigen, indem es nicht nur im Allgemeinen die Schuld auf sich lenkte, sondern auch über die Ausführung des Verbrechens der rastlos thätigen Einbildungskraft freien Spielraum gewährte. Dieses Schweigen konnte tadelnswerth seyn, allein unser neues Gesetzbuch enthält keinen Paragraphen, der dafür eine Strafe forderte. Um ein solches Gesetz ausfindig zu machen, hätte man in die Zeiten Ludwigs XI. zurücksteigen, und um es in Anwendung gebracht zu sehen, die Verurtheilung des unglücklichen de Thou in's Auge fassen müssen, welchen ein Richelieu, so wie unter Ludwig gar manche Opfer ein Laubardemont richtete. Die Geschichte, deren schönster Ruf der ist, die Tugend in allen ihren Beziehungen zu ehren, darf es nicht versäumen, der französischen Gerichtsbarkeit in ihrem unabhängigen Freisinne, welcher unter allen Umständen derselbe bleibt, die wohlverdiente Huldigung darzubringen. Es gereicht ihr zur Pflicht, die muthvolle Beredsamkeit eines Bonnet, Billecoq und eines Guichard vom Jahre 1804 rühmend anzuerkennen, wie sie jener eines Dupin, Mérilhau, Barthe und eines Berville dereinst den gerechten Beifall nicht entziehen wird.

Die Verhandlungen des Prozesses haben zwölf Tage gedauert. Am 10ten Junius wurde das Urtheil gesprochen, nachdem die Gerichtsbehörde vier und zwanzig Stun-

19*

den in beinahe ununterbrochener Berathung versammelt geblieben war.

Vier und zwanzig des Verbrechens Ueberführte sind der Hand der Gerechtigkeit anheim gefallen, Georges Cadoudal, Armand Franz Heraclius von Polignac, Carl von Rivière und sieben andere Verschworene wurden zum Tode verurtheilt. Während der Verkündigung des Urtheils herrschte in dem Versammlungssaale ein tiefängstliches Stillschweigen; jeder der Zuschauer fürchtete einen Namen ausrufen zu hören, welcher beinahe der einzige alle Gemüther mit der innigsten Theilnahme erfüllte. Als wäre eine Centnerlast von ihrer Brust gewälzt, athmeten alle Anwesenden leichter, als das Urtheil auf folgende Weise bekannt gemacht wurde: „Und da es sich ergeben, daß Johann Victor Moreau, Julius Armand von Polignac, Léridant, Rolland und Hizai sich zwar des Hochverraths schuldig gemacht, aber in den Umständen sowohl als in den Aussagen aller Zeugen eine Art von Rechtfertigung gefunden haben, so soll ihre verdiente Strafe auf zwei Jahre Gefängniß gemildert werden." — Napoleons Gattin, die Gemahlin seines Bruders Ludwig, seine Schwester Carolina Mürat, und Joachim Mürat selbst haben ein Fürwort bei ihm, zu Gunsten mehrerer der zum Tode Verurtheilten, eingelegt.

Der Kaiser schenkte neun derselben das Leben, als: den Herren von Rivière, de Polignac, Lajollais [1]), Bouvet de Lozier, Rochelle, Armand Gaillard, dem Major Roussillon und Carl von Hozier. Die Uebrigen mußten, nachdem sie sich vergebens um Milderung beworben hatten, die Strafe in dem

1) Die Tochter des Generals Lajollais, ein dreizehnjähriges Mädchen, hatte sich dem Kaiser zu Füßen geworfen, um das Leben ihres Vaters zu erflehen. Die dringenden Bitten und die Thränen, vermischt mit der dem höchsten Schmerzgefühle eigenen Festigkeit, rührten so das Herz des erzürnten Gebieters, daß er das Wort „Gnade" aussprach. Der General Lajollais ist im Jahre 1808 in dem festen Schlosse If als Staatsgefangener gestorben. Diese rührende Scene siegreicher Kindesliebe schildert der erste Kammerdiener *).

*) Die des Kaisers schildert Constant mit wahrhaft edlen Farbentönen in seinen jüngst erschienenen Denkwürdigkeiten. Siehe Mémoires de Constant, Paris 1830. Tom. II. p. 248—255. Anm. d. Uebers.

ganzen Umfange ihrer Strenge dulden. Die Festigkeit Georges hat sich auch jetzt nicht verläugnet. Wenn die Sitten unserer Zeiten, wie es im Alterthume geschah, den vorsätzlichen Mord billigten, so könnte Georges mit vollem Rechte als ein zweiter Brutus des Königthums, oder als Mucius Scävola für die Familie der Bourbons betrachtet werden.

Das Urtheil des Generals Moreau wurde von dem Gerichtshofe statt der Gefängnißstrafe in eine Verweisung nach den Staaten von Nordamerika verwandelt, welcher Umstand sowohl ihm selbst, als hauptsächlich auch dem General Bonaparte sehr erwünscht war. Moreau verließ gleich darauf Paris und begab sich nach Spanien, um sich von da aus nach dem Orte seiner neuen Bestimmung einzuschiffen. Die Freunde seines Ruhmes ahneten es wohl kaum, daß sie seine Rückkehr nach Europa dereinst würden zu bedauern haben.

Die Mitglieder des Tribunals, durch welches Moreau verurtheilt worden war, glaubten sich über das, was bei den Verhandlungen vorgefallen war, rechtfertigen zu müssen. Nach ihrer Betheuerung, und diese ist nichts weniger als unwahrscheinlich, habe man sie aufgefordert, die strengste Strafe über den General Moreau auszusprechen, damit dem neuen Kaiser die Genugthuung bliebe, diesen mit der Last seiner Gnade zu erdrücken. Man hat ihnen sorgfältig eröffnet, sie könnten ohne alle Furcht das Urtheil strenger abfassen, weil der erste Consul fest entschlossen sey, Gnade für Recht ergehen zu lassen. „Wer wird aber uns begnadigen?“ gab einer unter ihnen, der ehrwürdige und gelehrte Kenner des griechischen Alterthums, Clavier, zur Antwort. Diese Entgegnung ist eines Justizbeamten, der sein Ansehen und seine Pflichten kennt, würdig. Es soll sich niemals ein fremdes Machtwort zwischen das Gewissen des Richters und die Thaten des Verurtheilten eindrängen. Umsonst maßt sich das Oberhaupt des Staates, voll feiner politischer Rücksichten das Recht an, in solchem Falle einzuschreiten. Der unbescholtene Richter erhebt sich über den Fürsten und zwingt die Politik, der Gerechtigkeit das Feld zu räumen [1]).

1) Nach Herrn von Bourienne soll der erste Consul, welcher nichts so sehnlich wünschte, als Moreau mit seiner Güte beschämen und zer-

Die Zeit, in der der Proceß geführt wurde, ist eine wahrhafte Crisis gewesen: nicht als wenn eine hohe Klugheit kein Mittel gefunden hätte, jeder ernstern Gefahr vorzubeugen, sondern weil für eine neu begründete Regierung jede Volksbewegung ein Uebel genannt werden kann, indem sie der öffentlichen Meinung schadet, wenn auch die Ruhe und Ordnung des Staates weder angegriffen noch erschüttert wird. Es war in der That kein Schauspiel von geringem Interesse, zwei Männer, von den Strahlen des höchsten Ruhmes umgeben, vor dem Criminalgerichte zu erblicken, obgleich der Kampf ungleich zu seyn schien, indem der Eine, der Nebenbuhler, in Ketten lag, während der Andere so eben den Thron bestiegen hatte. Dies Mißverhältniß wurde jedoch durch die moralische Kraft der Gemüther ausgeglichen, da man allgemein bei dem Schwächern durch ein günstiges Vorurtheil zu ersetzen strebte, was ihm an äußerer Macht gebrach. Welch' eine bewunderungswürdige Wirkung der Volksgroßmuth, welch' eine einflußreiche Lehre für die Machthaber!

Unter den Männern, welche am offensten ihre Theilnahme für Moreau's Sache an den Tag legten, bemerkte man vor allen die Generale Lecourbe und Macdonald. Die Anhänglichkeit an einen Unterdrückten, der entweder unter der Last des Unglücks oder seiner Ketten seufzt, ist stets des Ruhmes werth. Macdonald hatte ein noch größeres Verdienst. Er hatte nie in besonders freundschaftlichen Verhältnissen mit Moreau gelebt, ja sogar im Feldzuge des Jahres 1799 vielfache Ursache gehabt, sich über ihn zu beschweren; doch aller Groll war von dem Augenblicke an verschwunden, als er Moreau im Unglück sah. In späteren Tagen werden wir ihn bei einem noch auffallenderen Wechsel des Geschicks zu Fontainebleau unter den Letzten erblicken, welche den zur Reichsentsagung gezwungenen Napoleon verlassen.

walmen zu können, im Unwillen über das Urtheil zu ihm gesagt haben: „Man giebt mir kund, Moreau sey durch seine Handlungen dem Tode anheimgefallen; sein Einverständniß mit dem Haupte der Verschwörung ist offenbar, und doch erkennt man ihm eine Strafe zu, wie einem unbedeutenden Taschendiebe." Ehre der Behörde, welche sich nicht zum Sclaven der Politik erniedrigte!

Es ziemte sich nicht, hier noch ein strenges Urtheil über den General Moreau zu fällen, allein die Gerechtigkeit fordert ihre Genugthuung. Uebrigens wird die Alles vermittelnde Wahrheit selbst in ihrer Strenge dem General Moreau ein ehrenvolles Theil zuerkennen, denn sie muß eingestehen, daß er mit ungewöhnlichen Talenten für den Krieg, die ihn zu einem der ersten Feldherren erheben, alle Tugenden des Privatmannes in sich vereinigt habe. Dieser Talente und Tugenden ungeachtet, war er gleichwohl am wenigsten geeignet, bei der Leitung eines Staates eine große Rolle zu übernehmen. Seiner Unfähigkeit für die Politik kam nichts gleich, als seine Fähigkeit für den Krieg. Stand er nicht auf dem Schlachtfelde, so war er nur ein gewöhnlicher Mensch. Das ganze Unrecht seiner Lebensweise hat darin bestanden, daß er sich nicht offenherzig an den ersten Consul angeschlossen hat, um nach ihm der Erste zu seyn, oder daß er nicht, wie der Römer Cincinnatus, in das Privatleben zurückgekehrt ist, um den Consuln und Dictatoren die Herrschaft Roms und der Welt zu überlassen. Moreau verstand aber weder die eine noch die andere Stelle einzunehmen. Er ist zu einem untergeordneten Menschen der Fronde herabgestiegen, der seiner gänzlich unwürdig und gleichsam auf dessen Größe eifersüchtig war. Sein wenig umfassender Geist war nicht im Stande gewesen, dem raschen Fluge der Zeit zu folgen. Mit seinen republikanischen Ideen war er noch zurück bei dem Zeitpuncte der Zusammenberufung der Stände, oder höchstens bei dem Zeitpuncte des Directoriums, er verstand die weisen Einrichtungen des ersten Consuls nicht, und schien ganz vergessen zu haben, daß in allen Freistaaten des Alterthums, zu Rom wie in Athen und Sparta, die Feldherren nach errungenem Siege den Tapfern Kronen, Hals- und Armbänder, Kriegskleider und Ehrenwaffen austheilten. Daher seine vorlaute Aeußerung von mißbilligenden Gefühlen in Hinsicht der bestehenden Einrichtungen, seine unklugen Mittheilungen an die Häupter der Verschworenen; daher auch deren vorläufige Maaßregeln, Versprechen, Bedingungen, Aufforderungen, Plane und geheime Anschläge; daher auch, wenn gleichwohl nicht das unermüdete Schmieden von Complotten in England, doch wenigstens die außergewöhnliche Wichtigkeit, die man der Verschwörung beilegte, welcher ein so mächtiger Beistand gewonnen zu seyn schien; daher auch die Ankunft des Georges, welcher sich auf gut Glück in die verwegensten Unternehmungen einlassen zu dürfen glaubte; daher aber vor Allem die Anwesenheit Pichegrü's in Paris, wo ihm statt Ruhm nur Gefahren auf der Ferse nachfolgten, wo also seine Hoffnung auf einen glücklichen Ausgang einzig und allein auf die Unterstützung eines Mannes wie General Moreau begründet war; daher endlich das Mißverhältniß zwischen beiden und ihr gemeinschaftlicher Sturz.

Ist aber der erste Consul in Bezug auf den General Moreau frei von jedem Vorwurf gewesen? Hätte er ihm nicht einige Schritte weit entgegenkommen und ihn so wieder zu sich zurückführen können? Er hat dieses, wie er sagt, mehrmals versucht, allein die Versöhnung sey niemals von Dauer gewesen. Wenn es wahr ist, und Alles scheint dafür zu sprechen, daß ihre Trennung das Werk weiblicher Eitelkeit [1]) gewesen, so mußte natürlicherweise die Wiedervereinigung um so schwieriger werden.

Uebrigens hat Bonaparte den General nicht zurückgestoßen, es war Moreau, der sich von ihm entfernte, Bonaparte fürchtete ihn nicht; er hat es dadurch bewiesen, daß er ihm die schönste Armee der Republik anvertraute. Er fühlte

1) Ich selbst bin Zeuge gewesen, was für einen bedeutenden Einfluß ein Weib über den General Moreau zu gewinnen vermochte. Unmittelbar vor dem unglücklichen Feldzuge vom Jahre 1799, einer Epoche, in der ich gerade Gesandtschaftssecretair zu Mailand war, habe ich alle Tage Gelegenheit gehabt, den General Moreau zu sehen und in seinem Hause eine Dame, welche zwar nicht seine Gattin war, die wir aber aus Achtung für ihn als solche behandelten. Als kurz vor den Schlachten alle Frauen die Armee verlassen mußten, nannte mir der General Moreau die holländischen Namen dieser Dame, damit ich ihr einen Reisepaß nach Frankreich verschaffen sollte. Tags darauf gab er mir den Paß mit der Bemerkung zurück, einen andern unter dem Namen der Gattin des Divisions-Generals Moreau auszufertigen. „Mein Name," sagte er, als wollte er seine Schwachheit entschuldigen, „wird ihr die Reise leichter und angenehmer machen." Jene Dame ist die nämliche, welche sich seitdem durch die Denkwürdigkeiten einer Zeitgenossin (Mémoires d'une contemporaine) bekannt gemacht hat.

sich groß und stark genug, um neben Moreau und mit diesem zugleich ohne Neid den Ruhm der französischen Waffen zu theilen, und in den noch zu liefernden Schlachten sich auf ihn zu stützen, wie er sich auf den General Desaix, hätte dieser noch gelebt, gestützt haben würde. Hätte sich Moreau denn erniedrigt, wenn er eine Oberherrschaft anerkannt hätte, unter deren Befehl sich ein Desaix sich so willig gefügt hat?

Sieben und dreißigstes Capitel.

Verhältnisse nach außen.

Ruhe im Innern von Frankreich. — Frankreichs Stellung gegen Rußland. — Note des Herrn von Oubril, vom 12ten Mai. — Der russische Gesandte reicht zu Regensburg ein Schreiben ein. — Note des Herrn von Talleyrand vom 14ten Mai. — Bemerkungen über eine Behauptung des Herrn Schöll. — Der französische Gesandte erhält Befehl, St. Petersburg zu verlassen. — Schritte des französischen Ministeriums gegen die Herren von Antraigues und von Vernègues. — Oestreich unterstützt die russische Note zu Regensburg. — Widersprechendes Benehmen von Seiten Oestreichs. — Note des Markgrafen von Baden bei der Reichsversammlung zu Regensburg. — Herrn von Oubril's Schreiben vom 21sten Julius. — Ungeschicktes Benehmen des Cabinets von Petersburg. — Rußlands stolze und gebieterische Forderungen. — Frankreichs Antwort. — Die französische Regierung beschränkt sich auf sich selbst. — Ursachen dieses Entschlusses. — Abreise der gegenseitigen Gesandten von Frankreich und Rußland.

So groß und lebendig die Aufregung der Gemüther während des gegen die Verschworenen eingeleiteten Verfahrens gewesen, so tief und still war die Ruhe, welche darauf folgte. Für Moreau, den Gefangenen, empfand Jedermann Theilnahme, an Moreau, den Verwiesenen, dachte man sehr bald nicht mehr. Die nächsten Feldzüge Napoleons waren so glänzend, daß man den abwesenden Moreau nicht vermißte, kaum mehr vielleicht an ihn dachte. Der Dolch der Verschwörung, durch den Tod von Georges seiner Schärfe beraubt, war nicht mehr gefürchtet. Frei von aller Furcht im Innern, von aller Nebenbuhlerschaft nach Außen, schien die Macht des neuen Kaisers so befestigt zu seyn, als wenn der Mund der Jahrhunderte seine Sanction darüber ausgesprochen hätte. Nur in den Augen der Republikaner war jene Gewalt ein Greuel, und doch war sie nicht größer, als die Umstände es erforderten.

Diese schmähenden Geister würden den Ehrgeiz des neuen Herrschers vielleicht entschuldigt haben, hätten sie, so gut wie er, die damalige Lage von Europa gekannt. Das innige Einverständniß mit dem Senate, dem Tribunate, dem gesetzgebenden Körper und dem Kaiser, obgleich Frankreich deshalb jene Behörden einer unverzeihlichen Schwäche beschuldigte, war es gerade, welches im Auslande das Ansehen der Regierung vergrößerte, den friedlichgesinnten oder zweideutigen Mächten Furcht einjagte, den Staaten aber, deren eigner Vortheil an Frankreich geknüpft war, Vertrauen einflößte.

Napoleon täuschte sich in Beurtheilung der Stimmung der ersten Cabinette des Festlandes nicht. Wenn er sich in Hinsicht der muthmaßlichen Dauer ihrer Unthätigkeit verrechnete, so war dies die Folge des Umstandes, daß durch Leidenschaften erzeugte Fehler der Genauigkeit einer strengen Berechnung nicht untergeordnet werden können. Wer wird übrigens annehmen, daß Bonaparte bei der Verletzung des Badenschen Gebietes habe glauben können, daß diese Ereignisse keine weitern Folgen haben, noch auch eine Klage herbeiführen würden? Gewiß Niemand. Er hat vorausgesehen, daß jenes Unternehmen nothwendigerweise gewisse feindliche Aufregungen, welche einmal vorhanden waren, entwickeln würden, und dies schien für ihn je früher je lieber Gewinn zu bringen.

Nur drei Festlandsmächte haben, außer Frankreich, ein selbstständiges Urtheil und einen freien, thatkräftigen Entschluß, nämlich Rußland, Oestreich und Preußen. Die andern Staaten folgen der Stimme der Nothwendigkeit. Die Lage der französischen Regierung mußte daher, in Bezug auf die drei großen Mächte, von Tage zu Tage um so mehr eine gespanntere werden, als es nicht in ihrer Macht stand, allen ihren gut oder schlecht begründeten Ansprüchen Genüge zu leisten. Wie hätte in der That auch Frankreich das nördliche Teutschland und die Stellungen, welche es in Italien inne hatte, räumen können, ohne zugleich die kräftigsten Mittel zur Einschränkung des britischen Handels aus der Hand zu geben, und alle Stützpuncte zum Angriff, so wie alle Vergeltungsstoffe zur Abschließung eines einstigen vortheilhaften Friedens zu verlieren? Das Cabinet, mit welchem Frankreich am wenigsten übereinstimmte, und mit dem, wenn es nicht dem Bruche am nächsten war, doch wenigstens das offenbarste Mißverhältniß eintrat, war das Cabinet von St. Petersburg. Seit der abgenöthigten Zurückberufung des Herrn von Markof hat sich die Kälte der beiden Mächte um ein Bedeutendes vermehrt. Schon waren sie in nichts mehr einig, selbst im Interesse derer nicht, welches sie nicht geradezu berührte. Rußland, welches früher in den teutschen Angelegenheiten einzig und allein mit Frankreich unterhandelt hatte, wollte jetzt Oestreich zu dieser Dazwischenkunft einladen, oder vielmehr die Entscheidung seiner Angelegenheiten dem Gutdünken von Oestreich überlassen. Bei Gelegenheit der in Hinsicht des Malteserordens und mehrerer Fürsten entstandenen Streitfragen, mit denen wir uns später beschäftigen werden, eröffnete Herr von Dubril [1]), der nach des Grafen von Markof Abgang als russischer Geschäftsträger in Paris beglaubigt war, dem französischen Ministerium, daß Se. Majestät, der Kaiser Alexander Ihren Botschafter am Hofe zu Wien mit der Vollmacht, einen Definitivbeschluß zu fassen, bereits ausgerüstet habe, und lud den ersten Consul ein, auch von seiner Seite einen bevollmächtigten Minister zu demselben Zwecke nach Wien zu schicken. Den Ort der Unterhandlung verändern, hieß deren Geiste und Endzweck eine andere Richtung geben. Die französische Regierung, welche sich stets bereitwillig gezeigt hatte, ihre Kräfte mit denen des Kaisers von Rußland zu vereinigen, um die für kurze Zeit in Teutschland unterbrochene Ruhe wiederherzustellen, hat jenen Vorschlag nicht angenommen. „Da die Vermittelung der beiden Mächte, gab sie zur Ant-

1) In einer Note vom 6ten (18ten) Februar 1804.

wort [1]), schon einmal zu Regensburg, als dem eigentlichen Mittelpuncte des teutschen Reiches, zu Stande gekommen sey, so schiene es jetzt um so passender, daß die beiden vermittelnden Mächte in eben dieser Stadt die Anstalten träfen, welche sie für die passendsten hielten, vorhandene Uneinigkeiten auszugleichen und neuen vorzubeugen."

Herr von Talleyrand berichtete überdies, daß der General Hedouville, französischer Minister am Hofe zu Petersburg, beauftragt wäre, Seiner kaiserlichen Majestät in dieser Beziehung die nöthigen Mittheilungen zu machen. Die teutschen Angelegenheiten, welche dem russischen Cabinette nur zum Vorwande dienten, sich allen Verbindungen mit Frankreich zu entziehen, hatten für dasselbe in der That nur ein untergeordnetes Interesse.

Seine Politik hatte einen ganz andern Zweck. Im Grunde strebte sie nach etwas Unerreichbarem. Sie hatte es ruhig mit angesehen, daß Frankreich Hannover und das Königreich Neapel besetzte, und jetzt verlangte sie, daß Frankreich ihr zu gefallen, die beiden Staaten räumen sollte. Sie baute ihre Gründe und Vernunftschlüsse auf die Neutralität des teutschen Reiches und auf die geheimen Puncte der Uebereinkunft vom 11ten October 1801; doch sollten diese Gründe einiges Gewicht haben, so mußten sie der Besetzung, wovon man früher unterrichtet war, zuvorkommen. Nachdem man sie aber geduldet hatte, blieb nichts Anderes übrig, als sich darüber zu trösten. Es verräth eine Schwäche, oder wenigstens eine Unbeständigkeit des Charakters, nach Jahresfrist gegen eine Handlung Einspruch zu thun, die man das Jahr zuvor schon gekannt und doch nicht verhindert hatte.

Bei einer solchen Stimmung des russischen Cabinettes konnte es nicht fehlen, daß die Verhaftung des Herzogs von Enghien auf teutschem Reichsgebiete und die Verurtheilung dieses Prinzen in St. Petersburg begierig zum Stoffe neuer Mißhelligkeiten umgemodelt wurde, worauf man, um bis jetzt gemäßigte Vorstellungen einzureichen, auf eine mehr als bestimmte, ja sogar beschiende Weise die neuen Anforderungen

1) Note des Herrn von Talleyrand vom 29sten Januar 1804.

gründete. Man hat zu gleicher Zeit zwei Arten von Verhandlungen eingeführt. Die Geschäfte wurden zu Paris und Regensburg betrieben. Wir werden den Gang beider Unterhandlungen verfolgen; und da deren Ergebniß, wenn auch jetzt nicht zu einem unmittelbaren Kriege führt, wenigstens jede fernere politische Berührung auflösen muß, worauf im folgenden Jahre der Krieg unvermeidlich ist, so glauben wir, wenigstens theilweise den Text zu den von der einen und der andern Partei gewechselten Noten mittheilen zu müssen. Die Nebenumstände, welche die in Frage stehenden Puncte durchkreuzen, und die Vorwürfe, welche sich beide Cabinette gegenseitig machen, sind von solcher Natur, daß der Geschichte viel daran gelegen seyn muß, selbst die Ausdrücke, in welchen sie abgefaßt waren, auf die Nachwelt zu bringen.

Am 30sten April (12ten Mai) hat Herr von Dubril dem Herrn von Talleyrand ein Schreiben des Inhaltes eingereicht: „Mein erlauchter Gebieter hat mit eben so großer Verwunderung als tiefem Schmerze, das Ereigniß von Ettenheim und die dasselbe begleitenden Umstände vernommen. Se. Majestät ist über das Ergebniß, welches daraus folgte, nicht wenig betreten und findet darin eine eben so freiwillige als offenbare Verletzung des Völkerrechts auf neutralem Gebiete, eine Verletzung, deren Folgen nicht zu berechnen sind und welche, würde man sie als erlaubt betrachten, die Sicherheit und Unabhängigkeit der europäischen Staaten auf nichts zurückführen müßte." Zugleich machte Herr von Dubril die Eröffnung, daß Se. kaiserliche Majestät sich in die Nothwendigkeit gesetzt gesehen habe, Ihre Ansichten hierüber der Reichsversammlung zu Regensburg mitzutheilen; daß Sie aber zu gleicher Zeit nicht umhin gekonnt habe, dieselben eben so offenherzig auch der französischen Regierung in der vollen Ueberzeugung auszusprechen, daß der erste Consul den gerechten Klagen des teutschen Reichsverbandes ein williges Gehör leihen und die Nothwendigkeit einsehen werde, alle Mittel zu ergreifen, um die auswärtigen Staaten von einer Furcht zu befreien, in welche sie eine Handlung versetzt habe, welche die gegenseitige Ruhe und Unabhängigkeit für die Zukunft unablässig bedrohe.

Die von Rußland angedrohten Schritte wurden in der

That am 6ten Mai des folgenden Jahres zu Regensburg gethan. Die Klagen, welche nur zur Kenntniß der beiden Cabinette gekommen wären, hätten in Frankreich mit Schonung aufgenommen werden können; allein eine öffentliche Anklage vor allen Gesandten des teutschen Reichs, und somit auch vor ganz Europa ausgesprochen, schloß einen zu beleidigenden Charakter in sich, als daß man zu Paris die Folgen davon nicht hätte fühlen, oder wenigstens befürchten müssen. Ein so auffallendes Benehmen konnte die Quelle von unendlichen Streitigkeiten, oder mindestens höchst unangenehmen Auseinandersetzungen für den ersten Consul werden. Dies war für ihn in der That auch die erste und furchtbarste Züchtigung. Von dem Augenblicke an, als es nicht mehr in seiner Macht stand, Aufsehen erregende Auftritte zu vermeiden, hielt er sich für verpflichtet, seine Meinung offen und mit Stolz zu behaupten.

Das französische Ministerium fing damit an, unverhohlen sein Bedauern darüber auszusprechen, daß der Einfluß der Feinde Frankreichs über das Cabinet von Petersburg gesiegt habe. „Sowohl Se. Majestät der Kaiser von Teutschland als auch der König von Preußen, welches die am meisten für das Schicksal des heiligen römischen Reiches interessirten Mächte sind, haben eingesehen, daß die dringende Wichtigkeit der Umstände die französische Regierung hinlänglich gerechtfertigt habe, wenn sie zwei Stunden von ihrer Gränze rebellische Unterthanen, welche sich gegen ihr eigenes Vaterland verschworen hatten, und sich sowohl durch die Art ihrer Anschläge, als durch die furchtbare Gewißheit ihrer verbrecherischen Plane dem Völkerrechte entzogen hätten, habe in gefängliche Haft nehmen lassen. Da die teutschen Fürsten allgemein über jenes Ereigniß beruhigt sind, so muß es die französische Regierung um so mehr befremden, sich von einer Dazwischenkunft unerwartet angegriffen zu sehen, deren Beweggründe sie kaum zu fassen im Stande ist."

Man hat zwar seither über diese Behauptung des französischen Cabinets, in Bezug auf den teutschen Kaiser und den König von Preußen, Beschwerde einreichen, oder wenigstens das Ganze öffentlich widerlegen wollen. Dieser Thatsache, sagt Schöll [1]), ist durch eine besondere Erklärung der beiden Mächte feierlich widersprochen worden. Was versteht dieser Schriftsteller darunter für eine Widerlegung? Er fügt selbst hinzu, daß es sich von Eröffnungen handle, welche im Jahre 1805 — 1806 gemacht worden sind, als nämlich Oestreich und Preußen schon mit Frankreich im Kriege verwickelt waren. Diese verspäteten Widerlegungen verlieren daher ihr Gewicht und rechtfertigen weder die eine noch die andere Macht. Wenn die Widerlegung nur auf die strengste Wahrheit gestützt ist, so war es von Seiten der Höfe von Berlin und Wien eine große Feigheit, das Falsche der französischen Behauptung, so wie das Gesetzwidrige der Handlungsweise nicht zur rechten Zeit an den Tag gezogen zu haben. Allein Frankreich hat wahr berichtet und dies gebietet Schweigen. Preußens Gefälligkeit zu Regensburg kannte, wie wir bald sehen werden, keine Gränzen. Oestreich selbst konnte sich bei seiner Nachgiebigkeit zu Gunsten des Cabinets von Petersburg auf nichts Anderes, als auf eine gewisse Ehrfurcht für dasselbe stützen. Im Jahre 1805 — 1806 haben diese beiden Mächte des Ereignisses und der darauf erfolgten Schritte von freien Stücken Erwähnung gethan, und jetzt erst sah man das Ruhmlose derselben ein, da beide sie mißbilligend läugneten.

„Wenn der Zweck Sr. Majestät des Kaisers von Rußland," fuhr der Minister der auswärtigen Angelegenheiten von Frankreich fort, „der war, in Europa eine neue Coalition zu bilden und den Krieg zu erneuen, warum handelte er nicht offen, warum verbarg er sich hinter einen so eitlen Vorwand? So schmerzhaft es auch immer für den ersten Consul seyn würde, die Feindseligkeiten auf's Neue beginnen zu sehen, so erkennt er doch auf dieser Erde Niemanden, welcher Frankreich Furcht einzujagen vermöchte, Niemanden, den er in die innern Angelegenheiten seines Landes sich mischen lassen würde; und eben so wie er sich nicht um die Parteien, Ansichten und Meinungen bekümmert, welche Rußlands Gemüther entzweien, so hat auch Rußlands Kaiser kein Recht, sich in die Angelegenheiten Frankreichs zu mischen." Hier wurde zu gleicher

1) Im siebenten Theile, Seite 272.

Zeit Klage geführt über den Schutz, welchen die russischen Gesandtschaften französischen Auswanderern sowohl, als andern Feinden der Republik, in verschiedenen Ländern haben angedeihen lassen; wie dem Herrn von Antraigues zu Dresden, Herrn von Vernègues zu Rom und einem Genfer selbst in Frankreichs Mitte. Hierauf kam der französische Minister in seiner Auseinandersetzung auf Ettenheim zurück, wahrscheinlich, um den verbrecherischen Schein desselben zu retten, und sprach eine Vermuthung aus, welche vielleicht am rechten Orte war, die er aber wohl nicht so offen hätte aussprechen sollen. „Die Klage, welche heut zu Tage Rußland erhebt," sagte er, „legt uns die Frage in den Mund, ob man, wenn England damit umgegangen wäre, Paul I. zu ermorden, und die Urheber des geheimen Anschlages sich nur eine Stunde von der Gränze aufgehalten hätten, sich nicht beeilt haben würde, dieselben zu ergreifen und zur Strafe zu ziehen?"

„Der erste Consul hofft, daß Se. Majestät der Kaiser, dessen treffliche Gesinnungsart und edler Charakter so allgemein anerkannt sind, über kurz oder lang erfahren werde, daß gewisse Menschen einen Krieg zu entzünden streben, der Niemandem als England nützen kann.

Dieser wird nie mit des ersten Consuls Willen begonnen werden. Wird aber Jemand, wer es auch immer sey, ihm den Krieg ankündigen, so würde er die größte Gefahr jenem Zustande vorziehen, welcher, zum Nachtheile Frankreichs, das Gleichgewicht unter den großen Mächten von Europa zu verletzen strebte; und da er sich in keiner Art eine Oberherrschaft anmaßt, da er sich in keine Angelegenheiten des russischen Cabinettes mischt, so glaubt er auch von diesem in Hinsicht seiner eine vollkommene Reciprocität in Anspruch nehmen zu müssen."

Es ist mehr als wahrscheinlich, daß die Anspielung auf den Tod des Kaisers Paul eine Idee war, welche dem ersten Consul angehörte, welche bei dieser Gelegenheit anzubringen, sein Minister sich nicht enthalten konnte. In der That hat Herr von Talleyrand, wenige Tage darauf, in einem Schreiben an den General Hedouville die Worte ausgesprochen, man habe den Herrn von Oubril mit einer etwas strengen Antwort abgefertigt. Ohne übrigens die Mißfallsbezeugungen des russischen Cabinets abzuwarten, fing der erste Consul an, seinen Unwillen unverhohlen an den Tag zu legen. Er ließ dem General Hedouville den Befehl zukommen, innerhalb vier und zwanzig Stunden Petersburg zu meiden, und nur seinen Legationssecretair als Geschäftsträger dort zurückzulassen. „Wissen Sie," sagte er ihm, statt aller Anweisung, „daß der erste Consul zwar den Krieg nicht wünscht, daß er sich aber auch nicht fürchtet, mit Jemandem in die Schranken zu treten."

In dem nämlichen Augenblicke brachen die Mißhelligkeiten der beiden Höfe überall auf einmal aus. Rußland verweigerte die Forderung des ersten Consuls, Regensburg als den Sitz der Unterhandlungen anzuerkennen, welche in Folge der Streitigkeiten zwischen dem Ritterorden und einigen reichsunmittelbaren Fürsten eröffnet worden waren. Auf wiederholtes Bitten des ersten Consuls hat sich der Churfürst von Sachsen an Rußland gewendet, um die Abberufung des Herrn von Antraigues, welchen Frankreich des Hochverraths und geheimer Anschläge beschuldigte, zu erlangen. Das russische Cabinet gab aber zur Antwort, daß Herr von Antraigues sich nur mit Gegenständen des öffentlichen Unterrichts beschäftige. Ebenso hatte die französische Regierung auch in Rom auf die Entfernung des Herrn von Vernègues gedrungen und seine Bitte gewährt gesehen. Der russische Gesandte hat aber sein Mißfallen darüber durch plötzliche Abreise zu erkennen gegeben. Des ersten Consuls Absicht ist es jedoch niemals gewesen, an den Emigranten, welche hie und da unter russischem Schutze gegen den französischen Freistaat gewirkt haben, Rache zu nehmen. Zwar hat man den Herrn von Vernègues nach Turin in das Gefängniß abgeführt; allein ein geheimer Befehl des ersten Consuls, der freilich zu spät ankam, hatte die Vorschrift ertheilt, sein Entweichen während des Transports auf jede Weise zu erleichtern.

Nichts destoweniger ist die Note des Herrn von Talleyrand in St. Petersburg eingetroffen. Der Pfeil, der von dieser Hand geschleudert ward, war nicht nur treffend, sondern auch tief verwundend. Zwar kam Persönlichkeit bei dem Angriffe in das Spiel, und Persönlichkeit sollte bei Verhandlungen zwischen zwei Cabinetten jederzeit verbannt bleiben. Ohne jedoch das Benehmen des ersten Consuls entschuldigen zu wollen, möchten wir fragen, war es eine weniger verletzende Feindseligkeit von Seiten des russischen Hofes, als dieser wegen des Todes des Herzogs von Enghien Trauer anzulegen gebot, und diesen Befehl sogar auf alle seine Gesandtschaften an fremden Höfen sich erstrecken ließ?

Wenn endlich irgend ein Fürst große Beileidsbezeugungen über den Tod des Herzogs von Enghien machen und unaufhörliche Klagen erheben konnte, war dies etwa der Monarch, welcher unwidersprechlich in den Anschlag verwickelt gewesen, der die Entsagung Pauls I. herbeiführte, und — obwohl vielleicht wider Willen — dessen Ermordung veranlassend, über den Leichnam seines Vaters hinweg, auf den Thron gestiegen ist? War die Strenge einer solchen Vergeltung von Seiten des ersten Consuls nicht ein Fehler? Dies ist eine andere Frage. Von dem Augenblicke an, als eine Annäherung unmöglich war, hing ungemein viel davon ab, auf der Stelle zu wissen, wie weit Rußland wohl gehen könnte und gehen würde.

Das russische Cabinet hat zu gleicher Zeit, als es seine Noten zu Regensburg und Paris überreichen ließ, an die Höfe von Wien und Berlin das dringende Ansuchen gerichtet, seine Forderungen bei dem teutschen Reichstage unterstützen zu wollen. Diese Bemühungen blieben in Berlin ohne allen Erfolg, nur in Wien schien man sie einigermaßen in Erwägung zu ziehen. Oestreich unterstützte in der That die russische Note bei dem Reichstage zu Regensburg und brachte noch überdies durch eine besondere Mittheilung vom 24sten Mai dieselbe Angelegenheit zur Sprache, welcher sie vorher auszuweichen bemüht war. — Dieses Benehmen des östreichischen Cabinets verletzte die französische Regierung um so mehr, als dessen frühere, durch seine Gesandtschaft zu Paris gemachten Erklärungen ganz im Widerspruche damit standen. Vierzehn Tage vorher, als die russische Note zu Regensburg eingereicht worden, hatte der Graf Philipp von Cobenzl in einer Privat-Audienz zu Saint-Cloud dem ersten Consul ein Schreiben überreicht, dessen Inhalt war: „Se. Majestät der teutsche Kaiser wüßten die Handlungen zu würdigen, welche die Macht der Umstände herbeigeführt haben.“ In seinen Unterredungen mit dem französischen Ministerium hat derselbe Botschafter den Grundsatz anerkannt, „daß es Umstände gebe, welche eine Regierung bewegen könnten, Sicherheitsmaaßregeln zu ergreifen, über die fremden Staatsbehörden kein Urtheil zustehe.“

Frankreich hat sich über dieses widersprechende Benehmen zu Wien beklagt, das östreichische Cabinet aber gab zur Antwort, daß das Haupt des teutschen Reichs, von Rußland auf das Aeußerste gedrängt, nicht mehr länger sein Stillschweigen habe beobachten können; da der Kaiser aber, obwohl wider Willen, es gebrochen habe, so sey dies doch nur in den Ausdrücken der äußersten Mäßigung geschehen; übrigens begnüge man sich gern mit der Erklärung, welche darüber zu ertheilen Frankreich für gut fände; ja man bitte sich dieselbe sogar nur aus Achtung für Rußland aus. Man wünschte, daß der Kaiser Napoleon auf eine ganz einfache Weise, durch seinen Geschäftsträger am Reichstage zu Regensburg entweder dem kaiserlichen Bevollmächtigten, Baron von Hügel, oder vor dem Reichstage selbst erklären möchte: „daß die Ereignisse [1]) vom 15ten März durch Beweggründe herbeigeführt worden seyen, welche für die Sicherheit des teutschen Reiches von der höchsten Wichtigkeit waren, daß Se. Majestät aber sie noch nicht zur öffentlichen Kenntniß bringen könne, weil die Umstände das Schweigen einstweilen noch zum Gesetze machten, daß man aber, sobald dies ohne Nachtheil geschehen könne, den Schleier des Geheimnisses lüften werde.“ Uebrigens hat das östreichische Cabinet, während es diese Meinung zu verbreiten suchte, die Erklärung erlassen, daß es nichts dazu beitragen werde, ihr Eingang zu verschaffen. Es könne nicht in die Ansichten des ersten Consuls mit einstimmen und keine Art von Erklärung darüber annehmen; sein Wunsch müsse seyn, das Ereigniß niederzuschlagen, und wo möglich zu verhindern, daß darüber abgestimmt werde. Eine Erklärung des Markgrafen von

1) Depesche von Wien vom 16ten Mai.

20*

Baden war das Auskunftsmittel, welches man wählte, um diesen Zweck zu erreichen.

In einem Schreiben vom 2ten Julius drückt Se. Hoheit unter Anerkennung der reinen Absichten des russischen Kaisers, seinen tiefgefühlten Schmerz aus, daß ein Ereigniß, welches sich zufälliger Weise in seinen Staaten zugetragen habe, der Gegenstand unangenehmer Auseinandersetzungen werden könnte, deren Folgen die Ruhe von Teutschland zu stören im Stande wären. „Sowohl diese wichtige Betrachtung," sagte der badensche Minister, „gegründet auf das unbegränzte Vertrauen in Frankreichs edelmüthigen Herrscher, welcher während der letzten Vermittelung dem ganzen teutschen Reiche so vielfältige Beweise seines Wohlwollens gegeben hat, als auch die in denselben Gesinnungen über das fragliche Ereigniß ertheilten Aufschlüsse, machen es Sr. Churfürstlichen Hoheit besonders wünschenswerth, daß die in jener Hinsicht gemachten Eröffnungen und Vorschläge keine weiteren Folgen haben, und die Gemüther wieder beruhigt werden möchten, welche für das Glück von Teutschland und vielleicht von ganz Europa zu zittern begonnen haben. Kein Mitglied des teutschen Reichstages hatte Befehl, zu stimmen. Erklärungen von Seiten des preußischen Ministers und der kaiserlichen Botschafter (für Böhmen und Oestreich) schienen der Meinung Badens beizutreten [1]); dadurch wurde die Verhandlung ungewöhnlich lange vertagt und gerieth endlich ganz in Stocken. Kaum hat man die Gegenerklärungen der hannöverschen und schwedischen Minister einer Antwort gewürdigt.

Diese Ergebnisse waren kaum noch zur Kenntniß des Cabinets von Petersburg gelangt, als dieses schon durch seinen Geschäftsträger, Herrn von Dubril, am 21sten Juni eine Note an den Herrn von Talleyrand überreichen ließ. Wenn die französische Regierung den Grundgedanken des russischen Cabinets kennen lernen wollte, so hat sie ihren Zweck nicht verfehlt. Dieser Gedanke ist in der Uebertreibung und dem gebieterischen Tone seiner Forderung deutlich genug ausgesprochen. Herr von Dubril erklärte außerdem, daß er durch die

1) Am 6ten Julius.

Annahme eines Schreibens, welches seiner Anfrage nicht entsprochen habe; die Gunst seines Hofes sich zu verscherzen, Gefahr gelaufen; denn es enthalte Dinge, welche er seinem Herrn und Gebieter nicht mittheilen könne. „Wenn Rußland sich vorgenommen hatte, eine neue Coalition zu stiften, so hatte es wahrhaftig nicht nöthig, nach einem leeren Vorwande zu suchen, da die französische Regierung lange Zeit vollgültigen Stoff dargeboten hat, um die Bande des guten Einverständnisses zu zerreißen, welche die Mäßigung Sr. Majestät des Kaisers allein bis jetzt noch zusammengehalten hatte.“ Hier sprach der russische Geschäftsträger Vieles hin und her über das Recht, welches sich die französische Regierung anmaßte, die Emigranten auch außerhalb ihres Gebietes zu verfolgen.

„Kaum wird man glauben,“ fährt er fort, „daß das Cabinet von Saint-Cloud, um einen falschen Grundsatz durchzuführen, so sehr alle üblichen Formen außer Acht lassen könne, um unter den Beispielen gerade dasjenige anzuführen, welches sich am wenigsten geziemte, und in einem officiellen Schreiben dem Zartgefühle eines erhabenen Sohnes den Tod des Vaters vor Augen zu führen und gegen alle Wahrheit und Glauben eine Regierung der fürchterlichsten Greuelthat zu beschuldigen, welche alle Mitglieder derselben unaufhörlich brandmarken muß, und dies Alles, weil Frankreich mit Rußland gespannt ist.“

Wenn die französische Regierung gefehlt hat, indem sie in einer diplomatischen Note auf eine Handlung anspielt, deren Erinnerung den Kaiser Alexander auf das Innigste betrüben mußte, so war es ein weit größerer Fehler von Seiten des russischen Ministeriums, daß es auf's Neue den Punct berührte, den die Ehre und das Interesse dieses Prinzen mit Stillschweigen zu übergehen gebot, oder der wenigstens nur obenhin hätte berührt werden sollen. Man kann sich kaum einen Begriff vom gänzlichen Mangel an Takt und Zartgefühl machen; allein was man noch schwerer begreift, ist die Ungeschicklichkeit, womit Rußland seinen eigenen Vortheil verkennt, und weniger für seine eigene Ehre, als für die der englischen Regierung bedacht ist. Wenn die französische Note

England die Ermordung des Kaisers Paul zuschreibt, eine Art von Auslegung, welche sie sowohl für den Kaiser Alexander als für ganz Rußland minder beleidigend hält, so wirft Rußland der französischen Regierung vor, England durch eine ruchlose Anklage verläumdet und somit auf immer gebrandmarkt zu haben. Rußland liegt also hauptsächlich daran, sich zum Ritter für Englands Unschuld aufzuwerfen; Rußland nimmt also freiwillig den Vorsatz und die Ausführung von Pauls Ermordung auf sich. Wahrlich, man kann die Großmuth nicht weiter treiben!

Nach dieser befremdenden Auseinandersetzung eines Gegenstandes, den man mit dem Schleier ewigen Stillschweigens hätte zudecken sollen, macht der russische Geschäftsträger den Preis und die Mittel namhaft, wodurch man mit seinem Hofe im freundlichem Benehmen bleiben könne.

„Der Unterzeichnete," fuhr er fort, „hat den Befehl, zu erklären, nur in dem Falle noch seinen Aufenthalt in Paris zu verlängern, wenn man vorläufig wenigstens auf folgende Puncte einzugehen geneigt sey:

Erstens: daß Frankreich laut des vierten und fünften Artikels der geheimen Uebereinkunft vom 11ten October 1801, das Königreich Neapel von seinen Truppen räume, und daß es, wenn dieses geschehen, während der gegenwärtigen und folgenden Kriege die Neutralität ehren wolle.

Zweitens: daß die französische Regierung, dem zweiten Artikel des Uebereinkommens zu Folge, von dem Augenblicke an mit Sr. Majestät dem Kaiser in nähere Verbindung treten möge, um die Grundsätze festzustellen, nach welchen die italienischen Angelegenheiten beendet werden sollten.

Drittens: daß man laut des sechsten Artikels, und der so oft an Rußland gemachten Versprechungen zu Folge, den König von Sardinien ohne Verzug für die erlittenen Verluste entschädigen wolle; und daß endlich

Viertens: die französische Regierung, den Aufforderungen des Vermittlungs-Systems und gegenseitiger Gewährleistung gehorchend, die unverzügliche Räumung des Nordens von Teutschland verspreche und sich zu einer strengen Aufrechthaltung der Neutralität des teutschen Reiches verbindlich mache."

Herr von Oubril verlangte auf diese vier Fragen eine entscheidende Antwort.

Als das Cabinet von St. Petersburg die französische Regierung mit solchen Forderungen drängte, konnte es leicht denken, auf was für Antworten es gefaßt seyn müsse. Was die geheime Uebereinkunft vom Jahre 1801, in Hinsicht des Königreichs Neapel betrifft, konnten ehedem, bei dem Eintritte der Friedenspräliminarien mit Großbritannien, gefaßte Beschlüsse durch die Erneuerung des Krieges erledigt, oder wenigstens den Umständen angepaßt werden. Uebrigens, was auch dieses Cabinet immer für eine Meinung von seiner Macht haben mochte, so hatte es doch ohne Zweifel nicht den Stolz, sich einzubilden, daß eine, durch seinen Geschäftsträger eingereichte Note unverzüglich die Räumung Hannovers und Neapels von französischen Truppen, welche diese Länder — wenn auch nicht mit förmlicher, doch mit stiller Gutheißung des Kaisers Alexanders — besetzt gehalten, bewirken werde. Die Verfasser jener Note hatten, unter Englands Einflusse stehend, keine andere Absicht, als dadurch zwischen dem Kaiser Alexander und dem neuen Kaiser der Franzosen eine unübersteigbare Scheidewand zu ziehen.

Dieser Zweck wurde erreicht. Herr von Oubril hat dringend eine entscheidende Antwort verlangt. Diese ist ihm unter dem 27sten Julius ertheilt worden. Das französische Ministerium hat erklärt, daß, so lange Rußland die Bedingungen des mit Frankreich abgeschlossenen Vertrages erfüllen werde, es unablässig bemüht seyn wolle, mit derselben Treue auch seinen Verbindlichkeiten nachzukommen. Wenn das Cabinet von St. Petersburg einen Einspruch in Bezug auf den vierten, fünften und sechsten Artikel der Uebereinkunft vom 11ten October 1801 machen zu dürfen glaube, so müsse Frankreich auf die Vollziehung des dritten Punctes des nämlichen Vertrages dringen, in welchem man gegenseitig übereingekommen ist, den Feinden des einen oder des andern Staates keinen Schutz zu gewähren. Unter den Klagen des französischen Ministeriums trafen die meisten und schwersten den Herrn von

Markof, den Haupturheber der Kälte und der daraus entsprungenen Entzweiung der beiden Mächte. Dieser Botschafter hat während seines Aufenthalts in Paris ordentlich auf Mittel studirt, um auf die schnellste und zweckmäßigste Weise alle Hebel der Kabale zur Untergrabung der öffentlichen Ruhe in das Werk zu setzen, und hat sogar seine Unvernunft so weit gesteigert, französische Auswanderer und andere im Solde von England stehende Aufwiegler unter den Schutz des Völkerrechts zu stellen.

Nach Anführung einiger anderen Puncte desselben Inhalts, fügte das französische Ministerium hinzu: „Ist übrigens die Trauer, welche der russische Hof für einen Menschen angelegt hat, der durch Frankreichs Gerichtsbehörden wegen Hochverrath zum Tode verurtheilt worden ist, mit dem Buchstaben und mit dem Geiste jenes Artikels übereinstimmend?“ Die französische Regierung begeht hier, wie es uns scheint, denselben Fehler, wie das Cabinet von St. Petersburg. Wie gegründet sein Haß und Groll auf Rußland auch seyn möge, es bleibt stets unklug und Nachtheil bringend, die Erinnerung an einen Gegenstand zu wecken, welche man viel eher in der tiefsten Vergessenheit hätte schlummern lassen sollen.

„Frankreich dringt auf die Vollziehung des neunten Artikels, welcher verlangt, daß die beiden abschließenden Parteien die Unabhängigkeit der sieben Inseln gewährleisten, und sich fernerhin überhaupt keine fremden Truppen mehr darauf niederlassen sollten, welcher Artikel von Rußland offenbar verletzt worden ist und noch wird; denn es fährt fort, nicht nur Truppen darauf zu unterhalten, sondern sie sogar mit militairischem Pompe zu verstärken, und eigenmächtig die Verfassung der Inseln, ohne Zustimmung irgend eines andern Landes, abzuändern.

„Ebenso verlangt Frankreich die Vollziehung des eilften Punctes, dessen Sinn und augenscheinliche Anwendung eigentlich die gewesen wäre, statt sich zum Parteigänger für England aufzuwerfen, und so vielleicht der erste Hülfs- und Bundesgenosse für dessen ehrgeizige Plane zu werden, sich vielmehr mit Frankreich zu vereinigen, um den allgemeinen Frieden zu befestigen, das politische Gleichgewicht in den verschiedenen Erdtheilen wieder herzustellen und endlich freie Schifffahrt auf allen Meeren zu sichern.

„Das russische Cabinet verlangt, daß Frankreich alle die Bedingungen, welche zu seinem Nachtheile ausfallen, getreu erfüllen möge, ohne ihm die Vollziehung jener Puncte zu sichern, welche dessen Nutzen und Frommen befördern könnten. So würde sich aber nur ein Sieger gegen den Besiegten benehmen. Dies ließe voraussetzen, Frankreich könnte sich je von Drohungen einschüchtern lassen, oder wäre je im Stande, irgend eine Macht über sich zu erkennen. Der Kaiser der Franzosen wünscht den Frieden des Festlandes; Er hat alle Schritte gethan, das alte freundschaftliche Verhältniß mit Rußland wieder herzustellen und hat nichts gespart, den Frieden von allen Seiten aufrecht zu erhalten; allein trotz dem fühlt er sich mit Gottes und seiner Waffen Hülfe stark genug, Niemanden zu fürchten."

Wenn einmal zwei große Mächte in ihren gegenseitigen schriftlichen Erklärungen zu einer solchen Sprache gekommen sind, dann ist das geringste Uebel, welches daraus entstehen kann, eine mehr oder weniger lange Unterbrechung jedes Verhältnisses unter einander. Diese Drohung ist bereits von dem russischen Geschäftsträger gemacht worden. Seine dem Herrn von Talleyrand überreichte Antwort wird sie verwirklichen. In einer Note, oder vielmehr in einem langen Denkschreiben vom 16ten (28sten) August hat Herr von Oubril erhaltener Befehle zufolge alle die Klagepuncte und Vorwürfe zusammengestellt, welche das russische Cabinet Frankreich mit Recht machen zu können glaubte, und hat diese Aufzählung mit den Worten geschlossen: „Uebrigens hat Se. Majestät der Kaiser Alexander auf alle diese Beleidigungen nichts als eine Antwort erhalten, welche deutlich genug an den Tag legt, daß man Alles aufbietet, Rußland noch mehr zu kränken und noch mehr zu erbittern." Was die Beschuldigungen der französischen Regierung hauptsächlich in Bezug auf den neunten Artikel der geheimen Uebereinkunft über die Republik der sieben Inseln betrifft, so behauptet Herr von Oubril, daß, wenn Rußland jenen Freistaat zum zweiten Male mit seinen Truppen besetzt hat, dies einzig und allein mit Genehmigung der ottomanischen Pforte, auf Ansuchen der Einwohner selbst, und in Folge einer vorläufigen Uebereinstimmung mit Frankreich geschehen sey. „Der Kaiser," fährt er fort, „wartet nur auf die Nachricht von der Abreise seines Geschäftsträgers aus Paris, um der französischen Gesandtschaft die Meidung seiner Hauptstadt ansagen zu lassen. Se. Majestät sieht sich sehr ungern in die Nothwendigkeit versetzt, jede Verbindung mit einem Staate aufzuheben, der seine Verbindlichkeiten nicht erfüllen will. Der Kaiser wird die Maaßregeln zu ergreifen wissen, welche ihm die gegenseitige Lage Rußlands und Frankreichs in die Hand legt, indem es ihm nicht unumgänglich nöthig erscheint, daß diese beiden Mächte in irgend einer Verbindung mit einander leben. So wie die französische Regierung allein diesen Zustand der Dinge herbeigeführt hat, so wird es auch allein von ihr abhängen, ob Krieg erfolgen soll, oder nicht." Diese Mittheilung schloß Herr von Dubril mit der Bitte um seinen Reisepaß.

Eine weiter ausgeführte Gegenrede konnte schwerlich ein nützliches Ergebniß zur Folge haben. Schon Tags darauf, den 25sten August, schickte das französische Ministerium dem Herrn von Dubril die verlangten Pässe; allein zu gleicher Zeit wird ihm noch bedeutet, daß er die Gränze nicht früher überschreiten dürfe, als bis die Nachricht eingelaufen wäre, daß der französische Geschäftsträger die Staaten Sr. Majestät des Kaisers von Rußland verlassen habe.

Ohne Gegenrede müssen uns die Beschwerden des Cabinettes von St. Petersburg in mehr als einer Beziehung gerecht erscheinen; allein diejenigen von Frankreich sind ebenfalls nicht ungegründet. Wodurch hat, streng genommen, das russische Cabinet die Vollziehung des wichtigsten aller geheimen Artikel vom 11ten October 1801, oder auch nur den Willen dazu bewiesen? Was hat es gethan, um das Gleichgewicht der verschiedenen Erdtheile herzustellen, um die Freiheit der Meere zu sichern? Es hätte mit Frankreich vereinigt alle kräftigen Maaßregeln der Versöhnung oder der Strenge ergreifen müssen, damit dieser Zweck erreicht worden wäre. Es hat sich aber in der That als ein mehr oder weniger parteilicher Vermittler gezeigt; — und welche Maaßregel hat es je zu Gunsten Frankreichs ergriffen?

In Bezug auf den neunten Artikel, den Freistaat der sieben Inseln betreffend, ist es nur zu bekannt, daß die russischen Truppen, welche da früher ihr Standquartier gehabt hatten, bei ihrem Abgange sogleich durch neue Mannschaft ersetzt worden sind. Es ist mehr als erwiesen, daß der Unabhängigkeit dieser Republik zum Trotze, welche unter die gemeinschaftliche Gewährleistung der beiden Cabinette gestellt war, Rußland allein wie ein souverainer Fürst über diese Länder geherrscht habe. Ein russischer Abgeordneter, der Graf von Mocenigo, hat im Jahre 1803 bei der Einführung ihrer neuen Verfassung den Vorsitz geführt und alle Geschäfte der innern Organisation geleitet. Im Jahre 1804 ist eine andere Ordnung der Dinge eingeführt worden. Auf einmal erblickte man zu Corfu außer dem russischen Abgeordneten noch einen russischen General mit einem Truppencorps, und einen russischen Viceadmiral mit einem ziemlich bedeutenden Geschwader. Der Abgeordnete, der General und die Befehlshaber der Kriegsschiffe bildeten zusammen eine kaiserliche Commission, welche alle kriegerische und bürgerliche Macht in sich vereinigten.

Von diesem vortheilhaften Standpuncte streckte Rußland die Hand über die Griechen von Albanien und über die Montenegriner aus, welche ihm längst schon zugethan waren, und durch seinen Einfluß bearbeitet, ihm jetzt auch den Eid der Treue leisteten; aber die Truppen Sr. kaiserlichen Majestät sollen ja die sieben Inseln nur nach vorhergegangener Genehmigung Frankreichs besetzt haben? Herr von Oubril irrt sich gewaltig; die französische Regierung hat nur, wie wir schon weiter oben gesagt haben, das Geschehene geduldet, nicht aber das Auszuführende vorher gebilliget. Doch nehmen wir immerhin die Behauptung dieses Geschäftsträgers als wahr an; was folgt daraus? Wenn die französische Regierung dem russischen Cabinette einige zu erfüllende Bedingungen nachgelassen hat, wenn sie von Seiten dieser Macht Eingriffe und Anmaßungen der Gewalt geduldet hat; wenn sie sich, mit einem

21*

Worte, über Puncte, wo es sich um Länderbesitz, Vergrößerung und politischen Einfluß handelte, auf eine so auffallende Weise tolerant gezeigt hat, — geschah dies augenscheinlich nicht anders als unter der ausgesprochenen oder stillschweigenden Bedingung, auch von jenem Cabinette in andern Puncten eine gleich große Billigkeit zu erfahren. Das russische Cabinet verstand es aber nicht so.

Die Note vom 9ten (21sten) Julius, in welcher es Frankreich so gebieterische Zumuthungen macht, und auf die plötzliche Räumung Hannovers und Neapels dringt, ist im Grunde nichts als eine Kriegserklärung, denn man wußte nur zu gut, daß die französische Regierung ähnlichen, auf eine so stolze Weise ausgesprochenen Forderungen unmöglich nachgeben könne, ohne den Schein von Furcht auf sich zu ziehen. Das Schreiben vom 16ten (28sten) August, welches das Verhältniß zwischen den beiden Staaten aufhob, hatte keinen andern Zweck, als den Kampf zu verschieben, bis man sich kräftig genug fühlte, ihn zum eigenen Vortheil durchführen zu können. Vielleicht war es der bestimmte Ton, oder wenn man will, die Härte der ersten Antwort, welche Frankreich auf den von Rußland über das Ereigniß von Ettenheim erhobenen Lärm machte, die den Petersburger Hof seit dem Monat August 1804 zu so feindseligen Maaßregeln bewogen hat. Die Frage wird aber stets unentschieden bleiben, ob dies für Frankreich ein Unglück zu nennen ist. Die französische Note hat die feindlichen Gesinnungen, die man jetzt nicht mehr verhehlt, nicht ins Leben gerufen; sie hat nur den Schleier gelüftet, der sie bedeckte. Die Lage der Dinge ist geblieben wie sie war; nur eine Maske ist gefallen.

Die französische Regierung betrachtet nichts desto weniger, obgleich sie dem Herrn von Oubril seinen Reisepaß eingehändigt hat, den fraglichen Punkt noch keineswegs als unwiderruflich entschieden. Vor Allem sucht sie Zeit zu gewinnen; in dieser Absicht hat sie dem Herrn von Oubril eröffnet, daß er erst dann das französische Gebiet verlassen dürfe, wenn man die Nachricht erhalten habe, daß die französische Gesandtschaft mit keinem Fuße mehr auf russischem Boden stehe. In der Zwischenzeit versucht man, mit Petersburg neue Verbindungen anzuknüpfen, um zur völligen Gewißheit zu gelangen, ob das russische Cabinet es nicht etwa bereue, den Bruch so sehr beschleunigt zu haben. Ein Brief des Herrn von Talleyrand vom 18ten Fructidor (5ten September) an den französischen Geschäftsträger in Rußland giebt deutlich zu erkennen, daß man mit Freuden diese Macht zu bessern Grundsätzen zurückkehren sehen würde; das Schreiben war mit einer Note begleitet, welche er betreffenden Ortes einreichen sollte, um in Petersburg die Unterhandlungen wieder anzuknüpfen, welche in Paris als geschlossen angesehen wurden. Hat Furcht vor einem neuen Feinde die französische Regierung zu diesem schwankenden Benehmen veranlaßt? Was abschreckend erscheinen konnte, war die neue Lage des Generals Bonaparte, welcher aufgehört hatte, als erster Consul einen Freistaat zu lenken, um als Kaiser über die Franzosen zu herrschen. Voll ängstlicher Besorgniß, die Dynastie, deren Schöpfer er ist, auf alle Zeiten dauernd zu begründen, sieht Napoleon die alte Herrscherfamilie wie ein drohendes Gespenst vor sich stehen.

Bei der Gründung einer neuen Monarchie hat er allein, zu Gunsten der alten Monarchie des alten Königshauses, Gefahren auf Gefahren gehäuft. Für einen Consul, für einen Präsidenten wären die Bourbons weniger zu fürchten gewesen. Ein beunruhigendes Ahnungsgefühl allein hat ihn also zu diesem Schritte bewogen. Vor Allem sucht er sich gegen den Verdacht eines persönlichen Hasses gegen den Kaiser von Rußland zu verwahren. „Jedermann kann sehen," lautet die von Herrn von Rayneval überreichte Note, „daß die französische Regierung keine Aeußerung gethan habe, welche in irgend einer Beziehung den Anstand und die Rücksicht verletzt haben könnte, die sich die Staaten unter einander schuldig sind; Rußland aber häufig über Dinge geklagt und seine Beschwerden in einem solchen Tone geäußert habe, daß die Würde und die Unabhängigkeit der französischen Regierung sich beleidigt fühlen mußte. — Doch diese Erörterungen gehören einer schon vergangenen Zeit an, und es steht jetzt nicht mehr in der Macht Frankreichs noch Rußlands, sie ungeschehen zu machen. Es wäre beiden im Gegentheile ein Leichtes, sie in Vergessenheit zu bringen; denn unter allen den Auseinanderſetzungen bleibt die Vollziehung der vorhandenen Verträge als der einzige wichtige Umſtand übrig, beſonders inſofern dieſelbe den gegenſeitigen Einfluß beider Mächte auf die Erhaltung des Gleichgewichts und der Unabhängigkeit der Nachbarſtaaten betrifft."

In dieſer Hinſicht wiederholt die franzöſiſche Note das Verſprechen, alle Frankreich obliegende Puncte und Clauſeln der geheimen Uebereinkunft getreu zu erfüllen, wenn Rußland ebenſo gewiſſenhaft ſeinen Obliegenheiten nachzukommen ſtrebe. Nach dieſer etwas langen Einleitung folgt endlich der entſcheidende Fragepunct, als Hauptgegenſtand der ganzen Note: „Der Kaiſer der Franzoſen," fährt man fort, „wünſche nichts ſo ſehnlich, als mit Sr. Majeſtät dem Kaiſer von Rußland eine auf gegenſeitiges Vertrauen, auf Achtung und Freundſchaft gegründete Verbindung anzuknüpfen; und das ſchöne Bild, welches er ſich von deſſen Charakter im Geiſte entworfen, habe den Gedanken in ihm nicht aufkommen laſſen, daß nach einmal gepflogenen Unterhandlungen, nachdem er ſchon Geſandte an ſeinem Hofe empfangen, nachdem er ſogar in wichtigen Angelegenheiten mit ihm die gleiche Anſicht getheilt habe, Se. Majeſtät der Kaiſer von Rußland bewogen werden könnte, die Anmaßungen und geheimen Umtriebe der Bourbons zu dulden.

„Als Kaiſer Paul I. den Krieg habe beendigen und ſeine Verbindungen mit Frankreich wieder anknüpfen wollen, ſey ſein erſter Schritt der geweſen, dem Hauſe Bourbon ſeine Theilnahme zu verſagen. Man verdanke einzig und allein dem ränkeſüchtigen Herrn von Markof, deſſen falſchen Berichten und deſſen ehrloſem Benehmen die Veränderung der Verhältniſſe, welche ſowohl Frankreich als Rußland zu beklagen hätten." Die Note ſchloß endlich mit der Verſicherung, „daß Se. Majeſtät der Kaiſer der Franzoſen zu jeder Zeit bereit ſey, die alten Verhältniſſe mit Rußland nicht nur wieder eintreten, ſondern dieſelben inniger als je zuvor ſich entfalten zu laſſen."

Das Cabinet von St. Petersburg ward aber durch dieſes mehr oder weniger aufrichtige Reuebekenntniß keineswegs gerührt. Es ſah den Beweggrund, der ohne Zweifel die französische Regierung in ihren Schritten lenkte, nur zu gut ein, und war daher über den Gedanken nicht aufgebracht, eine Waffe mehr gegen sich zu haben. Im Allgemeinen konnten die großen Mächte des Festlandes, ungeachtet ihrer heuchlerischen Glückwünschungen, sich über die Erhebung Napoleon Bonaparte's zur Kaiserwürde nicht aufrichtig freuen. Konnten sie mehr Zugänglichkeit und Theilnahme von dem Manne als Kaiser erwarten, dessen Anmaßungen als erster Consul sie schon übertrieben fanden? Zur Ermittlung der historischen Wahrheit ist es unsere Pflicht, hinzuzufügen, daß es, trotz seiner Furcht vor Parteilichkeit von Seiten Rußlands für die Familie Bourbon, dem ersten Consul nicht in den Sinn kömmt, jene Dynastie auf irgend eine Weise verfolgen zu wollen. Der Brief des Ministers der auswärtigen Angelegenheiten giebt dies dem Herrn von Rayneval deutlich zu verstehen. „Man gebe den Bourbons eine Zufluchtsstätte," schrieb dieser Staatsmann, „man gewähre ihnen Geldunterstützungen; hierüber braucht sich die französische Regierung niemals zu fürchten. Die Erkenntlichkeit und die Schutzgenossenschaft haben das Vorrecht, zu mißfallen; diese müssen natürlicherweise in den Hintergrund treten, wenn man sich verstehen will."

Da die französische Note ohne Antwort geblieben war, verließ Herr von Rayneval Rußland, und Herr von Dubril, der einstweilen zu Mainz geblieben war, ging alsdann augenblicklich über die Gränze, um in sein Vaterland zurückzukehren.

Der Krieg ist zwar noch nicht erklärt; allein der Friede hat schon aufgehört zu seyn. Napoleon kann nicht mehr zweifeln, daß Rußland im Einverständnisse mit Großbritannien handle, wenn auch nicht, um unmittelbar thätigen Antheil zu nehmen, doch um nach und nach einen allgemeinen Aufstand des ganzen Festlandes gegen Frankreich vorzubereiten. Schon hat der König von England, in seiner Rede für die Verlängerung der Parlamentsversammlung, der englischen Nation diese Hoffnung rege gemacht. Man verschiebt den Ausbruch der Feindseligkeiten nur, um die Vorbereitungen um so vollkommener und wirksamer zu machen, um vor Allem Oestreich oder

Preußen oder, wenn es seyn könnte, diese beiden Mächte vereinigt zur Theilnahme zu bewegen.

Die Gefahr ist drohend, ist gewiß, ist unvermeidlich. Der neue Kaiser kann jetzt nichts thun, als Alles zur Abwendung derselben aufzubieten. Auf diesen Zweck müssen seine Geschäftsführer in Berlin und Wien mit vereinigten Kräften hinarbeiten.

Bibliothek

der wichtigsten neuern

Geschichtswerke des Auslandes,

in Uebersetzungen

von

einer Gesellschaft teutscher Gelehrten;

unter Redaction

von

Karl Heinrich Ludwig Pölitz,

Königl. Sächs. Hofrathe, Ritter des K. S. Civil-Verdienstordens und ordentlichem Lehrer der Staatswissenschaften an der Universität zu Leipzig.

Neunter Theil:

Bignon's

Geschichte von Frankreich.

Vierter Band.

Leipzig, 1831.

Hartleben's Verlags-Expedition.

Bignon's
Geschichte von Frankreich,

vom

achtzehnten Brûmaire (November 1799)

bis

zum Frieden von Tilsit (Julius 1807).

Uebersetzt

durch

Heinrich Hase,

Königl. Sächs. Hofrath und Aufseher der Königl. Antiken-Sammlung
und des Münz-Cabinets zu Dresden.

Vierter Band.

Leipzig, 1831.
Hartleben's Verlags-Expedition.

Inhalt.

Acht und dreißigstes Capitel.

Verhältnisse zum Auslande.

Neun und dreißigstes Capitel.

Verhältnisse zum Auslande.

Vierzigstes Capitel.
Verhältnisse nach außen.

Ein und vierzigstes Capitel.

Einfluß der Verhältnisse des Inlandes auf das Ausland.

Zwei und vierzigstes Capitel.

Inneres.

Drei und vierzigstes Capitel.

Fortschritte der Gesittung,

beschleunigt in Europa durch die französische Revolution.

Vier und vierzigstes Capitel.

Verhältnisse zum Auslande.

Fünf und vierzigstes Capitel.

Inneres und Aeußeres.

Sechs und vierzigstes Capitel.
Verhältnisse zum Auslande.

Sieben und vierzigstes Capitel.
Unternehmen zur See.

Acht und vierzigstes Capitel.

Verhältnisse mit dem Auslande.

Neun und vierzigstes Capitel.

Krieg.

Funfzigstes Capitel.

Krieg.

Ein und funfzigstes Capitel.

Krieg.

Acht und dreißigstes Capitel.

Verhältnisse zum Auslande.

Mehrere Streitpuncte zwischen Frankreich und Oestreich. — Oestreichs Schritte wegen eines Tausches mit Baiern. — Der unmittelbare Reichsadel. — Bewegungen der östreichischen Truppen. — Frankreichs Schonung Oestreichs. — Vorkehrungsmaaßregeln des Reichshofraths. — Ueber Standrecht und Incamerationsrechts. — Bewegung im südlichen Teutschlande. — Frankreich und Rußland bieten ihre Vermittelung an. — Fernere Rüstungen Oestreichs. — Brief des Hrn. von Talleyrand vom 9ten März über Oestreichs Rüstungen. — Oestreichs wohlwollende Maaßregeln in Bezug auf einige Puncte. — Oestreich läßt sich wegen seiner Rüstungen nicht weiter aus. — Oestreichs Auseinandersetzungen. — Freundschaftliche Vorstellungen Frankreichs. — Oestreichs Verfahren in Bezug auf den Einspruch des Grafen von Lille. — Verhandlungen über die Anerkennung der kaiserlichen Würde in Frankreich. — Veränderte Stellung der beiden Mächte. — Oestreich fordert Parität zwischen den beiden souveränen Häusern. — Napoleon's Festigkeit in der Vertheidigung von Frankreichs alten Rechten. — Die erbliche Kaiserwürde im Hause Oestreich wird verkündigt und der Kaiser der Franzosen anerkannt. — Anerkennung der östreichischen Kaiserwürde durch Frankreichs Einfluß. — Der Wiener Hof fordert eine Vermehrung der katholischen Stimmen. — Oestreichs Erwerbungen werden von Frankreich geduldet. — Schlechter Zustand der östreichischen Finanzen. — Oestreichs Stimmung in Bezug auf Frankreich.

1804.

Zweierlei streitige Puncte wurden eben zwischen Frankreich und Oestreich verhandelt. Die erste Classe dieser Auseinandersetzungen betraf das, was Frankreich unmittelbar anging, z. B. die Verletzung des Badenschen Gebiets und die Anerkennung der Kaiserwürde in Napoleons Familie; die zweite umfaßte die teutschen Angelegenheiten, die selbst so mannichfaltig sind, unter denen aber die wichtigste die ist, welche die Reichsritterschaft angeht.

Das Benehmen des Wiener Hofes in Bezug auf die Ettenheimer Geschichte war und bleibt wenigstens zweideutig. Offener spricht er sich über die erbliche Kaiserwürde in Frankreich aus, weil der Wiener Hof dabei die Gelegenheit zu einer neuen ihm günstigen Anordnung sieht.

Das Wichtigste, was zu erzählen vorliegt, ist das Verhältniß der Reichsritterschaft, weil es der Anlaß und in diesem Augenblicke schon der Vorwand zu Truppenbewegungen und Rüstungen ist. Mit dieser Streitfrage hangen mehrere andere zusammen; unter andern ein angebliches Recht, in Schwaben Soldaten ausheben zu dürfen, das das Reichsoberhaupt in Ausübung bringen will, von dem aber die Staaten zweiten Ranges sich frei machen möchten. Zu diesen Schwierigkeiten sind Zwischenereignisse gekommen, die nicht eben geeignet waren, ihre Lösung zu erleichtern; z. B. geheime, durch einen Dritten gemachte Anträge an den Münchner Hof, um ihn zur Abtretung des noch mit Baiern vereinigten Innviertels an die östreichische Regierung zu bestimmen.

Nach dem fünften geheimen Artikel von Campoformio hatte die französische Republik versprochen, sich dahin zu verwenden, daß Se. Majestät der teutsche Kaiser den Theil des baierschen Kreises erlange, der zwischen dem Erzbisthume Salzburg, dem Inn, der Salza und Tyrol inneliegt, mit Inbegriff der gleichfalls am rechten Innufer gelegenen Stadt Wasserburg. Die schnelle Wiedereröffnung der Feindseligkeiten hatte damals dem Wiener Hofe nicht Zeit gelassen, diesen Plan in Ausführung zu bringen, doch hatte er ihn nicht aus den Augen verloren. Jetzt war von diesem Landtheile [1]) die Rede. Dem Wiener Hofe lag er sehr am Herzen, weil diese Erwerbung eine vortreffliche Gränzwehr abgeben würde, die es zugleich in seine Macht stellte, Baiern anzugreifen, wie es ihm gut dünkte. Beauftragt mit dieser verdeckten Verhandlung waren der schweizerische Geschäftsträger und ein Graf von Fugger. Da der Münchner Hof, statt in Oestreichs Wünsche zu willigen, erschrocken in Petersburg Hülfe sucht, so werden

1) Man weiß, daß das Innviertel, das früher ganz zu Baiern gehörte, durch den Teschener Frieden von 1779 zum größern Theile bei Oestreich geblieben war.

diese Anträge durch das östreichische Cabinet, eben so wie seine Truppenbewegungen abgeleugnet werden. Aber sehr gutmüthig ist, wer an diese Versicherungen glaubt.

In Frankreich weiß man selten und verlangt noch seltner zu wissen, was die Reichsritterschaft bedeutet. Doch da die sie betreffenden Verhandlungen ernsthaft werden; da selbst noch im Jahre 1822 man Mitglieder dieser Reichsritterschaft Königen hinderlich sehen wird, die ihren Völkern freie Staatsverfassungen geben wollen, so ist es nicht unnütz, daß wir sie etwas genauer kennen lernen; und ein eben so einfaches, als richtiges und treffendes Gleichniß wird uns vollständig mit ihr bekannt machen. Die Mitglieder des unmittelbaren Reichsadels oder der Reichsritterschaft sind das für den teutschen Kaiser, was die Jesuiten für den Papst in Rom. Vertheilt in den verschiedenen teutschen Staaten und Souveraine in dem Gebiete, das jedes Einzelnen gesonderten Staat ausmacht, sehen sie sich als unabhängig von dem Fürsten an, in dessen Gebietskreise ihre Dominien liegen, verweigern sie alle öffentlichen Abgaben und erkennen nur den Kaiser als ihr Oberhaupt an. Seit der Reichsreceß vom Jahre 1803 Teutschland eine neue Organisation gegeben hatte, und die Staaten zweiten Ranges, Baiern, Würtemberg, Churhessen und Hessen-Darmstadt, so wie mehrere andere Fürsten mächtiger geworden waren, versuchten sie, den unmittelbaren Reichsadel in eine Classe mit dem übrigen Adel ihrer Staaten zu werfen. Doch dieser Reichsadel, der noch ein ganz besonderes Vorrecht neben dem allgemeinen Vorrechte hat, rief den Schutz des Reichsoberhauptes an, und nicht vergebens. Seine Sache war auch die seine.

Am Schlusse des Jahres 1803 hatte der Churfürst von Baiern die Mitglieder dieser Reichsritterschaft, die im Umkreise des baierschen Gebietes ansässig war, nach Bamberg berufen, um mit ihnen wo möglich eine Uebereinkunft zu treffen. Auf diese Einladung waren die Reichsritter nicht erschienen, und der Kaiser hatte ihre Weigerung gutgeheißen. Bald darauf hatte der Churfürst eine kleine Truppenabtheilung in ein Dorf, das zur Abtei Oberhausen gehörte, (einer kaiserlichen Besitzung in Schwaben), einrücken lassen, und dieser neue Anlaß zu

1*

Beschwerden verletzte aufs neue den Wiener Hof. Alle diese Schritte der baierschen Regierung waren in Uebereinstimmung mit dem Systeme, das Preußen in den ihm zugefallenen Ländern befolgt hatte. Aber dem Churfürsten fehlte Preußens Macht, um seine Ansprüche oder seine Rechte geltend zu machen. Am Schwachen straft man, was man bei dem Mächtigen nicht zu rügen wagt. Andere Maaßregeln des baierschen Hofes, — nach östreichischer Ansicht zu philosophische Reformen — die man mit den Anstalten des baierschen Clerus vorgenommen hatte, begründeten in Wien eine Masse von Unzufriedenheit gegen diese Regierung. So wenig war man an einen solchen Aufschwung der Unabhängigkeit von Seiten eines teutschen Fürsten gewöhnt, daß der Churfürst fast ein aufrührerischer Sklave zu seyn schien, ein der Felonie schuldiger Unterthan, der nichts Minderes als die Reichsacht verdient hätte. Achtzehn östreichische Bataillone erhielten den Befehl, an die baiersche Gränze vorzurücken, und zu gleicher Zeit gingen Truppen von der Tyroler Armee nach Schwaben, indem sie einzelne Baiern zuständige Gebiete berührten, ohne die bei solchen Gelegenheiten gewöhnlichen Nachsuchungsschreiben vorausgehen zu lassen.

Obgleich die französische Regierung das Verfahren des Churfürsten von Baiern im Grunde billigte; obgleich sie ihm sogar das der Reichsritterschaft Abgenommene als Ersatz für das Bisthum Aichstädt zugesagt hatte, das ihm entzogen worden war, um es dem Churfürsten von Salzburg zu übergeben, so waren doch das Interesse, das verhandelt wurde, und selbst das von Frankreich gethane Versprechen nicht bedeutend genug, um die Gefahr eines Zusammentreffens aufzuwiegen, dessen Folgen man nicht voraussagen konnte. Deshalb vereinigten sich auch der französische Botschafter in Wien und der französische Minister in München, ohne erst die Befehle ihrer Regierung abzuwarten, um den Churfürsten zu veranlassen, daß er ohne Verzug Oestreich wegen der Besitznahme von Oberhausen Genugthuung gebe. Sie befürchteten, ein unvorsichtig aufgeregter Funke könne den ganzen Continent in Flammen setzen. Der Churfürst gab nach. Die Klugheit gab diese Wahl ein. Da aber Oestreich bemerkte, daß zu einem kräftigen Widerstande die Vorkehrungen fehlten, so war es gleich bei der Hand, seinen Vortheil weiter zu versuchen. Nie sah man im Reiche ein Beispiel von gleicher Raubsucht. Statt sich an den Reichstag in Regensburg zu wenden, brachte das Directorium der Reichsritterschaft, auf Anrathen des Wiener Hofes, seine Klagen gleich beim Reichshofrathe an, unter dem Vorwande, der Reichshofrath sey die rechtmäßige competente Behörde; der wahre Grund war, daß dieser ausschließlich unter dem Einflusse des Wiener Cabinets stand. An demselben Tage [1]) noch erließ der Reichshofrath ein conservatorisches Mandat, das die Beschützung der Reichsritterschaft gegen fernere Einschreitungen, und die Wiedereinsetzung in den Zustand vor der Besitznahme der Entschädigungen zum Zwecke haben sollte. Die Vollziehung dieses Mandates war dem Churfürsten Erzkanzler aufgetragen, außerdem den Churfürsten von Sachsen und von Baden, sowie Sr. K. K. Majestät, als Erzherzog von Oestreich, und es war diesen Fürsten freigelassen, ob sie gemeinsam oder einzeln verfahren wollten. Auf diese Weise, konnte Oestreich ganz allein diesen Auftrag vollziehen, wenn die andern Fürsten sich ihm entzogen. Gegen alles bestehende Herkommen nimmt der Kaiser ihn an, und man macht auch sofort bekannt, daß er ihn übernommen hat. Augenblicklich werden Abmahnungsbriefe den Agenten der angeschuldigten Fürsten zugestellt, und beeilen sich diese Fürsten nicht, den Ermahnungen Folge zu leisten, so können sie unverzüglich durch die Gewalt der Waffen dazu gezwungen werden. Die Reichskanzlei, sonst so berühmt wegen ihrer Langsamkeit, war dieses Mal ein Wunder der Thätigkeit gewesen. Am 30sten Januar waren alle diese Schriften schon amtlich in Regensburg übergeben. Oestreich eilte so sehr, als ob es besorgt habe, daß irgend eine auswärtige Vermittelung seinen Schritten Hemmnisse bringen könnte.

Wenn das Glück ihm einen Augenblick lächelt, kann diese Macht nicht stille stehen. Während sie sich gegen die angeblich eigenmächtigen Einschreitungen erhebt, schäfft sie sich selbst eigenmächtig neue Rechte, die sie auf der Stelle nutzbar

1) Am 28sten Januar 1804.

und erklecklich zu machen versteht. Mit Hülfe eines Standrechtes (droit d'épave), das seine Publicisten ersonnen haben, legt es überall Beschlag und eignet sich, als ob sie in Ermangelung gesetzlicher Titularen verfallen wären, mehrere einzeln liegende Güter, geistliche Stiftungen u. s. w. zu, die von den Gütern abhängig waren, welche durch den Receß von 1803 verschiedenen Fürsten zugefallen waren. Dieses durchaus unregelmäßige und gewaltsame Eroberungssystem war erst wegen seines Gegenstandes gefährlich, dann wegen des Uebelstandes, weil es Oestreich überall mit den Staaten zweiten Ranges als Grundbesitzer in Berührung brachte. Da mehrere Schweizercantone eben so vereinzelte Besitzungen in Schwaben haben, so bringt Oestreich auch in Bezug auf sie sein System in Anwendung. Nur ändert es den Vorwand, auf den es sich stützt, und statt eines Standrechtes macht es gegen sie ein Incamerationsrecht gültig.

Dieses Verfahren Oestreichs und besonders das drohende Conservatorium brachten ganz Teutschland in Bewegung. Die Aufregung wuchs durch ein neues Decret, das der Reichshofrath gegen den Landgrafen von Hessen-Darmstadt ausgehen ließ, als man ihm Schuld gab, den Reichsfrieden gebrochen zu haben. Nach diesen unerhörten Aussprüchen des Reichshofrathes, dessen Daseyn seit langer Zeit für einen bloßen Namen galt, mußte man besorgen, ehester Tage den Süden von Teutschland nach allen Richtungen von östreichischen Truppen durchzogen und geplündert zu sehen, die sich für rechtmäßige Vollstrecker seiner Decrete ausgeben durften. Dieser Zustand der Dinge war für Frankreich eben so beunruhigend, als für Teutschland. Außerdem mußte der französischen Regierung daran zu thun seyn, daß sie bestimmt wisse, ob Oestreichs Rüstungen allein die teutschen Angelegenheiten beträfen, oder ob unter dem Vorwande innerer Händel, man den Verschwörungen Englands nicht einen Stützpunct vorbereite. Das Zusammentreffen konnte zufällig seyn, aber es mußte Verdacht erregen. Auf den Rath des ersten Consuls, der dieses Opfer der Erhaltung des Friedens schuldig zu seyn glaubte, nahm der Churfürst von Baiern seine Schritte zurück. Er zeigte sich bereitwillig, dem östreichischen Cabinette die gewünschte

Genugthuung zu geben, und willigte darein, daß in Bezug auf die Reichsritterschaft der frühere Zustand der Dinge hergestellt würde, mit Vorbehalt seiner Rechte, die er vor dem Reichstage zu vertheidigen gedachte. Er fügte hinzu, daß er zu diesem Schritte „durch Rücksichten auf die Vorstellungen des Reichsoberhauptes, auf die Wünsche des Königs von Preußen und auf die Meinung mächtiger Freunde" entschlossen sey. Oestreich nahm die Unterwerfung des Churfürsten von Baiern hochmüthig auf, verweigerte den angetragenen Weg der Verhandlung und schien entschlossen, das eben erlangte Uebergewicht schonungslos zu gebrauchen.

Baiern, Würtemberg und die andern betheiligten Staaten hatten ihre Einsprüche gleichzeitig nach Petersburg und nach Paris gerichtet. Kaiser Alexander war darauf eingegangen. In den letzten Tagen des Februars erhielt man in Wien die Nachricht, daß dieser Fürst zur Vermittelung bereit sey, in Gemeinschaft mit Frankreich, um die Zwistigkeiten wegen der Reichsritterschaft zu schlichten. Die Beistimmung des ersten Consuls zu diesem Antrage Rußlands konnte nicht zweifelhaft seyn. Am 10ten März wurde sie in Regensburg bekannt gemacht; doch wie wir schon im vorigen Capitel sahen, bestand damals keine unbedingte Einigkeit mehr zwischen den Höfen von Paris und Petersburg. In Regensburg hatte die Vermittelung der beiden Mächte begonnen; dort wünschte Frankreich sie fortzusetzen, während Rußland sie nach Wien zu verlegen begehrte. Doch hätte schon durch die Nachgiebigkeit des Churfürsten gegen das Mandat des Reichshofrathes der Friedenszustand wiederhergestellt werden müssen. Alles hätte in Oestreich zur vollständigsten Ruhe zurückkehren müssen; aber dem war nicht so. Die Gegenvorstellungen der französischen Regierung waren ohne Erfolg gewesen. Man fuhr mit Aushebungen von Soldaten in Böhmen und Galizien fort. In Wien selbst ging die Soldatenstellung mit großer Thätigkeit vor sich; und alle diese drohenden Vorkehrungen hatten noch in den ersten Tagen des März Statt, in einem Augenblicke, der dem ersten Consul zu allerlei Aufregung Anlaß gab. Von der einen Seite Georges, Pichegrü's und Moreau's Verschwörung, von der andern die Anschläge Drake's und Spencer

Smith's, die das argwohnen ließen, was man noch nicht wußte; nämlich mehr oder minder beträchtliche Zusammenrottungen an dem Ufer des Rheins, vielleicht nur der Hauptanführer; und zu allen dem geheimen Unfug die großen kriegerischen Bewegungen, die Oestreich vornahm, wenigstens vorbereitete. Ein solches Zusammentreffen von Thatsachen reichte doch sicher hin, bei dem ersten Consul die lebhafteste Unruhe zu erregen.

In seiner Besorgniß über die eigentlichen Absichten des Wiener Hofes ließ er Herrn von Talleyrand an Graf Philipp v. Cobenzl, den östreichischen Botschafter in Paris, einen Brief in sehr festem Tone schreiben, den man in Wien als eine Drohung ansah. Durch ihn wurde Se. K. K. Majestät eingeladen, die nach Schwaben geschickten Truppen abzurufen, die Rüstungen einzustellen, und der französischen Regierung die durch diese beunruhigenden Ereignisse gestörte Sicherheit wiederzugeben.

Mitten in den Verhandlungen über die teutschen Angelegenheiten und die östreichischen Rüstungen war man in Wien von der Verhaftung Georges und Pichegrü's, dann vom Tode des Herzogs von Enghien unterrichtet worden. Bei Georges Verschwörung hatte dieser Hof eben so wenig als ein anderer die Glückwünsche über die glückliche Entdeckung einer Meuterei gespart, „die ein Leben bedrohte[1]), das Europa eben so kostbar als Frankreich sey." Bei der Ettenheimer Geschichte sprach sich der östreichische Botschafter in Wien nicht mißbilligend aus. Später, als man, um Rußland zu gefallen, in Regensburg die Stimme erhob, geschah es ohne Erbitterung und ohne Heftigkeit. Das Verfahren der Herren Drake und Spencer Smith hatte man ohne Schonung verwerflich gefunden. Das war schon viel. Als die französische Gesandtschaft forderte, daß die Ausgewanderten, die etwa in den östreichischen Besitzungen sich aufhielten, funfzig Stunden weit von der französischen und schweizerischen Gränze fortgewiesen würden, so gestand man dieses Verlangen ohne weitere Bemerkungen und selbst geflissentlich zu. Das war auch viel. Die

1) Depesche aus Wien vom 10ten März.

Anerkennung der Gefahr durch ihre Nachbarschaft für die französische Regierung schien eine stillschweigende Rechtfertigung der Maaßregeln zu seyn, die man gegen sie für gut gefunden habe.

Doch verschob man stets, auf die wichtigste der Fragen des ersten Consuls zu antworten, auf die, welche Herrn von Talleyrands Brief vom 9ten März ausgesprochen hatte. Vergebens stellte die französische Gesandtschaft in Wien vor, daß die Vorkehrungen, die man nach Angabe des östreichischen Hofes in Folge der teutschen Angelegenheiten getroffen hatte, außer allem Verhältnisse mit ihrem angeblichen Zwecke waren. In dem Augenblicke, wo die französische Regierung auf eine so grausame Weise die höllische Macht der englischen Ränke empfinde, müsse sie zu der Besorgniß geneigt seyn, daß sie sich nicht darauf beschränken werde, einige des französischen Namens unwürdige Franzosen zu bestechen. Vergeblich verlangte man durch die Zurückziehung der östreichischen Truppen in ihre frühern Stellungen, Beruhigung zu erhalten. Das östreichische Ministerium wich allen bestimmten Erklärungen aus und begnügte sich damit, den gegen seine friedliebende Gesinnung gefaßten Verdacht ungerecht zu schelten. Er beschwerte sich über die Bitterkeit der Vorwürfe, versprach einen Tag nach dem andern eine genügende Antwort und gab doch diese Antwort nicht. Als es seinem Schweigen ein Ziel setzte, sagte es weiter Nichts, als daß es keine neuen Bewegungen machen würde, und daß die Truppen ihre jetzigen Stellungen nicht verlassen sollten. Inzwischen fuhr man mit dem Ausheben der Mannschaft fort, legte in Steyermark und Kärnthen Magazine an, die den Heeren in Italien und in Tyrol zu gute kommen konnten; schickte Kriegsvorräthe, Kanonen und Pulverwagen nach Venedig; war in einem lebhaften Briefwechsel mit Rußland; und Alles läßt glauben, daß man nur darum sich nicht entschloß, einen drohenden Ton anzunehmen, weil Petersburg noch viel weniger vorbereitet war, als Wien. Man wünschte damals noch, sich zu verständigen und führte zu seiner Entschuldigung die leichtfertigsten Gründe an. Man war sehr geneigt, den Wünschen des ersten Consuls zu genügen. Das einzige Hinderniß war, „die Besorgniß, der kaiserlichen Würde etwas zu vergeben[1]), wenn man eine rückgängige Bewegung machte, die Frankreich scheinbar befohlen hätte." Diese Verhandlungen hatten fast zwei Monate gedauert. Der erste Consul ließ nach mit seinem Drängen, weil er bemerkte, daß, wenn auch der Gedanke an einen Angriff da gewesen war, der Gang der Begebenheiten ihn aufzugeben bestimmt hatte.

Unter die so lebhaften Verhandlungen hatte der erste Consul auch Versicherungen der Freundschaft einfließen lassen. Er hatte erklären lassen, daß Frankreich in alle Vortheile willigen würde, die Oestreich sich auf dem friedlichen Wege der Verhandlungen verschaffen könnte; daß er nur an seinen kriegerischen Bewegungen Anstoß nähme und nur die auf diese Weise erworbenen Vortheile bekämpfen würde. Diese Versicherungen mißfielen in Wien nicht. Man erwiederte sie durch gleich wohlwollend ausgesprochene Versicherungen. Spencer Smith hatte den Wunsch gehabt, sich nach Wien zu begeben, in dessen Nähe er sich geflüchtet hatte; aber die Erlaubniß wurde ihm verweigert. Freilich muß man gestehen, daß der Gesandte Paget auch diesen in der Meinung herabgekommenen Collegen nicht in seine Nähe wünschte; denn man schämt sich eines Verbrechens, wenn es nicht gelungen ist. Eben so hatte Herr Drake, der in Salzburg eine Freistätte gesucht hatte, den Befehl erhalten, von dort abzureisen.

Der Graf von Lille hatte dem Kaiser den Tod des Herzogs von Enghien angezeigt. Sein Brief, versicherte das östreichische Ministerium, sey ohne Antwort geblieben, wie Alles, was von dieser Quelle herkam. Etwas später schickte derselbe Prinz, in der Form eines Briefes an den Kaiser, seinen Einspruch gegen die Annahme der Kaiserwürde durch Napoleon Bonaparte's Familie ein. Auch jetzt versicherte man, daß man nicht antworten würde, oder im Falle man darauf antwortete, so würde es nur in der Absicht geschehen, um zu versichern, Se. K. K. Majestät, die seit dem Frieden von Campo Formio die französische Republik anerkannt habe, und die jetzt Napoleon Bonaparte als erblichen Souverain von Frankreich aner-

1) Depesche aus Wien vom 15ten April.

kenne, lasse keine andern Ansprüche als die seinen gelten. In der Zeit, wo der östreichische Hof diese Sprache führte, war er wirklich in eine Verhandlung über die Anerkennung des Titels „Kaiser der Franzosen" verwickelt, und früher hatte er schon Napoleon als erblichen Souverain anerkannt.

Bei dieser Verhandlung, die in mehr als einer Beziehung merkwürdig ist und deren Hauptzüge man nicht ungern kennen lernen wird, war der neue Fürst sehr weit davon entfernt, sich als Bittenden darzustellen, der eine Gnade nachsucht. Durch die Vereinigung der Macht des französischen Volkes mit der Macht, die seinen Namen umgab, trat er gleich von vorn herein auf gleicher Höhe von Allem, selbst über Allem auf. Ja, noch vor der amtlichen Benachrichtigung, als zum ersten Male zwischen der französischen Gesandtschaft und dem östreichischen Ministerium auf den Wunsch die Rede fiel, den man in Frankreich ausgesprochen hatte, Napoleon die Kaiserwürde zu übertragen, war das erste Wort, das Herr von Cobenzl auf diesen allgemeinen Gedanken erwiederte: „Sicher wäre das ein College, der nur Ehre machen könnte."

Als die Akten über die Erblichkeit geschlossen waren und man dem Wiener Hofe die Anzeige gemacht hatte, billigte dieses Cabinet die Umwandlung der Republik in eine erbliche Monarchie ohne Schwierigkeit. Nur in der Wahl eines Kaisertitels fand sie einen Grund zum Bedenken. Darüber wollte man sich mit den andern Höfen verständigen [1]), und das war ganz in der Ordnung. Doch der Verzug gefiel Frankreich keineswegs. „Das Haupt der französischen Regierung," sagte der Botschafter dieser Regierung, „braucht, um Kaiser zu seyn, weder die Anerkennung noch die Zustimmung der fremden Regierungen. Eine unverzögerte Anerkennung wird ihnen Rechte an das Wohlwollen sichern; eine zögernde Anerkennung wird ein Beweis von Schwäche und bösem Willen seyn." Vom ersten Tage ab konnte man die Absicht des östreichischen Hofes durchschauen: zu temporisiren. Bald lag es offen am Tage. Wenn Oestreich den Titel, den Frankreich gewählt hat, zugiebt,

1) Am 12ten Mai.

so schien es zu besorgen, daß es von seinem bisherigen Range neben den ersten Häusern Europa's [1]) zum zweiten herabsteige; namentlich wenn ein anderes Haus ein erbliches Kaiserthum besitzt, das vom Ansehen gleich, an Macht überlegen ist. Die Würde, die dem Hause Oestreich jetzt zusteht, gehörte dem teutschen Kaiser. Aber die teutsche Kaiserwürde konnte auch auf ein anderes Haus übergehen. Man wünschte, ihm die Gleichheit mit dem Monarchen Frankreichs zu sichern, aber zwischen einem erblichen Kaiser und einem Wahlkaiser besteht keine Gleichheit. Im Falle der teutsche Thron Oestreich entginge, ist es nicht sicher, seinen Rang zu behaupten, außer wenn es für seine Erbstaaten den von Frankreich vorweggenommenen Titel annimmt. Zwei oder drei Besprechungen hatten bis zu dieser Erklärung gebracht. Das war viel Raum in kurzer Zeit gewonnen.

Durch das Eingeständniß dieses geheimen Gedankens des östreichischen Cabinets war die Stellung der Theile ganz verändert. In Bezug auf Frankreich war die Frage entschieden. Napoleon ist als erblicher Souverain schon anerkannt; nur behält man sich die Anerkennung des kaiserlichen Titels als Bedingung einer Anordnung vor, die man wünscht. An Frankreich ist es, Einwände zu machen. Die französische Gesandtschaft muß die Befugniß durch ihre Regierung erhalten, dem geäußerten Wunsche zu entsprechen. Was den teutschen Kaiser und seinen Vorrang angeht, findet keinen Einspruch; aber die Gleichheit, welche das Haus Oestreich fordert, darf der französische Botschafter nach seinen damaligen Verhaltbefehlen nur „als Beibehaltung der zwischen den Höfen von Wien und Versailles gebräuchlichen Beziehungen" [2]) zugeben. Diese Forderung des Hauptes der französischen Regierung ist nur rühmlich. Alltäglicher Ehrgeiz, dem nur daran gelegen hätte, sich befriedigt zu sehen, hätte sich ohne Bedenken zu umfassenderen Bewilligungen verstanden. Napoleon opfert lieber ein persönliches Interesse, verzögert lieber eine ihn und seine Familie betreffende Anerkennung, als daß er etwas aufgab, was die alte Monarchie ihr nennen durfte.

1) Am 19ten Mai.
2) Am 9ten Juni.

Indessen erhielt der französische Botschafter neue Verhaltbefehle. Er erklärt, daß die französische Regierung zuerst den Titel eines erblichen Kaisers anerkennen würde, wenn das Haupt des Hauses Oestreich ihn annehmen sollte. Da erheben sich noch einige beachtenswerthe Schwierigkeiten. Oestreich verlangt gegenseitige und gleichzeitige[1]) Anerkennung; es verlangt, daß die französische Regierung sich verpflichte, die Anerkennung seines Kaisertitels mit seiner Macht zu unterstützen; es verlangt, daß man ausdrücklich „die Gleichheit[2]) der beiden souverainen Häuser" ausspreche. Eine auffallend wunderliche Wirkung der die Welt beherrschenden Macht! Der teutsche Kaiser, dessen Zugeständniß nothwendig war, um Könige zu machen, fordert, um einen neuen Titel anzunehmen, die Unterstützung des französischen Einflusses. Das Haus Oestreich fordert von dem Hause Bonaparte die Rechtsgleichheit, und dieses ist das verweigernde! Aber ich kann es wiederholen, der Hochmuth hat hier Grund. Das Haupt der französischen Regierung fordert nichts als die Rechte der alten Könige von Frankreich; aber es will auch nicht weniger. Die Priorität des vom Kaiser der Franzosen gemachten Anspruches fordert auch, daß seine Anerkennung vorausgehe. Die Gleichzeitigkeit der Anerkennung war also dadurch bedingt. Außerdem würde durch solche Bedingungen dieses Geschäft zum Handel, zur Krämerei werden, die weder der Würde der beiden Mächte noch dem Adel des Titels zukommt, den sie sich geben. Von beiden Seiten wünschte man zu Stande zu kommen; man versuchte, sich über die Worte der Erklärung, die beide Mächte unterzeichnen sollten, zu verständigen.

Das östreichische Cabinet hätte gewünscht, daß man sich an das hielt, was in Bezug auf Maria Theresia, Königin von Ungarn, aufgekommen war. Der französische Botschafter blieb hartnäckig dabei, alle Rechte und Vorrechte der Könige von Frankreich aufrecht zu erhalten. So war der Gegenstand des Zwistes für Oestreich stets, daß man es zur Gleichheit der Rechte der regierenden Häuser brächte, während die fran-

1) Am 28sten Juli.

2) Am 4ten August.

zösische Regierung nicht so weit gehen wollte [1]. Endlich kam man über folgende Abfassung überein: der Kaiser der Franzosen fordert nichts weiter, als was beständig für die Souveräne Frankreichs vor dem letzten Kriege gegolten hat, sowohl vom teutschen Kaiser, als vom erhabenen Haupte des Hauses Oestreich, im Fall diese beiden Würden nicht in einer und derselben Person vereinigt seyn sollten. Er bestätigt über diese Puncte den 23sten Artikel des Friedens von Campo-Formio, ohne zu beabsichtigen, etwas zu den Verpflichtungen, welche dieser Artikel der französischen Regierung auferlegt, hinzuzufügen. Das Wort beständig, das man in diese Abfassung aufgenommen hatte, wurde lange vom Herrn von Cobenzl bestritten, der wünschte, sich auf den oder jenen Zeitraum beziehen zu können, zum Beispiel auf die Zeit Marien Theresiens, um ein Recht auf eine einzelne Thatsache zu gründen, während bei der Abfassung, die er unterschreiben mußte, das Recht nur aus einem beständigen Herkommen hervorgehen konnte.

Diese vom französischen Botschafter, Herrn von Champagny, geschickt geführte Verhandlung giebt ein augenfälliges Bild von der untergeordneten Stellung, in der Oestreich sich im Verhältniß zur französischen Regierung befand, und von der Höhe, zu der Napoleon persönlich aufgestiegen war. Sie zeugt von seiner Treue, eine große Pflicht zu erfüllen, daß er keinen bloßen Anspruch des alten Frankreichs, geschweige ein Recht desselben aufgäbe; obgleich die Erfüllung dieser Pflicht seiner Eigenliebe und seinem Interesse entgegen war, die beide die schnelle Anerkennung seiner neuen Würde verlangten. Beinahe drei Monate waren bei diesen Verhandlungen verflossen. Sie hatten mitten im Mai angefangen, und erst in den ersten Tagen des Monats August kamen sie zu Ende.

Am 10ten desselben Monats [2]) rief sich Franz II. in einer feierlichen Sitzung des Staats- und Conferenzrathes, bei dem alle Minister und Vorsteher der Verwaltungszweige zugegen waren, umgeben von den Erzherzögen und den Großwürden-

1) Am 8ten August.

2) Die kaiserliche Bekanntmachung war aber erst vom 11ten.

trägern, zum Kaiser von Oestreich aus und erklärte, daß er Napoleon als Kaiser der Franzosen anerkenne. Das östreichische Kaiserthum umfaßte alle Staaten, welche die östreichische Monarchie ausmachen, doch erhielt jeder Theil außerdem seinen ihm zukommenden Titel. Der Grund dieser Entschließung lag darin, daß man nothwendig fand, die Beibehaltung der gleichmäßigen erblichen Titel und Würden, die den östreichischen Herrschern wegen des alten Ruhms ihres Hauses und auch wegen der Ausdehnung und Bevölkerung ihrer Staaten zukam, aufrecht zu erhalten. „Um die volle Gleichmäßigkeit des Ranges zu befestigen," sagte der kaiserliche Anschlag, „haben wir uns entschlossen und glauben uns, nach dem im vorigen Jahrhunderte vom russischen Hofe, und nach dem neuerdings vom neuen Souverain von Frankreich gegebenen Beispiele, befugt, dem Hause Oestreich für seine unabhängigen Staaten, den Titel und die Würde eines erblichen Kaisers zu übertragen." Der Titel des neuen Kaisers ward durch Weglassungen verkürzt. Man überging die ehemaligen Besitzungen, die Oestreich nicht mehr besaß, so das Herzogthum Burgund u. s. w. Den Titel eines Herzogs von Lothringen konnte man nicht aufgeben, weil das regierende Geschlecht daher stammte; aber man knüpfte keine Ansprüche daran.

Diese Aufschichtung zweier Kaiserkronen sah man in Frankreich, ob sie gleich ein neues Ereigniß in der Geschichte war, als ganz natürlich an; aber so gleichgültig nahm man sie nicht überall auf. Die unbedeutendsten Staaten des teutschen Reiches, die, unbeschadet ihrer Unterwürfigkeit gegen den teutschen Kaiser, den Erzherzog von Oestreich fast als ihres Gleichen betrachteten, sahen mit Verdruß ein Glied von ihrem Körper sich trennen, um sich über sie zu stellen. In Preußen besonders war die Veränderung unerwünscht. Da Frankreich indeß, seinem Versprechen gemäß, die Anerkennung dieses neuen Titels begünstigte, so ließ der Berliner Hof nicht lange auf seine Zustimmung warten. Am 17ten September ward sie zu Regensburg durch den preußischen Minister beim Reichstage angekündigt. Rußland setzte noch eine Zeit lang dem Anliegen des Wiener Hofes ein erkünsteltes Widerstreben entgegen, das es darauf gründete, daß es ein Einverständniß wegen dieser

Maßregel mit Frankreich voraussetzte, um die Anerkennung des Titels „Kaiser der Franzosen" zu erleichtern. Durch Frankreichs feindliche Schritte mußte der östreichische Hof die Beschwichtigung dieses Einspruchs erkaufen. Rußland drang fortwährend in das östreichische Cabinet, die badensche Geschichte in Regensburg wieder zu erwecken, während Frankreich von seiner Seite es bedrängte, die Geschichte nicht allein abgethan seyn zu lassen, wie sie es war, sondern sie für alle Zeiten abzuthun. Beiden Mächten lag an der Gefälligkeit des teutschen Kaisers. Der teutsche Kaiser ließ Beide dafür zahlen.

Die Entschädigungsvertheilung, die im Receß von 1803 festgesetzt war, hatte in die Hände protestantischer Fürsten Besitzungen gegeben, mit denen früher katholische Stimmen verbunden waren. Dies hatte zum Nachtheile des östreichischen Einflusses das alte Gleichgewicht der Stimmen beim Reichstage aufgehoben. Doch war es in der Ordnung, daß die französische Regierung nicht eher die vom Wiener Hofe gewünschte Vermehrung der Stimmen unterstützte, als bis es die Sicherheit hatte, daß er den bewilligten Einfluß nicht gegen sie selbst verwende.

Bei diesen Verhandlungen vergingen für Oestreich die letzten Monate von 1804, die außerdem nicht ohne Ergebniß waren. Oestreich vortheilte von der Duldung der französischen Regierung und bestimmte einige kleine Fürsten, ihm für mäßige Entschädigung wichtige Puncte abzutreten, unter denen Lindau am Bodensee der bedeutendste war. Folglich war die Aufrechthaltung des guten Vernehmens mit Oestreich von Seiten der französischen Regierung nichts weniger als ohne Opfer gewesen. Oestreich hatte sie durch einige Nachgiebigkeiten bezahlt, und hatte sich mit ausweichenden Versicherungen über die Kriegsbewegungen begnügt, die einen feindlichen Zweck gegen Frankreich hatten. Frankreich hatte dem Churfürsten von Baiern gerathen, sich dem Ausschreiben des Reichshofrathes zu fügen; es hatte die Sequestrationen und Einziehungen zugegeben, die man zufolge des Incamerations- und Standrechts übte; es hatte durch sein Schweigen die als Kauf oder Tausch gemachten Erwerbungen zugelassen; endlich hatte es die Vermehrung der katholischen Stimmen nicht gehindert.

Ungeachtet dieser Zugeständnisse der französischen Regierung, ungeachtet des scheinbaren Unwillens von Rußland gegen Oestreich, gab es doch zwischen diesen beiden letztern Mächten und England, das ihr gemeinschaftlicher Mittelpunct war, einen unzerstörbaren Vereinigungspunct, ihren Haß und ihre angeborne Eifersucht gegen das republikanische oder kaiserliche Frankreich. Diese in den Cabinetten eben so regen Leidenschaften wie in den gegenseitigen Botschaftern, hatten vom ersten Friedenstage an, den Saamen zu einem neuen Kriege zu pflegen, nicht aufgehört.

Vielleicht baute die französische Regierung ihre Hoffnung für die Erhaltung des Continentalfriedens mehr auf den schlechten Zustand der östreichischen Geldmittel, als auf die Stimmung des Cabinets. Freilich konnte die Zerrüttung kaum weiter gehen. Oestreich hatte keinen Begriff von öffentlichem Credit, selbst in dem Augenblicke nicht, wo es neue Anleihen zu machen sich anschickte, und verweigerte daher die Zahlung seiner Schulden besonders an's Ausland; dies erregte die Klagen seiner alten Gläubiger und veranlaßte einen Fall seiner Fonds auf fast allen europäischen Plätzen, besonders in Holland und in Frankfurt. Aus Mangel an Anleihen, die es nur unter den lästigsten Bedingungen noch erhalten konnte, hatte es kein anderes Hülfsmittel, als eine neue Schaffung von Papiergeld und die Vermehrung der Steuern. Ein kaiserlicher Befehl setzte für 1805 mehre Arten außerordentlicher Steuern fest, wie eine Gütersteuer und eine Personalsteuer. In Ländern, wo das Interesse der Völker einigen Einfluß auf die Entschließungen der Regierungen gehabt hätte, hätte die Verlängerung des Friedens als ein unerlaßliches Bedürfniß angesehen werden müssen. Wo die Völker nichts als Werkzeuge des Ehrgeizes und der Macht sind, halten solche Betrachtungen die Cabinette nicht auf.

Oestreichs Stellung zu Frankreich läßt sich in zwei Worten malen. Nie hat diese Macht in eine seiner Verzichtungen von ganzem Herzen gewilligt, Oestreich will Krieg seit dem Lüneviller Frieden, wie es ihn seit dem Frieden von Campo Formio wollte. Sein einziger Gedanke geht darauf aus, sich auf einen entscheidenden Krieg vorzubereiten, und sieht man nur auf die Anzahl, so ist sein Heer schon sehr furchtbar geworden. Es hat nicht weniger als dreihundert achtzigtausend Mann unter den Waffen. Obgleich noch Manches am Materiellen des Heeres fehlt, obgleich seine Geldmittel sehr schlecht sind, so wird es doch Krieg anfangen, sobald es den günstigen Augenblick eingetreten glaubt, weil es sicher des Bundes mit England, beinahe sicher des Bundes mit Rußland ist, und wird anfangen, selbst ehe es noch alle seine Mittel beisammen hat. Die französische Regierung hoffte Zeit zu haben, den Feldzug nach England eher abthun zu können, als es andre Feinde zu bekämpfen habe. Das war ein Irrthum. Am Schlusse des Jahres 1804 rechnete es noch die wahrscheinliche Dauer des Festlandsfriedens nach Jahren; es hätte sie nur nach Monaten ferner rechnen sollen.

Neun und dreißigstes Capitel.

Verhältnisse zum Auslande.

Frankreich und Preußen. — Wirkung, die der Tod des Herzogs von Enghien hervorbrachte. — Vorgängige Anerkennung der einstigen Regierung in Frankreich. — Oestreich kommt noch Preußen zuvor. — Grundlagen einer Uebereinkunft wegen Hannover. — Napoleon's wohlwollende Maaßregeln für Preußen. — Des Königs von Preußen wohlwollendes Verfahren gegen Frankreich. — Ludwig XVIII. verläßt Warschau. — Ministerwechsel in Preußen. — Ausdauer in denselben Grundsätzen. — Uebereinkunft wegen der Ruhe des nördlichen Teutschlands. — Festnehmung des englischen Ministers in Hamburg. — Einschreitung des Königs von Preußen. — Sir Rumboldt wird nach England zurückgesendet. — Gefahren der preußischen Politik. — Preußens Ausdauer bei seiner Uebereinkunft mit Frankreich. — Frankreich und Schweden. — Gustavs IV. Anhängigkeit an den Begriff von Dynastie. — Gustavs Liebhaberei für Hülfsgelder. — Seine Schritte in Regensburg. — Sein Streit mit Rußland wegen einer Brücke. — Gustav weigert sich, den Kaiser von Oestreich anzuerkennen. — Unschickliches Benehmen Gustavs gegen Baiern. — Bemerkungen über einen Aufsatz im Moniteur. — Die Verhältnisse zwischen Frankreich und Schweden werden abgebrochen.

Die Zusendungen zwischen Frankreich und Preußen, um ein Bündniß zwischen beiden Staaten vorzubereiten, waren zwar in den ersten Monaten des Jahres 1804 seltener geworden, doch keineswegs abgebrochen. Am 4ten März ließ die französische Regierung nach Berlin einen neuen Vorschlag gelangen, dessen Hauptgrundlagen die Erhaltung des Friedens und des status praesens Europa's war, so wie die Aufrechthaltung der italienischen Staaten in ihren gegenwärtigen Beziehungen und die Unverletzlichkeit des osmanischen Reiches. Im Fall eines Krieges würden Preußen und Frankreich gemeinsame Sache machen. Die französische Regierung würde ihre Truppen an die Weser zurückziehen; nur sechstausend Mann würde sie in den teutschen Staaten des Königs von England lassen. Dieser Antrag konnte in Berlin nicht angenommen werden, wo man als Preis eines Bündnisses, wenn man sich jemals dazu entschloß, zunächst die vollständige Räumung des nördlichen Teutschlands verlangen mußte. Wir erwähnen dieses Umstandes nur, um zu beweisen, daß der erste Consul in seiner Politik gegen das Ausland nicht der Mann war, der in irgend etwas, das in seinen Augen ein wichtiges Interesse Frankreichs ausmachte, nachgegeben hätte, so empfindlich auch die Verlegenheiten seiner persönlichen Stellung seyn mochten. Gerade in dem Augenblicke, wo die Verschwörungen von Georges und Pichegrü und besonders Moreau's Verhaftung eine Gährung hervorgebracht hatte; gerade in dem Augenblicke der Entführung des Herzogs von Enghien von badischem Gebiete; gerade in dem Augenblicke, wo Oestreichs Rüstungen ernsthafte Besorgnisse erregten, zeigte der erste Consul, statt den Umständen ein Opfer zu bringen, so entschiedene Festigkeit in Bezug auf die Bedingungen, unter denen er ein Bündniß mit der preußischen Regierung eingehen würde. Er wünscht dieses Bündniß eben so lebhaft und vielleicht lebhafter noch heute als gestern; denn jetzt wäre es ihm von noch größerer Wichtigkeit, aber er will es heute um Frankreichs willen nicht theurer kaufen, als gestern. Nothwendig wurde diese Verhandlung für einige Monate aufgeschoben und vertagt auf die Nachricht von den Ereignissen,

2*

die gerade jetzt statt gehabt hatten, auf die Verletzung des badischen Gebietes und die fürchterliche Hinrichtung in Vincennes.

In Berlin konnte man besonders bemerken, daß der Tod des Herzogs von Enghien etwas mehr als ein Verbrechen war. Der Fehler, der mit diesem Verbrechen verknüpft war, wurde thätigst zu Englands Gunsten ausgeprägt, und seine glänzendste Verdammung ist es, daß er den Freunden Frankreichs lebhaften und aufrichtigen Kummer erregte. Sie beklagten, daß der erste Consul jenes Mitleid gegen sich aufgeboten habe, das stets großen Glückswechseln im Geleite folgt. Den Engländern, den Russen und ihren Anhängern gab das Gelegenheit zu einem Triumphe. Sie freuten sich darüber, wie über einen ungeheuern Erfolg; ihre politische Empfindsamkeit hätte das Leben des unglücklichen Fürsten nicht mit dem Vortheil wiederkaufen mögen, den ihnen sein Tod verschaffte.

Dieses unglückliche Ereigniß war ihnen sehr gelegen gekommen, um ihre ganze Stellung zu ändern. Vor Pichegrü und Georges Verhaftung hatten sie im ersten Gerüchte von einer Verschwörung nur eine Verschwörung des ersten Consuls gegen Moreau erblicken wollen. Durch Pichegrü's und Georges Verhaftung war sie darüber zum Schweigen gebracht worden. Die Aufdeckung von Drake's Schändlichkeiten brachte den englischen Diplomaten wenig Ehre; doch durch den bloßen Namen des Herzogs von Enghien antwortete man auf Alles.

Doch für Angriffe der Art haben die Cabinette, wenn sie nicht unmittelbar dabei interessirt sind, gemeinhin wenig Gedächtniß. Die zwingende Macht der Gegenwart haben sie allein im Auge. Der erste Consul hat den Gedanken an ein Bündniß ruhen lassen. Ein anderer Gedanke beschäftigt ihn, und nicht umsonst wird er die Geneigtheit Sr. preußischen Majestät dafür in Anspruch nehmen. Der nächste Mai soll in Frankreich eine große Aenderung der Dinge herbeiführen, die durch den Senat und das Tribunat hervorgerufen scheinen muß. Seit dem Anfange des April bereitet das französische Ministerium einige auswärtige Höfe vor, den künftig etwa statthabenden Veränderungen eine Art von Zustimmung zu geben, inwiefern sie von ihnen abhängen wird. Man wünscht nämlich, daß auf die erste Mittheilung von den in Frankreich getroffenen Anordnungen, der Marchese Lucchesini beauftragt sey, seines Hofes Zufriedenheit damit auszusprechen.

Der Wunsch der französischen Regierung wurde auf der Stelle erfüllt. Eine Depesche [1]) des Königs beauftragte seinen Gesandten, den Herrn von Talleyrand zu versichern, „daß Se. preuß. Majestät mit Vergnügen die höchste Macht lebenslänglich dem ersten Consul hätte übertragen sehen. Mit noch größerer Theilnahme würde sie den durch seine Weisheit und seine Großthaten herbeigeführten Zustand der Dinge befestigt sehen durch die Einführung der Erblichkeit in seiner Familie, und würde keine Schwierigkeit machen, sie anzuerkennen."....

Das preußische Cabinet wäre sehr geneigt gewesen, sich aus dieser eiligen Erklärung des Königs ein großes Verdienst zu machen. Man gönnte ihm diese Freude nicht. Oestreich kam noch Preußen zuvor. Auffordernde Mittheilungen über das, was damals in Frankreich vorging, waren schon früher durch den östreichischen Gesandten in Berlin, den Grafen Stadion, gemacht worden. Herr von Laforêt hielt damit gegen das preußische Ministerium nicht zurück, das darin einen Strich durch seine Rechnung sah. Man beklagte, daß ein anderes Cabinet zuvorgekommen sey. Es war lustig, daß der Graf Haugwitz dem Vice-Kanzler Grafen Stadion nachstehen mußte; aber Oestreich hatte sich mehr dazu gehalten als Preußen, um sich förmlich [2]) über die Erblichkeit und den Kaisertitel auszusprechen, der in Wien ein Gegenstand der Verhandlung wurde, während er in Berlin gar kein Bedenken veranlaßte. Am 29sten Mai unterzeichnete der König die Beglaubigungsschreiben, die der Marquis Lucchesini dem Kaiser Napoleon überreichen sollte.

In Paris wie in Berlin sprach man zwar für den Augenblick nicht mehr von einem Bunde, doch fühlte man das

1) Vom 25sten April.

2) Preußen hatte wohl bei manchen Gelegenheiten zu verstehen gegeben, daß ein System der Erblichkeit seine volle Zustimmung haben würde; aber es hatte nicht, wie diesesmal Oestreich, daraus den Gegenstand einer besondern Mittheilung gemacht.

Bedürfniß eines Einverstehens in Bezug auf Hannover. Außerdem lag der französischen Regierung bei der jetzigen Aufregung Rußlands daran, zu wissen, ob die russischen gegen Frankreich bestimmten Truppen freien Durchgang durch die preußischen Staaten erlangen würden. Als man dem Könige diese Frage der französischen Regierung vorlegte, erklärte er, daß er sich auf das Wort des Kaisers Napoleon über zwei wesentliche Puncte beziehe: 1) daß die französischen Truppen in Hannover nicht vermehrt werden würden; 2) daß man den gegenwärtigen Krieg nicht nach den neutralen Staaten dieses Theiles vom teutschen Reiche spielen wolle. „Vorausgesetzt, daß das Vertrauen des Königs," sagte Marchese Lucchesini [1]), „weder auf die eine noch auf die andere Weise getäuscht werde, kann Frankreich mit unbedingter Zuversicht auf die strengste Beobachtung der Neutralität von Seiten des Königs rechnen, und in Folge dieses Grundsatzes auf die Verweigerung des Durchmarsches durch seine Staaten für jede Art von fremden Truppen, folglich auch für russische Truppen, die zum Angriffe gegen Frankreich die Erlaubniß durchzugehen verlangen möchten." Obgleich die französische Regierung mehr verlangt hätte, so verständigte man sich doch, wenigstens in diesem Jahre, durch die Annahme dieses Grundsatzes.

Der Einspruch Ludwigs XVIII. war nach Berlin geschickt worden, wie man ihn nach Wien geschickt hatte, fand aber in beiden Hauptstädten gleiche Aufnahme. Die französische Regierung verlangte mehr. Sie begehrte, daß man dieses Actenstück gar nicht annehmen solle, „weil es gegen die Legitimität [2]) der gegenwärtigen Regierung in Frankreich und gegen ihre durch Preußen erfolgte Anerkennung streite." Sie bestand darauf, daß Ludwigs XVIII. Brief nach Warschau zurückgeschickt werde. Preußen wehrte sich dagegen aus mehreren Gründen. Ihn zurückschicken hieß seinen Empfang bescheinigen. Im gegenwärtigen Falle verrieth kein Zeichen, daß er abgesandt worden. Das Actenstück war, als ob es

1) Brief vom 1sten Juni an Hrn. von Talleyrand.

2) Brief des franz. Ministeriums vom 29sten Juni.

nicht vorhanden wäre. Dann führte man einen andern Grund an, der wahrscheinlich der wahre war. Der König von Preußen schickte den Brief nicht zurück und wollte so dem Grafen von Lille die Gelegenheit nehmen, sich in Petersburg zu beschweren, daß man gegen ihn die Rücksichten aus den Augen setze, die dem Unglücke gebühren.

Bei jeder Gelegenheit sprach der französische Kaiser seine Verbindung mit dem preußischen Hofe laut aus, und eben so seine wohlwollenden Gesinnungen gegen diesen Hof. Er machte selbst gegen den östreichischen Hof kein Geheimniß daraus, denn ganz offen hatte er dem Botschafter Grafen Philipp von Cobenzl erklärt: „Preußen [1]) ist zu schwach; ich will Preußen unterstützen, will es groß machen." Ein Aufsatz im Moniteur [2]), der zur Widerlegung der angeblichen Entwürfe der französischen Regierung bestimmt war, sagte in Bezug auf eine dieser Voraussetzungen, um ihre ganze Falschheit bemerklich zu machen: „Hannover mit Frankreich vereinigt, würde ein Gegenstand der Eifersucht zwischen dem französischen Volke und einem Fürsten werden, der sich als Bundesgenosse und Freund Frankreichs zu einer Zeit bewährt hat, wo ganz Europa dagegen verschworen war." Ein anderer Aufsatz sprach aus, daß Frankreich in sehr freundschaftlichen Beziehungen zu Preußen und in genüglichen zu Oestreich stände; was der Vicekanzler, Graf von Cobenzl, gegen den französischen Gesandten so übersetzte: „Sie stehen mit Preußen sehr gut [3]), und mit uns ganz erträglich." Als Antwort auf diese Bemerkung des Vice-Kanzlers fragte Herr von Champagny, ob in der Ettenheimer Geschichte Preußen nicht viel freundschaftlicher als Oestreich verfahren wäre? — Wir hatten Pflichten gegen das Reich! — Sie thaten Alles für Rußland! — Und doch ist Rußland noch nicht zufrieden. — Dieses Gespräch, ein offenes Geständniß der Wahrheit, zeigt im Vor-

1) Der Vice-Kanzler Graf von Cobenzl wiederholte dieses Wort bei'm französischen Botschafter in Wien, und äußerte dabei, daß Oestreich wenigstens über Mangel an Offenheit sich nicht zu beklagen habe. — Depesche aus Wien vom 18ten April.

2) Vom 10ten Julius.

3) Depesche aus Wien vom 12ten September.

aus, welchen Glauben man den Erklärungen über die Entführung des Herzogs von Enghien schenken darf, die Preußen und Oestreich in den Jahren 1805 und 1806 ausgehen lassen werden. Das Ertragen des Berliner Hofes in dieser für den ersten Consul so peinlichen Angelegenheit, war in seinen Augen von großem Werthe. Es war eben so sehr ein persönlicher Gefalle, als ein politischer Dienst; eine Thatsache der Aufopferung, die eben so sehr der Regierung als ihrem Haupte zu Gute kam. Die Probe war hart gewesen. Preußens Ehre hatte dabei, wie man sich nicht verbergen konnte, gelitten.

Der König übernahm lieber die Pflicht, seinen Minister in London, den Baron Jacobi, zu beauftragen, daß er die Verhandlungen zwischen England und Frankreich wieder anknüpfe. Dieser Schritt hatte keinen Erfolg. Die britische Regierung hielt es kaum der Mühe werth, darauf zu antworten.

Ihre Majestät von Preußen ließ sich noch angelegener seyn, Rußlands Aufregung zu beschwichtigen. Ihre desfallsigen Bemühungen waren nicht glücklich.

Um diese Zeit verließ Se. Maj. Ludwig XVIII. Warschau, begleitet vom Herzog van Angoulême und einem nicht zahlreichen Gefolge, um sich mit dem Grafen von Artois zu besprechen, der mit ihm in Grodno zusammentreffen sollte. Doch erst in Schweden hatte ihre Vereinigung statt. Die Berliner Zeitung, die diese Abreise meldete, fügte hinzu: „Sein Betragen in unserm Lande war so, daß alle Classen der Einwohner ihn mit Freuden werden zurückkehren sehen." Dieser Lobspruch gebührte der Rechtlichkeit des Königs. Zur Zeit von Georges Verschwörung hatte der preußische Regierungspräsident den Befehl, ihm bemerklich zu machen, daß man in seine Achtung der Gesetze des Gastrechts keinen Zweifel setze. So schonend man auch diese Bemerkung ausgesprochen hatte, doch hatte sie Ludwigs XVIII. Zartsinn verwundet; er hatte sie sehr übel aufgenommen und mit Unwillen sich darüber geäußert, daß der Verdacht, zu einem Morde seine Zustimmung gegeben zu haben, ihn nur berühren könne. Der Verdacht wäre völlig ungegründet gewesen, wie der erste Consul selbst überzeugt war.

Da die Verhältnisse zwischen Preußen und Frankreich so

angenehm waren, sah man nur mit Erstaunen plötzlich im preußischen Cabinette eine Veränderung vorgehen, welche scheinbar die Hoffnungen der Feinde des Friedens beleben mußte. Diese Hoffnungen sollten nicht für den Augenblick in Erfüllung gehen. Doch blieb es stets ein unheilbringender Keim, der in der Zukunft Frucht trägt. Graf Haugwitz [1]) trat seinen Platz an den Baron von Hardenberg ab. Beide waren Cabinetsminister. Beide galten als die Lenker der auswärtigen Verhältnisse. Doch da Graf Haugwitz ihre Hauptleitung seit mehreren Jahren hatte, so ging von diesem Augenblicke ab sie nun auf Baron von Hardenberg über. Diese Veränderung war unbestritten das Werk der Königin. Die englische und russische Partei rechneten sogar auf eine völlige Umkehr des Systemes, wurden aber getäuscht.

Preußens Stellung zu Frankreich war offenbar durch seinen wahren Vortheil geboten, und deshalb erhielt auch der bisherige Gang keine Abänderung. Der Gedanke eines Bündnisses gefiel Herrn von Hardenberg eben so wie dem Grafen Haugwitz, und der neue dirigirende Minister sagte daher zu dem französischen Gesandten, Herrn von Laforêt, „daß er die Hoffnung nicht aufgebe, „bald die abgerissenen Fäden dieser Verhandlung wieder anknüpfen zu können." Er hätte gewünscht, daß, bis zu dem Augenblicke dieser Möglichkeit, der Kaiser Napoleon Hannover, das er dem Könige nicht übergeben wollte, durch sächsische oder hessische Truppen besetzen ließe. Die Antwort Frankreichs auf diesen Antrag war leicht. Denn was war Frankreichs Zweck bei der Besetzung des Churfürstenthums? Es wollte ein Pfand in den Händen haben, von dem es beim Friedensabschlusse Vortheil ziehen könne; dieses Pfand konnte es folglich nicht hergeben. „Der König von England," sagte Herr von Laforêt, „wäre befugt, es nicht als Ersatz wieder anzunehmen, wenn es aus den Händen weggekommen, die allein durch den Kriegszustand das Recht hatten, sich seiner zu bemächtigen." Der Baron

1) Graf Haugwitz wünschte seit Jahren, auf seinen Gütern in Schlesien sich einmal aufhalten zu können. Er erneuerte sein Gesuch und der König gab ihm Urlaub; aber der Urlaub war auf unbestimmte Zeit, was ganz gegen seine Bitte war.

von Hardenberg erwiederte, der König von England würde um so geneigter seyn, es als Ersatz anzunehmen, als er immer mehr besorgen müßte, daß der einstweilige Inhaber es behalten würde; aber welche Regierung konnte in dieser Beziehung ihm mehr Besorgniß einflößen, als Preußen?

Da man über diesen Hauptpunct sich nicht verständigen konnte, so begnügte man sich mit einem Abkommen, das, ohne die gegenseitigen Wünsche beider Mächte zu erfüllen, doch dem augenblicklichen Bedürfnisse beider zu genügen schien. Da es unmöglich war, Hannover ausgeliefert zu erhalten, so verlangte Preußen wenigstens die Verminderung der französischen Truppen, die im Hannöverschen standen. Von Seiten Frankreichs warf man ein, daß man, um diese Verminderung vornehmen zu können, gegen jeden möglichen Angriff von außenher sicher gestellt seyn müsse. Diese Schwierigkeit wurde gehoben. Der König erklärte, er wäre zufrieden, wenn die Stärke des französischen Corps nicht dreißigtausend Mann überstiege, und erbot sich in dieser Voraussetzung auf's Neue zur Neutralität. So kamen beide Parteien überein. Kaiser Napoleon versprach, seine Truppen zu vermindern, und der König von Preußen übernahm das Versprechen, daß er nicht zugeben würde, daß bis zum Frieden die französischen Truppen in Hannover, von der preußischen Gränze her, könnten beunruhigt werden. Diese den Berliner Hof für den Augenblick beruhigende Uebereinkunft, wurde später für ihn der Anlaß böser Verlegenheiten.

Die gegenseitigen Verhältnisse beider Länder trugen sonach den Charakter des guten Willens und des gegenseitigen Vertrauens, als sie auf einmal gestört und beinahe gänzlich durch ein unerwartetes Ereigniß vernichtet wurden: durch die Verhaftung mit gewaffneter Hand des Sir Rumboldt, englischen Ministers in Hamburg. Gleichsam als hätte man diesem Factum einen noch ernstern Charakter geben wollen, so war der Befehl der Verhaftung durch den Generalpolizeiminister von Frankreich unterzeichnet.

Dieses Ereigniß war eine doppelte Verletzung des Völkerrechts: eine Verletzung der Personen und eine Verletzung des Gebiets. So mußte es allen Regierungen erscheinen, die nicht in die Streitigkeiten der kriegführenden Mächte verwikkelt waren; doch gab es hier zwei Streitpuncte: der eine ging nur Frankreich und England an, der andere die Regierungen im Allgemeinen.

Besteht noch zwischen England und Frankreich ein Völkerrecht? England hat durch Lord Hawkesbury's Brief vom 30sten April sein Nein! ausgesprochen. Frankreich hat durch den Brief des Herrn von Talleyrand vom 5ten September dieses Nein wiederholt. Lord Hawkesbury hat für die diplomatischen Agenten Englands das Recht, Verschwörungen anzuzetteln, in Anspruch genommen, vorausgesetzt, daß es nur nicht gegen den Hof geschehe, wo sie angestellt sind. Herr von Talleyrand hat ganz Europa ankündigen lassen, daß Frankreich die englischen Diplomaten nicht anerkennt, wenn das Ministerium Sr. britischen Majestät nicht seine Grundsätze ändert. Herr von Rumboldt ist in den Augen der französischen Regierung ein gewöhnlicher Verbrecher. Seine Verhaftung war nur eine Anwendung der in Frankreichs Namen am 5ten September ausgesprochenen Erklärung. Wären die Gegenmaaßregeln der französischen Regierung ohne Verletzung des Dritten auszuführen gewesen, so hätte Europa nichts dabei zu sagen gehabt. Doch die Verhaftung fiel auf neutralem Gebiete vor, und sonach war eine Verletzung des Völkerrechts in Bezug auf die Regierung eingetreten, auf deren Gebiete die Verhaftung statt gefunden hatte. Dieser Vorwurf war begründet. Mildernde Umstände können die Thatsache nicht entschuldigen. Außerdem könnten diese Umstände nur aus einem vorherbestehenden Unrechte entnommen werden, der Besetzung eines Theils des Hamburger Gebietes, der Besetzung von Curhaven und dem Amte Ritzebüttel durch französische Truppen. Immerhin muß man zugeben, daß es von Seiten des Geschäftsträgers ein beinahe unverständiges Vertrauen bewies, sich unsern Truppen gegenüber am rechten Elbufer in ein Landhaus einzumiethen, so daß man, um sich seiner Person zu bemächtigen, nur über den Fluß zu setzen brauchte, über eine Scheidelinie, die so leicht zu überwinden war. Doch grade heraus: die Gebietsverletzung war erweislich und eine Rechtfertigung gilt mir nichts, die darauf ausgeht, darzuthun, daß man das Gebiet, worauf man einen Meutereistifter festnehmen dürfe, nicht mit dem Zirkel abzumessen habe. Ich im Gegentheile glaube, daß Alles mit dem Zirkel muß abgemessen werden, wenn von Neutralität die Rede ist, und daß der Bruch des Völkerrechts derselbe bleibt, wenn man auch nur eine Linie breit den Fuß auf neutrales Land gesetzt hat.

Doch ein verdrießlicher Umstand macht das Verbrechen der französischen Regierung noch schwerer. Nicht Hamburgs Unabhängigkeit allein ist verletzt worden; die Beleidigung ist auf den Director des niedersächsischen Kreises zurückgefallen, der von Amtswegen diese Unabhängigkeit beschützen muß; und dieser Director ist der König von Preußen. Sobald die Nachricht von Sir Rumboldt's Verhaftung nach Berlin gekommen war, drängten sich die Engländer, die Oestreicher und Russen um den König. Man regte den preußischen Stolz an, als ob er für immer durch die Ungestraftheit eines solchen Frevels beleidigt wäre, und das Geschrei des Hofes forderte Genugthuung oder Rache. Hingerissen von der Anregung, die auch auf ihn einwirkte, und in seinem Selbstgefühle verletzt, schrieb der König am 2ten December einen vertraulichen Brief an den Kaiser Napoleon, worin die kräftige Sprache ein Zeugniß für die erhaltenen Eindrücke gab. Von seiner Seite machte der französische Minister in Berlin seiner Regierung die dringendsten Vorstellungen, daß man der Forderung des Königs nachgeben möchte, ehe England die Einschreitung dieses Fürsten fordere und ihm den Vorwurf mache, daß er entweder die Freilassung des Herrn Rumboldt nicht gefordert oder sie nicht habe erhalten können.

Die französische Regierung hätte Preußen bemerklich machen können, daß der Director des niedersächsischen Kreises nicht so eifrig gewesen sey, die Unabhängigkeit dieses Kreises zu vertheidigen, als England einige Jahre früher die Stadt Hamburg zwang, ihm Napper Tandy und mehrere andere Irländer in französischem Dienste auszuliefern. Doch Napoleons Politik ließ sich nicht in Rechtfertigungen ein und wenn er für gut fand, ein Zugeständniß zu machen, so brachte er es, ohne zu feilschen, mit Offenheit. Die Verwendung J. Majestät von Preußen hatte eine eilige Wirkung. Am 11ten

November kündigte der Moniteur an, daß der englische Geschäftsträger Rumboldt, der in Kanonenschußweite von den Vorposten des französischen Heeres in Hannover verhaftet und nach Paris gebracht worden war, auf Verwendung des Königs von Preußen freigelassen und über Cherbourg nach England zurückgeschickt worden sey. Darf man einigen Schriftstellern und namentlich dem Marchese Lucchesini glauben, so habe diese Nachgiebigkeit gegen die Wünsche J. preußischen Majestät, dem Kaiser Napoleon viel gekostet und er habe versprochen, sich eines Tages dafür zu rächen. Diese Ansicht scheint mir irrig. Die Feinheit des Marquis sah oft Dinge, die nicht vorhanden waren. Was hatte der Kaiser Napoleon wollen können, als er Herrn Rumboldt festnehmen ließ? Die Erklärung vom 3ten September in Anwendung bringen und darthun, daß er die Unverletzlichkeit der englischen Diplomaten nicht mehr anerkenne; denn was lag ihm an der Person des Geschäftsträgers, wenn er einmal den Beweis gegeben hat, und was hätte er gewonnen, wenn er ihn ein Paar Monate oder selbst ein Paar Jahre im Kerker gehalten hätte? Hat er sich seiner einmal bemächtigt, so ist er vielmehr glücklich, wenn man ihn ihm wieder abverlangt, und er hat den doppelten Vortheil dabei, daß er thut, was in seinem Belieben liegt und sich doch das Verdienst anmaßen kann, sich Sr. Majestät von Preußen gefällig gezeigt zu haben. In den Augen des Berliner Hofes, besonders des jungen Hofes, war es ein glänzender Sieg. Nur wer Napoleon öffentlich Widerstand zu leisten im Stande war, durfte hoffen, ihn zum Nachgeben zu bringen. Preußen allein hatte dieses Geheimniß entdeckt. Da bei dieser Aeußerung geschickt angebrachter Achtungsbezeugungen die wahre Lage beider Staaten keineswegs war verrückt worden, so konnte der Kaiser Napoleon sich Glück wünschen, durch ein so leichtes Opfer einem Hofe, den er schonen wollte, einen unschuldigen Triumph verschafft zu haben, der für diesen doch so großen Werth hatte. Außerdem gab es ihm Anspruch, wiederum gelegentlich sich einige Gefälligkeiten zu erbitten, und an Gelegenheit dazu kann es nicht fehlen.

Man sieht voraus, welche Gefahr für Preußen in einer

eben so schüchternen als anmaßlichen Politik lag, die aus der Dreistigkeit in die Schwäche und von der übermäßigen Schwäche nur zu oft zu einer thörichten Heftigkeit überging. Weil es nicht verstand, zur rechten Zeit einen großen Entschluß für oder gegen die französische Regierung zu fassen, wird sich's in bedenkliche Stellungen verdrängt sehen, die einen raschen und unvorbereiteten Entschluß erfordern. Eine mißkannte Vergangenheit bethörte die preußische Regierung. Während der Kriege von 1795 bis 1801 hat dieser Staat allein, als Schützer des nördlichen Teutschlands, die Früchte einer segenbringenden Neutralität geärndtet. Noch sähe er mit Freuden ganz Europa in Flammen, wenn er nur dieses Vorrecht beibehalten könnte. Doch Alles hat sich geändert durch die französische Besitznahme Hannovers. Der Krieg ist an den Küsten und an der Mündung des Flusses, wo er bisher allein Aerndten des Handels und des Friedens einspeicherte. Alles hat sich geändert, aber sein Verfahren ist noch dasselbe. In dem nur zu begründeten Vorgefühle eines nicht fernen Ausbruches träumt Preußen noch von einer unmöglichen Neutralität, schmeichelt es sich noch, sich in Achtung zu setzen, wenn es sich auf seine Waffen stützt, und allen Theilen durch eine drohende Unbeweglichkeit Ehrfurcht zu gebieten. Es schmeichelt sich, mitten in der allgemeinen Erschöpfung, alle seine Kräfte beisammen zu behalten, um endlich Vortheile sich dadurch zu sichern, die es schwer seyn möchte, ihm dann zu verweigern. Das ist der böse Weg, auf den sich die preußische Regierung eingelassen hat. Frankreich macht vergebliche Versuche, es davon abzubringen, weil er es endlich an einen Abgrund bringen wird; aber greifen wir Ereignissen nicht vor, die sich erst im nächsten Jahre entwickeln werden. Als Frankreich im Jahre 1804 den Wunsch eines innigen Bündnisses mit Preußen und den Willen aussprach, es durch die Einverleibung des Kurfürstenthums Hannover zu stärken, als Preußen dem Bündnisse mit Frankreich aus Besorgniß, in einen Krieg mit Rußland und Oestreich verwickelt zu werden, auswich, aber doch seine Ergebenheit für Frankreich und den Entschluß, sich nie mit seinen Feinden zu verbinden, aussprach, da verfuhr man redlich und offen von beiden Theilen.

In den letzten Monaten dieses Jahres schickte der König von Schweden, seit kurzem der enge Verbündete Englands, den Baron von Armfeld nach Berlin, um Preußen einzuladen, daß er Frankreichs Feinden, wenn auch nicht sich verbände, doch freie Hand im nördlichen Teutschland ließe. Treu seinen Verpflichtungen gegen die französische Regierung, weist Preußen die Anträge des Stockholmer Cabinets zurück. „Auf keinen Fall," antwortete Baron von Hardenberg [1]), „kann der König erlauben, daß schwedisch Pommern der Heerd oder der Schauplatz des Krieges werde, und er verheimlicht Sr. Majestät nicht, daß, im Falle feindliche Maaßregeln von Seiten Schwedens gegen Frankreich stattfänden, er sich, wiewohl ungern, gezwungen sähe, die entscheidendsten Maaßregeln in Beziehung auf diese Provinz zu nehmen, um zu verhindern, daß durch ein solches Ereigniß das angenommene System gestört würde." Bei dieser Treue Preußens, die mit Frankreich abgeschlossene Uebereinkunft zu beobachten, war das Vertrauen zwischen beiden Mächten erlaubt und die Zuversicht gestattet.

Die Hindernisse, die der König von Schweden in Berlin fand, nahmen ihm doch den Muth nicht, die Ruhe von Norddeutschland zu stören. Dieser Fürst, den eine Menge Sonderbarkeiten in den Verdacht bringen, daß er nicht ganz bei sich war, scheint in Napoleons Jahrhundert gelebt zu haben, um den Beweis zu geben, daß auch der umfassendsten Macht kein Feind verächtlich seyn darf. Von allen Souverainen ist Gustav IV. der gewesen, der am besten verstand, wo die französische Regierung am verwundbarsten war. Er allein blieb beinahe stets den dynastischen Begriffen treu. Er allein sprach aus, als die Bourbonen keinen Stützpunct weiter hatten, daß ihre Herstellung der einzige Zweck des Krieges seyn müsse. Später werden wir seine Verbindung mit England sich entwickeln sehen. Wir müssen daher einen Blick auf sein Betragen in früheren Jahren werfen.

In den ersten Jahren des Consulats hatte Gustav den Wunsch geäußert, mit der Republik die Hülfsgelderverträge zu erneuern, an welche die bourbonische Dynastie seine Vor-

1) Note vom 24sten December an den schwedischen Geschäftsträger.

gänger gewöhnt hatte. Seine Anhänglichkeit an die Unverletzlichkeit der alten Herrschergeschlechter, hatte sich nach dem ererbten Geschmacke der schwedischen Könige an französischen Tributen gerichtet. Da er diese Hoffnung gescheitert sah, so erhielt er zwar den Frieden mit Frankreich, richtete aber seine Gedanken nach England, zu der einzigen Macht, die in unsern Tagen andere Staaten in ihren Sold zu nehmen geneigt ist. Doch erst im Jahre 1804 ging er förmliche Verpflichtungen gegen diese Macht ein; aber schon vorher diente er ihr mittelbar, indem er überall einen feindlichen Sinn gegen Frankreich und seine Regierung an den Tag legte.

Im Jahre 1802 wurde dieser Fürst kriegerisch. Nur als Herzog von Vorpommern gehört er zum teutschen Reiche; nie that er etwas für dasselbe in den unglücklichen Reichskriegen; zuerst hatte er die Republik anerkannt und einen Gesandten nach Paris geschickt; im Kriege war er unbeweglich gewesen und jetzt im Frieden ward er kriegerisch. Beim Reichstage in Regensburg führte er eine Sprache, die selbst von einer Macht ersten Ranges verletzend erscheinen mußte. Zur Zeit der Vermittelung Frankreichs und Rußlands für die Vertheilung der Entschädigungen, sprach er seinen Unwillen in einer beleidigenden Note darüber aus, daß Mächte, die dem teutschen Reiche fremd wären, sich in seine Angelegenheiten mischten.

Man hätte glauben können, er verfolge besonders den ersten Consul im Kaiser von Rußland; aber er wollte beweisen, daß er sich auch nicht fürchte, Rußland selbst geradezu anzugreifen. Er fängt auf einmal einen Gränzstreit mit dieser Macht an, als ob es nicht im Interesse der schwächern Macht läge, solche Streitigkeiten zu vermeiden. Gierig nach der Eroberersrolle, legt er Werth auf die Erwerbung einer gemeinschaftlichen Brücke [1]), und glaubt, dadurch sie zum schwedischen Eigenthume zu machen, daß er sie ganz mit schwedischen Farben anstreichen läßt. Der Borstpinsel eines Häuserabputzers ist in seiner Ansicht so viel, als Carls XII. De-

1) Diese Brücke verbindet die Insel Hermus oder Hermansori mit Klein-Abofors.

gen. Das Petersburger Cabinet muß seine Genugthuungsforderung durch Rüstungen unterstützen und bedroht Gustav mit einem augenblicklichen Kriege, um es dahin zu bringen, daß er die russischen Handlanger den früheren Zustand der Dinge wieder herstellen lasse.

Doch sobald der russische Hof seine Fahnen von den französischen Fahnen trennte und sich England zu nähern schien, eilte der König von Schweden, sich mit ihm auszusöhnen und vereinigte sich seinen Maaßregeln gegen den ersten Consul. Wie Rußland, läßt er seinen Hof und seine Gesandtschaften Trauer über den Tod des Herzogs von Enghien anlegen. Mit Rußland besteht er in Regensburg darauf, daß der Reichstag von Frankreich eine Erklärung über die Ettenheimer Geschichte fordere.

Als das Haupt der östreichischen Monarchie die erbliche Kaiserwürde in seinem Hause einführt, verweigert der König von Schweden allein unter allen in Regensburg Stimmenden, diese Würde anzuerkennen, und stützt seine Verweigerung auf die beim Wiener Hofe erfolgte Anerkennung des Kaisers der Franzosen. Der Wiener Hof hatte seinen Minister von Stockholm abgerufen; glücklich, weil er im Tausche Gustav's Gesandten, den Baron Armfeld, losgeworden war; denn dieser Minister zeigte sich durch den Hochmuth seiner empörenden Sonderbarkeiten seines Herrn und Meisters durchaus würdig. Und weil kein Hof mit Gustavs IV. Grillen verschont bleiben soll, so muß auch Preußen im nächsten Jahre darüber Erfahrungen machen.

Das ist noch nicht Alles. Bei einer langen Reise, die dieser Fürst in Teutschland machte, und deren Kosten zum Theil wenigstens durch den Verkauf einer Stadt [1]) seiner Staaten gedeckt wurden; bei einer Reise, die scheinbar keinen andern Zweck hatte, als außerhalb seines Reichs auf Kosten der Familie seiner Frau zu leben, wenn er nicht, seinen Leidenschaften nachgebend, zum wirklichen Zweck gehabt hätte, England zu dienen, war sein Betragen ein fortwährender Un-

1) Die Stadt Wismar, die an den Herzog von Mecklenburg-Schwerin abgetreten ward.

sinn. Während seines Aufenthaltes in Carlsruhe und in München bei seinem Schwiegervater und seinem Schwager [1]), hat er fortwährend sich ein Verfahren erlaubt, das diese beiden Fürsten mit der französischen Regierung in Mißhelligkeiten bringen mußte, welche doch ihr Gebiet vergrößert hatte und deren sie bedürfen, um es zu erhalten. Ein lästiger Gast überall, war er für den Kurfürsten von Baiern gar ein heimtückischer Gast. Als der Kurfürst wegen der Reichsritterschaft mit dem Reichsoberhaupte in einen ernsthaften Streit verwickelt war, schickte der König von Schweden von München selbst aus eine Note nach Regensburg zu Gunsten dieser Ritterschaft und zum Trotz der Rechte und Interessen eines Fürsten, dem seine Verwandtschaft ohnehin theuer genug zu stehen kam. Weiter konnte man das Vergessen aller Rücksichten kaum treiben. Diese Reihe von Unschicklichkeiten wurde mit bitterm Hohne in einem Aufsatze des Moniteur vom 14ten August bemerklich gemacht. Dieser Aufsatz schloß mit einem Unterschiede zwischen einem jungen Manne, den falsche Ideen noch irre leiten, und einem rechtlichen und braven Volke, einem Volke, das man mit Grund die Franzosen des Nordens genannt habe. Man erklärte, daß die Schweden stets gut in Frankreich sollten aufgenommen werden. „Ihre Handelsschiffe," war gesagt, „werden gut aufgenommen werden, selbst ihre Kriegsgeschwader sollen, wenn sie dessen bedürfen, sich in französischen Häfen mit Lebensmitteln versorgen dürfen; man wird auf Ihren Flaggen nur das Wahrzeichen der Gustave erblicken, die vor Ihnen regierten." Die ausgehobenen Thatsachen waren treu, das Bild von überraschender Wahrheit. Doch eine so stolze Offenheit gegen einen regierenden König war was Neues. Wenn in England die Person fremder Fürsten nicht über die Scherze der Tageblätter hinaus ist, so stellt die Freiheit der Presse die Regierung vor jeder Verantwortlichkeit über das, was herauskommt, sicher, während ein Aufsatz im Moniteur damals ganz offenbar einen amtlichen Stempel trug. Ob man gleich das vielfältige Unrecht des Königs

1) Die Churfürstin von Baiern und die Königin von Schweden waren zwei badische Prinzessinnen.

von Schweden anerkannte, fühlte man doch allgemein ein gewisses Erstaunen, daß ein Kaiser von gestern den Erben einer so langen Reihe von Königen mit so fester Hand zu züchtigen wage. In den Augen der Höfe war das aber eine Art von Gotteslästerung. Wenigstens war es eine offene Verletzung des Anstandes, und alle europäische Monarchen nahmen sich der Beleidigung, die einem von ihnen begegnet war, in Gesammtheit an. In dieser Hinsicht hatte Napoleon Unrecht, denn er verletzte Freunde und Feinde. Auch aus andern Gründen hatte er Unrecht. Seine Stellung war zu hoch, als daß er sich zu dieser Rache herablassen sollte. Nachsicht wäre würdiger gewesen. Aber Gustav's letzte Angriffe waren ganz persönlich gewesen, und obgleich dieser Fürst nicht in der Gunst der Bourbonen stand, so war er doch für sie ein furchtbarerer Kämpe gewesen, als er es für das teutsche Reich und die Reichsritterschaft gewesen war, und Napoleon hatte die Schwäche, seiner Empfindlichkeit nicht Herr werden zu können.

Indeß wollen wir die Dinge unter größern Beziehungen ansehen. Unter den Monarchieen des Festlandes war Schweden die, welche am längsten eine Volksvertretung gehabt hatte, die zwar mehr oder weniger gut geordnet war, aber doch stets den Einschreitungen des Königthums in die Rechte der Unterthanen eine Schranke setzte. Gustav III. hatte bekanntlich im Jahre 1772 den Rechten der Stände einen tödtlichen Streich versetzt und die Regierung hatte sich von aller Verantwortlichkeit frei gemacht. Einige Jahre später werden wir das schwedische Volk, dessen alte Verfassung Gustav IV. in seinen Verirrungen gezügelt haben würde, zu dem schlimmeren Auskunftmittel eines Staatsstreiches gegen den Monarchen selbst gezwungen sehen; und der Sohn muß einen Fehler seines Vaters durch die eigenen Fehler büßen. Im Jahre 1804, als für die Völker des Festlandes noch kein Gerichtshof vorhanden war, vor dem sie die Irrthümer der Könige in der Person ihrer Minister hätten ziehen können, gab es großes Leidwesen, daß ein neuer Fürst, der noch seiner Herkunft eingedenk war, mit etwas rauhem Tone dem Könige die ursprüngliche Bestimmung der Königswürde zurief!

Das Mißverständniß, das seit beinahe drei Jahren zwi-

3*

— Spaniens Kriegserklärung. — Verhandlungen in den englischen Häusern. — Unzählbare Verletzungen des Völkerrechts. — Englands Verhandlungen in Petersburg, Wien und Constantinopel. — Bemerkungen über Napoleons Fehler.

Das Parlament war am 22sten November 1803 eröffnet worden und seine ersten Sitzungen hatte man damit hingebracht, daß man in Irland die habeas corpus Acte ferner als außer Kraft gesetzt beibehielt und das Martialgesetz dort in Wirksamkeit fortdauern ließ. In der Mitte des Februar, als das Parlament sich mit Maaßregeln über die Landesvertheidigung beschäftigen wollte, wurde man von dem erneuerten Anfalle der Krankheit des Königs unterrichtet. Obgleich England schon einmal Erfahrungen über die Kräftigkeit seiner Verfassung angestellt hatte, die ungeachtet der Geisteskrankheit seines Monarchen, ihm die Ruhe im Innern und die Macht nach Außen erhalten hatte, so war doch dieses Mal die Besorgniß allgemein und zu Herzen gehend. Die Zeitumstände waren bedenklicher, das Ministerium weniger von der öffentlichen Meinung unterstützt. Nachdem die Angst eine Zeit lang gedauert, verschwand aber die Verlegenheit und der Gang der Regierung ward nicht wieder gestört.

Schon in der früheren Sitzung hatte das Gefühl der gemeinsamen Gefahr ein heilsames Ergebniß hervorgebracht. Die Eifersucht der Parteien war in dem gemeinsamen Eifer, der Regierung die ungeheuersten Mittel zum Angriff und zur Vertheidigung darzubieten, verschwunden. Nie hatte England so bedeutende Kräfte zu Wasser und zu Lande entwickelt.

Die Zahl der Linienschiffe, Fregatten, Bombenschiffe und anderer bewaffneten Lastschiffe belief sich auf fünfhundert eilf. Man rechnete dreihundert drei und siebenzig kleinere Schiffe auf den königlichen Werften. Die kleine Flotte bestand aus sechshundert achtzig Fahrzeugen. Dieses bildete eine Macht von mehr als funfzehnhundert Kriegsfahrzeugen. Die Flotte brauchte acht und neunzigtausend Mann, ungerechnet fünf und zwanzigtausend See-Milizen (fencibles).

Die Landmacht bestand für das vereinigte Königreich aus hundert vier und achtzigtausend Mann, nämlich aus hunderttausend Mann Truppen und vier und achtzigtausend Mann

Milizen. Zu der regelmäßig organisirten Macht kamen viermalhunderttausend Freiwillige, was mit Inbegriff der auf verschiedenen Puncten zerstreuten und in den englischen Niederlassungen vertheilten Truppen ein Ganzes einer bewaffneten Macht von beinahe achtmalhunderttausend Mann, folglich scheinbar zweimalhunderttausend Mann mehr als Frankreich gab.

Ungeachtet dieser ungeheuern Vorkehrungen war die Aufregung immer dieselbe. Im Parlamente hörte man nicht auf, die Frage nach einem bessern Systeme in Anregung zu bringen, bald in Bezug auf die Freiwilligen, bald in Bezug auf eine große Aushülfsarmee. Nur mit nachträglichen Streitkräften oder mit Mitteln, einen Einfall abzuwehren, gab man sich ab. In Ermangelung einer hinreichenden Menge von Feuerwaffen für eine solche Menge von Armen, brachte man die ersten Waffen der Freiheit wieder zu Ehren. Man schlug vor, die Pächter mit Lanzen zu bewaffnen. Herr Pitt und Herr Fox zeichneten sich gleichmäßig durch ihren Eifer aus, eine übernatürliche Kraftentwickelung zu verlangen und die Gefahr ernsthafter darzustellen, als sie den Ministern selbst erscheinen mochte. „Man macht mir den Vorwurf,“ [1]) sagte Pitt, „von einem panischen Schrecken ergriffen zu seyn, dessen der edle Lord der Admiralität (Lord Saint-Vincent) gar nicht fähig wäre. Wohl weiß ich, daß der edle Lord über jede Art von Furcht erhaben ist; aber er wäre der Stelle, die er inne hat, nicht werth, wenn er die Möglichkeit eines Erfolgs von Seiten Frankreichs nicht als bestehend anerkennte... Man hat mit Recht behauptet, daß die Abwehr zur See eine natürliche Leidenschaft ist, der wir uns mit Stolze hingeben. Bei dieser Stimmung unsers Volkes müßte man folglich die Kräfte des Feindes an seinen Küsten und die Truppenzusammenziehungen, die an die Dichtungen unserer alten Mährchen erinnern, wohl untersuchen... Man hätte Unrecht, diesen Krieg, den eine einzige Hand leitet, jenen vergleichen zu wollen, über die wir in den revolutionairen Unruhen Frankreichs Erfahrungen gesammelt haben. Heutzutage hat der Feind keinen Handel, keine Fischerei, keine Mittel mehr, sich eine Seemacht

1) Sitzung vom 14ten März.

zu schaffen; und doch hat er durch ein riesenhaftes Unternehmen verstanden, sich kunstvoll eine wunderartige Seemacht zu geben. Müssen wir unsere Kräfte nicht in demselben Maaßstabe verwenden und können wir, einer nicht zutreffenden Vergleichung mit dem letzten Kriege zu Gunsten, ruhig bleiben, bis das Unheil geschehen ist, ohne daß wir etwas zu seiner Verhütung thäten?" In einer andern Sitzung, wo Herr Pitt auf der Nothwendigkeit einer Aushülf-Flottille zur Vertheidigung des Landes bestand, billigte er den Vorschlag, die Pächter der Grafschaften Esser, Sussex und Kent zu bewaffnen. „Haben die Minister nicht selbst gesagt, daß der Einfall jeden Augenblick statthaben könnte?.... Hat der Feind nicht schon Schwierigkeiten überwunden, die uns unübersteiglich schienen? Haben die Franzosen nicht vor den Augen unserer Flotten, welche die Minister sich rühmen, auf den höchsten Grad der Macht und der Regsamkeit gebracht zu haben, haben sie nicht in einem einzigen Hafen schon dreizehn- bis vierzehnhundert Landungsfahrzeuge zusammengebracht, von denen jedes funfzig bis hundert funfzig Mann aufnehmen kann?... Gott verhüte, daß ich damit sagen wollte, dem Feinde könne es gelingen. Doch wir haben Grund, uns zu beklagen, daß wir so wenige Mittel für die Erreichung eines Erfolges aufgeboten sehen, an dem uns doch Alles liegen muß. Es ist schlimm, daß wir sagen können: Wir haben hundert achtzigtausend Mann regelmäßige Truppen und Milizen, und demungeachtet ist unsere Sicherheit nicht dadurch gewährleistet." Herr For hatte den Antrag gemacht, daß die Kammer sich in einen Ausschuß verwandle, um die Bills in Beziehung auf die Landesvertheidigung zu prüfen, und Herr Pitt unterstützte lebhaft seinen Antrag. Da das Ministerium bald die neue Erscheinung einer Meinungseinigkeit zwischen zwei Männern bemerkte, die so lange Zeit einander Gegner gewesen waren, so erwiederte For: „In Beziehung auf ein Bündniß zwischen dem ehrenwerthen Mitgliede (Herrn Pitt) und mir, sehe ich keinen andern Grund zu diesem Bündniß, keine andere Ursache einer Zusammenwirkung, als das, was jedem von uns Beiden für unser Vaterland heilsam scheinen muß... Folglich giebt es einen Punct, über den wir nothwendiger Weise einig seyn müssen, nämlich die völlige Unfähigkeit der Minister." Da der Antrag des Herrn Fox zweihundert vier Stimmen gegen zweihundert sechs und funfzig für sich gehabt hatte, so gab die Abnahme der Mehrheit, die bis auf zwei und funfzig Stimmen herabgesunken war, dem Ministerium das Zeichen zu seinem Abgange.

Da in England bei politischen Streitfragen Privaterbitterungen vor den gemeinsamen Interessen zurücktreten, so hatte Herr Addington, ungeachtet Herrn Pitt's Verfahren nicht eben höflich gewesen war, ihm doch Eröffnungen gemacht, die ihn bestimmen sollten, die Verwaltung durch seine Theilnahme zu kräftigen. Herr Pitt, der voraussah, daß er nächstens wieder unbeschränkter Herr des Ganzen werden könne, hatte eine kaum zulässige Bedingung vorgelegt. Er wollte in manchen Geschäften befugt seyn, unmittelbar mit dem Könige zu verhandeln, um folglich unter den unmittelbaren Befehlen Sr. Majestät handeln zu können. Er forderte also eine dictatorische Gewalt, und wie man damals sich ausdrückte, verlangte er Bildsäulen oder Leute ohne Augen und Ohren zu Collegen. Die Unterhandlung blieb ohne Erfolg; da aber die Stimmenmehrheit für die Minister täglich abnahm, so ließ sich Herr Addington in keinen hartnäckigen Kampf gegen eine täglich wachsende Abgunst ein. Am 12ten Mai ward bekannt, daß dieser Minister zurücktrat, und daß er Herrn Pitt zum Nachfolger hatte.

Da alle ehemalige Zwistigkeiten sich in dem Gefühle der Nothwendigkeit einer großen Anstrengung des Volkes vereinigt hatten, so erwarteten alle Meinungen, daß ein Ministerium würde zusammengesetzt werden, worin die Bedeutendheiten einer jeden von ihnen vereinigt wären. Das war ein vaterländischer Gedanke, der alle Gemüther belebte, mit Ausnahme Herrn Pitts. Dieser Umstand ist einer von denen, die mehr als irgend etwas beweisen, daß wahre Größe diesem Minister doch fremd war. Selbstsüchtig und ehrgeizig, liebte er sein Vaterland, nur um zu regieren, und seine Vaterlandsliebe war nur der Haß der Macht oder des Glückes wetteifernder Völker. Nach einer Besprechung mit dem Könige versicherte er, daß in des Königs Ueberzeugung [1]) ein unbesieg-

1) In the royal breast.

bares Vorurtheil Herrn Fox entgegenstehe. In Bezug auf England war dies ein Aergerniß, eine unglückbringende Neuerung; die Anerkennung eines solchen Verfahrens vernichtete alle ministerielle Verantwortlichkeit. Die Bildung eines Ministeriums, bei dem man eine persönliche Ausschließung zur Grundlage machte, war ein Ereigniß, das in der Ausübung, wie seinem Grundsatze zufolge, der englischen Verfassung zuwiderlief. Alle großherzigen Engländer waren erbittert darüber. Doch Herr Pitt, dem die Ausschließung des Herrn Fox so wenig gekostet hatte, war befugt, Lord Grenville und seine Freunde in die neue Verwaltung aufzunehmen. Lord Grenville's großartiger Sinn konnte sich indessen nicht entschließen, an einer Verwaltung Theil zu nehmen, die nach einem so verfassungswidrigen Systeme und besonders nach einem so verhaßten zusammengesetzt war. Nach dem Versuche, den man eben gemacht hatte, die höchste Macht schwachen Händen anzuvertrauen, konnte dieser Lord und seine Freunde nur ein Heilmittel für das vorhandene Uebel, nämlich zum Dienste des Staates die größtmöglichste Masse von Verdienst, von ausgezeichneten Talenten, von glänzenden Fähigkeiten aus den Staatsmännern aller Parteien, aller Abstufungen, ohne Ausnahme auszuwählen [1]). Bei Herrn Pitt entsprach nichts einer so edeln Gesinnung. Beherrscht von seiner Eifersucht und seinem Hochmuthe, glaubte er sich im Stande, Allem allein zu genügen, und bildete daher die neue Verwaltung, an deren Spitze er trat, zum Theil aus Leuten, die an sein persönliches Wohlseyn gebunden waren, und zum Theil aus Mitgliedern der vormaligen Verwaltung bestanden. Daher setzte in Bezug auf innere Verwaltung sein Ministerium auch nur Herrn Addington's Verwaltung fort. Doch in Bezug auf die Verhältnisse nach außen war seine Rückkehr ein hochwichtiges Ereigniß, weil die Kraft seines Hasses und die bekannte Ausdauer seiner Erbitterung gegen die französische Regierung die Festlandsmächte bestimmten, früher wieder hervorzutreten zum Kampfe, als sie ohne ihn gewagt haben würden.

Herr Pitt hat durch die Uebereinkunft vom 3ten Decem-

1) Brief des Lords Grenville an Hrn. Pitt.

der mit Schweden, England einen neuen Verbündeten gegeben; doch zugleich auch in Spanien einen Feind mehr. Doch da wir jetzt zu den Kriegsereignissen kommen, so ziemt es, die Hergänge zwischen England und Frankreich da wieder aufzunehmen, wo wir sie früher gelassen haben.

In Ostindien hatte Admiral Linois, zur rechten Zeit vom Bruche des Friedens zu Amiens unterrichtet, nachdem er dem englischen Geschwader von Pondichery entkommen war, die Niederlassung auf Bencoulen (das Fort Marlborough) geplündert und eine große Menge Schiffe der ostindischen Compagnie genommen oder verbrannt. Reiche Prisen hatten außerdem in den Antillen und in Europa den Eifer der französischen Caper belohnt, und die Engländer gestanden selbst ein, daß in keinem andern Kriege ihr Handel so bedeutende Verluste erlitten habe. Doch diese Privatverluste waren für England in den Antillen durch einen großen öffentlichen Gewinn entschädigt. Eine Schiffsabtheilung, die aus Barbadoes unter den Befehlen des General-Majors Green und des Commodore Samuel Hood ausgelaufen war, hatte sich nach einigen Kämpfen der holländischen Kolonie Surinam bemächtigt.

In Afrika hatten die Engländer die Insel Goree, trotz der Abmachungen im Frieden von Amiens, nicht herausgegeben; Frankreich hatte sie im Monate Januar weggenommen; doch im März war sie durch die Engländer wieder genommen worden.

England hatte in Europa nicht gleiche Erfolge gehabt. Ueberall waren seine Geschwader, doch überall schlugen ihre Unternehmungen fehl. Sir Sidney Smith versuchte vergebens eine Abtheilung der französischen Flottille zu zerstreuen, die aus Vliessingen und einigen andern holländischen Häfen nach Ostende unter Segel gegangen war. Diese Flotte antwortete unter Admiral Verhuel's Leitung einen ganzen Tag lang tapfer auf das feindliche Feuer und lief, ohne mehr als ein Kanonierboot verloren zu haben, in Ostende ein. Es war die Abtheilung der Flotte, die das Armeecorps des Marschall Davoust aufnehmen und den rechten Flügel des Heeres bilden sollte. Aller Anstrengungen der Engländer ungeachtet, waren mehr als neunhundert Fahrzeuge aller Art in Boulogne vereinigt und mehrere hunderte in Vimereux und Ambleteuse.

Beinahe gleichzeitige Angriffe gegen Boulogne, Havre und St. Malo, überall ohne Erfolg und selbst ohne Ruhm, gewöhnten die Küstenbewohner Frankreichs daran, daß man alle Drohungen des Feindes verlachte. Havre namentlich war der Mittelpunct der lebhaftesten Angriffe. Drei Mal [1]) erneuerten die Engländer das Bombardement dieser Stadt und drei Mal waren sie gezwungen, die hohe See zu suchen, nicht ohne Beschädigung durch die Reihe von Kanonierschaluppen, welche den Zugang zu dem Platze vertheidigte. Den englischen Schiffen zum Trotze, die dort aufgestellt waren, lief eine Abtheilung platter Böte unter dem Befehle des Capitains Montcabris aus diesem Hafen aus und langte, ohne ein einziges verloren zu haben, in Boulogne an.

Bei der Beschießung der verschiedenen französischen Häfen hatte die englische Seemacht ein Wurfgeschütz neuer Art gebraucht. Gegen den Hafen von Boulogne hatte sie besonders die Chemie zu Hülfe genommen, um das Geheimniß der furchtbarsten Werkzeuge und die Schöpfung von Feuerströmen ihr abzulernen, die aus den Wogen hervorbrächen und bei einer einzigen Entladung im Stande wären, die ungeheure Aufhäufung der französischen Rüstzeuge in Brand zu stecken. Dieser Gedanke des ehrenwerthen Amtsgenossen, den Herr Pitt an die Spitze der Admiralität zu stellen für gut gefunden, des Herrn Dundas, war der Gegenstand unendlicher Arbeiten und beträchtlichen Aufwandes gewesen. Die Unfehlbarkeit des Erfolges war im Voraus verkündigt, und man machte sogar bekannt, daß Herr Pitt von der Terrasse des Schlosses Walmer das erfreuliche, ihm versprochene Schauspiel mit ansehen wollte. Für diese neuen Werkzeuge brauchte man einen neuen Namen. Verbesserter Feuerbrand war nicht bezeichnend genug. Hatte man voriges Jahr vergebliche Versuche gemacht, den Hafen von Boulogne zu verschütten, so sollte jetzt die Ehre des englischen Erfindungsgeistes, der durch das Mißlingen der Steinverrammungen in schlechten Ruf zu kommen Gefahr lief, durch die sieglänzende Unternehmung der „Catamarans" gerächt werden. Die Macht dieser Catamarans der Welt zu zeigen, war

1) Am 17ten und 23sten Juli und am 1sten und 2ten August.

ein Ruhm, der Admiral Keith vorbehalten war. Bei diesem ersten Versuche handelte sich's nur darum, ungefähr hundertfunfzig Fahrzeuge zu verbrennen, die außer dem Hafendamme von Boulogne aufgehäuft waren. Am 2ten October stellte sich Lord Keith mit seiner Flotte vor der französischen Linie auf und wartete zu seinem Unternehmen die Dunkelheit der Nacht ab, damit der Ausbruch seiner schwimmenden Feuerberge noch fürchterlicher werde. Um zehn Uhr Abends wird der erste Catamaran losgelassen und der französischen kleinen Flotte so nahe als möglich gebracht; dann ein zweiter, darauf ein dritter und nach und nach bis zwölfe. Alle platzten, aber ohne andere Wirkung, als ungeheure Feuersäulen zu bilden, die sich stolz in der Dunkelheit erhoben. Man hätte sie für ein nächtliches Fest nehmen können, welches die englische Artigkeit den Küsten von Frankreich gegeben. Den Tag darauf zog Admiral Keith ab, und sein Bericht an die Regierung zog dem Lord der Admiralität Spott von allen Seiten zu. Indeß gab man die Hoffnung nicht auf, daß ein zweiter Versuch glücklicher ausfallen könnte. Noch einmal erschienen die Catamarans bei einem Angriffe gegen den festen Punct Rouge bei Calais; doch blieb der Erfolg durchaus derselbe. Der lächerliche Name Catamarans ward mit Herrn Dundas Namen vereinigt, den wir bald unter dem Namen Viscount Melville werden vor Gericht gezogen und entsetzt sehen.

Hatte Herr Pitt kein Glück mit allen seinen Planen gegen einen Feind, der so auf seiner Hut war, so legte er sich dafür Erfolge in Sicherheit, die keine menschliche Macht abzuwehren im Stande seyn möchte: die Erfolge eines trügerischen und heimtückischen Angriffes gegen einen Freund, der auf das Wort der Verträge und auf die Zusagen des Friedens baut. Man bemerkt, daß wir von dem unerwarteten Angriff der vier spanischen Fregatten durch die englische Seemacht sprechen wollen; doch vorher müssen wir bemerklich machen, wie die Verhältnisse Spaniens mit England und Frankreich sich gestaltet hatten seit dem Neutralitätsvertrage, den der Hof von Madrid mit dem Cabinette der Tuilerien am 19ten October 1803 unterzeichnet hatte.

Das Daseyn dieses Vertrages wurde der englischen Regierung bald bekannt. Die Neutralität war ihr zuträglich. Sie zog ihren Vortheil davon, ohne sich auf Bemerkungen einzulassen. Späterhin werden wir sehen, wie an die Anerkennung dieser Neutralität Bedingungen geknüpft werden, die das spanische Cabinet annimmt. Zwischen beiden Regierungen gab es keine Streitpuncte; doch fehlte viel, daß gutes Vernehmen zwischen dem Friedensfürsten und dem englischen Botschafter, Herrn Frere, bestanden hätte. Der Londoner Hof dachte damals nicht daran, Spanien zu zwingen, daß es sich gegen England erkläre. Im Gegentheil hoffte er es bald mit sich zu verbinden, indem er auf die Unruhen und Zerwürfnisse rechnete, welche die von England begünstigten Meutereien im Innern Frankreichs hervorbringen sollten. Da man den Sturz des ersten Consuls als eine Nothwendigkeit ansah, so betrachtete man ihn als unvermeidlich und die Geschäftsträger des englischen Hofes sprachen sich darüber außer Landes so aus, wie wir es von Seiten des ehrenwerthesten dieser Geschäftsträger, vom Admiral Warren in Petersburg, oben bemerklich gemacht haben.

Gleichzeitig erfuhr man in Madrid die in Frankreich entdeckte Verschwörung von Georges, Pichegrü und Moreau; der englische Botschafter, Herr Frere, forderte gebieterisch den spanischen Hof auf, dem allgemeinen Bunde beizutreten, der seiner Angabe nach, sich schon gegen die französische Regierung gebildet habe. Seit 1803 nämlich machte dieser Botschafter, wie wir sahen, einen mörderischen Unterschied zwischen einem Kriege gegen Frankreich und einem Kriege gegen den ersten Consul. Bei diesem letzten Anlasse trieb er die Unüberlegtheit noch weiter, indem er den Untergang des ersten Consuls wie zuverlässig durch die verbrecherischen Mittel ansah, die eben in Vollziehung gesetzt werden sollten. Man kannte die Verhaftung des Generals Moreau in Madrid; doch konnte man die Verhaftungen von Pichegrü und Georges dort noch nicht wissen. Da der Friedensfürst durch Herrn Frere's Sprache sich verletzt glaubte, so erfolgte zwischen Beiden ein Streit, der in Persönlichkeiten ausartete. Der Friedensfürst vertraute dies dem französischen Botschafter Beurnonville, der eiligst seiner Regierung davon Nachricht gab. Englands Verfahren war dabei methodisch und regelmäßig. Zwischen der Politik seines Cabinets und dem Verlauf der von ihm geleiteten und aufgehetzten Verschwörung, war die vollkommenste Uebereinstimmung. Der Befehl, der Herrn Frere sein gewaltsames Betragen vorschrieb, war augenscheinlich aus London in dem Augenblicke abgegangen, wo man dort an den Erfolg der Meutereien dachte, die eben in Paris ausbrechen sollten. Die Wuth des Geschäftsträgers legte sich erst bei der Nachricht von Georges und Pichegrü's Verhaftung.

Indeß hatte die französische Regierung auch nicht versäumt, Herrn Frere's unverschämte Launen zu benutzen. Ein Aufsatz im Moniteur vom 25sten März hatte diesen Gesandten vor die Schranke der europäischen Meinung gezogen mit seinen Amtsgenossen Drake, Spencer Smith und Taylor zu gleicher Zeit. Dieser Aufsatz enthielt die Worte: „Herr Frere, der englische Minister, hat sich so weit vergessen, in einer Unterhaltung mit dem Friedensfürsten zu behaupten, daß Mord und Todtschlag bei Englands gegenwärtiger Lage rechtmäßig wären, um England aus der ungewöhnlichen Stellung, in der es sich befinde, zu retten. Der Friedensfürst erwiederte ihm lebhaft: Aber, mein Herr, wenn Frankreich denselben Grundsatz annähme, so würden sich die Völker durch Mörder befehden, statt durch Flotten und Heere sich zu bekriegen. Ich kann Ihnen nicht bergen, daß diese Sittenlehre Ihrer katholischen Majestät Schrecken erregen wird." Daß diese Unterhaltung gerade in Frankreich bekannt geworden war, erbitterte den jähzornigen Botschafter auf's äußerste, und ein sehr bitterer Streit begann zwischen ihm und dem Friedensfürsten. Dieser Krieg in Briefen dauerte mehrere Monate. Der östreichische und der russische Minister, Herr von Elz und Herr von Morawief, ermangelten nicht, die Kämpfer aufzumuntern und den Brand zu schüren. Die Actenstücke kamen in Umlauf, und einige Zeit nachher ließ Herr Frere eine, je nachdem er's für gut fand, vollständige Sammlung in Gibraltar drucken.

Ein verdrüßlicher Zwischenpunct machte seinen Streit mit dem Friedensfürsten nur noch verwickelter. Man entdeckte, daß dieser Gesandte einige Kunstgriffe gebraucht hatte, um die Archive der französischen Gesandtschaft in seine Hände zu bekommen. Der Friedensfürst, der zuerst von diesem Kunstgriffe Nachricht gehabt hatte, hätte vielleicht über die Sache geschwiegen, hätte er nicht zu seiner eigenen Vertheidigung mitkämpfen müssen. Der fein angelegte Plan kam an den Tag und Herr Frere hatte nichts als die Schande davon.

In demselben Jahre 1804 schien England, das Preise auf Alles setzt, die Ungeschicklichkeit damit bedacht zu haben. Es giebt bekanntlich Dinge, welche die Sittenlehre zwar nicht gut heißt, die aber doch nicht anders beurtheilt werden, als der Diebstahl in Lacedämon. So z. B. die Versuche, die diplomatische Personen nur zu oft anstellen, ihren Briefwechsel unter sich wegzufangen. Die erste Bedingung dabei ist Gewandtheit. Wehe dem, der sich ertappen läßt! In nicht einem vollen Jahre sehen wir, daß zwei englischen Gesandten die Schande des Versuchs bleibt, ohne den dürftigen Erfolg erreicht zu haben. In Wien [1]) derselbe Kniff und dasselbe Mißlingen. Ein Abenteurer hatte sich gegen den englischen Geschäftsträger anheischig gemacht, ihm die Geheimschrift und den Briefwechsel des französischen Botschafters, Herrn von Champagny, zu verschaffen. Der festgesetzte Preis war eine Summe von dreitausend Gulden, zahlbar durch das Haus Fries in Wien, und die in Wechseln in dem Augenblicke ausgezahlt wurde, als das Kunststück angeblich vollzogen ward. Während der englische Gesandte mit Ungeduld das verheißene Ergebniß erwartet, macht sich der brave Mann, dem er sich vertraut hatte, aus Wien fort und ging nach Polen, wo er die Wechsel umsetzte. Da der polnische Bankier sich für die Wiederbezahlung an das Haus Fries gewendet hatte, so blieb vernünftiger Weise dem englischen Gesandten nur das eine übrig, ohne Lärm zu machen eine Schuld zu bezahlen, die freilich einen solchen Ursprung hatte. Doch da ihm sein Ruf weniger werth war, als ein Paar tausend Gulden, so verweigert er die Bezahlung der Wechsel. Darüber entsteht Proceß, kommt die Sache zur Sprache, giebt es Scandal, ein Urtheil gegen den Gesandten, der von Rechts wegen den

1) December 1808.

Preis einer Ungerechtigkeit bezahlen muß, die er nicht einmal mit dem Gelingen entschuldigen kann. Muß man nicht gestehen, daß damals die englischen Diplomaten doppelt linkische Hände hatten?

Zu den Händeln des Friedensfürsten und des Herrn Frere kam in Spanien die Nachricht von dem Tode des Herzogs von Enghien hinzu. Dieser Schlag hatte begreiflich Stoff zu den heftigsten Anschuldigungen von Seiten des englischen Ministers, und zu sehr lebhaften Ausfällen des russischen Ministers, Herrn von Morawief gegeben, der jeden Anlaß eifrigst ergriff, Haß gegen die französische Regierung aufzuregen. Der östreichische Gesandte, der Graf von Elz, zeigte öffentlich etwas mehr Zurückhaltung; in vertrauten Zirkeln stimmte er in dieselben Klagen ein. Hätte irgendwo das schreckliche Ereigniß einen schmerzlichen und tiefen Eindruck hervorbringen sollen, so war es sicher in der Familie der Bourbonen selbst. Doch darf sich's die Geschichte nicht verheimlichen, diese Nachricht ward in Madrid ohne Würde und mit einer Art von Gleichgültigkeit aufgenommen. Man ist unentschieden, ob man es einer sittlichen Entartung des Hofes und des Ministeriums zuschreiben oder als erzwungenes Ergebniß der Herrschaft politischer Interessen über Bande des Bluts und Rechte der Verwandtschaft betrachten soll.

Dieselben Staatsrücksichten wirkten ohne Zweifel auf die Eil ein, mit der Ihre kath. Majestät die neue Dynastie anerkannten, die sich eben auf den Thron ihrer Ahnen setzte. Der spanische Hof begnügte sich nicht damit, seinen Huldigungstribut auch dem neuen Kaiser darzubringen; er empfahl seinem Botschafter in Paris, es so einzurichten, daß er zuerst seine Beglaubigungsschreiben überreiche, „da er der Erste gewesen, der Sr. kaiserlichen Majestät zu Ihrer Thronbesteigung Glück gewünscht."

Der Cardinal von Bourbon, Erzbischof von Toledo, richtete auch seine Glückwünsche an den Kaiser der Franzosen. Gilt es für eine Förmlichkeit bei den Cardinälen, als Kirchenfürsten, die sie gegen die Souveraine zu erfüllen haben, so hätte doch jetzt ein Cardinal, der zum Hause Bourbon gehörte, sich davon freigesprochen glauben dürfen.

Seit 1815 hat man einen Brief in das Publicum gebracht, den Se. Majestät Ludwig XVIII. im Jahre 1804 an den König von Spanien schrieb, als er ihm den goldenen Vließorden zurückschickte. „Nichts," sagte dieser Fürst darin, „kann zwischen mir und dem großen Verbrecher gemeinsam seyn, den Kühnheit und Glück auf meinen Thron gesetzt haben, und den er grausam genug mit dem Blute eines Bourbonen bespritzte." Man begreift, daß Ihre kath. Majestät das Geheimniß eines solchen Briefes für sich behielt, und daß die französische Gesandtschaft in Madrid nichts davon erfuhr.

Da Spaniens Neutralität damals Frankreich nicht mehr Vortheile als England gewährte, so hatte das Cabinet zu London keinesweges die Absicht, sie zu stören. Doch wollte es wenigstens Bedingungen dabei machen. Es forderte von Spanien: 1) daß es die portugiesischen Besitzungen gegen Frankreichs Unternehmen gewährleiste; 2) daß es in den spanischen Häfen nicht rüste; 3) daß es den Verkauf keiner durch die kriegführenden Mächte zugeführten Prise gestatte. Diese Bedingungen enthielten nichts, was Spanien nicht hätte zugeben können. Frankreich dachte an keinen Feldzug gegen Portugal, da es, durch den 7ten Artikel des Neutralitätsvertrags mit Spanien, auch in die Neutralität des Hofes von Lissabon gewilligt. Es war gar nicht die Absicht des spanischen Hofes, in seinen Häfen zu rüsten; und hätte Frankreich ja diese Forderung gemacht, so wäre es in seinem Vortheile gewesen, sich ihr wegen Englands Einspruch zu entschlagen. Eben so stimmte es sehr für Spaniens Pläne, beiden kriegführenden Theilen gleichmäßig die Erlaubniß, ihre Prisen zu verkaufen, abzuschlagen. Die Forderungen des englischen Gesandten fanden folglich wenig Widerstand, und mit Ausnahme des blos persönlichen Zwistes, der brieflich zwischen dem Friedensfürsten und Herrn Frere nun erfolgte, schienen Spaniens Beziehungen zu England eben so freundschaftlich, als die zu Frankreich. Herr Frere wurde nicht zurückgerufen. Da aber seine Gegenwart in Madrid seinem Hofe ferner von keinem Nutzen seyn konnte und dem Friedensfürsten auch keine Freude machen mochte, hatte man ihm die Befugniß gegeben, abzureisen, wenn er es für gut fände. Bald benutzte er demnach den erhaltenen Urlaub; doch bei seiner Abreise beglaubigte er als Geschäftsträger bei der spanischen Regierung seinen Bruder [1]), der Gesandtschaftssecretair war.

Ungeachtet des guten Vernehmens, das zwischen beiden Reichen zu bestehen schien, mußte die englische Regierung, um einen Staat zu schwächen, der von Frankreich abhängig war, angelegentlich jeden Anlaß ergreifen, um den Madrider Hof in Verlegenheit zu setzen. Sobald folglich einige Unruhen in Biscaya ausgebrochen waren, sah man auf der Stelle, wie es einen für den Hof selbst beleidigenden Antheil daran nahm. Der Grund dieser Unruhen war die vom Könige geäußerte Absicht, in dieser Provinz Milizen auf demselben Fuße wie in Castilien und Aragonien einzurichten. Ein englischer Agent in Bilbao erlaubte sich, an die spanische Regierung Bemerkungen über den unmittelbaren Zusammenhang der Vorrechte Biscaya's mit dem englischen Handel einzuschicken, und daß sein Herr der König sich in der Nothwendigkeit sehen würde, Einspruch gegen jede Neuerung zu thun, deren Erfolg Englands Verhältnisse zu dieser Provinz stören könnte. Eine solche Anmaßung verletzte zu sehr die Souverainetätsrechte Ihrer katholischen Majestät, als daß man sie einer Antwort hätte werth halten sollen, aber sie verräth Englands unfreundliche Stimmung gegen Spanien. Als der Aufstand einen ziemlich ernsten Charakter angenommen hatte, war das Ministerium gezwungen, vor dem Widerstande der Biscayer einen Schritt zurückzuthun. Um die königliche Würde zu retten, versammelte man Truppen um die Provinz her, und erst dann, als man eine so bedeutende Kriegsmacht hingestellt hatte, glaubte man im Guten von den Rechten nachlassen zu können, deren Erhaltung man sonst lebhaft wünschte. Der König zeigte sich nachsichtig gegen die Masse der im Aufstande Begriffenen. Sein Zorn fiel nur auf zwei Hauptpersonen, den ehemaligen Minister Urquijo und den Admiral Massaredo, gegen die bedeutender Verdacht bestand, daß sie zum Ungehorsam ermuntert. Sicher sind wir weit entfernt, Ihre kathol. Majestät

1) Herr Benjamin Frere.

4*

zu tadeln, daß Sie im Jahre 1804 Befehle zurücknahm, die den Vorrechten einer Provinz Ihres Reiches entgegen waren. Aber wenn eines Tages alle diese Vorrechte der Provinzen durch eine allgemein anerkannte Verfassung werden aufgehoben seyn, wäre es dann nicht ein Fehler des Königthums gegen sich selbst, wenn es den Vorzügen einer gleichmäßigen und der ganzen Monarchie gemeinschaftlichen Verfassung entsagte, um sich wieder mitten in die Hemmnisse zurück zu versetzen, die dem Gemeinwohle durch die Verwirrung von zwanzig verschiedenen Verfassungen, von zwanzig verschiedenen Staaten in einem einzigen Staate entgegenstehen?

Englands Uebelwollen, das sich durch einen Agenten für den Aufstand in Bilbao darthat, ging indeß doch nicht so weit, daß man in die amtlichen Mittheilungen die von diesem Agenten ausgesprochenen Forderungen hätte einfließen lassen. In diesen Mittheilungen beschränkte sich die englische Regierung auf einige Klagen und Fragen nach Auskunft. Sie machte dem spanischen Cabinette den Vorwurf, daß es an seinen Küsten Vertheidigungsanstalten treffe und forderte, daß alle derartigen Anordnungen eingestellt würden. Besonders bestand sie darauf, daß ihr Kenntniß von dem mit Frankreich abgeschlossenen Hülfsgelderwertrage ertheilt würde. Der spanische Hof antwortete auf den ersten Punct, daß er nichts weiter thue, als an seinen Küsten einen Zustand der Dinge zu erhalten, der in Friedens- wie in Kriegszeiten derselbe seyn müßte. Dem zweiten Puncte setzte er eine Verweigerung des Rechts zu fragen entgegen. Von dem Augenblicke ab, wo das Londner Cabinet den Grundsatz zugegeben hatte, daß Spanien dadurch seine Neutralität behalten dürfe, weil es die Verpflichtung zur Theilnahme, die ihm durch sein Bündniß mit Frankreich oblag, durch eine Summe Geldes abkaufte, ging die an Frankreich bedungene Summe dem englischen Cabinette nichts mehr an, vorausgesetzt, daß die Neutralität streng beobachtet wurde und daß Seewesen und Handel ferner den Gewinn davon zogen. Die Neutralität war in der That vorhanden. Denn als Frankreich einige Forderungen gemacht hatte, die ihre strenge Beobachtung nicht zuließ, so erklärte das spanische Ministerium, daß es nicht dareinwilligen könne, wenn sie nicht schriftlich bei ihm angebracht würden. Das hätte geheißen, England zu Repressalien befugen; deshalb stand Frankreich von seinen Forderungen ab. So standen die Verhältnisse zwischen den Höfen von London und Madrid, als man in der letztern Hauptstadt über Frankreich den frechen Angriff eines englischen Geschwaders gegen vier spanische Fregatten, die sorglos im Schutze des Friedens segelten, erfuhr.

Am 5ten September hatte der Capitain Moore vom Schiffe the Infatigable, mit drei Fregatten unter seinen Befehlen, auf der Höhe von Cap Sainte-Marie vier spanische Galionen, die aus Monte-Video kamen und mit bedeutenden Summen in Goldstangen und andern Kostbarkeiten beladen waren, angegriffen. Im Kampfe flog eine der spanischen Fregatten in die Luft. Ihre Bemannung, die Reisenden an ihrem Bord, Alles ward vom Meere verschlungen. Die drei anderen Fregatten hatten großen Verlust an Verwundeten und Todten und waren gezwungen, sich zu ergeben. Sie wurden in die Häfen von Großbritannien gebracht. Ist noch ein Unterschied zwischen Algier und britischen Häfen, zwischen der englischen Regierung und den Barbaresken? Herr Pitt läßt's nicht daran fehlen, daß das ganze englische Volk ein Räubervolk werde. Durch ihn gewöhnt es sich daran, auf nichts als auf den Gewinn der Räuberei zu sehen, ohne weiter zu fragen, woher er genommen. Und die Menge, geblendet durch den Anblick spanischer Reichthümer, jubelte bei dem Erblicken einer Beute, die mit so schmählichem Blute bedeckt war.

Auf die Nachricht von diesem Anfalle sollte der französische Geschäftsträger in Spanien, Herr von Vandeul [1]) augenblicklich sich nach dem Befehle seines Hofes nach dem Escurial begeben, wo damals der König und sein Ministerium sich befanden; da aber der Friedensfürst in Madrid selbst war, so meinte er, daß es vor Allem wichtig sey, sich seiner Gesinnungen zu versichern. Er eilt zu dem Fürsten, stellt ihm

1) Mein ehrenwerther Freund, Hr. v. Vandeul, jetzt Mitglied der Deputirtenkammer, damals Gesandtschaftssecretair in Madrid, vertrat die Stelle des beurlaubten Generals Beurnonville.

die ganze Schwärze der britischen Heimtücke dar, und erweckt das alte Gefühl des spanischen Stolzes. Der Friedensfürst war wirklich lebhaft entrüstet über ein so gehässiges Verfahren und versprach seinen ganzen Einfluß aufzubieten, um von dem Londoner Hofe darüber Erklärungen zu erhalten. „Ich werde aufsitzen," waren seine Worte, „und dem Kaiser ein Heer in's Lager von Boulogne zuführen." Das übrige Ministerium des Königs von Spanien mochte nicht so empfindlich gegen die Beleidigung seyn. Cevallos namentlich kannte nichts Angelegentlicheres, als die Schmach im Stillen zu verschlucken und in Frieden mit England zu leben. Um dem Einspruch dieses Ministers zuvorzukommen oder wenigstens ihn zu schwächen, setzte der Friedensfürst sein Glaubensbekenntniß schriftlich über dieses Ereigniß, so wie über die zu nehmenden Maaßregeln auf. Mit diesem Actenstücke ging Herr von Vandeul nach dem Escurial. Cevallos Einspruch war entschieden; doch endlich mußte man entweder mit Frankreich oder mit England brechen. Da der Friedensfürst sich für den Bund mit Frankreich aussprach, so riß er das übrige Cabinet mit fort. Man gab den verschiedenen Forderungen des Kaisers Napoleon nach. Der schon bestehende Krieg ward anerkannt. Man ließ Befehle zur Vertheidigung der Küsten abgehen, bewehrte die Flotte, nahm englische Schiffe weg, legte Haft auf englisches Eigenthum. Gegen die Festnehmung der einzelnen Engländer, die sich in den Staaten Ihrer kathol. Majestät befanden, hatte man Abneigung. Man entschied sich dann nur dazu, als man erfuhr, daß das Regiment Castilien, das nach Majorca bestimmt war, durch ein englisches Wachschiff war weggenommen worden. Der Friedensfürst fühlte in diesem Augenblicke die unangenehmen Folgen einer mangelhaften Verwaltung, deren Unordnung er längst schon hätte verbessern können. Er beklagte sich über die Entblößung der einzelnen Ministerien und besonders des Ministeriums, dessen Unterstützung jetzt so wesentlich geworden wäre; über den Mangel an Allem im Seewesen.

Kaiser Napoleon, der schon mehr als einmal den Wunsch geäußert hatte, daß in der spanischen Regierungsweise Verbesserungen vorgenommen würden, mußte in seinem eignen

Interesse sie noch vielmehr ersehnen. Sein Botschafter in Spanien, Beurnonville, war gerade in Paris. Der Kaiser gab ihm persönlich Aufträge von etwa folgendem wesentlichen Inhalte [1]). „Spanien kann bei einer veränderten Gestaltung im Innern, unerschöpfliche Hülfsmittel des Gewerbfleißes, der Fruchtbarkeit und des Reichthums, folglich der Macht und der Kraft, in sich finden. Dies muß man dem Friedensfürsten begreiflich machen. Der Augenblick ist günstig. Man muß, weil sich's so trifft, die Noth eines unvermeidlichen Krieges ergreifen, um Umgestaltungen vorzunehmen, die in gewöhnlichen Zeiten viel mehr Schwierigkeiten finden könnten. Die Mißbräuche sind hoch gestiegen. Ihr stetiges Wachsen ist der Art, daß man für den Staat und die königliche Familie den unvermeidlichen Jammer einer Revolution, d. h. die Unfälle beim gewaltsamen Uebergange von einer eingeschlafenen und entarteten Regierung zu einer erneuten und thätigen fürchten muß. Dem Manne, der das ganze Vertrauen des Königs hat, kommt es zu, diesen Unfällen vorzubeugen, die Monarchie zu verjüngen und zu kräftigen. Für die Geldmittel bietet die Geistlichkeit der Regierung schnelle und reichliche Hülfe durch den Verkauf der Maltesergüter und einiger anderer geistlichen Stiftungen, deren Veräußerung der Papst schon genehmigt hat. Anfangs müsse man sich begnügen, freiwillige Geschenke von der hohen Geistlichkeit, von den Capiteln und den großen Mönchsorden zu erlangen, unbeschadet der Beschränkungen, die man späterhin in den zu übermäßigen Einkünften und in der allzugroßen Menge der Klöster vornehmen müsse. Mit der Zeit würde man schon dahin kommen, alle Klöster einzuziehen. Dies sey das einzige wirksame Mittel, dem Staate durch wiederaufblühende Bevölkerung und durch Rückkehr zur Arbeit, vollständig zu helfen. Werden diese Unternehmen mit Klugheit geleitet, so werden sie nicht nur ohne Einspruch von Seiten des spanischen Volkes, sondern sogar mit seiner Zustimmung erfolgen. Um das Gelingen zu erleichtern, muß der Hof selbst ein edles Beispiel durch Verzichtung auf unmäßigen Aufwand

1) Dies ergiebt sich aus mehreren Berichten des Botschafters Beurnonville und vorzüglich aus seinem Berichte vom 26sten December.

geben, der eine der Quellen des bestehenden Uebels ist. Diese Verbesserung, zuerst vorgenommen, würde der Regierung Kraft zu allen andern geben.

„Die Grundsätze, die bei einer Gestaltung des Kriegswesens im Lande zu befolgen wären, sind sehr einfach. Die Landmacht müßte man vermindern, die Seemacht vermehren. Ohne Zweifel soll Spanien den Kern eines Heeres haben, wie es zu seiner Sicherheit und zur Würde seines Thrones braucht; doch in Europa's gegenwärtigem Zustande ist sein wahres und einziges Schlachtfeld das Weltmeer. Dort kann es ihm vorbehalten seyn, Gewinn und Ruhm für sich zu gewinnen, indem es seinen Verbündeten sich nützlich macht."

Das waren des Kaisers Rathschläge für den Hof zu Madrid. Im Interesse Frankreichs geboten, waren sie Spaniens Interesse nicht weniger zusagend.

Der Friedensfürst hatte Augenblicke einer Art von Begeisterung, auf die man wohl zum Besten des Reiches hätte rechnen mögen. Er zeigte Bereitwilligkeit, das edle Werk, zu dem ihn der Kaiser Napoleon ermuthigte, zu unternehmen. Es bedurfte großer Macht, um zu Stande damit zu kommen; und der Friedensfürst suchte diese zuerst zu erlangen. Der König beauftragte ihn, in seinem Namen mit den Ministern zu arbeiten. Da war er wirklich König. Aber bald ließ sein Eifer nach. Ein Wechsel in der Besetzung der Ministerstellen wäre unerlaßlich gewesen. Er fürchtete sich vor den Schwierigkeiten, die der König vorbringen könnte. Noch mehr erschreckt ihn der Gedanke an eine Einschränkung des Aufwandes bei Hofe; er besorgt dann, das ganze Eingeweide des Palastes und die Königin selbst gegen sich zu haben. Bald sah er von Napoleons Winken nur einen sich aus, den er zu befolgen für wichtig hielt. Die moralische Seite der Umgestaltung macht wenig Eindruck auf ihn. Nur die Verbesserung der Geldmittel findet noch bei ihm Eingang; aber nach des Kaisers Systeme hätte er erst säen müssen, ehe er ernten wollte. Die Abzüge von dem Reichthume der Geistlichkeit hätten erst die Folge der Verminderungen in den Ausgaben bei Hofe und in der Regierung seyn müssen. Auch wagt der Friedensfürst keine Maaßregel gegen die Geistlichkeit in Europa zu ergreifen. Alle diese Hülfsmittel beschränken sich sonach auf die Befugniß, durch einen königlichen Zettel [1]), zum Verkauf der geistlichen Stiftungen in den amerikanischen Besitzungen und in den Philippinen. Da Napoleon ein schönes Reich so schlecht regiert sieht, darf man sich wundern, wenn einst der Kaiser glaubt, die Zustimmung des spanischen Volkes zu erhalten, wenn er ihm eine Regierung giebt, die bestimmt war, bessern Grundsätzen zu folgen?

An demselben Tage, wo das britische Ministerium alle Rechte des Friedens durch eine Handlung der Grausamkeit, die feige Habsucht noch niedriger machte, verletzt hatte, ging ein ähnlicher Befehl nach allen europäischen und amerikanischen Meeren ab. Schon waren die spanischen Häfen gesperrt. Lord Nelson hatte drei aus Indien kommende Schiffe vor Barcelona verbrannt. Ein viertes verbrannte er mitten im Hafen von Palamos. Die erhaltenen Vorschriften gehen dahin: „daß er alle Schiffe unter hundert Tonnen in den Grund bohren, andere nach Malta schicken und alle Hafenstädte und Werfte in Brand stecken solle." Ein spanisches Convoy, das ein Regiment Fußvolk nach Majorka brachte, wird durch ein englisches Wachschiff angehalten und weggenommen. Alle diese Gewaltthaten gehen in tiefem Frieden vor sich. Man sollte meinen, ein Schrei des Unwillens müßte sich aus allen Ecken Europa's erheben, besonders aus den Hauptstädten, die so eifrig sind, eine hochmüthige Empfindlichkeit über die Verletzung einiger Meilen Landes auszusprudeln; aber für England ist die Verletzung des Völkerrechtes ein Vorrecht geworden. Nicht ohne Grund hat das französische Ministerium, durch einen Brief vom 5ten September, der englischen Regierung den Vorwurf gemacht, daß sie seit 50 Jahren an der Auflösung alles Staatsrechtes arbeite. England wenigstens ist damit zu Stande gekommen und alle seine Verletzungen gehen ihm als gesetzmäßig durch, weil sie die Heiligung des Herkommens für sich haben. Doch dasselbe Europa geräth in Bewegung, erhebt sich, wenn Frankreich einen Tag lang das sich erlaubt, was England alle Tage sich zu Schulden kommen läßt!

1) Im Januar 1805.

Und durch welche Scheingründe wird Herr Pitt dieses Verfahren gegen Spanien beschönigen? Seine Auseinandersetzungen sind eben so unverschämt als seine Thaten. Zuerst führt er an, daß Spanien, weil es durch den Vertrag von St. Ildefonso Frankreichs Verbündeter geworden, ihm von dem Tage ab das Recht gegeben habe, den Krieg zu erklären. Wir erkennen das Recht an; aber man mußte davon Gebrauch machen; man mußte den Krieg erklären und den Krieg auf gesetzliche Weise führen. Dann durfte er die Neutralität Spaniens nicht anerkennen und mit ihm die freundschaftlichen Beziehungen nicht fortsetzen. Aus einem Uebermaaße von Mäßigung, fügt das Manifest hinzu, hatte die englische Regierung diese Neutralität zugestanden; aber sie verlangte den Betrag der Hülfsgelder zu kennen, die Spanien an Frankreich zahlte, und Spanien hat diese Erklärung nicht geben wollen. Mit diesem unbedeutenden Vorwurfe verbindet sie, wie sie gegen Frankreich auch gethan hatte, die lügenhafte Voraussetzung vorgeblicher Rüstungen in Ferrol und in andern Häfen. Spanien, hieß es, bereitet sich zum Kriege vor und wartet nur, um hervorzutreten, die Ankunft seiner Galionen ab. Aber da diese und andere Anschuldigungen niemals einen unvorgesehenen und überfallenden Angriff rechtfertigen konnten, so behauptete sie, gegen Spanien nicht mit Hinterlist verfahren zu seyn, sondern längst schon habe sie Spanien erklären lassen, daß, wenn sie noch einmal sich über sie zu beklagen hätte, sie es mit Krieg **ohne weitere Erklärung** überziehen würde. Wenn eine Regierung als Rechtfertigung eine solche Lehre hinzustellen wagt und auf eine solche Lehre ein förmliches Recht gründet, heißt das dann nicht unverschämt mit dem gesunden Verstande der Völker und mit dem öffentlichen Urtheile sein Spiel treiben? Wie! die englische Regierung konnte zu Spanien sagen: wir sind heute noch im Frieden; im Vertrauen auf diesen Frieden bedecken eure Schiffe die Meere, nimmt ein gegenseitiges Gastrecht die spanischen Schiffe in England, die englischen Schiffe in Spanien auf, verhandeln beide Cabinette durch diesseits und jenseits beglaubigte Botschafter; aber an dem Tage wo mir's beliebt, morgen, heute noch, gedenke ich, ohne euch vorher zu warnen, jedes Schiff und jedes spanische Eigenthum, zu Wasser und zu Lande, wegzunehmen, in Grund zu bohren, in Brand zu stecken. — So macht Herr Pitt seine Kriegserklärungen!'

Spanien durfte in seiner Kriegserklärung nur die Thatsachen auseinandersetzen. Seit den ersten Augenblicken des gebrochenen Friedens von Amiens hatte der Hof von Madrid England mit seiner Stellung in Beziehung auf die französische Regierung und mit der Verpflichtung, dieser Regierung einen Zuschuß an Gelde zu zahlen, als Ersatz für die Truppen und die Schiffe, die er sonst würde stellen müssen, bekannt gemacht. Es stand bei England, ob es diesen Zustand der Dinge anerkennen oder nicht anerkennen wollte. Es hatte ihn anerkannt. Folglich bestand Friede zwischen beiden Mächten. Nichts kündigte an, daß er gestört werden sollte. Ein spanischer Botschafter, Herr von Anduaga, befand sich in London, wo er häufige Besprechungen mit den englischen Ministern hatte; ein englischer Geschäftsträger, Herr Frere, war in Madrid und erst der 14te November ist der Tag seiner Abreise. Englische Handelsschiffe waren in ziemlicher Menge in den spanischen Häfen. Selbst englische Kriegsschiffe erhielten Beistand. Mitten in diesem Zustande der Dinge, von denen ein einziger Umstand ausreichen würde, den Friedenszustand auf das feierlichste darzuthun, werden spanische Fregatten angegriffen, weggenommen und nach England geschleppt. Aus den Rheden von Spanien liefen sogar einige dieser Schiffe aus, die im Angesichte dieser Rheden alles spanische Eigenthum wegnahmen oder zerstörten.

Obgleich in England ein Theil des Volkes, durch Herrn Pitt um das moralische Gefühl gebracht, nur an den Gewinn sich hielt, der aus dem Bruche mit Spanien hervorging, so erhob doch im Parlamente ein Gefühl von Ehre großmüthige Anklagen gegen so grausame Anfälle. Das Ministerium gab, um sich zu entschuldigen, denselben Vorwurf an einen Theil seiner Ankläger zurück, die als Mitglieder der vorletzten Verwaltung, auch an den Maaßregeln gegen das Völkerrecht, das sie jetzt vertheidigten, Theil genommen hatten. Die Gegenbeschuldigung war bis zu einem gewissen Grade wenigstens gerecht. Lord Grenville, den dieser Vorwurf zunächst traf, behauptete freilich mit Grunde, daß ein großer Unterschied zwischen einem Beschlage, den man auf Schiffe legt, die sich gerade in einem Hafen befinden, und einem Angriffe mit offener Gewalt in hoher See sey. „Haltet ein Schiff an, ihr könnt es wieder freilassen. Belegt die Ladung mit Beschlag, nehmt sie sogar weg, ihr könnt den Eigenthümer entschädigen. Nehmt die Mannschaft fest, werft sie sogar in den Kerker, die Thüren des Gefängnisses können sich wieder öffnen. Aber welche Hülfe giebt's, wenn ein Schiff verbrannt, wenn eins in den Grund gebohrt ist? Wer wird die Leichen der dreihundert Schlachtopfer aus dem Schooße des Meeres heraufholen, die mitten im Frieden umgebracht wurden, und wer wäre im Stande, ihnen wieder zum Leben zu verhelfen? ... Die Franzosen nennen uns ein Handelsvolk; sie behaupten, Geldburst sey unsere einzige Leidenschaft. Haben sie nicht Grund, diese Gewaltthat unserer Gier nach spanischen Piastern zuzuschreiben? Besser wär's, wir hätten zehnfach den Werth dieser unheilbringenden Piaster bezahlt, nur nicht Englands Ehre mit einem solchen Makel befleckt." Das Ministerium ward schlecht vertheidigt. Seine Anhänger selbst mußten eingestehen, daß man unüberlegt und verbrecherisch gehandelt und daß man, wenn einmal eine, allen herkömmlichen Rechten so entgegengesetzte Verfahrungsweise gelten sollte, dem spanischen Convoy so beträchtliche Kräfte hätte über den Hals schicken müssen, daß aller Widerstand unmöglich gewesen und daß, während der Anwesenheit der gegenseitigen Gesandten in London und Madrid, wenigstens kein Blut geflossen wäre.

Bedarf es nach solchen Thatsachen wohl der Aufzählung der einzelnen Gewaltthaten, welche die englische Seemacht sich gegen alle andere Mächte, und selbst gegen die ersten Mächte Europa's erlaubte? Kaum war der Friede von Amiens gebrochen, als England überall seine Verachtung der neutralen Flagge nicht mehr zurückhielt. Eine Wachflotte vor den Dardanellen hielt alle mit Getreide beladenen Schiffe an, um sie nach Malta zu schicken, und unter diesen Schiffen waren östreichische und russische. Im adriatischen Meerbusen beging man Ausschweifungen aller Art gegen Oestreichs Neutralität, und der Wiener Hof, statt die Unabhängigkeit seiner Flagge und die Sicherheit seiner Küsten zu schützen, bezahlte eine Entschädigung für italienische Barken, die von den Engländern ungesetzlicher Weise nach Venedig verkauft worden waren. Im Hafen von Neapel ließ der Befehlshaber einer englischen Corvette eine Untersuchung auf holländischen Schiffen anstellen, weil er vorgab, man hätte französischen Kriegsgefangenen, die von seinem Schiffe entkommen wären, dort eine Zuflucht gegeben. An den Küsten der Vereinigten Staaten von Nordamerika mißhandelten englische Kriegsschiffe amerikanische Schiffe und preßten Leute aus ihren Mannschaften. Ein englischer Corsar setzte einem holländischen Schiffe bis in einen dänischen Hafen nach; und unter dem Vorwande der Sperre der französischen und holländischen Häfen, so wie der Weser- und Elbmündungen, wurden neutrale Schiffe angehalten, besonders dänische, mochte es in offenem Meere oder an der Küste seyn, als hätten sie dieser angeblichen Sperre, die gar nicht bestand, entgegengehandelt. Alle diese Gewaltthaten auf dem offenen Ocean, der das Gemeineigenthum aller Völker ist, und selbst in den Häfen mehrerer neutralen Mächte, waren dies nicht Verletzungen des Völkerrechtes, Gebietsverletzungen, die eben so strafbar und noch strafbarer waren, als der augenblickliche Ausfall einer französischen Truppenabtheilung [1]) einige Meilen über die Gränze von Frankreich? Indeß folgte in England auf die Wegnahme der neutralen Schiffe meist eine schnelle Verurtheilung. Die ersten Schiffe, die man für Prisen erklärte, waren dänische, denen man den Vorwurf machte, die Elbsperre nicht berücksichtigt zu haben. Zwischen dem Admiralitätsgerichte und den Gerichten, die einst im Dienste der revolutionären Parteien waren, bestand eine beklagenswerthe Uebereinstimmung. Der Rechtsgrundsatz war ungerecht; die Richter sprachen ungerechte Urtheile, aber in voller Gewissensruhe. Die Strenge der Anwendung traf nur die Völker, aus denen England weder Söldner noch Bundesgenossen machen konnte. Selbst Oestreichs und Rußlands

1) Man muß nicht vergessen, daß die Verletzung des badischen Gebietes — was doch allein die fremden Mächte etwas anging — durchaus von dem Ereigniß zu unterscheiden ist, das darauf folgte.

Handel hatte man Anfangs nicht geschont. Die Strenge ließ gegen diese Mächte dann erst nach, als England die Hoffnung wieder faßte, sie zu einem Bunde gegen Frankreich auf's neue zu gewinnen.

Wären die prahlerischen Erklärungen des Petersburger und des Stockholmer Cabinets und ihre zarte Theilnahme für die Aufrechthaltung der Völkerrechte redlich gewesen, hätten dann, nach so unverzeihlichen Vorgängen und besonders nach dem Angriffe gegen Spanien, diese so gewissenhaften Cabinette wohl ihre Beziehungen zu England befestigen und sich enger mit dieser Macht verbinden dürfen? Mit spanischem Blute hat Hr. Pitt die dem Könige von Schweden zugestandenen und die dem Kaiser von Rußland angetragenen Hülfsgelder besiegelt. Seit seiner Rückkehr zur Leitung der Geschäfte, gab Hr. Pitt nicht einen Tag lang die Aufhetzereien der großen europäischen Mächte auf, um sie zur Rüstung gegen Frankreich zu veranlassen. Im Allgemeinen findet er dort eine entsprechende Stimmung. Leicht willigt man ein, daß man noch einmal gegen Frankreich marschiren müsse. Nur über die Zeit ist man nicht einig. England, mehr als es zugiebt, durch die Drohung eines Einfalls erschreckt, möchte auf der Stelle zum Ausbruche zu einem neuen Bündnisse trommeln lassen. Rußland scheint einer Bewegung in nächster Zeit nicht abgeneigt. Oestreich zaudert. Ein Jahr und mehr könnte es noch brauchen, um seine frühern Verluste gänzlich zu heilen. Die Pforte ist schon in Englands Netzen. Die vereinigten Ränke der Höfe von Petersburg und London haben es dahin gebracht, daß der Divan den Kaiser der Franzosen nicht anerkennt. Der französische Botschafter, General Brüne, hat Constantinopel verlassen und das türkische Cabinet hat im völligen Mißkennen seines wahren Interesses, sein Bündniß mit Rußland erneuert. Noch ist man für den Augenblick ruhig; aber es ist die Ruhe, die Gewittern vorausgeht. Wenn, mit Ausnahme der Wegnahme von Surinam und der vier spanischen Fregatten, das Jahr 1804 für England unergiebig war, so verspricht das folgende Jahr dafür die besten Erfolge. Die beiden ersten Mächte des Festlandes wollen das Blut ihrer Völker verschwenden, um ihm das Recht zu sichern, ausschließlich über die Meere zu herrschen und mit allen Rechten der Völker, so wie mit der Heiligkeit der Verträge, Spott treiben zu dürfen.

Aber diese Elemente des Krieges, die Hr. Pitt so vorräthig findet, sind sie nicht die Folge von Napoleons Fehlern? Liegt der Grund davon nicht in seinem eigenmächtigen und gewaltthätigen Betragen? Unumwunden werde ich hier seine Fehler eingestehen. Ja, es ist ein Fehler, aus dem ein Verbrechen hervorgeht, jene Verletzung des badenschen Gebietes; jene durchschneidende Anspielung in seiner ersten Antwort an Rußland ist ein Fehler; die Bitterkeit seiner Ausfälle gegen den König von Schweden ist ein Fehler; aber nur in sofern sind es Fehler, als es rühmlicher für Napoleon gewesen wäre, sich ihrer zu enthalten. Indeß waren diese Fehler, die Vorwände des Zwistes, nicht seine wahren Ursachen. Als der Kaiser von Rußland und der König von Schweden bei ihren Höfen und ihren Gesandten die Trauer um den Herzog von Enghien anordneten, erklärten sie thatsächlich Napoleon den Krieg. Der beleidigende Hochmuth in seinen Antworten beeilte nur die Stunde des Ausbruches und beschleunigte den Krieg; aber seine Erfolge werden zum Theil davon abhangen, daß er beschleunigt wurde. Es bleibt daher mehr als zweifelhaft, ob die ihm Schuld gegebenen Fehler, die seinem Ruhme so nachtheilig waren, es auch für seine Staatskunst und sein Glück waren.

Ein und vierzigstes Capitel.

Einfluß der Verhältnisse des Inlandes auf das Ausland.

Unternehmen, die der Kaiser gleichzeitig betreibt. — Wunsch des Kaisers Napoleon, vom Papste gekrönt zu werden. — Einladung an den Papst durch seinen Legaten in Frankreich. — Consistorium und Bedingungen, die man an die Reise des heil. Vaters knüpft. — Neue Einwürfe des römischen Hofes. — Erklärungsweise nach römischer Sitte. — Der Papst verlangt die Krone auf Napoleons Haupt zu setzen. — Oeffentliche Erklärung der Unverletzbarkeit der italienischen Republik. — Brief des Kaisers an den Papst. — Antwort des Papstes. — Gegenforderungen des römischen Hofes. — Unterdrückung der Jesuiten und anderer nicht befugter geistlicher Gesellschaften. — Ehrenwerthe Seite in Napoleons Charakter. — Uebereinkunft mit der ligurischen Republik. — Uebersicht der Stellung Frankreichs zu den fremden Höfen.

Da der Geschichtsschreiber, wenn er ein treues Bild der zahllosen Arbeiten geben will, denen der Fürst eines großen Reiches sich hingiebt, gezwungen ist, jedem dieser Unternehmen einzeln zu folgen, so verliert natürlich das Gemälde an Größe, was es an Klarheit gewinnt, oder vielmehr es bleibt nicht mehr ein einziges Bild, es ist eine Reihe vereinzelter Bilder, deren Zusammenhang die Einbildungskraft des Lesers herstellen muß, durch den Gedanken, daß sie gleichzeitig und neben einander entstanden. Diese Schwierigkeit ist nirgend so schwer zu vermeiden, als in Bezug auf einen Mann, der die meisten Pläne und Unternehmungen nebeneinander fortbetrieb, der die meisten Gegenstände zu gleicher Zeit und doch in dem ausgedehntesten Maaßstabe umfaßte; in Bezug auf einen Mann, dessen lebendiger und scharfer Verstand ohne Anstrengung von einer Frage zur andern übergeht, der stets bei der Frage ganz gegenwärtig ist, der die vorhergehende so ganz in dem Augenblicke vergißt, als ob sie nicht dagewesen wäre, und nach tausend Absprüngen auf fremdartige Gegenstände, die früher verlassene Aufgabe im Augenblicke eben so wieder aufnimmt, als wäre ihm in der ganzen Zwischenzeit kein anderer Gedanke durch den Kopf gegangen. Alle die Verhandlungen, die wir nach und nach auseinandersetzten, die Maaßregeln der verfassungsmäßigen und gesetzlichen Ordnung, deren ins Leben Treten wir mit ansahen, die Vorkehrungen zum Kriege zu Lande und zur See, die wir schon aufzählten oder nächstens aufzählen werden, die ganze Masse dieser zur Ausführung kommenden Pläne, von angefangenen oder zu Stande gekommenen Unternehmen, gehören derselben Zeit an, denselben Monaten, denselben Tagen, und vielleicht überflog Napoleons blitzschneller Gedanke diese Pläne, Streitfragen und Unternehmen in derselbigen Stunde.

Zu den übrigen schon erwähnten Verhandlungen kam noch eine andere hinzu, die wahrscheinlich in seinen Augen keine der unbedeutendsten war, eine Unterhandlung mit dem römischen Hofe. Napoleon war eben Kaiser geworden. Eine Zustimmung, wie sie bis jetzt noch kein Begründer einer Dynastie sah, umgab die Wiege der Seinen. Nie setzte sich ein neuer Fürst auf den gallischen Schild, den so viel Lorbeern bedeckten. Nie war eine anderweite heilige Einweihung weniger nothwendig. Seine mehr ungenügsame Staatskunst fordert indessen noch eine [1]), die Weihe der Religion. Er weiß, was Eindruck auf die Völker macht, was die Gemüther, selbst ohne ihr Wissen, selbst gegen ihren Willen bewegt. Doch wenn er die Einmischung der Kirche in seine Krönung zugiebt, so kann er als Werkzeug dieser Einmischung nur das Haupt der Kirche selbst anerkennen. Die Kirchendiener der Kathedrale von Rheims mögen für Erben hinreichend seyn, die in einer festbegründeten Folge eintreten; seiner Ansicht nach bedarf ein neues Geschlecht ein ungewöhnliches Siegel, das Hände, die näher mit dem Himmel in Verbindung stehen, auflegen. Zu derselben Zeit, wo Napoleon zum Kaiser soll ausgerufen werden, eröffnet man vertrauliche Anfragen bei dem heiligen Stuhle, um den Papst zu diesem Beweise von Willfährigkeit zu veranlassen.

Die ersten Worte darüber richtete man an Cardinal Caprara, Legaten des heiligen Stuhls in Paris, und war es Unaufmerksamkeit des französischen Ministeriums, oder Berechnung von seiner Seite, um die Verhandlung mit Vorbehalt der nachträglichen Abänderungen leichter zu machen, oder war es Ungenauigkeit des Cardinal-Legaten in der Uebersetzung der Ausdrücke, welche die Franzosen in ihrem Ansuchen gebraucht hatten, genug, der heilige Vater war anfänglich eingeladen worden, sich nach Frankreich zu begeben, um den Kaiser Napoleon zu salben und zu krönen. Ehe man sich in Rom über diese Einladung entschied, beeilte man sich, die den römischen Ansprüchen günstigen Ausdrücke daraus auszulesen und

1) Man versicherte Gustav Wasa, seine Krönung sey eine unerläßlich nöthige Förmlichkeit, um seine Königswürde zu weihen und um seinen Neidern und seinen geheimen Feinden die Hoffnung zu benehmen, daß je ein Glückswechsel bei ihm eintreten könnte. Vertot.

den Gedanken festzuhalten, daß Seine Heiligkeit die Salbung und Krönung verrichten würde.

Indeß konnte über einen so wichtigen Antrag der heilige Vater sich nicht allein entscheiden. Man versammelte auf der Stelle ein Consistorium. Von zwanzig Cardinälen [1]), die damals in Rom gegenwärtig waren und aus denen das Consistorium bestand, stimmten fünf abschläglich. Die Verweigerung dieser fünf Cardinäle war peremtorisch, ohne Bedingung und unbesieglich. Funfzehn Stimmen waren zusagend, aber mit Bedingungen. »Um Seiner Heiligkeit einen hinreichenden Grund an die Hand zu geben, sich von der Hauptstadt der christlichen Welt zu entfernen, sollte der Kaiser Napoleon, außer dem Wunsche gesalbt und gekrönt zu werden, noch das Verlangen aussprechen, daß der heilige Vater persönlich an Ort und Stelle die Angelegenheiten verhandle, welche das Wohl der Religion im französischen Reiche angingen. Die Versammlung versicherte Seiner Heiligkeit, daß sie wohlwollend würde angehört werden, wenn sie unwiderleglich bewiese, daß einige Artikel der organischen Gesetze die Freiheiten der gallicanischen Kirche überschritten. Die folgenden Puncte hatten zum Zweck, die vollständige Beobachtung der dem Pontificate zukommenden Ehren, und dem heiligen Vater die Freiheit zu sichern, mit gleicher Beeiferung alle französische Bischöfe, von welcher Kante sie auch herkämen, zu empfangen, d. h. die, welche die bürgerliche, durch die gesetzgebende Nationalversammlung vorgeschriebene, Verfassung der Geistlichkeit nicht angenommen, so wie die, welche sie angenommen hatten; endlich sprach man den Wunsch des Papstes aus, seine Abreise aus Rom, a la rinfrescata, auf den Anfang des Herbstes verschieben zu dürfen.

Diese Bedingungen, die, mit Ausnahme einiger leichten Abänderungen in der Form, nichts Unzulässiges enthielten, würden allein schon zu dem Beweise hinreichen, daß der römische Hof seinem alten Geiste treu ist, und daß die wichtigsten Veränderungen, die in der übrigen Welt sich ereignen, in seinen Ansprüchen und Lehrsätzen keine hervorbringen; doch

1) Brief aus Rom vom 10ten Juni.

wären diese Schwierigkeiten nicht die einzigen, die man zu überwinden hatte. Als diese ersten Entschließungen in der Sitzung der Cardinäle waren angenommen worden, kannte man in Rom die Worte des Eides noch nicht, den der Kaiser leisten sollte. Die Vorlesung dieses Eides machte auf den heiligen Vater einen sehr lebhaften Eindruck. Er glaubte darin Versprechen zu bemerken, die die Frömmigkeit eines katholischen Monarchen beleidigend, für die Kirche trostlos und seinen Grundsätzen zuwider seyen. Neue Zusammenberufung, neue Prüfung. Zwei Propositionen wurden als unverträglich angesehen, nämlich die vom Kaiser eingegangene Verpflichtung, die Gesetze des Concordats in Ehren zu halten und in Ehren halten zu lassen; und die Freiheit der Bekenntnisse in Ehren zu halten und in Ehren halten zu lassen. Diese ganze Frage schien man auf's neue als einen Satz hinzustellen, der noch der Untersuchung bedürfe. Man führte Anfangs übersehene Gründe an. Man sprach von der Schwächlichkeit des Papstes, von bedeutenden Geschäften, die seine Gegenwart in Rom nothwendig machten. Man erinnerte sich, daß Pius VI. Reise nach Wien für die Interessen der Religion kein Ergebniß gehabt hatte. Es war zu besorgen, daß dieser ungewöhnliche Beweis von Willfährigkeit Sr. Heiligkeit gegen den Kaiser Napoleon bei einigen andern Mächten Mißfallen errege. Außerdem war die Forderung der französischen Regierung ganz neuer Art. Selbst auf die Beispiele der Päpste Zacharias und Stephan konnte man sich nicht berufen. Zacharias war nicht nach Frankreich gekommen, um Pipin zu salben, denn dieser war schon durch den Erzbischof Bonifaz von Mainz gesalbt. Auch nicht der Salbung halber war Stephan II., Zacharias Nachfolger, an den Hof desselben Fürsten gekommen, sondern um seine Hülfe gegen den Longobarden-König Astolpho zu erbitten. Nur Pipin vortheilte von der Gelegenheit und ließ sich auf's neue salben und krönen. Die Krönung Sr. Majestät des Kaisers würde sonach das erste Beispiel dieser Art seyn.

Es war augenscheinlich, daß diese Einwürfe nur gemacht wurden, um der Gefälligkeit des heiligen Vaters mehr

Werth zu geben. Nachdem man die Schwierigkeiten gezeigt hatte, bot man Mittel dar, sie aus dem Wege zu räumen. Ueber die beiden Puncte in der kaiserlichen Eidesformel, durch die man sich verletzt fühlte, verlangte man nur Erklärungen, die man sehr gern als genügend hinnehmen würde. Man sollte sie so verstehen, daß das Versprechen, die Gesetze des Concordats in Ehren zu halten und in Ehren halten zu lassen, einzig nur auf das eigentliche Concordat ging, nicht auch auf das organische Gesetz, welches seine Bekanntmachung begleitet hatte; der Eid, in Beziehung auf die Freiheit der Bekenntnisse sollte den Kaiser nur zur bürgerlichen Duldung verbindlich machen. Diese Unterscheidung war schwer zu verstehen, weil man doch anerkannte, daß der Kaiser durch seinen Eid gehalten seyn sollte, die freie Uebung aller im Staate befugten Bekenntnisse zu beschützen.

Wie es nun auch mit diesen römischen Spitzfindigkeiten zusammenhängen mochte, deren Verhandlung die Monate Juli und August erfüllte, so gab es doch noch einen Punct, über den man mit Mühe nur einig werden konnte. Dies war, wie ich erwähnte, entweder ein Versehen des französischen Ministeriums oder ein Köder, den man für den heiligen Stuhl hingeworfen hatte, daß man nämlich in den ersten Mittheilungen von der Salbung und Krönung des Kaisers durch Seine Heiligkeit sprach. Als man in Paris sah, daß der römische Hof das Wort Krönung buchstäblich genommen hatte, hatte man dem Cardinal-Legaten zu verstehen gegeben, daß der Papst den Kaiser salben, aber ihm die Krone nicht auf's Haupt setzen würde. In Rom forderte man von dem französischen Botschafter, dem Cardinal Fesch, daß er diese letztere Erklärung mit der ersteren in Uebereinstimmung bringe. Dieser begnügte sich, darauf zu antworten, daß man dies in Frankreich so verstehe, Seine Heiligkeit würde die bürgerliche Krönung nicht verrichten. Diese Erklärung genügte dem römischen Hofe nicht. Man schien zu glauben, oder man stellte sich wenigstens, als glaube man, daß zwei Arten von Krönung beabsichtigt würden, und von diesem Satze ausgehend, machte das päpstliche Ministerium bemerklich, daß, da der heilige Vater eingeladen sey, nach Paris sich zu begeben, um mit eigner Hand[1]) die kaiserliche Krone auf das erhabene Haupt Seiner Majestät zu setzen, so finde er es in keiner Weise schicklich, daß diese feierliche Handlung durch eine andere Hand, während der Gegenwart Seiner Heiligkeit in Paris, verrichtet werden dürfte, wie auch der Titel seyn möchte, den man dem Beauftragten gäbe. — Sicher verstand man die Absicht des Kaisers über diesen Punct sehr gut. Man erhob Schwierigkeiten, um mehr zugestehen zu können.

Der römische Hof hatte aus der Reise Seiner Heiligkeit nach Frankreich keine ganz weltliche Angelegenheit zu machen gewagt. Die ganze katholische Christenheit zu schonen, das Gewissen des Papstes in Ruhe zu bringen, das waren die Puncte gewesen, die man in der amtlichen Verhandlung angeführt hatte. Aber man hatte sich vorbehalten, später in die Verhandlung einige Forderungen einfließen zu lassen, die wohl sehr dazu hätten beitragen können, das Gewissen des Papstes zu beruhigen. Die Vorsicht des ersten Consuls täuschte sich nicht, und man verhehlte auch das Mißfallen nicht, das man empfand[2]), als ein Aufsatz im Moniteur über die Aufrechthaltung der Unverletzlichkeit der italienischen Republik diese Forderungen beinahe unmöglich machte. Ohne irgend einen namhaften Anspruch hervorzuheben, kam man oft mit Ingrimm auf diesen Aufsatz im Moniteur zurück, der absichtlich, „Seiner Heiligkeit keine Hoffnung zu lassen," geschrieben schien.

Mitten in diesen Besprechungen war die Hauptsache in der That entschieden. Man kam überein, daß der Kaiser an den Papst schreiben würde, und man kam selbst, wenn auch nicht über die Ausdrücke, doch über den Sinn, in dem dieser Brief geschrieben seyn sollte, überein. Der Kaiser schrieb die-

1) Brief des Cardinals Gonzalvi vom 30sten August.

2) „Drei Provinzen für eine Reise nach Paris," sagt der Verfasser der Vier Concordate, „waren sicher keine vergeblichen Schritte." Es waren doch vergebliche Schritte, denn Napoleon hatte nicht allein diese Provinzen nicht versprochen, sondern der römische Hof hatte sie gar nicht verlangt. Es war ein Gerücht im Publicum; aber das Gerücht war falsch.

sen Brief von Mainz aus am 15ten September und ließ ihn dem Papste durch einen seiner Adjutanten, den General Caffarelli, überbringen [1]). „Allerheiligster Vater," sagte er, „der glückliche Erfolg, der in der Sittlichkeit und dem Charakter meines Volkes durch die Herstellung der christlichen Religion zu bemerken ist, bestimmt mich, Ew. Heiligkeit um einen neuen Beweis des Antheils zu bitten, den Höchstdieselben an meinem Schicksale und an dem Schicksale der großen Nation, bei einem der wichtigsten Anlässe in den Jahrbüchern der Weltgeschichte, nehmen. Ich bitte Höchstdieselben, den Charakter der Religion im höchsten Grade der Feierlichkeit der Salbung und Krönung des ersten Kaisers der Franzosen zu geben. Diese Feierlichkeit wird einen neuen Glanz dann gewinnen, wenn sie durch Ew. Heiligkeit Selbst wird verrichtet werden, sie wird auf Uns und Unsere Völker die Segnungen des Allmächtigen verbreiten, dessen Rathschlüsse die Schicksale der Reiche und der Geschlechter nach seinem Willen leiten. Ew. Heiligkeit kennt die theilnehmende Gesinnung, die ich seit lange Ihr geweiht habe." Folglich, um dem römischen Hofe eine Art von Genugthuung zu geben, hatte Napoleon in seine Einladung die Worte Salbung und Krönung einfließen lassen, aber sie waren so darin gestellt, daß sie für den heiligen Vater keinen Anspruch hergeben konnten, um die Aufsetzung der Krone sich anzumaßen.

Die Antwort des heiligen Vaters kündigte seine nahe Abreise nach Frankreich an. Er gab dem ersten Kaiser der Franzosen diese große Probe seiner Zuneigung, aus Dank für das Vergangene und in Hoffnung der Zukunft. Sie war der Preis für die Dienste, die Bonaparte als General und Consul der Religion erzeigt hatte; die Vorauszahlung, die in einer erhabenern Stellung Bonaparte als Kaiser ihm wiedererſetzen sollte. So sprach es der heilige Vater in einer Anrede aus, die er an die Cardinäle richtete, ehe er die Hauptstadt

1) Herr von Bourienne sagt Th. IV. S. 204, daß der Aufenthalt des Kaisers in Mainz durch seinen ersten Versuch einer Unterhandlung mit dem heil. Stuhle bemerklich wurde, und daß er General Caffarelli mit dieser Unterhandlung beauftragte. Man sieht hier, worauf die Sendung dieses Generals sich beschränkte.

der katholischen Welt verließ, um sich in die Hauptstadt der europäischen zu begeben. Die Beispiele seiner Vorgän konnten sein Verfahren mehr als rechtfertigen, und in neuen Stellung war wirklich eine Rechtfertigung keinesweg nothwendig. Als Stephan II. das heilige Oel auf Pipi Stirn ausgoß, war der rechtmäßige Fürst auch als Gefan ner in der Hand des Thronräubers, der ihn ersetzte. D Sturz der Bourbone war keineswegs Bonaparte's We zwischen ihm und ihnen hatte sich ein strudeliger Strom gossen, der die Bourbone von Frankreich trennte. Er hatte nur nen ledigen Thron, oder richtiger die Stelle ledig gefunde wo ein Thron stehen konnte. Diesen Thron, den er ni umgestürzt hat, den er aber wieder aufrichtet, könnte er gar Niemand weiter als für sich selbst wieder aufrichten. D Haupt der Kirche konnte ihn anerkennen, ohne gegen gend Jemand eine Pflicht zu verletzen; im Interesse Kirche, wie in Frankreichs Interesse mußte er ihn an kennen.

Der römische Hof meinte mit weit mehr Anstand d als eine Belohnung in Anspruch nehmen zu können, we die Reise einmal gethan wäre, was er als eine Bedingu der Reise nach Paris nicht zu fordern gewagt hatte. Ei lange Denkschrift wurde der französischen Regierung zug stellt, worin alle die Verluste aufgezählt waren, die die Hof seit der Mitte des letzten Jahrhunderts erlitten hat Man gefiel sich darin, vom Kaiser der Franzosen ihren Ers zu erwarten. Der Kaiser wollte den heiligen Stuhl nicht m Hoffnungen hinhalten, die getäuscht worden wären. Nachde er dem heiligen Vater versichert hatte, wie glücklich er se würde, die Begünstigungen seiner äußeren Lage zu verme ren, gestand er ihm offen die Unmöglichkeit, worin er si befinde, wenn er diese Forderung nur auf Kosten Frankreic oder der italienischen Republik befriedigen könne. „Frankreich antwortete Napoleon [1]), „hat seine jetzige Macht zieml „theuer erkauft. Es steht nicht in Unserer Macht, etwas v „dem Reiche hinwegzunehmen, das der Preis zehnjährig

1) Im Februar 1805.

„blutiger Kriege ist..... Noch weniger ist es Uns gestattet, „das Gebiet eines fremden Staates zu vermindern, der Uns „die Sorge übertrug, ihn zu regieren, aber eben dadurch zu„gleich die Pflicht auflegte, ihn zu schützen, und der Uns nicht „das Recht gegeben hat, ein Gebiet zu vermindern, das er „besaß, als Wir Uns mit seinem Schicksale befaßten.... „Der Kaiser ist überzeugt, daß der heilige Vater durch kei„nen Stachel des Interesses angeregt war, als er seine An„sprüche Uns vorlegte; seine reine Seele ist nur voll heiliger „Wünsche und voll von Empfindungen, die über menschliche „Berücksichtigung hinausgehen..."

Vielleicht that dem römischen Hofe sein Leichtsinn in der Verhandlung über die Krönung leid; doch muß man zugeben, daß er nur durch seine eigenen Einbildungen bethört wurde, wenn er bethört wurde. Der Kaiser hatte nichts gethan, um ihn zu überraschen, er hatte nichts versprochen, keine Gebietsvergrößerung durchblicken lassen. Folglich traf ihn kein gegründeter Vorwurf. Im Gegentheile hatte er auf eine glänzende Weise ausgesprochen, daß er die Einwilligung des heiligen Vaters auch nicht durch den Schatten einer Aufopferung zu erkaufen gesonnen sey.

Obgleich die Herstellung des katholischen Bekenntnisses in Frankreich erst zwei Jahre alt war, so suchte doch der ultramontane Geist sich durch Begründung von Gesellschaften, die wesentlich vom heiligen Stuhle abhingen, einzuschleichen. Ohne sich um das Mißbehagen zu kümmern, das der römische Hof in einem Augenblicke doppelt empfinden mochte, wo er ihn um einen Beweis des Wohlwollens ansprach, meinte Napoleon, einen Keim, der bald Spaltungen im Innern hervorbringen könnte, gleich beim Entstehen ersticken zu müssen. Ein Decret vom 22sten Juni gebot die augenblickliche Auflösung „der Verbrüderung oder Verbindung, die unter „dem Namen der Väter des Glaubens und der Anbeter Jesu „oder der Paccanaristen in Velay, Amiens und in andern „Städten des Reiches bekannt war. Es befahl gleichmäßig „die Auflösung aller anderen Verbrüderungen oder unter dem „Vorwande der Religion gebildeten und nicht befugten Ge„sellschaften." Das Unheil, das solche Gesellschaften eines

Tages über Frankreich bringen werden, wird nur zu sehr die Richtigkeit der Voraussicht Napoleons bezeugen.

Es wäre dem Kaiser leicht gewesen, dem römischen Hofe diesen vorweggenommenen Anlaß des Mißvergnügens zu ersparen, wenn er die Congregationen ein Paar Monate länger geduldet hätte. Auch ein Paar Monate lang nur über diesen Punct zu heucheln, widersteht aber seiner Natur. Sein Decret vom 22sten Juni, mitten in der Verhandlung mit dem heiligen Stuhle ausgegangen, ist auch einer der Züge, die beweisen, daß Frankreichs Interesse allem Andern vorangeht, wenn es auch ihn selbst oder seine Familie betraf. Dieses Jahr hat allein schon mehrere von mir angedeutete Beispiele herbeigeführt, die wir billig hier nochmals zusammenstellen.

Napoleon verhandelt ein Bündniß mit Preußen. Gerade im Monate März, zur Zeit der Verschwörungen und der ihm selbst drohenden Gefahren hält er am unbiegsamsten an den Bedingungen fest, auf denen im Interesse des Volkes dieses Bündniß ruhen soll.

Zum Kaiser der Franzosen erklärt, muß er einen hohen Werth auf die baldige Anerkennung seines neuen Titels [1]) durch den teutschen Kaiser setzen. Durch eine unbedeutende Verwilligung, durch eine Verwilligung, die nur darin bestehen soll, daß er die Gleichheit des Hauses Oestreich und des Hauses Bonaparte duldet, könnte er diese Anerkennung im Augenblicke erhalten. Er läßt lieber einige Monate verstreichen, ehe er sie erlangt, als daß er etwas von Frankreichs alten Rechten aufgäbe.

Endlich, während er in Rom seine Salbung durch den heiligen Vater unterhandelt, unterdrückt er die Jesuitengesellschaften, verkündigt er die Unverletzlichkeit der italienischen Republik und verkündigt so, daß er weder die Willfährigkeit des heiligen Stuhles durch ein Opfer einer Freiheit der gallicanischen Kirche, noch durch die Abtretung eines Daumens breit Lan-

1) Man muß hier eines wichtigen Unterschiedes eingedenk seyn. Der teutsche Kaiser erkannte augenblicklich die erbliche Macht in Napoleons Familie an, aber er ließ mit der Anerkennung des Kaisertitels eine Zeit lang auf sich warten.

des bezahlen will. Sicher liegt diesen verschiedenen Handlungen Napoleons ein großartiges, vaterländisches Gefühl zum Grunde, dem man unmöglich seine Zustimmung versagen kann.

Im Zustande der Abhängigkeit, worin sich die ligurische Republik Frankreich gegenüber befand, ist man beinahe ungewiß, ob man eine mit dieser Republik am 20sten October abgeschlossene Uebereinkunft unter die diplomatischen Verhandlungen rechnen dürfe. Zum Ersatz für die mancherlei Handelsbegünstigungen, die der Kaiser Napoleon ihr zugestand, als da waren die Einführung ihrer Waaren nach Piemont und den Staaten von Parma, so wie die vom Kaiser übernommene Verpflichtung, ihrer Flagge bei den Barbaresken-staaten Ansehen zu verschaffen, und im Nothfalle ihre Schiffe mit französischen Flaggen zu versehen, sollte die ligurische Regierung an Frankreich sechstausend Matrosen stellen, und seine Meerbecken, seine Werfte, Häfen und Rüsthäuser zu Frankreichs Verfügung hergeben. Der Kaiser hatte vor, in Genua zehn Linienschiffe bauen zu lassen. Eine solche Uebereinkunft lieferte Genua in Frankreichs Hände. Es war eine thatsächliche Besitznahme. Die künftige Vereinigung dieser Republik mit dem Reiche wird einst nur die Aussprechung eines Ereignisses seyn, das zu dem, was schon besteht, nichts Neues hinzuthut.

Frankreichs Stellung zu den auswärtigen Cabinetten ist jetzt wohlbekannt. Wenn auch frei von Kriegen auf dem Festlande, ist das Jahr 1804 doch ein Jahr der Verschwörungen, der Vorkehrungen und Unterhandlungen gewesen. Schon hat er Schweden zu Gunsten Englands, Spanien zu Gunsten Frankreichs aus der Mitte der friedlichen Mächte herausgerissen. Das Cabinet von Petersburg droht. Das Berliner verspricht Einigung und selbst ein Bündniß. Das Wiener scheint unentschlossen. Aber seine Unentschlossenheit ist Frankreich ungünstiger als eine ausgesprochene Entscheidung. Die Ungewißheit besteht nicht darin, zu erfahren, ob es eines Tages ein Feind werden soll, sondern wann es wieder als Feind auftreten wird. Ueber die Form des Ereignisses herrscht kein Zweifel, nur über den Zeitpunct besteht der Zweifel noch.

Verschiedenes, was Napoleon thut, wird die Stunde beschleunigen, oder wenigstens einen Vorwand dazu hergeben. Die Frage, die wir hier noch nicht entscheiden, ist nur die, ob die von ihm veranlaßte Beschleunigung ein Gewinn oder ein Uebel für ihn ist.

Zwei und vierzigstes Capitel.

Inneres.

Einweihung der Ehrenlegion. — Vertheilung der Ehrenlegion-Adler an das Heer gegen England. — Kampf vor Boulogne. — Reise in die Departements am linken Rheinufer. — Aufenthalt in Mainz. — Entstehung des Rheinbundes. — Napoleons Pläne auf das Weltmeer. — Tod des Admirals la Touche-Tréville. — Napoleons Brief an la Touche-Tréville einen Monat vor seinem Tode. — Wirkungen der Reisen des Kaisers. — Zehnjährige Preise. — Begründung von zwölf Rechtsschulen. — Herstellung des Polizeiministeriums. — Verschiedene Vorgänge in der Verwaltung. — Einführung der Kuhpocken. — Ankunft des Papstes in Fontainebleau. — Durchzählung der Stimmen. — Eidesformel. — Verfahren bei der Krönung. — Bewunderung des Volkes, aber ohne Theilnahme. — Eine staatswissenschaftliche Frage über die Salbung. — Calmarische Erklärung. — Uebersicht des kaiserlichen Hofes. — Unermüdliche Thätigkeit des Kaisers. — Napoleons Aufsicht auf den Schatzminister. — Rückkehr zum Systeme der unmittelbaren Abgaben. — Budget vom Jahre 1804. — Englands Einkünfte und Anlehen. — Wichtige Erklärung des Königs von England. — Herrn Pitt abgeforderte Summen für geheime Ausgaben. — Eröffnung des gesetzgebenden Körpers. — Darstellung der Lage Frankreichs. — Napoleons Büste im Saale des gesetzgebenden Körpers aufgestellt.

Napoleon kennt alle Anstrengungen, die England gegen ihn anordnet. Es steht nicht in seiner Macht, den Erfolg der englischen Kunstgriffe bei manchen Höfen zu hindern. Alles, was die Klugheit ihm rathet, ist in Bezug auf den Krieg, die Vollendung seiner ungeheuren Vorkehrungen zu beeilen, um durch den Einfall in Großbritannien dem neuen Bunde zuvorzukommen, den es eben zu schließen beschäftigt ist; seine Landarmee in einem solchen Zustande zu erhalten, daß sie auf's erste Zeichen sich entweder den Winden anvertrauen könne, um nach den britischen Küsten überzusetzen, oder gegen die Mächte sich wenden könne, die noch auf dem Festlande sie herauszufordern wagen möchten. In Bezug auf das Innere besteht es darin, allen seinen Handlungen einen Charakter der Nützlichkeit zu geben, der geeignet wäre, der öffentlichen Meinung zu genügen; und, um alle Bedürfnisse kennen zu lernen, die verschiedenen Theile des französischen Gebietes persönlich zu durcheilen; endlich seinem Ansehen alle die Heiligungen zu geben, welche in den Augen der Völker sie gesetzlich machen können. Der erste dieser Zwecke wird durch seinen Besuch an den Küsten und in den Heerlagern erreicht; der zweite durch einen augenblicklichen Aufenthalt in den Departementen des linken Rheinufers, durch die Feierlichkeit seiner Krönung, durch die Weisheit und den volksthümlichen Sinn seiner Regierungs- und Verwaltungsmaaßregeln.

Einer der Jahrestage, die Frankreich mit Recht am theuersten waren, blieb mit der 14te Juli, nicht weil dieser Tag zufällig den Sturz der Monarchie vorbereitet hatte, ein Art von Verdienst, das seit der Errichtung des Kaiserthums nicht mehr in Anschlag kam; sondern weil er die Abmarkungslinie zwischen der alten und der neuen Zeit war. Die große Schwierigkeit bei Staatsumwälzungen ist, einer Verwirrung in den Ideen des Volkes zuvorzukommen. Schon Bonaparte, als erster Consul, hatte, ob er gleich der Feier des 14ten Juli stets eine vaterländische Richtung ließ, versucht, jede Erinnerung an Zerstörung und Umsturz davon abzustreifen. Er hatte sie geheiligt durch die Ehrengedächtnißfeste, die man Desaix und Klebers Andenken feierte, und durch die Versetzung von Türenne's Asche nach dem Invalidengebäude. Diesesmal giebt er ihr ebenso eine große und schöne Bestimmung, die Einweihung der Ehrenlegion. „Alles, was der „14te Juli hingestellt hat," sagt der Kanzler der Ehrenlegion bei dieser Feierlichkeit, „ist unerschütterlich; Alles, was er zer„störte, kann nicht wieder zurückkehren." Werden diese letzteren Worte nicht bald durch mehrere Unternehmen der kaiserlichen Regierung widerlegt werden? Ja, in einiger Beziehung, doch weit mehr im Aeußeren, als in der Wirklichkeit. Wir verschieben diese Frage auf eine andere Zeit, da jetzt ihre Prüfung voreilig seyn würde.

Nach dieser großen Feierlichkeit in der Hauptstadt eilte Napoleon, sie auf einem Schauplatze zu wiederholen, der von Reichthum prangte und von Ruhm noch prangender umstrahlt war. Die Truppen der Lager von Boulogne und von Montreuil waren achtzigtausend Mann stark vereinigt. In ihrer Mitte erhebt sich ein Hügel, umgeben von Siegeszeichen. Dort nimmt Napoleon seinen Platz. Alle Krieger, die große Dienstleistungen schon empfohlen, werden aufgerufen; alle empfangen aus seiner Hand den Preis des Heldenmuthes; und um die Tugenden einer alten Zeit mit den Tugenden des gegenwärtigen Jahrhunderts zu vermählen, hat man in Düguesclins und Bayards Helme die Ehrenlegionsterne gelegt, mit denen Napoleon die Brust jedes Tapfern schmückt.

Seinen eignen Festtag, den 15ten August, hat er zur Vertheilung dieser Belohnungen erwählt. Als Kaiser tritt er zum ersten Male bei dem Heere auf; aber, als Kaiser oder erster Consul, das Heer sieht in ihm nur den Feldherrn, der es zum Siege geführt hat und ferner noch führen soll. Vom äußersten Ende Frankreichs bis zum andern, wird dieser Tag mit dem Jubel der Dankbarkeit gefeiert; doch in zwei Stücken besonders ist er durch wichtige Einweihungen bezeichnet; in Cherbourg durch die Weihe seines Dammes, der zu einer Höhe gelangt ist, die künftig aller Wuth des Weltmeeres zu trotzen verspricht; in Antwerpen durch die Weihe seines Seearsenals, wo sieben schon fertige Werfte, Vorrathshäuser, Casernen, drei Linienschiffe und eine fast fertige Fregatte, zwei an demselben Tage vom Stapel gelassene Corvetten, das Ergebniß der Arbeiten eines einzigen Jahres sind. So hatte man gleiche Sorge der neuen Schöpfung des ersten Consuls zugewandt und der älteren Schöpfung Ludwig XVI.

Dieselben Tage, die Napoleon so festlich begeht, sind für England Tage des Schreckens. Seine Gegenwart in Boulogne ist an den britischen Küsten bekannt, und mit dieser Nachricht läuft das Schrecken durch die ganze Insel. Die

Stunde der Entscheidung scheint nahe. Das englische Ministerium giebt in diesem Augenblicke Vorschriften für den Fall einer gelungenen Landung. Damals war es, wo einer jener obenerwähnten Angriffe [1]) versucht wurde, um die Bewegungen der Franzosen zu stören. Napoleon, in einem Kahne mit dem Admiral Bruix, um die Thätigkeit der kleinen Flotte in der Nähe zu leiten, würde den Muth noch erhöhen, wenn ihr eigner Eifer nicht hinreichte. „Man schlug sich auf halbe Kanonenschußweite. Kleine französische Fahrzeuge nähern sich einer englischen Fregatte, als wollten sie entern. Ein englischer Cutter wird in den Grund gebohrt; eine Corvette gezwungen, sich ins Schlepptau nehmen zu lassen; und der feindliche Befehlshaber, bemerkend, daß seine Verluste ohne Ergebniß seyen, sucht nach einem zweistündigen wüthenden Kampfe das Weite und verläßt die französische Flottille, die doppelt stolz auf einen Vortheil war, mit dem sie Napoleon als Kaiser begrüßen konnte.

Von Boulogne aus hatte Napoleon die Küste durcheilt und auch das Lager von Ostende besucht. Ueberall derselbe Eifer und dieselbe Ungeduld. Um ihre Muße zu erheitern, haben die Soldaten die Läger in Gärten verwandelt, indem sie von den kriegerischen Uebungen zu diesen edeln Erholungen, von diesen Erholungen zum Kriegsdienste übergingen. Die Häfen sind voll Fahrzeuge, wie man brauchen würde, hunderttausend Mann überzusetzen. Die Leute sind da und erwarten das Zeichen. Aber wie groß auch Napoleons Beeiferung seyn mag: doch wird er die verbrecherische Unbesonnenheit nicht so weit treiben, alle diese Tapfern dem Zufalle eines fürchterlichen Mißlingens Preis zu geben. Der Feldzug kann vernünftiger Weise nur mit Vorkehrungen anderer Art gewagt werden, mit ungeheuern Vorkehrungen, deren Ausdehnung der Feind nicht ahnet und die gleichzeitig in den Häfen Frankreichs, Spaniens und Hollands getroffen werden. Dieser Augenblick kann nicht entfernt seyn, doch man muß ihn abwarten, und in der Zwischenzeit wie viele Wechsel wa-

1) Am Abend vor dem Tage, wo Napoleon das Heer verlassen sollte, um sich zur Rheinarmee zu begeben. — Mathieu Dumas, Th. XI. S. 45, 46 u. 47.

ren zu fürchten! Auch heute hat Napoleon England nur ängstigen wollen, und sein Zweck ist erreicht worden.

Nachdem er Belgien durchreist war, um dort die Wirkung der im vorigen Jahre gegebenen Befehle zu beobachten, durcheilte der Kaiser die vier Departements am linken Rheinufer. Er verweilte einige Zeit in Aachen, wo die Huldigungen, die man ihm brachte, zum Theil Carl dem Großen zu nahe traten. Dort überreichte der östreichische Botschafter[1]) dem neuen Kaiser Galliens seine neuen Beglaubigungsschreiben; doch bei dieser Reise Napoleons war Mainz besonders der Punct, der die Blicke Europa's auf sich zog. Die Souveraine der benachbarten Staaten waren dahin geeilt. Die ausgezeichnetsten waren der Churfürst Erzkanzler des römischen Reiches, der Churfürst von Baden, der Landgraf von Hessen-Darmstadt, die Herzoge von Nassau-Weilburg und Nassau-Usingen. Noch zählte man dort verschiedene andre Fürsten und regierende Grafen, als die Fürsten von Hessen-Homburg, Isenburg, Salm, Leiningen, Schwarzburg-Rudolstadt, Reuß und mehrere andere. Der Churfürst von Hessen, der von Cassel zu derselben Bestimmung abgereist war, wurde in Hanau durch eine schwere Krankheit aufgehalten, die ihn dort mehrere Monate zu verweilen zwang. Ich bemerke diesen Umstand nicht ohne Absicht, weil ohne diesen unangenehmen Zufall der Churfürst wahrscheinlich mit Napoleon in Beziehungen getreten wäre, die ihn vor den Mißgriffen bewahrt hätten, welche im J. 1806 seinen Fall herbeiführten.

Der Marquis Lucchesini in seinem Werke über den Rheinbund, legt diesem Aufenthalte Napoleons in Mainz eine über-

1) Herr von Bourienne sagt, Th. VI. S. 222, daß der teutsche Kaiser seinen Beitritt zur Anerkennung Napoleons als Kaiser, während dieser in Aachen war, einsandte, und er fügt hinzu, daß dieser Entschluß wohl das Ergebniß der Nachrichten war, die er über Napoleons Aufenthalt in Mainz einzog. Hier häufen sich die Ungenauigkeiten, indem Napoleon erst nach mehrtägigem Aufenthalt in Aachen nach Mainz ging. Folglich ging die Wirkung der angeblichen Ursache voraus. Was die Thatsachen selbst betrifft, so haben wir oben angedeutet, wann und wie die Anerkennung der französischen Kaiserwürde durch Oestreich erfolgte, in Erwiederung der Erblichkeit der Kaiserwürde im Hause Oestreich durch Frankreich.

triebene Wichtigkeit bei, und legt Herrn von Talleyrand lange Reden in den Mund, um dem Churfürsten von Baden zu beweisen, daß er mehr Interesse dabei habe, sich an Frankreich als an Rußland oder an Oestreich anzuschließen. Herr von Talleyrand sparte seine Beredtsamkeit für dringendere Fälle. Er brauchte keine Anstrengung, um eine Ueberzeugung hervorzubringen, die der Churfürst durch sein Betragen in Regensburg schon sattsam bewährt hatte. Derselbe Geschichtsschreiber läßt in Mainz auch den ersten Keim des Rheinbundes aufschießen, dessen Ursprung er dem Churfürsten Erzkanzler zutheilt. Wir haben unsre Gründe, diesen Gedanken etwas höher hinauf einer andern Quelle zuzuschreiben. Durch eine schmerzliche Sonderbarkeit gehört dieses Verdienst einem deutschen Minister, dessen Fürst nicht an dem Rheinbunde Theil nahm, ob er gleich seine Zustimmung zuerst dazu gegeben hatte.

Der Baron von Waitz, Prinzipalminister des Churfürsten von Hessen, sah mit Bekümmerniß, daß dieser Fürst hartnäckig Feldmarschall im preußischen Dienste blieb und sklavisch dieser Macht anhing. In der Absicht, ihn davon frei zu machen, hatte er ersonnen, es sey möglich, einen Bund der Staaten des zweiten Ranges zu bilden, die durch diese Vereinigung ihrer Kräfte sich ihre Unabhängigkeit sichern würden, besonders wenn sie sich unter den Schutz eines nicht mit Teutschland zusammenhängenden Staates begäben. Er theilte diesen Gedanken dem französischen Minister in Cassel mit; er wurde unter ihnen verhandelt, und der französische Minister legte ihn in einer Denkschrift seiner Regierung vor [1]), deren Folgerungen waren, daß zu diesem Bunde alle regierende Fürsten in Teutschland Zutritt haben sollten, mit Ausnahme derer, die eine complexe Existenz hätten, d. h. die Staaten besäßen, von denen die einen zum teutschen Reiche gehörten und die andern davon getrennt wären. In diesem Systeme waren davon ausgeschlossen Oestreich, Preußen und England (das letzte für Hanover). Der Bundesstaat, aus den rein germa-

1) Herr von Talleyrand antwortete mir unterm 27sten Februar 1804, daß dieser Gedanke über lang oder kurz zur Ausführung kommen könnte.

nischen Staaten bestehend, würde unter dem doppelten Schutze von Frankreich und Rußland gestanden haben. Der Antrag war in Frankreich nicht abgewiesen worden, aber seine Annahme hatte man, und zwar aus Gründen, noch ausgesetzt. Wenn in der That der Plan eines Bundes mit Preußen, der der vorherrschende Gedanke jener Regierung war, in einer mehr oder weniger fernen Zeit durchgehen sollte, so mußte der Gedanke an einen teutschen Bund von der Hand gewiesen werden, oder wenigstens eine andre Gestalt gewinnen bei seiner Anwendung.

Der Churfürst Erzkanzler ging zeitig auf den Plan eines teutschen Bundes ein, aber der Churfürst von Hessen hatte ihm davon die Eröffnung gemacht. Bei dieser Erklärung, die ohnedem ein geschichtliches Ereigniß aufhellt, ist mein Zweck, die beleidigenden Ausfälle des Marquis von Lucchesini abzuwehren, der dem Churfürsten Erzkanzler und dem Churfürsten von Baiern mit Unrecht den Vorwurf macht, als Erfinder des Bundessystems, das teutsche Reich zerrissen und Teutschland dem französischen Kaiser überliefert zu haben. In Mainz ward über das endliche System noch kein Beschluß gefaßt. Höchstens wurden ohne bestimmte Beziehung einige Worte hingeworfen. Doch suchte man den Churfürsten von Hessen in guter Stimmung zu erhalten. Bei seiner Abreise von Mainz, um zum Churfürsten zurückzukehren, wurde der französische Minister beauftragt, ihm zu sagen, daß der Kaiser Napoleon darauf rechne, daß er der Wehrmann (l'homme d'armes) des beabsichtigten Bundes seyn werde.

Oberflächliche Leute und selbst ernsthafte Männer haben in Napoleons Reise am Rhein, und besonders in seinem Aufenthalte in Mainz die kindische Eitelkeit sehen wollen, sich Frankreich und Teutschland im ganzen Glanze seiner neuen Würde zu zeigen. Besser als jeder Andre kannte zuverlässig Napoleon die Macht des Scheins und die Wirkung der äußern Darstellung, sowohl auf die Könige selbst, als auf die Völker; aber seine Schaustellungen äußerer Größe waren durch die Staatskunst berechnete Spektakel, und nichts beweiset dies besser, als die Mannigfaltigkeit von Arbeiten, die alle seine Augenblicke an den Tagen ausfüllten, wo man voraussetzte, daß er sich den Genüssen der Eigenliebe und des Hochmuthes hingebe. Wenn man unter dem zahlreichen Briefwechsel, den Napoleon für die verschiednen Zweige des öffentlichen Dienstes unterhielt, nur eine Art einzeln hervorhebt, so ist man versucht, zu glauben, daß dieser Theil allein ausschließlich seine Gedanken beschäftigt habe. Der Kaiser verließ eben die Küsten der nördlichen Departemente; er hat sich an die östliche Gränze verfügt, wo er nur mit Geschäften der innern Anordnung und höchstens mit einigen politischen Gedanken in Bezug auf Teutschland beschäftigt scheint. England, das allen seinen Schritten aufpaßt, hat sich wieder beruhigt und betrachtet Napoleons Pläne gegen seine Ruhe als vertagt, wenigstens für einige Zeit, vielleicht als aufgegeben für immer. Und doch verfolgt er gerade in diesem Augenblicke mit dem höchsten Eifer sein Unternehmen, um es von mehrern Seiten auf einmal, durch ungeheure Mittel und durch Berechnungen, die es nicht voraussehen konnte, anzugreifen.

Napoleon kennt die Lage seiner Seemacht eben so gut, als die seines Landheeres. Wie auf dem Festlande verliert er kein einziges Regiment aus den Augen, folgt er mit seinen Blicken den Bewegungen seiner Schiffe und seiner Fregatten. Die Häfen Hollands ziehen eben so seine Beachtung auf sich, als die französischen. Er weiß, was in jedem Hafen, in jedem Zeughause vorhanden ist, was noch fehlt. Er weiß, wo man Bauten angefangen hat, und wann sie fertig seyn müssen. Von Mainz aus beeilt er täglich die verschiednen Arbeiter an den Seeküsten. Oft schreibt er an einem Tage mehrere Briefe an den Seeminister und verhandelt mit ihm die Unternehmen, welche die meiste Aussicht auf Erfolg versprechen. Von Mainz aus beschließt er [1]) drei Unternehmen, deren Ausführung in den ersten Tagen des Jahres 1805 erfolgen soll; merkwürdige Unternehmen, denn eins wird einen prächtigen Ausgang haben, und das mindest bedeutende wird durch ein sonderbares Zusammentreffen gerade das auffallendste werden.

Das Glück, das ihm das Festland überlieferte, behielt den

1) Brief vom 29sten September.

Engländern das Meer vor, denn es hatte Napoleon im Laufe dieses Jahres den Mann geraubt, auf den er für die Vollziehung seiner Pläne zur See am meisten gerechnet hatte. Der Vice-Admiral la Touche-Tréville war am 10ten August zu Toulon mit dem Bedauern gestorben, daß er seine Laufbahn nicht im Kampfe für sein Vaterland enden könne. Napoleon hatte gefühlt, daß in diesem erlauchten Seemanne Seele, Feuer, Kühnheit, mit allen praktischen Kenntnissen vereinigt sey, kurz der Keim eines großen Mannes zur See vorliege. Sein Verlust war ihm sehr schmerzhaft. Er ließ sein Brustbild in Marmor ausführen, und ließ es in der Galerie des Palastes von Saint-Cloud aufstellen. Auf die Wahl eines Nachfolgers kam viel an. Der Kaiser nahm es nicht auf sich, hier allein zu entscheiden. Er schlug in gewissem Sinne seinem Minister Bewerber vor. „Es bedünkt mich," schrieb er ihm, „daß, um diese Geschwader zu befehligen, nur drei Leute da sind, Bruix, Villeneuve und Rosily." Unglücklicher Weise wählte der Minister Villeneuve.

Einen Monat vor la Touche-Tréville's Tode hatte der Kaiser einen Brief an ihn gerichtet, aus dem wir ein Paar Worte anführen wollen. Man hat Napoleon vielfach vorgeworfen, die Menschen durch niedrige Leidenschaften, die Liebe von Ehrenstellen, Titeln und Reichthümern regiert zu haben. Dieser Brief scheint uns auf diesen Vorwurf genügend zu antworten: „Ich habe Sie," schrieb er ihm [1]), „zum Großofficier des Reichs und zum Aufseher der Küsten des Mittelmeeres ernannt, aber ich wünsche lebhaft, daß die Unternehmung, zu der Sie sich rüsten, mich in den Stand setze, Sie zu einer solchen Stufe des Ansehens und der Ehre zu erheben, daß Sie ferner nichts zu wünschen haben." Unbestritten wird der Köder der Ehrenstellen, der Titel und der Reichthümer dem Ehrgeize des la Touche-Tréville hier vorgehalten, und doch auf eine nur rühmliche Weise, weil die Vortheile, die Napoleon vor seinen Augen flimmern läßt, nur der Lohn der dem Vaterlande erzeigten Dienste seyn sollen; doch in demselben Briefe finden sich außerdem die nicht weniger merk-

1) Am 2ten Juli.

6*

würdigen Worte: „Ueberlegen Sie sich das große Unternehmen, das Sie eben ausführen sollen, und ehe ich die entscheidenden Befehle für Sie unterzeichne, lassen Sie mich die Art wissen, die Sie für ihre Ausführung am vortheilhaftesten halten." Kann man zartsinniger mit Jemand sprechen, mehr Selbstvertrauen ihm geben als durch das Vertrauen, das man ihm beweiset, und im Voraus sein Verdienst um den Erfolg größer hinstellen, als dadurch, daß man ihn zu der vorbereitenden Berathung zuzog? Tausende von Napoleons Briefen geben Zeugniß für dasselbe Verfahren von seiner Seite gegen seine Marschälle, Generale, Minister und Staatsbeamte jedes Ranges, deren Redlichkeit und Talente ihm bekannt waren. Wenn das durch niedrige Leidenschaften regieren heißt, wo giebt es da großherzige Leidenschaften?

Die Reisen des Kaisers entzogen ihn nicht der Aufmerksamkeit, die er den allgemeinen Bedürfnissen Frankreichs schuldig war, wie man es eben z. B. in Rücksicht auf das Seewesen gesehen hat, und hatten stets zahlreiche Vortheile für die Departemente, die er durcheilte. Jeder nützliche Gedanke fand Aufmunterung, jeder Verbesserungsvorschlag Aufnahme; und oft beim ersten Blicke auf die Oertlichkeit wies er selbst welche nach, an welche die Einwohner nicht gedacht hatten. Unter andern Wohlthaten, die sein staatshaushälterischer Zug am linken Rheinufer hervorrief, hatte er auch die Errichtung von wirklichen Stapelplätzen für Kaufmannsgut und ausländische Erzeugnisse in Mainz und Cöln genehmigt, für verbotene sowohl als nicht verbotene, indem er freilich die nothwendigen Aufsichtmaaßregeln nicht verabsäumte, um den Unzulässigkeiten dieser Anordnung vorzubeugen.

Die umfassenden Ansichten und das Eindringen in das Einzelne vertrugen sich in seinem Geiste, ohne sich zu verwirren und sich Eintrag zu thun. Alle schritten gleichmäßig zum Ziele, ohne der Uebergänge zu bedürfen. In demselben Augenblicke, wo er in Aachen Jahrgehalte an alte Arbeiter in den Nähnadelmanufacturen vertheilte, gab er auch den Befehl [1]), wodurch er die zehnjährigen Preise, neun zu zehntausend Fran-

1) Den 11ten September.

ken und dreizehn zu fünftausend, einführte. Diese Preise waren eine Aufmunterung für alle Kenntnisse, welche die Staaten ernähren und bereichern, für alle Künste, die sie schmücken, für mathematische und physische Wissenschaften, Geschichte, Künste und Manufacturen, Ackerbau und Handwerk, dramatische Werke, Malerei, Bildhauerkunst und Musik. Sein Wunsch bei dieser Anordnung war: „daß Frankreich nicht allein seine in den Künsten und Wissenschaften erworbene Ueberlegenheit ferner behaupte, sondern daß das beginnende Jahrhundert die verflossenen überbiete.“ Wenn Napoleon ein Despot war, so hat wenigstens sein Despotismus nur ein eigenthümliches Gepräge. Gewöhnliche Despoten streben nur die Menschen kleiner zu machen, das Licht ihrer Einsicht zu verlöschen, das menschliche Geschlecht im Stumpfsinn zu erhalten. Napoleon im Gegentheile denkt nur darauf, die Menschen zum höchsten Gefühle ihrer Würde zu erheben, ihren geistigen Kräften die ausgedehnteste Entwickelung zu geben, Frankreich über alle andern Völker hinauf zu stellen. Das ist Stolz, aber welcher berechnete Stolz für sein Volk und für ihn selbst! Er adelt sein Volk, um sich selbst zu adeln, weil er stolz darauf ist, der erste Mann im ersten Volke der Welt zu seyn. Darf man sich wundern, wenn die Völker geneigt sind, die Macht eines Fürsten zu vermehren, dessen Despotismus einen solchen Zweck hat?

Seit die Annahme des Civilgesetzbuches Frankreich der Verwirrung entrissen hat, worein es durch eine Menge sich widersprechender Befehle über dieselben Gegenstände gerathen war, wurde die Eröffnung von Schulen für die Jugend, um die Gesetze studiren zu können, unerlaßlich. Zwölf Rechtsschulen wurden in folgenden Städten [1]), in Paris, Turin, Dijon, Grenoble, Aix, Toulouse, Poitiers, Rennes, Caen, Strasburg, Coblenz und Brüssel errichtet. Auch die alte Monarchie hatte ihre Rechtsschulen gehabt; aber was Napoleon wiederherstellt, verbessert er. Die Männer meines Alters wissen, daß vor der Revolution die Rechtsschulen, zu einem Schattenleben herabgesunken, nur Förmlichkeiten zu erfüllen und Grade zu

1) Befehl vom 21sten September.

bezahlen darboten. Jetzt haben diese Schulen wirkliches Leben, und bilden eine arbeitslustige Jugend, die dem Advokatenstande eine vorläufige Kenntniß der Gesetze und die Grundsätze gründlicher Bildung zubringt.

Im neuern Staatsverbande giebt es eine in vielen Rücksichten nothwendige Einrichtung, die aber oft in ihrem Zwecke fehlgreift und nur zu häufig der Grund der Unordnungen wird, die sie verhüten sollte. Diese Einrichtung ist das, was wir Polizei nennen. In den unumschränkten Staaten ist sie oft, wenn auch versteckt hinter unbedeutende Namen, die Hauptspringfeder der Regierung. Eben so ist sie's bei Völkern in den Zeiten der Umwälzung, bei diesen jedoch unversteckt und offen. Die französische Revolution, an Offenheit gewöhnt, hatte Anfangs Nachsuchungsausschüsse. Unter dem Directorium verwandelt sich dieser Ausschuß in ein Ministerium der allgemeinen Polizei, das dem Consulat als eine Erbschaft zufiel. Kaum hatte der Abschluß des Friedens von Amiens für Frankreich die Hoffnung ruhigerer Tage aufkeimen lassen, als der erste Consul, in beifallswürdiger Anregung, dieses Ministerium aufzuheben eilte, weil er der Ueberzeugung war, die innere Sicherheit sey hinreichend durch die gerichtliche und Verwaltungspolizei gesichert. Nach dem Wiederanfange des Krieges, nach Georges und Pichegrü's Verschwörung, nach den Meutereien des englischen Geschäftsträgers Drake, Spencer Smith und Taylor urtheilte er anders; er meinte, das System eines geheimen und unredlichen Kampfes, zu dem die englische Regierung sich bekannte, fordere eine Verdoppelung der Aufsicht, und mache, zu ihrer Uebung, die Herstellung [1]) eines besondern Ministeriums nothwendig. Hatte diese Meinung in den damaligen Umständen nicht eine günstige Entschuldigung? Um diese Maaßregel richtig zu würdigen, muß man die Zeitumstände nicht aus den Augen verlieren. Man läuft Gefahr, ungerecht zu seyn, wenn man die Handlungen einer Regierung von den Ereignissen trennt, die sie nothwendig machten.

Im Laufe desselben Jahres gab der Kaiser mehrere Befehle, von denen einige allgemein anerkanntes Nützliches zum

1) Befehl vom 10ten Juli.

Zwecke hatten, andere der Gegenstand mehr oder weniger begründeten Tadels waren. So unter andern:

Ein Decret über die Begräbnisse [1]), dessen Anordnungen noch heute gelten.

Eine Anordnung [2]) über den Vortritt und die bürgerlichen und kriegerischen Ehrenstufen, eine Anordnung, die in einem großen Staate noth thut, besonders für die Beziehungen der verschiedenen Behörden unter sich. Man bemerkte mit Vergnügen Napoleons Sorge in dieser Anordnung, die Würde der bürgerlichen Beamtungen auf eine schickliche Weise hervorzuheben.

Eine neue Gestaltung der polytechnischen Schule [3]), die ihre Zöglinge der kriegerischen Zucht und Ordnung unterwarf. Keineswegs billigen wir zwar die Einführung der kriegerischen Weise in die Hochschulen oder in alle andere Anstalten, die der Gesammtmasse des französischen Volkes eröffnet wurden; aber vielleicht ist die Frage nicht dieselbe für eine Schule, die vorzugsweise der Artillerie und dem Ingenieurdienste junge Leute erziehen soll. Vielleicht ist es für einen Staat wie Frankreich, der ein großes Heer braucht, nicht am unrechten Platze, daß die Zöglinge einer Schule, wo wegen des hohen Preises des Jahrgeldes nur reicher Leute Kinder Zutritt finden können, Gewohnheiten annehmen, die ihnen Geschmack an den Waffen beibringen.

Endlich eine neue Gestaltung des Corps der Ingenieure für Brücken und Straßen [4]). Diese Einrichtung, die unverkennbar große Dienste geleistet, hat seit einigen Jahren heftige Anklagen bestehen müssen. Die Vorwürfe mögen nicht ohne Grund seyn, denn wir werden bemerken, daß Napoleon selbst, ungeachtet des kräftigen Anstoßes, den er ihm zu geben verstand, doch sich unaufhörlich über die Langsamkeit seines Verfahrens beklagte, und über die Hindernisse, die er von seiner Seite bei der Ausführung der wichtigsten Werke erfuhr. In der Zeit, wo er sich mit der innern Gestaltung dieses Corps und seiner Verbesserung beschäftigte, war seine Absicht

1) Vom 12ten Juni.
2) Decret vom 13ten Juli.
3) Decret vom 16ten Juli.
4) Decret vom 25sten August.

übrigens, da es sich durch seine Einsicht und seine Kenntnisse empfahl, gewiß alles Lobes werth.

In demselben Jahre 1804 wurde die Kuhpockenimpfung, über deren Entdeckung unter den Gelehrten viel Streit bestand, in Frankreich durch den Herzog von la Rochefoucauld-Liancourt eingeführt; durch einen jener allzuseltnen Männer, der sich für den Verlust, nicht mehr ein großer Herr am Hofe eines Königs zu seyn, dadurch tröstete, daß er der beste Bürger des Staates wurde. Es lag in Napoleons Weise, alle nützliche Neuerungen zu befördern; er nahm die Wohlthat mit Erkenntlichkeit auf und zeichnete den Wohlthäter aus. Aber wer sollte das voraussehen? Es wird eine Zeit kommen, wo dieser ehrwürdige Freund der Menschheit das Recht verlieren wird, seines Gleichen beizustehen. Den Geschichtsschreibern nach uns überlassen wir, die beleidigte Tugend zu rächen und die Namen seiner feigen Verfolger mit Schmach zu brandmarken.

Die Festlichkeit der Krönung war auf den 2ten December angesetzt; der Papst traf am 25sten November in Fontainebleau ein. Der Kaiser war wie zur Jagd ausgeritten, und kam so Sr. Heiligkeit entgegen. Beide stiegen zu gleicher Zeit ab und aus, und umarmten sich. Dann stiegen sie in einen und denselben Wagen, der Kaiser zuerst, um den Papst rechts [1]) sitzen zu lassen. Von dem Augenblicke an, wo der heilige Vater französisches Gebiet berührt hatte, mußte es für ihn kein kleiner Lohn seines Entschlusses seyn, ein großes Volk, das wenige Jahre früher sich allen Thorheiten einer systematischen Gottlosigkeit hingab, mit heiliger Ehrfurcht herbeiströmen zu sehen, um ihn auf seinem Wege zu vereh-

1) Wenn es richtig wäre, wie Hr. von Bourienne auf Hörensagen, Th. VI. S. 223 u. 224, erzählt, daß der Kaiser, ich weiß nicht welches Komödienkunststück ersonnen hätte, um sich den Rechterhandsitz über den Papst zu verschaffen, so hätte er sicher auch dafür gesorgt, durch den Moniteur es unter die Leute zu bringen, daß er dieses Vorsitzrecht, auf das er so großen Werth gelegt hätte, sich zugeeignet. Sagt aber im Gegentheile der Moniteur selbst, daß Napoleon den heiligen Vater zu seiner Rechten sitzen ließ, so ist zuverlässig die Absicht des Kaisers, die man voraussetzt, widerlegt, und folglich auch das von Hrn. Bourienne erzählte Geschichtchen.

ren, und das Haupt gebeugt, von seiner Hand die väterlichen Segnungen zu erflehen. Nichts war vom Kaiser verabsäumt, um die Reise des Papstes würdig zu machen; aber dem erlauchten Greise mußten doch die Ehren am besten gefallen, welche der freiwillige Eifer der Gläubigen ihm entgegenbrachte. Vielleicht erhielt die Religion zu keiner Zeit in Frankreich ein reineres Bekenntniß. Der antichristliche Schwärmereifer war verbraucht, wie so mancher andere. Die Gleichgültigen störten den lebhafteren Glauben ihrer Brüder nicht. Wahrhaft religiöse Menschen verrichteten die Gebräuche ihrer Kirche ohne Heuchelei. Die Kirche begnügte sich, im Staate zu bestehen und verlangte nicht, ihn zu beherrschen. Diese Stimmung sagte besonders dem sanften und versöhnenden Sinne des heil. Vaters zu. Die Mitglieder der reformirten Kirchengemeinden und selbst die Geistlichen dieser Bekenntnisse sahen zwar im römischen Papste nicht den Ordner für ihre religiösen Ueberzeugungen, aber sie liebten und ehrten in ihm die Tugenden, die ihn würdig machten, der gemeinschaftliche Vater aller christlichen Glaubensbekenntnisse zu seyn. Die Gesinnungen, die der heil. Vater unterwegs sich äußern sah, waren überall, wo er sich zeigte, dieselben und zwar in der Hauptstadt, wie in den Provinzen.

Am Tage vor der Krönung überreichten der Senat und das Tribunat in Masse Napoleon das Ergebniß der Stimmenzählung, die ihn zum Kaiser ernannt hatte. Die einmüthige Zustimmung Frankreichs zur Erhebung eines Mannes, an dem allein sein Schicksal geknüpft war und der ihm ein so glänzendes Schicksal vorbereitete, ist eine so natürliche Thatsache, eine an sich so klare, daß sie des Zeugnisses der Listen eigentlich nicht noth hätte.

In einer Zeit, wie die uns beschäftigende war, fordern zu viele wesentliche Ereignisse den Pinsel des Geschichtsschreibers, als daß man ihn dazu verwenden könnte, den Prunk eines Hofes und selbst die geheiligte Pracht eines religiösen Festes zu zeichnen. Die Bemerkung wäre überflüßig, daß die Feierlichkeit der Krönung allen Glanz darlegte, den eine solche Festlichkeit zuläßt, besonders bei einem reichen Volke, wo die Künste zum höchsten Grade der Entwickelung gelangt sind. Von allen den Umständen, die sie begleiteten, werde ich nur zwei anführen, die Eigenthümlichkeit des von Napoleon geleisteten Eides und die Weise seiner Krönung.

Der durch das organische Senatusconsult vom 18ten Mai vorgeschriebene Eid war so abgefaßt: „Ich schwöre, die Unverletzlichkeit des Gebietes der Republik zu behaupten, die Gesetze des Concordats und der gallicanischen Kirche zu achten und achten zu machen; die Gleichheit der Rechte, die politische und bürgerliche Freiheit, die Unwiderruflichkeit der Verkäufe der Nationalgüter zu achten und achten zu machen; keine Abgaben zu erheben, keine Taxen aufzulegen, als in Gemäßheit des Gesetzes; die Ehrenlegion aufrecht zu halten, und nur in Hinsicht auf das Interesse, das Glück und den Ruhm des französischen Volkes zu regieren.“ Der Eid ist vollständiger, als je von einem Souveräne einer geleistet wurde. In allen großen Staaten und selbst in England [1]) enthalten die Eidschwüre der Könige entweder das Versprechen, die Vorrechte einiger Stände auf Kosten der Gesammtheit des Volkes geltend zu machen, oder einem Bekenntnisse vor einem andern den Vorzug zu sichern, folglich die Freiheit der Gewissen zu stören. Erst in unsern Tagen fangen diese Bedingungen allmählig an zu verschwinden, und diese glückliche Veränderung ist eine Folge der französischen Revolution. Die Krönung des Kaisers der Franzosen wird nicht ohne Einfluß auf die Verbesserung der Formen seyn, die man in der Folge bei der Salbung der Könige von Frankreich beibehält.

Ungeachtet der schamlosen Versicherung des Königs [2]), der behauptete, man unterhalte Völker mit Eiden, wie Kinder mit Spielzeug, ist doch sicher die Verpflichtung auch für Könige, in ihren Eiden bestimmt und ausgesprochen zu seyn, ein großer Schritt zu einer bessern Form der Regierungsweise. Bei der jetzigen Richtung der Gesellschaft muß das Band der Eide täglich heiliger werden, und die Zeit rückt näher, wo, mit Hülfe einer wohleingerichteten Verantwortlichkeit der

1) Erst bei den letzten Verhandlungen über die irländischen Katholiken hat endlich das englische Ministerium erklärt, daß die Emancipation der Katholiken kein Bruch des Krönungseides sey.

2) Philipp von Macedonien.

Minister, ihre Verletzung ferner nicht mehr das menschliche Geschlecht durch lange Ungestraftheit betrüben wird.

Leicht konnte man voraussagen, daß der neue Kaiser bei seiner Krönung keine Handlung gestatten würde, woraus man hätte abnehmen können, daß er seine Krone aus einer andern Hand als der des französischen Volkes erhalten. Der Eid, den er leistete, ist eine Verpflichtung, die er vor den Augen des Himmels gegen Frankreich übernommen; doch für die Handlung der Kronaufsetzung selbst will Napoleon keinen Vermittler zwischen dem Himmel, Frankreich und ihm selber. Da er von Frankreich und vom Himmel die Krone erhält, so nimmt er sie vom Altar und setzt sie sich selbst auf das Haupt. Diese Weise war seit lange nicht mehr in der Uebung, doch war sie durch ein großes Beispiel zu Ansehen gebracht. So hatte auf Carls des Großen Befehl, der Sohn dieses Fürsten bei der Krönung in Aachen verfahren. Der heil. Vater hatte, wie wir sehen, bei der Verhandlung über seine Reise das entgegengesetzte Verfahren in Anspruch genommen; aber er hatte sich gegen eine abschlägige Antwort nicht aufgelehnt, die er für unwiderruflich gehalten.

Man hat die Bemerkung gemacht, daß die Festlichkeit von Napoleons Krönung nicht von den Zeichen der Volksfreude begleitet war. Die Bemerkung ist richtig und das Volk hatte Ursache. Das Volk bewunderte, es war geblendet; aber seine Freude hebt es für Feste auf, die Thaten zurückrufen, an denen es selbst Theil genommen, wie den 14ten Juli, oder Züge vaterländischen Ruhmes, wie den Gewinn einer Schlacht. Im J. 1790 war der Bund im Marsfelde ein Volksfest, obgleich es ein religiöses zugleich war, weil die Religion dort die Eroberungen des Volkes über die höchste Macht heiligte. Bei Napoleons Krönung kam das Volk oder wenigstens der Theil des Volkes, der auf offenem Markte seine Meinung ausspricht, in Versuchung, einen Sieg des Staatsoberhauptes über die Freiheit der Nation darin zu sehen. Vielleicht ehrt man ihn darum mehr, aber man jubelt ihm deshalb seltner zu.

Uebrigens gehört die Frage über die Salbung zu denen, worüber die Gemüther sehr getheilt waren. Es erhoben sich wirklich gegen diese Maaßregel Einwürfe, die nicht unbegründet sind.

Ein glänzendes Werk der Revolution, durch sie berufen, in zahlreichen Schlachten zu siegen, berufen, zu regieren, weil er sich in der Regierungskunst geschickt gezeigt hat, begreift man wohl, wie Napoleon zum Kaiser ausgerufen wurde, und seine Wahl wird gerechtfertigt durch die Zustimmung des Volkes, die sie gutheißt; aber warum er in einem Ideenkreise, der dem ganz fremd ist, auf welchen seine Macht sich gründet, ein Mittel sucht, seine Macht gesetzlich zu machen, ist kaum zu begreifen. Heißt das nicht die Wahl, der er das Kaiserthum verdankt, als nicht ausreichend ansehen und die geforderten Stimmen für nicht würdig genug halten? Heißt das nicht seinen Feinden einen Grund, seinen Anhängern einen Anlaß zur Klage geben?

Einer der Grundsätze der neuen Regierung ist die Freiheit der Bekenntnisse; das Staatshaupt bekennt sich zu einer Kirche, aber alle muß er beschützen. Heißt das nicht, sich vom Grundsatze der Gleichheit aller Kirchen, wie er in seinen Augen bestehen muß, entfernen, wenn man von einem Priester seines Bekenntnisses einen geheiligten Charakter sich ausdrücken läßt, den die Gesammtheit der Bürger gar nicht anzuerkennen braucht? Heißt das nicht einigermaßen entscheiden, daß alle seine Nachfolger Katholiken seyn müssen, oder den Satz hinstellen, daß denen, die es nicht wären, etwas fehlen würde? Im letztern Falle müßte die Salbungsfeierlichkeit den Protestanten und, wir können hinzusetzen, einer großen Menge von Katholiken unangenehm seyn.

Giebt man aber die Nützlichkeit der Salbung mit heiligem Oele, wie man's auch kann, zu, um dem Fürsten die Achtung des Volkstheils zu verschaffen, der nach dem Beispiele der Priester seinen Gehorsam einrichtet, durfte man dann vom Papste die Vollziehung dieser Feierlichkeit fordern? Wäre es nicht im Gegentheile klüger gewesen, zum niedrigsten französischen Priester seine Zuflucht zu nehmen? Denn für den römischen Hof ist nichts verloren. Wer weiß, ob er aus seiner übermäßigen Willfährigkeit für Napoleon nicht das Recht abzuleiten gesonnen ist, in jede neue Verfügung über die französische Krone sich zu mischen und der Würde des Souveräns seine Bestätigung zu geben?

Diese Bemerkungen und eine Menge anderer drängten sich ohne Zweifel Napoleon auf. Aber zu selbstvertrauend, als daß er die Folgen dieses Schrittes gefürchtet hätte, wollte er in dem Antheile des Papstes an seiner Krönung nur einen Lichtglanz mehr für seine Thronbesteigung sehen. Stets beabsichtigte er nur auf die Massen zu wirken, und in dieser Beziehung ist sein Zweck erreicht. Welches eingeschüchterte Gewissen könnte der Autorität des Papstes widerstehen? Hatte man noch ein Bedenken über das Recht des Volkes, sich einen neuen Herrscher zu geben, wie könnte jetzt der mindeste Zweifel ferner bestehen, wenn die heilige Salbung, durch die Hand des Kirchenoberhauptes selbst verrichtet, in religiöser Hinsicht gesetzlich machte, was in politischer Hinsicht schon durch den Wunsch des Volkes durch vier Jahre einer herstellenden Regierung, durch zwanzig Friedensverträge und dreißig Siege legitimirt war? Napoleon hatte außer der Salbung durch einen zweiten Stephanus auch die Entscheidung des Papstes Zacharias in der Wirklichkeit für sich: „Der ist wahrhaftig der König, der seine Macht zu üben weiß."

Während in Frankreich ein neuer Fürst von aller Pracht des gebildeten Europa's und von allem dem heiligen Prunke der Religion und den Segnungen des Priesterthumes umgeben, für sein Geschlecht einen unzerstörbaren Thron zu erbauen glaubt, leistet der Erbe des alten Königshauses, vernachlässigt von den mächtigsten Herrschern, vergessen selbst von seinen treuesten Unterthanen, die nicht mehr die Kraft in sich fühlen, gegen das Glück anzukämpfen, fern vom heimatlichen Boden, in eine Stadt von Schweden gedrängt, aber mit seiner Familie vereinigt, von der er sich lange nicht mehr trennen soll, leistet Ludwig XVIII. auch einen Eid, wie Napoleon: „An dem Ufer des baltischen Meeres, vor den Augen und unter dem Schutze des Himmels, stark durch die Gegenwart Unsers Bruders, Unsers Neffen, des Herzogs von Angoulême, durch die Zustimmung der andern Fürsten von Geblüte, die alle Unsere Ansichten theilen und von denselben Grundsätzen, die Uns beleben, durchdrungen sind; zum Zeugen nehmend die königlichen Schlachtopfer und alle die Schlachtopfer, die Treue, Ehre, Frömmigkeit, Unschuld, Vaterlandsliebe und Ergebenheit der revolutionären Wuth und dem Durste und der Eifersucht der Tyrannen darbrachten; den Schatten des jungen Helden anrufend, den gottlose Hände dem Vaterlande und dem Ruhme eben entrissen; unsern Völkern *als* Pfand der Versöhnung die Tugenden des Trostengels darbietend, den die Vorsehung zum großen Beispiele, neuen Widerwärtigkeiten vorbehielt, nachdem sie ihn einmal schon den Henkern und den Ketten entriß: schwören Wir, daß niemals man sehen wird, daß Wir das heilige Band zerreißen, welches Unser Geschick unzertrennlich mit dem Euern verbindet, das Uns mit Euern Geschlechtern, Euren Herzen und Euern Gewissen verbindet; niemals werden Wir über das Erbe Unsrer Väter Uns abfinden lassen, nie Unsre Rechte aufgeben. Franzosen, zu Zeugen dieses Eides nehmen Wir den Gott des heiligen Ludwigs, ihn, der über menschliche Gerechtigkeit richtet." Dieser Eid hat etwas Großartiges; er kommt aus einem durchaus königlichen Herzen. Die Erde hat ihn kaum vernommen, aber der Himmel hat ihn aufgehoben in seiner ewigen Verwahrung.

Die Festlichkeiten der Krönung erfüllten den Monat December 1804 und die beiden ersten Monate von 1805. Mancherlei Gründe bestimmten den Kaiser, sie zu verlängern. Die Consularregierung hatte in die Gesellschaften der Hauptstadt die Achtung des Schicklichen wieder zurückgeführt, welche der Cynismus einiger Epochen der Revolution und die Frechheit der Directorialregierung gestört hatten. Als Kaiser glaubte Napoleon die Prachtfeste Ludwigs XIV. wieder hervorrufen zu müssen. Nach Colberts Beispiele verlangte er, daß der Luxus im Palaste zur Blüthe der Fabriken und Manufacturen beitrage. Es war dies eine Steuer auf die französische und ausländische Eitelkeit, ein Ersatzmittel für den Handel, eine Aufmunterung für den Gewerbfleiß. Schriftsteller, die sich's anmaßen, die höchsten Schiedsrichter über gute Sitte und guten Geschmack zu seyn, haben ihr Möglichstes gethan, um die angebliche Linkischheit der neuen Leute, die Napoleon um sich versammelt hatte, nach dem Leben zu zeichnen. Erstens war dieser Hof beinahe durchaus von Kriegsleuten zusammengesetzt, und wo hätte man je gesehen, daß ein französischer Officier sich in der Uniform ungeschickt benommen hätte, besonders wenn diese Uniform im Feuer des Feindes so wohl bestanden hat? Freilich fand man vielleicht in den Tuilerien nicht jene neckische Unterhaltung, nicht jene feinen Scherze, die einst das Hauptverdienst der Höflinge von Versailles ausgemacht haben mögen; doch mochte der Stoff zur Unterhaltung Kriegern auch wohl nicht fehlen, die als Sieger Italien, Aegypten und Deutschland durchzogen waren; er fehlte Gelehrten, erlauchten Mitgliedern aller unserer Akademieen und Magistraten wohl auch nicht, die eben erst das bürgerliche Gesetzbuch verhandelt hatten und die französische Gesetzgebung zu vervollständigen fortfuhren; denn aus diesen Elementen waren Napoleons Abendgesellschaften zusammengesetzt und die Adelsbriefe solcher Leute scheinen auf gutes Papier geschrieben. Natürlich suchten einige Statisten aus dem Oeil de Boeuf, die durch die Macht der Ereignisse zu etwas untergeordneten Rollen herabgekommen waren, sich durch Spitzworte über die thatsächliche Ueberlegenheit zu rächen, die diese Pflegekinder des Glückes und des Ruhmes über sie davongetragen hatten. Besonders an den Frauen übte sich ihre Bosheit; tausend Spottbilder kamen in Umlauf, tausend einzelne Züge, manchmal geistreich, manchmal albern erfunden; aber mit wenigen Ausnahmen waren diese Frauen sammt und sonders jung, gut erzogen, und die Jugend allein schon sichert bedeutende Vorzüge zu. Und dann, wo in der Welt verstände die Gesellschaft besser als in Paris das Geheimniß, alle Stände gleichzustellen? Ich kannte schon die fremden Höfe; mehrere Jahre lang hatte ich namentlich am Berliner Hofe gelebt, den die schöne Königin von Preußen zum angenehmsten auf dem Festlande machte; und doch gestehe ich, daß ich nie etwas so Schönes, so Anmuthvolles gesehen habe, als den neuen kaiserlichen Hof. Die Gesellschaften in den Tuilerien, die Festzusammenkünfte und Bälle bei den Großwürdenträgern und den Ministern hatten die glückliche Wirkung (und das war der Zweck, den der Kaiser beabsichtigte), die Gegensätze zu vereinigen, alle Parteien zu mischen, alle Abschattungen zu verschmelzen. Nichts war merkwürdiger, als der Gegensatz der alten Erinnerungen und der neuen Berühmtheiten. Wie das Königthum, stirbt in Frankreich auch die Anmuth nicht aus. Bei der Kaiserin Josephine, die gleichsam bestimmt schien, Vermittlerin zwischen dem vorigen Jahrhundert und dem neuen zu seyn, war die Schatzkammer der Anmuth geblieben. Ihre Holdseligkeit, ihre Milde, die doch die Würde nicht ausschloß, stellten sie in die Mitte der mannigfachen Ansprüche, als die gemeinsame Zuflucht für alle. Die Gesinnungen, die anderwärts sich abgestoßen hätten, wurden zahmer in ihrer Gegenwart oder schwiegen. Ein geistreicher Mann hat Napoleons Ehe mit Josephinen dadurch sehr glücklich bezeichnet, daß er sie einen Bund zwischen dem Bedürfnisse zu herrschen und dem Bedürfnisse zu gefallen nannte. Uebrigens erschien der Kaiser nicht bei allen diesen Festen, ob er gleich oft dort auf sich warten ließ. Er zog ihnen die minder lärmenden Kreise von höchstens vierzig oder funfzig Personen vor. Sie hatten zwei Mal die Woche statt; und unter den Lästerern des neuen Hofes ist nicht einer, der nicht stolz darauf gewesen wäre, dort eingeladen worden zu seyn.

Mitten in den Freuden, die in der Hauptstadt eine so große Bewegung hervorbrachten und die Leiden des Krieges bis auf einen gewissen Grad vergessen ließen, beschäftigte sich Napoleon zugleich mit dem Kriege nach außen und mit den Interessen des Innern von Frankreich. Zehn bis zwölf Stunden verbrachte er täglich in Privatsitzungen über Verwaltungsangelegenheiten oder im Staatsrathe. Während die Tageblätter fast in homerischem Style das Verzeichniß der Masse kleiner Schiffe gaben, die aus der Mündung jedes kleinen Flusses sich nach den Hauptrheden begeben sollten, verstärkte er die Landarmee, vermehrte er das Zeug seiner Geschützparke, prüfte er die Pläne der festen Plätze und ordnete Arbeiten an, die ihre Vertheidigung vollständiger machen sollten. Er ordnete oder wachte selbst über die Kaufbedingungen wegen der Waffenbereitung, der Bekleidung der Truppen und der Versorgung der Kriegs-Vorrathshäuser; er forderte von den Ministern über die geringsten Kleinigkeiten Auskunft, häufig sogar von ihren ersten Untergebenen, wenn die Minister nicht allen seinen Bedenken genügten. Theils machte er ihnen dadurch seine Ueberlegenheit bemerklich, theils knüpfte er dadurch die Hoffnungen ihrer Mitarbeiter unmittelbarer an seine Person. Er allein schien nicht müde zu machen, wenn er die Minister, erschöpft von der Arbeit, die sie mit ihm durchgemacht hatten, entließ, und oftmals fanden sie bei ihrer Heimkehr schon kaiserliche Briefe vor, die unmittelbare Beantwortung forderten.

Einer der Minister, mit denen der Kaiser den lebhaftesten Briefwechsel unterhielt, war der Minister des öffentlichen Schatzes. Nicht allein bereitete er mit ihm die Vertheilung der Summen unter die verschiedenen Ministerien vor, und in den verschiedenen Ministerien ihre Vertheilung unter die verschiedenen Zweige des Dienstes, sondern unaufhörlich war er auch auf seiner Hut, damit die Geldmittel auf keinem Puncte des Reiches, wo man sie brauchen könne, fehlen möchten. Stets war er in diesem Falle zuerst unterrichtet. Er war es, der seinem Minister mittheilte, daß in der Festung, in der Stadt des Innern, in dem Seehafen, die Geldmittel zu einem bestimmten Tage für Arbeiten, Lieferungen, Soldauszahlungen an eine Division, ein Regiment nicht vorbereitet gewesen seyen.

Ob man gleich seit dem 18ten Brümaire viel für die Herstellung der Ordnung in den Finanzen gethan hatte, so gab es doch noch in dem angenommenen Systeme einen Hauptfehler, der die Regierung in fortwährender Verlegenheit erhielt, und endlich im Jahre 1805 einen Entscheidungszustand herbeiführen muß, dessen Wirkungen sich auf eine sehr empfindliche Weise im Innern und selbst in den äußeren Beziehungen der Regierung fühlbar machte. Da die Ausgaben des Schatzes in zwölf Monaten bezahlt werden mußten, während man achtzehn brauchte, ehe alle Einnahmen eingingen, so sah sich die Regierung in der fortwährenden Nothwendigkeit, durch stets lästige Mittel sich den Vorschuß einer Summe von hundert zwanzig bis hundert dreißig Millionen aufzusparen, um dem laufenden Dienste genügen zu können. Dieser Vorschuß wurde durch eine Gesellschaft von Bankiers gemacht, denen man zum Ersatze Pfandbriefe für eine gleiche

Summe, auf die Generaleinnehmer der Departemente lautend, zustellte. Seit 1804 erregte das Betragen dieser Bankiers dem Kaiser gerechte Besorgnisse. Während er die Küsten besuchte, erfuhr er, daß an der Börse zu Paris zu sehr ungünstigem Preise durch die Bankiers des Schatzes Pfandbriefe schon verkauft worden waren, die er noch gar nicht in ihren Händen glaubte. „Die Börsennachrichten, die mir eben zukamen," schrieb er auf der Stelle [1]) an Herrn von Marbois, „haben mich lebhaft ergriffen. Ich begreife nicht, wie diese „Schuldbriefe aus der Mappe, ohne meine Befugniß, genommen werden konnten. Ich begreife noch weniger, wie „die Personen, denen man sie zur Verwahrung zustellte, sie „auf dem Platze verkaufen konnten, was in einem einzigen „Augenblicke unserm Credit einen tödtlichen Schlag giebt; besonders da diese Schuldbriefe vom Jahre XIV sind. Ich „erwarte von Ihnen Aufklärungen über diese Thatsachen, die „meine Freude gestört haben, welche ich in der Mitte der „Lager und der Flotten empfinde." Noch in mehreren Briefen äußerte er seine Unzufriedenheit über das Verfahren der Bankiers. „Können sie uns Verluste zuziehen, wenn sie „bankerutt machen?" fragte er mehrmals seinen Minister. Wir brechen hier die Mittheilungen über die Verhältnisse der Regierung zu den Vorschüsse machenden Bankiers ab, die richtiger ihren Platz bei der Uebersicht finden werden, die wir von der Finanzcrise des Jahres 1806 zu geben haben. Heute haben wir darum nur ihrer Erwähnung gethan, um zu zeigen, auf welche Einzelnheiten der Kaiser sich einlassen mußte, um dem Betruge zu begegnen, der seine Finanzen von allen Seiten umlagerte. Der Schatzmeister, Herr von Marbois, konnte eben wegen seiner Rechtlichkeit und seines geraden Sinnes diese Betrügereien in ihrem ganzen Umfange kaum ahnen und folglich noch viel weniger ihnen begegnen.

Mit dem Schatzminister war der Kaiser beschäftigt, die Ausgaben sicher zu stellen, mit dem Finanzminister mußte er Einnahmen schaffen. Da die Ausgaben durch die wunderwürdigen Anstrengungen für die Seemacht gewachsen waren, während zu

1) Brief aus Ostende vom 13ten August.

gleicher Zeit das Landheer auf dem furchtbarsten Fuße erhalten wurde, so mußte man die Einnahmen in hinreichendem Verhältnisse erhalten. Seit mehreren Jahren fühlte die Regierung die Nothwendigkeit, zu einem Steuerverfahren wieder zurückzukehren, das im Mißbrauchfalle zwar unheilbringend, aber klug behandelt eines der ergiebigsten und zugleich am wenigsten fühlbaren ist: nämlich zu mittelbaren Abgaben (Accise). Im Jahre 1799 hatte das Directorium einen Versuch der Art gemacht, der von wenig Erfolg gewesen war. Eine Auflage auf den zubereiteten Tabak, deren Eintreibung der Einschreibungsverwaltung mit aufgetragen war, hatte kaum eine Einnahme von 2 Millionen gebracht. Es war dieses die einzige Auflage der Art, die seit der Revolution war erhoben worden. Der Wunsch, die Last der Grundsteuer zu erleichtern, die Nothwendigkeit, das Finanzsystem zu vervollständigen und den Dienst auf feste Grundlagen zu stützen, entschieden den ersten Consul, eine Verwaltung der vereinigten Gefälle [1]) zu schaffen. Man verheimlichte sich die Unbequemlichkeiten von Abgaben auf Verbrauchsgegenstände, die große Anzahl von Beamten nicht, die ihre Erhebung nothwendig macht, die Beschränkungen und Verlegenheiten, die sich daraus für den Handel und selbst für die Erzeuger ergeben. Aber von der andern Seite war es unmöglich, daß die Grundbesitzer allein den ganzen Betrag der für den Staatsdienst nothwendigen Einkünfte hergeben sollten. Der Regierung blieb folglich nichts weiter übrig, als zu mittelbaren Abgaben ihre Zuflucht zu nehmen. Sie sah darin eine neue Fundgrube für die Ausbeute und zugleich eine ergiebige Fundgrube. Ihr Ertrag, der sich im ersten Jahre kaum auf vier Millionen belief, nahm reißend zu. Drei oder vier Jahre später überstieg er schon hundert Millionen. Seit 1804, wo man doch nur 3,897,355 Fr. erhob, wurde als Ersatz 10,200,000 Fr. an der Grundsteuer nachgelassen.

Die Gesammteinnahme dieses Jahres überstieg mit achtzehn Millionen die Einnahme von 1803 und bot ein Ganzes

1) Den 25sten Februar 1804.

von fünfhundert acht und achtzig Millionen, die in folgenden Sätzen einkamen:

Unmittelbare Steuern	313,749,291	Fr.
Von den Einschreibegebühren rc.	198,584,340	=
Zölle	41,485,621	=
Vereinigte Gefälle (erstes Jahr)	3,897,355	=
Posten	10,471,096	=
Lotterie	16,658,500	=
Salzwesen	3,220,000	=
	588,066,203	Fr.

Wenn jedes Jahr das französische Budget einen gleichmäßigen Zuwachs erhielt, so wuchs freilich das englische in noch viel beträchtlicherem Maaßstabe.

Im Jahre 1804 ergab der Ertrag der Abgaben

	49,335,978	Pf. St.	1,233,399,450	Fr.
die Anleihe	14,500,000	= =	362,500,000	=
Zusammen	63,835,978	Pf. St.	1,595,899,450	Fr.

Dies macht für England eine tägliche Ausgabe, die beinahe um zwei Drittheile stärker als die französische ist.

Um das britische Volk zur Ertragung einer solchen Last zu ermuthigen, hielt das Ministerium ihm ohne Aufhören die Hoffnung hin, daß nächstens andre Staaten auf den Kampfplatz gegen Frankreich treten würden. „Ich nähre die ermuthigende Hoffnung,“ sagte der König zum Parlamente [1]), „daß „die Vortheile, die aus unsern Anstrengungen und Erfolgen „hervorgehen müssen, sich nicht auf uns blos beschränken, sondern daß ihr Beispiel und ihre Folgen beitragen werden, in „Europa ein System herzustellen, das es aus dem unsichern „Zustande errette, worin sich's befindet, und endlich einen „mächtigen Damm gegen die Vergrößerungsplane und gegen „die Entwürfe unbegränzten Ehrgeizes hinstelle, die alle Völker des europäischen Festlandes, deren Unabhängigkeit noch „nicht verletzt ist, bedrohen.“ So hatte seit der Mitte des Jahres 1804 die englische Regierung bei einigen Festlandmächten also wirklich einige Neigung zu einem neuen Bunde gefun-

1) Rede bei der Vertagung am 31sten Juli.

den, oder glaubten sie gefunden zu haben, und durch eine öffentliche Erklärung, die sehr voreilig wäre, wenn sie nicht berechnet, ließ sie im Voraus die Drohung wiederhallen.

Diese Worte des Königs erhielten einen noch ernsteren Charakter durch des Ministers entsprechendes Verfahren, nämlich die Forderung einer Summe von zwei Millionen fünfmal hunderttausend Pfund Sterling (ungefähr sechszig Millionen Franken) für geheime ungewöhnliche Ausgaben an das Parlament, das sie schon zugestanden hatte. Ein Aufsatz im Moniteur nahm es über sich, zu untersuchen, was wohl der Zweck dieser Forderung und dieser Verwilligung seyn könne. Hatte das englische Ministerium sich der Bill des Parlaments bedienen wollen, wie die Kaufleute des Schildes, um den Festlandmächten anzukündigen, daß es Mittel zurückgelegt habe zur Verfügung derer, die ihm das Blut ihrer Unterthanen verkaufen wollten? Napoleon selbst, allem Anscheine nach der Verfasser jenes Aufsatzes, setzte bei diesem Gelde eine andere Bestimmung voraus, nämlich Ausgaben der Freiwilligen zu decken, die man dem Parlamente nicht verrathen wollte. Diese letztere Erklärung war des Kaisers eigener Gedanke, und man kann um so weniger daran zweifeln, denn er hatte ihn einige Tage früher in einem Privatbriefe an einen seiner Minister ausgesprochen. „Vielleicht," schrieb er Herrn Barbé de Marbois [1]), „hat Herr Pitt die Absicht, den „Mächten zu zeigen, daß er Geld hat, um sie zu bezahlen"... Dann setzt er hinzu: „Doch denke ich über diesen Schritt nach, „so bin ich mehr geneigt, zu glauben, daß dieses Geld be„stimmt ist, den Ausgaben für die Freiwilligen zu Hülfe zu „kommen." Dieser Sprache zufolge ahnete der Kaiser mitten im Jahre 1804 nicht, daß irgend eine Festlandmacht, selbst Rußland, soweit in seinen Kriegsplanen vorgeschritten seyn könne, daß schon von Hülfsgeldern die Rede wäre. Indeß, wenn er diese letztere Voraussetzung auch nicht zuzugeben scheint, so wird er sie doch auch nicht unbeachtet lassen. Späterhin wird er freilich thun, als sey er überrascht worden. In der That wird er auf alle Fälle gefaßt seyn.

1) Brief vom 24sten Juli. Der Aufsatz ist im Moniteur vom 29sten.

Die letzten Tage des Decembers waren bezeichnet durch die Eröffnung des gesetzgebenden Körpers, die erste, die mit allem Prunke kaiserlicher Würde vor sich ging. Die Rückkehr der gesetzgebenden Versammlungen waren in Frankreich wie in England, Zeitabschnitte geworden, auf welche Einheimische und Fremde ihre Blicke richteten, um in den Worten des Staatshauptes und in den Reden, die man in seinem Namen hielt, Andeutungen über die Aussichten und bevorstehenden Wechsel der nächsten Zukunft aufzuhaschen. „Fürst, Beamte, Soldaten, Bürger," sagte Napoleon, „wir Alle haben nur Einen Zweck in unserm Streben, das Gedeihen des Vaterlandes.... Schwäche der Regierung ist das greulichste Unglück für die Völker.... Als Soldat oder erster Consul hatte ich nur einen Gedanken; als Kaiser habe ich keinen andern, das Wohlseyn Frankreichs... Frankreichs Gebiet zu vergrößern, beabsichtige ich nicht, aber seine Unverletzlichkeit will ich behaupten. Ich habe nicht den Ehrgeiz, in Europa größeren Einfluß zu üben, aber den erlangten will ich nicht aufgeben. Kein Staat wird mit dem Kaiserreiche vereinigt werden, aber meine Rechte werde ich nicht aufopfern; nicht die Bande, die mich mit den von mir geschaffenen Staaten verbinden!..." Sind diese letzteren Erklärungen Lügen oder hinterlistig, wie man's in der Folge behaupten wird? Ist die nahe Vereinigung Liguriens mit Frankreich nicht eine Widerlegung des Versprechens, daß mit dem französischen Reiche kein fremder Staat vereinigt werden soll? Die Klugheit gebietet, jedes Urtheil darüber dahingestellt seyn zu lassen. Durch die Erzählung der Thatsachen, und besonders durch die genaue Angabe der Zeitfolge, wird man bald im Stande seyn, zu entscheiden, ob Napoleon nicht wirklich redlich seyn mochte, als er am 27sten December 1804 diese Sprache führte, und doch nur einen politisch zu entschuldigenden Streich ausübte, als er im Monat Juni 1805 mit Frankreich die Republik Genua vereinigte. Ohne Mühe wird man bemerkt haben, daß der von Napoleon ausgesprochene Wille, den erlangten Einfluß nicht aufzugeben, unverträglich mit den im entgegengesetzten Sinne gebieterischen Aufforderungen war, die das Petersburger Cabinet an ihn richtete.

Der Krieg ist schon da, weil das russische Cabinet und noch vielmehr England Napoleon auf dem Platze, wo er steht, nicht zu lassen gesonnen sind, und weil Napoleon nicht gesonnen ist, herabzusteigen.

Die Auseinandersetzung der Lage der Republik, die der Minister, Herr von Champagny, am 31sten December dem gesetzgebenden Körper vorlegte, enthielt, in Bezug auf auswärtige Verhältnisse, einige Aeußerungen, die über die wahre Lage der Dinge zwischen Frankreich und den andern Regierungen gleichfalls Licht verbreitete.

Ein Wort in Bezug auf die italienische Republik deutete die Absicht an, die schon fest-stand, dort eben eine solche Veränderung, wie die französische Regierung schon betroffen hatte, vorzunehmen.

Scharfe Bemerkungen über Holland ließen voraus merken, daß diesem Lande einige Veränderungen in seiner inneren Gestaltung bevorständen. Es handelte sich nicht um einen neuen Einfall, sondern es war die fortgesetzte Ausübung eines anerkannten Uebergewichts, woraus England dann erst einen Vorwurf machte, als es wahre oder falsche Beschwerden brauchte, um den Krieg auf's Neue anzufangen.

Gestand man auch nicht mit der strengsten Genauigkeit den gegenwärtigen Stand der Stimmung der großen Mächte ein, so verheimlichte man ihn doch auch nicht ganz und gar. „Der Kaiser von Oestreich," sagte der Minister des Innern, „widmet der Herstellung seiner Finanzen, dem Wohlstande „seiner Provinzen, den Fortschritten ihres Handels die Ruhe, „die ihm die Rechtlichkeit seiner Gesinnung und das Interesse seiner Unterthanen anpreist." Streng genommen konnte dieses Urtheil über Oestreich wahr seyn. Vom Gegentheile hatte man noch keine Beweise.

„Der König von Preußen hat sich bei jedem Anlasse als „ein Freund Frankreichs erwiesen." Die Versicherung war wörtlich wahr.

„Dänemark folgt den Eingebungen einer stets weisen, ge„mäßigten und umsichtigen Staatskunst." Auch dieser Lobspruch war verdient.

Nach Dänemark erwartete man ein Wort über Schweden. Napoleon, schon unterrichtet von Gustavs IV. neuem Abkommen mit England, rächte sich auf eine grausame Weise an diesem hochmüthigen Fürsten. Er nannte ihn gar nicht.

„Der Geist Catharinens der Großen wird über Alexan„ders Beschließungen walten. Alexander I. wird sich erinnern, „daß Frankreichs Freundschaft für ihn ein nothwendiges Ge„gengewicht in der Waage Europa's ist." Daß Napoleon sich über das russische Cabinet nur durch eine Hoffnung aussprach, die getäuscht werden konnte, that hinreichend dar, daß er über die nächsten Entschließungen dieses Cabinets noch in Ungewißheit schwebte.

„Die Türkei ist in ihrer Politik schwankend. Aus „Furcht folgt sie einem Systeme, das ihrem Interesse entge„gen ist."

Das Gemälde Europa's scheint mir ziemlich treu, so treu, als es von einem Haupte der französischen Regierung ausfallen konnte. Niemals habe ich mir den Vorwurf erklären können, den selbst verdiente Leute Napoleon machten, daß er Frankreich betrogen habe, weil er bis zu den letzten Tagen des Friedens die feindliche Stimmung der fremden Mächte ihm verheimlichte. In der Politik muß man die Bekehrung nie unmöglich machen. So lange die gefaßten Entschließungen nicht öffentlich ausgesprochen sind, kann man ohne Schande zurücktreten. Von dem Augenblicke ab aber, wo man einen Staat als feindlich bezeichnet hat, muß er es werden. Die einzige Pflicht einer Regierung unter solchen Umständen ist, statt Alles, was man weiß, öffentlich auszusprechen, nur zu suchen, daß man nicht selbst hintergangen wird; d. h. nicht unvorbereitet und wehrlos Bewegungen abwarten, über die man nicht im Zweifel seyn kann, obgleich das eigene Interesse ihr vorschreibt, ihr Daseyn zu verschweigen. In diesem Sinne ließ Napoleon sich nicht überraschen. Seit der Mitte des Jahres 1804 sahe er voraus, was im Jahre 1805 ihm drohte; doch wenn er auch die Größe der Gefahr ganz ermaß, so war er doch weit davon entfernt, sich dadurch schrecken zu lassen. In einem an die französischen Geschäftsträger bei den fremden Höfen unterm 16ten August erlassenen Rundschreiben sagte Herr von Talleyrand in seinem Auftrage: „Träfe sich's,

„daß Rußland so weit ginge, sich mit dem englischen Cabi„nette vereinigen zu wollen, und käme es dahin, daß durch „die Vereinigung seiner und Englands Ränke, es die klugen „Anordnungen und die friedlichen Entschließungen des Wiener „Hofes besiegte, ihn mit sich in einen Krieg gegen Frank„reich fortrisse; in diesem Falle, sage ich, würde Rußland an „der Seite der einen oder der andern Macht nur eine un„tergeordnete Rolle spielen; es würde, wie, in den Feldzü„gen des Jahres VI, wie in Holland, in der Schweiz, in „Italien, seine Heere geschlagen, seinen Ruhm auf's Spiel „gesetzt sehen; und aus den Anstrengungen dieses neuen Bun„des würde für die französische Regierung nur ein riesenhaf„ter Zuwachs an Macht und Stärke hervorgehen." Solche Betrachtungen in der Mitte des Jahres 1804 angestellt, beweisen wohl, daß Napoleon in der Zukunft zu lesen verstand.

Die erste Handlung in der ersten Sitzung des gesetzgebenden Körpers war die Einweihung von Napoleons Büste in dem Sitzungssaale. Diesmal galten die Huldigungen nicht dem Sieger, dem Eroberer; sie galten dem Gesetzgeber, der um das Menschengeschlecht sich verdient gemacht hatte; der in Frankreich „die entwaffneten Parteien zwang, denselben Gesetzen zu gehorchen." Bei dieser Gelegenheit ließ ein gewandter Redner das berühmt gewordene Wort hören: „Der „erste Platz war leer; der Würdigste mußte ihn einnehmen. „Nur die Anarchie hat er vom Throne gestoßen." Das Wort war wahr; es ist so berühmt geworden, weil es so schlagend war.

Drei und vierzigstes Capitel.

Fortschritte der Gesittung, beschleunigt in Europa durch die französische Revolution.

Die unversöhnlichsten Feinde Napoleons, die Aristokratien. — Verbesserungen in mehrern Ländern. — Rußland. — Dänemark. — Oestreich. — Baiern. — Würtemberg. — Baden. — Italien.

Da der Krieg, der bald wieder allgemein werden wird, die folgenden Jahre der Art ausfüllen möchte, daß ich schwerlich ein Plätzchen finden könnte, um einige Bemerkungen über die Veränderungen hinzuwerfen, welche in mehrern Ländern Europa's eingeführt wurden, so beeile ich mich, den ruhigen Augenblick noch festzuhalten, dessen sich das Festland zwischen 1804 und 1805 erfreute, um in wenigen Worten einen Abriß der Veränderungen hinzuzeichnen, die unbestreitbar Ergebnisse der Aufregung waren, welche die französische Revolution allen Gemüthern mittheilte.

Während in Frankreich die Leute, für welche die Revolution nur in der Republik vorhanden war, ihre Grundsätze als durch die kaiserliche Regierung vernichtet ansahen, waren die europäischen besser unterrichteten Adelskörperschaften weit davon entfernt, in dieses Urtheil einzustimmen. Nicht allein war in ihren Augen die Revolution noch immerfort am Leben, sondern sie schien ihnen sogar um so gefährlicher, weil sie Rock und Zuschnitt geändert hatte, ohne ihrer Meinung nach, Sinn und Wesen verändert zu haben. Diese Wahrheit gehört zu denen, die man nicht aus den Augen verlieren darf. Im Voraus erklärt sie den lebhaften Haß, dessen Gegenstand einst Napoleon seyn sollte. Ungeachtet es in Frankreich wieder einen Thron gab, so werden doch Frankreichs unversöhnlichste Feinde, weil dieser Thron nicht auf einem Systeme feudaler Bevorrechtungen ruhte, wie früherhin, die Aristokratien seyn. Vielleicht mißfällt ihnen selbst das neue Kaiserthum, mit allen seinen Orden und Ordensbändern, sogar mit seinem Adel, mehr noch als die Republik, weil diese Orden, dieser Adel, dem persönlichen Verdienste wenigstens nach der Voraussetzung zugestanden, stets einen von dem, was unter alten Regierungen bestand, verschiedenen Charakter behaupten werden. Vielleicht verabscheuen die Aristokratien Napoleon mehr noch, als den Wohlfahrtsausschuß und das Directorium, weil sie die Befestigung seiner Lehren mehr befürchten. Ist er ein Sylla in den Augen der Demagogen, ein Cäsar für die Republikaner, so bleibt er ewig und immer für die Aristokratien ein Marius, während er die Völker und eine große Menge von Fürsten noch lange zu Freunden hat. Nur dann werden die Völker dahin gebracht werden, gegen Napoleon zu fechten, wenn er ansteht, offen für sie gegen diese Aristokratien Partei zu ergreifen, die ihre Feinde wie seine sind.

In einem der Aristokratie entgegengesetzten Sinne hatten einige wohlberathene Staatshäupter der in Frankreich seit dem 18ten Brümaire bewirkten Verwandlung Beifall gegeben. Da unter der Nationalversammlung und dem Directorium die französische Revolution diesen Fürsten ein Greuel war, so durften sie nicht wagen, auch ihre weisesten Grundsätze anzunehmen, ihre nützlichsten Unternehmungen nachzuahmen. Sobald aber im Gegentheile durch die Consularregierung die Ordnung hergestellt war, hatten sie dem ruhigen, gesitteten und religiösen Frankreich manches Gute abborgen dürfen, das sie aus den Händen einer stürmischen und blutigen Republik zu empfangen Bedenken tragen mußten.

Obgleich die in Rußland durch den Kaiser Alexander vorgenommenen Verbesserungen nur die Fortsetzung des von Peter I. und Catharina II. angefangenen Werkes sind, so erhalten doch auch diese Neuerungen oder Verbesserungen ihren Stempel von den Ideen, welche die französische Revolution in Europa in Umlauf gebracht hat. Einige sind sogar treue Nachahmungen dessen, was in Frankreich geschah. So die Abtheilung des öffentlichen Unterrichts in vier Classen: 1) Kirchspielschulen, 2) Kreisschulen, 3) Gouvernementsschulen oder Gymnasien, 4) Universitäten.

Ein Ausschuß von unterrichteten Leuten ward von diesem Fürsten beauftragt, Mittel ausfindig zu machen, wie dem russischen Reiche, wenn auch nicht das ganze Civilgesetzbuch, doch wenigstens die Gesetze daraus, die mit Vortheil dort könnten eingeführt werden, anzupassen wären.

Die Menschheit jubelt über die Ukasen, die auf die Freimachung der Bauern Bezug haben und in Rußland eine Classe freier Ackerbauer zu bilden beabsichtigen, wie sie denn auch den Geist der Gerechtigkeit gutheißt, der ohne eine allzu rasche Unterdrückung der erbherrlichen Rechte, ein Verfahren für die allmählige Befreiung festsetzt.

Die dänische Regierung schafft die Leibeigenschaft in den Herzogthümern Holstein und Schleswig ab.

In Wien sogar hat man gefühlt, daß die bestehende Gesetzgebung der Abänderungen bedürfe, und unter dem Vorsitze eines aufgeklärten Mannes, des Herrn von Rottenham, ist eine Commission gebildet, die diese Arbeit vorbereiten soll. Doch namentlich in den Staaten, die durch die letzten Ereignisse zu engeren Beziehungen zu Frankreich berufen scheinen, gehen die lebhaftesten Umgestaltungen vor.

Die alten Besitzungen des Hauses Baiern waren vor der französischen Revolution für Teutschland, was Spanien heutzutage für Europa ist, das Kammergut der Unwissenheit und des Aberglaubens. Das Land gehörte der Geistlichkeit und besonders den Klöstern mehr an, als dem weltlichen Fürsten. Einige Fürsten dieses Hauses hatten vergebliche Versuche gemacht, das Joch dieser geistlichen Herrschaft abzuschütteln. Dazu waren die Gemüther damals noch nicht reif. Um sie dafür zu stimmen, bedurfte es des Beispiels der großen Verbesserungen, welche die französische Revolution herbeigeführt hatte, so wie es denn zu einem solchen Unternehmen in Baiern auch eines so wohlgesinnten Fürsten, wie Maximilian war, und eines eben so erleuchteten als muthvollen Ministers, wie Herr von Montgelas war, bedurfte.

Zwanzig Edicte des Churfürsten und vier Jahre eines ausdauernden Kampfes, den der Minister bestand, waren nöthig, um Unternehmen durchzuführen, die, wie man nach ihrer Vollendung meinen sollte, gar keinen Widerspruch hätten finden müssen. Folgendes waren die Gegenstände dieser verschiedenen Edicte: Zugestehung des Naturalisationsrechtes in den baierschen Staaten für nichtkatholische Unterthanen; Aufhebung der zahlreichen Feste, Octaven, Kirchweihfeste, Rosenkränze, Krippen und anderer religiösen Gebräuche, welche die Arbeitstage wesentlich beschränkten; Verbot der Wallfahrten, die Heiligenbildern in fremden Ländern den Ertrag baierschen Bodens zuführten; Aufhebung der zahllosen Clausen, meistens in Wäldern gelegen, die mehr als einmal Räubern zum Schlupfwinkel gedient hatten; das Verbot, Wunder aus der neuesten Zeit von den Kanzeln zu verkündigen; das Verbot des Terminirens für die Bettelorden; Zuziehung der Kirchengüter, der Klöster und frommen Stiftungen zu den Staatslasten; allmählige Verminderung der Klöster für Mönche und Nonnen aller Arten, Vereinigung der Güter der Prälaturen und Collegiatstifter, die sehr große Einkünfte zogen, ohne irgend eins der lästigen Geschäfte des geistlichen Standes zu erfüllen, mit dem Staatsgute; endlich, um die Wohlthat zu verdoppeln, Verwendung des Ertrages der vorgenommenen Einziehungen zur Begründung unentgeldlichen Elementarunterrichts und anderer nützlichen Anstalten. Die Ausführung dieser Maaßregeln schien freilich manchmal die religiöse Freiheit zu beeinträchtigen. Der Widerstand, den sie fanden, machte sogar die Anwendung der Gewalt und Strenge nothwendig [1]), aber die baiersche Regierung ist durch Concordate an den heiligen Stuhl gebunden, und hielt sich im Ganzen innerhalb der Gränzen dieser Concordate. Das Uebel war außerdem tief eingewurzelt, und einem minder festen Charakter, als der Churfürst und sein erster Minister hatten, wäre es nicht gewichen. Man begreift wohl, daß gegen diesen Minister lautes Halloh sich erhob.

Da Alles, was unterdrückt, zusammenhängt, so fürchtete die Adelsaristokratie nicht ohne Grund einen ähnlichen Angriff gegen ihre Bevorrechtungen und eilte daher der Geistlichkeit zu Hülfe. Die Landstände, meist aus Adel und Prälaten bestehend, erhoben lebhafte Vorstellungen und Einspruch gegen die Aufhebung der Klöster. In einer wüthend heftigen

1) Als fünf und vierzig Dörfer durch Wallfahrt außer Landes die churfürstliche Verordnung verletzt hatten, schickte man ihnen Einquartierung als Strafe zu. Das Auskunftmittel war leidig; aber die Wanderungen über die Gränze haben aufgehört und das Geld bleibt im Lande.

Denkschrift, die dem Churfürsten überreicht ward, klagten sie die Minister an, daß sie ihn zu revolutionären Maaßregeln anregten. Der Churfürst antwortete ihnen, er handle aus eignem Antriebe, stehe unter Niemandes Einflusse, und erwarte von ihnen mehr Unterthänigkeit und für die Zukunft ein anständigeres Benehmen. Bei dieser Antwort wußte der Churfürst, daß er Schutz hatte; und dieser Schutz war die französische Regierung. Wir wollen's gar nicht leugnen, Napoleon unterstützte, wenigstens durch schweigende Billigung, die Aufhebung dessen, was man in Teutschland Stände nannte, nämlich der Wahrheit nach unterdrückende Körperschaften, begründet auf die Vorrechte der Geistlichkeit und des Adels, so wie auf die Unwissenheit und den Sklavensinn des Volkes. In diesem Sinne begünstigte er den Despotismus; aber es war der Despotismus, welcher Gleichheit vor dem Gesetze und Unterwerfung Aller unter die gemeinsamen Staatslasten verlangt; dann begünstigte er die Befreiung der Gemeinden. Hätte er den Fürsten des mittäglichen Teutschlandes nicht zu ihrer allmähligen Freimachung vom Joche der Aristokratie für sich und ihre Unterthanen kräftige Unterstützung zugestanden, niemals hätten diese Fürsten ihren Unterthanen die freisinnigern Verfassungen zugestehen können, deren sie sich jetzt erfreuen. Die nicht adelige Classe, d. h. die Masse des Volkes, hätte heute noch keinen Anspruch auf die Gleichheit der bürgerlichen und politischen Rechte, hätte sie nicht damit angefangen, sich Abgabengleichheit zu erwerben.

Der Churfürst von Würtemberg war in noch lebhafterem Kampfe mit den Ständen seines Herzogthums begriffen. Dieser Fürst, von einem sehr heftigen Charakter, hatte mehrere Mitglieder der Standschaft verhaften lassen und hielt sie in Ludwigsburg eingesperrt. Diese Händel waren nicht neu. Frankreich hatte gar keinen Antheil daran; doch auch der Hauptgrund des Streites war von Seiten der Aristokratie, die unverletzte Aufrechthaltung ihrer Steuerfreiheiten, oder mit andern Worten, das Recht, die Masse der Steuern auf den Theil der Bevölkerung zu werfen, den ähnliche Begünstigungen nicht dagegen sicher stellten. Die Staatsrechtslehrer, die, um Napoleon als den Vernichter aller Freiheit darzustellen, das Bestehen von Landständen, wie sie sich seit dem Mittelalter in Teutschland erhalten hatten, in Frankreich vermissen, meinen's entweder nicht ehrlich, oder ließen sich durch ein Wort bethören und merkten nicht, daß sie nur die Vertheidiger feudalistischer Freiheiten waren. Sie beweinten den Untergang einer der abscheulichsten Tyranneien, weil sie zum Zweck und zum Erfolge Sklaverei, Verdumpfung und Volkselend hatte.

Dieselbe Strenge, oder will man, dieselbe Gewaltthätigkeit, die der Churfürst gegen seine würtembergischen Landstände gezeigt hatte, entwickelte er auch gegen den unmittelbaren Reichsadel, den teutschen und den Johanniterorden. In dieser Beziehung war der Beweggrund, so wie bei seinem Verfahren gegen die Landstände, zu entschuldigen, sogar lobenswerth war er; aber die Weise war mißbräuchlich und tadelnswerth.

Frankreich näher, war der Churfürst von Baden früher dem Anstoße von dorther gefolgt. In den katholischen Theilen des Churfürstenthums waren die Klöster aufgehoben worden. Man hatte die Mönche vom Gelübde der Armuth so wie des Gehorsams gegen ihre Obern losgesprochen und ihnen das Recht zugestanden, von ihren Aeltern zu erben.

Ich spreche nicht von Italien. Die unter französischer Herrschaft gebliebenen Theile der Halbinsel hatten natürlich von ihr die Gesetze zugetheilt erhalten. Doch selbst dort, wo die Franzosen nicht Herren geblieben waren, hatte ihre vorübergehende Erscheinung große Wohlthaten erzeugt, nämlich die Unterdrückung der Feudalrechte. Immer ist es für Völker ein Vortheil, wenn unterdrückende Einrichtungen für abgeschafft erklärt werden, es gilt gleichviel, durch welche Macht, und wäre es auch nur einen Tag lang. Den Baum kann man für einige Zeit wieder aufrichten; aber mit seiner Wurzel leimt man ihn nicht wieder zusammen.

Nach dem gewöhnlichen Gange der Weltereignisse würden alle die erwähnten Umgestaltungen mit der Zeit auch stattgefunden haben; aber vielleicht wäre ein Jahrhundert noch nöthig gewesen, um bis dahin zu kommen. Die Wirkung großer Bewegungen ist, daß sie den Raum verschlingt und die Fristen abkürzt. In Folge der französischen Revolution und von Napoleons Einfluß, der unbestreitbar ihr Fortsetzen war, konnten sie ohne Reibung, ohne Kampf im Raume weniger Jahre vollbracht werden. Nicht allein unter dem Consulat und unter dem Kaiserthume waren die wahren Grundsätze der Revolution nicht untergegangen, sondern immerfort lebend, obgleich gemäßigter, waren sie um so mehr geeignet, ihre Eroberung nach außen zu erweitern.

Vier und vierzigstes Capitel.

Verhältnisse zum Auslande.

Andeutung der Hauptereignisse des Jahres 1805. — Schritte für den Frieden bei dem Könige von England. — Napoleons Brief an den König von England. — Antwort des englischen Ministeriums. — Wohlthätiger Erfolg des Briefes an den König von England. — Wichtige Denkschrift des britischen Ministeriums. — Vorgängige Feststellung des Schicksals von Italien durch das Londoner Cabinet. Bündniß zwischen Rußland und Schweden. — Brief des Kaisers Alexander an den König von Preußen. — Sendung des russischen Generals Winzingerode nach Berlin. — Gustav IV. schickt dem Könige von Preußen den schwarzen Adlerorden zurück. — Glänzende Verhandlungen Rußlands in London, Berlin und Wien. — Einführung einer neuen Verfassung in Holland. — Gründe der Umgestaltung der italienischen Republik in ein Königreich Italien. — Vorgängige Benachrichtigung Oestreichs von dieser Umänderung. — Oestreich abgeforderte Erklärung. — Die italienische Krone wird Napoleon angeboten. — Napoleons Antwort. — Mittheilungen an den Senat, in Bezug auf das Königreich Italien. — Napoleons Brief an den Kaiser Franz, in Bezug auf das Königreich Italien. — Klagen, die Napoleon in Wien führt. — Oestreichs Antwort auf Frankreichs Klagen. — Sieg der Kriegspartei in Wien.

1805.

Wenn im Leben des Kaisers Napoleon das Jahr 1805 eines der merkwürdigsten, durch die Mannigfaltigkeit und Größe der Ereignisse, die es hervorsteigen sah, ist, so kommt ihm auch noch die Auszeichnung zu, daß es vor allen andern einen Charakter von Geschlossenheit hat, der ihm eine regelmäßige und abgerundete Form giebt. In diesem Zeitraume beginnt eine große Begebenheit, verwickelt, entwickelt sie sich, besteht sie ihre Crisis und kommt sie zu ihrer Lösung. Wie das neue Jahr Europa's Festland im Frieden von seinem Vorgänger übernahm, so legt es das Festland Europa's wieder befriedigt in die Hände des nachfolgenden Jahres, doch umgestaltet durch einen wundervollen Krieg. Denn seine Erscheinung ist eine andre geworden, und zahlreich sind die Veränderungen in den Gränzen einer großen Menge von Staaten und in der gegenseitigen Beziehung der verschiedenen Mächte. Man schwindelt beim Anblicke der verworrenen Gruppen von sich herzudrängenden Thatsachen. Diese Thatsachen überlaufen sich gleichsam und stellen sich zusammen in Massen; jeder Tag, jede Stunde hat ihre eignen.

Napoleon machte einen Versuch der Unterhandlung bei England. Englands Antwort kündigte das Bestehen von schon zwischen ihm und mehrern Festlandmächten eingegangenen Verbindungen an. Die Unterhandlungen des Londoner Cabinets mit diesen Mächten waren im Fortgange. Ueber die Absichten war man einverstanden; über die Mittel sucht man sich zu verständigen; man feilscht über die Summe der Hülfsgelder; die Verträge werden abgeschlossen, die Feldzugplane werden verhandelt, und während der Vorbereitungen zum Kriege wird der Köder einer täuschenden Unterhandlung Frankreich von Rußland angeboten, dann unter eitelm Vorwande zurückgenommen, darauf von Oestreich auf's Neue hingehalten, Alles in der Absicht, den Zeitpunct der vollendeten Rüstungen herbeizubringen.

Doch auch von Napoleons Seite fand dieselbe Thätigkeit, sich Waffen zu verschaffen und seine Kräfte zu vermehren, statt, theils um England durch einen Angriff im eignen Lande zuvorzukommen, theils um der Fluth der Festlandmächte Widerstand zu leisten. Energisch setzt er die Vorkehrungen zur See fort; schließt einen neuen Vertrag mit Spanien über den zur Seemacht zu stellenden Antheil; knüpft neue und engere Bande zwischen Frankreich und den von ihm abhängigen

Staaten; führt in Holland eine vereinfachte Verfassung ein; reist nach Mailand, dort seine Krönung als König von Italien, Einverleibung der ligurischen Republik mit dem französischen Kaiserreiche, Ueberweisung der Fürstenthümer Lucca und Piombino an Prinzen seines Hauses, Verwaltungsmaaßregeln für die Staaten von Parma und Piacenza; vergebliche Versuche, um das preußische Cabinet zu einem Bunde zu bestimmen, das in seiner Neutralität mehr als verdächtig dasteht, und endlich als Ergebniß der während des Friedens von den verschiedenen Festlandmächten getroffenen Anstalten, Aufhebung des Lagers von Boulogne durch Napoleon, Oestreichs Einfall in Baiern, Eröffnung eines unerhörten Feldzugs, der Napoleon in zwei Monaten nach Wien führt, ihn Europa durch eine einzige Schlacht als Sieger über zwei Kaiser zeigt, Oestreichs Kaiser zu seinem Bivouac führt, Kaiser Alexander nach Rußland zurückweist; den König von Preußen zum Lohn eines kurzen Abfalles zwingt, der Verbündete Frankreichs zu werden, gegen das seine Heere schon unterwegs sind, und vor dem Schlusse des dritten Monats dem Kaiser Franz II. den Frieden vorschreibt. Der Friede vertreibt diesen Fürsten aus einem Theile seiner Besitzungen, bereichert damit benachbarte Staaten, löst das deutsche Reich auf und zwingt das Haus Oestreich, bald darauf dem deutschen Kaisertitel zu entsagen. So enden für Englands Verbündete Herrn Pitt's gigantische Pläne; doch England war gerettet vor einem Einfalle, und durch die Schlacht von Trafalgar ist es für die Leiden des Festlandes getröstet.

Um Napoleon ganz zu kennen, müßte man ihn beobachten, wie er an demselben Tage, in denselben Stunden alle auf den Krieg bezügliche Fragen verhandelt, vom Plane des Feldzuges an, Geschütz, Geniewesen, Zusammensetzung des Heeres und seine Bewegungen, bis zum Schuhwerk und den Patrontaschen der einzelnen Soldaten herab verhandelt; wie er alle Theile des Seewesens von den allgemeinen Berechnungen, dem Auslaufen und der Rückkehr der Geschwader an bis zur Ausrüstung der letzten seiner Kanonierschaluppen anordnet; wie er alle Theile der Verwaltung durchfliegt, bei der Leitung des Ministeriums des Innern anfängt und bei der

Herstellung einer Dorfkirche endigt; alle Theile der Verhältnisse nach außen überschaut, von den Verhandlungen mit den mächtigsten Staaten an, bis zu der Vorsorge, um sich der schwächsten Staaten zu versichern; wie er endlich alle diese verschiedenen Gegenstände und eine Menge andrer obendrein mit derselben Kenntniß des Ganzen und des Einzelnen, mit derselben Treue des Gedächtnisses, derselben Schärfe der Gedanken verhandelt, als ob jedes dieser einzelnen Ministerien für ihn der Gegenstand ausschließlicher Beschäftigung gewesen wäre. Da diese Uebersichten, die dem umfassenden Blicke so willkommen sind, nur dadurch, daß sie nach und nach vor den Geist treten, sich umspannen lassen, so werde ich versuchen, die Aufgaben der Art zu theilen, daß auch sie, ohne ihrer Gleichzeitigkeit zu schaden, einzeln ergriffen und verstanden werden können.

Die Auseinandersetzung der Lage Frankreichs, die am 31sten December dem gesetzgebenden Körper vorgelegt wurde, schloß mit einigen Worten, die keine Hoffnung auf nahen Frieden zuließen, da Frankreich erklärte, es würde nie andre Bedingungen, als die des Friedens von Amiens annehmen, „und weil es voraussetzte, England würde zu dieser Nothwendigkeit durch die Ueberzeugung von dem Unvermögen gelangen, das feste Land durch seine Anstrengung zu erregen.“ Nun sollte aber England zu dieser Ueberzeugung nicht kommen, und folglich war die Ruhe des Festlandes, an welche Frankreich zu glauben vorgab, keinesweges gesichert. In dieser Lage der Dinge gab die Politik Napoleon einen jener ungewohnten Schritte ein, welche manchmal gelingen; und die, wenn sie auch nicht gelingen, doch Glanz und Größe geben, und die fast immer, wenn sie auch den angegebenen Zweck verfehlen, gelegentliche Eröffnungen und nützliche Entdeckungen herbeiführen. Als erster Consul hatte er dem Könige von England den Frieden angeboten, und der König war gezwungen gewesen, wenn er gleich Anfangs ihn ausschlug, ihn später einzugehen. Eben so schlägt er ihn jetzt als Kaiser vor. Wohl weiß er, eben so gut wie im J. 1800, daß der König von England ihm nicht unmittelbar antworten wird; doch steht er zu hoch, um den Schein der Verachtung besorgen zu müssen. Ein Brief

Napoleons, der bald darauf in alle Zeitungen kommt, wird stets seinen Erfolg haben, mag die Antwort auch klingen wie sie will, und vielleicht wird der Gegensatz zwischen Brief und Antwort mit dazu beitragen, den beabsichtigten Zweck besser zu erfüllen.

Nachdem er gesagt hat, daß seit seiner Berufung auf den Thron von Frankreich durch den Wunsch des Volkes sein erstes Gefühl ein Wunsch nach Frieden gewesen sey, fügt Napoleon hinzu: „Frankreich und England verbrauchen ihren Wohlstand; Jahrhunderte lang können sie kämpfen; aber erfüllen ihre Regierungen die heiligste ihrer Pflichten? . . . Ich glaube mir nichts zu vergeben, wenn ich den ersten Schritt thue. Hinreichend glaub' ich der Welt bewiesen zu haben, daß ich keinen Wechsel des Krieges fürchte. Krieg bietet mir auch nichts, was ich zu fürchten hätte. Friede ist der Wunsch meines Herzens; doch nie war der Krieg meinem Ruhme ungünstig. Ich beschwöre Ew. Majestät, sich das Glück, uns selbst den Frieden zu geben, nicht zu versagen. . . . . Ew. Majestät hat seit zehn Jahren mehr Gebiet und Reichthümer gewonnen, als Europa Flächenraum hat. Ihr Volk ist auf dem höchsten Puncte des Wohlstandes. Was will es vom Kriege noch hoffen? Einige Mächte des Festlandes zusammen zu verbinden? Das Festland wird ruhig bleiben. Ein Bund kann nur das Uebergewicht und die Größe Frankreichs auf dem festen Lande vermehren. Die innern Unruhen erneuern? Die Zeiten sind nicht mehr dieselben. Unsre Finanzen vernichten? Finanzen, die auf fleißigen Ackerbau gegründet sind, kann man nicht zerstören. Frankreich seine Kolonien nehmen? Kolonien sind für Frankreich ein untergeordneter Gegenstand: und besitzt Ew. Maj. nicht schon mehr Kolonien als Sie behaupten kann? Geruht Ew. Maj. dies selbst zu beachten, so wird Höchstdieselbe finden, daß der Krieg ohne Zweck, ohne muthmaßliches Ergebniß wäre. Und welche traurige Aussicht, die Völker sich schlagen zu lassen, blos damit sie sich schlagen! Die Welt ist groß genug, daß unsre beiden Völker darin leben können, und die Vernunft hat Kraft genug, Mittel ausfindig zu machen, daß man sich über Alles verständige, wenn man von beiden Seiten den Willen dazu hat."

Der Ton dieses Briefes war freilich zwischen gekrönten Häuptern früherhin nicht der gewohnte. Nur für das wirkliche Königthum, für ein Königthum, das nicht mit unbedeutenden Redensarten sein Spiel treibt, sondern frei auf seinen Zweck losgeht, war er der passendste. Diese Sprache, welche Puristen des Hoftons mit der Verachtung der Ironie bespöttelten, haben die weisesten Monarchen nachgeahmt; und vergleicht man den Briefwechsel der Könige seit zwanzig Jahren mit dem aus früheren Zeiten, so wird man einen wirklichen Unterschied stets zu Gunsten der Vernunft und des gesunden Menschenverstandes bemerken, der durch den Einfluß der Mittheilungen zwischen diesen Fürsten und Napoleon bewirkt ist.

Die Antwort des britischen Ministeriums im Jahre 1805 hatte nicht den beleidigenden Ton der Antwort im J. 1800, doch war sie eben so wenig in Bezug auf den Hauptpunct des französischen Antrages genügend. Das britische Ministerium erklärte, daß ein Friede, wenn er den Wünschen Sr. Maj. von Großbritannien genügen sollte, auf Anordnungen begründet seyn müßte, die für die Sicherheit und Ruhe Europa's in Zukunft einstehen müßten, und erklärte, „daß es Sr. Maj. unmöglich sey [1]), bestimmter auf die geschehene Eröffnung zu antworten, bis man Zeit gehabt habe, sich mit den Festlandmächten in Verständniß zu setzen, mit denen Se. Maj. durch Bande und Beziehungen des Vertrauens sich gebunden sähe, und besonders mit dem Kaiser von Rußland, der die kräftigsten Beweise von Weisheit und Erhabenheit der Gesinnung, die ihn belebe und zugleich des lebhaften Antheils gegeben habe, den er an der Sicherheit und Unabhängigkeit von Europa nehme." Diese Antwort war keineswegs friedlich. Die französische Regierung schien sie als zu allgemein

1) Die Sitte der Könige von England, nur durch die Minister Briefe zu wechseln, ist die einzig vernünftige in jedem Staate mit Vertretung des Volkes. Napoleon schrieb an die fremden Monarchen, weil er eigentlich sein erster Minister war. Aber es ist nicht im Interesse der Völker, daß dies stattfinde, wo eine wirklich verfassungsmäßige Regierungsweise vorhanden ist. Alle Ministerverantwortlichkeit würde durch den unmittelbaren Briefwechsel der Fürsten aufgehoben werden.

und unentschieden anzusehen, doch wußte sie die wahre Bedeutung derselben zu ermessen. Uebrigens war Napoleons Zweck wenigstens theilweise erreicht. Er hatte nichts weiter gewollt, als Frankreich und Europa zeigen, daß er nichts mehr verlange, als in Unterhandlung zu treten. Sein Brief und die Antwort der englischen Regierung wurden dem Senate, dem Tribunat, dem gesetzgebenden Körper vorgelegt, und das Ergebniß seiner Bekanntmachung war, von Seiten dieser Körperschaften, wie von ganz Frankreich, eine Verdoppelung des Eifers, das Staatshaupt zu unterstützen, um die gegenwärtigen Feinde und die neuen Verbündeten zu bekriegen, die England mit sich auf den Kampfplatz bringen möchte. In andern Beziehungen war Napoleons Schritt auch nicht unnütz gewesen.

Der Kaiser weiß jetzt durch das Eingeständniß der englischen Regierung, was er bis jetzt nur durch Vermuthung wußte, das Bestehen nämlich von Banden und Beziehungen des Vertrauens zwischen dieser Macht und den Mächten des Festlandes, namentlich mit Rußland. Von dem Augenblicke an ist er im Stande, zu beurtheilen, was er von den vereinigten Cabinetten von Petersburg und London sich versprechen darf. Schon haben wir gesehen, welche Anfragen oder richtiger Forderungen Rußland an ihn zu richten sich erlaubt hat. Er kann voraussehen, daß die Forderungen Rußlands, so lange er allein auftritt, das Minimum von dem sind, was Rußland und England zusammen in Anspruch nehmen werden. Von diesen beiden Mächten hat Frankreich folglich nichts zu hoffen. Was Oestreich betrifft, so kann noch ein Zweifel bestehen, aber nur in einem Sinne kann er bestehen. Entweder glaubt sich das östreichische Cabinet von jetzt ab im Stande, den Krieg mit Vortheil führen zu können, oder es braucht noch ein oder ein Paar Jahre länger, um sich vorzubereiten. Nur darüber konnte in Wien die Frage seyn. Napoleon geht von diesem Satze aus. Ist der Krieg einmal beschlossen, so braucht man nichts mehr zu schonen. Ist er nach einer Berechnung der nicht ausreichenden Kräfte nur vertagt, so kommt ihm in diesem Falle mehr darauf an, alle vorhandene Mittel, um seine Kräfte zu vermehren, in Anwendung zu bringen, und er kann es ohne Besorgniß thun, daß hinzukommende Umstände auf einen Entschluß zurückbrächten, der seinen Grund in Berücksichtigungen unmittelbaren Vortheils und der Nothwendigkeit hätte. Aus diesen Schlüssen und den mehr oder minder genauen Nachrichten über die Plane Rußlands und Englands gehen die Unternehmen hervor, die wir bald in Italien werden zur Ausführung kommen sehen.

Alles diplomatische Geschütz spielt zu gleicher Zeit und von allen Seiten gegen Frankreich. Ein geheimer Abgesandter des Kaisers Alexander, Herr von Nowosilzof, ist in London, der englische Gesandte, Arthur Paget, ist in Wien thätig; doch die kräftigste Einwirkung des englischen Cabinets auf Oestreich geht über Petersburg. Der Graf von Stadion, östreichischer Botschafter in Rußland, der Graf Rasumowsky, russischer Botschafter in Oestreich, hassen beide Frankreich und schnauben gleichmäßig nach Kriege. Von allen Seiten weht ein Kriegswind nach Wien hin; und der Vicekanzler, Graf Ludwig von Cobenzl, der wohl gewünscht haben möchte, den Kampf noch hinauszuschieben, um im Stande zu seyn, ihn besser durchzuführen, vertheidigt sich schlecht gegen eine vom russischen Cabinette, für das er stets eine eigne Vorliebe hatte, herkommende Einwirkung. Noch beschränkt sich Alles auf Plane; aber über die Grundlagen dieser Entwürfe sind die Cabinette von St. James, von Petersburg und Wien schon unter sich einig. Nur über die Weise der Ausführung braucht man sich noch einigermaßen zu verständigen. Der Beweis davon liegt vor in einer Denkschrift [1]), die am 19ten Januar durch das Ministerium Sr. britischen Majestät dem russischen Botschafter in London zugestellt wird. Nach dem Grade der Reife, bis zu welchem die Sachen schon gediehen waren, wie es diese Denkschrift darthut, mußte sie der Gegenstand vieler vorgängiger Besprechungen gewesen seyn. Ueber drei Hauptpuncte war man einig geworden. Hier ihr Inhalt:

1) Ausgegeben im Mai 1815 auf Befehl des Prinzen Regenten von Großbritannien und beigebracht von Schoell, im Recueil des pièces officielles, Th. VII. S. 59.

1) Frankreich auf seine alten Gränzen, wie sie vor der Revolution waren, zu beschränken.

2) Eine kräftige Schutzwehr gegen dasselbe durch die Vertheilung der Länder zu errichten, die man Frankreich abgenommen.

3) Ueber ein allgemeines System des europäischen Staatsrechts übereinzukommen.

Die beiden letztern setzen die Bewerkstelligung des erstern voraus, was freilich die Hauptschwierigkeit ist. Auch sagt der britische Minister ganz offen: „Der erstere dieser beiden Gegenstände ist unbestritten auch der, welchen die Wünsche Sr. Majestät, die Wünsche des Kaisers (von Rußland) ohne Abänderung und Ausnahme erfüllt zu sehen hofften, und nichts Minderes könnte den Planen vollständig genügen, welche beide Fürsten für die Befreiung und Sicherheit Europa's gemacht haben." Das ist eine Thatsache, die in Beziehung auf England und Rußland keinem Zweifel erliegt. Ist aber die Uebereinstimmung dieser beiden Mächte mit Oestreich auch so gewiß? Dieselbe Denkschrift hebt auch darüber die Zweifel. „Se. Majestät," sagt der britische Minister, „ersieht mit Vergnügen durch die geheimen und vertraulichen Mittheilungen, die Ew. Excellenz uns haben zukommen lassen, daß die Ansichten des Wiener Hofes vollständig mit dem Grundsatze einverstanden sind, und daß die Ausdehnung, die dieser Hof im Auge hat, nicht allein mit Sicherheit angenommen werden kann, sondern daß man im Interesse Aller, sogar noch etwas hinzufügen könnte." Folglich hatten geheime und vertrauliche Erklärungen, die nach London über Rußland gekommen waren, schon die Gewißheit der Zustimmung Oestreichs gegeben, schon hat diese letztere Macht Ideen über eine weitere Ausdehnung geäußert, und die beiden andern Höfe waren geneigt, ihm Genüge zu leisten, selbst mehr ihm zuzugestehen, als es verlangt.

Da im Laufe dieses Jahres die Umwandlung der italienischen Republik in ein Königreich Italien und die Vereinigung der ligurischen Republik mit dem französischen Kaiserthume die Beschwerden seyn werden, auf die Oestreich und Rußland ihr in die Schranken Treten gegen Napoleon gründen, so müssen wir noch bemerken, daß durch die britische Denkschrift das künftige Schicksal dieser beiden Länder im Voraus festgestellt ist. Schon war entschieden, „daß die Provinzen, die das ausmachten, was man die italienische Republik nennt, an andre Souveraine kommen sollten, und daß, diesem Grundsatze gemäß, die ganze Masse des die ligurische Republik bildenden Gebietes mit Piemont vereinigt werden könnte." Napoleon war im Begriff, auf diese beiden Republiken nächstens seine Aufmerksamkeit zu richten. Wenn es schon entschieden ist, daß man zu seinem Nachtheile über die eine wie über die andre verfügen will, ist es denn so tadelnswerth, daß er sich in der festsetzt, die er besitzt, und daß er deren sich versichert, die er noch nicht besitzt?

Den 14ten desselben Monats Januar war ein Bündnißvertrag zwischen Rußland und Schweden in der Absicht unterzeichnet worden, wie der Vertrag sagte, das Gleichgewicht zwischen den europäischen Mächten aufrecht zu halten und Teutschlands Freiheit zu gewährleisten. In Folge dieses Vertrags sollte ein russisches Armeecorps in Pommern landen, um unter den Befehlen des Königs von Schweden zu wirken. Dieses Bündniß wird für Preußen eine Quelle von Verlegenheiten, denn ganz neuerlich hatte Rußland eine Art von Zustimmung zu der zwischen dem Berliner Hofe und der französischen Regierung getroffenen Uebereinkunft, für die Aufrechthaltung der Ruhe im nördlichen Teutschlande gegeben; aber gleich nach dem Abschlusse dieses Vertrages mit Schweden änderte der Kaiser Alexander ohne Bedenken Grundsätze und Verfahren.

Diese Aenderung sprach sich durch einen Brief aus, den einer der Adjutanten des Kaisers, General Winzingerode, nach Berlin zu bringen beauftragt war, wo er den 29sten Januar eintraf. In diesem Briefe von einem ganz neuen Style für Friedrich Wilhelm erklärte der russische Monarch, er könne es nicht dulden, „daß [1]), wer es auch sey, sich das Recht anmaße, über die Bündnisse eines unabhängigen Fürsten eine Entscheidung zu haben, wenn dieser Fürst voll großmüthiger

1) Der Brief findet sich bei'm Marquis Lucchesini.

Gesinnung für die Freiheit der teutschen Stämme sey, denen eine allzu gepriesene Neutralität in Worten und keineswegs in der That, unbedeutenden Vortheil gebracht habe, daß es folglich dem Könige von Schweden freistehen müsse, für die Vertheidigung seiner Staaten, wie er für gut fände, zu sorgen, und daß der Vorwand, die Neutralität bei den Nachbarvölkern aufrecht zu halten, die Besitznahme nicht ungestraft machen könnte, mit der die preußischen Heere Schwedisch-Pommern bedrohten, namentlich da die gegenseitigen, zwischen Rußland und Schweden bestehenden Gewährleistungen auch die russischen Heere zur Vertheidigung dieser Provinz herbeiführen würden." Die Festigkeit, und selbst die Härte dieser Sprache ließ den König von Preußen fühlen, wie schwierig es für ihn seyn würde, sich zwischen Frankreich und Rußland inne zu halten, ohne die eine oder die andre dieser Regierungen zu beleidigen, oder vielleicht ohne beide zu verletzen. Weniger schüchtern, hätte es Preußen anerkennen müssen, daß es nur den Feind zu wählen habe, und würde es wenigstens sich beeilt haben, diese Wahl zu treffen. Es traf sie nicht: und das war vielleicht das Schlimmste von Allem.

Die zur Schifffahrt im baltischen Meere ungünstige Jahreszeit sicherte noch für einige Monate die Dauer der Unthätigkeit. Se. Majestät der König von Preußen schmeichelte sich, in dieser Zwischenzeit den Kaiser von Rußland zu mildern Gesinnungen bringen zu können; und in dieser Absicht schickte er seinen Adjutanten, den General von Zastrow, zu dem Kaiser.

Indessen betraf die Sendung des Herrn von Winzingerode nach Berlin nicht blos Einsprüche gegen das Zusammenstoßen Preußens und Schwedens. Dieser General wandte Liebkosungen und Drohungen an, um die preußische Regierung in den Bund zu ziehen, der damals gegen Frankreich sich bildete. Seine Schritte, obgleich unterstützt durch die Begünstigung der Königin und des jungen Hofes, wurden vom Cabinette von der Hand gewiesen, das, ungeachtet der Hinneigung des Ministers, Baron von Hardenberg, zum englischen Systeme, stets überzeugt und mit Grunde überzeugt blieb, daß für Preußen kein Vortheil daraus hervorgehen könne, wenn

Rußlands und Oestreichs Uebermacht sich auf den Trümmern der französischen Macht erhübe. Der Marquis Lucchesini, preußischer Minister in Frankreich, und Herr Lombard, Geheimer Cabinetssecretair, versichern Beide, daß die zwischen Petersburg und London besprochenen Plane mehrere Monate lang dem preußischen Cabinette ein Geheimniß gewesen wären. Obgleich Beide die Rechtfertigung dieses Cabinets augenscheinlich sich zur Aufgabe machen, so kann man doch ihrer Versicherung Glauben beimessen, denn sie verhehlen nicht, daß das gegen den Berliner Hof beobachtete Geheimniß keinesweges ehrenvoll für ihn war. Die Verbündeten stellten Preußen auf dieselbe Stufe wie Baiern und versprachen sich, entweder es mit sich fortzureißen, oder durch die Furcht es zur allgemeinen Bewegung, in dem Augenblicke, wo seine Theilnahme nothwendig seyn würde, zu bestimmen.

Der König von Schweden, der in frühern Jahren sich unziemliche Großsprechereien, Anfangs gegen Rußland, dann gegen Frankreich und selbst gegen Oestreich erlaubt hatte, glaubte im J. 1805 den König von Preußen eben so wenig verschonen zu dürfen. Erbittert über einen neuen Austausch der Großkreuze, die zwischen Sr. Maj. dem Könige von Preußen und dem Kaiser der Franzosen stattgefunden hatte, schickte Gustav IV. den schwarzen Adlerorden zurück. Friedrich Wilhelm achtete nicht auf diese Beleidigung, aber ein preußischer Unterthan übernahm's, seinen Fürsten zu rächen. Der General Graf von Schmettau, der den Seraphinenorden hatte, schickte diesen an den König von Schweden zurück.

Rußland hatte sich beeilt, in Berlin sein Bündniß mit Gustav IV. bekannt zu machen, und schien ein Vergnügen darin zu finden, die Aufmerksamkeit auf die Verhandlungen gegen Frankreich zu lenken. Wirklich mußte man durchaus auf einen Verdacht geleitet werden, wenn man sah, daß es neben seinen gewöhnlichen Botschaftern zu gleicher Zeit außerordentliche Agenten bei den großen Mächten hielt, wie Herrn von Nowosilzof in London, den Fürsten Gallizin in Wien und den General Winzingerode in Berlin. Während einer dieser Agenten die Verträge mit England vorbereitete, der andre Oestreich zum Beitritt bestimmte und der dritte Preußen durch die drohende Heftigkeit seiner Erklärungen in Verlegenheit setzte, dachte der Kaiser Napoleon, der wohl befugt war, wenn er auch nicht Alles wissen konnte, doch das voraus zu sagen, daß er in einigen Monaten eher oder später einen heftigen Stoß auszuhalten haben würde, nur darauf, wie er in den Tagen der Ruhe, die ihm gelassen waren, von der einen Seite nun die Vorkehrungen zu seinem großen Seezuge beeile, von der andern in seiner Hand auf entscheidende Weise den freien Gebrauch aller Kräfte der von Frankreich abhängigen Staaten vereinige.

Die holländische Regierung, wie sie nämlich aus dem früheren Gestaltungen hervorgegangen war, entsprach Frankreichs Interessen noch wenig. Es ist ein allen schwachen Regierungen gemeinsamer Fehler, daß sie nie wissen, die Last der Nothwendigkeit durch eine offene Unterwerfung zu mildern. Herrin über Alles in Holland, traf Frankreich dort fortwährend um Nichts und wieder Nichts Widersetzlichkeit, die es in den Fall brachte, das diesem Lande auferlegte Joch drückender zu machen. Napoleon glaubte zu bemerken, daß der Botschafter der batavischen Republik in Paris, Herr Schimmelpennink, die Stellung dieser Republik richtig überschaue; eine Stellung, die nur in dem Maaße sich verbessern konnte, als Frankreich, gutwillig durch die holländische Regierung unterstützt, es aus Interesse für sich selbst zu schonen geneigt wäre. Im Einverständnisse mit diesem Minister wurde daher eine neue Regierungsform vorbereitet. Da dieser neue Gestaltungsversuch, wie die vorausgegangenen, nur eine kurze Dauer haben sollte, so beschränken wir uns auf die Bemerkung, daß die Abänderung besonders darauf hinausging, die Macht in einer Hand zusammenzubringen. Um dieses Zusammenfassen volksthümlich zu machen, bedeckte man es mit einem den Holländern lange Zeit werthen Namen, mit dem Titel eines Großpensionairs. Der neue Pensionair war Herr Schimmelpennink, ein Mann, der wirklich dieser Auszeichnung durch seine persönlichen Eigenschaften werth und ausgezeichnet durch einen großen Umfang politischer und literarischer Kenntnisse, ein großsinniger Bürger, und seinem Vaterlande treu ergeben war, dem er gut zu dienen glaubte, wenn er endlich es mit Frankreichs

Schicksale vereinigte. Man hat ihm zum Vorwurfe gemacht, daß er fortgerissen, verführt und durch Napoleon unfrei gewesen sey. Die Sache mag wahr seyn. Aber der Grundsatz des vom Großpensionair angenommenen Betragens war der einzige, der Hollands wahren Interessen zukam. Leider kam er nie in seinem ganzen Umfange zur Anwendung, und selbst dann wird dies nicht der Fall seyn, wenn Napoleon Holland einen seiner Brüder wird zum Könige gegeben haben. Die neue Verfassung, die am 22sten März durch das gesetzgebende Corps war bestätigt worden, wurde dem Volke zur Annahme vorgelegt. Die Holländer nahmen sie, wie sie die frühern angenommen hatten, in der Hoffnung, daß eine Veränderung doch einigen Vortheil bringen müßte, doch geschmeichelt dieses Mal durch einen Namen, der ihnen die schönen Jahre ihrer Geschichte zurückrief. Der Großpensionair [1]) leistete den Eid und trat in Dienst am 30sten April.

Während Holland eine neue Gestaltung erhielt, begab sich eine noch viel größere Veränderung im mittäglichen Europa. Dieselben Personen, welche die Errichtung eines Kaiserthums in Frankreich tadelten, weil sie der Ueberzeugung leben, daß das Glück der Völker an den Namen Republik geknüpft ist, müssen auch die Gründung eines Königsthrones in Mailand tadeln. Für viele Leute haben Namen freilich noch magische Kräfte; die Länder, welche die italienische Republik ausmachen, werden unter dem Könige Napoleon nicht mehr unterwürfig seyn, wenn sie einmal nicht mehr frei seyn können, als sie es

1) Hier eine Thatsache, wie aufgeregt damals der Ehrgeiz an allen teutschen Höfen war, und mit welcher Offenheit sie sich an die französische Macht wandten. Als man in Cassel hörte, daß die batavische Republik ein Haupt unter dem Titel eines Großpensionairs erhalten hatte, bezeugte mir der Churfürst von Hessen, der für Alles, was nicht Kriegswesen war, wenig Sinn hatte, sein Erstaunen, daß der Kaiser Napoleon dem Fürsten von Oranien einen Advocaten zum Nachfolger gegeben habe. Dieses Wort war nur die Einleitung zu einem Geständnisse. Wenige Tage darauf ließ mich der erste Minister merken, daß der Churfürst eine viel bessere Wahl für Holland gewesen wäre, da er Geld habe, um seinen Handel wieder zu beleben, und ein gutes Heer, um sie zu vertheidigen. „Wenigstens,“ sagte er mir, „würde ein Herr, wie der Churfürst, für Holland kein Mann ohne Aussteuer seyn.“

unter dem Präsidenten Napoleon waren. Wie Frankreich beherrscht durch den Einfluß äußerer Ereignisse, werden sie unter dem einen wie unter dem andern Titel denselben Antheil an den zahlreichen Wohlthaten, denselben Antheil an den großen Aufopferungen haben. Aber bedurfte Napoleon, der schon als Präsident in der That über Italien herrschte, wohl einer neuen Bezeichnung, und ist es nicht ein Gefühl von Eitelkeit, das ihn nach einer königlichen Krone lüstern macht? Sicher ist für den Ehrgeiz eine Krone mehr nicht zu verachten; und da es Napoleon nicht ertragen mag, daß es irgendwo eine Art von Ruhm, eine Vereinigung von Titeln gebe, die nicht wenigstens in Frankreich auch vorhanden wäre, so kann es wohl seyn, daß er aus dem einzigen Grunde, um Oestreich in nichts nachzustehen, den Königstitel mit dem Kaisertitel zu verbinden gewünscht habe. Aber ist es denn überhaupt ausgemacht, daß er dieses Mal dem Stachel der Eigenliebe und des Hochmuthes nachgab? Besteht in Mailand eine Republik fort, so kann sich's treffen, daß die Präsidentenstelle Napoleon entgeht, oder wenigstens, daß sie bei Napoleons Tode seinem Nachfolger entgeht. Der Titel eines erblichen Königs, der den Thron in seine Familie bringt, soll die französische Macht für längere Zeit in Italien sichern. Der Plan war in der Zeit, wo er entworfen wurde, vernünftig und natürlich, wenn er auch durch spätere Ereignisse sich als unrichtig erwies.

Doch ehe er die Veränderungen, die er für Italien im Sinne hatte, in's Werk stellte, glaubte der Kaiser Napoleon durch eine vorgängige Mittheilung an Oestreich den Schwierigkeiten entgegentreten zu müssen, die er vermuthete, von Seiten dieser Macht besorgen zu können. Er hatte unmittelbar an den Kaiser Franz II. geschrieben, um ihn von den Veränderungen in Kenntniß zu setzen, ohne sie näher zu bezeichnen; doch hatte er sich so ausgedrückt, daß er verstanden werden konnte. Auf diesen Brief hatte man nur ausweichend geantwortet. Der teutsche Kaiser beauftragte seinen Minister in Paris, sich zu erkundigen, was denn das für Veränderungen wären, von denen die Rede sey, und er brachte vorläufig in Erinnerung, daß Oestreich durch den Lüneviller Frieden die Unabhängigkeit der italienischen Republik gewährleistet habe. Man erwiederte auf diesen Einwand, daß man nicht begreifen könne, da das östreichische Cabinet keinen Einspruch gethan habe, als der erste Consul Präsident dieser Republik ward — wie es den beabsichtigten Gebrauch seiner Unabhängigkeit tadeln könne, wenn sie eine neue Regierungsform sich geben würde.

Diese Verhandlung war nicht die einzige, die seit dem Januar die beiden Mächte beschäftigte. Unterrichtet von Oestreichs und Rußlands Verhandlungen mit England, die offenbar gegen ihn gerichtet waren, hatte Napoleon die Augen stets offen für jede Bewegung der östreichischen Heere. Er hatte den östreichischen Gesandten Philipp von Cobenzl über die Truppenzusammenziehung, die man unter der Firma einer Gesundheitslinie [1]) gegen die Ansteckung von Italien her verbarg, und über ein Lager, das in Friaul unter dem Befehle des Generals Mack gebildet werden sollte, angeredet. Zu gleicher Zeit begann sein neuer Gesandter in Wien, Herr Alexander de la Rochefoucauld, damit, daß er über dieselben Puncte klare und bestimmte Auskunft forderte. Für Oestreich war aber die Zeit einer offenen Sprache nicht gekommen. Es leugnete Anfangs jeden feindlichen Gedanken ab und gab beruhigende Zusicherungen, wodurch der Kaiser Napoleon zufrieden gestellt schien. Er beeilte sich, durch den Moniteur verkündigen zu lassen, daß alle Gerüchte, die Mißtrauen zwischen den beiden Kaisern zu erregen beabsichtigten, falsch und erlogen seyen; daß beide [2]) vollkommen einverstanden seyen, um Europa die Ruhe des Friedens zu gönnen, und ihre Sorge der Verbesserung des Ackerbaues zuzuwenden, der Verbesserung ihrer Finanzen und der Blüthe des Handels." Von seiner Seite zeigte sich der Wiener Hof hocherfreut, daß man seinen Worten Glauben beimaß. Dieses Spiel der Heuchelei dauerte beinahe zwei Monate, da jedes Cabinet seine Plane betrieb, ohne daß eins oder das andere sich dadurch irre machen ließ.

Alles war in Frankreich für die Umgestaltung der italienischen Republik in ein Königreich Italien vorbereitet. Der

1) Man fürchtete, wie es hieß, das gelbe Fieber von Spanien und von Livorno aus, die Pest von Ragusa her.

2) Moniteur vom 2ten Februar.

Vicepräsident Melzi, zu aufgeklärt, um nicht einzusehen, daß diese Umgestaltung unvermeidlich war, hatte sich beeilt, dafür wirksam zu seyn. Er war in Paris mit Gesandtschaften aller großen Körperschaften des Volkes eingetroffen, die zusammen eine Art von Volksvertretung, um ihren Präsidenten vereinigt, bildeten. Dieser Vertretung, dieser Consulta legte die französische Regierung die Prüfung der auf die Umgestaltung des bestehenden Zustandes der Dinge bezüglichen Fragen vor. Das Ergebniß dieser Prüfung konnte nicht zweifelhaft seyn. Es wurde Napoleon in einer feierlichen Gehörstunde am 17. März überreicht. Man ärgert sich, wenn man im Jahre 1824 als unzulänglich eine Verfassung verdammen hört, die drei Jahre vorher als die endlich geltende war verkündet worden. Doch wenn es einen erwiesenen Satz giebt, so ist es der, daß eine Republik in der Lombardei nur eine unsichere und hinfällige Dauer haben konnte, wie der Bestand einer republikanischen Regierung mit einem Wahloberhaupte für Frankreich unmöglich war. Da man den Grundsatz einer Monarchie für die italienische Republik angenommen hatte, „so war der Monarch, wie der Vicepräsident Melzi sich ausdrückte, durch alle Gesinnungen der Dankbarkeit, der Liebe und des Vertrauens schon im Voraus bezeichnet. Sire, in einem Lande, das Sie erobert, wiedererobert, geschaffen, gestaltet und bis jetzt regiert haben; in einem Lande, wo Alles Ihre Großthaten zurückruft, wo Alles für Ihren Genius zeugt, Alles Ihre Wohlthaten athmet, war nur Ein Wunsch möglich.... Sie wollten, daß die italienische Republik da sey, und sie war da. Wollen Sie, daß die italienische Monarchie glücklich sey, und sie wird es seyn." Der im Namen der Consulta ausgesprochene Wunsch ging dahin, daß die Regierung der italienischen Republik eine erblich monarchische würde; daß Napoleon I. zum König von Italien erklärt werde; daß die Krone von Italien mit der Krone von Frankreich nur auf Napoleons Haupte mit Ausschluß aller seiner Nachfolger vereint werden könne; daß die beiden Kronen aber untheilbar blieben, so lange französische Heere das Königreich Neapel, russische Truppen Corfu und englische die Insel Malta besetzt hielten. Dieser letztere Theil des Wunsches der Consulta war eine Bekanntmachung an Europa über die Bedingungen, unter denen beide Kronen getrennt werden könnten.

In seiner Antwort an den Vicepräsident Melzi erinnerte Napoleon an den Ursprung der cisalpinischen und transpadanischen Republik, an die Bildung der cisalpinischen Republik, an den Schmerz, den er empfand, als er am Ufer des Nils die Zerstörung seines Werkes vernahm, und an seine Rückkehr nach Mailand, als man ihn noch an den Ufern des rothen Meeres vermuthete. „Unser erster Wunsch war, als Uns noch das Blut und der Staub der Schlachten bedeckte," seinen Worten zufolge, „die Wiederherstellung des italienischen Vaterlandes. Damals hieltet Ihr für Eure Interessen zuträglich, daß Wir das Haupt Eurer Regierung würden, und heute bei Eurem Gedanken beharrend, wollt Ihr, daß Wir der erste Eurer Könige seyen. Die Trennung der Kronen Frankreichs und Italiens, die für die Sicherstellung der Unabhängigkeit Eurer Nachkommen nothwendig seyn kann, wäre in diesem Augenblicke für Euren Bestand und Eure Ruhe bedenklich. Ich werde diese Krone behalten, doch nur so lange, als es Eure Interessen erfordern, und mit Vergnügen werde ich den Augenblick eintreten sehen, wo ich sie auf ein jüngeres Haupt setzen könnte, das, belebt von meinem Geiste, mein Werk weiter führe...." Einige Jahre vorher wäre die Vertauschung der italienischen Republik durch ein Königreich Italien eine Wohlthat in den Augen der europäischen Monarchen gewesen, weil sie in diesem Wechsel ein Verwahrungsmittel gegen die Ansteckung der republikanischen Ideen gesehen hätten. Jetzt, von dieser Sorge befreit, sehen sie in der Rückkehr zu den monarchischen Grundsätzen nur einen Zuwachs zu Frankreichs Macht. Napoleon sieht es voraus, er hält es für gerathen, dem Einwande zuvorzukommen. In dieser Absicht, statt dem Senate durch eine bloße Zusendung die Annahme der Krone Italiens zu melden, begiebt er sich [1]) bei feierlicher Sitzung in seine Mitte, hört bei ihm einen Bericht seines Ministers der auswärtigen Verhältnisse darüber an, und fügt zu den Erklärungen desselben selbst noch einige hinzu.

1) Am 18ten März.

Der Haß, der sich darin gefällt, Alles zu verwerfen, was unter der kaiserlichen Regierung geschah, hat in den Lobsprüchen Napoleons nur eine verächtliche Schmeichelei finden wollen. Geht man mit kaltem Blute die Berichte oder Reden mehrerer kaiserlicher Minister durch, so wird man, wenn man gerecht ist, oftmals finden, daß diese mehr oder weniger zarten Lobsprüche weise Rathschläge waren, die damals kaum ein anderes Mittel hatten, sich geltend zu machen. „Das Uebelwollen," sagte Hr. von Talleyrand damals, „verleumdet durch eitle Verkündigungen. Es verleumdet durch eitle Vergleichungen.... Hat es nicht gesucht, Besorgniß dadurch zu verbreiten, daß es an den Ruhm, den Namen und das Schicksal Alexanders und Carls des Großen erinnerte? Läppische und trügerische Aehnlichkeiten! Carl der Große hatte weder Nachfolger noch Nachbarn! Sein Reich hat ihn nicht überlebt; es ward getheilt und mußte getheilt werden.... Alexander schob die Gränzen seiner Eroberungen immer weiter hinaus und bereitete sich nur einen blutigen Leichenzug. Der große, der heldenmäßige Gedanke, Nachfolge zu haben, kam nie in ihre Seele. Carl der Große und Alexander vermachten ihr Reich der Gesetzlosigkeit...." Diese Thatsachen und diese berühmten Beispiele, die zwar aufgerufen wurden, um zu beweisen, daß ihre Herzuziehung unbillig sey, enthielten doch einen nützlichen Wink, eine heilsame Lehre.

Der Zweck der Rede, die der Kaiser damals hielt, war, wie beim Berichte des Herrn von Talleyrand, darzuthun, daß die Macht und die Gewalt des französischen Kaiserthums bei diesen diplomatischen Verhandlungen durch seine Mäßigung noch seyen übertroffen worden. Er zählte alle Länder auf, die Frankreich hätte behalten können und die man wieder herausgegeben habe. „Holland, ein Drittel von Teutschland, die Schweiz, ganz Italien waren erobert. Frankreich hatte nichts behalten, als was unerlaßlich war, um sich auf dem Platze, wo es immer stand, zu behaupten. Die Theilung Polens, die der Türkei entzogenen Provinzen, die Eroberung Indiens und fast aller Kolonien hatten zu unserm Nachtheile das Gleichgewicht aufgehoben. Alles, was wir für unnöthig ansahen, um es herzustellen, haben wir zurückgegeben...." In Bezug auf die batavische Republik insbesondere sagte Napoleon: „Die Vereinigung mit unserm Reiche wäre die Vollendung unsers Handelssystems gewesen, weil die größten Ströme der Hälfte unsers Gebietes in Holland münden. Doch Holland ist unabhängig geblieben.“ Diese lebhafte Schätzung der Vortheile, welche eine Vereinigung Hollands mit Frankreich herbeiführen würde, beweist hinreichend, daß man die französische Regierung, wenn man ihr zuvorkommen will, nicht in die Lage bringen darf, sie ungestraft zu vollziehen.

Nachdem er eben so die Rücksichten hervorgehoben hatte, die Frankreich hätten bestimmen können, die italienische Republik und die Schweiz zu behalten, fügte Napoleon hinzu: „Wir haben die eiserne Krone der alten Lombarden angenommen und werden sie Uns auf das Haupt setzen, um sie neu zu stählen und zu befestigen, damit sie inmitten der Stürme, die sie bedrohen, nicht zerbrochen werde, so lange das Mittelmeer nicht in seinen gewöhnlichen Zustand zurückgekehrt ist.“ In dieser Sprache Napoleons und seiner Minister war weder Alles durchaus wahr, noch durchaus falsch. Die politische Welt war wirklich durch Rußlands Umsichgreifen in der Türkei und durch die Theilung Polens, sowie durch Englands Eroberungen in den Kolonien und in Indien umgekehrt worden. Frankreich hatte Anspruch an Entschädigung. Diese Entschädigungen waren ihm durch die Angriffe gegen seinen Bestand angeboten worden. Nie gab es gerechter erworbene. War es aber auch so mäßig gewesen, als es vorgab, in dem erwählten Theile? Nein, gewiß nicht; aber möchten England, Oestreich und Rußland das an seiner Stelle mehr gewesen seyn?

Treu dem erwählten Verfahren in Bezug auf Oestreich, eilte Napoleon, kaum als König von Italien ausgerufen, den Kaiser Franz II. durch einen Brief, der diesem Fürsten am 24. März zugestellt wurde, davon zu benachrichtigen. Er beauftragte seinen Minister, die Anerkennung dieses neuen Titels nicht zu fordern. Nur Hr. von la Rochefoucauld sollte den östreichischen Minister in Kenntniß setzen, daß man diese Anerkennung ungesäumt fordern würde. Die Antwort des Kaisers Franz ließ auf sich warten. Hr. von Cobenzl versprach sie einmal auf's andre, immer auf morgen. Erst am 16. April

9*

ward sie ausgefertigt. „Man hoffe," sagte der Vicekanzler dem französischen Botschafter, „sie werde dem Kaiser Napoleon nicht unangenehm seyn," und er machte zugleich aufmerksam, daß sie einige Bemerkungen enthalte. Augenscheinlich enthielten diese Bemerkungen kein wichtiges Bedenken, denn der Kaiser stellte sich mit dem Briefe zufrieden, aber noch ehe er ihn erhielt, ließ er in Wien einige Beschwerden in Umlauf setzen, über die er eilige Auskunft verlangte.

Er beschwerte sich [1]) über das mehr als vorlaute Benehmen eines östreichischen Agenten bei der italienischen Republik, über die Abreise des Gesandten Philipp von Cobenzl, der sich von Paris entfernte, um eine Reise in Holland zu machen; über die Vermehrung der östreichischen Truppen an der italienischen Gränze, während man in Frankreich den Marsch der dorthin bestimmten eingestellt habe; über die sehr verdächtige Thätigkeit der Mittheilungen zwischen dem Wiener und dem Petersburger Cabinet, dessen Verbindungen mit England nicht mehr zweifelhaft wären; endlich wünschte er zu wissen, ob der Kaiser von Oestreich die Aufrechthaltung des guten Vernehmens zwischen beiden Staaten wolle oder nicht. Die Lebhaftigkeit dieser Fragen war durch den kriegerischen Anstrich des Wiener Hofes, wo Alles einen nahen Bruch ankündigte, gerechtfertigt. Da der Krieg gegen Frankreich schon in den Gesellschaftszimmern [2]) entschieden war, so war es beinahe ausgemacht, daß die Regierung, einmal entschlossen wie sie war, ihn zu führen, seine Erklärung nur darum verzögerte, weil sie die Mittel dazu besser vorbereiten wollte.

Die Antworten des Grafen Cobenzl auf diese verschiedenen Fragen waren allgemein und unbedeutend. Er milderte die Versehen des östreichischen Agenten in Mailand; gab die Reise des Gesandten Philipp von Cobenzl nach Holland für eine bloße Reise der Neugier aus; und gab Frankreich den Oestreich gemachten Vorwurf zurück, daß es beträchtliche Kräfte nach Italien lege. In Bezug auf die Gesinnungen des Kai-

1) Brief des französischen Ministers vom 18ten April aus Turin.

2) Besonders bei Frau von Rombeck, der Schwester des Vicekanzlers Grafen von Cobenzl, wo die englische und russische Partei sich zusammenfand.

sers, seines Herrn, über die Erhaltung des Friedens, bezog er sich auf die im letzten Briefe Sr. kaiserl. Majestät an den Kaiser Napoleon ausgesprochenen Gesinnungen, und wegen der ungewöhnlichen Häufigkeit der Verbindungen mit Rußland, so sollte die französische Regierung statt daraus Verdacht zu schöpfen, darin ein glückliches Fortschreiten zur Versöhnung der in den Seekrieg verwickelten Mächte sehen. Diese gleichsam sich lustig machende Sprache mußte um so eher verstanden werden, da sie einen sehr lesbaren Commentar in der eben erfolgten Veränderung des östreichischen Ministeriums hatte.

Man wäre sehr im Irrthume, wenn man annähme, dieser Durst nach Krieg, der sich in den obern Regionen der östreichischen Hauptstadt zeigt, würde auch nur im Geringsten von der Masse des Volkes getheilt. Die vernünftige und die Friedenspartei hatte beinahe das ganze Volk und den Erzherzog Carl für sich. Die leidenschaftliche und Kriegspartei bestand aus den vom Auslande Erkauften und aus der Oligarchie. Obgleich lebhaft die Größe seines Hauses wünschend, wollte Erzherzog Carl, eben um dieses Wunsches willen, den Krieg, den er in günstigeren Zeiten vielleicht angerathen hätte, im gegenwärtigen Augenblicke nicht, weil er weder gebietenden Anlaß dazu, noch hinreichende Wahrscheinlichkeit zum Erfolge sah. Da die entgegengesetzte Partei die stärkere im kaiserlichen Cabinette war, so hatte der Erzherzog Carl den Vorsitz im Kriegsrathe aufgegeben [1]). Man hatte ihm den General Baillet de la Tour zum Nachfolger ernannt, Fürst Schwarzenberg war zum stellvertretenden Vorsitzer im Kriegsrathe erhoben worden. Seit diesem Augenblicke gewannen die Vorkehrungen zum Kriege neue Thätigkeit. Ein neues Werbeverfahren war vom Kaiser angeordnet worden [2]). Ueberall beeilt man die Aushebungen von Mannschaften und Pferden. Man vertheilt die Stellen im Heere und ordnet den Oberbefehl an. Die Oligarchie, eben so unglücklich in ihrer Vorliebe als in ihrem Hasse, macht in demselben Augenblicke, wo sie Erzherzog Carl entfernt, General Mack zu ihrem Helden.

1) Den 21sten März.
2) Den 7ten April.

über dessen Werth der schmähliche Feldzug von 1799 sie noch nicht in's Klare gebracht hat. Mack wird zum Generalquartiermeister des Heeres ernannt. Alle diese Umstände kennt Napoleon. Von Mailand aus, wo er die königliche Krone empfangen soll, übersieht er Alles, was in Wien vorgeht; dort sieht er das offen liegende Ergebniß einer schon mit London und Petersburg abgeschlossenen Uebereinkunft. Soll er noch Schonung gebrauchen? Man mag selbst urtheilen, ob diese Betrachtung, die in seiner Lage so natürlich war, nicht auf die Maaßregeln Einfluß haben mußte, die er in Bezug auf einige Staaten Italiens traf.

Fünf und vierzigstes Capitel.

Inneres und Aeußeres.

Napoleons Abreise nach Mailand. — Große Heerschau auf dem Schlachtfelde von Marengo. — Ungeheuchelte Huldigungen der Universität Pavia. — Beschäftigungen des Kaisers in Mailand. — Krönung Napoleons und Stiftung des Ordens der eisernen Krone. — Ernennung Eugens Beauharnais zum Vicekönig. — Harte Worte Napoleons an einen Gesandten des Königs von Neapel. — Statut für die Vereinfachung der bestehenden Gestaltung. — Sitzung des gesetzgebenden Körpers. — Aufrechthaltung der italienischen Volksthümlichkeit. — Erklärungen, die Frankreich in Bezug auf das Königreich Italien giebt. — Gründe der Vereinigung Genua's mit Frankreich. — Genua verlangt seine Vereinigung mit Frankreich. — Umgestaltung der Republik Lucca in ein erbliches Fürstenthum. — Benachrichtigung darüber an den östreichischen Gesandten in Genua. — Erklärung Napoleons an denselben Gesandten. — Aufschlüsse über die Vereinigung von Genua. — Einfluß der Voraussagungen auf die Ereignisse. — Einrichtung der Verwaltung in den Herzogthümern Parma und Piacenza.

Die Festlichkeit der Salbung Napoleons war auf den 26. Mai festgesetzt. Auf dem Wege nach Italien durchreiste er mehrere Departemente, erkundigte sich überall nach den Be-

bewohnern des Landes, befahl bedeutende Arbeiten und zahlreiche Verbesserungen. Frankreich hat wenige Gegenden, wo Napoleon nicht eine Spur seines Andenkens gelassen hätte. Wenn die Völker undankbar scheinen, so schlummert ihre Erkenntlichkeit blos. Nie wird Lyon vergessen, was er für sie gethan. In Turin brachten nützliche Schöpfungen, schmeichelhafte Ermunterungen, wohlwollende Auseinandersetzungen bei den Einwohnern in Vergessenheit, daß ihre Stadt die Hauptstadt eines Königreiches gewesen war. Das Zusammentreffen des Kaisers in dieser Stadt mit dem Papste, der nach Rom heimreiste, seine langen und häufigen Besprechungen mit Sr. Heiligkeit, das gegenseitige Wohlwollen, das sie zu vereinigen schien, übten einen wesentlichen Einfluß auf die Gemüther der Italiener.

So in der Nähe der Plätze, die durch seine Siege berühmt geworden, schien eine wohlerlaubte Eigenliebe und ein politischer Gedanke beides zusammen in ihm den Wunsch anzuregen, das Schlachtfeld von Marengo wiederzusehen. Sein Besuch auf diesem classischen Boden des Krieges konnte nur ein kriegerisches Fest seyn. Ein großer Theil des Heeres ward dort zusammengezogen, um sich mit seinem Führer im Stolze alten Ruhmes zu berauschen, um in der Erinnerung an das Vergangene neuen Eifer zu gewinnen und Europa sehen zu lassen, daß dort noch derselbe Heerführer und dasselbe Heer sich zusammengefunden. Napoleon durchritt alle Glieder und dann setzte er sich neben der Kaiserin auf einen Thron, von wo aus er einem Nachbilde einer Schlacht zusah. Diese kriegerischen Spiele waren durch einen der Männer geleitet, die diese Stelle mit so großer Unerschrockenheit hatte kämpfen sehen, durch Marschall Lannes. Die Führer waren stolz auf ihre Soldaten, wie die Soldaten auf ihre Führer. Jeder schritt mit einer Art von Stolz vor dem Manne vorüber, dem sie so viele Lorbeern und der ihnen seine Krone verdankte. Auch ich, sagte sich jeder Soldat, habe ihn mit zum Kaiser machen helfen. Sie liebten in ihm ihren Führer und ihr Werk. Um diesen Tag würdig zu schließen, vertheilte Napoleon die Belohnungen an die Tapfern, die sie noch nicht erhalten hatten, und legte den ersten Stein zu einer Säule, die dem Andenten der auf dieser Stelle um's Vaterland hochverdient Gewordenen geweiht war.

Jeder Schritt, den der Kaiser in der Lombardei that, war durch Huldigungen der Bewunderung und der Dankbarkeit bezeichnet. Beinahe die schmeichelhaftesten für ihn waren die Huldigungen der Universität Pavia, denn sie waren wahr. „Zweimal," sagte der Rector der Universität zu ihm, „erhob Ihr Arm Italiens Geschick, zweimal reichten Sie den flüchtigen Musen eine Hand der Großmuth. Lehren Sie die Welt, daß das Glück der Völker von dem glücklichen Bunde des Genius, der den Sieg giebt, und des Genius abhängt, der Künste und Wissenschaften in seine Pflege nimmt." Diesen Lobsprüchen stimmte der gute Geschmack bei. Nicht alle Redner, deren Reden Napoleon aushalten mußte, hatten so glückliche Eingebungen. Seine kurze Erscheinung in Pavia war nicht ohne Nutzen. Er besuchte alle Anstalten, unterhielt sich über den Zustand des Unterrichts mit den ausgezeichnetsten Professoren und gab der Universität den berühmten Volta zurück, der von diesem Schauplatze ihres Ruhmes mit mehreren andern verdienten Männern entfernt worden war.

Für jeden andern Fürsten als Napoleon wäre die Zeit seines Aufenthalts in Mailand ein Zeitraum gewesen, den er den Genüssen der Eigenliebe und des Stolzes hätte ganz hingeben mögen. Doch in Mailand wie in Paris hatte für ihn jeder Tag seine langen Arbeitsstunden. Weder schadete die Verwaltung des Innern der Politik, noch dem Kriegs- oder Seewesen. Trat er aus seinem Arbeitszimmer heraus, um an den Festen des Augenblicks Theil zu nehmen, so kehrte er dann wieder in sein Arbeitszimmer zurück, um sich von der Mühseligkeit eines müßigen und doch nothwendigen öffentlichen Prunkes durch wichtigen Briefwechsel zu erholen.

Unabhängig von allen Fürsten Italiens, die an den Kaiser außerordentliche Gesandte schickten, hatten auch eine Menge von Souveränen, Spanien, Portugal, Preußen und alle teutsche Fürsten, mit Ausnahme Oestreichs, ihren Gesandten in Paris befohlen, sich in Napoleons Gefolge nach Mailand zu begeben. Der Marquis von Lucchesini, der die Namenliste dieser Abgesandten giebt, vergißt sich selbst zu nennen und anzuführen, daß er im Namen Sr. preußischen Majestät den schwarzen und den rothen Adler dahin brachte. Bei der ersten Heerschau seiner Truppen putzte der Kaiser sich recht angelegentlich mit diesen Orden aus, um sein gutes Einverständniß mit Friedrich Wilhelm sowohl vor den Augen Italiens, als der andern Mächte offen an den Tag zu legen.

Der Schatz von Monza that sich nach vierzehn Jahrhunderten wieder einmal auf, um sein kostbares Pfand, die berühmte eiserne Krone, wieder herauszugeben, die er gleichsam für Napoleon aufhob. Mit Ausnahme des heiligen Vaters, den der Cardinal Caprara in Mailand ersetzte, war dort dieselbe Pracht, derselbe Glanz wie in Paris, und vielleicht übertrafen die italienischen Festzüge Alles, was Frankreich gesehen hatte. In Mailand, wie in Paris, nahm Napoleon die Krone vom Altare und setzte sie sich auf das Haupt. Bei dem letztern Male fügte er bei seiner Selbstkrönung die Worte hinzu, die örtliche Alterthümlichkeit bedeutungsvoll machte: „Gott hat sie mir gegeben, wehe, wer sie anrührt [1]);“ Worte, die zum Spruche eines neuen Ordens, der eisernen Krone, erwählt wurden.

Ein glücklicher Gedanke leitete Napoleon bei der Wahl Eugen Beauharnais, um ihn in Italien als Vicekönig zu vertreten. Diese Wahl war übrigens eben so staatsklug für Frankreich als für Italien. In Frankreich liebte man diese Vorliebe für Josephinens Sohn. In Italien zog man diesen jungen, schon durch glänzende Thaten bekannten Krieger den Brüdern Bonaparte's vor, die mit Ausnahme Ludwigs nicht in Kriegsdienste getreten waren. Außerdem hatte man, und mit Grunde, in Italien wie in Frankreich, über des Prinzen Eugen Charakter sich eine ihm günstige Meinung gebildet der er auch entsprochen hat.

Unter den Gesandtschaften, die eingetroffen waren, um den Kaiser Napoleon zu seiner Gelangung zum Throne Italiens, Seitens der verschiedenen Mächte, Glück zu wünschen, erhielt die neapolitanische Deputation den am wenigsten schmeichelhaften Empfang. In demselben Augenblicke hatte Napo-

1) Dio me la diede, guai a chi la tocca.

man eben einen Briefwechsel der Königin Caroline auffangen lassen, der keinen Zweifel über das Verständniß dieser Fürstin mit Frankreichs Feinden bestehen ließ. Noch in der ersten Lebhaftigkeit seines Aergers ließ er deßhalb harte Worte fallen, wie man sie bei solchem Anlasse nicht hören sollte. Höflichkeit des Ausdrucks ist stets Pflicht gegen Frauen, besonders gegen eine Königin; doch wenn in dieser Beziehung der Kaiser Napoleon keineswegs frei von Vorwürfen ist, so darf man nicht vergessen, daß seine Geduld oft auf harte Proben gestellt ward. Mit Ausnahme der kleinen Anzahl von Souverainen, die frank und offen auf das französische System eingegangen waren, rächten sich alle andere in ihrem gegenseitigen Briefwechsel durch geheime Schmähungen gegen ihren gemeinsamen Meister für alle die Artigkeiten, die sie ihm öffentlich darzubringen gezwungen waren. Diese, wie sie meinten, ganz im Geheim vorgebrachten Schmähungen blieben ihm selten verborgen. Auf mehr als eine Weise kamen sie an den Tag, und als Zeuge von Thatsachen kann ich es sagen, daß ich oft das unbegreifliche Vertrauen bewundert habe, dem gar nicht beikam, daß die Post in Deutschland und anderwärts schrecklichen Ausplaudereien unterworfen seyn könne. Schwerlich möchte man sich eine Idee von dem Allen machen, was sich in dieser Art unter Napoleons Augen begab. Uebte er manchmal auch eine strenge Rache, so zeigte er sich doch noch weit öfterer nachsichtig, indem er Rücksicht nahm auf Stellung, vorgefaßte Meinung und alte Gewohnheit. Selbst als Staatsmann ist er mehr als einmal gegen Fürsten und Fürstinnen großmüthig gewesen, gegen die er als Mensch gerechte Gründe zu persönlichem Unwillen hatte.

Die Gegenwart Napoleons, die stets, er mochte einen Ort besuchen, welchen er wollte, fruchtbar an Verbesserungen war, sollte auch für seine italienischen Völker die Wohlthat ihrer Verbindung mit Frankreich beeilen. Das Verfassungsstatut, das einige Abänderungen in die bestehende Verwaltung brachte, hatte besonders ihre Vereinfachung zum Zwecke. Napoleon trug Sorge, die drei Collegien der possidenti, der dotti und der commercianti beizubehalten, einen Gedanken, den er sehr pflegte, wie der Geschichtsschreiber Italiens ironisch versichert, weil er sein Werk war. Ohne hier die Frage des besten Wahlsystems in Untersuchung zu nehmen, so scheint doch das eben erwähnte solche Herabwürdigung nicht zu verdienen.

Napoleon eröffnete die Sitzung des gesetzgebenden Körpers. Ausschüsse wurden ernannt, um die Anwendung des französischen bürgerlichen Gesetzbuches auf das Königreich Italien vorzubereiten, und den Entwurf sowohl zu einem Gesetzbuche über das Verfahren in Civilstreitsachen, als zu einem Handelsgesetzbuche auszuarbeiten. Für die jährlichen Ausgaben ward ein Budget von hundert Millionen verwilligt. Neun und zwanzig Millionen gingen davon für das Kriegsdepartement auf, mit Inbegriff der königlichen Garde. Die Civilliste belief sich auf sechs Millionen. Der Rest war unter die andern Verwaltungszweige vertheilt. Ausdrücklich festgesetzte Summen waren zur Begründung von Anstalten zum öffentlichen Nutzen oder zu Arbeiten von großem Interesse, wie Land- und Wasserstraßen, bestimmt. Nirgends in Europa giebt es ein Königreich, das von dem Haupte einer großen Monarchie abhängig, so großmüthig als das Königreich Italien durch Napoleon behandelt ward. Nur zum Wohlseyn des Landes wurden seine Einkünfte verwandt, und selbst der Antheil an den königlichen Einkünften, der in den kaiserlichen Schatz floß, wurde zur Bezahlung der französischen Truppencorps verwandt, die zu seiner Vertheidigung mitwirken mußten. Die Civilliste machte keine Ausnahme. Sie bezahlte am Platze das königliche Haus, den Unterhalt der Paläste und den Aufwand für den Vicekönig und was damit zusammenhing. War Napoleon für die Lombardei ein unumschränkter Herr, so war er wenigstens kein habsüchtiger Herr, der sich von ihrer Beute bereichert. Wie sehr hat nach und vor diesem neuen König dieses Land einen härtern Druck theurer bezahlen müssen! Den Saamen, den Napoleon über Italiens Boden ausgestreut hat, war das edle Volk, das ein entwürdigender Despotismus lange erniedrigt hat, überall begierig, aufzulesen. Sein Despotismus, dem östreichischen überall entgegengesetzt, strebte nur Bildung zu verbreiten, Männer aus ihnen zu machen, die Tapfern zu vermehren. Durch ihre frühern Gebieter einer

Verdumpfung geweiht, die ihre Gelehrigkeit der Sklaverei sicherte, mußten die Völker Italiens mit einer Art von Gewalt zu den kriegerischen Tugenden zurückgerufen werden. Napoleon verfehlte nicht, ihnen oft zu wiederholen, daß die Gewalt der Waffen die Hauptstütze der Staaten ist. „Es ist Zeit," sagte er in seinen Aufrufen, „daß diese Jugend, die im Müßiggange der großen Städte verkümmert, die Mühen und Gefahren des Krieges zu fürchten verlerne.". Seine Stimme erklang nicht umsonst; die Jugend der Städte gab ihre weichlichen Gewohnheiten auf und machte sich bald unter den italienischen Fahnen, die der Bruderbund mit Frankreichs Fahnen geadelt, bemerklich. Das Königreich Italien, ungeachtet der kurzen Dauer seiner Erscheinung in der politischen Welt, hatte wenigstens ein glorreiches Daseyn. Zwar wie das französische Kaiserreich einem allmächtigen Willen unterworfen, aber einem Willen, der das menschliche Geschlecht nicht entwürdigte, weil er nur zum Zweck hatte, die Einsicht zu erleuchten und dem Muthe Schwingen zu geben.

Eine andere Wohlthat des Kaisers gegen das Königreich war, daß er ihm seine Volksthümlichkeit rein und ungefährdet erhielt. Hätte er dem persönlichen Ehrgeize der Franzosen auch nur den geringsten Raum vergönnt, so würde man in Haufen die Abenteurer haben zuströmen sehen, die überall bei der Hand sind, um sich auf Kosten fremder Länder eine Existenz zu verschaffen, die sie in ihrem Vaterlande auf ehrlichem Wege nicht zu erzeugen im Stande waren. Im Königreiche Italien waren Ehren, Würden und daraus hervorgehende Genüsse blos den Italienern vorbehalten. Jeder Verwaltungsbeamte, jeder Magistrat war aus dem Lande. Zwei oder drei Ausnahmen allein, und zwar um besonderer Ursachen willen, bestätigten gleichsam die Regel, die strenge beobachtet ward.

Die Umgestaltung der Republik in ein Königreich hatte nicht verfehlt, Rußland und England einen neuen Text zu Geschrei gegen Napoleon herzugeben. Obgleich durch die Mittheilungen im Monate März die Theilnehmenden auf dieses Ereigniß vorbereitet waren, so verdoppelte sich doch das Geschrei im Augenblicke der Ausführung. Wir haben erwähnt, wie die Mittheilung darüber in Oestreich aufgenommen ward. Alle andere Staaten des Festlandes, mit Ausnahme Rußlands, hatten eine förmliche Zustimmung durch die Gegenwart ihrer Gesandten in Mailand ausgesprochen. Englands und Rußlands Klagen beantwortete Frankreich mit nicht unbegründeten Erwiederungen.

Der Titel der italienischen Republik war anerkannt worden. Der Titel Königreich Italien brachte keinen neuen Anspruch mit sich. Warum zeigte man mehr Besorgniß bei dem einen, als bei dem andern? Klagen denn Frankreich und die anderen Staaten, als die Kaiser von Teutschland, statt sich mit diesem Titel zu begnügen, den Titel eines Kaisers des heiligen römischen Reichs und der römischen Könige hinzufügen?

Als Frankreich anerkannt wurde, war es auch Republik. Die französische, die italienische Republik in Monarchien umwandeln, hieß das nicht die alten Regierungen gegen das System der Neuerungen sicher stellen?

Napoleon war Präsident der italienischen Republik, ohne daß für seine Würde ein Ziel gesetzt war. Jetzt, da er den Königstitel annimmt, setzt er dieses nicht vorhandene Ziel selbst. Beide Kronen werden an dem Tage, wo die Verträge in Erfüllung gehen, welche die Unabhängigkeit der Sieben-Inseln-Republik und Malta's gewährleistet haben, von einander getrennt werden.

Bald werden wir einzeln erzählen, was zu derselben Zeit zwischen den Höfen von London, Petersburg und Wien sich begab; worüber man zwischen den beiden ersten schon übereingekommen und worüber mit dem dritten noch gefeilscht ward. Frankreich hatte durch Preußen das Bündniß Rußlands und Schwedens erfahren, den hochfahrenden Ton des Kaisers Alexander gegen Friedrich Wilhelm und über die Mischung von Anregungen, Schmeicheleien und Drohungen, die in Berlin durch die russische Gesandtschaft, so wie durch den kaiserlichen Adjutanten, den Grafen von Winzingerode, eins nach dem andern versucht wurden, Nachrichten eingezogen. Auch war man in Paris und Mailand nicht ganz ohne Auskunft über das schon zwischen Rußland und England beste-

seitige Uebereinkommniß. Ohne die Abmachungen zu kennen, über die man sich gegen ihn vereinigt hatte, wußte Napoleon doch so viel, daß diese Abmachungen durchaus feindlich waren. Er wußte, daß Herr Pitt am 18ten Februar eine Summe von fünf Millionen Pfund Sterling für das erhalten hatte, was man in England zum Gebrauch auf dem Festlande nannte, eine Summe, welche dieser Minister in der Folge noch höher zu bringen, nicht verfehlte, wie er denn dieses am 12ten Juli, im Augenblicke des Schlusses der Sitzung wirklich durchsetzte. In Folge dieser Angaben stellte Napoleon in Bezug auf den Wiener Hof, die von mir schon oben angegebenen Schlüsse auf, nämlich, daß das östreichische Cabinet, wenn es sich zum Kriege entschlösse, dieses nicht thäte wegen dieses oder jenes Verfahrens von Frankreich, sondern blos nach der Berechnung auf mehr oder weniger wahrscheinlichen Erfolg, zu dem ein Krieg die Aussicht eröffnen würde. Diese Art, die Dinge anzusehen, brachten Napoleon zu dem Schlusse, daß er keine Schonung zu beobachten habe; daß er nichts Besseres zu thun habe (da seine Feinde doch wahrscheinlich in ihren Planen über ganz Italien auf seine Kosten verfügt hatten), als in dem Lande sich fester zu setzen, das er entweder aufgeben sollte, wie sie zu fordern geneigt schienen, oder woraus sie ihn mit den Waffen in der Hand vertreiben wollten. Er entschloß sich daher unverzüglich, die Theile Italiens mit dem französischen Gebiete zu vereinigen, deren Besitz ihm die meisten Vortheile gewährte, ohne doch eine Beraubung, die als Gewaltthat hätte angesehen werden können, sich zu Schulden kommen zu lassen.

Einer großen Monarchie, die von allen Seiten einen schwachen Staat einschließt, fällt es nicht schwer, diesen zum Aufgeben seiner Unabhängigkeit zu bringen. Man braucht seine Stellung nur so einzurichten, daß er beim Tausche blos gewinnen kann. Der Handel von Genua, der durch England und die Raubstaaten vernichtet war, war auf der andern Seite durch die französischen Zolllinien gelähmt. Land und Meer waren ihm gleichmäßig geschlossen. Durch die Einverleibung dieser Republik mit dem französischen Kaiserstaate mußten die Landschlagbäume wegfallen, die Schifffahrt konnte gegen die Raubstaaten sicher seyn, und Frankreich konnte ihm alle seine Vertheidigungsmittel gegen England leihen. Eine große Menge von Personen, selbst aus den höchsten Ständen, waren Frankreich aus Neigung für das Volk ergeben, aus Vorliebe für seine Gesetze, aus Bewunderung für seinen Ruhm. Wenn man bei sich selbst nichts mehr zu befehlen hat, so ist es wohl am klügsten, sich mit dem zu vereinigen, der Anderen befiehlt und uns an seinem Befehle Theil nehmen läßt! Diese vorläufigen Betrachtungen stellte man seit einiger Zeit öfter in Städten und Dörfern an. Da die Einwohner den Wunsch einer Vereinigung mit Frankreich ausgesprochen hatten, so wurden Abgeordnete, an deren Spitze der Doge Durazzo stand, beauftragt, den Beschluß des ligurischen Senats, der ihn feierlichst bestätigte, zu überreichen. Napoleon erkannte an, daß Ligurien in seiner Unabhängigkeit nur Vereinzelung hatte, und erwiederte, daß er den durch sie ausgesprochenen Wunsch erfüllen würde, und daß er unverzüglich in Genua die mit dem französischen Volke eingegangene Vereinigung besiegeln würde. Aber wie steht es mit der neulich gegebenen Erklärung, keinen neuen Staat mit Frankreich zu vereinigen? Schon hat man bemerken können, ob die Zeit sich geändert hat. Bald wird man sich noch besser davon überzeugen können.

Kaiser Napoleon, mit einer doppelten Krone auf dem Haupte, mußte freilich wünschen, aber er wünschte es nur zu sehr, daß seiner Familie eine anständige Lage gesichert sey. Schon hatte er am 18ten März mit der Erhebung seiner Schwester, der Prinzessin Elisa, angefangen. Das Ländchen Piombino, das im Jahre 1801 an Frankreich abgetreten ward, war zwar Anfangs dem Könige von Etrurien zugesagt, jedoch stets in der Gewalt der französischen Regierung geblieben. Der Besitz dieses Ländchens war darum kostbar, weil es so große Leichtigkeit bietet, von Italien aus mit Corsika und der Insel Elba zu verkehren. Um sich diese Vortheile zu bewahren, ohne es doch mit Frankreich zu vereinigen, wurde das Ländchen an die Prinzessin Elisa unter Frankreichs Oberhoheit (sous le haut domaine de la France) übergeben, und der Senator Bacciochi, Gemahl der Prinzessin Elisa, ward zum Prinzen des Reichs ernannt. Mit dieser ersten Ausstattung seiner Schwester verband Napoleon während seines Aufenthalts in Italien eine noch bedeutendere, indem er die Republik Lucca in ein Fürstenthum umgestaltete, dessen Regierung dem Fürsten von Piombino übertragen ward. Dieses geschah mit allen den Förmlichkeiten, welche die Staatskunst aufbietet, um ihrem Verfahren den Schein der Gesetzmäßigkeit zu geben; nämlich mit einer Berathung des Gonfaloniere und der Alten der Republik Lucca, unterm 4ten Juni, mit einer Berathung des großen Raths (gran Consiglio) vom 14ten, mit Abgeordneten, die Napoleon am 24sten desselben Monats in Boulogne empfing, und mit einem Verfassungsstatut, das er an demselben Tage genehmigte und gewährleistete. So wurde eine Republik in ein erbliches Fürstenthum verwandelt, die nach und nach mehrfache Tyrannei unter gewaltthätigen Dictatoren, stürmische Demagogie, oligarchische Unterdrückung erfahren hatte, aber die unter diesen Regierungsformen doch mehr Berühmtheit [1]) und Ansehen sich einst erworben hatte, als der geringe Umfang seines Gebietes erwarten ließ.

Von Bologna begab sich Napoleon nach Genua, wo ihn glänzendere Feste [2]) erwarteten, als seine beiden Krönungen geboten hatten. Nie ersann man in Feenmährchen blendendere Schauspiele, als man hier im Hafen vereinigt sah. Genua, das stolze Genua, nach dem so viele mächtige Fürsten gestrebt hatten, zeigte sich nie in größerer Pracht, als vor den Augen des Mannes, vor dem auf's Neue seine allzuvergängliche Unabhängigkeit ihre Endschaft erreichte.

Im Augenblicke, wo diese Republik den Wunsch ihrer Vereinigung mit Frankreich ausgesprochen und Abgeordnete zu dem Kaiser Napoleon nach Mailand geschickt hatte, gab [3]) der Senator, der mit den auswärtigen Geschäften beauftragt war, Herr Roggieri, dem östreichischen Geschäftsträger, dem

1) Aus Lucca nahm Machiavelli einen seiner Helden, den Castruccio Castracani.

2) Man sehe ihre Beschreibung in Botta's Geschichte der Umgestaltung Italiens.

3) Am 4ten Juni.

Herrn Baron Giusti, der bei der ligurischen Regierung beglaubigt war, Nachricht von dieser Entschließung. Diese Mittheilung, welche die Gründe des Entschlusses aussprach, schloß mit folgenden Worten: „Indem wir uns unter die „Gesetze des französischen Reiches unterordnen, fügen wir „nichts zu seiner Macht auf dem Festlande hinzu. Unsere „nicht zahlreiche Bevölkerung ist keineswegs kriegerisch... „Frankreich wird durch diese Vereinigung eine Vermehrung „der Macht zur See erlangen, aber wir dürfen glauben, daß „wir allen Mächten des festen Landes einen erwünschten Dienst „erzeigen, wenn wir es in den Stand setzen, gegen den „Feind aller Völker und den Tyrannen des Meeres kräftiger „anzukämpfen." Diese Ansicht der Vereinigung war augenscheinlich von der französischen Regierung eingegeben. Der östreichische Geschäftsträger, vielleicht schon mit Vorschriften für alle Fälle versehen, vielleicht sich gedrungen fühlend, den Befehlen seines Hofes noch voraus zu eilen, schien wenig durch die angegebenen Gründe befriedigt, und wollte sogar gegen die Veränderung, die vorging, Einspruch einlegen. Er ging noch weiter. Er verlangte, daß sein Einspruch in die Zeitung von Genua eingerückt würde. Eine solche Anmaßung konnte man nicht zugeben.

Der Kaiser Napoleon beauftragte den Minister des Innern, Herrn von Champagny, dem Geschäftsträger begreiflich zu machen, daß es bei ihm stände, in die Venetianische oder in die Wiener Zeitung einrücken zu lassen, was er wollte; daß er in Genua aber kein Recht mehr zu üben habe, und keinen öffentlichen Charakter mehr beibehalten könne, aus dem begreiflichsten aller Gründe, weil die Regierung, bei der er angestellt war, jetzt aufgelöst sey. „Außerdem werden „Sie Herrn von Giusti sagen," schrieb Napoleon an seinen Minister, „daß er sich böses Spiel zuzieht, wenn er solches „Aufhebens macht; daß die Sache jetzt ernst ist; daß es bei „seinem Hofe steht, zu thun, was er für gut findet, aber daß „es ihm nicht zukommt, die Sache im Voraus zu entschei„den.... daß, wenn man Vorwände zum Kriege haben will, „dieser so gut wie ein anderer zu brauchen ist, doch daß es „sehr auffallen möchte, wenn er diese Verantwortlichkeit auf

„sich nähme." Einige der im Briefe des Kaisers ausgesprochenen Gedanken machen den Hauptinhalt der Auseinandersetzung aus, die sein Minister an die fremden Höfe richtete.

Die Gestalt von ganz Europa hat sich geändert, sagten die französischen Gesandten. England hat bei der Verhandlung von Amiens die Ligurische Republik nicht anerkennen wollen. Bedrängt zur See durch die Engländer und die Barbaresken, giebt es für diese Republik nur Heil in der Vereinigung mit dem großen Volke. Ein schmaler Streif Landes, zwischen Meer und Berge geklemmt, eine Bevölkerung von fünfmalhunderttausend Menschen bringen Frankreich keinen Zuwachs an Macht auf dem festen Lande. Frankreich gewinnt kein Bataillon mehr; es gewinnt nur einige Vortheile zur See durch einen kleinen Strich Küsten und einen Zuwachs von fünf- bis sechstausend Matrosen. Es ist sonderbar, daß man auf eine so unbedeutende Abänderung so großen Werth legen will, während Englands ungeheuere Umsichgriffe in Indien, die alles Gleichgewicht zur See aufheben, Europa völlig gleichgültig findet. „Wenn die Engländer [1]) Goa den „Portugiesen, Ceylon den Holländern, Tippo Saheb's unge„heure Erbschaft seinen Erben wiedergeben wollen, so werden „sie mehr befugt seyn, gegen die Vereinigung eines Gebietes, „das schon im französischen Gebiete drinnen liegt, sich zu er„heben." So klangen die Hauptgründe, die man zur Entschuldigung des Kaisers Napoleon gegen die wider ihn erhobenen Vorwürfe vorbrachte. Die Vereinigung der Ligurischen Republik mit Frankreich ward durch ein Senatus-Consult vom 6ten October bestätigt, das sein Gebiet in drei Departemente, das Departement Genua, Montenotte und der Apenninen zertheilte.

Das Ereigniß der Vereinigung Genua's bestimmt uns, hier eine Bemerkung einzuflechten, die auf eine Menge anderer Begebenheiten anwendbar ist, und Stoff zu den wunderlichsten Betrachtungen über Staatskunst, wie über Sittenlehre geben kann. Wir meinen den eignen Hang des menschlichen Gemüthes, als unfehlbar vorauszusagen, was man

1) Rundschreiben des Ministeriums des Auswärtigen.

fürchtet oder mißbilligt. So war die Einverleibung Genua's, die erst im Jahre 1805 erfolgte, seit mehreren Jahren von allen Seiten als unausweichlich angekündigt worden. Vielleicht übt diese Stimmung der Gemüther auf die innern und äußern Angelegenheiten der Regierungen weit mehr Einfluß, als man meint. Setzt man bei einem Gegner einen Plan voraus, dessen Ausführung man besorgt, so bahnt man ihm eben dadurch einigermaßen den Weg zur Ausführung, wenn er schon vorhanden war, und manchmal, wenn er noch nicht vorhanden war, bewirkt man seine Entstehung. Man zerstört im Voraus das Erstaunen, das die Handlung selbst hätte hervorbringen müssen; man gewöhnt die öffentliche Meinung daran, und man bringt selbst das Gemüth dessen, der der Gegenstand der Voraussetzung ist, in Versuchung, weil von seiner Seite es eine Art von Zugeständniß der Unmacht gewesen wäre, wenn er die Frucht einer Absicht nicht pflückte, die man bei ihm voraussetzt. Das ist eine Bemerkung, auf die wir oftmals zurückkommen müssen.

Die letzte Handlung des Kaisers Napoleon in Bezug auf Italien, wenigstens in dem Augenblicke, von dem wir sprechen, war die Anordnung der Verwaltung in den Staaten von Parma und Piacenza. Diese an die französische Regierung durch den Vertrag vom 21sten März 1801 abgetretenen Staaten, die aber erst nach dem Tode des Herzogs im Jahre 1802 waren besetzt worden, standen im gegenwärtigen Augenblicke unter einer Verwaltung auf Frankreichs Rechnung, doch waren sie kein dazu gehöriger Theil geworden. Napoleon hatte sich einigermaßen die freie Verfügung darüber fortwährend vorbehalten, und es ist nicht unwahrscheinlich, daß sie dem Könige von Sardinien hätten zufallen können, hätten die Verhandlungen zwischen Rußland und Frankreich nicht einen so entschiedenen Charakter der Erbitterung und Heftigkeit angenommen. Seit die auffallenden Schritte, denen sich das Cabinet von St. Petersburg hingegeben hatte, den Kaiser Napoleon von seinen Verpflichtungen losgesprochen, wurde das künftige Schicksal dieser Staaten durch mehrere Handlungen, die ihre endliche Vereinigung mit dem Kaiserreiche andeuteten, angekündigt. Napoleons Gesetzbuch war dort am

10*

3ten Juni eingeführt worden. Bei der Rückkehr des Kaisers nach Paris erklärte ein Decret vom 21sten Juli, daß dieses Land einen Theil der acht und zwanzigsten Militairabtheilung ausmache.

Die verschiedenen Veränderungen, die eben statt gefunden hatten, bestanden mehr in Worten, als in Sachen. Napoleon regierte in Mailand, ehe er den Königstitel angenommen; Genua und Lucca waren durchaus in den Händen der Franzosen noch vor der Vereinigung der einen von diesen Republiken mit dem französischen Reiche und vor der Umgestaltung der andern in ein Fürstenthum. Man hätte sich einen Schein von Mäßigung geben können, wenn man ein Unternehmen, das späterhin noch eben so gut in seiner Hand lag, weiter hinausgeschoben hätte. Doch übte in der That keine dieser Maaßregeln den geringsten Einfluß auf die Entschließungen der feindlichen oder der wetteifernden Cabinette. Ihre Entschließungen waren unabhängig von diesen zufälligen Umständen. Man wird dies aus den Verhandlungen abnehmen können, die vor und während Napoleons Aufenthalt in Italien zwischen den Höfen von London, Petersburg und Wien stattgehabt hatten; Verhandlungen, welche die Entwickelung der in der Denkschrift vom 19ten Januar aufgestellten Grundsätze, die dem russischen Gesandten zu London — sie ist schon oben erwähnt worden — waren zugestanden worden, zum Zwecke hatte.

Sechs und vierzigstes Capitel.

Verhältnisse zum Auslande.

Verhandlungen von London nach Petersburg versetzt. — Mitwirkungsvertrag vom 11ten April. — Hauptbestimmungen des Vertrags. — Rußlands Gleichgültigkeit gegen die Interessen zur See. — Vernichtung aller Verträge mit Frankreich. — Festsetzung von Hülfsgeldern. — Einzelne Artikel. — Zusatzartikel. — Verbindlichkeit der Verbündeten, zu lügen. — Beleidigende Voraussetzung in Beziehung auf Preußen. — Kriegerische Berechnungen, über welche Rußland und Oestreich übereinkommen. — Kälte des östreichischen Cabinets gegen Frankreich. — Ergänzung der Verhandlungen zwischen Rußland und Oestreich. — Vermehrung der Hülfsgelder zu Gunsten Oestreichs. — Hülfsgeldervertrag zwischen England und Schweden. Für die Verbündeten schmähliche Festsetzung. — Sendung des Hrn. von Nowosilzof mit der Bestimmung nach Paris. — Antworten der französischen Regierung. — Preußens beengte Lage. — Briefe des preußischen Cabinets über Hrn. von Nowosilzof's Sendung. — Antworten der französischen Regierung. — Note des Hrn. von Nowosilzof. — Herr von Laforest schickt die Note des Hrn. v. Nowosilzof zurück. — Der König von Preußen kehrt zu dem Gedanken zurück, Hannover als Unterpfand zu nehmen. — Erklärung der Geneigtheit des Königs zu einem Bündniß durch Verträge. — Verhandlung der Grundlagen dieser Verträge. — Wirkung von Preußens Zögerung. — Absendung des Generals Duroc nach Berlin. — Täuschung Preußens über den Zustand des nicht durch Frankreich getheilten Festlandes.

Bei der Antwort auf die Eröffnung des Kaisers Napoleon hatte das britische Ministerium das Bestehen von Verbindungen und vertraulichen Beziehungen mit einigen Festlandmächten, namentlich mit Rußland, ausgesprochen. Unbestritten war die zweite dieser Mächte Oestreich. Nur war mit dieser letzteren die unmittelbare Verhandlung nicht so weit vorgeschritten. Rußland, das, dem Herkommen nach, zuletzt auf dem Schlachtfelde eintrifft, machte die Vorhut in den diplomatischen Bewegungen. Die im Jahre 1804 begonnenen Verhandlungen, fortgesetzt im Januar 1805 durch Herrn von Nowosilzof zu London, wurden in den folgenden Monaten in Petersburg durch denselben Herrn von Nowosilzof und den Fürsten Czartoriski mit dem englischen Botschafter Lewison Gower weiter gebracht. Um leichter zu einem vollständigen Verständniß zu gelangen, hatten die beiden Cabinette für passend erachtet, sich zunächst über ihre eigenen Ansichten zu verständigen, unbeschadet einiger Zusätze durch die fernerhin hinzutretenden Mächte.

Das Ergebniß dieses langen Wechsels von Noten und Denkschriften war die Unterzeichnung eines Zusammenwirkungs-Vertrags, der am (30sten März) 11ten April abgeschlossen ward, und in welchem der Zweck der beiden Mächte, ihre gegenseitigen Verpflichtungen, die Bedingungen bei diesen Verpflichtungen und das allgemeine System der Ausführung, um zu dem vorgesetzten Zwecke zu gelangen, ausgesprochen war. Durch das Datum, unter dem dieser Plan entstand, durch das andre der Verhandlungen, die seiner Annahme vorausgingen, und endlich durch das Datum der Unterzeichnung des Vertrages, mit den Artikeln, die ihn begleiten, ergiebt sich nachweislich, in Bezug wenigstens auf das russische Cabinet, daß die neuesten durch Napoleon in Italien getroffenen Veränderungen auf seinen Entschluß nicht den geringsten Einfluß übten. Nicht ohne Grund hatte England, so wohl bedient durch Kaiser Alexander, die Großmuth dieses Fürsten gepriesen, der, seiner Angabe nach, einzig damit beschäftigt war, Europa's allgemeine Unabhängigkeit zu sichern. Nimmt man nun die Genüsse der Selbstliebe hinweg, die Rußland bei der Erniedrigung des Kaisers Napoleon finden konnte, so gab es in allen zwischen den Cabinetten von Petersburg und London getroffnen Uebereinkommen nicht eine einzige Bedingung, die nicht vorzugsweise auf ein englisches Interesse Bezug hatte. Dieser Vertrag gehört nicht zu denen, wo die Angabe des Zweckes hinreicht. Er ist so eigenthümlicher Art, daß er eine ernste Prüfung verdient, welche die Neugier nicht unbelohnt lassen wird.

Europa war nach der Ansicht der beiden verhandelnden Theile in einem Zustande von Unbehagen, der baldige Abhülfe nothwendig macht, und die Vereinigung, die man zu bilden beabsichtigt, muß daher allen europäischen Staaten gemeinsam seyn. Sie bezweckt, Frankreich zur Herstellung des Friedens und des Gleichgewichtes zu zwingen. Um dahin zu gelangen, müsse man fünfmalhunderttausend Mann auf den Beinen halten.

Der 2te Artikel muß wörtlich angeführt werden. Der Zweck der Vereinigung sey: „die Räumung des hannöverschen und des nördlichen Teutschlands; die Anerkennung der Unabhängigkeit Hollands und der Schweiz; die Herstellung des Königs von Sardinien in Piemont mit einem solchen Zuwachs an Land, wie es die Umstände gestatten; die künftige Sicherheit des Königreichs Neapel und die völlige Räumung

Italiens, mit Inbegriff der Insel Elba, von französischen Truppen; endlich die Errichtung eines Zustandes der Dinge in Europa, der auf eine kräftige Weise die Sicherheit und Unabhängigkeit der verschiedenen Staaten beschützen und dazu dienen könnte, alle künftige Umgriffe zu verhindern." Obgleich man nicht zweifeln kann, daß mit diesen so zu sagen offenen Bedingungen geheime Abmachungen verbunden waren, die gegen Frankreich noch entschiedener gerichtet waren, so wollen wir uns doch an diese, wie sie hier eingestanden sind, halten.

Gleich als erste Bemerkung drängt sich auf, daß Rußland, das nur die Unabhängigkeit aller Staaten zu wollen vorgiebt, doch mit keinem Worte an die Unabhängigkeit der Seestaaten denkt oder an die Vertheidigung der Rechte neutraler Schifffahrt. Allein damit beschäftigt, England gegen Frankreich zu unterstützen, denkt es mit keinem Gedanken daran, dem neutralen Handel gegen die Tyrannei und die Umgriffe Englands zur See den geringsten Schutz zu gewähren. Die angebliche Großmuth des Kaisers Alexander geht also nicht sowohl gegen das Umsichgreifen an sich, sondern gegen den Usurpator im vorliegenden Falle. Seine Großmuth ist nur Neid; seine Gerechtigkeit nur Parteilichkeit.

Bemerken wir ferner, daß in Bezug auf Frankreich man nicht die Absicht hat, die Vollziehung dieses oder jenes Vertrags, den es gebrochen oder dessen Schranken es überschritten, zu fordern. Nein, davon ist die Rede, alle Verträge zu vernichten, sie alle völlig auszustreichen, das Ergebniß aller früheren Kriege nochmals auf die Kapelle zu bringen, insofern dieses Ergebniß Frankreich günstig gewesen war, doch sich wohl zu hüten, an das zu rühren, was es für England oder die andern Mächte Günstiges herbeigeführt hatte. So ist nicht die Rede davon, daß Oestreich Venedig mit seinem Gebiete, noch daß England Ceylon an Holland, Trinidad an Spanien, oder in Folge des Friedens von Amiens, Malta an den Orden des heiligen Johannes von Jerusalem herausgebe. Frankreich sollte Alles herausgeben; England und Oestreich Alles behalten, selbst was sie mit Hintansetzung der feierlichsten Verpflichtungen inne behalten hätten; und aus Besorgniß, daß es eine Macht gäbe, die zur See im Stande wäre, den englischen Gewaltthaten Widerstand zu leisten, soll Europa sich erheben, um Frankreich zu zwingen, daß es alle Posten, die es ja noch in den Stand setzen könnten, diesen Gewaltthaten Widerstand zu leisten, fahren lasse; Europa soll sich erheben, um dem englischen Handel alle Flüsse, alle Häfen des nördlichen Teutschlands, Hollands und von ganz Italien zu eröffnen; durchaus muß man Frankreich vom Mittelmeere vertreiben, weil man ihm sogar die Insel Elba nimmt.

Wenn je ein Vertrag, der dem gemeinsamen Interesse aller Staaten überhaupt, besonders dem Interesse der Völker, die auch nur einen Hafen, ein einziges Fischerboot auf dem Weltmeere oder im Mittelmeere haben, feindlich war, aus Haß oder Eifersucht gegen einen einzigen Staat abgeschlossen wurde, so war es zuverlässig der Zusammenwirkungs-Vertrag vom 11ten April.

Weil Europa für England sich schlagen will, so trägt der englische Schatz mit Recht den Hauptantheil an den Kriegskosten. In dieser Hinsicht zeigt England sich *billig*. Es verspricht thätige Theilnahme; es wird Schiffe zum Uebersetzen aller Truppen hergeben; es will Hülfsgelder zahlen, die mit den Anstrengungen jeder Macht im Verhältnisse ständen; und um eine Unterlage für diese Hülfsgelder zu haben, so kommt man überein, daß, unbeschadet der einzelnen Anordnungen und der ersten Insfeldstellung, England die Summe von einer Million zweimalhundertfunfzigtausend Pfund Sterling für jedes Hunderttausend regelmäßiger Truppen bezahlen wird.

Mehrere der einzelnen Artikel, die an demselben Tage unterzeichnet werden, sind gleichfalls von hoher Wichtigkeit, doch fünf von diesen Artikeln sind bis jetzt geheim geblieben, oder haben wenigstens keine amtliche Oeffentlichkeit erhalten, nämlich die einzelnen Artikel 2, 3, 7, 9 und 10. Mehr als ein Anzeichen befugt die französische Regierung, zu glauben, daß einige dieser nicht bekannt gewordenen Artikel noch verdrüßlichere Entschließungen, als die öffentlich gewordenen aussprachen, enthielten. Da der Vertrag selbst die Vertreibung der Franzosen aus ganz Italien erklärte, so folgte daraus, daß die Lombardei an Oestreich zurückfallen sollte, das nichts desto weniger Venedig behalten würde. Die andern von den teutschen Schriftstellern zugestandenen Abmachungen waren die Vereinigung Belgiens mit Holland, die Vereinigung Genua's, Savoyens, der Grafschaft Nizza und, wenn möglich, selbst Lyons mit Piemont.

Der erste dieser einzelnen Artikel ist nicht der unwichtigste; denn er thut das Daseyn schon getroffener Uebereinkünfte mit dem teutschen Kaiser und mit Schweden dar, nicht durch England, sondern durch Rußland, welches sie Seiner britischen Majestät schon mitgetheilt hat. In Folge dieser Mittheilungen macht Seine Majestät, der König von Großbritannien, sich verbindlich, „gegen diese beiden Mächte (den teutschen Kaiser und den König von Schweden) die gegen den Kaiser von Rußland eingegangenen Verpflichtungen zu erfüllen, wenn beide oder einer von beiden, in Folge ihrer Uebereinkünfte mit des Kaisers von Rußland Majestät, seine Heere gegen Frankreich auftreten läßt, und zwar in dem Zeitraum von vier Monaten, vom Tage der Unterzeichnung gegenwärtigen Vertrages an gerechnet." Aus diesem Artikel gehen zwei schon durch die berühmte Denkschrift vom 19ten Januar angedeutete Thatsachen hervor; erstens, daß der Kaiser von Rußland als Mittelpunct hingestellt ist, an den sich auf der einen Seite England und von der andern die hinzutretenden Mächte anlehnen; zweitens, daß der teutsche Kaiser eben so wie Schweden, schon durch allgemeine Verpflichtungen, gegen Frankreich aufzutreten, mit dem Kaiser von Rußland verbunden ist; und diese Verpflichtungen bringen unfehlbar seinen Beitritt zu dem Zusammenwirkungs-Vertrage, über den man zwischen den Cabinetten von Petersburg und London übereingekommen war, mit sich.

Nachdem man, im Vertrage vom 11ten April, über eine Vereinigung von fünfmalhunderttausend Mann übereingekommen war, verminderte man durch einen einzelnen Artikel (den vierten) später diese Zahl blos auf viermalhunderttausend. Zweihundertfunfzigtausend wird Oestreich, und hundertfunfzehntausend Rußland liefern. Der Rest soll aus hannöverschen, neapolitanischen und sardinischen Truppen bestehen.

Wären Rußland und England nicht im Voraus des Beitrittes von Oestreich sicher gewesen, hätte man da wohl die Zahl der von dieser letzteren Macht zu stellenden Truppen festsetzen können? Für Preußen war kein Contingent festgesetzt, weil Preußen damals der zwischen London und Petersburg getroffenen Uebereinkunft noch fremd war, während Oestreich es nicht war.

Der Kaiser von Rußland wird unverzüglich sechszigtausend Mann nach der östreichischen Gränze und achtzigtausend Mann nach der preußischen Gränze marschiren lassen, um bei der Hand zu seyn, und die Mächte unterstützen zu können, die Frankreich in der Voraussetzung, daß sie auf seinen Interessen zuwiderlaufende Verhandlungen sich eingelassen, etwa angreifen könnten. Der Rest des Artikels 5 setzt zu Gunsten Rußlands die Bezahlung einer Summe, die dreimonatlichen Hülfsgeldern gleichkäme, fest, für die erste Insfeldstellung, und ordnet die Tage des Marsches der Truppen, um nach ihrem Vaterlande zurückzukehren so, daß sie als Zeit in der Rechnung über die englischen Hülfsgelder aufgeführt werden kann. Dieser schmähliche Zug des Vertrages vom 11ten April findet sich überall wieder. Kaum giebt es einen Artikel, wo er nicht wiederkehrte.

Ein Schein von hochherzigerer Gesinnung zeigt sich im 8ten Artikel. Er spricht den Entschluß aus: „der öffentlichen Meinung weder in Frankreich, noch in irgend einem andern Lande in Bezug auf die Regierungsform Gewalt anzuthun, die man zu wählen geneigt seyn möchte.“ Die Vertheilung der Eroberungen setzt er aus bis zum Abschlusse des Friedens, und kündigt die Absicht an, am Schlusse des Krieges einen allgemeinen Congreß zu berufen, damit man dort über die Rechte der Völker verhandle und sie selbst auf festerer Grundlage errichte. Die in Wien 1815 gefaßten Beschlüsse haben Europa dargethan, wie man die Rechte der Völker auf solchen Congressen feststellt.

Indem man sich gegen Frankreich verbündete, verbündete man sich begreiflich auch gegen seine Bundesgenossen.

Da man vorgiebt, Unterhandlungen mit Frankreich versuchen zu wollen, ehe man handelt, und da der Kaiser von

Oestreich die Verhandlung durch kriegerische Maaßregeln unterstützen soll, so wird ihm, unmittelbar nach seinem Beitritt zum gegenwärtigen Vertrage, eine Million Pfund Sterling ausgezahlt werden, deren Wiederersatz England nicht fordern will, im Falle die Verhandlungen durch einen glücklichen Ausgang gekrönt würden.

Ein letzter einzelner Artikel ändert den ersten derselben Artikel ab. Dem ersten zufolge sollten der teutsche Kaiser und der König von Schweden, um Anspruch auf die von England zugestandenen Hülfsgelder zu haben, in einer Frist von vier Monaten in's Feld rücken. Durch den letzten erhält die Frist eine größere Ausdehnung. Diese Hülfsgelder werden ihnen zugesichert, vorausgesetzt, daß sie nur im Laufe des Jahres 1805 in's Feld rücken. Aber was noch merkwürdiger in diesem letzten Artikel ist, das ist der Grund, auf den sich diese Nachsicht des Königs von England stützt. „Ihre britische Majestät willigt ein, die festgesetzten Bedingungen gegen diese beiden Souveraine aus Berücksichtigung des Gewinnes zu erfüllen, der für die künftige Sicherheit Europa's aus einer Vereinigung hervorgeben muß, die der ähnlich wäre, welche zwischen Seiner russischkaiserlichen Majestät mit Seiner Majestät dem Kaiser von Oestreich und dem Könige von Schweden eingegangen wurde." Folglich macht der letzte Artikel, den ersten beschränkend, nur durch deutlichere Ausdrücke den Sinn klarer. Kaiser Napoleon hat sich folglich in seinen Schlüssen nicht getäuscht, weder in Beziehung auf England und Rußland, noch endlich in Beziehung auf Oestreich. Die in Italien ergriffenen Maaßregeln sind folglich hinreichend gerechtfertigt. Der Angriff gegen ihn ist beschlossen. Man will aus demselben Italien, dessen innere Gestaltung ein Vertrag nach dem andern zu Frankreichs Gunsten umgeändert hatte, Frankreich entschieden und unwiderruflich vertreiben. Wenn eine Staatskunst, die alle Verträge zerreißt, Frankreich den Boden, wo es so oft über seine Feinde gesiegt hat, entreißen will, erlaubt da eine viel legitimere Staatskunst nicht, sich fester an ihn zu ketten, dort Wurzeln zu schlagen und sie tiefer zu treiben?

Die zahlreichen einzelnen Artikel, die wir eben durchgingen, reichen noch nicht einmal aus, den Vertrag vom

11ten April vollständig zu machen. Er mußte noch zwei Zusatzartikel erhalten.

Der erstere [1]) dieser neuen Artikel spricht aus, daß der Kaiser von Rußland die von ihm beizubringenden Streitkräfte von hundertfunfzehntausend Mann auf hundertachtzigtausend Mann steigern wird. Sorgfältig ordnet man in diesem Verhältnisse die Hülfsgelder.

Der zweite [2]) scheint durch ein Gefühl von Schaam *eingegeben*, und doch ist die Schaam auch nur Staatsklugheit. In den Augen des Kaisers von Rußland ist Englands Sache, zu deren Kämpen er sich aufwirft, so wenig die Sache des Festlandes, daß dieser Fürst verlangt, eine Zeit lang das Bündniß ableugnen zu dürfen, und der König von England gesteht seinem Verbündeten zu, daß er es leugne. Man kommt überein, daß die russischen Heere, die das Preußische und Oestreichische durchziehen müssen, um an die Gränzen von Frankreich zu gelangen, erklären sollen, „daß diese Bewegung keineswegs mit einer, mit des Königs von Großbritannien Majestät bestehenden, Uebereinkunft in Verbindung sey, daß aber die Festlandmächte von Frankreich die Vollziehung seiner mit ihnen unmittelbar eingegangenen Verbindlichkeiten fordern." Eine solche Abmachung zeigt an, wie sich die verhandelnden Mächte unter einander achten. Oft macht man bei diplomatischen Verhandlungen aus, daß von der Sache nicht gesprochen werde; es war nun eine Lüge auszumachen.

Zu dem Unsittlichen dieses Artikels kommt ein ganz ungewöhnlicher Stempel von Zuversichtlichkeit hinzu. Auf der einen Seite setzt man als eine Maaßregel, die gar keine Schwierigkeit finden dürfte, den Durchgang der russischen Truppen durch das Preußische und Oestreichische voraus und von der andern Seite die friedliche Aufstellung dieser Truppen an der französischen Gränze. Abgesehen von dem Hochmuthe, der damals sich einbildete, daß sich Preußen einem solchen Durchgange nicht widersetzen würde, wie konnte man

1) Vom (28sten April) 10ten Mai.

2) Vom (12ten) 24sten Juli.

nur sich einbilden, daß der Kaiser Napoleon, der so wenig daran gewöhnt war, sich zuvorkommen zu lassen, geduldig es abwarten würde, daß ein russisches Heer sich am Rheine aufstelle, um mit ihm zu verhandeln, oder richtiger, um ihn Gesetze vorzuschreiben? Bald werden wir dort seyn, wo wir den Kaiser Napoleon wegen der Bitterkeit seiner Sprache über einen Schwarm leichtsinniger und toller Köpfe, die seiner Ansicht zufolge den Kaiser Alexander beherrschen, tadeln müssen; aber ist es möglich, wenn man die Actenstücke der russischen Diplomatie durchsieht, zu glauben, daß es nur ein bischen kaltes Blut, nur ein bischen Mäßigung in Alexanders Staatsrathe gab?

Vielleicht habe ich das Einzelne dieser Verhandlung zu weit verfolgt. Doch ohne diese Einzelnheiten möchten die Thatsachen kaum gerecht gewürdigt worden seyn. Von jetzt ab wissen wir, ehe wir noch von Petersburg uns nach Wien begeben, was wir vom östreichischen Cabinette zu denken haben. Schon ist uns erwiesen, daß die Vereinigung Genua's, worüber man so vielen Lärm machen wird, keinen Einfluß auf Verbindlichkeiten gehabt hat, die am 11ten April als schon vorher bestanden, sich nachweisen lassen, und um mehrere Monate selbst der Aeußerung des Wunsches nach dieser Vereinigung vorausgingen. Schon verhandelt man die Plane zum Feldzuge gegen Frankreich, wie sich darthun läßt, zwischen Oestreich und Rußland, noch ehe die Vereinigung statt gefunden hatte, sondern selbst ehe diese noch ausgemacht war; ehe das Gerücht von seiner Wahrscheinlichkeit nach Wien und noch vielmehr, ehe es nach Petersburg kommen konnte. Die Frage über die Vereinigung wird erst in den ersten Tagen des Juni dem Kaiser Napoleon vorgelegt werden, und in denselben ersten Tagen des Juni trifft in Wien der Generaladjutant des Kaisers Alexander ein, um mit dem östreichischen Cabinette die Anordnungen des Feldzugs in Ordnung zu bringen. Dieser Generaladjutant, General von Winzingerode, derselbe, dem wir als nicht glücklichen Botschafter in Berlin begegneten, soll für sein Matt! in Berlin durch einen Erfolg in Wien entschädigt werden. Die mit ihm zu unterhandeln bestimmten Generale sind der Generalquartiermeister Mack und der Fürst von Schwarzenberg. Das Protocoll ihrer Besprechungen ward am 16ten Juli unterzeichnet.

Während die östreichische Kriegscanzlei sich mit Rußland in die Berechnungen eines nahen Krieges vertieft, wird seine Staatscanzlei allmählig auffallend kälter gegen die französische Regierung. Der Graf von Cobenzl erwähnt eine Zeit lang Italien mit keiner Sylbe. Der französische Botschafter beobachtet dasselbe Schweigen. Der letztere meldet am 10ten Juni, daß das Lager von Alexandria aufgelöst ist; daß das Lager von Brescia in vierzehn Tagen aufgelöst werden wird. Im Augenblicke, wo die französischen Truppen auseinandergehen, vereinigen sich die östreichischen. Nur schwache Abtheilungen bleiben in Galizien und Böhmen. Alle richten sich nach Italien oder nehmen die Richtung nach dem Inn.

Obgleich selbst vor dem Vertrage vom 11ten April Oestreich mit Rußland in dem Grundsatze eines gemeinsamen Auftretens gegen Frankreich einig war, so hatten doch noch lange Verhandlungen zwischen beiden Cabinetten sowohl über den Vertrag selbst, als über seine einzelnen und seine Zusatzartikel statt. Die am 9ten August zwischen den Botschaftern der drei Mächte, dem Fürsten Czartoriski für Rußland, Grafen Stadion für Oestreich, und Herrn Levison Gower für England, ausgetauschten Erklärungen haben einen Theil dieser Verhandlungen offenkundig gemacht. Am 6ten Juli hatte der Vicecanzler Cobenzl an den russischen Botschafter in Wien, Grafen Rasumowski, eine vorläufige Erklärung, die verschiedene Bemerkungen enthielt, gerichtet. Am 21sten desselben Monats hatte er dem russischen Cabinet eine Denkschrift zustellen lassen, das zu diesen ersten Bemerkungen Vorschläge und neue Forderungen hinzufügte; endlich war am 9ten August der Beitritt Oestreichs noch mit einigen Beschränkungen begleitet gewesen. Oestreich hatte von seiner Seite eigne Grundlagen für die Herstellung des Friedens aufgestellt, und der Kaiser Alexander [1]) hatte sich gegen Oestreich verbindlich gemacht, nur auf diese Grundlage den Frieden zu verhandeln.

Der kaiserliche Hof zu Wien hatte sich auch über die Unzulänglichkeit der von England verwilligten Hülfsgelder be-

1) Erklärung des Fürsten Czartoriski.

klagt. Er verlangte für das Jahr 1805 drei Millionen Pfund Sterling und bis an vier Millionen für jedes der folgenden Jahre. Wieder war es Kaiser Alexander, der seine Vermittelung anbot, um dem östreichischen Cabinette den ganzen Betrag der geforderten Hülfsgelder zu verschaffen. Für diesen Preis würde Oestreich eine Macht zusammenbringen, die nicht geringer als dreimalhundertzwanzigtausend Mann wäre. Im Falle dieser Truppenvermehrung nahm es der englische Botschafter auf sich, in der kürzesten Frist (die Zahl von dreimalhundert zwanzigtausend Mann als Grundlage angenommen) den Betrag von fünf Monaten Hülfsgeldern, als Betrag der Insfeldstellung, an Oestreich auszahlen zu lassen.

Wenn das Blut der Nationen ein Gegenstand der Feilscherei bei so großen Mächten, wie Oestreich und Rußland, geworden ist, dürfen wir uns wundern, wenn der König von Schweden auch in einer solchen Mäkelei eine Aushülfe für seine schwachen Geldmittel sucht? Als er sich mit gegen Frankreich verschwor, das allein noch die Rechte neutraler Schifffahrt, die wichtigsten von allen Rechten für das schwedische Volk, vertheidigt, schätzte sich Gustav glücklich, daß er nur Menschen aufzuopfern habe. Immer besteht noch ein Unterschied zwischen den von Rußland und Oestreich abgeschlossenen Verträgen und dem schwedischen. Nach hunderttausenden von Truppen werden die an Rußland und Oestreich gegebenen Hülfsgelder geordnet; nach tausend Mann oder gar nach einzelnen Köpfen werden die Hülfsgelder festgesetzt, die man dem Könige von Schweden zugesteht.

Um Seine schwedische Majestät in den Stand zu setzen, viertausend Mann zu den viertausend hinzuzufügen, welche die gewöhnliche Besatzung von Stralsund ausmachen, verpflichtet sich England [1]), für jedes Tausend der Mannschaft eine monatliche Summe von achtzehnhundert Pfund Sterling zu bezahlen; was im Ganzen siebentausend zweihundert Pfund Sterling für jeden Monat beträgt. Später, als Gustav IV. ein Corps von zwölftausend Mann stellen soll, um die russischen Truppen zu unterstützen, die in Pommern landen wer-

1) Vertrag von Helsingborg vom 31sten August.

den, will Seine britische Majestät einen jährlichen Hülfsgeldbeitrag von zwölf Pfund zehn Schilling für den einzelnen Mann bezahlen [1]), nicht darin begriffen eine Summe, die fünf Monaten an Hülfsgeldern gleichkäme, welche Seine schwedische Majestät für das Insfeldstellen beziehen würde. England hatte außerdem versprochen, eine Summe von funfzigtausend Pfund Sterling dafür zu bezahlen, daß Stralsund in guten Vertheidigungsstand gesetzt werde. Für diese verschiedenen Verbindlichkeiten Englands und Schwedens war Kaiser Alexander als Bürge eingetreten. Alle diese Verhandlungen geschahen übrigens im Namen und unter Anrufung der heiligen Dreieinigkeit.

Nicht darf man vergessen, daß in seinen Verträgen mit den in seinen Sold getretenen Mächten, England sich durch einen eigenen Artikel [2]) das Recht ausbedingt, bei den Oberbefehlshabern Geschäftsträger zu halten, die zusehen sollen, ob es auch für sein Geld von den Mächten gut bedient wird, und ob es auch nur die für seine Sache verwendeten Mannschaften bezahle. Wo zeigt sich hier der Stolz der Fürsten, da sie sich einer so schmählichen Nachfrage unterwerfen? Wir überlassen dem Gewissen des ganzen Menschengeschlechts die Entscheidung der Frage, ob das wohl gerechte, nothwendige, volksthümliche Kriege sind, diese Kriege, zu denen die Monarchen sich nur in soweit entschließen, als eine fremde Regierung sie dafür kauft, Mann für Mann und Regiment nach Regiment, und auf dem Schlachtfelde erst die Todten nachzählt, ehe sie die Rechnungen bezahlt.

Kam je in den Sinn eines Cabinets eine durchaus unvernünftige und durchaus unwahrscheinliche Idee, so war es die wenigstens scheinbar von dem Petersburger Cabinet angenommene sonderbare Voraussetzung, daß es möglich sey, Napoleon würde auf die bloße Drohung mit dem Zorne seiner Verbündeten zur Einwilligung in Opfer gebracht werden, welche der unglücklichste Krieg ihm schwerlich hätte abtrotzen können. Hatte man wirklich in Petersburg im Sinne, mit Frankreich

1) Vertrag, unterzeichnet zu Beskasoov am 8ten October.

2) Artikel 5 des Vertrags vom 11ten April.

eine ernstliche Verhandlung anzuknüpfen, oder war die Darlegung dieses Wunsches nur ein Spiel, um Zeit zu gewinnen, bis daß alle Waffen zum Kampfe beisammen seyen? Diese letztere Voraussetzung muß die wahrscheinlichere bleiben, wenn man sich erinnert, daß, die geheimen Uebereinkommen ungerechnet, die mindeste der von dem Bunde eingestandenen Forderungen die Räumung des nördlichen Teutschlands, Hollands und ganz Italiens, selbst Elba nicht ausgenommen, ist. Deshalb macht der Marchese Lucchesini die sehr richtige Bemerkung, daß der Krieg drei Monate früher ausgebrochen seyn würde, wenn diese Anträge auf amtlichem Wege zur Kenntniß des Kaisers Napoleon wirklich gelangt wären. Um ihm diese bescheidenen Forderungen vorzulegen, wählt das Petersburger Cabinet den Hauptunterhändler beim Vertrage vom 11ten April, den Herrn von Nowosilzof. Obgleich seine Sendung nicht zur Ausführung kam, so macht sie doch ein Zwischenspiel aus, das nicht ohne Wichtigkeit blieb, und daher einige Erklärungen nothwendig.

Der Berliner Hof war der natürliche Vermittler, durch den der französischen Regierung der Antrag zukommen mußte, daß man einen russischen Geschäftsträger nach Paris senden wolle. Dem Berliner Hofe lag Alles daran, einen Zusammenstoß zwischen beiden Mächten zu verhindern. Eingeklemmt zwischen beide hatte er sich gegen ihre Aufforderungen zu vertheidigen und von der einen Seite wenigstens gegen ihre Drohungen. Wenn früherhin von einem Bündnisse zwischen Frankreich und Preußen die Rede war, so waren die drei Cabinette von London, Wien und Petersburg gleichzeitig aufgetreten, um Preußen von diesem Bunde zurückzuhalten. Die preußische Regierung hatte nachgegeben. Bald wurde man anmaßlicher. Man wollte Preußen nicht mehr zugestehen, neutral zu bleiben, und die Sendung des General-Adjutanten des Kaisers Alexander, von Winzingerode, hatte zum Zweck, es als thätigen Theilnehmer in den Bund zu ziehen. Um sich gegen dieses Anmuthen zu vertheidigen, hatte der König von seiner Seite seinen Adjutanten, den General von Zastrow, nach Petersburg geschickt. Der einzige Wunsch dieses Fürsten ging dahin, seinem Neutralitätssysteme, von dem er nicht ablassen wollte, die Zustimmung von Rußland zu verschaffen, wie es von Frankreich zugestanden war. Aber diese Neutralität Preußens erfreute sich am russischen Hofe nicht besonderer Gunst. Die Bemühungen des Herrn von Zastrow konnten ihm in Bezug darauf keine beruhigenden Zusagen verschaffen. Ungeachtet des Versprechens von Seiten des Königs, „nicht in engere Verbindung mit Frankreich einzugehen," verheimlichte doch der Kaiser Alexander nicht, daß in dem Falle, daß die Friedensunterhandlungen keinen glücklichen Ausgang hätten, er gesonnen sey, Preußen auf's Aeußerste zu treiben." „So war die Lage Preußens gegen Rußland, als Kaiser Alexander in Folge seines Uebereinkommens mit England dem Könige die Absicht ankündigte, einen seiner Kammerherren nach Paris zu schicken.

Der König beeilte sich, durch ein vertrauliches Handschreiben dem Kaiser Napoleon den Antrag des russischen Monarchen bekannt zu machen, und gleichzeitig machte Baron von Hardenberg dem französischen Ministerium den Gegenstand desselben bekannt. In Antwort auf die Eröffnungen Seiner Majestät des Kaisers und Königs gegen Seine Majestät, den König von Großbritannien über die Herstellung des Friedens, wollte der Kaiser von Rußland ihm mit Freimüthigkeit seine eigenen Gedanken und seine Art, dieses heilsame Werk anzusehen, mittheilen [1]). „Se. kaiserl. Majestät, sagte der preußische Minister, „hat dazu Herrn von Nowosilzof erwählt .... Da die Umstände nicht erlauben, „ihm einen öffentlichen Charakter zu geben, so „wird er für jetzt als bloßer Privatmann auftre„ten, doch versehen mit allen Vollmachten, die „er für die Folge etwa brauchen könnte." Wir führen diese Worte aus dem Briefe des Barons von Hardenberg darum an, weil allem Anscheine nach Herr von Nowosilzof aus ihnen eine für den Kaiser Napoleon beleidigende Erklärung ableiten will; wenn überhaupt nicht eine wirkliche Unart schon in den Mittheilungen lag, die von Petersburg nach Preußen und an die preußische Regierung gemacht wur-

1) Brief an Hrn. von Talleyrand, vom 25sten April.

den, die sich jedoch wohl enthielt, etwas, das die französische Regierung verletzen konnte, nach Paris gelangen zu lassen, da sie eifrigst bemüht war, die beiden Kaiserhöfe zu versöhnen. Diese Voraussetzung scheint uns um so gegründeter, als der König auch eine gewisse Behutsamkeit bei der Mittheilung der französischen Antworten an Rußland zeigte.

Der Kaiser Napoleon zeigte keine Abneigung, eine Unterhandlung mit Rußland anzuknüpfen, aber er theilte die Hoffnungen Ihrer preußischen Majestät nicht. Er verheimlichte dies dem Könige nicht, und sprach offen seine Zweifel über die Gesinnungen des russischen Cabinets aus, über das er besser unterrichtet zu seyn behauptete [1]), als der Hof zu Berlin. Der König machte in Petersburg nur vom Ergebnisse der pariser Briefe Gebrauch, nämlich daß man dort gern die vom Kaiser Alexander geschickte Person empfangen würde. Herr von Talleyrand sprach gegen den Baron von Hardenberg denselben Verdacht, dieselbe Besorgniß wie Napoleon gegen den König aus. Er sagte ihm Alles, was man in Frankreich von der Sprache und der Stimmung der englischen Minister erfuhr, die beim Kaiser das begründetste Mißtrauen erhalten müßten. „Der Kaiser Alexander," setzte er hinzu [2]), „ist gegen seinen Willen fortgerissen. Er hat nicht beachtet, daß der Plan der englischen Minister, die ihm die Vermittlerrolle anboten, war, Englands Interessen an die Interessen Rußlands zu knüpfen, und dieses letztere dahin zu bringen, eines Tages die Waffen für eine Sache zu ergreifen, die so die seine geworden wäre." Nichts ist passender als diese Bemerkung; nur war das von der französischen Regierung als möglich vorausgesehene Uebel wirklich schon eingetreten. Die Vereinigung der Interessen hatte stattgefunden. Herr von Talleyrand erklärte, wenn Rußland oder irgend eine andre Macht einschreiten und zwischen England und Frankreich gleichmäßig abwiegen wollte, so würde dieses der Kaiser nicht ungern sehen, und gern würde er Opfer bringen, wenn England eben so große brächte. Dieselbe Er-

1) Ne i fatti lo contradissero, sagt Marchese Lucchesini.

2) Brief aus Mailand vom 4ten Juni.

klärung hatte der erste Consul schon mit der höchsten Bereitwilligkeit im Augenblicke des Bruches des Friedens von Amiens von sich gegeben, als er an die Redlichkeit der Vermittelung des Kaisers Alexander noch mehr glaubte. Folglich hat er sich stets, man mag von seinem Ehrgeize sagen was man will, geneigt gezeigt zu einer Minderung seiner Macht, an Beschränkungen des Gebietes, wohlverstanden, wenn England sich zu einer verhältnißmäßigen Beschränkung verstände, gedacht; doch nie hatte England in diese ihm angetragene Gegenseitigkeit gewilligt. Möchte man noch behaupten, daß bei dieser letztern Näherung es von Seiten dieser Macht, und von Seiten der angeblichen Vermittler redlich hergegangen sey, da die drei Cabinette sich im Voraus verpflichtet hatten, ihre Anstrengungen dahin zu richten, daß Frankreich in seine alten Gränzen zurückgewiesen werde? Wer möchte sagen, daß England nur einen Tag lang den Gedanken gehabt habe, nicht Alles, was es erworben hatte, herauszugeben, nein, nur die Hälfte, das Viertheil von dem herauszugeben, was es seit 1792 an sich gebracht hatte? Da man in Paris eine sehr ungünstige Meinung von Herrn von Nowosilzof's Sendung hatte, so machte man geflissentlich bekannt, „daß bei dem geringsten Worte der Drohung, der Beleidigung oder von Verträgen unter Voraussetzungen, man ihn nicht länger anhören würde." Uebrigens ließ man in Bezug auf den Frieden merken, daß die Behauptung Malta's durch England kein unbesiegbares Hinderniß seyn sollte. Wenn fernerhin nach der Sendung vom Könige von England, man jede Verhandlung darüber abgewiesen hatte, so geschah dies, weil man der englischen Regierung nicht das Recht zugestehen wollte, Verträge durch eine bloße Erklärung ihres Willens und ihrer Laune zu brechen. Dieses Zugeständniß Frankreichs hätte ein gutes Vorzeichen für die Verhandlung seyn müssen; aber die Verhandlung sollte gar nicht beginnen. Der Zufall selbst sollte sich einer Sendung widersetzen, die an und für sich selbst schon so wenig Aussichten für das Gelingen darbot. Der russische Gesandte kam nicht über Berlin hinaus.

Am 25sten Juni war Herr von Nowosilzof in Berlin angekommen. Er hatte weder den König, noch den Baron von

Hardenberg gefunden, die Beide damals in Franken waren. Erst am 9ten Juli kehrte Herr von Hardenberg zurück; doch inzwischen hatten sich die Sachen geändert. Drei Eilboten waren nach und nach bei Herrn von Nowosilzof eingetroffen. Der erste hatte ihm den Befehl gebracht, seine Reise nicht fortzusetzen. Vielleicht hatte man in Petersburg nach der Absendung Herrn von Nowosilzof's die völlig richtige Bemerkung gemacht, die Marquis von Lucchesini ausspricht, daß die Eigenthümlichkeit dieser Sendung für die Verbündeten große Nachtheile haben könnte, weil sie zu früh drohten, ehe sie noch im Stande waren, aufzutreten. Durch den zweiten Eilboten befahl das russische Cabinet seinem Geschäftsträger, umzukehren. Durch den dritten stellte es ihm eine Note zu, die dem preußischen Ministerium übergeben werden sollte. Der Grund oder der Vorwand dieses letztern Befehls war die in Petersburg indeß eingetroffene Nachricht von der Vereinigung von Genua mit dem französischen Reiche. Wenn der russische Hof meinte, daß dieses Ereigniß die Verhandlung durchaus unmöglich machen müsse, so war nichts natürlicher, als seinen Geschäftsträger zurückzurufen. Doch bei den Blähungen des Stolzes, an welchen dieser Hof seit einiger Zeit litt, reichte ihm eine so einfache Maaßregel nicht hin. Es wollte aus dieser Zurückberufung eine Art Trotzbieten ohne Gegenstand machen. Als er dem preußischen Ministerium den französischen für die Reise nach Paris ihm ausgefertigten Paß wieder zustellte, fügte Herr von Nowosilzof die Note hinzu, die er so eben von seiner Regierung erhalten hatte. „Die bestehenden Beziehungen zwischen Rußland und Frankreich," hieß es in dieser Note, „hätten unübersteigliche Hindernisse einer Friedensverhandlung durch einen russischen Minister in den Weg legen können, doch trug Ihro Kaiserl. Majestät nicht einen Augenblick Bedenken, sich über alle Gegenstände persönlicher Unzufriedenheit, über alle herkömmlichen Förmlichkeiten hinwegzusetzen. Sie benutzte die Vermittelung Ihrer preußischen Majestät und forderte Pässe für ihren Bevollmächtigten, beschränkte sich aber auf die Erklärung, daß Sie nur unter der doppelten Bedingung davon Gebrauch machen würde, daß Ihr Bevollmächtigter unmittelbar mit dem Haupte der französischen Regierung, ohne den Titel anzuerkennen, den er sich gegeben hat, verhandeln sollte, und daß Bonaparte bestimmt versichern würde, er sey noch immer von demselben Wunsche nach allgemeinem Frieden beseelt, den er in seinem Briefe an Ihro Maj. von Großbritannien auszusprechen geschienen habe." Ist es wahr oder falsch," daß das Petersburger Cabinet, auf solche Bedingungen, und besonders die ersten, die Absendung eines Geschäftsträgers nach Paris stellen konnte? Waren sie schon in den von Rußland an Preußen gemachten Mittheilungen ausgesprochen, so hatte, wie es scheint, die preußische Ueberlegtheit sich wohl gehütet, sie weiter nach Paris zu befördern. Was ist sonach der Gegenstand der Note des Hrn. von Nowosilzof, einer Note, die er sich beeilt, unter dem diplomatischen Corps in Umlauf zu setzen und in eine nordische Zeitung einrücken zu lassen? Offenbar mit einer Aeußerung des Hochmuths sich breit zu machen, der, nach russischer Versicherung, der Kaiser Napoleon sich schon unterwerfen würde. Ist das wohl die einer großen Macht zukommende Rolle?

Als der Baron von Hardenberg dem französischen Minister die Note des Herrn von Nowosilzof zugestellt hatte, schickte sie ihm Herr von Laforest zurück [1]), indem er bemerkte, daß er — wenn auch seine Pflichten als Gesandter etwas Anderes ihm aufzulegen schienen — eine Schrift seiner Regierung nicht zufertigen könne, „in der mehrere Ausdrücke wenigstens ungeziemend seyen, und die, sicher ohne Wissen des Berliner Cabinets, nicht schon mit Geflissenheit hätte verbreitet seyn sollen." Vergeblich forderte das preußische Ministerium Hrn. von Nowosilzof auf, das abzuändern, was die französische Regierung verletzen könnte. Dazu hatte er keine Vollmacht. Die Worte dieser Note waren ihm aus Petersburg zugeschickt worden.

Als dieses Actenstück in Paris bekannt geworden, machte der Kaiser Napoleon darüber großes Aufheben, oder that wenigstens, als mache er es. Er gab seinen Geschäftsträgern

1) Note vom 12ten Julius.

an den verschiedenen Höfen auf, es für unächt zu erklären, indem er den Anlaß benutzte, um Europa's Blicke auf's Neue auf Rußlands Umgriffe gegen die Türkei und gegen Persien zu richten. Den Behauptungen des Herrn von Nowosilzof stellte das französische Ministerium folgende Sätze entgegen: „Herr von Nowosilzof hatte die Erlaubniß erhalten [1]), nach Paris zu kommen, obgleich er keinen Titel dazu hatte; obgleich er bei seinem Eintreten in Frankreich der Geschäftsträger ohne beglaubigten Charakter eines Fürsten, ohne politische Beziehungen zu Sr. Maj. gewesen wäre... Nachgesuchte und erhaltene Pässe geben noch keinen Beruf zu einer Unterhandlung. Frankreich hat nichts ausgesprochen. Rußland hat sich allein gezeigt. Es hat gefordert, daß einer seiner Agenten zugelassen werde, um sich Gehör zu verschaffen. Wären diese Forderungen durch beleidigende Bedingungen gestützt gewesen, so würde man nicht darauf geantwortet haben... Das Lächerliche und das Ungeziemende eines solchen Antrags (nämlich nur mit dem Kaiser selbst zu verhandeln) würde zeigen, daß er von keiner europäischen Macht herkommen konnte, und der Kaiser ist nicht gewohnt, daß man sich Vernachlässigungen gegen ihn zu Schulden kommen lasse...“ Bei diesem Zwiste waren Vernunft und Wahrheit auf Seiten Frankreichs. Die russischen Diplomaten hatten sich bei der Vorbereitung zum Kriege aufgeblasen und großsprecherisch gezeigt, wie es der Generalstab des Kaisers beim Anfange des Feldzuges denn wirklich war.

Da der Berliner Hof zu eilig in die Täuschung einer scheinbaren Rückkehr des Kaisers Alexander zur Annäherung an Frankreich eingegangen war, so wurde er jetzt durch einen so sonderbaren und so unvorhergesehenen Skandal, man kann glauben, wie sehr irre gemacht. Der Berliner Hof rechnete so wenig auf die, wie vom Himmel gefallene Zurückberufung des Hrn. von Nowosilzof, daß er eben sich anschickte, den General von Zastrow nach Paris zu senden, der besser als jeder Andere zu einem Vermittler zwischen Rußland und Frankreich sich zu eignen schien, weil er eben von Petersburg zu-

1) Brief des Hrn. von Talleyrand, vom 28sten Julius.

rückkehrte, wo er persönlich wohlwollend vom Kaiser Alexander war behandelt worden. Dieser Wechsel der Umstände veranlaßte in Berlin Betrachtungen und widersprechende Pläne. Anfangs hatte man den Einfall, sich von den mit Frankreich eingegangenen Verpflichtungen theilweise loszusprechen. Man hatte versprochen, die Ruhe des nördlichen Teutschlands sicher zu stellen, und schon war man diesem Versprechen nachgekommen durch das Zurückweisen der Ansprüche des Königs von Schweden; aber mit welchem Rechte sollte man eine Landung durch Engländer in einem Großbritannien gehörigen Lande, meinte man, hindern? Eine solche Unterscheidung mochte der französischen Regierung nicht gefallen. Der gegen Ihre preussische Majestät eingegangenen Verpflichtung zu Folge, waren gegen zwölftausend Franzosen aus Hannover herausgezogen worden. Welchen andern Grund hatte der Kaiser weiter gehabt, als das unbedingte Vertrauen auf das Wort Ihrer preussischen Majestät? „Für Frankreich gab es keine andere Wahl, als Hannover zu räumen, wozu es gar keine Lust hatte, oder dreißigtausend Mann mehr dorthin zu schicken, und im letztern Falle Lübeck, Bremen, Hamburg und Schwedisch-Pommern auch zu besetzen." „Mag Se. Majestät der König von Preußen sich nur selbst fragen, was wohl Friedrich II. im gleichen Falle mit dem Rückhalte von Frankreich und besonders dem, vom jetzigen Kaiser befehligten Frankreich gethan haben möchte?" hießen die Worte des französischen Ministeriums[1]). Der Zweck dieser Frage war, Preußens Ehrgeiz anzuregen. Die Sorge war unnöthig. Er war von selbst schon erwacht. Baron von Hardenberg ließ nach langem Hin- und Herreden dem französischen Minister merken, „daß der König auf seine früheren Wünsche in Bezug auf Hannover zurückkomme[2])."

Zehn Tage später gestand der preußische Minister zu, daß er befugt sey, auf den Plan, „Hannover als Unterpfand zu nehmen," zurückzukommen. Er bekannte außerdem, daß die Vereinigung der festländischen Besitzungen Ihrer britischen Majestät mit Preußen für diese letztere Macht von solcher Wichtigkeit wären, „daß sie nur auf die Gelegenheit passe, wo man

1) Vom 26sten Juli.
2) Am 31sten Juli.

sie bewerkstelligen könnte, daß davon kein Flecken auf dem Andenken Ihrer Majestät haften bliebe [1])." Das war eigentlich das Haupthinderniß. Der Kampf des Gewissens des Königs mit seinem Interesse und seinen eignen Wünschen hat stets die Schritte dieses Cabinets in so ungünstiges Licht gestellt. Jetzt war der Entschluß des Cabinettes gefaßt. Herr von Hardenberg hat eben so viel Neigung für diese Maaßregel, als sein Vorgänger, der Graf Haugwitz, nur hätte haben können. Es lag ihm viel daran, sein Ministerium durch eine Maaßregel auszuzeichnen, „welche dem gräulichsten Mangel von Preußens geographischer Gestaltung abhülfe." Das Bedenken des Königs war geringer geworden; denn so stellte er sich die Frage: „Kann ich, ohne gegen die Vorschriften des Moralgesetzes anzustoßen, ohne in der Geschichte als ein Fürst ohne Treue und Glauben aufgeführt zu werden, den bisher behaupteten Charakter aufgeben, um Hannover in Besitz zu nehmen?" Ist man schon zu einer solchen Selbstfrage gekommen, so ist man nahe daran, sich überzeugen zu lassen. Der König ließ sich wirklich durch seinen Minister bereden, daß die Sittlichkeit eines Fürsten in der größten Masse des Guten, das er wirket, besteht. Dem französischen Minister ward bekannt gemacht; daß Ihre Maj. der König von Preußen geneigt sey, einen Bundesvertrag mit dem Kaiser Napoleon abzuschließen.

Um seine Grundlagen in Ordnung zu bringen, forderte das preußische Ministerium Aufschlüsse über die Absichten des Kaisers in Beziehung auf die Schweiz, Holland und Italien. Eine mündliche, durch den französischen Minister dem Baron von Hardenberg zugestellte Note enthielt folgende Züge: „Der Friede des Festlandes wird die Frucht des Bundes seyn; es wird hinreichen, daß Preußen erklärt, daß es gemeinsame Sache mit Frankreich in jedem Kriege machen wolle, der die Veränderung des gegenwärtigen Zustandes von Italien zum Zweck habe... Wo kann Gefahr für Preußen seyn, wenn der Kaiser sich verbindlich macht, ihm achtzigtausend Mann gegen die Russen zu liefern, wenn es Sachsen, Hessen, Baiern, Baden zu Hülfsvölkern hat, wenn der Kaiser ihnen den Reichsreceß

1) Vom 9ten August.

und dem Könige den Besitz des Churfürstenthums Hannover gewährleistet, während seine Alliirten blos den gegenwärtigen Zustand Europa's gewähren? . . . Der Kaiser bietet Hannover ohne alle Nebenbedingungen an, und der König mag selbst über das entscheiden, was die Großmuth gegen seine teutschen Mitstände fordert."

Auf diese Mittheilung antwortete das preußische Cabinet eiligst: „Mit der lebhaftesten Erkenntlichkeit hat der König den Antrag entgegengenommen, den der Kaiser ihm durch die Vermittelung des Hrn. von Laforest hat machen lassen. Se. Majestät geht mit lebhafter Freude in den Plan ein, die vorgeschlagene Uebereinkunft, wegen Abtretung des Hannöverschen an Preußen, als Gegengewicht gegen die Gewährleistung des status praesens in Italien dienen zu lassen, den Krieg auf dem Festlande zu hindern und den Frieden mit England selbst herbeizuführen. . . . Ihre Majestät macht zur Forderung, daß die Unabhängigkeit der Schweiz, Hollands und des Theiles von Italien, den Preußen nicht Frankreich gewährleisten würde, sichergestellt werde. . . . . Wenn Ihre Majestät geruhen wird, sich darüber bestimmt auszusprechen, so wird der König mit Vergnügen sich mit den nothwendigen Einzelnheiten beschäftigen, um sich vollends zu verständigen." So standen in der Mitte des August die Sachen in Bezug auf das Bündniß zwischen den Höfen von Paris und Berlin.

Preußen bietet hier ein trauriges Beispiel der Folgen dar, die Unentschlossenheit für die Cabinette herbeiführt. Heute willigt es ein, ein Bündniß mit Kaiser Napoleon zu unterzeichnen, und gewährleistet ihm den gegenwärtigen Zustand von Italien, folglich alle neuerlich in der Halbinsel bewirkten Veränderungen, und im Monat März 1804 schlug es dasselbe Bündniß aus, als die vorzüglichsten von Frankreich gewünschten Bedingungen waren „die Aufrechthaltung des status praesens von Europa, und die Fortdauer der Staaten Italiens in ihren damaligen Beziehungen." Folglich gewährleistet es im J. 1805 mehr, die Vereinigung der ligurischen Republik mit Frankreich, die Verfügung, die Napoleon über die Republik Lucca getroffen, und die Besitznahme der Staaten von Parma und Piacenza. Preußen, die Feinde Napoleons und vielleicht Napoleon selbst, mußten beklagen, daß die Bedenklichkeiten des Königs, da sie im J. 1805 einmal gehoben werden sollten, nicht um ein Jahr früher gehoben wurden.

Seit der Kaiser der Franzosen Kunde von den am 14ten August an seinen Minister in Preußen gemachten Erklärungen hatte, ließ er seinen Adjutanten, den General Dúroc, mit Vorschriften wegen der Unterzeichnung eines Vertrags abreisen, den er dieses Mal für abgemacht ansehen durfte. Der General Dúroc war am 1sten September in Berlin; doch kein Vertrag kam zu Stande. Später werden wir die Umstände und Zwischenereignisse auseinander zu setzen haben, die Anfangs den Eifer des Berliner Hofes für den Bund mit Frankreich kühlten, und die bald nachher, durch die vollständigste Umkehr, es für einige Wochen in Rußlands und Englands Arme warfen.

Ein ziemlich sonderbarer, aber offenkundiger Umstand ist, daß Preußen bis zum Monat September keinen richtigen Begriff von der kritischen Lage des Festlandes hatte. Die französische Regierung war nicht in denselben Irrthum gefallen. Die Zurückberufung des Herrn von Nowosilzof, die in Berlin so großes Erstaunen erregt hatte, hätte den Kaiser Napoleon nicht gewundert, den zahlreiche Anzeigen seit mehreren Monaten zu einer gerechteren Würdigung der gegen ihn geschmiedeten Plane hindrängten; doch nähme man selbst an, daß der Zweifel bis dahin in Frankreich noch hätte bestehen können, von da ab wäre er gewichen. Ausländer selbst haben das zugestanden, und wir geben davon den Beweis aus dem Briefwechsel eines englischen Beamten: „Sieht man," sagt Herr Arthur Paget, Botschafter in Wien, „auf die ungeheuern hier getroffenen Vorkehrungen, auf die im Monat Juli angekündigte Rückkehr des Herrn von Nowosilzof, darauf, daß damals Bonaparte schon Nachricht von den zwischen Ew. Maj. und den beiden Kaiserhöfen eingegangenen Verbindlichkeiten Kunde haben mußte, so durfte man sich nicht versprechen, daß die Franzosen länger als bis zum August in Irrthum bleiben würden, und wirklich verschwand die Täuschung in diesem Monate." Zuverlässig hatte im August, wie Herr Paget sagt, und lange vorher für

Frankreich, sowohl in Bezug auf Rußland, als in Bezug auf Oestreich, die Täuschung aufgehört. Aber die letztere Macht hatte so viel bei einem tollkühnen Unternehmen zu wagen, daß Napoleon noch voraussetzen mochte, sie habe es in ihrer Hand, umzukehren. Indeß nahm er sich in Acht, den Glauben zu erregen, als mache er bei allen diesen Bewegungen die Augen zu. Die Zwistigkeiten der Diplomaten mit dem östreichischen Cabinette beginnen am 24sten Juli.

Sieben und vierzigstes Capitel.

Unternehmen zur See.

Gegenstand der Unternehmen Frankreichs zur See. — Unternehmen gegen die Insel St. Helena. — Vertrag über die Rüstungen Spaniens und Frankreichs zur See. — Brief des Kaisers an den Admiral Gantheaume. — Abgang des Rochefortet Geschwaders unter'm Befehle des Admirals Missiessy. — Abgang des Touloner Geschwaders unter'm Befehle des Admirals Villeneuve. — Vereinigung eines spanischen Geschwaders mit dem Touloner Geschwader. — Verfolgung Missiessy's durch Lord Cochrane und Villeneuve's durch Nelson. — Unternehmen des Admirals Missiessy. — Missiessy's Rückkehr nach Rochefort. — Unternehmen des Admirals Villeneuve. — Thätigkeit des Admirals Nelson. — Kampf zwischen Villeneuve und Admiral Calder. — Letzte Vorschriften für Admiral Villeneuve. — Unerklärliches Betragen Villeneuve's. — Napoleon im Lager von Boulogne. — Zorn des Kaisers bei der Nachricht von Villeneuve's Einzug in Ferrol. — Plan des Feldzugs gegen Oestreich, unter gegebenen Voraussetzungen. — Anordnungen für den Fall von Villeneuve's Einlaufen im Kanal. — Verfehltes Unternehmen gegen England, wegen Villeneuve's Einlaufen in Cadix. — Möglichkeit einer Landung in England.

Ehe wir in die Verhandlungen eingehen, welche dem Kampfe Frankreichs gegen das neue Bündniß vorausgingen, müssen wir weiter zurück den Faden der ungeheuern Vorkehrungen zu einem Seekriege aufnehmen, dem mit allen seinen drohenden Folgen England nur dadurch glaubte ausweichen zu können, daß es einen Krieg auf dem Festlande anschürte. Herrn Pitt's Eifer, dieses Bündniß zusammenzuschnüren, seine Bewegungen zu beeilen, war dieses Mal durch die dringende Noth entschuldigt. Nicht mehr blos um Frankreich zu erschüttern, und um sein Gebiet zu zerstückeln, bewaffnet und hetzt dieser Minister Oestreich und Rußland auf; jetzt gilt es, den Kanal zu vertheidigen, jetzt Alt-England sicher zu stellen und London zu retten. Jeder Tag, der vorbeigeht, macht das Uebel bedenklicher. Außerdem macht sich England nicht viel daraus, daß Oestreich sich in ein übereiltes Unternehmen einläßt, daß die Heere dieser Macht, durch Rußland, das stets zaudert, sich auf der Wahlstatt einzufinden, schlecht unterstützt, unter den Streichen eines gereizten Siegers erliegen; der Feind ist doch dann von der Küste entfernt, wo man in jedem Augenblicke seinen Einfall besorgen mußte; und Napoleon hat dann das Lager von Boulogne aufgehoben. Die Gefahr war dringend. Nie war ein furchtbarer Plan seiner Ausführung so nahe.

Seit dem 29sten September 1804, wie wir damals erzählten, hatte Napoleon während seines Aufenthaltes in Mainz drei große Unternehmen angeordnet, die mit dem Anfange des Jahres 1805 in Ausführung kommen sollten.

Der erste dieser Züge sollte Martinique und Guadeloupe gegen alle Fälle durch die Besetzung von Dominique und St. Lucia sicher stellen. Dieser Seezug war dem Geschwader von Rochefort aufgetragen, das aus sechs Schiffen und vier Fregatten bestand, und dem Admiral Missiessy untergeben war. Der Befehlshaber der Landungstruppen, die sich auf dreitausend Mann beliefen, war der Divisionsgeneral Joseph Lagrange.

Der zweite Seezug war bestimmt, die holländischen Kolonien Surinam, Essequebo und Berbice wiederzunehmen, und dem unbedeutenden französischen Corps, das fortwährend St. Domingo besetzt hielt, Hülfe zuzuführen. Das Geschwader von Toulon, 11 bis 12 Schiffe stark, unter dem Befehle des Admirals Villeneuve, sollte mit diesem Unternehmen beauftragt werden. General Lauriston befehligte die Landtruppen, etwa sieben- bis achttausend Mann zusammen.

Der dritte Seezug war mit dem zweiten im Zusammenhange. Wenn dieser in's Weltmeer gekommen wäre, sollte das

Geschwader von Toulon zwei Linienschiffe, vier Fregatten und sechs Briggs mit ungefähr funfzehnhundert Mann absenden, um die Insel St. Helena wegzunehmen.

Der Plan der beiden letztern Unternehmen ward später abgeändert. Aber wir führen sie an, wie sie anfänglich lauteten, um der Sonderbarkeit des dritten willen. Napoleon hatte über die Möglichkeit, St. Helena zu überraschen, eine Denkschrift erhalten, die er in Boulogne dem Minister des Seewesens zustellte. Später hatte er den Minister daran erinnert, daß der Verfasser der Schrift in Givet war, und hatte ihn zur Anstellung bei diesem Unternehmen empfohlen. Seit 1815 hat man nicht versäumt, die wirklich auffallende Bemerkung zu machen, daß am Abende vor seiner Krönung der Kaiser Napoleon diesem Plane noch besondere Aufmerksamkeit geschenkt hatte, gleichsam als wollte der Zufall, in dem Augenblicke, wo er sich mit alle den Gewähren, die menschliche Einrichtungen sicher zu stellen pflegen, umgab, ein grausames Spiel damit treiben, seine Blicke auf den Felsen zu heften, wohin ihn eines Tages so wüste Plane von Ruhm und Macht hinführen sollten.

Der Hauptzweck der verschiedenen Unternehmen war, den bedeutendern Theil der Seemacht Englands auf ihre Spuren zu leiten, dann sie so auf ihrem Wege irre zu machen, daß diese französischen Geschwader zu einer bestimmten Zeit zurückkommen könnten, die unterdeß in den Häfen, über welche Napoleon verfügen konnte, vorbereiteten Verstärkungen aufnehmen, sich zu Herren des Canals machten und den Erfolg der Landung in England sicherten.

Durch einen andern Brief aus Mainz vom Jahre 1804 hatte Napoleon ein viertes Unternehmen angeordnet, das gegen die Küsten von Irland gerichtet seyn sollte, blos um die englische Regierung über seine wahre Absicht zu täuschen, und dadurch das Auslaufen der Flotte von Boulogne zu erleichtern.

Sobald der unerwartete Angriff von England auf eine spanische Fregatte mitten im Frieden den Hof von Madrid zwang, aus dem Zustande von Neutralität, der ihn nicht mehr schützte, herauszutreten, so eilte der Kaiser Napoleon, die Hülfsmittel, welche der Bund mit dieser Macht ihm zustellte, zu seinem Vortheile zu verwenden. Zu derselben Zeit, als er (am 2ten Januar) dem Könige von Großbritannien den Frieden antrug, mehrte er seine Mittel zum Angriffe dieser Macht durch einen Vertrag [1]) über das durch Spanien ihm zu leistende Contingent. Neben den Festsetzungen dieses Contingents enthielt der Vertrag auch eine Uebersicht der von Frankreich schon getroffenen Vorkehrungen, eine Uebersicht, die folgende Züge darbot:

Im Texel waren hinreichend viel Kriegs- und Ueberfahrtschiffe vorhanden, um die dreißigtausend Mann im Lager von Utrecht aufzunehmen.

In Ostende, Dünkirchen, Calais, Boulogne und in Havre gab es Ueberfahrtschiffe für hundertzwanzigtausend Mann und fünf und zwanzigtausend Pferde.

In Brest eine Seemacht von zwanzig Linienschiffen, Fregatten und Frachtschiffen, zum Dienste des Lagers an dieser Küste, das sich auf fünf und zwanzigtausend Mann belief.

In Rochefort ein Geschwader von sechs Schiffen und vier Fregatten mit sechstausend Mann Landungstruppen.

Endlich in Toulon ein Geschwader von eilf Schiffen, acht Fregatten und andern Schiffen, nebst achttausend Mann für ein Unternehmen bereitstehender Truppen.

Vielleicht sind ein Paar tausend Mann hier zu viel angegeben; aber Alles, was auf die Seemacht Bezug hat, ist genau.

Um den Anstrengungen Frankreichs zu entsprechen, machte sich Spanien von seiner Seite verbindlich, zum 30sten März acht Schiffe und vier Fregatten fertig zu halten; funfzehn oder wenigstens zwölf in Cadix und sechs Schiffe in Carthagena.

Obgleich der Plan des Kaisers wohl feststeht, und obgleich sein Hauptzweck stets derselbe war, nämlich die englischen Geschwader herauszufordern, daß sie den seinen von ferne nachsetzten, während diese durch eine rasche Wendung umkehrten, um das Unternehmen von Boulogne aus zu unterstützen,

1) Der Vertrag ward am 4ten Januar 1805 durch den Minister des Seewesens, Decrès, und den Admiral Gravina, spanischen Botschafter in Paris, unterzeichnet.

so ließ doch der den Geschwadern vorzuschreibende Weg noch Abänderungen zu, und darüber wünscht er, die besten Belehrungen sich zu verschaffen. In der Absicht, und um Meinungen zu vernehmen, die von den Meinungen seiner Minister unabhängig wären, wagt er sich insgeheim an Leute, deren Einsicht und Erfahrung er hochhält. Am 15ten December 1804 hat er zum Beispiel an Admiral Gantheaume geschrieben und in seinem Briefe mehrere Berechnungen aufgestellt, dabei den Admiral aufgefordert, sich über die auszusprechen, welche ihm die überlegtesten schienen. Dieser sehr lange und ganz von Napoleons Hand geschriebene Brief ist darum besonders merkwürdig, weil er darthut, daß eine Landung in England sein ernstlicher Wille war. Nachdem er von den Mitteln gesprochen, die er in den verschiedenen Häfen habe, fährt er fort: „Dies sind die verschiedenen Geschwader, die man in Bewegung setzen muß, um zur glänzenden Vorladung (comparition) [1]) zu rechter Zeit einzutreffen.... Etaples, Boulogne, Vimereux, Ambleteuse sind unsre vier einzigen Häfen, die unter demselben Winde liegen, immer einer neben dem andern. Bei günstigem Winde brauchen wir das Geschwader nur vier und zwanzig Stunden lang" [2]). Dieser selbe Brief giebt auch einen Zug von Vorsicht, die nicht getäuscht werden wird. Man weiß, daß um dieselbe Zeit ein Unternehmen nach Aegypten vorbereitet wurde, oder daß wenigstens die Rede ging, es werde in den französischen Häfen vorbereitet. Dieses Unternehmen, das die volle Aufmerksamkeit der Engländer in Anspruch nahm, gab Napoleon doch ein Mittel an die Hand, ihre Feinheit zu täuschen. „Auf alle Fälle," schrieb er dem Admiral Gantheaume, „muß das Unternehmen gegen Aegypten

1) Dieses letztere Wort ist schwer zu entziffern. Mag es nun richtig getroffen seyn oder nicht, darauf kommt nichts an; im Gedanken, den er aussprechen wollte, kann kein Irrthum seyn.

2) Dieser Gedanke bezieht sich auf eine Annahme, die später nicht zur Ausführung kam, denn in dem vorhergehenden sagt der Kaiser: „Am Schluß des Pluviose (Februar) werde ich mit hundertdreißigtausend Mann in Boulogne seyn, mit zweitausend Penischen, Kanonenböten u.s.w. und als Batterie werde ich zweihundert Stück Vierundzwanzigpfünder mit mir führen rc."

das Geschwader von Toulon decken. Alles muß so eingeleitet werden, daß Nelson gleich nach Alexandria geht." Der Erfolg wird diese Voraussagung bestätigen. Je mehr man das übersieht, was Napoleon für das Seewesen that und was er für dasselbe zu thun beabsichtigte, desto mehr gewinnt man die Ueberzeugung, daß ihm nur ein Mann fehlte, der im Stande gewesen wäre, der Ausführung seiner Plane die Kraft und die Kühnheit des Gedankens mitzutheilen, der sie entworfen, um auch zur See gleich glänzende Erfolge wie zu Lande davon zu tragen.

Die Vorbereitungen zu den Unternehmen, die im Jahre 1804 angeordnet wurden, waren in der vorgeschriebenen Zeit vollendet. Am 11ten Januar 1805 ging das Rocheforter Geschwader, das unter dem Befehl des Contreadmirals Missiessy bei der Insel Aix vor Anker lag, von einem günstigen Winde vortheilend, unter Segel, der englischen Wachflotte zum Trotz, und verfolgte ungehindert seine Bestimmung nach den Antillen.

Am 15ten desselben Monates Januar lief das Geschwader von Toulon, befehligt vom Admiral Villeneuve, eben so aus dem Hafen aus, obgleich Admiral Nelson, der auf der Höhe kreuzte, da war; doch das Auslaufen war nicht glücklich. Von ungünstigen Winden, die die Schiffe zerstreuten, überfallen, war das Geschwader gezwungen, am vierten Tage wieder in den Hafen einzulaufen, um ein Linienschiff und drei Fregatten schwächer. Das Schiff war nach Corsika getrieben worden; die drei Fregatten liefen, eine in Genua, die beiden andern in Malaga ein. Doch war dieser erste Versuch Villeneuve's nicht ohne Erfolg gewesen, weil Nelson dadurch irre gemacht ward. Denn voraussetzend, daß dieses Unternehmen nach Aegypten [1]) gerichtet seyn müsse, war dieser, um sie aufzusuchen, an die östliche Küste von Sicilien, in den Canal von Malta und an den Strand von Alexandria ihnen nachgesetzt.

Admiral Villeneuve verließ Toulon am 30sten März zum zweiten Male. Er war am 9ten April vor Cadiz, wo ein

1) So hatte es Napoleon vorausgesagt.

französisches Schiff, das in diesem Hafen ausgebessert war, zu ihm stieß, und noch sechs spanische Schiffe unter dem Befehle des Admirals Gravina. Folglich waren zum großen Erstaunen Englands zwei französische Geschwader im Weltmeere, während man in Altengland gemeint hatte, die Schlüssel zu allen französischen und spanischen Häfen in den Taschen zu haben. Der britische Stolz ward durch dieses Auslaufen zweier Flotten gedemüthigt, weil es die Ohnmacht ihrer Sperren bewies und die verdoppelte allgemeine Besorgniß war keine der minderen Ursachen, die Herrn Pitt zur eiligeren Eröffnung des Kriegs auf dem Festlande drängten.

Lord Cochrane wurde ausgesandt, das Geschwader von Rochefort zu verfolgen. Nelson stürmt in dem Mittelmeere hin und her und stürzt sich von seiner Seite auf die Spuren des Geschwaders von Toulon. Beide werden in ihren Bemühungen getäuscht. Wir folgen zunächst dem rascheren Gange des Contreadmirals Missiessy, dann kommen wir auf Admiral Villeneuve zurück.

Am 20sten Februar war das Geschwader von Rochefort beim Bollwerke France auf Martinique eingetroffen, wo es binnen vier und zwanzig Stunden die Waffen und Kriegsvorräthe für diese Kolonie auslud. Am 23sten griff es St. Dominique an. General Lagrange nahm das Bollwerk Roseau weg und ließ die Milizen der Kolonie die Waffen strecken, doch machte der englische Befehlshaber mit seiner Besatzung von fünf- bis sechshundert Mann den Rückzug möglich und erreichte, ohne daß man ihn einholen konnte, das Bollwerk Ruppert, zwölf Wegstunden davon liegend. Da der französische Admiral und der General nicht glaubten, in Dominique ein Corps zurücklassen zu dürfen, das hinreichend wäre, seine Eroberung zu vollenden und seinen Besitz zu sichern, so begnügte man sich, die Bewohner zu entwaffnen, die Befestigungen zu zerstören und das Geschütz wegzuführen. In den ersten Tagen des März verwüstete man, eine nach der andern, die Inseln Newis, St. Christophe und Montferrat, erhob Kriegssteuern, machte Gefangene, nahm die englischen Schiffe weg, die sich auf diesen Rheden fanden und schiffte sie nach Guadeloupe. Das Geschwader traf am 14ten März wieder in

Martinique ein. Es schiffte dort die für die Besatzung der Insel bestimmten Verstärkungen aus und ging nach Sanct Domingo unter Segel.

Der General Ferrand, Befehlshaber im spanischen Antheile von Sanct Domingo, der sich jetzt auf den Besitz der einzigen gleichnamigen Stadt beschränkte, war dort seit dem Anfange des Monats durch Dessalines und sein Heer von achtzehntausend Schwarzen belagert. Die Lage der französischen Besatzung war sehr bedenklich, besonders aus Mangel an Kriegsbedarf und an Lebensmitteln; aber die Nachricht von der Ankunft eines französischen Geschwaders auf den Inseln unter dem Winde, der die Erscheinung von zehn befremdeten Segeln bald folgte, verdoppelte ihren Eifer und ihr Vertrauen, wie es denn zugleich die Belagerer zur Verzweiflung brachte. Die Besatzung machte einen glänzenden Ausfall, der dem Feinde sehr nachtheilig war, und als am Tage darauf, am 28sten März, die Truppen des Geschwaders sich mit ihr vereinigt hatten, begaben sich die Schwarzen mit einem Male auf den Rückzug, nachdem sie vorher zu einem allgemeinen Sturme scheinbar Alles vorbereitet hatten. Dieser Rückzug, durch Verwüstung und Brand bezeichnet, kostete ihnen noch sehr viel Blut. Von den spanischen Einwohnern verfolgt, verloren sie fast noch viertausend Mann, so wie viel Geschütz, Pferde und Gepäcke.

Nachdem man in Sanct Domingo tausend Mann zur Verstärkung, zehntausend Flinten und einen beträchtlichen Vorrath von Pulver und Kriegsbedarf aller Art gelassen, eilte Admiral Missiessy nach Frankreich zurück und erschien am 20sten Mai vor Rochefort. Sein Kreuzzug, einer der eiligsten, die je zurückgelegt worden, hatte nur vier Monate neun Tage gedauert. Frankreich jubelte darüber vor Freude und Bewunderung. Napoleon war nicht damit zufrieden. Abgesehen davon, daß man Dominique, seiner Bestimmung gemäß, nicht behalten hatte, so war die Eile des Admirals Missiessy sowohl seinen Planen, als seinen Zwecken entgegen. Dieser Zweck bestand darin, die Ungewißheit der Engländer zwei Monate der Art zu verlängern, daß sie in der Besorgniß über das Schicksal selbst von Jamaika bedeutendere Kräfte nach den Antillen schicken sollten, die in den europäischen Meeren herumgeirrt wären, während die französischen Geschwader seit ihrer Heimkehr das große Unternehmen gegen England geschützt hätten.

Villeneuve verdiente nicht, wie Missiessy, den Vorwurf allzugroßer Schnelligkeit. Als er sich am 9ten Mai auf der Höhe befand, wo die mitgegebenen Vorschriften ihm auftrugen, die erhaltenen versiegelten Befehle zu öffnen, trennte er sich, seinen Befehlen gehorchend, vom Admiral Gravina, der nach Porto Rico und der Havannah Hülfe bringen sollte, um von dort aus sich auf den Inseln unter dem Winde wieder mit den französischen Geschwadern zu vereinigen. Villeneuve traf am 14ten Mai in Martinique ein und ging beim Bollwerke France vor Anker. Die Insel wurde häufig in ihrer Schifffahrt und in ihrem Handel von dem Diamantfelsen aus, einem Beobachtungspuncte, der zu Dominique gehörte, beunruhigt. Um den Felsen mit Erfolg anzugreifen, vortheilte der General-Capitain Ernouf von der Gegenwart des Geschwaders, weil es eine so bedeutende Menge Geschütz bei sich führte, daß man die englischen Küstenbollwerke nicht zu fürchten brauchte. Der Angriff wurde dem Capitän Cosmao mit zwei Schiffen aufgetragen und kräftig durchgeführt. Nach drei Tagen erhielten die Engländer, welche den Punct innehalten, eine ehrenvolle Capitulation und wurden nach Barbados gebracht.

Admiral Gravina war indeß wieder zu Villeneuve gestoßen und Beide verließen am 28sten Mai, nordwärts steuernd, Martinique.

Ohne die vereinigten Geschwader aus den Augen zu verlieren, können wir uns doch nicht versagen, Lord Nelsons unglaublicher Thätigkeit unsere Huldigung zu bringen. Denn von den Küsten Aegyptens war er nach den Antillen geeilt, das Toulonet Geschwader zu verfolgen, das er nicht treffen konnte, eben so wie Lord Cochrane das Geschwader von Rochefort verfolgte. Als er am 4ten Juni in Barbados ankam, glaubte er, einer der Zwecke der vereinigten Flotten könne die Wiederwegnahme von Trinidad seyn, weil die spanische Regierung diese lebhaft wünschte; darum segelte er also nach

Trinidad, nachdem er noch zweitausend Mann an Bord seiner Flotte genommen, um die Insel, wenn sie indeß in die Hände ihrer früheren Herren gefallen, wieder zu erobern. In der Voraussetzung getäuscht, wurde er es auch nochmals in der Vermuthung, daß die vereinigten Flotten vielleicht die Absicht hätten, England die reiche Kolonie Antigoa zu entreißen. Da der französische Admiral auch hier sich nicht hatte blicken lassen; so entschloß sich Nelson, nach Europa zurückzukehren. Am 19ten Juli ging er bei Gibraltar vor Anker, nachdem er in dem Zeitraume von siebenzig Tagen zweimal über das Weltmeer geschifft war und mehrere englische Inseln besucht hatte. Dieses Beispiel von Hingebung und Thätigkeit verdient Bewunderung, weil er mit nur eilf Schiffen weit beträchtlicheren Streitkräften nachgesetzt hatte. Nach einigen neuen Seezügen nach dem Vorgebirge St. Vincent und der Bai von Biscaya, gab er neun von seinen Schiffen an die Sperrflotte vor Brest ab und lief selbst mit den beiden noch übrigen in Portsmouth ein.

Admiral Villeneuve ward indeß dadurch aufgehalten, daß nicht alle seiner Schiffe, und besonders die spanischen, gleich schnell segeln konnten. Am 23sten Juni befand er sich daher auf der Höhe der Azoren, wo ihm der Contreadmiral Magon begegnete, der am 1sten Mai von der Insel Aix ausgelaufen, die letzten Vorschriften des Kaisers ihm zustellte. Meldeschiffe, die Villeneuve vorausgekommen waren, hatten Zeit gehabt, die zur Sperre von Rochefort und Ferrol aufgestellten Flotten von seiner Rückkehr nach Europa zu benachrichtigen, und diese am Vorgebirge Finisterre vereinigten Geschwader, zusammen ein und zwanzig Segel, nämlich funfzehn Linienschiffe, drei Fregatten und mehrere andere Kriegsfahrzeuge, suchten der vereinigten Flotte den Weg abzuschneiden. Der Kampf zwischen ihnen entspann sich am 22sten Juli bei nebligem Wetter, das den Oberbefehlshabern nicht erlaubte, ihre gegenseitige Stellung recht zu beurtheilen. Vier Stunden lang beschoß man sich, ohne daß einer von beiden Theilen sich rühmen konnte, einen Vortheil erlangt zu haben. Unglücklicherweise geriethen zwei spanische, völlig entakelte Schiffe mitten in die englische Flotte hinein und blieben in ihrer Gewalt. Diese Neuigkeit erregte, als sie in London eintraf, den lebhaftesten Jubel; doch als man in der Folge erfuhr, daß die englische Flotte sehr gelitten habe; daß ungeachtet der Verschiedenheit der Flotten (wenn man auf die Zahl sah, war der Vortheil zu Gunsten Frankreichs) die eigentliche Kraft, so weit sie von der Beschaffenheit der Schiffe abhängt, dieselbe war; daß die Wegnahme der beiden spanischen Schiffe ein Zufall war, auf den man sich nichts einbilden konnte; so wurde das Anfangs so laut und unüberlegt gepriesene Verfahren des Admirals Calder einem Kriegsgericht unterworfen, das ihm einen Verweis gab. Vergeblich hatte Villeneuve am 23sten und 24sten Julius versucht, den Feind zu einem neuen Kampfe zu zwingen; nach vergeblicher Herausforderung hatte er ihn endlich aus den Augen verloren.

Damals war für den Admiral Villeneuve der Augenblick gekommen, um die durch Contreadmiral Magon ihm zugestellten Befehle in Ausführung zu bringen. Wir müssen jetzt auf sie kommen. Des Kaisers Vorschriften befahlen dem Admiral Villeneuve, nach Ferrol zu gehen; den Hafen frei zu machen, wenn er gesperrt wäre; die beiden dort befindlichen Flotten, nämlich das französische Geschwader von fünf Linienschiffen unter Contreadmiral Gourdon und das spanische Geschwader, unter Admiral Grandellana, an sich zu ziehen, dann das Geschwader von Rochefort, bestehend aus fünf Schiffen unter Contreadmiral Lallemand, mit sich zu vereinigen, was, mit den zwanzig Schiffen, die er schon unter seinem Befehle hatte, ein Ganzes von vierzig Linienschiffen gegeben haben würde. Es war Villeneuve aufgetragen, daß er, sobald er über diese furchtbare Masse beföhle, nach Brest segle, wo ein und zwanzig Schiffe unter Gantheaume's Befehlen seiner warteten. Um nichts auf's Spiel zu setzen, sollte er es so einrichten, daß er den Feind vermied, oder wenigstens erst ganz nahe bei Brest auf ihn stieß, damit Admiral Gantheaume theilnehmen könnte, wenn er sich in einen Kampf einlassen müßte. „Dann werden Ihre Kräfte," schrieb ihm Napoleon, „weit beträchtlicher seyn, als Alles, was der Feind Ihnen entgegensetzen könnte, und Sie werden sich dann nach Boulogne wenden, wo ich in Person bin." Der Kaiser gab die Mittel an, wie dies auszuführen sey, überließ aber ihre Wahl der Klugheit und Erfahrung des Admirals. Er befugte ihn selbst, wenn der Wind so günstig wäre, daß er drei oder vier Tage über die Flotte von Cornwallis, der vor Brest kreuzte, Vorsprung gewinnen könne, nicht sich Brest zu nähern, sondern gerade nach Boulogne zu steuern. „Macht Ihre Gegenwart," fuhr er fort, „uns drei Tage lang zu Herren des Meeres vor Boulogne, so haben wir alle Muße, unser Unternehmen, wozu hundertsechszigtausend Mann auf zweitausend Fahrzeugen gehören, in's Werk zu setzen." Die Berechnungen Napoleons, auf die Zersplitterung der feindlichen Kräfte gestellt, waren kein Traumbild, und es erliegt keinem Zweifel, daß, wenn Villeneuve die erhaltenen Befehle gewissenhaft ausgeführt hätte, so mußte das große Unternehmen gelingen, wenigstens das, was seine Hauptschwierigkeit schien, nämlich der Uebergang von Boulogne nach England. Von Villeneuve's Gewissenhaftigkeit und Raschheit hingen die Schicksale zweier Länder ab. Villeneuve hatte das nicht begriffen. Auch denen selbst, die seine Mißgriffe stets zu mildern sich angelegen seyn ließen, ist das Benehmen dieses Admirals immer unerklärlich geblieben.

Nachdem er am 23sten und 24sten Juli die englische Flotte vergeblich erwartet, ging Villeneuve bei Vigo vor Anker, setzte dort Verwundete und Kranke an's Land und ließ drei Schiffe zurück, die als schlechte Segler seinen Lauf hemmten. Durch diese Verminderung und die beiden andern in die Hände der Engländer gefallenen Schiffe, war er auf funfzehn vermindert; aber wenige Tage darauf fand er in Ferrol die fünf französischen Schiffe des Contreadmirals Gourdon und die zehn spanischen Schiffe des Admiral Grandellana. Sein erster Fehler war, daß er in den Hafen einlief; der zweite, daß er zu lange dort blieb; doch war durchaus noch nichts versäumt. Am 13ten August verließ er mit dreißig Linienschiffen Ferrol und segelte nordwestlich, als wolle er, den Befehlen des Kaisers gemäß, die Flotte des Contreadmirals Lallemand an sich ziehen; als er, ohne daß man nur irgend einen vernünftigen Grund sich erdenken kann, plötzlich seinen Platz änderte und in gerade entgegengesetzter Richtung nach

Cadiz steuerte, wo er am 21sten August gerade an dem Tage eintraf, da er in Brest seyn sollte. Als er diesen so plötzlichen und allen Vorschriften des Kaisers Napoleon so durchaus entgegengesetzten Entschluß faßte, brauchte er nicht einmal die Vorsicht, den Contreadmiral Lallemand von dieser Abänderung in Kenntniß zu setzen, den er mit seiner Flotte von Rochefort allen Zufällen in der Mitte feindlicher Massen ausgesetzt ließ. Und doch hätte seiner Vereinigung mit Lallemand nichts sich in den Weg gestellt. Kaum waren die Engländer von Villeneuve's Einlaufen in Cadiz benachrichtigt, als die Admirale Calder und Collingwood mit vereinten Kräften, zusammen drei und zwanzig Schiffe, den Hafen sperrten, in dem sonach beinahe vierzig französische und spanische Schiffe eingeschlossen lagen.

Indessen hatte Kaiser Napoleon am 2ten August Paris verlassen, um sich nach Boulogne zu begeben. Er prüfte die Flottille, übte die Truppen im schnellen Einschiffen und Ausschiffen; verlangte vom Glück nur die Gunst einer kurzen Frist, indem er täglich und unaufhörlich bei seinem Seeminister Erkundigungen über Villeneuve's Erscheinen einzog, dann an die Winde und die englischen Zeitungen sich hielt. Die Nachricht vom Einlaufen des Admirals in Ferrol mußte ihm schon höchlich mißfallen. Die englischen Zeitungen sollten sie ihm zubringen; und wirklich erfuhr es Napoleon durch sie zuerst. Napoleon hatte gehofft, daß Villeneuve nur auf dieser Rhede erscheinen würde, um die beiden Flotten, die seiner dort warteten, mit sich zu vereinigen und dann eiligst den vorgeschriebenen Weg einzuschlagen. Statt dessen war Villeneuve eingelaufen. Wer kann sagen, ob er dort nicht eine kostbare Zeit verliert, wenn die Engländer ihn auch nicht einsperren? Diese Besorgniß ergreift der Kaiser augenblicklich. Es dünkt ihn, daß der Mann, auf dem das Schicksal des größten Unternehmens beruht, daß der Mann, den man des Vertrauens werth hielt, ihn einen Blick in die ungeheure Berechnung thun zu lassen, ihn zum Hebel derselben zu machen, seiner hohen Aufgabe nicht gewachsen ist; schon aus dem einzigen Grunde, weil er sich einen einzigen Tag unnöthig verzögert. Vielleicht ist einst, wenn Alles fehlgeschlagen, seine Aufregung, sein Zorn gerade darum minder, als in diesem Augenblicke, wo er die erste Besorgniß darüber fühlt. Ausgezeichnete Schriftsteller haben in Bezug darauf ein Geschichtchen vorgebracht, das ich, ihnen folgend, nacherzähle, weil es bezeichnend ist, und das ich mit einigen neuen Nebenumständen aus dem Munde des Augenzeugen, von dem Alle es haben, aus Herrn Darù's Munde, weiß.

An dem Tage, als die englischen Blätter nach Boulogne die Nachricht vom Einlaufen des Admirals Villeneuve in Ferrol brachten, schien der Kaiser bei der Morgenaufwartung ernsthaft, selbst finster und ging schnell in seine Zimmer. Der gelehrte Monge, den er sehr liebte und der oft mit ihm frühstücken mußte, wollte ihm in sein Cabinet folgen; doch sich umkehrend, sagte er zu ihm, „Wissen Sie, wo Villeneuve ist?" und rasch eintretend, machte er die Thür barsch zu. „Das durfte ich doch für keine Einladung nehmen," sagte Monge zu Darù. „Es stürmt." In demselben Augenblicke wird Herr Darù zum Kaiser gerufen [1]). „Wissen Sie, wo Villeneuve ist?" war auch die erste Frage, die er an ihn richtet. Napoleons Herz ist voll; die Besorgniß, daß Alles fehlschlage, ist in ihrer ganzen Kraft, sein immer kochender Zorn muß sich äußern, er bricht aus, er ergießt sich in abgebrochenen Worten, in lebhaften Ausrufungen, endlich strömt er über in Gießbächen voll Vorwürfen über die Feigheit, Schwäche und das Ungeschick, die ihn um die Frucht dreijähriger unerhörter Anstrengungen bringen. Die Namen Ferrol, Villeneuve, Seewesen, die er ohne Zusammenhang herauspoltert, gestatten dem verblüfften Hörer kaum zu merken, daß Villeneuve's Einlaufen in Ferrol und die Furcht, daß er dort eingesperrt sey, der Grund eines so heftigen Ausbruches sind. Doch die Galle hat sich ergossen; die Heftigkeit ist verdampft; der Kaiser hat den traurigen Trost gehabt, den der Schmerz darin findet, einen Hörer zu haben. Auf einmal geht er zu dem neuen Gedanken über, der in seinem Geiste schon den früheren ersetzt hat. Den Bogen, dessen Saite zu springen

1) Herr Darù ersetzte den Vorsteher der Kriegsverwaltung, Herrn Petiet, der damals abwesend oder krank war.

drohte, wirft er in die Ecke; er erfaßt einen andern, der seiner Hand gewohnter ist. „Setzen Sie sich, Daru, schreiben Sie;" und er sagt ihm den Plan des Feldzugs von Austerlitz in die Feder; einen Plan, der nur auf Voraussetzungen beruht, dessen Ausführung bis auf den Augenblick Anstand haben soll, wo die Seeangelegenheiten gelöst sind; aber der jetzt ihn wenigstens auf einem Elemente für den Verlust der Hoffnungen, die er auf das andere gebaut hatte, entschädigen soll. Die unbedingte Herrschaft Napoleons über sich selbst läßt seiner Intelligenz völlig freien Spielraum. Sein Geist ist ruhig, seine Vernunft kalt; seine Gedanken sind lichtvoll. Er umfaßt das Ganze und das Einzelne zu gleicher Zeit; vergißt nichts, keine Schwierigkeit, der er nicht begegnete und die er nicht ebnete; und aus den Anordnungen, die er nach einem so heftigen Sturm trifft, aus den anbefohlenen Bewegungen, aus den Märschen, die er in einem Augenblicke anordnet, wo jeder andere Mensch zu nichts weiter getaugt hätte, geht diese wundervolle Vereinigung der Truppen hervor, die von so verschiedenen Puncten abgehen mußten, die am bestimmten Tage [1]) auf der vorgeschriebenen Höhe eintreffen, und deren gegenseitige, so gewandt entworfene Stellung eine so vortheilhafte Basis für die ferneren Bewegungen geben wird, welche sein Genius ihm an die Hand giebt. Das Heer ist noch in Boulogne. Doch Napoleon hat schon aufgehört, den Blick ausschließlich auf England zu richten. Kann er es nicht in London erreichen, so wird er es wenigstens in seinen Verbündeten mitten in Teutschland treffen.

1) Vier bis fünf Stunden lang hatte der Kaiser Hrn. Daru in die Feder befohlen. „Reisen Sie nach Paris," sagte er ihm, „sagen Sie aber, Sie reisten nach Ostende. Kommen Sie in der Nacht an, schließen Sie sich mit dem Minister Dejean ein (dem Minister der Kriegsverwaltung, der aber beide Ministerien besorgte, weil Berthier, der Kriegsminister, in Boulogne war); machen Sie alle Befehle zur Ausführung, zum Marsch, für die Lebensmittel ꝛc. so weit fertig, daß es nur der Unterschrift bedarf. Machen Sie Alles das selbst; ich will nicht, daß ein einziger Unterbeamter nur eine Hand dafür rege." Die Ordnung der Märsche war, ungeachtet des Zwischenspiels von Ulm, das der Kaiser nicht hatte voraussehen können, so angeordnet, daß das Heer sich am festgesetzten Tage in München zusammenfand.

Doch fehlt noch viel, daß er die Hoffnung aufgäbe, einen Einfall in England dem Feldzuge vorausgehen zu lassen, der ihm auf dem Festlande bevorsteht. Wo sollte er denn die Fassung hernehmen, einen Plan aufzugeben, dessen Ausführung mit so viel Sorgsamkeit und Anstrengung vorbereitet war? Um beurtheilen zu können, wie sehr dieses Unternehmen ihm am Herzen lag, müßte man seinen ganzen Briefwechsel durchlesen. Die Vorkehrungen waren fertig, Frachtschiffe zusammengebracht, die Truppen im Dienste zur See eingeübt.

Um der Flottille das Zeichen zum Auslaufen zu geben, fehlte nur Villeneuve's Eintreffen. Während des Kreuzzugs dieses Admirals nach den Antillen war Alles so angeordnet worden, daß er bei seiner Rückkehr nicht einen Augenblick des Verzugs erfahren hätte. Er wurde in Ferrol durch die Admirale Gourdon und Grandellana erwartet; an den Küsten von Frankreich durch den Contreadmiral Lallemand; in Brest von Gantheaume; in Boulogne von Napoleon. Ungeachtet des Unwillens, den er über Villeneuve's Einlaufen in Ferrol empfand, so hütete der Kaiser sich doch, diesen seinem Seeminister ganz merken zu lassen. „Sagen Sie Villeneuve," schrieb er an diesen Minister, „daß ich hoffe, er werde seine Aufgabe weiter gebracht haben, denn es wäre zu entehrend für kaiserliche Flotten, wenn eine Balgerei von drei Stunden und ein Gefecht mit vierzehn Schiffen so große Plane scheitern machen sollten." Nach der Voraussetzung von Villeneuve's Genauigkeit, seinen Befehlen nachzukommen, und davon in Kenntniß gesetzt, daß der Admiral am 10ten August bereit war, mit dreißig Schiffen aus Ferrol auszulaufen, und die Möglichkeit eines Kampfes bei Brest voraussehend, ließ er durch den Telegraphen Gantheaume ankündigen, daß er sich bereit halten möchte, an diesem Kampfe Theil zu nehmen. Gantheaume machte wirklich Bewegungen, die so wohl berechnet waren, daß sie einen theilweisen Kampf mit der englischen Wachflotte herbeiführten und die den Vortheil hatten, daß sie die Wachflotte in seine Nähe bannten, so daß, wenn Villeneuve eingetroffen wäre, Admiral Cornwallis beinahe sechszig Schiffe gegenüber gehabt hätte, mit denen er unmöglich den Kampf hätte aufnehmen können. Folglich wäre von da an der Canal in den Händen der Franzosen gewesen.

Man begreift wohl, wie groß in der Zwischenzeit Napoleons Besorgniß seyn mußte. Seine Unruhe machte sich fortwährend in Briefen an den Minister Decrès Luft: „Bezeugen Sie dem Admiral Villeneuve mein Mißfallen," schrieb er am 13ten August, „über den Verlust einer so kostbaren Zeit.... Wär's denn nicht möglich," sagte er noch in einem Briefe vom 14ten, „in dem Seedepartement einen unternehmenden Mann zu finden, der mit kaltem Blute die Sachen an sich so ansähe, wie man sie ansehen muß, sowohl im Kampfe, als bei den mancherlei Berechnungen der Geschwader?" Dann kam die Nachricht, die noch unglaublicher schien, daß Villeneuve, den so viele Wünsche herbeiriefen, so viele Befehle nach Brest und in den Canal beschieden, sich nach Cadiz geworfen habe. Ein Jubelgeschrei erscholl darüber in London. Napoleon schrie auch auf, aber vor Ingrimm. Er konnte nicht glauben, daß die Feigheit, die Unfähigkeit so weit gingen. In seiner Wuth sah er Verrath darin; er befahl eine Untersuchung und gab die sieben Anklagepuncte an, über die mehrentheils das Benehmen des Admirals wirklich nicht entschuldigt werden konnte. Man könnte behaupten, daß ein unglückliches Geschick in Bezug auf das Seewesen gegen Frankreich seine Wuth ausließ. Zwei Seeleute hatten Napoleons Vertrauen im hohen Grade besessen, weil sie mit dem Meere bekannt waren und damit Entschlossenheit und Kühnheit verbanden, nämlich Bruix und la Touche-Tréville. Beide waren im vorigen Jahre gestorben, als wollte der Tod, der Mitverschworne Englands, auch außer den Schlachten ihnen zu Hülfe kommen.

Das Widerwärtige siegte ob. Napoleon mußte sich unterwerfen. Er schrieb am 22sten August an den Minister Decrès: „Ich bitte Sie, mir morgen eine Auseinandersetzung über den Fall einzuschicken, was dann zu thun, wenn Admiral Villeneuve in Cadiz bleibt?" Doch verfolgte der Schmerz, die günstige Gelegenheit unwiederbringlich verloren zu haben, ihn noch eine Zeitlang. Als er am 31sten August auf die Umstände zurückkam, die das Gelingen seines Planes unterstützt hätten, wenn man seinen Absichten pünctlich nachgekommen wäre, überließ er sich mit Bitterkeit dem nur zu begründeten Bedauern. „Nelsons Flotte," schrieb er, „ist bei Calder, aber Nelson und sein Admiralschiff sind nicht dort. Was hat sich Villeneuve entgehen lassen! Er konnte, wenn er auf Brest aus hoher See lossteuerte, mit Calder Kämmerchen spielen, sich auf Cornwallis werfen oder wenigstens mit seinen dreißig Schiffen die zwanzig englischen schlagen und eine entschiedene Uebermacht sich sichern...." Diese traurigen Betrachtungen regten ihn um so lebhafter an, als er die Stunde heranrükken sah, wo er sich von diesen Küsten würde trennen müssen, auf denen er so ungeheure Mittel vereinigt hatte, welche der Fehler eines einzigen Mannes unnütz machte. Ob er gleich bis zum letzten Augenblicke die Hoffnung nicht aufgeben wollte, so war er doch für den entgegengesetzten Fall nicht unvorbereitet. Seine Blicke waren zwar auf's Meer gerichtet, doch eben so sehr auch auf Wien. Durch einen Brief vom 23sten August befahl der Marschall Berthier dem General Marmont, der über das Lager von Utrecht gesetzt war: „Wenn die vereinten Flotten im Canal eintreffen, so unternimmt der Kaiser auf der Stelle den Feldzug gegen England." Doch benachrichtigte er zu gleicher Zeit den General, daß er sich zur Ausführung von Befehlen, die er in Kurzem nach einer ganz andern Bestimmung hin erhalten könnte, fertig machen möchte.

Bei der drohenden Gefahr eines Krieges auf dem Festlande wird man vielleicht Zweifel hegen, ob am Schlusse des Monats August das Unternehmen gegen England noch ausführbar gewesen wäre. Doch eine genaue Prüfung des Standes der Dinge leitet auf eine bejahende Antwort. Die beiden Unternehmen waren keineswegs unvereinbar, da außerdem vorauszusehen war, daß die Ausführung des einen dem andern keinen Raum nachlassen würde. Wäre Villeneuve am 24sten August, wie er erwartet wurde, in Brest erschienen, so konnten wenige Tage darauf seine sechszig Schiffe vor Boulogne seyn. Zweitausend Schiffe sind zur Verfügung und hatten schon hunderttausend Mann aufgenommen. Die englischen Flotten sind fern; sie sind auf dem Meere zerstreut und welche einzelne Flotte sollte es wagen, die ungeheuren Kräfte anzugreifen, die Napoleon auf einem Puncte zusammengebracht hatte? Der Seezug beginnt oder hat schon begonnen; die englischen Fernröhre können die Zahl unserer Schiffe unterscheiden. Alle Bedingungen, die der Kaiser noch gestern England antrug, auch heute trägt er sie noch an, oder die Landung erfolgt. Glaubt man wohl, daß das englische Cabinet, das beim Anblicke einer fernen Gefahr so lebhaften Schreck fühlte, an ein Paar Stückchen Land mehr oder weniger das Daseyn von ganz England dran setzen wird? Wenn das englische Cabinet sich unbeugsam zeigen sollte und es auf solche Zufälle ankommen ließ, wer könnte Napoleon hindern, nicht England zu erobern, was sein Zweck nicht seyn kann, sondern auf Englands Grund und Boden zwar nur kurze Zeit, aber mit dem Schwerte zu erscheinen, einen gewaltigen Streich auszuführen, die Werfte und Zeughäuser zu vernichten, auf London zu gehen, seine Bank und seinen Credit zu stürzen, vielleicht nach den Umständen Radicale und Aristokraten aufeinander zu hetzen, endlich der englischen Regierung den Frieden vorzuschreiben, oder wenigstens den größten Theil ihrer Kriegsmittel zu vernichten? Nach dieser Verheerung, die die Raschheit und Gewalt des Blitzes hätte haben können, hätte er seine Heere auf die französischen Küsten zurückversetzt, und wäre immer noch im Stande gewesen, den Heeren des Festlandes entgegenzugehen, die vor Ende Septembers keine großen Fortschritte machen konnten; aber sollte die Nothwendigkeit dazu dann nicht von selbst verschwunden seyn? Das Versprechen englischer Hülfsgelder hatte Rußland und Oestreich allein in Bewegung gesetzt; der kriegerische Geist dieser Mächte wäre sicher mit der Möglichkeit verloschen, diesem Versprechen Genüge zu leisten; und außerdem, wenn England nicht als Feind auftrat, blieben Napoleon, im Falle das Festland auch ohne Hülfsgelder sich in Bewegung gesetzt hätte, noch so beträchtliche Kräfte, daß er, wenn auch nicht auf der Stelle den Krieg in die feindlichen Staaten spielen, doch ihnen vorläufig am Rhein eine unbesiegbare Schranke entgegenstellen konnte. „Die Weiber von Strasburg," sagte er damals, „hätten ausgereicht zur Vertheidigung der Gränze."

Acht und vierzigstes Capitel.

Verhältnisse mit dem Auslande.

Ereigniß, das Erklärungen zwischen Frankreich und Oestreich herbeiführt. — Beschwerden, die Oestreich und die Frankreich beibringt. — Oestreichs wahre Ursachen. — Note des französischen Ministeriums. — Oestreich bietet Vermittelung an. — Napoleons Antwort auf Oestreichs Antrag. — Oestreichs drohende Stellung. — Forderung endlicher Erklärungen von Oestreich. — Französische Note an den Reichstag in Regensburg. — Bündnißabschluß zwischen Frankreich und Baiern. — Ungerechtigkeit der Baiern gemachten Vorwürfe. — Aufforderung an den Churfürsten, sich den Verbündeten anzuschließen. — Einfall in Baiern. — Oestreichs Antwort auf die von Frankreich geforderten Erklärungen. — Frankreichs Erklärung gegen Oestreich. — Marsch des französischen Heeres. — Mittheilungen an den Senat, über den Krieg. — Beschluß einer neuen Truppenaushebung in den Senat gebracht. — Abänderungen in der innern Einrichtung der Nationalgarde. — Verhandlung eines Bündnisses mit Preußen. — Gerüchte in Berlin gegen Napoleon. — Gerücht von einer Landung der Russen in Stralsund. — Befehle des Kaisers an General Düroc. — Antwort des Königs an Düroc. — Besprechungen der französischen Bevollmächtigten mit Baron von Hardenberg. — Verzichtung Preußens auf ein Bündniß. — Vorliebe Preußens für sein Neutralitätssystem. — Napoleons Befehle an seine Bevollmächtigten. — Preußens Forderung eines Neutralitätsvertrags. — Baron von Hardenbergs Beklagen über das verfehlte Bündniß. — Beleidigende Aufforderung Preußens durch Rußland. — Festigkeit der preußischen Regierung. — Napoleons Einwilligung in einen Neutralitätsvertrag. — Preußens Verzichtung auf den Neutralitätsvertrag. — Nachricht von dem Durchzuge eines französischen Corps durch das Anspachische. — Wirkungen dieser Nachricht in Berlin. — Erklärung über diesen Durchzug der Franzosen durch Anspach. — Preußische Erklärung an Frankreich. — Sonderbare Lage des Churfürstenthums Hannover.

Während der Kaiser der Franzosen in der Ungewißheit über das Betragen des Admirals Villeneuve sich so in Boulogne gegen die Hemmnisse abquälte, welche die Unfähigkeit seines ersten Anführers der Seemacht seinen Planen entgegensetzte, hatte sein Ministerium schon mit dem östreichischen Cabinette Verhandlungen angefangen, welche das Vorspiel zu einem neuen Kriege auf dem Festlande machten. Seit mehrern Monaten gaben eine Menge von Anzeichen allen Grund, Oestreichs Beitritt zu Rußlands und Englands Planen als unvermeidlich, wenigstens als ganz nah anzusehen, wenn er nicht schon wirklich erfolgt war. Ungerechnet, daß englische Tageblätter ganz laut das neue Bündniß ankündigten, that auch eine Verwilligung von drei Millionen fünfmalhunderttausend Pfund Sterling zur Verwendung auf dem Festlande, die zu den fünf schon im Februar für denselben Zweck verwilligten Millionen am 12ten Julius hinzukamen, hinreichend dar, daß so beträchtliche Summen nicht von dem britischen Ministerium allein für russische Truppen waren zugestanden worden. Bis jetzt hatte die französische Regierung, welche recht gut die Ränke Englands und Rußlands kannte, denen Oestreichs Aristokratie nachhalf, die außerdem die Umstände des Zurücktritts des Erzherzogs Carl von der Präsidentschaft des Kriegsraths, die neue Werbung und die andern Maaßregeln des Wiener Hofes recht gut kannte, sich darauf beschränkt, schweigend die Anordnungen zu beobachten, über deren Zweck man sich nicht täuschen konnte. Man hatte sich der Gegenvorstellungen enthalten, um Oestreich nicht vorzeitig merken zu lassen, daß man es errathen habe, und weil sie vielleicht nur eine Aufforderung für dasselbe gewesen wären, die Thätigkeit in seinen Vorkehrungen zu verdoppeln. Als der Augenblick gekommen war, wo es der französischen Regierung zu sprechen beliebte, nahm sie die erste Gelegenheit, die sich darbot, wahr und sprach sich, vom ersten Tage ab, mit einer Bestimmtheit über Thatsachen und Ansichten aus, zu der man gewöhnlich nur durch eine langsame Steigerung behutsamer und zurückhaltender Beobachtungen gelangt. Der von Frankreich aufgegriffene Anlaß war die Verhaftung eines französischen Reisenden in Venedig, des Herrn Prony, Mitglieds des Institutes, eines Mannes, den sein persönlicher Charakter allein schon vor solchen Beleidigungen hätte sicher stellen sollen. Um Herrn Prony's Sicherheit willen und für die Würde von Frankreich wurden zwei der bedeutendsten Oestreicher, die sich gerade in Paris befanden, auf der Stelle festgenommen.

Der Minister des Auswärtigen, Herr von Talleyrand, setzte den östreichischen Botschafter, Herrn Grafen Philipp von Cobenzl, davon in Kenntniß, und zugleich ging er von diesem blos persönlichen Falle ohne weitere Vorkehrung auf die politischen Streitfragen über, die schon längst zur Reife gekommen waren.

Um diese letztere Frage einfacher darzustellen, muß man die Scheinbeschwerden und die wirklichen Beabsichtigungen unterscheiden. Von Seiten Oestreichs waren die vorgebrachten Beschwerden Genua's und Lucca's Vereinigung, zu welchen Thatsachen man noch, als Gegenstand einer allgemeinern Anklage, das Uebergewicht hinzufügte, das Frankreich fortwährend in der Schweiz und in Holland ausübte, so wie die in beiden Ländern vorgenommenen Verfassungsänderungen. Von Seiten Frankreichs waren die Beschwerden noch zahlreicher. Die französische Regierung behauptete, die Vereinigung Genua's und Lucca's sey nur ein unvollständiger Ersatz für Oestreichs neue Erwerbungen oder für die, zu welchen es sich leidend verhalten. Sie machte dieser Regierung den Vorwurf, jenem angeblichen Heimfallsrechte eine unmäßige Ausdehnung gegeben zu haben, welche ihm bedeutende Besitzungen in Schwaben verschafft und die gegenseitige Stellung der benachbarten Stände im südlichen Teutschland gestört, auch seine Stellung gegen Baiern drohend gemacht habe. Unter diesen Gebietsvereinigungen, die in Folge von Privatverträgen mit Fürsten und Reichsgrafen, die ihre Oberhoheitsrechte an Oestreich abgetreten hätten, erfolgt seyen, hob sie vorzüglich die Vereinigung von Lindau hervor, das als kriegerischer Punct von großer Wichtigkeit war. Durch diese Veränderungen hatte der Wiener Hof einen der wesentlichen Zwecke des Lüneviller Vertrags, nämlich den, einen breiten Raum zwischen die östreichische und französische Gränze zu schieben, vernichtet. Außerdem beschwerte sich der Kaiser Napoleon über die Verweigerung, die Staatsschuld von Venedig abzutragen, die nach den Verträgen dem Wiener Hofe zur Last fiel, und über die Verweigerung der Gerechtigkeit, welche Unterthanen des Königreichs Italien von Seiten dieser Macht erlitten. Doch die lebhaftesten Klagen Frankreichs waren gegen die Nachgiebigkeit des östreichischen Cabinets bei den ungeheuersten Anmaßungen Englands und gegen die Verletzungen gerichtet, welche es ungestraft gegen seine Flagge fortwährend zuließ. Auch über seine Hochachtung vor den willkürlichen Sperren Großbritanniens beklagte man sich, die so weit gingen, daß, in dem Augenblicke, wo es der englischen Regierung gefiel, ein Land für gesperrt zu erklären, in Venedig und Triest alle dahin bestimmten Ladungen abbestellt würden. Von beiden Seiten waren die Angaben richtig; aber bei dem ungeheuern Maaßstabe für die Ereignisse dieses Zeitraums hätten weder eine dieser Thatsachen, noch alle zusammen für eine oder die andere Macht einen hinreichenden Grund zum Kriege hergegeben, wenn nicht die, welche zuerst ihn beschlossen hatte, durch andere Hoffnungen, als die Abhülfe solches Unrechts, dazu wäre bestimmt worden. Lassen wir die wörtliche Anführung dieser müßigen Zwiste bei Seite, die jedoch einen so breiten Raum in den Noten und Denkschriften beider Mächte einnehmen, und wir werden sicherer und schneller zu den wahren Gründen kommen, die den Bruch herbeiführten. Folgendes möchten die Gründe in aller Einfachheit seyn.

Außerdem, daß Oestreich besorgte, daß Frankreichs ohnehin schon so furchtbare Macht für das Festland nicht allzugefährlich werde, wenn sie von der Furcht vor England befreit wäre, und abgesehen davon, daß ihm daran lag, die Quelle der Hülfsgelder, sowohl der schon bezahlten, als der in künftigen Festlandkriegen noch zu beziehenden, nicht vertrocknen zu lassen, so war außerdem die Voraussetzung vernünftig genug berechnet, daß bei jedem andern Gegner als Napoleon, eine so ungeheure Vereinigung von Kräften, als man aufzustellen beabsichtigte, nach einem glücklichen Feldzuge alle abgetretenen Länder wieder einbringen und allen Schaden der früheren Kriege ersetzen müsse. Der Grund zum Kriege lag bei Oestreich einzig in dieser Hoffnung. Seine angeblichen Beschwerden waren nichts als zu den Acten gegebene Redensarten.

In der ersten Note vom 24sten Juli, zu der Herrn Prony's Verhaftung Anlaß gegeben hatte, schloß Herr von Talleyrand, nach einer raschen Ueberzählung der beunruhigenden Vorkehrungen Oestreichs, so wie der andern Anlässe zur Unzufriedenheit, welche diese Macht der französischen Regierung gegeben hatte, mit der bestimmten Erklärung, „daß der Kaiser Napoleon mit Sr. Majestät dem Kaiser von Teutschland und Oestreich Frieden halten wolle, aber einen aufrichtigen, klaren und vollständigen Frieden; einen Frieden, der durch Truppenbewegungen, durch Anlegungen feindlicher Läger, durch Beleidigungen gegen seine Unterthanen, durch Hindernisse, wodurch der Handel gehemmt wird, nicht lästiger und tausendmal schlimmer gemacht werden dürfe, als der Krieg je werden könnte." Der Wiener Hof hatte nicht geantwortet und war nicht im Stande gewesen, auf diese erste Forderung von Aufschluß zu antworten, weil die französische Regierung, der daran lag, alle Verzögerung zu entfernen, genehm fand, sie durch einen Brief unterm 5ten August, der unmittelbar an den Hof- und Staats-Vice-Kanzler, Grafen Ludwig von Cobenzl, gerichtet war, zu erneuern. „Herr von Winzingerode ist in Wien," sagte Herr von Talleyrand. „Er konnte dahin nur mit solchen Absichten geschickt werden, mit denen er so eben zu Berlin seine ganz feindselige Sendung vollendet hat, und die neuesten Schritte Rußlands lassen hierüber keinen Fehlschluß zu.... Der Kaiser von Teutschland und Oestreich häuft in seinen italienischen Besitzungen um jeden Preis zahllose Schaaren von Truppen, die er noch täglich dahin aufbrechen läßt, und alles das unter dem Vorwande, das Gebiet von Venedig zu vertheidigen, das gar nicht bedroht ist.... In dem Theile seiner Staaten, wo das Haus Oestreich gegenwärtig seine Truppen zusammenzieht, kann es nur von Frankreich angegriffen werden, und Frankreich, in einen Seekrieg verwickelt, wozu es fast alle seine Mittel verwenden muß, das seine Streitkräfte dreihundert Stunden von der östreichischen Gränze an den Ufern des Weltmeeres im Lager hält, hat ein sehr dringendes Bedürfniß, mit den Mächten des festen Landes in Frieden zu bleiben, und kann nicht einmal den Verdacht erregen, daß es den Krieg gegen sie wolle...." Die Wahrheit dieser Behauptung war handgreiflich. Folglich konnten die Besorgnisse der Gegenwart den Krieg nicht veranlassen. Aber wären die Besorgnisse für die Zukunft begründeter gewesen? Auch diese Frage ward vom französischen Ministerium mit großem Talent

13*

und großer Angemessenheit beantwortet. Der französische Minister machte bemerklich, daß für Oestreich nicht von Frankreich her die dringendste Gefahr zunächst kommen konnte. Er zählte die seit funfzig Jahren von Rußland gemachten Erwerbungen auf, die Besitznahme von zwei Drittheilen von Polen, die Besitznahme der Krim, die Niederlassungen an den Mündungen des Phasis, ihre Ausdehnung in Georgien, ihre Fortschritte in Persien, die Besetzung der jonischen Inseln, die geheime Bewaffnung Morea's und alle die Kunstgriffe, um die Auflösung der Pforte zu beeilen. „Was will Frankreich von Oestreich?" setzte der französische Minister hinzu. „Weder Anstrengungen noch Opfer. Da man den Frieden nur durch einen Seekrieg erlangen kann, so fordert es von Oestreich, daß man es darin nicht störe.... Der Friede zur See ist in den Händen der Teutschen. Statt Truppenbewegungen, welche die Absicht, Krieg anzufangen, verkündigen, mag der Kaiser von Teutschland und Oestreich Europa sagen, daß er in Frieden mit Frankreich leben will, dann wird England augenblicklich sich von der Unmöglichkeit eines Bündnisses überzeugen, es wird fühlen, daß der Friede noth thut." Dieser Brief des Herrn von Talleyrand traf gerade in dem Augenblicke in Wien ein, wo in Petersburg die Erklärungen in Bezug auf den Beitritt Oestreichs zu dem am 11ten April zwischen Rußland und England abgeschlossenen Zusammenwirkungsvertrage ausgetauscht wurden. Wir wissen, daß, diesem Vertrage zufolge, alle frühern Verträge für nichtig erklärt wurden, und daß man darin einig war, Frankreich aus dem nördlichen Teutschlande, aus Holland, ganz Italien und selbst von der Insel Elba zu vertreiben. Das waren, wenn wir auch die geheimen Artikel, die Frankreichs Interessen noch viel mehr entgegen waren, bei Seite lassen, die Ergebnisse, zu deren Erreichung mitzuwirken, das östreichische Cabinet sich bekannte. Folglich verbindet sich's zu einem Kriege, wo dieses bezweckt wird, in einem Augenblicke, wo es von der andern Seite den lebhaften Wunsch ankündigt, zu friedlichen Verhandlungen mitzuwirken, und wo es sich Frankreich als Vermittler anbietet.

Dieses Erbieten einer Vermittelung traf in Paris ungefähr um dieselbe Zeit ein, wo man in Wien Herrn von Talleyrands Brief vom 5ten August erhielt. Die Art, wie dieses Erbieten gemacht ward, hätte allein hingereicht, die vom Wiener Hofe schon eingegangenen Verpflichtungen zu verrathen. Recht gut wußte der Wiener Hof, wie sehr Frankreich durch die nicht zu Stande gekommene Sendung des Herrn von Nowosilzof war verletzt worden, und doch brachte es in Vorschlag, diese Verhandlung wieder aufzunehmen. Oestreich beeilte sich, seine Dienste anzubieten, „damit die allgemeine Erwartung, die auf die versöhnenden Gesinnungen aller Mächte gerichtet sey, nicht auf's neue getäuscht werde. Dem zufolge lud es die Höfe der Tuilerien und von St. Petersburg ein, daß die Verhandlung, die eben hatte beginnen sollen, wieder angeknüpft würde, indem es bereit sey, durch sein eifrigstes Bemühen für diesen löblichen Zweck mitzuwirken und weil es sich schmeichle, daß der Berliner Hof von seiner Seite auch dazu beitragen würde." Auf einen solchen Antrag war Frankreichs Antwort leicht vorauszusehen.

Der Kaiser Napoleon beauftragte seinen Minister des Auswärtigen von Boulogne aus, wo er damals war, zu erklären, daß er um so größern Werth auf die Erbietungen Sr. Majestät des Kaisers von Teutschland und Oestreich lege, je mehr er fühle, daß seine Erkenntlichkeit ihm verbiete, davon Gebrauch zu machen, wenn man nicht hoffen dürfte, daß sie mit Erfolg angewandt werden könnten, noch auch, daß sie folgerecht anzuwenden seyen, ohne die Würde des Vermittlers auf's Spiel zu setzen. Herr von Talleyrand rechtfertigte diese abschlägliche Antwort durch eine Herzählung der Beleidigungen, die seit einem Jahre der Kaiser unaufhörlich vom russischen Cabinette erfahren habe; er führte an, daß die Willfährigkeit der französischen Regierung gegen eine Bitte um Pässe für einen russischen Kammerherrn, durch Se. Majestät den König von Preußen, keinen andern Erfolg gehabt habe, als eine beleidigende Note voll lügenhafter Behauptungen. „So an seiner Ehre angegriffen," sagte der französische[1]) Minister, „ist es Sr. Majestät nicht möglich, von Rußland

1) Note an den Grafen Philipp von Cobenzl, vom 18ten August.

etwas zu wollen, oder etwas zu erwarten, das übrigens, weit entfernt, den Frieden zu wünschen, seinen Vortheil beim Kriege findet." Er stellte Oestreich vor, daß von seiner Seite die wirksamste Vermittlung eine unparteiische Neutralität seyn würde. Dadurch würde der teutsche Kaiser nicht allein Ansprüche auf den Dank des Kaisers Napoleon sich erwerben, sondern er würde auch mehr für seinen eigenen Vortheil dabei thun, als wenn er zehn Schlachten gewönne, weil eine unmittelbare Folge des Friedens die Trennung der Kronen von Frankreich und Italien seyn würde. „Wenn Oestreich," hieß es in der französischen Note, „erklären wird, daß es neutral bleibt und neutral bleiben will, so ist der Friede Englands Wunsch und Hoffnung. Vor dem Monate Januar wird er geschlossen und der Vertrag von Amiens hergestellt seyn; die Kronen Frankreichs und Italiens für immer getrennt.... Se. Majestät der Kaiser von Oestreich und Teutschland hat jetzt das Schicksal seiner eignen Staaten und Europa's Schicksal in den Händen. In der einen liegt Verwirrung und Umsturz; in der andern allgemeiner Friede."

Jeder Gedanke an Friede war von da ab für das östreichische Cabinet unmöglich. Schon hatte es thatsächlich die Feindseligkeiten begonnen, indem es zu Englands Gunsten einen bedeutenden Seitenangriff unternahm. Oestreich hatte zwei und siebenzigtausend Mann in Italien, als Frankreich nur funfzigtausend dort hatte, von denen funfzehntausend in der äußersten Spitze der Halbinsel waren. Ueberall bildete man Vorrathshäuser. Tyrol, ein armes und unbankbares Land, war mit Regimentern überlegt, die nothwendiger Weise bestimmt waren, in Kurzem gebraucht zu werden. Alle östreichischen Truppen marschirten in einer Richtung, die den Krieg ankündigte. Der Botschafter Philipp von Cobenzl fuhr indeß nichts destoweniger zu Paris fort, Versicherung von Frieden und Freundschaft zu geben. Doch wenig diesen zu allgemeinen Versicherungen vertrauend, ließ der französische Kaiser am 15ten August, zwei Tage nach der eben mitgetheilten Antwort, von ihm durch seinen Minister nicht allein eine kategorische Erklärung, sondern auch recht bald eine Erklärung verlangen. „Der Kaiser," sagte Herr von Talleyrand, „kann kein Zwischending zwischen dem Kriegs- und Friedenszustande zugeben. Will Oestreich den Frieden, so muß Alles in Oestreich auf den Friedensfuß zurückversetzt werden; sollte Oestreich den Krieg wollen, so bleibt Sr. Majestät nichts übrig, als auf den angreifenden Theil alle die Uebel zurückzuwerfen, die er nicht allein über das gegenwärtige Geschlecht herbeiführen würde, sondern auch (J. Majestät wagt es mit Stolz auszusprechen) über seine eignen Staaten und seine eigne Familie herbeirufen könnte...". Darauf führte der französische Minister die Maaßregeln auf, die von Seiten der östreichischen Regierung eine redliche Absicht, die Neutralität zu behaupten, darthun würden. Im Falle Frankreich zum Kriege gezwungen wäre, entweder durch eine förmliche Verweigerung oder eine ausweichende, oder hinausschiebende Antwort, war Herr von Talleyrand beauftragt, zu sagen, „daß Se. Majestät nur ungern daran gehen würde; doch daß in einer Lage, wie die seine, auch Erzherzog Carl keinen Augenblick anstehen würde, da dieser Prinz zu guter Soldat sey, als daß er nicht eben so verfahren sollte; und einmal genöthigt, Gewalt mit Gewalt zu vertreiben, würde der Kaiser nicht den Fehler begehen, so lange zu warten, bis sich die Russen mit den Oestreichern gegen ihn vereinigt." Es war unmöglich, offener zu verfahren. Aller Vortheil war daher damals auf Kaiser Napoleons Seite. Er wollte den Krieg nicht und konnte ihn nicht wünschen. Aber sicher des Angriffs, hatte er das Recht, ihm zuvorzukommen, doch wird ihm dieses unmöglich seyn, denn Oestreich, zu schnell und wieder zu langsam, wird Baiern überfallen haben, ehe er noch Paris verläßt.

Nicht zufrieden mit den unmittelbaren Schritten, die er beim Wiener Hofe that, forderte der Kaiser der Franzosen die teutschen Staaten zweiten Ranges auf, seine Vorstellungen bei dem Wiener Hofe durch ähnliche Vorstellungen zu verstärken. Der französische Minister in Regensburg, Herr Bacher, gab deshalb eine Note bei dem Reichstage ein (am 11ten desselben Monats September). Oestreich versicherte immer auf's neue seine Achtung vor den Verträgen, die es mit Frankreich verbänden, und als der französische Minister fragte: „Wen es also durch seine Rüstungen bedrohe? etwa das teutsche Reich selbst?" setzte er, in diese Voraussetzung eingehend, hinzu: „Se. Majestät der Kaiser der Franzosen würde als eine Kriegserklärung, die förmlichst gegen ihn selbst gerichtet wäre, jeden Angriff gegen das teutsche Reich ansehen, und namentlich einen Angriff gegen Baiern." Das Ende der Verstellung war folglich für den Wiener Hof da. Gedrängt durch England, dem es zu lange dauerte, ehe die französischen Lager von Boulogne abzogen, und hingerissen durch die Eingebildetheit der neuen Vorsteher des Kriegsrathes, der Nachfolger des Erzherzogs Carl, ließ der Wiener Hof am 12ten September seine Antwort auf die Fragen der französischen Regierung übergeben, und fiel, die That zu den Worten fügend, in Baiern ein.

Natürlich lag es im Plane der Verbündeten, alle teutschen Staaten zweiten Ranges, gutwillig oder gezwungen, mit sich fortzureißen. Seit langer Zeit war das vom Kaiser Napoleon vorausgesehen worden. Auch er hatte seit mehreren Monaten daher dem Münchner Hofe dringend angelegen, sich mit ihm in einen Bund einzulassen, der im Falle eines Bruches über das Verfahren des Churfürsten keinen Zweifel lassen könnte. Dieser Fürst, so wie die andern Staaten des südlichen Teutschlands, dankte Frankreichs Unterstützung die Vergrößerung, die er durch den letzten Reichstagsreceß erhalten. Nur durch Frankreich konnte er sich dabei erhalten. Nur vor Kurzem noch hatte Oestreich die Abtretung eines Theils von Baiern, am rechten Innufer, verlangt. Es war kein Zweifel, daß diese Macht ihre Gränze bis an den Lech ausdehnen wollte. Der Churfürst hatte daher von Oestreich Alles zu fürchten, von Frankreich Alles zu hoffen. Doch war seine Stellung befangen. Die Macht, die ihn schützen sollte, war fern; die, welche ihren Vortheil dabei fand, ihn anzugreifen, berührte seine Gränzen. Mußte er nicht Alles vermeiden, was dieser letztern einen Vorwand zu Klagen hergab? Außerdem gab es in München, wie an allen teutschen Höfen, einen hohen Adel, dessen eigentliche Hauptstadt von jeher Wien war und der ohne Bedenken die Interessen der baierschen Regierung den östreichischen Interessen aufgeopfert hätte. Nach der Ansicht dieses Adels, der über seine eigenen Interessen nicht blind war, hätte ein Bündniß mit Oestreich die Beibehaltung der mittelalterlichen Mißbräuche gesichert. Ein Bund mit Frankreich war eine Näherung an abändernde Neuerungen und Einziehung aller alten Vorrechte. Die Mitglieder dieses stets sehr unruhigen und sehr geschulten Körpers, erinnerten mit einer Art von Ziererei an Carls VII. trauriges Loos. Sie drängten sich mit ihren Ränken in die Gesellschaftszimmer, in das Innere des Schlosses, und ohne die Festigkeit des ersten Ministers, des Herrn von Montgelas, hätten sie den Churfürsten gewonnen. Die Bedingungen des Bündnißvertrages waren zwischen dem Minister und dem französischen Gesandten, Herrn Otto, in Muße verhandelt worden; doch im letzten Augenblicke hatte der Churfürst immer noch große Bedenken, ehe er unterschrieb. Nur der französische Gesandtschaftssecretair, Herr Bogne-de-Faye [1]), der beim Churfürsten sehr beliebt war, gewann ihm, in Folge einer sehr lebhaften Besprechung, die endliche Zustimmung ab. Der Vertrag ward wirklich am 24sten August abgeschlossen, aber dann in der Folge neu abgefaßt und erst am 23sten September ward diese Urkunde in Würzburg unterzeichnet.

Die bedeutendste Abmachung für Baiern war die im 7ten Artikel in folgenden Worten ausgesprochene: „Im Fall eines Erfolgs verspricht der Kaiser Napoleon, kein Gebiet jenseit des Rheins in Anspruch zu nehmen, und verspricht im Gegentheile, seinen ganzen Einfluß dazu anzuwenden, damit das baiersche Gebiet ausgedehnt und zweckmäßig abgerundet werde.“ Da der Kaiser den teutschen Staaten alle Sicherheit anbot, indem er erklärte, er wolle sich nichts diesseits des Rheins aneignen, da er Baiern die Erhaltung seines gegenwärtigen Zustandes versicherte und ihm außerdem Hoffnung auf neue Erwerbungen machte, wie hätte da der Churfürst seinen Vortheil aus den Augen setzen und seinen Untergang in den Reihen einer Macht suchen sollen, die durch ihr nächstes Interesse dahin gebracht war, Baiern zu schwächen und zu vermindern? Es heißt allen rechtlichen Sinn freiwillig abschwören, wenn man die Verweigerung des Churfürsten, sich dem Wiener Hofe auf

1) Seitdem ist er mehrmals zum Mitglied der Deputirtenkammer ernannt worden, und hat stets seinen Platz unter den eifrigsten Vertheidigern der öffentlichen Freiheiten genommen.

Gutdünken anheim zu geben, für einen Frevel gegen die teutsche Rechtlichkeit[1]) ausschreit. Ein solches Urtheil scheint besonders unerträglich in dem Munde eines ehemaligen preußischen Ministers, folglich des Ministers einer Macht, die durch Beispiel und Rath von jeher versucht hat, die Bande der Abhängigkeit zu zerreißen, mit der sonst die teutschen Stände mit dem Reichsoberhaupte zusammenhingen.

Obgleich das baiersche Cabinet Oestreichs Rüstungen mit den Augen folgte, so hatte ihm doch die Gefahr nicht so nahe geschienen, als sie in der That war. Man erstaunte daher nicht wenig in München, als der Fürst Schwarzenberg am 6ten September eintraf und den Churfürsten aufforderte, seine Truppen mit den östreichischen Heeren zu vereinigen. Oestreich zeigte sich dabei nicht sehr gewandt. Erst dann darf man solche Aufforderungen ergehen lassen, wenn man es unmöglich gemacht hat, sich ihnen zu entziehen. Die ganze Staatsklugheit des Churfürsten mußte darin bestehen, Zeit zu gewinnen, und er brauchte nicht einmal viel Zeit. Schon der Verzug eines einzigen Tages konnte entscheidend seyn. Seine Zuflucht war die Waffe der Schwäche, die Verstellung. Nach sehr lebhaftem Einspruche, um seine Neutralität zu behaupten, antwortete er dem Fürsten Schwarzenberg durch eine Art vom Versprechen, sich in die Ansichten des Wiener Cabinettes zu fügen, wenn der Kaiser Franz II. ihm nicht zugestehen wolle, daß er neutral bleibe. Er ersuchte Se. kaiserliche Majestät, ihn für neutral wenigstens bis zur Rückkehr des Churprinzen gelten zu lassen, der damals in Frankreich war. Ein Brief des Churfürsten, der dieses Versprechen und diese Bitte enthielt, wurde am 8ten November durch einen in Oestreich sehr angesehenen General, den Grafen Nogarola, dem Kaiser Franz überbracht; doch reiste in der Nacht vom 8ten auf den 9ten der Churfürst eiligst mit seiner Familie nach Würzburg und das baiersche Heer zog sich nach Franken.

Am 9ten waren die Oestreicher über den Inn gegangen. Es war zu spät. Folglich hatte das sonst so gewissenhafte Wiener Cabinet, unterhandelnd, wo es handeln sollte, Frank-

1) Imbrattare la lealtà teutonica. Marchese Lucchesini.

reich einen Verbündeten gelassen, den es bei mehr Kühnheit oder Gewandtheit wohl hätte zwingen können, unter den Fahnen der Verbündeten zu fechten. So standen die Sachen schon in Teutschland, als der östreichische Botschafter in Paris der französischen Regierung am 12ten September die verlangte kategorische Antwort zustellte.

Obgleich diese Antwort eine wirkliche Kriegserklärung war, so sprach man doch noch darin von dem Wunsche der beiden Kaiserhöfe zu Wien und Petersburg, mit Frankreich über die Erhaltung des Festlandfriedens zu unterhandeln, „und zwar in den gemäßigtsten Weisen, die nur irgend mit der Ruhe und der allgemeinen Sicherheit vereinbar wären." Um Frankreich in den Stand zu setzen, ihre Mäßigung zu würdigen, so fügten beide Höfe hinzu, „Großbritannien habe ihnen Gesinnungen, die mit den ihrigen vollkommen zusammenträfen, zu erkennen gegeben, und eine eben so gemäßigte Stimmung für die Herstellung des Friedens mit Frankreich ausgesprochen." Bei der Note des östreichischen Cabinets befand sich eine Erklärung [1]) des russischen Gesandten in Wien, welche die Geneigtheit seines Souverains aussprach, die Unterhandlung wieder aufzunehmen, welche mit Herrn von Nowosilzof hatte sollen eröffnet werden, die aber zugleich in der Absicht, um mit den Friedensunterhandlungen eine mächtige Rüstung zur Vermittelung und Beobachtung zu verbinden, den Willen aussprach, „zwei Heere, jedes von funfzigtausend Mann, durch Galizien an die Donau vorrücken zu lassen."

Die französische Regierung, die eben von dem Uebergange der östreichischen Truppen über den Inn war unterrichtet worden, erklärte an demselben Tage, den 12ten September, dem Botschafter Philipp von Cobenzl, daß Se. Majestät auf keinen Fall zugeben würde, daß Oestreich sich in Teutschland ausbreite, oder daß sie den Plan, ihre Gränzen bis zum Lech vorzuschieben und den Churfürsten auf das linke Ufer des Flusses zu verweisen, in Ausführung bringe. Diese Mittheilung war von einem kurzen Aufsatze begleitet, der zum Zweck hatte, das Ungereimte in der angemaßten Vermittlerrolle von Seiten

1) Vom 19ten (31sten) August.

der Cabinette hervorzuheben, die als vorzüglich betheiligte Parteien sich in die Schranken stellten. Die Absicht dieser Cabinette sey, hieß es, Frankreich und England zum Frieden zu zwingen. Frankreich fragte, auf welchen Grundlagen sie gedächten den Frieden herzustellen; ob etwa auf den Grundlagen der Verträge von Amiens und Lüneville? Doch ganz neuerlich noch hatte England diese Grundlage verworfen. Da die Vermittlerrolle eine unerschütterliche Gerechtigkeit und vollkommene Unparteilichkeit erfordere, so hätten wahrscheinlich beide Höfe für den Fall, daß England den Grundsatz der Vermittelung anzuerkennen nicht für gut fände, auch schon Maaßregeln getroffen, es eben so dazu zu zwingen, wie man Maaßregeln getroffen habe, Frankreich zu zwingen. Wahrscheinlich habe man Flotten in Bereitschaft, Wachschiffe schon aufgestellt, kurz, alle zu dem beabsichtigten Zwecke unerlaßlichen Mittel schon bei Handen.

Ich lasse die östreichische Kriegserklärung und die französische Widerlegung bei Seite. Die eben gegebenen Einzelnheiten, in Verbindung mit dem Abschlusse des Vertrags vom 11ten April, und den geheimen, Oestreichs Theilnahme bekundenden Artikeln, haben die wahren Ursachen des neuen Krieges in hinreichendes Licht gestellt. Die gegenseitigen Stellungen sind bekannt, die Absichten kann man beurtheilen.

Während das östreichische Cabinet gehofft hatte, Frankreich durch die Vorspiegelung einer Vermittelung, an der ihm eigentlich gar nichts lag, und die außerdem unmöglich war, hinzuhalten; während die französische Regierung, die laut ihr Mißtrauen gegen Rußland aussprach, sich gestellt hatte, als glaube sie an die Redlichkeit Oestreichs, hatte der Kaiser Napoleon von dem Tage ab, wo er das Unternehmen gegen England unthunlich ansah, Befehle für die Ausführung eines Planes gegeben, dem zufolge Alles auf einmal marschiren sollte. Dieser Plan war in der Voraussetzung eines Feldzugs auf dem festen Lande entworfen, und Hrn. Darü in dem Augenblicke in die Feder gesagt worden, wo er Admiral Villeneuve's Einlaufen in Ferrol erfahren hatte. Ein unbedeutendes Corps bleibt an den Küsten; alle andern sind in Bewegung. Sieben Ströme, nach einem Ausdrucke des Kaisers, haben sich aus den Lägern von Zeist, Ostende, Calais, Embleteuse, Boulogne und Montreuil ergossen, um sich in der Donau wieder zu vereinen. Bald wird sie der Feind in seiner Nähe sehen, wenn er sie noch England gegenüber dachte; doch unabhängig von der Armee, über die er verfügt, befiehlt eine gerechte Vorsicht Napoleon, auch auf die Mittel zu denken, seine etwaigen Verluste zu ersetzen und sich ein Nachhülfsheer zu bilden, das eben so sehr für die Ruhe des Innern, als für die Vertheidigung der Puncte sorge, die etwa von England aus bedroht werden könnten.

Am 23sten September begiebt sich der Kaiser in den Senat. In seiner Gegenwart wird vom Minister der auswärtigen Verhältnisse ein Bericht über das gegenseitige Verfahren Englands und Frankreichs seit dem Frieden von Lüneville abgestattet. Alle Actenstücke der Unterhandlungen werden vorgelegt. Napoleon kündigt an, daß er abreisen wird, um den Befehl über das Heer zu übernehmen. Die Oestreicher sind über den Inn gegangen, München ist besetzt, der Churfürst von Baiern aus seiner Hauptstadt vertrieben, alle Hoffnungen zu Erhaltung des Friedens vernichtet. Das französische Volk, sagte er, wird zu den Fahnen seines Kaisers und seines Heeres stürzen, die bald jenseit der Gränzen sich zeigen werden. „Magistrate, Soldaten, Bürger, Alle wollen, daß das Vaterland von Englands Einflusse frei bleibe, der, wenn er obsiegte, uns nur einen schmachvollen schimpflichen Frieden zugestehen würde, dessen erste Bedingungen die Verbrennung unserer Flotten, die Verschüttung unserer Häfen und die Vernichtung unsers Gewerbfleißes seyn möchten. Alle Versprechen, die ich dem französischen Volke gegeben habe, habe ich gehalten. Das französische Volk ist keine Verpflichtung gegen mich eingegangen, die es nicht übertroffen. Jetzt in einem für seinen und meinen Ruhm so wichtigen Augenblicke, wird es fortfahren, sich den Namen des großen Volkes zu verdienen, mit dem ich es inmitten der Schlachtfelder begrüßte. Franzosen, Euer Kaiser wird seine Pflicht thun; meine Soldaten werden die ihre thun; thut ihr die Eure.“ Diese Sprache, an gewöhnliche Leute in gewöhnlichen Zeiten gerichtet, hätte anmaßend und hochtrabend scheinen können. So muß sie mittelmäßigen Köpfen erscheinen, die nur Mittelmäßiges vor Augen haben; aber die Hoheit dieser Worte war damals nicht im Mißverhältniß mit der Hoheit des Mannes, der sie aussprach, und der Herzen, an die sie gerichtet waren. Napoleons Gesinnungen fanden in allen Seelen einen großmüthigen Anklang, und jeder Franzose war stolz auf die Größe des Mannes, dem er gehorchte.

Zwei Maaßregeln wurden dem Senate vorgelegt: die Aushebung von achtzigtausend Kriegsdienstpflichtigen auf die Dienstpflichtlisten von 1806 und die Wiedergestaltung der Nationalgarde. Es ist nur zu wahr, daß Napoleons Macht darnach von selbst strebte, sich zu vermehren; aber es ist auch wahr, daß seine in der Folge unermeßlichen Eingriffe fast immer im Bedürfnisse der Zeit einen zufälligen Ursprung hatten. Die Aushebung der Dienstpflichtigen war mit Recht eins der Befugnisse des gesetzgebenden Körpers; aber damals, als der gesetzgebende Körper zum letzten Male beisammen war, konnte der Krieg noch gar nicht vorausgesehen werden. Anordnungen aus Berücksichtigung einer solchen Vorsicht würden für Europa ein Gegenstand der Beunruhigung, vielleicht sogar selbst eine Ursache des Krieges geworden seyn. Die nachträgliche Verwilligung des Senats wäre daher zu entschuldigen gewesen, wenn man sie als eine durch die Umstände gerechtfertigte Ausnahme ansah. Das Unrecht, das diese Behörde sich zu Schulden kommen ließ, bestand darin, daß man der Zukunft etwas vergab, indem man als Grundsatz den Unterschied zwischen einem gewöhnlichen Zustande hinstellte, in dem die Regierung sich nur an die gewöhnlichen Machthaber wenden darf, und einem außergewöhnlichen Zustande, der die Befugniß gab, seine Forderungen an einen höherstehenden Staatskörper zu richten, dessen Machthaber keine andere Beschränkung haben, als die Rücksicht auf die Erhaltung des Ganzen. Obgleich solchen Sprüchen etwas unbestreitbar Wahres zum Grunde liegt, so ist es doch immer gefährlich, sie auf die Bahn zu bringen, und besonders sie anzuwenden, weil, von dem Tage an, wo sie in Anwendung gebracht werden, jede Regierung sie mißbraucht.

Eben so war es mit dem Antrage der Umgestaltung der

Nationalgarde. Dieses so schöne Erinnerungen zurückrufende Institut war in Verfall gerathen, doch bestand es noch immer. Der Kaiser hatte Abgeordnete derselben zu seiner Krönung berufen; er hatte ihr im Marsfelde Fahnen ertheilt. Es war ein weiser Gedanke, bewaffneten Bürgern die Sicherheit des Innern und die Vertheidigung der Küsten anzuvertrauen. Vielleicht war es nothwendig, der Regierung die Erlaubniß zu geben, ihre innere Gestaltung für diesen einzelnen Fall durch bestimmte Vorschriften abzuändern; aber, bei dieser Abänderung sollte das Recht verschwinden, das die Nationalgarden bisher besessen hatten, ihre Befehlshaber selbst zu ernennen; und dieses ihnen, um des Krieges willen geraubte Recht, wurde ihnen auch nach Herstellung des Friedens nicht wieder gegeben.

Napoleon hatte am 23sten September Frankreich mit dem neuen Kampfe bekannt gemacht, den es gegen Rußland und Oestreich zu bestehen habe. Er war am 26sten in Strasburg, von wo aus er sein Heer ferner in Bewegung setzte, so daß er einen unverständigen Feind, der nicht darauf rechnete, dem französischen Heere und seinem furchtbaren Führer sobald zu begegnen, aufrollte.

Da vor allem Kampfe zwischen den kriegführenden Parteien der Marsch allein schon einen Zwischenact herbeiführen wird, der sehr großen Einfluß auf das Verfahren des Berliner Hofes hat, so scheint es uns passend, gleich jetzt den Verfolg der Unterhandlungen zu berichten, die wir noch vor kurzem zwischen Preußen und Frankreich in voller Thätigkeit sahen. Dieser leidige Zwischenact, dessen wir gedenken wollen, nämlich der Durchgang des Armeecorps unter Marschall Bernadotte durch die preußische Provinz Anspach, macht eine der Episoden dieser Verhandlung aus; und da sie sonach im Voraus gekannt und gewürdigt seyn wird, so werden wir dann, wenn das Ereigniß sich begiebt, nicht genöthigt seyn, den Zusammenhang der Ereignisse, deren Theil es ausmacht, zu unterbrechen.

Seit der Mitte des August bis zum 1sten September versprach ein herzhafter Entschluß, den das preußische Ministerium längst ersehnt, und zu dem der König sich endlich bequemt hatte, Napoleon ein scheinbar unausbleibliches Bündniß, dessen Preis Hannover seyn sollte. Der Kaiser hatte keine Zeit verloren. Sein Adjutant, General Düroc, war mit einem Briefe für den König in Berlin angekommen und zugleich mit Vollmachten versehen, die ihn für die Verhandlung und die Unterzeichnung des Vertrags, dem bei dem preußischen Hofe residirenden Minister, Herrn von Laforest, zugesellen; doch in den letzten vierzehn Tagen des eben abgelaufenen Monats war die Stellung von Berlin nicht dieselbe geblieben. Die englische, östreichische und russische Gesandtschaft haben die öffentliche Meinung mit Geschrei ohne Ende gegen Frankreich betäubt. Alle nach und nach gegen Napoleon erfundenen Gerüchte hat man wieder auf einmal hervorgesucht. Europa wird unterjocht werden, wenn Europa nicht auf der Stelle ihn unterdrückt. Er will Holland an Prinz Mürat, die päpstlichen Staaten an einen andern Verwandten geben. Der vertriebene König von Neapel wird einem seiner Brüder Platz machen. Ein anderer seiner Brüder wird sich gar auf den spanischen Thron setzen. Dann wird es dahin kommen, daß er ein Bundessystem [1]) gründe, dessen Hauptband seine Familie seyn wird. Das waren die Plane, die Russen [2]) und Engländer Napoleon im Sommer 1805 zutrauten. Sollten diese Plane, die in spätern Jahren zur Ausführung kommen werden, oder wenigstens theilweise werden versucht werden, damals schon in Napoleons Kopfe vorhanden gewesen seyn? Wir glauben es nicht. Im J. 1804 hat er Preußen angeboten, sich dahin zu verpflichten, daß Italiens bestehender Zustand aufrecht erhalten werde; noch in diesem Augenblicke macht er den Antrag, den gegenwärtigen Zustand

1) Diese im September erneuerten Gerüchte streute man seit dem Juli aus.

2) Manchmal waren diese Gerüchte in argloser Absicht verbreitet, blos weil man dem Kaiser Alles zutraute. Als in demselben Jahre 1805 der Landgraf Carl von Hessen, in dänischen Diensten stehend, bei seinem Bruder, dem Churfürsten, zum Besuche war, sagte er einmal zu mir: „Wie viel hat der Kaiser noch zu thun! Der ganze Süden muß sein werden. Er wird dort regieren, und Rom wird entweder die Hauptstadt eines italienischen Reichs oder eine französische Stadt werden.“

aufrecht zu erhalten. Rechtfertigt er in der Folge durch die That, was ursprünglich nur eine Erfindung seiner Feinde war, so hat der Krieg, den sie anregten, ihm dazu die Macht gegeben. Legt man ihm die ungemessensten Entwürfe unter, so sieht es fast aus, als fordere man ihn heraus, sie wahr zu machen. Im Allgemeinen ist es sehr schwer, erklären zu wollen, ob solche vorausverkündigte große politische Umänderungen vorhergesehen wurden, weil sie eintreffen sollten, oder ob sie, wie oftmals, darum nicht eintreffen, weil sie vorausgesehen wurden. Bei diesem einzelnen Falle hat man alles Gehässige boshafter Voraussetzungen zu Napoleons Ungunsten aufgeboten. Wenn es, in Folge des gegen ihn gebildeten Aufgebotes, in seine Macht gegeben seyn wird, diese Voraussetzungen zur Wirklichkeit zu machen, warum sollte er es dann nicht? Warum sollte er nicht auch ihre Frucht pflücken wollen, nachdem er ihre leidigen Folgen bestanden?

Mit diesen Gerüchten von riesenhaften Planen, die man Napoleon Schuld giebt, treffen die Gerüchte von den ungeheuern Anstrengungen Rußlands zusammen, um den französischen Uebermuth zu strafen und zu unterdrücken. Ungerechnet die Heere, die es nach Teutschland schleudert, schickt diese Macht auch bedeutende Corps nach Norden und nach Süden. Schon spricht man von einer Landung russischer Truppen in Stralsund. Die Nachricht ist voreilig; doch hält sich demungeachtet Herr von Hardenberg dazu, mit dem Herzoge von Braunschweig sich über die in diesem Falle zu ergreifenden Maaßregeln zu besprechen, „da er in jeder Stunde eintreffen kann."

Herr von Hardenberg war für einige Tage von Berlin abwesend, und kam erst in der Nacht vom 2ten zum 3ten September dahin zurück. An demselben Tage, dem 3ten, erhält der General Duroc Audienz beim Könige und übergiebt den Brief des Kaisers. Man wird über seine Sprache gegen den König nach den Vorschriften schließen können, die ihm Napoleon gegeben. Hier einige Stellen aus diesen Vorschriften: „Sie werden dem Könige sagen [1]), daß Baiern bedroht ist; daß mehr als fünf und zwanzig östreichische Regimenter

1) Vorschrift vom 24sten August.

in Tyrol stehen, während ich nicht einen Mann in der Schweiz habe; daß ich keinen Augenblick verlieren darf; daß nothwendig, während man den Vertrag verhandelt, Preußen eine Bewegung gegen Böhmen, wenigstens eine scharfe Erklärung gegen Oestreich ausgehen lassen muß. Meine Absicht ist, nicht zuzulassen, daß Oestreich und Rußland sich mit England zusammen verständigen..... Der Vertrag kann zwei Abtheilungen haben, eine offene und eine geheime. Ich will nicht, daß von Neapel die Rede sey, das geht Preußen nichts an. Ich verbürge die Unverletztheit Hollands und die Vollziehung der Vermittelungsacte der Schweiz. Was Preußens Lage betrifft, so ist es nicht meine Absicht, daß es sich in einen Krieg mit Oestreich einlasse.... Ich verlange, daß es eine kräftige Sprache gegen diese Macht führe, daß es sie durch Bewegungen in Schlesien beunruhige; aber daran liegt mir nicht gerade viel, daß es sich gegen dasselbe erkläre. Alles das kann nur in Paris verhandelt werden. Der König muß einen Officier dahin schicken, der sein ganzes Vertrauen habe..... Sie können hinzufügen, daß ich Oestreich in Ruhe gelassen haben würde; aber ich darf es in seinen Rüstungen nicht fortfahren, und mir den Winter in der Besorgniß eines drohenden Krieges hingehen lassen..... Noch habe ich drei Monate; ich werde einen Herbstfeldzug halten, wenn die Oestreicher nicht in ihre Friedensstandplätze zurückkehren. Wenn ich Oestreichs Zusammenrottungen noch vor dem Januar werde auseinandergesprengt haben, wollen wir sehen, was sich mit den Russen thun läßt. Dann sind wir zwei gegen Rußland. Auf allen Fall kann ich Oestreich auf mich nehmen, und Preußen ein Heer von achtzigtausend Mann, das mit Allem versorgt ist, anbieten..." Wie ungewöhnlich werden eines Tages solche Lehren erscheinen! Nur Napoleon durfte sie geben. Er irrt über einige Puncte; er setzt bei Oestreich nicht die Absicht voraus, so bald angreifen zu wollen; von Rußland vermuthet er nicht so beeilte Märsche; und doch wird er auf Alles gefaßt seyn und alle seine Voraussagungen erfüllen.

Als General Düroc mit dem Könige in dem Sinne der Vorschriften des Kaisers gesprochen hatte, antwortete der König, daß er sich angelegentlich mit diesen wichtigen Gegenständen beschäftigen würde. Er gab zu, „daß Frankreichs und Preußens Vereinigung dem übrigen Festlande eine so bedeutende Masse von Kräften entgegenstellen würde, daß sie wohl im Stande wäre, die Ruhe zu erhalten.“ Das Geständniß war wichtig. Wenn Preußen anerkennt, daß es von ihm abhängt, den Krieg zu hindern, und sonach Frankreich einen großen Dienst zu leisten, und wenn es diesen Dienst doch nicht leistet, so hat Napoleon doch wohl Grund, mit dieser Macht unzufrieden zu seyn. Das nahm der General Düroc aus seiner Unterhaltung mit dem Könige sich heraus, daß dieser Fürst den ganzen Werth der Erwerbung Hannovers fühlte, daß er aber über alle Maaßen die Einfälle Rußlands besorgte.

Gleich nach der Vorstellung beim Könige hatten die französischen Bevollmächtigten eine Verhandlung mit dem Baron von Hardenberg, die sieben Stunden dauerte. Der vom General Düroc mitgebrachte Entwurf eines Vertrages in vierzehn Artikeln ward dem preußischen Minister zugestellt. Die Hauptsache schien zur Zufriedenheit. Man bemerkte von beiden Seiten, daß man sich leicht über einige Abänderungen würde verstehen können; aber aus dem Ganzen der Bemerkungen des Barons v. Hardenberg ging für die französischen Bevollmächtigten eine leicht fühlbare Wahrheit hervor; nämlich, daß der König, der das Bündniß redlich gewünscht hatte, in der Hoffnung, den Krieg dadurch zu verhindern, sich jetzt vor dem Gedanken entsetzte, daß er eben durch dieses Bündniß in einen Krieg verwickelt werden könnte. Indessen verhandelte man die Artikel des Vertrages. Der preußische Minister verlangte deutlicher ausgesprochene Gewähren für die Unabhängigkeit der Schweiz und Hollands. Die französischen Bevollmächtigten gingen darauf ein. Napoleons Plan sprach die Gewähr der Unabhängigkeit dieser Freistaaten aus. Man setzte die Gewähr ihrer Souverainetät hinzu. Obgleich die Vorschriften des Kaisers beabsichtigten, Alles, was das Königreich Neapel anging, aus dem Spiele zu lassen, so willigten doch General Düroc und Hr. von Laforest ein, durch einen eignen Artikel festzusetzen, daß, im Falle der König beider Sicilien durch

Theilnahme an dem Kriege Frankreich zwänge, sich des Königreichs Neapel zu bemächtigen, Napoleon sich verbindlich mache, es nicht mit dem französischen Kaiserthume zu vereinigen. Auch darüber war man übereingekommen, „daß, wenn in Folge des Krieges die verhandelnden Parteien in Teutschland Eroberungen machten, Frankreich nichts davon für seine Rechnung behalten würde." Bald trieb man die Zugeständnisse noch weiter. Der Kaiser Napoleon willigte ein, folgende Erklärung abzugeben: „Se. Majestät erklärt, daß das französische Kaiserthum und das Königreich Italien durch die Einverleibung irgend keines Staates erweitert werden soll.... Sie macht sich verbindlich, Tarent und die andern von Ihren Truppen im Königreiche Neapel besetzten Puncte auf der Stelle zu räumen, wenn die Russen Corfu und die Engländer Malta geräumt haben werden." Zuverlässig, wenn Napoleon in dem Augenblicke, wo er den Krieg anfängt, bereitwillig ist, sich durch solche Verpflichtungen zu binden, so ist die Behauptung albern, daß er den Krieg, den er nicht abwehren konnte, aus ehrgeizigen Absichten und um der Vergrößerung willen anfing. Wenn dieser Ehrgeiz sich entwickeln soll, muß man ihn zwingen, zu fechten, zu siegen, und dann mußte er wohl von seinem Siege vortheilen.

Je nachgiebiger Frankreich in den Bedingungen zu seyn glaubt, die dem Könige zusagen konnten, um so weniger Eifer zeigt das preußische Cabinet in der Verhandlung. Schon läßt es eine entschiedene Vorliebe für die Beibehaltung des Neutralitätssystems durchblicken. Baron von Hardenberg kommt auf die Gefahren eines unmittelbaren Krieges zurück, den der König gegen seinen Willen und seine Absicht zu führen sich gemüßigt sehen könnte. Noch ist das preußische Heer nicht zu einem Feldzuge gerüstet. Der Vertrag könnte nicht geheim bleiben und ein schneller Bruch wäre unheilbringend. Der König wollte den Frieden durch das Bündniß. Jetzt würde er sich nur insofern zu dem Bündnisse entschließen, als er durch Rußlands Herausforderungen dazu gezwungen wäre, was freilich jeden Augenblick eintreten könnte. Folglich gab es nur noch einen Fall, wo das Bündniß mit Frankreich stattfinden konnte; doch hatte dieser eine Fall nicht viel Wahrscheinliches für sich. Bis auf diesen Punct war man am 7. September gekommen.

Diese Umstimmung des preußischen Cabinets war die Folge des raschen Fortschrittes der Begebenheiten. Der Berliner Hof war um so mehr durch diese Uebereilung betroffen, als ihm bis dahin die früher angeknüpften Verbindungen zwischen den Höfen von London, Petersburg und Wien durchaus ein Geheimniß geblieben waren. Von der andern Seite hatten die Gesandten dieser drei Höfe seit der Ankunft des Generals Duroc in Berlin sich in Bewegung gesetzt, um jede Art von Verpflichtung Preußens gegen Frankreich zu hindern. Die Furchtsameren ließen sich angelegen seyn, das Neutralitätsystem durchzubringen. Russische Mittheilungen forderten Preußen auf, sich der vorgeblichen Unterhandlung anzunehmen, die man mit der französischen Regierung anknüpfen wollte. Graf Haugwitz sollte aber nach Wien geschickt werden, um im Namen des Königs daran Theil zu nehmen, und gleichzeitig schickte Oestreich den Grafen Meerfeldt nach Berlin. Alle diese Bewegungen hatten für Preußen keinen andern Erfolg, als seine Unentschlossenheit zu verlängern.

Während diese Macht sich überredet, daß sie überall wird verhandeln können, ohne zum Handeln gezwungen zu seyn, befiehlt Kaiser Napoleon, der den Werth der Zeit kennt, seinen Bevollmächtigten, im Falle der Vertrag abgeschlossen wäre, dem preußischen Cabinette die Gefahr jeder Verzögerung vorzustellen. „Wenn der Kaiser an den Inn geht," sagte [1]) das französische Ministerium, „und den Oestreichern eine Schlappe beibringt, so kann von zwei Dingen nur eins erfolgen: entweder zieht er sich die Russen auf den Hals, was Preußen frei macht; oder er zwingt Oestreich zu gemäßigteren Ansichten. Dann erwirbt der König Hannover und Baiern vergrößert sein Gebiet; das wären die Ergebnisse eines Herbstfeldzuges. Schiebt man hingegen hinaus, so giebt's im Mai einen großen Krieg. Dann hat es Preußen mit Rußland aufzunehmen und Frankreich mit Oestreich." Diese Bemerkungen wa-

1) Den 10ten September.

ren sehr verständig; als sie aber in Berlin eintrafen, konnte man keinen Gebrauch mehr davon machen.

Der Zustand der Dinge hatte sich geändert. Vom Bündnisse war nicht mehr die Rede. Etwas Neues war vom Hrn. von Hardenberg in Vorschlag gebracht worden, nämlich ein Neutralitätsvertrag, demzufolge der Kaiser Napoleon das Churfürstenthum Hannover als Unterpfand überließ, ohne ihm seine Erwerbung zu gewährleisten. Der Nebengedanke der preußischen Minister war, daß man seine Abtretung wohl als Tausch gegen die fränkischen Provinzen würde erhalten können, wenn man das Churfürstenthum nur einmal in Händen habe. Die Schlußfolge des Hrn. von Hardenberg zu Gunsten dieses Uebereinkommens enthielt [1]) eine Art von Drohung gegen Frankreich in sich ereignenden Fällen. Wenn ein russisch-englisches Heer in Hannover einrückte und ein russisches Heer die preußischen Gränzen in Polen bedrängte, so könnte der König leicht zu einem seinen Wünschen entgegengesetzten Entschlusse bestimmt werden. Gesetzt aber, das Churfürstenthum wäre durch die Franzosen geräumt, so macht sich der König durch förmliche Uebereinkunft verbindlich, die Ruhe des nördlichen Teutschlands gegen alle Vorfälle aufrecht zu halten. Diese Versicherungen waren nicht neu. Warum, antworteten die französischen Bevollmächtigten, sollte der Kaiser seine Eroberung aus den Händen geben, wenn dieses Ueberlassen nicht der Kitt eines großen und dauerhaften Verbandes zwischen Frankreich und Preußen werden soll? Sieht der König den Krieg als unvermeidlich an, so gilt es Krieg auf der einen oder der andern Seite. Er prüfe und wähle die Partei, deren Erfolge ihm einen Zuwachs an Macht und eine Demüthigung seiner Nebenbuhler gewähren soll.

Die große Freiheit, welche den französischen Bevollmächtigten zugestanden ward, ließ bei ihnen keinen Zweifel nach, daß drei Wochen früher das Bündniß unter den vom Kaiser bewilligten Bedingungen wäre unterzeichnet worden. Der König würde damals gemeint haben, Alles für den Frieden zu thun, und einmal verpflichtet, hätte er nicht zurückgekonnt.

1) Vom 12ten September.

Der Baron von Hardenberg, der bei der ganzen Verhandlung große Offenheit zeigte, beklagte selbst, daß die Gelegenheit versäumt sey. Er gab zu, daß Friedrich II. an der Stelle seines Großneffen sich gewiß schnell über eine Frage von so bleibendem Interesse für die Monarchie entschieden hätte. Der übertriebene Zartsinn des Königs ließ ihn so lange Zeit Bedenken tragen, sich zu der Rolle des Angreifenden herzugeben. Die Unterhaltung des Ministers mit der französischen Gesandtschaft berührte von nun an nur Berechnungen der Neutralität, als ein unerwartetes Ereigniß dem Könige die Schwierigkeit der Aufrechthaltung eines solchen Systems bemerklich machte.

Im Vertrage vom 11. April und bei den andern zwischen Rußland und England getroffenen Abmachungen war der Durchmarsch russischer Truppen durch das Preußische als ein Umstand angesehen worden, der gar keine Schwierigkeit finden könnte. Mochten nun die Verbündeten ihre Hoffnung auf die Macht der Partei gerichtet haben, die sie am preußischen Hofe hatten; oder mochten sie, um diesen Durchmarsch sich so leicht zu denken, auf die Schwäche dieses Hofes rechnen, so daß sie sich schmeichelten, ihm die Hände zu binden, kurz der russische, beim Berliner Hofe beglaubigte Minister machte in dem Augenblicke, wo ein russisches Heer an der Gränze eintraf, dem königlichen Ministerium bekannt [1]), daß an dem und dem Tage dieses Heer sich einfinden würde, um das Preußische zu durchziehen und sich mit Oestreich gegen Frankreich zu vereinigen. Ein Brief des Kaisers an den König sprach dieselbe Forderung auf eine Art aus, die kaum die Möglichkeit einer abschläglichen Antwort zuzulassen schien. Man suchte weniger die Einwilligung nach, als daß man ein nahe bevorstehendes Ereigniß ankündigte. Schlüßlich schlug der Kaiser dem Könige eine Zusammenkunft auf ihren gegenseitigen Gränzen vor.

Der preußische Stolz war tief verwundet. Man ertrug es mit Unwillen, daß man so in dem Ansehen gesunken seyn sollte, daß Rußland nur hatte glauben können, es bedürfe

1) Am 21sten September.

nichts als die Bekanntmachung seines Willens, um jeden Widerspruch zu beseitigen. Der König antwortete auf der Stelle: „daß weder durch Schlesien, noch durch Süd- oder Ostpreußen, noch durch irgend einen Theil des nördlichen Teutschlands er irgend einer Abtheilung ausländischer Truppen den Schritt über die Gränzen, deren Neutralität er verkündigt habe, gestatten würde." In Bezug auf die vom Kaiser Alexander vorgeschlagene Zusammenkunft erklärte der König sich sehr bereitwillig, sich einzufinden, wenn der Kaiser Alexander die Absicht habe, dem Kriege zuvorzukommen und die Staaten, welche im Begriffe seyen, die Waffen zu ergreifen, wieder in einen Zustand von Neutralität zu versetzen.

Als der neue Antrag des preußischen Hofes auf einen Neutralitätsvertrag mit Frankreich vermittelst der Uebergabe von Hannover der französischen Regierung zugekommen war, war der Kaiser Napoleon ihm beigetreten und hatte seinen Bevollmächtigten einen aus wenigen Artikeln bestehenden Plan zugeschickt, über die man, wie er glaubte, bald einig seyn würde. Der zweite Artikel lautete: „Der König erlangt kein Recht durch dieses Unterpfand und Frankreich verliert keines von denen, die ihm die Eroberung gegeben." Frankreichs Anspruch war billig. Preußen verlangte nur ein Pfand; folglich bot man ihm nur ein Pfand an. Durch einen andern Artikel war festgesetzt, daß der König sich verbindlich mache, die batavische Republik gegen jeden Einfall von England und seinen Verbündeten sicher zu stellen, weil die Räumung Hannovers Frankreich ein mächtiges Mittel raubte, diese Republik zu schützen.

Der französische Plan war übrigens nur ein Entwurf für die Verhandlung, den der Kaiser hergegeben hatte, um dem letzten Wunsche des preußischen Cabinettes zu entsprechen; doch als er diesem Cabinette zugestellt wurde, hatte dieses schon einen Schritt weiter rückwärts gethan. Noch spricht es von Neutralität, doch von einer müßigen Neutralität, die ihm keine Verpflichtung, die Ruhe des nördlichen Teutschlands aufrecht zu erhalten, auflege. Es verlangt die Neutralität, die auf den Baseler Frieden folgte. Die Forderung war unzulässig, denn das hieß Hannover umsonst und zu Gunsten des Königs von England fordern.

Der Berliner Hof hatte auf's Neue eine andere Gestalt angenommen. Die Frankreich feindliche Partei hatte größern Einfluß erlangt. Diese Partei stützte sich ganz offen auf den Namen und den Einfluß der Königin. Der Briefwechsel des Marchese Lucchesini unterhielt den Hof von Napoleons finanziellen Verlegenheiten und von der Krise der französischen Bank. Gleichzeitig jubelte man darüber, daß eine bloße Vorstellung ein russisches Heer, das durch die preußischen Provinzen marschiren wollte, zurückgewiesen habe, und Kaiser Alexander suchte durch die Zusendung des Fürsten Dolgorucki mit neuen Briefen voll von Liebkosungen bei dem Könige die Beleidigung seiner gebieterischen, in früheren Briefen geäußerten Aufforderung in Vergessenheit zu bringen. Bemerken wir außerdem, daß der Feldzug zwischen Frankreich und Oestreich bis jetzt nur in Märschen bestanden hat, die für Frankreich bald glänzende Erfolge herbeiführen werden, die aber bis jetzt noch nichts erreicht haben, und daß man noch immer, wenn man nur die gewaltigen gegen Napoleon gerüsteten Massen berücksichtigt, wegen der Zukunft Besorgnisse hegen kann. In diesem Augenblicke erfährt man in Berlin den Durchmarsch eines französischen Armeecorps mitten durch's Anspachische.

Diese Nachricht war ein Donnerschlag für das preußische Selbstgefühl, das ganz stolz darauf war, ein russisches Heer zur Abänderung seines Marsches gezwungen zu haben. Wirklich brauste der Stolz im Heere auf eine unglaubliche Weise auf. Die Aufregung war in allen Rängen und Abtheilungen auf's Aeußerste gestiegen. Die alten Generale äußerten sich wie die jungen Lieutenants. Sonach war jene Neutralität, der man bei Rußland Achtung verschafft hatte, von Frankreich mit Füßen getreten! Mit diesem Schrei der sich verletzt glaubenden Ehre vereinigen sich die Aufregungen der Kriegspartei, die ihre Freude hinter erkünsteltem Zorne versteckte. Es sey nicht möglich, solche Beleidigungen länger zu ertragen. Die Würde des Königs fordere eine eilige Genugthuung und mit dem Degen in der Faust müsse er sie sich holen! Die Empfindlichkeit des Königs war von selbst auf den höchsten Punct gestiegen. In seiner ersten Aufwallung hatte er die französischen Bevollmächtigten aus Berlin wegweisen wollen; wenigstens befahl er seinem Minister, sie nicht mehr zu sehen. Getäuscht in allen seinen Planen für die Aufrechthaltung des Friedens, betrübte der König sich um so mehr, weil er sich's zum Vorwurfe machte, nicht dem ersten Gedanken gefolgt zu seyn, der allen den Befangenheiten, worin er sich jetzt befand, zuvorgekommen wäre. Dürfen wir dem königlichen geheimen Cabinetssecretair, Hrn. Lombard, glauben, so habe der König, eingedenk der vielfachen Verletzungen, welche die Neutralität der Markgrafthümer Anspach und Baireuth in früheren Kriegen erfahren, die Absicht geäußert, einer solchen Gefahr dadurch zuvorzukommen, daß er den Durchzug dort allen kriegführenden Theilen gleichmäßig frei erklärte, unter der einzigen Bedingung, daß man das Land schone und seine Bedürfnisse bezahle. Nichts wäre vernünftiger als das gewesen! Getrennt von der Hauptmasse des preußischen Staates und in ein Land eingeklemmt, das zum Kriegsschauplatze bestimmt schien, war es unvermeidlich, daß nach dem Laufe der Begebenheiten der eine oder der andre kriegführende Theil durch seine Unternehmungen dazu gebracht ward, das eitle Hinderniß einer schlecht angebrachten Neutralität zu verachten, deren Verletzung eine Niederlage hindern, oder einen Sieg sichern konnte. Unverständiger Hochmuth hatte diese kluge Vorsicht des Königs von der Hand gewiesen. Man hatte behauptet, das Wort Preußen, an den Gränzen der Markgrafschaften angeschlagen, müsse hinreichen, jede Verletzung abzuhalten. Obgleich weiser als seine Rathgeber, hatte der König doch auf seinen eignen Vorschlag verzichtet; er ward grausam für seine Bescheidenheit bestraft.

Ein eigner Umstand trug besonders dazu bei, das Unrecht, das in dem Durchzug dieser Truppen durch's Anspachische lag, zu Frankreichs Nachtheil zu verstärken. Baron von Hardenberg hatte mehrere Jahre lang der Verwaltung dieser beiden Fürstenthümer vorgestanden und für diese preußisch-fränkischen Besitzungen eine Zuneigung behalten, die löblich gewesen wäre, wenn sie nicht bis zur Schwäche gegangen wäre. Der Minister meinte, die Nichtachtung, die Frankreich gegen diese Länder gezeigt hatte, die auf einmal auf seinem Wege mitten zwischen andern darinnen lagen, sey ein gegen seine Person gerichteter

Angriff und zugleich ein Angriff gegen den Bestand der Monarchie.

Ist Napoleon zu entschuldigen, daß er einen solchen Schritt wagte, wenn die Verletzung des Anspachischen solche Wirkungen in Berlin hervorbringt? Verachtet er Preußen bis zu dem Grade, daß er meint, es werde dafür unempfindlich seyn, oder macht er sich gar nichts aus seiner Empfindlichkeit, wie sie sich auch äußern möge? Mehrere Rücksichten mögen diesen in Berlin so streng beurtheilten Fehler, wenn auch nicht völlig entschuldigen, doch wenigstens mildern. Als Napoleon in den ersten Tagen des Septembers dem Marschall Bernadotte den Weg für sein Armeecorps durch das Anspachische vorschrieb, befugte ihn Alles zu der Meinung, daß das Bündniß, das Preußen dieses Mal selbst veranlaßt hatte, unfehlbar zu Stande gekommen seyn würde, weil es die Absicht der französischen Regierung war, in die vom preußischen Hofe gewünschten Abänderungen zu willigen. Konnte er auf die erste Nachricht, daß Preußen nicht mehr ein Bündniß, sondern einen Neutralitätsvertrag wünsche, die seinem Armeecorps gegebene Vorschrift wegen des Marsches ohne große Störung ändern? Er meinte nicht; und außerdem hatte er bei der letztern Voraussetzung noch eine andre Entschuldigung. Wir lassen das französische Ministerium selbst sprechen, das, die Einwürfe der preußischen Regierung voraussehend, im Voraus sie zu widerlegen bemüht war. „Der in diesem Augenblicke verhandelte Neutralitätsvertrag,“ sagte man [1]), „ist im Grunde nichts Andres, als die Erneuerung des im letzten Kriege errichteten..... Nun war durch die Uebereinkunft vom 5. August 1796 ausdrücklich festgesetzt, daß die kriegführenden Mächte durch die Besitzungen Sr. preußischen Majestät, die nicht in der Neutralitätslinie begriffen wären, und namentlich Ihre fränkischen Fürstenthümer, durchmarschiren dürften, doch mit dem Vorbehalte, daß sie dort den Kriegsschauplatz nicht aufschlagen und keine verschanzte Stellung nehmen sollten. J. kais. Maj. hat daher geglaubt, verfahren zu dürfen, wie sie es gethan hat, ohne den Planen des Berliner Hofes zu sehr ent-

1) Am 5ten October.

gegen zu seyn... Außerdem war ein baiersches Corps durch die preußisch-fränkischen Besitzungen gegangen, um seinen Rückzug möglich zu machen; ebendasselbe hat ein Corps Oestreicher gethan, das sich an der Rednitz gezeigt hat; folglich konnte man sich nicht einbilden, daß der Durchmarsch durch diese Besitzungen, der Jedermann offen stand, nur den französischen Truppen verschlossen seyn sollte." Das französische Ministerium sagte seinen Bevollmächtigten, daß, wenn man nach diesen Erklärungen noch Klagen hören ließe, sie nur als Leute antworten sollten, die nicht glauben könnten, daß die Klagen ernsthaft gemeint seyen. Die verschiedenen Anführungen Frankreichs waren scheinbar nicht ganz ungenau, und in gewöhnlichen Zeiten hätte man sie vielleicht zugelassen; aber seine Bevollmächtigten waren genöthigt, Preußens Unwillen ernsthaft zu nehmen. Es wurde ihnen selbst nicht gestattet, ihre Erklärungen geradezu zu geben; sie sahen sich genöthigt, sie durch den Minister einer dritten Macht, durch den baierschen Minister, an die Behörde gelangen zu lassen.

Die Lage des Königs war sehr verwickelt. Alle vaterländischen Leidenschaften und alle Heucheleien vereinigten sich, ihn zum Aeußersten hinzudrängen. Man erinnerte ihn daran, daß er versprochen habe, sich gegen den Ersten zu erklären, der die Neutralität seines Gebietes verletzen würde. Einer seiner Adjutanten, den er zum Kaiser Alexander geschickt hatte, brachte die herzlichsten Briefe von diesem Fürsten zurück und die schmeichelndsten Worte. Gleichzeitig sollten zwanzigtausend Mann Schweden und Russen, die auf Rügen beisammen waren, in Hannover einrücken. Nach seinen Verpflichtungen gegen Frankreich mußte der König auch diesen Truppen den Einmarsch in das Churfürstenthum verbieten. So hätte die Verletzung Anspachs wenigstens ihre nützliche Seite gehabt. Aber sie gab Preußen einen natürlichen Vorwand, sich von dieser Verpflichtung frei zu sprechen. Baron von Hardenberg theilte in Bezug darauf der französischen Gesandtschaft die Gesinnung [1]) des Königs mit. Nachdem man die Gründe angefochten, durch die man des Kaisers Benehmen zu rechtfertigen versucht hatte,

1) Am 14ten October.

setzte Hr. v. Hardenberg hinzu: „Der König beschränkt sich darauf, zu glauben, daß J. kais. Majestät Gründe gehabt hat, die ausdrücklichen Verträge, die zwischen ihr und Preußen bestanden, als in ihren Augen werthlos anzusehen, und er selbst, eben im Begriff, vielleicht Alles der Achtung vor seinem gegebenen Versprechen aufzuopfern, sieht sich von heute an daher als von jeder Verpflichtung frei an, die diesem Augenblicke vorausging." Als die französischen Bevollmächtigten auf diese Erklärung anfragten, ob der König gedächte, aller früher bestandenen Bande los zu seyn, wie sie zum Beispiel durch den Baseler Vertrag wären festgesetzt worden, so antwortete man ihnen, daß nur von wegen Hannover zugestandenen Begünstigungen die Rede sey und von dem gegebenen Versprechen, keine Truppen der im Kriege begriffenen Mächte durch's Preußische marschiren zu lassen.

Das Churfürstenthum Hannover war in einer eignen Lage. Für alle Fälle beeilte sich das preußische Cabinet, Truppen hinzuschicken, um den Russen zuvorzukommen, da man sich schmeichelte, wie man dem General Düroc versicherte [1]), daß die französischen Truppen sich vor dem Einzuge der Truppen Ihrer preußischen Majestät zurückziehen würden. Das war nun gar nicht die Absicht des Kaisers Napoleon, der zwar das Armeecorps Bernadotte's nach dem Mittelpuncte von Teutschland berief, aber schon durch die fernere Besetzung der Festung Hameln sein Eroberungsrecht wohl zu bewahren vermeinte. Von der andern Seite rückten die Engländer an, die beabsichtigten, das Land im Namen ihres Gebieters wieder in Besitz zu nehmen. Welchem von diesen Freiern wird es nun bleibend zufallen? Die Frage wird in Hannover selbst nicht entschieden werden. Bald werden wir sehen, daß der Kaiser Napoleon sie in Wien entscheidet. Später werden wir auf die Umwendung in den Entschlüssen des Berliner Hofes kommen. Für den Augenblick sind alle politischen Fragen, deren vorläufige Kenntniß noth thun konnte, hinreichend ergründet, und wir haben nur von Kriegsereignissen zu sprechen.

1) Am 19ten October.

Neun und vierzigstes Capitel.

K r i e g.

Neutralitätsvertrag mit dem Könige von Neapel. — Verhandlungen mit dem heil. Stuhle. — Plan der vereinigten Heere. — Marsch des französischen Heeres. — Gründe von Bernadotte's Durchmarsch durch's Anspachische. — Napoleons Aufruf an's Heer. — Aufruf an die baierschen Truppen. — Stellung des Heeres am 6ten October. — Soult geht auf das rechte Donauufer. — Gefecht bei Wehrtingen. — Aufmunterungen durch Napoleon ausgetheilt. — Davoust und Marmont gehen auf's rechte Donauufer. — Gefecht bei Günzburg. — Uebergabe von Memmingen. — Bernadotte's Einzug in München. — Anrede des Kaisers an Marmonts Corps. — Gefecht von Albeck. — Gefecht von Elchingen. — Angriff des Werneckschen Corps durch Mürat. — Mack übergiebt Ulm. — Der Befehlshaber des östreichischen Fuhrwerks ergiebt sich. — General Werneck ergiebt sich. — Die Besatzung von Ulm zieht vor Napoleon vorbei. — Wegnahme des Geschützes und des Fuhrwerks durch Mürat. — Große Ergebnisse, blos durch Märsche erhalten. — Was der Feldzug bis zum 22sten October eingebracht hatte. — Der Vendemiaire wird als ein Feldzug gerechnet. — Napoleons Aufruf an sein Heer. Napoleons Sorge für den Soldaten. — Aufmerksamkeiten, die dem Soldatenstolze schmeicheln. — Beweise von Rücksicht gegen Baiern und Würtemberg. — Oestreichische Fahnen an den Senat und die Stadt Paris gesendet. — Waffenstillstand zwischen den Heeren in Italien. — Massena's Uebergang über die Etsch. — Schlacht von Caldiero. — General Hiller ergiebt sich mit fünftausend Oestreichern. — Rückzug des Erzherzogs Carl. — Uebergang über den Piave und den Tagliamento. — Prinz Rohan ergiebt sich mit sechstausend Oestreichern. — Marschall Ney's Unternehmen in Tyrol. — Französische Fahnen in Inspruck wiedergefunden. — Ney's Vereinigung mit Massena. — Augereau's Unternehmen.

Während verdrüßliche Zwischenereignisse dem Kaiser Napoleon im nördlichen Teutschland Verlegenheiten zuziehen, ist Italien, obgleich fast durchaus von ihm abhängig, doch nicht ganz frei von bösem Willen und selbst von feindseliger Stimmung. Stets bereit zur Erbittrung gegen die jetzige, auf der Halbinsel lastende Gewaltherrschaft, gehören die Höfe von Neapel und Rom durch ihre Wünsche, obgleich in verschiedenem Grade, den Planen des gegen Frankreich gebildeten Bundes an. Der Kaiser täuscht sich darüber nicht; indessen, da es in seinen Plan paßt, das Armeecorps unter Gouvion Saint-Cyr aus dem Königreiche Neapel abzurufen, um Massena zu verstärken, so unterzeichnet er einen Neutralitätsvertrag mit Sr. sicilischen Majestät, ohne sich zu verheimlichen, daß dieser Vertrag in Neapel nur bis zu dem Augenblicke binden wird, wo man dort wird hoffen dürfen, sich ungestraft von ihm loszusprechen.

Die Stellung des römischen Hofes befugt die französische Regierung zu der Meinung, daß sie nicht weniger von diesem Hofe erwarten und noch etwas mehr von ihm fordern darf. Da die Festung Ancona, die auf der Verbindungslinie zwischen dem französischen Heere und dem Königreiche Neapel inne liegt, nicht im Vertheidigungszustande war, so fordert Napoleon den heiligen Vater auf, eine Besatzung von dreitausend Mann hineinzulegen, um sie gegen einen Handstreich sicher zu stellen. Da der Papst Schwierigkeiten macht, so schlägt er ihm vor, eine französische Besatzung hinzuschicken, was eine neue abschlägliche Antwort von Seiten des heiligen Vaters herbeiführt. Die Bemerkung scheint hier an der Stelle zu seyn, daß in dem durch den Lüneviller Frieden geendigten Kriege der französische General Mürat in Ancona an die Stelle der östreichschen Fahnen die päpstlichen aufpflanzen ließ.

Napoleon macht dem Papste einen andern Antrag. Er verlangt, daß Se. Heiligkeit sich mit dem Könige von Italien und dem Könige von Neapel zur Vertheidigung des italienischen Grundes und Bodens in einem Trutzbündnisse zusammenthue. Der letztere behielt sich zwar vor, das Vertrauen der Franzosen nächstens anzuführen, doch zeigte er sich damals bereitwillig, den vorgeschlagenen Bund einzugehen. Der Papst hingegen weigert sich, indem er vorgiebt, daß er als gemeinsamer Vater der Gläubigen gegen keines seiner Kinder ein Bündniß eingehen könne. Diese ausweichende Versicherung konnte bei Napoleon keine große Freude machen, weil er die zahlreichen Kriege, an denen der römische Hof den thätigsten Theil genommen, zu gut kennt, was er denn auch zu bemerken nicht versäumt. Ohne höher hinaufzugehen, giebt er zu verstehen, daß das Banner des heiligen Stuhles eben so gut mit dem französischen Adler gegen Oestreich aufbrechen könnte, wie es noch ganz neuerlich mit dem östreichischen Adler gegen Frankreich aufgebrochen war. Indessen, um das Gewissen des heiligen Vaters zu beschwichtigen, giebt er zu, daß dieser Bund sich nicht auf Oestreich erstrecken, sondern daß er nur Anwendung auf die Ungläubigen und die Ketzer haben soll. Doch selbst mit diesen Abänderungen erhält es noch nicht die Zustimmung des heil. Vaters; während der Verhandlung hatten jedoch die Zeiten sich geändert und die französische Regierung steht ab von ihrem Anliegen. Dieses Ereigniß hat sie aber in den Stand gesetzt, zu beurtheilen, wie weit sie sich auf den römischen Hof verlassen kann. „Des Papstes Briefe," sagte Napoleon [1]), „waren mit Gregors VII. Feder geschrieben." Noch ist der erste Kanonenschuß zwischen Frankreich und Oestreich nicht gefallen, und schon dürfen die Verbündeten hoffen, bald in Italien wie in Teutschland neue Bundesgenossen zu finden.

Der Plan der Verbündeten, der besonders in Rücksicht auf Italien, in dieser Voraussetzung entworfen worden war, ermangelte weder der Gewandtheit noch des Umfanges. Um völlig durchzufallen, bedurfte es nichts weniger als einen Mann von aller der Vorsicht Napoleons.

Da Frankreich Europa vom Meerbusen von Tarent bis zur Ostsee inne hatte, so war der Angriff von seinen Feinden auf alle Puncte Europa's und namentlich auf alle äußersten Puncte zu gleicher Zeit gerichtet. Im Norden soll eine Landung russischer Truppen sich an die Schweden in Pommern anschließen und mit ihnen auf Hannover marschiren. Zu den Russen und Schweden werden hannöversche und englische Truppen stoßen, die von der Insel Rügen kommen. Mit ihnen zusammen werden sie nach dem Churfürstenthume gehen.

Am Ende von Italien wird eine Landung von englischen und russischen Truppen das Königreich Neapel besetzen. Ungeachtet der vom König Ferdinand gegen Frankreich eingegangenen Verpflichtungen, rechnen Rußland und England doch im Voraus mit Zuversicht auf die Gesinnungen der Königin.

1) Memoiren von Las Cases.

Sie haben die Gewißheit, daß beim ersten Erscheinen ihrer Truppen das Königreich Neapel sich zu ihnen schlagen wird.

Erzherzog Carl befehligt das östreichische Heer in Italien. Dort liegen die Länder, deren Wiedererlangung Oestreich am meisten am Herzen liegt; dort muß die Hauptmacht Oestreichs seyn. Doch wenn diese Anordnung nicht schon im Interesse des Wiener Hofes war getroffen worden, so würde man sie, um dem Petersburger Cabinette zu gefallen, gemacht haben. Denn außerdem, daß der russische Hof gegen den Erzherzog Carl einen alten Groll nährt, der von der Niederlage der Russen bei Zürich sich herschreibt, und einen neuen Groll wegen dieses Fürsten Neigung zum Frieden, so paßt es in Rußlands Plane, Teutschland sich zum Schauplatze seines Ruhmes vorzubehalten; ein Ruhm, der ihnen, wenn der Erzherzog zugegen war, entging, weil er natürlich sowohl durch seinen Rang als durch seinen kriegerischen Ruf zum Oberbefehle der vereinten Kräfte hätte berufen werden müssen.

Das östreichische Heer in Teutschland befehligt dem Namen nach der Erzherzog Ferdinand, in der That General Mack. Dieses achtzigtausend Mann starke Heer ist eben das, das Baiern schon besetzt hat. Zu diesen achtzigtausend Mann sollen hunderttausend Russen stoßen, die in zwei Corps anrücken, eins unter Kutusofs Befehle, das andere unter den Befehlen von Burhövden; so wie ein drittes, das diesen beiden erstern folgt. Dieses große Heer von Teutschland, bei dem Rußland den Oberbefehl führt, ist bestimmt, an den Rhein zu gehen, und ohne Rücksicht auf die Neutralität der Schweiz, die man zu verletzen von Haus aus entschlossen war, durch die Franche Comté in's Herz von Frankreich vorzubringen.

Dieses waren die Hauptanordnungen der Verbündeten. Napoleon hat sie errathen. Die Vereinigung der Oestreicher und Russen zu hindern, Macks Heer zu vernichten und zu zerstreuen, ehe Kutusof sich mit ihm vereinigen kann, darauf gehen seine ersten Gedanken und Berechnungen.

Seit dem Anfange Septembers hatten alle französischen zum Kampfe in Teutschland bestimmten Truppen ihre Standpuncte zu verschiedenen Zeiten verlassen, nach dem Raume sich richtend, den sie zu durcheilen hatten. Diese Truppen bildeten acht Heerhaufen, befehligt von Bernadotte, Marmont, Davoust, Soult, Ney, Lannes und Mürat. Wir folgen diesen Armeecorps auf ihrem Marsche nur von der Zeit ab, wo sie vor dem Feinde stehen, mit Ausnahme des Bernadotteschen Corps, dessen Weg einen ungeheuern Zwischenact veranlaßte, der Preußen in das Bündniß hineinriß, und in Folge dieses ersten Mißgriffes, seinen Kampf im Jahre 1806 herbeiführte.

Bernadotte war von Hannover ausgegangen. Am 14ten September hatte der französische Minister zu Cassel für ihn bei dem Churfürsten von Hessen um freien Durchzug durch das Churfürstenthum nachgesucht [1]). Der Krieg war noch nicht erklärt; man meinte, das hannöversche Heer wolle nach Frankfurt, um nach Frankreich zurückzukehren. Der Churfürst hatte zu diesem Durchmarsche seine Einwilligung gegeben. Drei Tage darauf, am 17ten, zog Bernadotte durch Cassel, ganz Hannover, mit Ausnahme der Festung Hameln, räumend, wo er eine tüchtige Besatzung eingelegt hatte. Am 23sten war er in Würzburg, wo ihm ein Befehl des Kaisers zukam, der erklärte, daß die baierschen Truppen unter seinen Befehl gegeben seyen und einen Theil seines Armeecorps ausmachen würden, das den Namen des ersten Corps führen sollte. Um die Vereinigung der Baiern und der Franzosen zu bewerkstelligen, war den Baiern vorgeschrieben, an der Rednitz hinauf, über Forchheim und Nürnberg nach Weißenburg zu gehen, wohin die französischen Divisionen Bernadotte's über Offenheim, Anspach und Günzenhausen gelangen würden. Ich habe den leidigen Namen genannt, die traurige Ursache einer Aufregung in Berlin, die wir dort zum Ausbruche kommen sahen, und die nächstens, für einige Zeit mindestens, den preußischen Hof in die Reihen unserer Feinde werfen wird.

Für die französischen Heere, die durch Napoleon zu den Kriegsweisen der alten Welt waren zurückgeführt worden, war

1) Als ich diese Bitte an den Churfürsten richtete, trug er Bedenken und wollte den preußischen Hof darüber hören. Ich machte ihm bemerklich, daß wir eine Antwort aus Berlin nicht abwarten könnten, und er gab nach.

es eine Genugthuung und ein Bedürfniß, durch ihren Führer ankündigen zu hören, was sie thun sollten, und erinnert zu werden an das, was sie gethan hatten. Man verschmolz den Ruhm des Generals mit dem Ruhme der Soldaten, und stellte, außer den erlangten Vortheilen, als ihr gemeinsames Werk sogar die Friedensschlüsse dar, die daraus hervorgingen. Diese Sprache findet man in dem Aufrufe wieder, wodurch der Kaiser die Eröffnung des Feldzuges ankündigte. „Soldaten," sagte er, „der Feldzug gegen das dritte Bündniß hat begonnen; Oestreich ist über den Inn gegangen, hat die Verträge verletzt, unsern Bundesgenossen angegriffen und aus seiner Hauptstadt vertrieben.... Wir werden keinen Frieden mehr ohne Unterpfand machen; unsere Großmuth soll nicht ferner unsere Staatskunst bethören.... Ihr seyd nur die Vorhut des großen Volkes.... Wir werden angestrengte Märsche machen, Mühen, Entbehrungen ertragen müssen; aber über alle Hindernisse, die man uns entgegenstellen könnte, werden wir siegen, und nicht früher rasten, als bis wir unsere Adler auf feindlichen Grund und Boden aufgepflanzt haben."

Ein anderer Aufruf war gleichzeitig an die Truppen des Churfürsten von Baiern gerichtet: „Baierns Krieger, ich habe mich an die Spitze meines Heeres gestellt, um Euer Vaterland von dem ungerechtesten Angriffe zu befreien. Das Haus Oestreich hat Eure Unabhängigkeit vernichtet und Euch mit seinen weitläufigen Staaten vereinigt. Ihr werdet treu bei dem Andenken Eurer Altvordern halten, die zuweilen unterdrückt, niemals unterworfen wurden. Ich kenne Eure Tapferkeit. Ich schmeichle mir, nach der ersten Schlacht Eurem Fürsten und meinem Volke sagen zu können, daß Ihr würdig seyd, in den Reihen der großen Armee mitzufechten...." Die Hoffnung, die er den Baiern zeigte, bald mit den Franzosen auf gleicher Stufe genannt zu werden, war für sie ein mächtiger Stachel zum Ruhme. Seine Zuversicht ward nicht getäuscht.

Nach der Stellung Macks, der beim Heranrücken des französischen Heeres seine Truppen in Ulm, Memmingen und Stockach zusammengezogen hatte, war die Richtung des Ver-

15*

nadotteschen Corps durch das Anspachische, um sich in Weißenburg mit den Baiern zu vereinigen und von da nach der Donau aufzubrechen, in Napoleons Plane beinahe eine Nothwendigkeit, weil sein Zweck war, das östreichische Heer von den russischen Heeren zu trennen, die zu seiner Unterstützung anrückten, und selbst vom östreichischen Corps sie zu trennen, das Baiern besetzt hielt. Am 5ten October war Bernadotte mit seinem Corps und den baierschen Truppen in Weißenburg, Davoust in Oettingen, Soult an den Thoren von Donauwörth, Ney in Kössingen, Lannes in Neresheim, Mürat mit seiner Reiterei auf gleicher Höhe an den Ufern der Donau. Folglich standen die Franzosen dem feindlichen Heere schon im Rücken. Mack, der sie auf andern Wegen erwartet hatte, eilte, die Truppen nur an sich zu ziehen, die bis in die Schlüchte des Schwarzwaldes vorgedrungen waren. Am 7ten October begann das Gefecht.

Das Corps des Marschalls Soult schlägt zuerst los. Das östreichische Regiment Colloredo, das Donauwörth besetzt hielt, wird durch die Division Vandamme über den Haufen geworfen. In einem Augenblicke stellt man die Brücke wieder her, welche die Oestreicher bei ihrem Rückzuge abgetragen hatten. Das Corps des Marschalls Soult geht auf das rechte Donauufer.

Mürat ist ihm mit seiner Reiterei auf den Fersen gefolgt. Zweihundert Dragoner unter dem Befehle des Obersten Wattier setzen schwimmend über den Lech, um sich der Brücke von Rain zu bemächtigen. Sie werden Herren der Brücke, ungeachtet des Widerstandes eines östreichischen Cürassierregiments. Von Rain bricht Mürat am folgenden Tage auf, mit den Divisionen der Generale Klein, Beaumont und Nansouty, um die Straße von Ulm nach Augsburg abzuschneiden. Auf seinem Marsche findet er in Wertingen zwölf Grenadierbataillone, unterstützt von vier Schwadronen Albrecht Cuirassiere, die aus Tyrol herbeieilten, um sich mit den östreichischen Streitkräften in Baiern zu vereinigen. Dieses Corps wird eiligst durch eine geschickte Bewegung des Generals Nansouty umwickelt, und der Angriff begann auf einmal von allen Seiten. Die feindlichen Bataillone, in einem ungeheuern Vierecke aufgestellt, und auf den Seiten durch die vier Cuirassierschwadronen geschützt, leisteten zwei Stunden lang kräftigen Widerstand. Endlich wurden die Schwadronen zerstreut, das Viereck durchbrochen und in Unordnung gebracht. Das östreichische Corps ließ den Franzosen sein Geschütz, seine Fahnen und viertausend Gefangene. Ein Sumpf begünstigte das Entkommen der übrigen. Die Obersten Maupetit, Arrighi und Beaumont hatten sich besonders bei diesem Gefechte ausgezeichnet.

Nach diesem glänzenden Anfange wandte sich Mürat nach Zusmershausen, wo fast gleichzeitig das Corps des Marschalls Lannes eintraf, dessen Annäherung die Auflösung der Oestreicher beeilt hatte. An demselben Tage trifft der Kaiser auf diesem Puncte ein, und schon hat er den Truppen wohlverdiente Zeichen seiner Zufriedenheit gegeben. „Ich weiß, man kann nicht tapferer als Sie seyn," sagte er zu Excelmans, der ihm die erbeuteten Fahnen überbrachte. Ein Rittmeister, Wuillemy, bestimmte, mit seinem einzigen Reitknechte, hundert Oestreicher, die Waffen zu strecken, weil er vorgab, ein bedeutendes Corps komme hinter ihm drein. Der Kaiser versetzte ihn in seine Garde. Gute und schöne Thaten erhielten ihren Lohn. Bei der Wegnahme der Lechbrücke sieht der Brigadier Marente, den sein Hauptmann am Tage vorher wegen eines Fehlers gegen die Kriegszucht aus dem Heere gestoßen hatte, daß dieser Officier vom Strome fortgerissen wird, und daß er dem Versinken nahe ist. Er springt ihm zu Hülfe und rettet ihn. Der Kaiser läßt sich diesen braven Mann vorstellen; er ernennt ihn zum Quartiermeister und giebt ihm das Kreuz der Ehrenlegion. Zwanzigmal wiederholen sich in Folge glorreicher Kämpfe diese Gnadenaustheilungen oder diese Ehrenzeugnisse. Welcher Wunder sind Krieger nicht fähig, die so geführt und durch so edle Aufmunterungen ermuthigt sind?

Am 2ten und 9ten waren die Heerhaufen des Marschalls Davoust und des Generals Marmont auch auf das rechte Donauufer übergegangen. Das Corps des Marschalls Soult, die kaiserliche Garde und die Cuirassierabtheilung des Generals Hautpoult waren in Augsburg. Davoust hielt Aichach besetzt. Zwischen Aichach und Augsburg befand sich Marmont mit französischen Divisionen und der batavischen unter General Dümonceau. Bernadotte marschirte über Eichstädt nach Ingolstadt.

Indessen hatte General Mack, der viel zu spät bemerkte, daß er von den Franzosen nächstens eingeschlossen werden würde, sich entschlossen, einen großen Streich auszuführen, um die französischen Heerhaufen am linken Donauufer auf's rechte zurückzudrängen und seine Verbindung mit Baiern herzustellen. In dieser Absicht hatte er einen großen Theil seiner Streitkräfte bei Günzburg zusammengedrängt, während die nach dem Bodensee abgesendeten Truppen mit großen Schritten zurückkehrten, um Ulm und seine Umgegend zu besetzen. Diese Bewegung kam zu spät. Marschall Ney, den wir am 6ten in Kossingen ließen, der aber seitdem entlang der Donau vorgerückt war, ließ Günzburg am 9ten October durch General Malher angreifen, während er selbst Grünberg angriff und den General Loison nach Langenau entsandte. Erzherzog Ferdinand kam Günzburg zu Hülfe, aber sein Bemühen war vergeblich. Die Brücke ward erobert und die Stellung mit dem Geschütze, das sie vertheidigt hatte, durch die Franzosen genommen. Zu derselben Zeit machte Mürat Bewegungen, die dem Feinde den Rückzug abschneiden sollten. Um ihm zu entgehen, warf sich Erzherzog Ferdinand eiligst nach Ulm. Mack selbst verließ hastig das Städtchen Burgau, wo er sein Hauptquartier hatte, und wo die französische Reiterei ihn eben einzuschließen Miene machte. Das Gefecht von Günzburg hatte den Oestreichern nicht weniger als zweitausend fünfhundert Mann gekostet. Die Franzosen zählten nur sechshundert an Todten und Verwundeten. Unter den Todten beklagte man den braven Gerard Lacuée, Obersten des 59sten Infanterieregiments. Schriftsteller aller Partien haben wetteifernd das Andenken dieses jungen Officiers gefeiert. Die Pflicht wird schmerzlich und süß zugleich, wenn sie einem Jugendfreunde gilt. Lacuée war einer von denen, denen jede Hoffnung der Zukunft zulächelt, weil sie, außer dem Keime großer Talente, den Drang in sich fühlen, durch die Anwendung für das Vaterland sie edel zu gebrauchen.

Verwundet in Aegypten, Moreau's Adjutant bei Hohenlinden, Gesandtschaftssecretair in Wien, dann Adjutant des ersten Consuls, hätte er Moreau und Bonaparte, Republik und Kaiser zu versöhnen gewünscht. Ueberall gehemmt bei diesen unvereinbaren Wünschen, suchte er seinen Trost beim Ruhme, und er möchte glänzenden gefunden haben, wenn der Tod, der nur zu oft an der Seite des Ruhmes geht, ihn nicht schon bei den ersten Schritten der schönen Laufbahn erreicht hätte, die ganz zu durchlaufen er berufen schien.

In dem Grade, als diese ersten Kriegsereignisse das Vertrauen der Franzosen vermehrten, in demselben Grade erzeugten sie Muthlosigkeit bei den Oestreichern. Die Veste Memmingen gab das erste Beispiel von den zahlreichen Capitulationen, wodurch Europa und die Sieger selbst in Erstaunen gesetzt wurden. General Sebastiani war am 11ten October auf diesen Ort angerückt. Am 12ten October war Marschall Soult mit seinen drei Divisionen dort eingetroffen. Am Tage darauf ergab sich der Platz nach einer Berennung von vier und zwanzig Stunden. Seine Besatzung, bestehend aus neun Bataillonen Fußvolk, darunter zwei Grenadierbataillone, blieb kriegesgefangen. Die Officiere wurden auf ihr Versprechen, erst nach der Auswechselung wieder Dienste zu nehmen, heimgeschickt.

An demselben Tage rückte Bernadotte in München ein, wo er achthundert Gefangene machte. Er war einige Wegstunden vor der Stadt eingetroffen, als der östreichische General Kienmayer erst von seinem Abmarsche Nachricht erhielt. Der französische General gab den baierschen Truppen die Genugthuung, zuerst in ihre Hauptstadt einzurücken. Die Divisionen des General Wrede und die französische Division des General Kellermann zogen unter lautem Freudenzurufe durch die Stadt, und setzten auf der Stelle den Oestreichern nach, die jenseit der Isar eine Stellung genommen hatten, an dem Puncte, wo die Straßen von Braunau und Wasserburg zusammenlaufen. General Kienmayer setzte nach einem Kampfe, bei dem er fünfhundert Mann und mehrere Kanonen verlor, seinen Rückzug fort.

In Ulm wurde die Lage des Generals Mack täglich bedenklicher. Der Kaiser, der ihn, nach der Versicherung seiner Armeeberichte, in dieselbe Lage gebracht hatte, wie vor fünf Jahren den General Melas, machte sich auf eine zweite Schlacht von Marengo gefaßt. Die Nähe einer Schlacht schien ihm so ausgemacht, daß er sie dem Corps des Generals Marmont durch eine jener Kriegsreden angekündigt hatte, deren körnige Beredtsamkeit so vielen Eindruck auf Soldaten, besonders auf französische Soldaten macht. Beim Uebergange über die Lechbrücke hatte er von den Regimentern dieses Corps einen Kreis zu dieser kriegerischen Anrede bilden lassen. Das Wetter war abscheulich, die Kälte beißend, der Boden ganz aufgeweicht. Der Schnee fiel in Massen, aber die Feuerworte des Redners machten, daß die Truppen das rauhe Wetter vergaßen. Ihr glühender Muth entsprach dem Muthe des Anführers.

Die Schlappen, welche das östreichische Heer schon erhalten, waren freilich nicht geeignet, dem General Mack großes Vertrauen zu dem Erfolge eines allgemeinen Treffens zu geben. Er wagte gar nicht, einen solchen Gedanken zu fassen; doch da Ulm ein Punct war, wo eine Menge von Straßen zusammenliefen, so hoffte er, seine Divisionen würden auf diesen verschiedenen Straßen entkommen können, und zum Theil in Tyrol, zum Theil in Böhmen sich wieder bilden. Diesem Systeme zufolge, waren am 11ten October fünf und zwanzigtausend Mann aus dem verschanzten Lager von Ulm ausgerückt, in der Absicht, sich durch Albeck, das General Dupont schon besetzt hatte, einen Weg zu öffnen. Dieser General, dessen Ruf damals noch fleckenlos war, bot fünf und zwanzigtausend Oestreichern allein mit seiner Division von sechstausend Mann die Spitze; er zwang sie, umzukehren und machte funfzehnhundert Gefangene. Als der Kaiser das Benehmen des General Dupont lobte, sagte er: „Corps, wie dieses, gerathen über nichts in Erstaunen: das neunte leichte, das 32ste, 69ste und 76ste Linienregiment waren dabei." Diese Kunst, die Berühmtheit an den Namen eines Regiments zu knüpfen, machte sie unbesiegbar und regte alle andern an, gleiche Auszeichnung zu verdienen.

Napoleon hatte sich am 13ten in das Hauptquartier des

Marschalls Ney begeben, um das feindliche Heer noch enger einzuschließen. Mit Tagesanbruch am 14ten führte der Marschall Ney die Division des Generals Loison zum Angriffe der Brücke von Elchingen. Die Brücke wurde genommen. Diese Stellung war durch funfzehn- bis sechszehntausend Mann vertheidigt. Dreimal nach einander mußte man angreifen, um den Feind aus seiner Stellung zu vertreiben. Erst beim dritten Male wurde er in Unordnung gebracht und in die Verschanzungen vor Ulm zurückgedrängt. Dreitausend Gefangene und einige Stücke Geschütz waren der Preis dieses bedeutenden Tages. Der Titel eines Herzogs von Elchingen, den der Marschall Ney bald erhalten wird, hätte zu seiner Verherrlichung hingereicht, wenn so viele andere Titel in der Folge nicht die Eroberung noch glänzenderer Waffenthaten gewesen wären.

Ein östreichisches Corps, unter General Werneck, war glücklich aus Ulm auf der Straße von Heydenheim entkommen. Zu gleicher Zeit hatte Erzherzog Ferdinand versucht, nach Biberach sich zu schleichen, aber er fand diese Straße durch Marschall Soult gesperrt. Gezwungen, seinen Marsch zu ändern, hatte der Erzherzog versucht, zu General Werneck zu stoßen; er ging in dieser Absicht nur mit einigen Schwadronen Reiterei nach Aalen. Werneck glaubte sich schon außer aller Gefahr, als Mürat, stets bei der Hand und stets glücklich, ihn bei dem Dorfe Langenau erreichte und dreitausend Gefangene machte. Eine Wagenburg von fünfhundert Wagen bewegte sich unter dem Schutze dieses östreichischen Generals. Mürat ließ sie durch die Dragonerdivision des Generals Klein angreifen. Der Wagenzug wurde mit tausend bis eilfhundert Mann weggenommen. Erzherzog Ferdinand, der in Neresheim angehalten hatte, selbst nahe daran, von den Franzosen überrascht zu werden, hatte nur so viel Zeit, zu Pferde zu steigen, und mit der kleinen Anzahl Leute, die sein Gefolge ausmachten, zu entkommen.

Ulms Schicksal war entschieden. Die Corps der Marschälle Ney und Lannes hatten solche Stellungen inne, daß der Ausgang eines Kampfes zwar unzweifelhaft war, doch konnte er noch theuer zu stehen kommen. Der Kaiser wollte das Blut seiner Franzosen und auch des Feindes Blut schonen. Er ließ dem Fürsten Liechtenstein, einem der in der Festung eingeschlossenen Generale, antragen, sich zu ihm zu begeben, und forderte ihn auf, die Folgen eines Sturmes in Erwägung zu ziehen, indem er ihn an das Beispiel von Jaffa erinnerte, dessen Besatzung niedergemetzelt worden war. Die Lage war verfänglich. Fürst Liechtenstein äußerte den Wunsch, daß, im Falle einer Uebereinkunft, die östreichischen Truppen, Officiere und Gemeine, auf Ehrenwort heimgeschickt würden. Die Forderung ward nicht verworfen; aber um sicher zu seyn, daß die Truppen vor ihrer Auswechselung nicht wieder dienen würden, verlangte Napoleon des Erzherzogs Ferdinand Ehrenwort. Diese Bedingung konnte man nicht eingehen. Der Erzherzog war nicht mehr in Ulm. Die Stadt ergab sich am 17ten October. Dem Ergebungsvertrage zufolge wurden die Officiere zu ihren Familien zurückgeschickt, die Truppen wurden kriegsgefangen. Die Uebergabe Ulms mit seinem Geschütze an die Franzosen sollte am 25sten October Mittags stattfinden, wenn vorher sich kein hinreichendes Corps zum Entsatze einfände. In diesem letztern Falle war die Besatzung an die Capitulation nicht gebunden.

Die Ordnung der Tage wird hier unerläßlicher als jemals; denn jeder Tag bringt seinen Beitrag zum Ruhme des Heeres.

Am 18ten October zwang der französische General Fauconnet den Obersten Locatelli, der die große Wagenburg des östreichischen Heeres befehligte, zu capituliren. Dieser Ergebungsvertrag, unterzeichnet zu Bopfingen, setzte die Uebergabe der Wagen, Pulverwagen, Kanonen und Waffen fest, welche zum Wagenzuge gehörten, und erklärte die Husaren und leichten Reiter der Bedeckung, so wie die kleinen Infanterie- und Artillerieabtheilungen, welche von den französischen Truppen schon umgangen waren, für kriegsgefangen.

Am 19ten unterschrieb General Werneck, der schon in zwei Gefechten geschlagen und nicht im Stande war, einen neuen Angriff gegen den unermüdlichen Mürat auszuhalten, einen Ergebungsvertrag, dem zufolge seine Truppen die Waffen strecken und nach Frankreich geschickt werden sollten. Diese Uebereinkunft ward in Trochtelfingen abgeschlossen. Wie alle andere gestattete sie den Officieren, zu ihren Familien zurückzukehren; wie stets unter dem Versprechen, nicht zu dienen.

Am demselben Tage, dem 19ten, erhielt die Capitulation von Ulm eine bedeutende Abänderung. Der Marschall Berthier hatte dem General Mack die Stellungen melden lassen, welche die verschiedenen französischen Heerhaufen einnahmen, und diese Stellungen machten es unmöglich, daß der Stadt Ulm irgend eine Hülfe zukommen konnte. In Folge dieser Lage der Dinge, für die Marschall Berthier sein Ehrenwort eingesetzt hatte, willigte General Mack ein, daß die Uebergabe gleich am nächsten Tage statt finde. Dieses kaum glaubliche Ereigniß hatte wirklich am 20sten statt. Die französischen Truppen hielten die Höhen von Ulm besetzt. Dreißigtausend Mann, die Truppen des General Werneck darin begriffen, zogen vor dem Kaiser vorüber und streckten die Waffen. Sechzig Kanonen und vierzig Fahnen fielen in die Hände des Siegers. Es dauerte von Nachmittag drei Uhr bis Abends 7 Uhr. General Mack und die andern östreichischen Generale waren in der Nähe des Kaisers, der ihnen die höchste Aufmerksamkeit erwies. Mehrmals redete er sie, stets mit Güte gegen sie, manchmal mit Strenge gegen ihren Kaiser an: „Jetzt ist der Augenblick da, für den Kaiser, Ihren Herrn," sagte er zu ihnen, „an den Friedensschluß zu denken. Der Gedanke muß ihn erschrecken, daß alle Reiche ihren Endpunct haben. Ich verlange nichts auf dem Festlande. Kolonien will ich, Schiffe, Handel, und das bringt Ihnen Nutzen, wie es uns bringt." So sprach sich Kaiser Napoleon am 20sten October aus, und am Tage darauf, am 21sten, gingen Schiffe, Kolonieen, Handel, Alles, was seine Wünsche verlangten, in dem großen Mißgeschicke von Trafalgar verloren, als ob das Glück durch einen Unfall ohne Gleichen unerhörte Erfolge hätte sichern wollen. Das aufgebrachte Meer strafte Frankreich und sein Glück zu Lande.

Am Tage nach der Uebergabe von Ulm lieferte Mürat auf's Neue ein Gefecht und trug einen neuen Vortheil davon. Ein Theil des großen östreichischen Geschützparkes wandte sich nach Nürnberg, bedeckt von Mackschen Cuirassieren und durch einige andere Reiterabtheilungen. Diese Bedeckung wurde angegriffen und zerstreut. Die Franzosen nahmen diesen Theil des Geschützes und alles Gepäck.

Nie waren so wichtige Ergebnisse weniger theuer erkauft. Es ist ausgemacht wahr, daß in diesem ersten Theile des Feldzuges von 1805 die Zahl der Gebliebenen auf beiden Seiten außer allem gewöhnlichen Verhältnisse war. Der Verlust belief sich auf Seiten der Franzosen auf nicht mehr als zweitausend Mann. Diese heilige Sparsamkeit des Menschenlebens war die Folge des Kriegssystemes, das der Kaiser anzuwenden im Stande gewesen war. Wenn die Truppen oft reißend schnelle Märsche gemacht hatten, so waren sie dafür meist schon vor dem Kampfe in Stellungen, die über den Erfolg keinen Zweifel zuließen. Auch sagten die Soldaten unter sich: „Der Kaiser hat eine neue Art von Krieg erfunden; er braucht weit mehr unsere Beine als unsere Bajonette.“ Hätte man die Truppen befragt, so würden diese sich wahrscheinlich lieber oft geschlagen haben, und wären weniger marschirt. Aber sahen sie den Kaiser in ihrer Mitte, den Ungestüm der Witterung wie sie ertragend, manchmal an einem Tage zwölf bis funfzehn Stunden zu Pferde zurücklegend und mit ihnen in einem Dorfe übernachtend, während er mit großem Gepränge in Augsburg erwartet wurde, wie hätten sie sich da über Anstrengungen beschweren mögen, die ihr Feldherr mit ihnen theilte? Bei einer solchen Gelegenheit ließ Napoleon einem östreichischen Officier, der sich wunderte, ihn mit Schmutz bedeckt und vom Regen durchweicht zu erblicken, sagen: „Euer Herr hat mich daran erinnern wollen, daß ich Soldat bin; er wird hoffentlich zugeben, daß ich mein altes Handwerk nicht vergessen habe.“

Schon am 22sten October war das durch den Feldzug Erworbene ungeheuer. Die Zahl der Gefangenen belief sich auf mehr als sechzigtausend. Unter ihnen neun und zwanzig Generale und zweitausend andre Officiere von allen Graden.

Ein großer Schritt war geschehen. Frankreich hatte nicht mehr fremde Einfälle zu fürchten, und außerdem war in Teutschland eine der verbündeten Mächte fast früher entwaffnet, als die andre sich mit ihr verbinden konnte. So an's Wundervolle glänzende Ereignisse verdienten einen glänzenden Beweis der Zufriedenheit von Seiten des Kaisers. Er war zu gewandt und zu gerecht, um nicht eine so heilige Schuld auf eine würdige Weise zu bezahlen. Aus dem Lager von Elchingen erklärte er am 21sten October, daß der Monat Vendemiaire des Jahres XIII statt eines Feldzugs zählen sollte für Alle, welche zur großen Armee gehörten, und daß er als solcher auf den Listen zur Abschätzung der Jahrgehalte und der Kriegsdienste aufgeführt werden sollte. Er befahl, alle Domainen des Hauses Oestreich in Schwaben in Besitz zu nehmen, und belegte sie mit einer außerordentlichen Kriegssteuer, deren Ertrag dem Heere zugehören sollte.

„Krieger," sagte er in seinem Aufrufe, „in vierzehn Tagen haben wir einen Feldzug gemacht.... Dieses Heer, das mit eben so viel Prahlerei als Unverstand sich an unsern Gränzen aufgestellt hatte, ist vernichtet. Aber was macht das England aus? Sein Zweck ist erreicht. Wir sind nicht mehr in Boulogne.... Von hunderttausend Mann, aus denen dieses Heer bestand, sind sechszigtausend gefangen genommen. Zweihundert Kanonen, neunzig Fahnen, alle Generale sind in unserer Gewalt. Nicht funfzehntausend Mann dieses Heeres sind entkommen. Soldaten! ich hatte Euch eine große Schlacht angekündigt; doch Dank den schlechten Berechnungen des Feindes, denselben Erfolg habe ich erlangen können, ohne mich einem Zufalle auszusetzen.... Doch dabei wollen wir nicht stehen bleiben. Ihr seyd ungeduldig, einen zweiten Feldzug zu beginnen. Dieses russische Heer, das Englands Gold von dem Ende der Welt herbeigezaubert hat, auch dieses muß ein gleiches Schicksal durch uns erfahren. Die Ehre des Fußvolkes ist's, die bei diesem Kampfe namentlich betheiligt ist; denn zum zweiten Male muß die schon in der Schweiz und in Holland entschiedene Frage zur Entscheidung kommen; ob Frankreichs Fußvolk das erste oder das zweite in Europa ist. Dort giebt's keine Generale, gegen die man Ruhm sich erwerben könnte. Alle meine Sorge wird seyn, den Sieg mit dem wenigsten Blutverluste zu gewinnen. Meine Soldaten sind meine Kinder!..." Die letzten Stellen dieses Aufrufs zeigen mehrere merkwürdige Züge in Napoleons Charakter vereinigt; seine Geschicklichkeit, den Eifer des Heeres zu entflammen, seinen stolzen, obgleich begründeten und staatsklugen Dünkel in Bezug auf die russischen Generale, die Wahrheit in der ausgesprochenen Neigung für die Soldaten. Schon hat die Reiterei Wunder gethan; jetzt ist es das französische Fußvolk, das es nicht leiden darf, daß ein anderes in der Welt sich ihm gleichstelle. Scheint seine Verachtung der russischen Generale auch nicht zu billigen, so ist die Aeußerung darüber doch sehr wohl berechnet für die Truppen, weil das ihnen zu verstehen geben heißt, daß Alles, was zu thun übrig ist, auf sie ankommt.

Die Neigung des Kaisers für die Soldaten war ein wahrhaftes und ungeheucheltes Gefühl. Möchte man behaupten, daß er im Soldaten nur ein nützliches Werkzeug für seine Größe und seinen Ruhm liebte? Wo gäbe es einen kriegerischen Fürsten, von dem nicht dasselbe gälte? Aber nie hat ein Anderer seine Neigung für seine Waffengefährten durch eine Sorgfalt dargethan, die allumfassender und zugleich kleinlicher, so wie ausdauernder gewesen wäre. Nie hat ein Major-General, nie ein General-Intendant, der Eifer der Leute, die ihn unter diesem Titel unterstützten, mochte auch noch so groß seyn, mehr Aufmerksamkeit gezeigt, allen Arten von Bedürfniß zuvorzukommen und die nothwendigen Maaßregeln anzugeben, um ihrer Abhülfe in kurzer Zeit und auf gehörige Weise sicher zu seyn.

Welche Sorge bot er in moralischer Hinsicht auf, der kriegerischen Eigenliebe täglich zu schmeicheln! Alles wird für ihn ein Mittel zur Ermuthigung. Am 22sten October rückt ein Bataillon kaiserlicher Garde in Augsburg ein. Die vier und zwanzig Grenadiere, die vorauf marschiren, tragen jeder eine feindliche Fahne.

In Bezug auf seine Verbündeten ist sein Verfahren dasselbe. Ob sie gleich bis dahin beinahe keinen Antheil an dem hatten, was durch ihn geschehen war, so bietet er doch schon einen Theil der erlangten Vortheile ihnen an, und befeuert sie dadurch, ihn kräftig zu unterstützen, indem er sie einen größern Antheil an bald zu erlangenden hoffen läßt. Den Baiern giebt er zwanzigtausend östreichische Flinten, dem Könige von Würtemberg sechs Kanonen.

Gegen Frankreich selbst spricht sein Verfahren stets einen Beweis von Erkenntlichkeit oder eine Ermunterung aus, häufig beide Gedanken vereinigt. Der Stadt Paris hatte er die bei Wertingen eroberten Fahnen geschenkt, aus Rücksicht, daß der Gouverneur von Paris bei Wertingen die französischen Truppen befehligte. Der Senat erhielt alle die andern: „Ich schicke Ihnen," schrieb er dem Senate, „die seit dem Gefechte von Wertingen genommenen Fahnen.... Es ist eine Huldigung, die ich und mein Heer den Weisen des Reichs darbringen; ein Geschenk, das die Kinder ihren Vätern anbieten...." Der Zweck dieser Aeußerungen war, Frankreich zu neuen Anstrengungen, neuen Proben der Ergebenheit aufzufordern. Diese Sprache war durch die Staatsklugheit eingegeben; doch wenn die Staatsklugheit der Könige ihre Macht auf so glorreich erfüllte Pflichten gründet, darf man sich nicht eben wundern, wenn die Völker sich auf Gutdünken ihnen ergeben und ihren Aufopferungen keine Schranken setzen.

Da der Krieg in Teutschland aus zwei sehr entschieden gesonderten Feldzügen besteht, so ergreifen wir den Augenblick, wo der erstere endet, um einen Blick auf die Ereignisse bei den italienischen Heeren zu werfen. In Italien hatte Oestreich seine Hauptkräfte vereinigt. Aber die Schnelligkeit der Erscheinung der Franzosen auf teutschem Grund und Boden war allen Voraussetzungen des östreichischen Cabinets vorangeeilt. Kaum hatte der Erzherzog Carl sich zu seinem Heere begeben, als man ihm befahl, zahlreiche Bataillone davon herzugeben, um sie nach Teutschland zurückzuschicken. Unsicher über den Ausgang des schon bei Ulm begonnenen Kampfes, hatte der Erzherzog Massena einen Waffenstillstand bis zum 18ten October angetragen, und dieser Vorschlag sagte dem französischen Generale um so mehr zu, als er an der Etsch nur fünf und vierzig bis funfzigtausend Mann hatte, und diese Frist hinreichen konnte, wenn auch nicht zur Ankunft, doch wenigstens zur Annäherung des Corps, das General Gouvion Saint-Cyr aus Neapel, in Folge des am 21sten September mit Sr. Sicilischen Majestät abgeschlossenen Neutralitätsvertrags, zuführte. Massena's Kräfte waren vertheilt in sechs Divisionen Fußvolk, befehligt durch die Generale Duhesme,

Gardane, Verdier, Partouneaux und Serras; und in drei Divisionen Reiterei, welche die Generale Pully, Mermet und Espagne befehligten. Diese Vertheilung war Massena's Werk, obgleich theilweise den Angaben des Kaisers entsprechend. Napoleon hatte nur mittelbare Anweisungen gegeben, die dem Marschall völlige Freiheit im Handeln ließen. „Beföhl' ich das Heer in Italien," schrieb er an den Kriegsminister, „so würde ich diß und die Anordnung treffen." Diese Thatsache beweist, wie tausend andere, welche Rücksichten der Kaiser denen seiner Stellvertreter zeigte, die Ansprüche an sein Vertrauen hatten.

Nach Ablauf des Waffenstillstandes ließ Massena, der Alles zum Uebergang über die Etsch in Verona vorbereitet hatte, am 18ten October früh 4 Uhr des Morgens die Brücke beim alten Schlosse angreifen. Auf der Mitte der Brücke sperrte eine neuerlich aufgeführte Mauer den Weg. Eine Petarde, die wagehalsige Kanoniere daran befestigten, schaffte dies Hinderniß fort. Doch als dies überwunden, zeigte sich ein zweites. Zwei Einschnitte sind in die Brücke gemacht worden. Aber auf der Stelle sind sie durch General Chasseloup's Bemühen aus dem Wege geräumt, und schon sind französische Schützen auf dem linken Etschufer. Die dort verschanzten Oestreicher vertheidigen sich herzhaft; doch die Division Gardane ist den Schützen auf dem Fuße gefolgt. Hinter ihr ist die Division Duhesme eingetroffen, und ungeachtet der zahlreichen Verstärkungen, welche Erzherzog Carl aus seinem Hauptquartiere von San Martino auf diesen Punct schickt, werden die Oestreicher einmal aus allen ihren Stellungen vertrieben, bis auf die Höhen verfolgt, wohin sie sich zurückziehen. Die östreichischen Verschanzungen werden zerstört. Ein auf der Stelle angeordneter Brückenkopf dient den Franzosen zum Stützpuncte. Dieser Tag bringt ihnen funfzehnhundert Gefangene. Die Oestreicher hatten außerdem eilf- bis zwölfhundert Todte oder Verwundete auf dem Platze gelassen. Das französische Heer zählte blos zweihundert Todte und vierhundert Verwundete.

In Folge des Befehls, der ihm vorschrieb, seine Bewegungen nach den Bewegungen des Heeres in Teutschland einzurichten, stellte Marschall Massena sein Vordringen ein, sobald er Herr des Etschüberganges war. Erst am 29sten October fing er wieder an. Während die Division Serras zu seiner Linken über den Fluß setzte, und die Division Verdier zu seiner Rechten Bewegungen machte, nahmen die Divisionen Dühesme und Gardane das Schloß San Felice im Rücken, zwangen die Oestreicher, Veronetta zu räumen, und drängten sie bis jenseit San Michele zurück, wohin der Weg mit östreichischen Leichen bedeckt war. Bei diesem Rückzuge des Feindes machten die Franzosen zweitausend Gefangene und kamen bis zum Dorfe Vago. Dort schien ihr Sturmschritt aufgehalten zu werden; doch auch hier nicht.

Erzherzog Carl hatte bei Caldiero eine furchtbare Stellung inne. Seine Rechte dehnte sich bis zum Dorfe San Pietro aus, seine Linke fast bis zur Etsch. Hinter sich hatte er gegen Villa Nova einen Rückhalt von vier und zwanzig Grenadierbataillonen und fünf Reiterregimentern. Doch diese drohende Masse hielt den Muth der Franzosen nicht auf. Gleich am folgenden Tage, am 30sten October, griff Massena den Feind auf der ganzen Linie an. Die Division des linken Flügels fing den Kampf an. Gardane's Division machte den Kern aus; Dühesme's war zur Rechten. Bei Allen war der Muth derselbe. Das Dorf Caldiero wurde genommen. Darauf rückte der Rückhalt des Erzherzogs Carl vor, gegen den Massena auf der Stelle den seinigen vorrücken ließ. Die französische Reiterei brachte die feindliche in Unordnung, und da inzwischen General Partouneaux sich mit seiner Infanterie auf die östreichische Infanterie stürzte, so entschied das Bajonet das Schicksal des Tages. Die Oestreicher, bis an den Fuß der Feldschanzen verfolgt, die sie jenseit Caldiero aufgeworfen hatten, ließen in den Händen der Franzosen dreitausend fünfhundert Gefangene und dreißig Kanonen. Erzherzog Carl trug auf einen Waffenstillstand zur Beerdigung der Todten an.

Die Division des Generals Serras, die Massena in gewisser Entfernung zu seiner Linken gehalten hatte, war diesem glorreichen Kampfe fremd geblieben; aber die durch diese Division ausgeführte Bewegung hatte vom Corps des Generals

Rosenberg einen Zug von fünftausend Mann abgeschnitten, die sich so in der Unmöglichkeit sahen, das Thal der Etsch wieder zurückzulegen, um zu Erzherzog Carl zu gelangen. Nach einer Aufforderung, der General Hiller, Befehlshaber dieses Zuges, Anfangs nicht Gehör gab, und nach einigen Bewegungen der Division Partouneaux, die den Widerstand unmöglich machten, lieferte eine Capitulation dieses Corps von fünftausend Mann mit allem Gepäck in die Hände der Franzosen. Dieser Verhandlung zufolge wurden die Officiere, wie es bei denen in Teutschland der Fall war, auf Ehrenwort heimgeschickt.

Dieses betrübte Ereigniß, sammt den noch unglücklicheren Nachrichten, welche der Erzherzog von General Macks Heere erhalten hatte, bestimmten diesen Fürsten zum Rückzuge. In der Nacht vom 1sten auf den 2ten November zog er sich durch Montebello nach Vicenza zurück. Am 2ten nahm man ihm sechshundert Gefangene ab. Massena nahm am 3ten sein Hauptquartier in Montebello. Um den Marsch der Franzosen zu verzögern, hatte Erzherzog Carl in der Eile Vicenza befestigen lassen und einige Bataillone in diese Stadt gelegt. Man erstürmte die Thore und drang am 4ten früh darin ein. Tausend Verwundete waren der Großmuth des Siegers anheimgefallen. Man machte an demselben Tage acht- bis neunhundert Gefangene.

Am 5ten drangen die Franzosen an die Brenta vor, und es entspann sich ein Kanonenfeuer von einem Ufer nach dem andern, das bis in die Nacht dauerte. Während am 6ten man die durch die Oestreicher abgebrochene Brücke herstellte, setzten mehrere Reiterregimenter, die Schützen*) hinten aufgenommen hatten, durch den Fluß an einer seichten Stelle und gelangten so schnell nach Citadella, daß sie die letzten Schildwachen des Feindes noch dort überraschten. Der rechte Flügel der Franzosen rückte vor über Padua, der linke über Bassano.

Wenige Hindernisse setzten sich dem Uebergange über die

*) Im Texte steht Voltigeurs, und der Verf. erinnert an die Stelle bei Livius (26, 4.), wo dieser erzählt, daß die Römer bei der Belagerung Capua's zuerst ein gleiches Mittel anwandten.

Piave entgegen. Es schien, als höben die Oestreicher alle ihre Kraft auf, um den Uebergang über den Tagliamento zu hindern. Ihre Anordnungen kündigten die Absicht eines kräftigen Widerstandes an. Sechs Reiterregimenter, vier Infanterieregimenter und dreißig Kanonen säumten das linke Ufer des Flusses. Von Seiten der Franzosen brachte eine Batterie von blos achtzehn Kanonen, doch durch geschickte Leute bedient, dem Feinde empfindlichen Verlust bei. Die französischen Divisionen waren in San Vito und Valvasone vereinigt. Massena nahm sich vor, wenn er an diesen beiden Puncten über den Fluß gegangen wäre, die Oestreicher am 14ten November zu umgehen und abzuschneiden. Sein Plan ward vom Erzherzoge Carl gemerkt, der daher seinen Rückzug auf der Straße von Palma Nova fortsetzte. Man ging daher über den Tagliamento, ohne einen Feind zu finden. Seitdem hatte zwischen Marschall Massena und dem Erzherzoge kein ernsthaftes Gefecht mehr statt. Die Franzosen wandten sich nach dem Isonzo, bemächtigten sich Görz's, Gradisca's und Triest's, Vorhuten vor sich hertreibend, die vereinzelte oder träge Häuflein des Feindes auflasen.

Zu derselben Zeit begab sich im Rücken des Heeres und auf der von ihm schon durcheilten Straße ein bedeutendes Gefecht, an dem General Massena, der persönlich vom Isonzo eiligst an die Piave zurückgekehrt war, und der General Gouvion Saint-Cyr, neuerdings in Venedig mit dem Corps, das er aus dem Königreiche Neapel zuführte, Theil nahmen. Ein Zug Oestreicher, bestehend aus siebentausend Mann Fußvolk und zwölfhundert Pferden, befehligt durch den Prinzen von Rohan, einem französischen Ausgewanderten, war in Folge der Bewegungen des französischen Heeres in Teutschland abgeschnitten worden und kam von den Tyroler Bergen herab, in der Absicht, die Linie des französischen Heeres in Italien zu durchbrechen, um sich mit dem Erzherzoge Carl zu verbinden. Nachdem er in Bassano fünfhundert Franzosen, die dortige Besatzung, aufgehoben hatte, war der Prinz Rohan am 23sten November nach Castelfranco gekommen. Unterrichtet davon, daß ein Corps gegen ihn im Anzuge sey, entschloß er sich, ihm zuvorzukommen, und griff es am 25sten October mit gro-

16*

ßem Ungestüme an. Das französische Corps stand unter dem Befehle eines eben so klugen als tapfern Mannes, des Generals Reynier. Der Angriff wurde kräftig erwiedert; mehrmals erneuert, fand er jedesmal lebhaftern Widerstand, und schon war es nahe daran, daß dem Angreifenden war nachgesetzt worden, als ein polnisches Regiment, das General Gouvion Saint-Cyr abschickte, um den schon erschütterten Feind zu umgehen, auf einmal Alles in Unordnung brachte und seine Niederlage vollständig machte. Die Oestreicher, von den Franzosen bis Castelfranco verfolgt, verlangten, sich auf Bedingungen zu ergeben. Sechstausend Gefangene, tausend Pferde, sechs Fahnen, zwölf Kanonen und ungeheures Gepäck waren die Frucht dieses Tages. Nur fünftausend Franzosen hatten am Kampfe Theil genommen; aber Prinz Rohan hatte mit Grund geschlossen, daß durch die Stellung des französischen Heeres sein Untergang ohnehin unvermeidlich sey. Bei diesem Gefechte waren die Polen noch Genossen des französischen Ruhmes. Oberst Gradinsky, die Bataillonschefs Bialowicki und Chlopicki wurden durch den Oberbefehlshaber mit der größten Auszeichnung genannt. Indessen berührten die nach Villach und Klagenfurth vorgeschobenen Vorhuten sich mit dem Corps des Marschalls Ney, und die Armee von Italien war das 8te Corps des großen Heeres geworden.

Um den Kaiser Napoleon nicht wieder verlassen zu müssen, seit wir wieder mit ihm zusammengetroffen sind, wollen wir einen flüchtigen Blick auf die Ereignisse werfen, die sich im Rücken des Hauptheeres, mit dem er im Erzherzogthume Oestreich und gegen Mähren vorrückte, begaben. Zwei französische Corps bewegten sich hinter ihm, um die Oestreicher aus Vorarlberg und Tyrol zu vertreiben.

Marschall Augereau, der von den Küsten von Brest erst nach dem glänzenden Anfange des Feldzugs hatte am Rhein eintreffen können, hatte den Auftrag, Vorarlberg zu besetzen.

Die Sorge, Tyrol zu unterwerfen, ward am 28sten October dem Marschall Ney aufgetragen, dem der Kaiser für diese wichtige Aufgabe nur zwei Divisionen gelassen hatte. Doch kam das Geschäft darum eben so schnell und eben so vollständig zu Ende.

Von Landsberg am 28sten aufgebrochen, hatte Marschall Ney nach viertägigem Marsche den befestigten Punct Leutesch weggenommen. Um durch den Engpaß von Scharnitz zu kommen, mußte er die gleichnamige Feste wegnehmen, welche eine Besatzung von zweitausend Mann vertheidigte. Die Stellung war furchtbar. Man mußte senkrecht aufsteigende Felsen erklettern und erst über die Natur siegen, ehe man mit dem Feinde nur fechten konnte. Das 69ste Regiment, eins von denen, die sich bei Elchingen am meisten ausgezeichnet hatten, wurde mit diesem Wagestücke beauftragt. Die Schwierigkeit schüchterte es nicht ein. Jeder Soldat nimmt seinen Ranzen auf den Kopf und macht sich daraus einen Schild gegen Kugeln oder vielmehr gegen die Steine, welche die östreichische Besatzung auf sie regnen läßt. Ihre Bajonette, die sie in die Felsenritzen einbohren, müssen ihnen über die Verwallungen helfen. Bald gelangen sie auf die Hochebene, wo die Festung liegt. Sie stellen sich unter dem Feuer vor ihren Wällen auf, und im Augenblicke sind sie im Innern, wo sie nur ein Hundert Tyroler Schützen finden. Die Besatzung hatte die Festung geräumt und zog sich auf Inspruck zurück. Das hatte man vorausgesehen. Ein französischer Heereszug war auf dieser Straße abgeschickt worden, um sie dem Feinde zu schließen. Dieser wollte den Weg erzwingen, und es wäre ihm beinahe gelungen, als dasselbe Regiment, welches die Festung weggenommen, den Oestreichern auf dem Fuße folgend, sie zwischen zwei Feuer brachte, was sie die Waffen zu strekken zwang. Dieses Gefecht, das am 5ten November stattfand, lieferte achtzehnhundert Mann und funfzehn Kanonen in die Hände der Franzosen. Die Oestreicher verließen Inspruck, wo Marschall Ney am 7ten einzog. Er fand dort sechszehntausend Flinten, einen großen Vorrath von Pulver und beträchtliches Geschütz. An demselben Tage besetzten die Franzosen die Stadt Hall. Beim Auszuge aus dieser Stadt hatte Erzherzog Johann einen Obersten dort gelassen, mit dem Auftrage, der französischen Großmuth zwölfhundert Kranke zu empfehlen, die man in den Spitälern von Inspruck vorfand.

Ein kriegerischer Auftritt von lebhaftem Interesse darf hier nicht übergangen werden. In dem vorigen Feldzuge hatte das 76ste Regiment zwei Fahnen durch einen der Zufälle verloren, welche die Ehre eines Corps nicht beflecken können. Auf einmal zeigt das Zeughaus von Inspruck den Blicken eines Officiers dieselben Fahnen, deren Verlust so schmerzlich war empfunden worden. Die Nachricht davon verbreitete sich augenblicklich; alle Soldaten stürzten herbei, von Jubel durchdrungen, alle betrachten und berühren diese kostbaren Fahnen mit Entzücken, wie ein Verbannter bei der Heimkehr seinen heimischen Altar umarmt. Für ein französisches Regiment sind seine Fahnen seine Laren. Marschall Ney theilt das Glück seiner Tapfern. Er läßt sie unter die Waffen treten und giebt ihnen mit Feierlichkeit den Schatz wieder, den nur ein Zufall ihnen raubte und den ihre Tapferkeit wieder erobert hat. Diese Feierlichkeit wird zum wahren Familienfeste; alte und junge Soldaten schwören, mit Thränen der Rührung im Auge, daß sie eher alle umkommen wollen, als daß eine dieser Fahnen ihnen zum zweiten Male verloren ginge. Der Tag von Elchingen sagt gut, daß sie ihren Eid halten werden.

Vier und zwanzig Stunden Ruhe haben für Marschall Ney und seine Truppen ausgereicht. Am 9ten November setzt er den Oestreichern nach, macht Gefangene, nimmt Botzen, von da nach Villach und Klagenfurth über Brixen und Lienz sich wendend, bewirkt er die Vereinigung der großen Armee mit dem Heere von Italien, wie wir oben erzählten.

Die Ergebnisse des Zuges des Marschalls Ney beschränkten sich nicht auf die bloße Besitznahme von Tyrol. Von der einen Seite entwich vor ihm die Colonne des Prinzen Rohan, die in die Linie des italienischen Heeres einbrach und in Castelfranco sich auf Bedingungen ergab; von der andern Seite machte er dem östreichischen Corps, das Vorarlberg besetzt hielt, den Rückzug auf Tyrol unmöglich und brachte es dadurch in die Nothwendigkeit, die Waffen zu strecken.

Marschall Augereau zwang die Oestreicher zuerst, Lindau und Bregenz zu verlassen und drängte sie dann in der Stellung, die sie in Feldkirch genommen hatten. General Jellachich, der das östreichische Corps befehligte, suchte um Ergebung auf Bedingungen' nach. Augereau willigte ein und die Abmachungen wurden am 14ten November festgesetzt. Die

Pferde, Waffen, acht Fahnen, zahlreiches Geschütz, Magazine und beträchtliche Vorräthe wurden den Franzosen zugestellt, aber das Corps Oestreicher war nur auf Ehrenwort kriegsgefangen. Es zog sich nach Böhmen zurück. Diese Capitulation war die einzige, welche die Sendung der Gemeinen nach Frankreich nicht zur ausdrücklichen Bedingung machte. Der Kaiser hieß dieses Zugeständniß nicht gut, weil er behauptete, die auf Ehrenwort heimgeschickten Oestreicher machten sich kein Bedenken, es zu brechen; doch kam sie nichts destoweniger zur Vollziehung[1]).

Funfzigstes Capitel.

Krieg.

Napoleon in München und in Braunau. — Erstes Zusammentreffen mit den Russen. — Stellung am 2ten November. — Edles Benehmen der Baiern in Lowers. — Kampf bei Amstetten. — Kutusof geht über den linken Arm der Donau. — Gefecht bei Marienzell. — Antrag eines Waffenstillstandes durch Oestreich. — Aufruf im Namen des Kaisers Franz II. — Napoleons Ankunft in St. Pölten. — Gefecht von Diernstein. — Vorwürfe an Mürat und den Marschall Soult. — Freisprechung des Marschalls Soult. — Mürat's Einzug in Wien. — Napoleon in Schönbrunn. — Freundliche Gesinnung der Bewohner Wiens. — Vorschrift für den Befehlshaber von Wien. — Tagesbefehl über die Nachzügler. — Groll des Kaisers gegen Bernadotte. — Napoleons Verfahren gegen Baiern. — Grundsätze des Kaisers in der Verwaltung der eroberten Länder. — Herr Darû und der General Clarke. — Rücksichten gegen die öffentlichen Anstalten Wiens. — Bemerkungen über die Armeebefehle von 1805. — Schlacht von Trafalgar. — Gründe Villeneuve's, um aus Cadiz auszulaufen. — Stärke der französischen und der englischen Flotte. — Vorschrift für die englischen und für die französischen Admirale. — Anfang der Schlacht. — Edles Benehmen der Capitaine Lucas und Infernet. — Villeneuve gefangen. — Wegnahme

1) Eines Tages werden wir sehen, daß die verbündeten Fürsten ganz anders verfuhren, indem sie die Capitulation von Dresden brachen.

r vier Schiffe des Contreadmirals Dumanoir. — Unfall ohne Ab-
ilfe. — Schmerz und Zorn Napoleons. — Villeneuve's Tod. —
reude in London.

rch den Erfolg der Unternehmen von Ney und Augereau Napoleon bis zum Herzen der östreichischen Monarchie ringen können, ohne irgend einen Gegenstand ernster Be- riß hinter sich zu lassen. Wir suchen ihn bei Ulm wieder um ihm auf die neuen Schauplätze seines Ruhmes zu :n. Obgleich die Märsche des großen Heeres durch ihre)rte Berechnung die Aufmerksamkeit der Männer auf sich n müssen, die mit der Kriegswissenschaft vertraut sind, so doch ein solches in's Einzelne Gehen außer unserm Plane. uns sind die Ergebnisse das vorzüglich Wichtige. Wir)en die verschiedenen Corps nur da in Thätigkeit zeigen, es Kämpfe giebt, die eine wirkliche Bedeutendheit darbie- ob wir gleich beklagen, eine Menge für die französischen ffen glorreicher Kämpfe mit Stillschweigen übergehen zu ſen.

Der Kaiser war am 24sten October in München unter Zujauchzen der öffentlichen Dankbarkeit eingerückt. Den en war er in Haag; den 30sten besuchte er Braunau, das Oestreicher und Russen bei seiner Annäherung geräumt en. Dieser Punct, den man ohne Vertheidigung aufge- :n hatte, war in seinen Augen eine der wichtigsten Erwer- gen. Er ließ seine Befestigung so ausdehnen und vervoll- mnen, daß eine Anlage von der höchsten Wichtigkeit dar- wurde. Wir werden sehen, daß die verlängerte Besetzung :s Platzes nach dem Frieden der Gegenstand lebhafter Strei- eiten zwischen Oestreich und Preußen ward.

Prinz Mürat, stets darauf brennend, den Feind zu ver- en, hatte am 29sten October eine östreichische Nachhut an- offen, die ihm nur dadurch entging, daß sie die Anhöhen Ried gewann. Er nahm ihr fünfhundert Gefangene ab erreichte sie am 30sten wieder vor der Traun. Eine bei em Flusse herum eingelagerte russische Division kam den treichern zu Hülfe, aber der Angriff hatte eben so wenig olg; und da die Division des General Bisson, zum Corps Marschalls Davoust gehörig, zur Unterstützung der Reiterei herbeigekommen war, so zogen sich Russen und Oestreicher in der größten Unordnung zurück, einige hundert Gefangene zurücklassend. Dieses Gefecht war das erste, wo die Russen sich zeigten. Obgleich ihre Vorhut seit dem 15ten October in Passau eingetroffen war, so hatten sie doch vermieden, sich einzulassen, und Kutusof, der dieses erste Heer befehligte, hatte sich zu einer rückgängigen Bewegung entschlossen, bis er mit dem zweiten Corps unter dem Befehle des Generals Burhöwden zusammengetroffen sey.

Am 2ten November war Marschall Bernadotte in Salzburg, Marschall Davoust in Lambach; Marschall Soult traf in Welz ein; Marschall Lannes in Linz. Marmont umging die Stellung an der Ens.

Schon bei mehrern Gelegenheiten hatten die baierschen Truppen der Erwartung des Kaisers entsprochen. Eine schöne Waffenthat des Generals Deroy stellte sie fast den französischen gleich. Dieser General war von Bernadotte abgeschickt, um die Straße von Inspruck zu beobachten, und hatte in Lowers die Vorhut eines Heereszuges, bestehend aus fünf Regimentern, angetroffen, die Erzherzog Carl abgeschickt hatte, um das östreichische Corps in Baiern zu verstärken. Obgleich dieses Corps in einer fast unzugängigen Engschlucht aufgestellt war, welche von beiden Seiten senkrechte Berge einfaßten, so griff er sie doch unbedenklich an. Er nahm die Verschanzungen des Feindes und machte sechshundert Gefangene; aber er ward von einem Pistolenschusse getroffen, als er selbst an der Spitze eines seiner Bataillone einen Angriff befehligte.

Kutusof schien, immer sich zurückziehend, die Höhen von Amstetten vertheidigen zu wollen. Mürat mit seiner Reiterei und Oudinot mit seinen Grenadieren vertrieben ihn aus allen Puncten und machten achtzehnhundert Gefangene, unter denen siebenhundert Russen.

In der Ueberzeugung, daß die Russen in Sanct Pölten Stand halten wollten, um Wien zu decken, wurde Marschall Davoust nach Steyer abgesandt, um das feindliche Heer zu umgehen. Der Erfolg erwies diese Voraussetzung als irrig. Kutusof ließ sein Heer, Wien offen lassend, am 9ten November über die Brücke bei Stein auf's linke Donauufer übergehen.

Indeß war die Bewegung des Marschalls Davoust nicht ohne Nutzen gewesen. Zwischen Maydhofen und Marienzell traf er ein östreichisches Corps, befehligt vom General Meerfeld, der gegen Neustadt marschirte, um die Hauptstadt von dieser Seite zu decken. Nach einem sehr lebhaften Kampfe, in welchem sich der General Heudelet besonders auszeichnete, blieben viertausend Gefangene in den Händen der Franzosen, drei Fahnen und sechszehn Kanonen. Der Rest des östreichischen Corps ward zerstreut und General Meerfeld gezwungen, sich mit den Resten seiner Reiterei zu retten. Marmont war am 8ten November in Leoben eingerückt.

In der Nacht vom 7ten zum 8ten war der östreichische General Graf Giulay, vom teutschen Kaiser abgeschickt, beim Kaiser Napoleon in Linz eingetroffen, um einen Waffenstillestand anzutragen. Dieser Antrag wurde von der Hand gewiesen und mußte es werden. Doch gab der Kaiser der Franzosen dem General Giulay einen Brief für seinen Gebieter mit, in dem er sich geneigt zu Unterhandlungen für endliche Anordnungen zeigte.

Nach einem durch den Baron von Summerau im Namen des Kaisers Franz II. bekannt gemachten Aufrufe[1]), hätte Napoleon diese Eröffnungen wegen des Friedens durch unannehmbare Forderungen erwiedert, nämlich die Entfernung der Russen, Einstellung des ungarischen Aufgebots und einstweilige Einräumung des Venetianischen und Tyrols an die französischen Truppen. Graf Giulay war indessen mit noch mehreren Aufträgen bei Napoleon beauftragt; doch konnte in diesem Augenblicke die Unterhandlung nur erfolglos seyn. Franz II. kündigte durch denselben Aufruf an, daß er sein ganzes Vertrauen auf seine hohen Verbündeten, den Kaiser von Rußland und den König von Preußen, setze. Nicht ohne Erstaunen sah Frankreich den Namen des Königs von Preußen unter den feindlichen Namen. Die Behauptung war begründet. Später werden wir erzählen, wie und unter welchem Vorbehalte dieser Fürst dem Bündnisse beigetreten war. Der Vertrag, wodurch er sich angeschlossen, war in Potsdam den 3ten November ausgefertigt.

1) Aus Brünn vom 15ten November.

Ungeachtet des schon von Oestreich erfahrnen Mißgeschikkes mußte die Vereinigung der preußischen Macht mit den russischen Heeren dem Wiener Cabinet noch einiges Vertrauen einflößen, und es konnte in die von Napoleon geforderten Opfer nicht willigen, ehe es versucht, ob die Ankunft des Kaisers Alexander an der Spitze eines zweiten Heeres und der Zutritt eines mächtigen Verbündeten, nicht das Schicksal des Kriegs abzuändern im Stande sey.

Nachdem er in Linz Abgeordnete des Senats und einen Besuch des Churfürsten von Baiern angenommen hatte, versetzte der Kaiser Napoleon am 10ten November sein Hauptquartier nach der berühmten Abtei Mölk. Am 13ten war er in Sanct Pölten. Hier erhielt er die Nachricht von einem glorreichen Gefechte bei Dieruftein.

Marschall Mortier, für den der Kaiser ein neues Corps, bestehend aus zwei Divisionen, Dupont und Gazan, gebildet hatte, war bei Linz über die Donau gegangen, um am linken Ufer des Flusses sich hinabzuziehen. Die beiden Divisionen marschirten in dem Zwischenraume eines Tagemarsches hinter einander. Die Division Gazan war voraus. Wir sahen oben, daß am 9ten November das russische Heer gegen alle Erwartung über die Brücke von Stein auf das linke Donauufer übergegangen war. Der General-Quartiermeister dieses Heeres, General Smith, unterrichtet davon, daß ein französisches Corps auf der Straße, die am linken Flußufer hinläuft, herbeiziehe, ließ dieses Corps bis Dieruftein näher kommen, in der Hoffnung, es zu umwickeln und dann zur Ergebung zu zwingen. Die Natur des Bodens mußte den Erfolg dieses Planes beinahe unausbleiblich machen. Von Spitz nach Dieruftein giebt es nur einen schmalen Leinenweg, der für Geschütz wenig fahrbar ist. Bei Dieruftein spaltet sich dieser Weg in zwei Arme, von denen der eine fast am Rande des Stromes nach dem Dorfe Loiben führt, der andere, etwas weiter davon entfernt, durch ein mit Weingärten bedecktes Land schneidet. Oberhalb Loiben laufen beide Arme wieder zusammen und bilden den nach Stein führenden Weg. Am 10ten November hatte die Division Gazan sich zur Linken des Dörfchens Loiben aufgestellt. Am 11ten mit Macht angegriffen, leistete sie dem Feinde bewundernswerthen Widerstand, nahm ihn von der Seite und vom Rücken, zerquetschte ihn im Dorfe, nahm ihm sechs Fahnen und fünf Kanonen. Ungeachtet des Glanzes dieses Gefechtes, bei welchem der General-Quartiermeister Smith getödtet ward, war die Stellung der Division Gazan immer noch sehr mißlich. Der Oberbefehlshaber des russischen Heeres hatte über die buschigen Höhen, welche Dierństein einfassen, einen Heerzug von zwölftausend Mann heranschleichen lassen, um das französische Corps abzuschneiden und es ganz zu nehmen, oder zu vernichten. Mortier und Gazan fertigten an General Dúpont mehrere Dienstofficiere ab, um seine Bewegung zu beschleunigen. Sie gehen ihm selbst entgegen, aber es fehlt nicht viel, so gerathen sie in die Hände der Russen. Vergessen dürfen wir nicht, daß, wenn man aus Dierństein durch das einzige vorhandene Thor auf der Seite von Stein und Krems heraustritt, zwei Wege oder richtiger zwei Arme eines und desselben Weges daliegen, die nach demselben Puncte hinführen. Die russische Heersäule, welche die Division Gazan umgangen hatte, marschirte ihr auf beiden Straßen zugleich entgegen, viertausend Mann auf der Straße zunächst der Donau und achttausend auf der oberen Straße. Noch ein Augenblick gezaudert und die Division Gazan wurde durch die Menge erdrückt. In dieser Verlegenheit thut ein Oberofficier, Major Henriod, einen rettenden Vorschlag. Er macht bemerklich, daß der obere Weg, auf dem der größere Theil der russischen Heersäule anrückt, sehr eng von beiden Seiten mit einer Mauer von vier bis fünf Fuß Höhe eingefaßt ist; daß eine ungeheure Masse von Menschen auf diesem Wege sich drängt; daß, wenn man auf diese sich wirft, man sie auf sich selbst stürzen kann, so daß bei dem Drucke der beiden Enden auf die Mitte, eine gräßliche Unordnung unter dem Feinde entstehen muß und ein sicherer Erfolg für die Franzosen. Marschall Mortier faßt den Gedanken auf. Der Angriff erfolgt auf der Stelle, indem man die dazu verwandten Corps in Züge abtheilt. Der erste Zug feuert in Büchsenschußweite auf die russische Heersäule, stürzt sich dann mit dem Bajonet auf sie und springt rechts und links über die Mauer, um sich hinten wieder zu ordnen, während ein zweiter, ein dritter Zug, die immer andere ersetzen, dem Feinde keine Zeit zur Besinnung lassen. Nach drei Viertelstunden eines fürchterlichen Gemetzels ist die Verwirrung unter den Russen so groß, daß die Truppen in der Mitte, zerquetscht durch die Vorhut, die mit Gewalt zurückweicht und durch die Nachhut, die sie vor sich herdrängt, kein anderes Mittel haben, als die Mauern rechts und links zu erklettern und sich in wilder Unordnung zu retten. Die Dunkelheit der Nacht, die den Franzosen günstig ist, weil sie dem Feinde den wahren Grund seiner Niederlage verbirgt, erlaubt ihm nicht, sich wieder aufzustellen. Das in Unordnung gebrachte Corps Russen steckte mit seinem Schrecken das andere an, und die Flüchtlinge halten nicht eher Stand, als bis sie hinter dem Flusse Krems sich in Sicherheit gebracht haben. Die französische Division hatte Alles, was sich vor ihr fand, vernichtet oder in die Flucht gejagt und war in Diernstein eingedrungen, als der Major Henriod auf einmal Kleingewehrfeuer hört. Er rückt vor und ein Hagel von Kugeln begrüßt die Spitze seiner Heersäule. „Frisch auf, hundertstes Regiment, ruft er, das sind noch Russen; keine Schonung!" Auf diesen französischen Zuruf antwortet auf der Stelle ein französischer Zuruf: „Wir sind von Dúponts Corps; seyd willkommen, wir glaubten Euch Alle gefangen." Man begreift, mit welchem Jubel zwei Divisionen sich wiedersahen, deren eine eben so großen Gefahren ausgesetzt war, denen sie nur durch ein Wunder entging. Doch dieser glänzende Erfolg war theuer erkauft worden. Die Division Gazan hatte zwölfhundert Todte, Verwundete und Gefangene eingebüßt; der Verlust der Russen belief sich wenigstens auf fünftausend, unter denen dreizehnhundert Gefangene. Das wichtigste Ergebniß dieses glorreichen Tages war, daß er das Vertrauen der Russen zu sich selbst geschwächt, das Kutusof mit Sorge gepflegt hatte. Marschall Mortier hatte gemeint, nur mit einer Nachhut zu thun zu haben, während er das ganze russische Heer vor sich hatte. Der Kaiser versäumte nicht, dem Marschall seine Zufriedenheit zu versichern und dem braven Benehmen der Division Gazan gerechte Lobsprüche zu spenden.

Die Gefahr, der dieses Corps ausgesetzt war, könnte als

eine Folge von Napoleons Unvorsichtigkeit gelten. Doch dem war nicht so. Es war die Folge der Versäumniß seiner Befehle. Der Fürst von Neuchatel machte daher auch dem Fürsten Mürat und dem Marschall Soult Vorwürfe. In Bezug auf Mürat waren sie gegründet. Soult trafen sie mit Unrecht. Der Fürst von Neuchatel sagte dem erstern: „Der Wille des Kaisers [1]) war nicht, daß man sich auf Wien wie Kinder stürze..... Die Verabsäumung der Befehle des Kaisers hat zur nothwendigen Folge, daß Marschall Mortier allein den Stoß der Russen aushalten muß." Dieser Brief ist gerade von dem Tage, wo der Marschall Mortier in der größten Gefahr war.

Marschall Soult fiel es leicht, sich zu rechtfertigen. Er hatte nur zu einem Befehle des Fürsten Mürat seine Zustimmung gegeben. Auch ließ der Kaiser, der jedes gegründete Selbstgefühl gern schonte, eiligst dem Marschalle schreiben: „Daß, wenn er die vom Fürsten Mürat angeordnete Bewegung nicht gutgeheißen habe, dies nicht soviel sagen wolle, als tadle er den Marschall Soult, daß er sie in Ausführung gebracht."

Es scheint, als ob General Kutusof Anfangs den Plan hatte, sich in Krems zu verschanzen, seine Verstärkungen dort abzuwarten und sich an der Donau zu halten. In dieser Voraussetzung beeilte Kaiser Napoleon den Durchmarsch mehrerer Corps durch Wien, um den russischen General rechts zu überflügeln, während Bernadotte ihn von der Linken überflügeln sollte. Diese Berechnung ward durch Kutusof's Rückzug vereitelt. Am 13ten früh zog Mürat durch Wien, ohne sich aufzuhalten, um sich der Donaubrücke zu bemeistern. Es gelang, nach einigen Hin- und Widerreden mit den östreichischen Generalen, und den Feuerwerkern zum Trotz, die sie hatten anstecken wollen. Die Wegnahme dieser Brücke war von der höchsten Wichtigkeit. Napoleon ließ Mürat am 12ten schreiben: „Der Feind wird wahrscheinlich die Wiener Brücke abbrechen. Gäbe es jedoch ein Mittel, sie ganz zu haben, so muß man suchen, sich ihrer zu bemächtigen. Diese Rücksicht allein kann den Kaiser zwingen, nach Wien zu gehen." Man

1) Brief aus Mölk, vom 20sten Brumaire (11ten November).

mag nach dieser letztern Bemerkung selbst den Schluß machen, ob der Kaiser, wenigstens damals, so großen Werth darauf legte, wie man vorausgesetzt hat, persönlich in die Hauptstadt des Feindes einzuziehen. Sollte er sich die Mühe genommen haben, sich in einem Briefe an Mürat zu verstellen?

Hätte ein großes Interesse ihn nicht nach Wien gerufen, so hätte er nach demselben Grundsatze des Verfahrens, wie in Leoben und Tolentino, es vermeiden können, den Bewohnern der östreichischen Hauptstadt den Sieger ihres Gebieters zu zeigen. Auch das wäre vielleicht Stolz gewesen, aber dieser Stolz war berechnet. Obgleich übrigens durch die Wegnahme der Wiener Brücke die Hauptstadt zum Mittelpuncte des Heeres ward, so suchte der Kaiser der Franzosen doch nicht, sich dort geflissentlich zu zeigen. Sein Hauptquartier nahm er im Schlosse von Schönbrunn. Einige Tage vorher hatte er Abgeordnete mit Wohlwollen empfangen, an deren Spitze der Fürst Zinzendorf stand, und ihnen die beruhigendsten Zusicherungen gegeben. Franz II. hatte von seiner Seite bei seinem Weggange den Einwohnern selbst empfohlen, sich ruhig zu halten und die kaiserlich französischen Truppen gut zu empfangen, weil dies das sicherste Mittel sey, sie zur Beobachtung einer strengen Mannszucht zu bestimmen und die Last des Krieges sich zu erleichtern.

Der Einzug der Franzosen in diese feindliche Stadt hatte in derselben Ordnung statt, wie bei einer französischen. Die Bürgerbewaffnung stand unter dem Gewehr. Die Volksmasse, neugierig, Krieger zu sehen, die so viele Wunder gethan hatten, sah sie mit mehr Bewunderung als Sorge an. Diese natürliche Stimmung der Einwohner ward durch einen Nebenumstand bekräftigt. Man hatte in Wien greuliche Berichte über die Gewaltthaten und Grausamkeiten, die Kutusofs Heer sich auf seinem Marsche erlaubt hatte, so daß man weniger die Ankunft der feindlichen Franzosen, als der verbündeten Russen fürchtete. Napoleons Befehle geboten die höchste Achtung vor Eigenthum und Personen. Die Ausführung dieser Befehle wurde durch eine strenge Oberaufsicht gesichert.

Man hat sich oft gefallen, den Kaiser Napoleon als einen Schauspieler anzusehen, der, ewig auf den Bretern, nur die

Bühnenwirkung beabsichtigte. Ist das menschlich und großmüthig? Seine Großmuth und Menschlichkeit sind folglich nur Paradetugenden, die in die Augen fallen sollen? Doch muß ihm das Verdienst dieser Handlungen, vorausgesetzt selbst, daß sie durch Berechnungen des Eigennutzes oder der Selbstliebe hervorgebracht wurden, nicht zugerechnet werden, wenn sie anders nur löblich waren? Und warum sollte man an ihm tadeln, was die Geschichte an allen ihren Helden [1]) gutheißt? Uebrigens beweisen eine Menge in seinem Briefwechsel zerstreuter Züge (davon haben wir schon mehr als einen Beweis vorlegen können), daß er oft das Gute um des Guten willen that, entweder aus einem Gefühle natürlicher Gutmüthigkeit, oder durch die Macht seiner Einsicht bestimmt, die ihm begreiflich machte, daß das Rechte und Gute fast immer auch das Nützliche seyn müsse. Bei seiner Ankunft in Schönbrunn eilte der Kaiser, die Regierung und Verwaltung Oestreichs zu ordnen. Er ernannte den General Clarke zum Gouverneur von Wien und den Staatsrath Darû zum General-Landes-Verwalter. Die allgemeine Achtung, die dem Letztern nach langen Proben, unter so oftmaligen politischen Wechseln geblieben ist, spricht von der Rechtfertigung dieser Wahl frei. Ueber General Clarke haben glänzende Fehler, durch eigenthümliche Verkehrtheiten veranlaßt, seitdem ein hartes Urtheil aussprechen lassen: doch war dieser General mit allen seinen Vorzügen und Mängeln einer der geeignetsten Leute zur Befehlshaberstelle in einem eroberten Lande. Vom Kaiser gegebene Vorschriften zeichneten ihm die Pflichten hin, die er zu erfüllen hatte, und Niemand hätte damals wohl voraussehen mögen, daß diese Vorschriften einst öffentlich werden würden. Nachdem ihm aufgetragen war, vorzügliche Sorge der Beaufsichtigung der Theater, der Tageblätter und der Religion zu widmen und die Bekanntschaft der Anführer der Bürgergarden zu suchen, um sie sich zu gewinnen, fügte der Kaiser die merkwürdigen Worte hinzu: „Sie müssen zuerst strenge Aufsicht über das Gesindel und die Nachzügler der Franzosen führen, ehe man sich an die Uebelgesinnten des Landes wendet.“ Darf man sich beklagen, daß er die Franzosen vor dem

1) Livius XXVI, 19.

Uebelwollen der Oestreicher in Schutz nimmt, wenn er die Oestreicher zuerst gegen das Uebelwollen der Franzosen sicher stellt?

Die Classe von Soldaten, die man mit dem Worte Nachzügler bezeichnet hat, entweder Faullenzer oder schnell Entmuthigte, bietet uns eine Gelegenheit dar, Napoleons sicheres Gefühl in der Auswahl der Strafen zu veranschaulichen. Ein Tagesbefehl aus späterer Zeit[1]), den wir aber wegen der Gleichmäßigkeit des Gegenstandes hier anführen, schrieb folgende Maaßregeln vor: Die Corpsbefehlshaber werden für Listen über die Nachzügler sorgen, die, ohne hinreichenden Grund, zurückgeblieben sind. Sie werden den Soldaten empfehlen, diese Menschen zu verspotten, denn Spott und Schmach sind in einem französischen Heere die mächtigsten Strafen..." Wenn einer der Hebel von Napoleons Macht in seinem Talente bestand, den Menschen einen großen Antrieb zu geben, so lag das darin, daß er, um sie zu leiten, vorher ihre Weise erforscht hatte. Eine körperliche Strafe, nicht bloße Haft, würde den Charakter des französischen Soldaten herabwürdigen. Eine sittliche Strafe bessert, ohne zu entwürdigen, und ermuntert, die verlorene Würde wiederzugewinnen.

Folgte Napoleon solchen Sätzen gegen gemeine Soldaten, ist's da wohl glaublich, daß er Härte, wie man oft ihn beschuldigt hat, in den Befehlen an Kriegsobersten und selbst an die Marschälle solle dargelegt haben? Tausende von Briefen beweisen das Gegentheil. In der Zeit des Feldzugs von 1805, wo wir stehen, war Napoleon sehr unzufrieden, daß Bernadotte, allen erhaltenen Befehlen zum Trotze, noch keinen Mann über die Donau gesetzt hatte. Wie spricht sich die Unzufriedenheit gegen ihn aus? „Ihre Soldaten," läßt er ihm schreiben, „werden ohne Zweifel unzufrieden seyn, daß sie nicht den vollen Antheil an dem Ruhme des Feldzuges haben, den sie haben könnten." Die verdiente Zurechtweisung (wie sie's in diesem Falle war) konnte doch für den, an welchen sie gerichtet war, keine mildere und minder beleidigende Form annehmen? Unbestritten ist Napoleon, durch Vorurtheile ge-

1) Brünn, den 3ten Frimaire.

täuscht, mehr als ein Mal gegen achtenswerthe Krieger ungerecht gewesen, doch ist es vielleicht wahr, daß niemals ein kriegliebender Monarch in dieser Beziehung weniger Ungerechtigkeiten beging[1]).

Die Besetzung Wiens, so wichtig durch ihren Eindruck auf die Gemüther, und so nützlich durch die Leichtigkeit der Verbindungen, die sie dem Heere verschaffte, stellte außerdem ungeheure Vorräthe, deren Wegschaffung die Raschheit unsrer Erfolge nicht gestattet hatte, in die Macht der Franzosen. Dieser große Mittelpunct der östreichischen Monarchie enthielt zweitausend Stücke Geschütz, unter denen fünfhundert Stück Belagerungsgeschütz, hunderttausend Flinten, sechshunderttausend Centner Pulver, sechshunderttausend Kugeln und hundert und sechzigtausend Bomben. Der Kaiser, der nach der Wegnahme von Ulm zwanzigtausend Flinten dem Churfürsten von Baiern geschenkt hatte, ließ ihm noch funfzehntausend von den in Wien weggenommenen geben. Außerdem trug er Sorge, daß dem Münchner Hofe die im Jahre 1740 durch Oestreich weggenommenen Fahnen und Kanonen, als damals Baiern mit Frankreich gemeine Sache machte, wieder zugestellt würden.

Da wir einmal in Wien bei der Einrichtung einer vorübergehenden Verwaltungsordnung zugegen sind, so ist es nicht unnütz, den Gedanken etwas näher in's Auge zu fassen,

1) Bei einem Besuche, den ich 1800 in Rheinsberg bei dem alten Prinzen Heinrich von Preußen machte, hörte ich diesen Fürsten mehr als zehnmal über die empörende Parteilichkeit seines Bruders sich ereifern. Er beschuldigte Friedrich II., brave Leute mit Absicht verabsäumt und dann schweigend in seinen Schriften übergangen zu haben, denen zum großen Theil der Ruhm seiner schönsten Feldzüge zukam, um den Ruhm derselben Leuten ohne Verdienst und Fähigkeit zuzutheilen. Um diese brüderlichen Irrthümer und Vorurtheile auszugleichen, hatte Prinz Heinrich in den Gärten von Rheinsberg eine Pyramide mit den Namen Aller errichten lassen, die in Friedrichs II. Kriegen sich um das Vaterland verdient gemacht hatten, namentlich mit den Namen Aller, die Friedrich vergessen hatte. Wie viele giebt es unter der kleinen Anzahl Krieger, die sich über Napoleon zu beschweren haben, deren Klage begründet wäre, oder denen er nicht später glänzende Genugthuung, die sein früheres Unrecht vergessen machen konnte, gegeben hätte?

der bei dieser Schöpfung Alles beherrscht. Ohne Widerspruch war der Zweck des Kaisers der Franzosen, dem eroberten Lande Vieles zu nehmen, aber das war nicht sein Wille, daß die Hülfsmittel des Landes sich in erfolgloser Plünderung verkrümeln sollten. Er will, daß alle seine Erzeugnisse regelmäßig erhoben werden und in eine gemeinsame Casse fließen; er will, daß die auf feindlichem Grund und Boden gemachten Einnahmen für die Bedürfnisse des Heeres sorgen, und daß dies dem französischen Schatze, der aus den Steuern im Innern von Frankreich gebildet ist, zu Gute komme.

Ein einziges Beispiel wird beweisen, welche Strenge der Grundsätze in dieser Verwaltung herrscht. Beim Einrücken der Franzosen in die Hauptstadt von Oestreich war das Siegel an alle Cassen der Regierung gelegt worden. General Clarke, zum Kriegsbefehlshaber von Wien ernannt, und in Hinsicht auf Geldsachen ohne Vorwurf, fordert daher von dem General-Landesverwalter, ihm aus den östreichischen Cassen eine Summe von hunderttausend Gulden in Scheinen auszahlen zu lassen, als Kostenersatz seiner Einrichtung. Der General-Landesverwalter antwortet ihm, daß er ihm keinen Thaler auszahlen lassen könne, besonders aus diesen Cassen, ohne einen vorgängigen Befehl des Kaisers. „Die Landesbeamten," schrieb ihm Herr Darû, „könnten in Versuchung kommen, zu glauben, wenn sie Zahlungen machten, deren Verwendung sie nicht nachkommen könnten, daß diese Verwendung nicht so nachweislich wäre, wie sie's von Ihrer Seite und von der meinen seyn wird. Ich meine daher, daß es um des ehrenvollen Rufes willen, den wir zurückzulassen gedenken, wichtig ist, daß die uns verwilligten Summen nicht aus den Landescassen, sondern aus den Heerescassen genommen werden, die aus den Landeseinkünften ohnehin ihre Zuflüsse erhalten, und daß diese Zahlungen regelmäßig nach dem Befehle Sr. Majestät erfolgen!" Ich bringe dieses hier bei, weil es den Charakter dessen darthut, was man Erpressungen der Franzosen in der Fremde genannt hat. Die Weise, wie die französischen Behörden im Jahre 1805 verfuhren, wird, aber mit mehr in's Große gehendem Maaßstabe, in den Feldzügen von 1806, 1809, 1812 und 1813 durchaus

17*

dieselbe seyn. Die General-Landesverwaltung und die Verwaltung der eroberten Länder werden für das französische Kaiserreich das seyn, was die Quästur, in ihrer Thätigkeit nach außen, für die römische Republik war. Die größten Bürger waren nicht grade die mindestfordernden Quästoren, z. B. Cato bei seiner Sendung nach Cypern.

Wenn der Sieg der Franzosen von den Besiegten theuer bezahlt wird, so betragen doch wenigstens die Sieger sich nicht als Barbaren. In Wien wünscht Napoleon, alle den Künsten, Wissenschaften und dem öffentlichen Unterrichte bestimmte Anstalten kennen zu lernen. „Die Absicht Sr. Maj. ist," wie der General-Landesverwalter dem östreichischen Commissair, Herrn von Wrbna schreibt, „zu wissen, was zum Nutzen der Wissenschaften und Künste geschehen könnte, und zur Annehmlichkeit derer, die sie pflegen. Wirklich wurden Befehle zu Auszahlungen für die Akademie und einige öffentliche Lehr- und Wohlthätigkeitsanstalten gegeben.

Ungeachtet unserer Ungeduld, den kriegerischen Ereignissen zu folgen, wird man uns, hoffe ich, diese Abschweifungen und einige andere vergeben, da sie zwar nur Nebenumstände im Kriege betreffen, doch zur Vollendung seines Bildes nothwendig sind. Die Berichte von der großen Armee, so oft der Lüge bezüchtigt, und doch immer viel wahrhafter, als die entsprechenden Berichte der fremden Regierungen, wenn man sie einer genauern Parallele unterwirft; diese oft so malerischen, von Napoleon, in der noch nicht abgekühlten Gluth eines eben vollbrachten Kampfes, in die Feder gesagten Armeeberichte, müssen wir mit einigen Bemerkungen über die mehr als unziemenden Ausfälle, von denen einige noch dazu gegen die erlauchtesten Personen gerichtet schienen, begleiten. „Der Krieg," sagte der 22ste Armeebericht vom 10ten November, „ist gegen den Vorschlag aller Prinzen des kaiserlichen Hauses unternommen worden; doch Colloredo, geleitet von seiner Frau, einer Französin, die gegen ihr Vaterland den grimmigsten Haß hegt; Cobenzl, der beim bloßen Namen eines Russen zittert, und bei dem die englischen Geschäftsträger auch wohl Zugang gefunden haben mögen, und endlich der erbärmliche Mack, der schon für die Erneuerung des zweiten Bündnisses eine so wichtige Rolle übernahm; das waren die Einflüsse, die stärker waren, als die Gründe aller vernünftigen Leute und aller Glieder der kaiserlichen Familie." „Das ganze Festland," hieß es in einem andern Armeeberichte vom 24sten, „muß beklagen, daß der teutsche Kaiser, der das Gute will, der klärer sieht, als seine Minister, und der in vielen Beziehungen ein großer Fürst seyn würde, so viel Mißtrauen in sich selbst setzt und beständig abgezogen lebt.... Diese Abgezogenheit, die man der Kaiserin zum Vorwurfe macht, ist der Grund des Hasses, den das Volk auf die Kaiserin geworfen hat.. Es giebt nur eine Stimme in Wien wie in Paris: die Leiden des Festlandes sind das leidige Werk der Engländer!" Was Napoleon in seinen Armeeberichten aussprach über den innern Zustand des östreichischen Hofes, hörte er täglich in Wien aus dem Munde der achtungswerthesten Leute. Die angeführten Thatsachen waren im Ganzen wahr, oder galten damals dafür: aber durfte der Führer eines siegreichen Heeres, das Haupt eines großen Staates, sich vor Europa zum Echo der verdrießlichen Wahrheiten machen, die Franz II. in seinem Liebsten, in der Kaiserin selbst, kränken mußten? Nein, gewiß nicht! Dieses Recht der Schmähung, das bei den homerischen Helden alltäglich ist, verletzt alle Schicklichkeit in unsern Tagen. Gehässig selbst zwischen Privatleuten, kann es zwischen Souverainen nur empören. Sollte Napoleon sich darin habe vergreifen können, er, der so gut die bezauberndsten Worte anzuwenden weiß, wenn er die Herzen verblenden, oder das Vertrauen im Sturme erobern will? Ist es von seiner Seite Durchgehen des Verstandes, oder ist es Berechnung? die letztere Voraussetzung ist nicht die unwahrscheinlichere, weil sie sich auf einen Scheingrund von Nutzen stützt. Ihm bringt es nämlich großen Vortheil, wenn er den Entschluß zum Kriege, der von Oestreich gegen ihn geführt wird, nur auf ein Paar Leute schieben kann. In dieser Voraussetzung kann er aussprechen, wie er es denn auch oft genug thut, daß zwischen dem östreichischen Volke und dem französischen kein Geist von Feindseligkeit besteht; daß die Bewohner Wiens eben so viel Freundschaft für unsere Soldaten zeigen, als sie Erbitterung gegen die Russen darlegen; daß endlich die Engländer, als der Grund aller Leiden, der Gegenstand des allgemeinen Hasses sind. Nicht für Frankreich allein sind die Armeeberichte bestimmt. An ganz Europa sind sie gerichtet und besonders an Oestreich selbst. Napoleon weiß recht gut, daß, um die und die Meinung zu verbreiten und allgemein zu machen, häufig es nur hinreicht, ihr allgemeines Bestehen vorauszusetzen. Uebrigens mag nun auch der Ausgang des Krieges seyn, welcher er wolle, so liegt ihm daran, die Leute, die er für seine Feinde hält, einzeln hinzustellen, sie zu zeichnen und mit solcher Schmach zu überhäufen, daß es Kaiser Franz II. unmöglich fällt, ihnen sein Vertrauen ferner zu schenken. Selbst die ungerechten Anklagen machen, wenn sie von so hoch herkommen, stets einen lebhaften Eindruck auf die Völker, und die Leiden, die diese erduldet, können diesen Anklagen nur Nachdruck geben. Alles befugt daher zu dem Glauben, daß, wenn Napoleon nach dieser Voraussetzung das Gesetz der Schicklichkeit in Bezug auf die Personen, deren Einfluß seinem Vortheile entgegen gewesen war, verletzte, wenn er selbst seine Vorwürfe bis zur Kaiserin erhob, so war dieses nicht von seiner Seite die Wirkung einer blinden Wuth, sondern es geschah mit Vorbedacht zu einem bestimmten Zwecke. Ich weiß wohl, daß noch leidenschaftlichere Verirrungen in Bezug auf die Königin von Preußen, nächstens diese Sätze scheinbar vernichten werden. Doch wird Alles, was Preußen betrifft, zu seiner Zeit seine Erklärung erhalten. Für den Augenblick scheint mir die Ansicht, die Napoleons Benehmen als berechnet ansieht, die natürlichere. Nicht um sie zu rechtfertigen, stelle ich sie unter diesem Gesichtspuncte dar, denn wenn ich sie selbst so betrachte, finde ich doch, daß der Nutzen die Unbequemlichkeit nicht aufhebt. Bei diesem Verfahren hat eine Art von Verstoß gegen die Zeit stattgefunden. Denn abgesehen davon, daß zu allen Zeiten, was gegen Sitte und Gewohnheit verstößt, unpolitisch und nicht an seinem Platze ist, so hat auch das Gesetzbuch des Schicklichen in unsern Tagen eine so unbedingte Herrschaft erlangt, daß die äußern Formen in mancher Art heiliger geworden sind, als das, was den Sachen zum Grunde liegt. Die Ungerechtigkeit erbittert nur; Grobheit demüthigt und verletzt bis auf's Leben, wenn man sie nicht auf der Stelle rächen kann. Vielleicht hätte eine Provinz mehr, die der teutsche Kaiser im Friedensschlusse verloren hätte, in Wien weniger tiefe und weniger bleibende Nachschmerzen gelassen, als zwei oder drei Worte aus Napoleons Armeeberichten.

Ehe wir die Erzählung der kriegerischen Ereignisse wieder aufnehmen, legt uns die Zeitfolge die Pflicht auf, das unglücklichste aller unserer Mißgeschicke zur See hier einzuflechten. Um Frankreichs Stolz zu mäßigen, muß die Geschichte wie die Vorsehung, Trafalgar zwischen Ulm und Austerlitz eintreten lassen.

Wenige Leser legen Werth auf das Einzelne einer Seeschlacht, die ohnehin die eigene Sprache des Seewesens selten sehr verständlich zu machen zuläßt. Wir beschränken uns daher darauf, eine allgemeine Ansicht von der nur allzuberühmten Schlacht von Trafalgar zu geben und ihre beklagenswerthen Ergebnisse anzudeuten.

Man hat nicht vergessen, wie zornig Napoleon war, als in Folge eines nicht glänzenden Zusammentreffens mit Admiral Calder, der Admiral Villeneuve mit Hintansetzung seiner Befehle, in Ferrol eingelaufen war, wo er sich nur zu lange aufhielt, und wie er dann, statt sich mit Gantheaume zu vereinigen und sich nach dem Canal zu begeben, er gegen alle Erwartung sich hatte in Cadiz einsperren lassen. Napoleon hatte in seinem Zorne ihn vor ein Kriegsgericht stellen wollen. Er hatte dem Seeminister den Auftrag gegeben, ihm einen andern Admiral vorzuschlagen, der den Oberbefehl der vereinten Flotte übernähme. Obgleich der Minister die Antwort auf diesen Befehl hinausgeschoben hatte, so war doch schon der Nachfolger ernannt. Admiral Rosily, der auf dem Wege war, ihn zu ersetzen, erhielt bei seiner Durchreise durch Madrid die Nachricht, daß die vereinte Flotte am 19ten October aus Cadiz ausgelaufen sey. Auf die Nachricht oder auf die Besorgniß seines nahen Ersatzes, hatte Villeneuve, der sich entehrt glaubte, gemeint, er könne dieser Schmach entgehen und selbst des Kaisers Achtung wieder gewinnen, wenn er entweder glücklich die ganze Flotte nach Toulon bringe, was Frankreich die Herrschaft im Mittelmeere gegeben hätte, oder die englische Flotte, die an diesen Küsten kreuzte, schlüge; denn er schätzte sie für nicht so stark, als sie wirklich war.

Der Befehlshaber dieser Flotte, Nelson, hatte Sorge getragen, stets nur einige Schiffe zusammen sehen zu lassen, und so glaubte sich der französische Admiral ihm weit überlegen. Der Plan des letztern für den Fall einer Schlacht war, jedem feindlichen Schiffe ein französisches Schiff entgegenzustellen, und ungefähr ein Drittheil seiner Kräfte zurückzubehalten, um sie auf die Puncte zu werfen, die am heftigsten angegriffen wären, und dort den Sieg zu entscheiden. Die vereinte Flotte bestand aus drei und dreißig Schiffen, achtzehn französischen und funfzehn spanischen. Nach dem von Villeneuve entworfenen Plane, mußte er seine Schlachtordnung in drei Geschwader theilen, jedes von sieben Schiffen. Die zwölf nachbleibenden Schiffe sollten die Nachhut bilden. Dieser Plan beruhte auf einer falschen Angabe. Admiral Nelson hatte sieben und zwanzig Schiffe; folglich nur sechs weniger, als der französische Admiral. In der vereinten Flotte hatten die Spanier ein Schiff von hundert und zehn Kanonen und eins von hundert und vierzig, das berühmte Schiff la Santa Trinidad; die stärksten französischen waren von achtzig. In der englischen Flotte gab es dafür drei Schiffe von hundert und zwanzig und vier von hundert und zehn Kanonen. Folglich war die Ueberlegenheit an Zahl von der einen Seite, mehr als hinreichend ersetzt durch die Ueberlegenheit an Kraft bei der andern, ungerechnet den Nachtheil einer Flotte, aus zwei Nationen zusammengesetzt, gegen eine Flotte, die eine Gleichmäßigkeit der Bestandtheile, Aehnlichkeit der Leute und der Dinge, des Befehles und der Handgriffe für sich hat.

Die Admirale beider Flotten hatten ihren Capitainen für den Fall eines Gefechtes Anweisungen gegeben. Beide sind bekannt gemacht worden. Nelsons Anweisungen verrathen den geistvollen Mann, der der Kriegswissenschaft neue Bahnen eröffnet; Villeneuve's verrathen den gewöhnlichen Kopf, der sich im Gleise des Hergebrachten hinzieht. Diese Anweisungen zeigen denselben Unterschied, den für den Landkrieg Napoleons Anweisungen für seine Stellvertreter darlegen, und die vom Wiener Hofkriegsrath den Oberbefehlshabern ertheilten.

Am 21sten October zeigte Villeneuve dem Feinde eine

Linie von ein und zwanzig Schiffen; aber die Linie war schlecht aufgestellt. Zwölf Schiffe blieben, wie erwähnt, im Rückhalt, um den bedrängten Schiffen zu Hülfe zu kommen und dem Feinde in die Seite zu fallen; eine wichtige Aufgabe, die schlecht ausgeführt wurde. Statt sich an die alten Weisen zu halten, rückte Nelson mit vollem Winde in zwei Reihen, eine von funfzehn Schiffen unter Admiral Collingwood, die andere von zwölf Schiffen unter seinem unmittelbaren Befehle an, und trug so, ganz nach Gutdünken, den kräftigsten Angriff auf einige bestimmte Puncte, um die Linie der vereinigten Flotten zu brechen, während ein großer Theil dieser Flotten dem Kampfe fremd blieb oder zu spät dazu kam, wenn das schon Geschehene keine Hülfe mehr zuließ. Durch neue und rasche Bewegungen hätte man den tolldreisten Versuch einer so neuen Kampfweise erwiedern müssen. Aber Villeneuve war kein Mann von plötzlichen Eingebungen und nichts geschah, um den Verlust der vereinten Flotte zu beschwören, mag nun der Rauch der Stücke die Signale des französischen Admirals unsichtbar gemacht, oder eine strafbare Langsamkeit, seine Befehle zu erfüllen, die Wirkung derselben unnütz, selbst sie nachtheilig gemacht haben. Frankreich und Spanien hätten an diesem Tage mehr noch als das Materielle ihrer Seemacht verloren, wenn zehn bis zwölf Capitaine aus beiden Völkern nicht durch schöne Züge des Muthes wenigstens, neben dem Verluste der Schlacht, für die Rettung der Ehre gesorgt hätten.

Unter diesen Tapfern verdient Auszeichnung der Contreadmiral Magon, die Capitaine Cosmao, Courège und Camus; die Admirale Gravina und Alava, Villeneuve selbst, ein eben so guter Soldat als schlechter Anführer, und besonders die beiden Helden dieses Trauertages, die Capitaine Lucas und Infernet.

Lucas, Befehlshaber des Redoutable, eines Schiffes von vier und siebenzig Kanonen, im Kampfe mit der Victory, einem Schiffe von hundertzwanzig Kanonen, auf dem Nelson selbst sich befand, bot dem englischen Admiral einen seiner würdigen Gegner. Von beiden Seiten macht man verdoppelte Anstrengungen zum Entern; man zerfleischt sich durch Geschütz und Gewehrfeuer. Alles verspricht dem französischen Capitaine den Sieg, als das englische Schiff, der Téméraire, von hundert und zehn Kanonen, es von der andern Seite bedrängend, ihm eine volle Ladung giebt, was auf einmal beinah zweihundert Mann zum Kampfe unfähig macht. Zwischen zwei Dreidecker gequetscht, fährt der Redoutable doch in seiner bewundernswerthen Vertheidigung fort; sein großer Mast fällt auf den Téméraire, die beiden Marsen stürzen auf den Redoutable. Das Deck des letztern bricht durch und Feuer kommt am Bord aus; man löscht es und kämpft weiter. Vergeblich rufen die Engländer dem Capitain Lucas zu, sich zu ergeben. Lucas antwortet, obgleich verwundet, auf diese Aufforderung durch die letzten Kanonenschüsse, die er abfeuern kann, und durch das letzte kleine Gewehrfeuer. Um den Erfolg der Victory und des Téméraire vollständig zu machen, muß erst ein drittes englisches Schiff sich vor das Hintertheil des Redoutable quer vorlegen und die Gefahr vollständig machen. Erst als das Schiff unter seinen Füßen zu verschwinden drohte, gab der Capitain nach. Das Glück ersparte ihm aber den Schmerz, die Flagge zu streichen. Der Sturz des Besanmastes, an dem die Flagge gehißt war, bezeichnet den Augenblick, wo die Vertheidigung aufhören muß. Der Redoutable ergiebt sich. Doch sein so rühmlich abgewehrter Verlust kommt England theuer zu stehen. Er kostet ihm Nelson, der an seinen Wunden stirbt. Von sechshundert drei und vierzig Mann, die des französischen Schiffes Bemannung ausmachten, waren fünfhundert zum Kampfe unfähig; von dreißig Officieren oder Unterofficieren waren dreizehn todt und zehn schwer verwundet.

Frankreich ist auch dem Capitain Infernet gleiche Lobsprüche schuldig, der den Intrépide befehligte. Dieser tapfere Officier focht lange gegen mehrere feindliche Schiffe, und zuletzt hatte er mit fünf auf einmal zu kämpfen. In solchen Augenblicken kann sich der Muth nur durch die Hartnäckigkeit des Widerstandes verherrlichen. Er verlor alle Maste, sah an seiner Seite mehr als die Hälfte seiner Leute fallen, that den Engländern großen Schaden, verweigerte, sich zu ergeben, bis zum letzten Augenblicke, und gab nicht eher nach, als in dem

Augenblicke, wo sein Schiff, bereit zu sinken, ihm kein Schlachtfeld mehr darzubieten drohte.*

Villeneuve hatte sich auch ausgezeichnet, doch als bloßer Schiffscapitain. Als er die drei Maste des Bucentaure nach und nach hatte stürzen sehen, wollte er mit seiner Flagge auf ein anderes Schiff übergehen, in der Hoffnung, den Kampf zu erneuern und vielleicht mit den zehn noch unberührten Schiffen zu siegen. Doch selbst dieses Auskunftmittel ist ihm nicht gelassen. Sein Boot, von feindlichen Kugeln bedeckt, wird durch den Fall des Mastes zerschmettert. Er verlangt vergeblich ein Boot von dem spanischen Schiffe la Santa Trinidad. Man versteht ihn nicht, oder kann ihm nicht dienen. Angenagelt an ein Schiff, das nicht mehr fechten kann, und der übrigen Flotte unnütz, die seine Signale nicht mehr sieht, oder ihm nicht gehorcht, ist er verdammt, sich dem Feinde auszuliefern, um nicht ohne Nutzen den Rest seiner Mannschaft zu vernichten. Um fünf Uhr Nachmittags giebt Admiral Gravina, der tapfer gefochten hatte und selbst tödtlich verwundet war, das Zeichen zum Sichwiederversammeln, bringt fünf französische Schiffe, sechs spanische, fünf Fregatten und zwei Briggs zusammen, und geht während der Nacht beim Eingang der Rhede von Cadiz vor Anker.

Der Contreadmiral Dumanoir entfernte sich auch mit vier Schiffen, die keinen Theil am Kampfe gehabt hatten, vom Schlachtfelde; doch in anderer Richtung. Einige Tage darauf auf der Höhe des Vorgebirges Finisterre vom englischen Admiral Sir Richard Strachan angegriffen, der auch nur vier Schiffe, aber zugleich vier Fregatten hatte, ist er endlich nach einem Kampfe, wo jedes französische Schiff, von zwei Seiten bedrängt, eine Fregatte und ein Schiff gegen sich hatte, gezwungen, sich zu ergeben. So verschwanden alle diese Bauten, alle diese Vorbereitungen, die so viel Geld, so viele Sorge gekostet, und von denen Napoleon ein ganz anderes Ergebniß sich versprochen hatte.

Der Verlust war ungeheuer und fast unersetzlich. Siebzehn Schiffe der vereinigten Flotte waren in die Hände der Engländer gefallen; ein achtzehntes, der Achilles, war in die Luft geflogen. Einige der erstern wurden wiedergenommen, doch gezwungen, an der spanischen Küste zu scheitern. Die Engländer bohrten mehrere der in ihren Händen gebliebenen in den Grund. Nur mit vieler Mühe konnten sie ein französisches und drei spanische Schiffe nach Gibraltar bringen. Die siegende Flotte hatte selbst sehr gelitten; sie gestand sechszehnhundert Todte und Verwundete zu, und unter den Todten hatte England den Mann zu beklagen, dem in der letzten Zeit das Seewesen seinen ganzen Ruhm verdankte.

Die Schlacht von Trafalgar zeigt uns England zur See durch dasselbe Geheimniß siegreich, das Napoleon auf dem Festlande anwandte: durch die Kunst, den Feind zu errathen und zu täuschen, auf einigen Puncten ihn durch die Massen zu erdrücken, und auf andern durch geschickte Bewegungen seine Anordnungen unnütz zu machen. Sicher fehlte den Franzosen der Muth nicht. Mit Leuten, wie die Capitaine Lucas, Infernet und Andere, was würde ein Admiral angegeben haben, der den Ehrgeiz gehabt hätte, der Bonaparte des Seewesens zu seyn?

Nie erfaßte ein Unfall einen Sieger mitten in so Staunen erregenden Glücksfällen. Freute sich Napoleon, den Palast der teutschen Kaiser in Schönbrunn zu bewohnen, so war es nur, weil dem neuen Gebieter von Wien die Hoffnung, London zu erreichen, gesicherter schien. Und gerade in dem Augenblicke, wo die Zukunft ihm scheint in die Hand gegeben zu seyn, vernichtet ein Donnerschlag alle seine Hoffnungen. Sein Schmerz kommt nur seiner Wuth gleich. England verfolgt ihn, umgarnt ihn, stört seine Triumphe; England verflucht und verabscheut er dafür. In den Ausfällen in seinen Armeeberichten gegen die Kaiser von Rußland und Oestreich sind es immer nur die Verbündeten Englands, die er angreift und die er treffen möchte.

Aber England hat der Welt abschreckende Beispiele gegeben, um die Macht seines Seewesens zu sichern; er wird es nachahmen. Durch seine unbeugsame Strenge wird er die französischen Admirale siegen lehren. Von Schönbrunn aus befiehlt er, vor Kriegsgerichte die Admirale und Capitaine zu stellen, deren Benehmen nicht ganz frei von Vorwurf schien. Waren Alle unschuldig, hatten Alle gethan, was brave Seeleute in einer Schlacht thun müssen? Viele zweifelten, und Napoleon mehr als alle Andere. Indeß ward kein Verdammungsurtheil ausgesprochen. Napoleons so furchtbarer Despotismus hätte doch nicht gewagt, eine staatskluge Verdammung zu befehlen, wie die des Admirals Byng war.

Gebeugt durch die Verbannung, gebeugt durch die Mißbilligung, die an seiner Niederlage haftete, kam Villeneuve im Jahre 1806 von selbst nach Frankreich und verlangte vor Gericht gestellt zu werden. Er stieg in Morlaix an's Land, und wartete in Rennes, wie man glaubt, auf Befehle aus Paris. Aber eines Tages findet man ihn in seinem Zimmer von mehreren Messerstichen durchbohrt, die ihm den Tod gegeben haben. War es ein Selbstmord? War's ein Mord? Welche Hand hat ihn getroffen? Die Bosheit ersinnt die albernsten Voraussetzungen. Sie beschuldigt den Kaiser selbst, dem doch gerade viel daran liegen muß, den Admiral richten zu lassen; sie beschuldigt den Seeminister, der dabei betheiligt sey, nach ihrer Versicherung, daß Villeneuve nicht Alles sage, was er sagen könnte. Eine einfachere Erklärung reicht hin, um diese Erfindungen des Hasses zu zerstreuen. Villeneuve war seit einiger Zeit geistig gestört; man hatte es bemerkt; man hatte ihm seine Waffen, seine Pistolen genommen; doch war die Vorsicht nicht weit genug gegangen. Und endlich, wäre er auch ganz bei Verstande gewesen, ist's denn so schwer, zu glauben, daß er, erdrückt durch die Verantwortung eines großen Mißgeschicks, das ihm allgemein Schuld gegeben wird, sich selbst überlassen, zwischen dem Wunsche, seine Unschuld zu beweisen und der Besorgniß, wenn auch nicht gerade eines Verbrechens, doch der Unfähigkeit zu seiner Stelle überführt zu werden, einen freiwilligen Tod der Möglichkeit einer Verdammung, wär's auch nur zu einer Haft, die ihm, selbst wenn sie überstanden war, ein Daseyn ohne Ehre gelassen hätte, vorzog?

So viel Verzweiflung die Nachricht von der Schlacht von Trafalgar beim Kaiser Napoleon erregen mußte, so viel Entzücken erregte sie in London. Zu dieser Freude mischten sich aber gerechte Klagen über Nelsons Tod. Der Schmerz der Regierung zeigte sich durch glänzende Beweise der Dankbarkeit für sein Andenken und gegen seine Familie. Englands großer Zweck war erreicht. Die Besorgniß eines so nahe drohenden Einfalls, die Besorgniß neuer Seezüge Frankreichs gegen die britischen Nebenländer war für einige Zeit beschwichtigt. Neben der Möglichkeit eines Einfalls in Großbritannien wäre das bloße Einlaufen der vereinigten Flotte in Toulon vernichtend für den englischen Einfluß im Mittelmeere gewesen. Sicilien, Malta selbst stand auf dem Spiele; jetzt erkannten geschlossene und offene Meere nur eine Flagge ohne Nebenbuhlerinnen an, die Flagge von England.

Ein und funfzigstes Capitel.

Krieg.

Erdichteter Waffenstillstand von Hollabrunn. — Gefecht von Güntersdorf. — Stellung der verschiedenen Heeresabtheilungen. — Besetzung von Brünn. — Kriegssteuer von hundert Millionen für die eroberten Länder. — Absendung des Grafen Stadion an Napoleon. — Ankunft des Grafen von Haugwitz in Bernadotte's Hauptquartiere. — Absendung des Generals Savary zum Kaiser Alexander. — Ausspähung der Gegend von Austerlitz. — Napoleons Stellung. — Napoleons Besprechung mit dem Fürsten Dolgorucki. — Aufruf Napoleons an sein Heer. — Anordnungen zur Schlacht. — Schlacht von Austerlitz. — Napoleon nach der Schlacht. — Ergebnisse des Sieges. — Absendung eines östreichischen Herolds. — Franz II. auf Napoleons Bywacht. — Uebereinkunft über den Grundsatz des Waffenstillstandes. — Sendung des Generals Savary an Alexander. — Vorwurf, den man Napoleon gemacht hat. — Handschreiben des Kaisers Alexander an den Marschall Davoust. — Napoleons Dank und Belohnungen für sein Heer. — Vorwurf, den man Franz II. gemacht hat. — Wirkungen der Schlacht von Austerlitz. — Kriegsunternehmen im nördlichen Teutschlande.

Während in Schönbrunn der Kaiser Napoleon stolz auf seine Erfolge von Ulm und erschüttert über das große Mißgeschick von Trafalgar, bald den Ausbrüchen des Hochmuthes und des Schmerzes gegen Rußland, England und Oestreich hingegeben war, und einige Tage der Einrichtung einer bürgerlichen und militairischen Regierung für die eroberten Provinzen widmete, verfolgten seine verschiedenen Heerabtheilungen den Feind in der jeder vorgeschriebenen Richtung. Am 14ten November erreichten Prinz Mürat und Marschall Lannes die Russen in Hollabrunn. Sie wichen dem ersten Reiterangriffe, den Franzosen etwa hundert bespannte Wagen überlassend. Am folgenden Tage verlangten sie in dem Augenblicke, wo sie angegriffen werden sollten, sich vom östreichischen Heere zu trennen. Derselbe General Winzingerode, den wir als Kriegsunterhändler in Berlin und in Wien sahen, fand sich ein als beauftragt vom Kaiser seinem Herrn, um einen Waffenstillstand mit dem französischen Heere zu unterzeichnen. Das unüberlegte Vertrauen Mürats wagte nicht, Mißtrauen in die Ehrlichkeit eines Adjutanten des Kaisers Alexander zu setzen, der im Namen dieses Fürsten sprach. Durch einen am 15ten November festgesetzten Waffenstillstand, in dem ausdrücklich ausgesprochen war, daß der General Winzingerode im Auftrage seines Souverains handle, wurde abgemacht, „daß das russische Heer Teutschland verlassen und auf der Stelle, auf der Straße, die es eingeschlagen habe, um es in Tagemärschen zu räumen, abziehen würde.“ Prinz Mürat willigte ein, seinen Marsch nach Mähren einzustellen, und die Genehmigung Sr. Majestät des Kaisers der Franzosen abwartend, sollten beide Heere ihre gegenseitigen Stellungen behaupten. Napoleon, weniger leichtgläubig als Mürat, durchschaute den Betrug. Er verweigerte seine Zustimmung zu dieser Art von Vertrag, indem er erklärte, er würde ihn genehmigen, wenn ihn Kaiser Alexander genehmigt hätte. Wir können uns ersparen, den Russen irgend einen Vorwurf zu machen; man braucht sie nur selbst sprechen zu lassen. Wie unschuldig und natürlich es in Kutusof's Augen erschien, den Namen seines Fürsten Preis zu geben, das beweist die Einfachheit, mit der er dem Kaiser Alexander darüber Bericht erstattet: „Ich hatte,“ schrieb er ihm, „blos im Auge, Zeit zu gewinnen, um das Heer zu retten und mich von dem Feinde zu entfernen. . . . Ohne diese Uebereinkunft auf irgend eine Weise anzunehmen, setzte ich meinen Rückzug fort und entfernte mich zwei Tage märsche von dem französischen Heere. Obgleich ich das Corps des Fürsten Bagration sicherem Verderben Preis gegeben sah so meint' ich doch, mich glücklich schätzen zu müssen, wenn ich das Heer durch Aufopferung dieses Corps rettete." Folglich konnten die Franzosen nur dem Corps des Fürsten Bagration die Treulosigkeit des Oberbefehlshabers entgelten lassen. Dieses Corps mußte wirklich in den Dörfern Schöngraben und Güntherßdorf einen der erbittertsten Kämpfe gegen viel beträchtlichere Streitkräfte, als die seinen waren, bestehen, weil die Marschälle Lannes und Soult am Gefechte Theil genommen hatten. Die russischen Grenadiere kämpften mit Ruhm gegen die französischen Grenadiere, die Oudinot befehligte, und Bagration hatte sich Ehre gemächt durch die Kräftigkeit seines Widerstandes, ob er gleich nur die Hälfte seines Corps davonbringen konnte. Er überließ den Franzosen zwölf Kanonen und achtzehnhundert Gefangene. Nacht und List begünstigten die Flucht der übrigen. Eine Abtheilung von achthundert Mann, von allen Seiten umringt, entkam durch Begünstigung der Dunkelheit, weil russische Officiere in französischer Sprache gerufen hatten: „Was macht Ihr? Ihr schießt auf Eure eignen Leute! Wir sind Franzosen." Murat setzte seinen Marsch fort und kam nach Znaim, wo beinahe zu gleicher Zeit der Kaiser Napoleon eintraf.

Kutusof war außer Gefahr. Seine Vereinigung mit dem zweiten russischen Heere, das General Buxhövden herbeiführte, zu hindern, war nun unmöglich. Die Lage der Dinge hatte sich merkwürdig geändert. Napoleon mußte Wien bewachen, die Zugänge von Steyermark dem Erzherzoge Carl verschließen, seine Flanken auf einem sehr großen Raume vertheidigen, während er vor sich Heere zusammenstoßen sah, die für sich die Ueberlegenheit der Anzahl haben mußten. Er sorgte für dieses Alles. Marmont, dessen Hauptquartier in Leoben war, beobachtete das östreichisch-italienische Heer, das Massena fortwährend drängte. Marschall Mortier hatte mit den Divisionen Dupont und Gazan die in Wien gelassenen Truppen abgelöst. Ungarn versprach, unbeweglich zu bleiben, wenn die französische Arme sich jeder Feindseligkeit gegen dieses Land enthielte. Seine Neutralität ward unter dem Vorbehalte angenommen, daß Presburg ausgeliefert würde, und Marschall Davoust ließ dieses augenblicklich besetzen. Eine Division Dragoner zu Fuß, unter dem Befehle von Baraguay d'Hilliers und eine baiersche Division hielten die Reste des Corps des Erzherzogs Ferdinand in Böhmen im Zaume. Folglich war Alles im Rücken und auf der Seite sicher, und der Kaiser hatte in sehr nahen Räumen, mit Ausnahme einiger Divisionen, die Corps von Bernadotte, Lannes, Soult und Davoust zu seiner Verfügung.

Von Znaïm aus hatte die Reiterei des Generals Sebastiani, bei der Verfolgung der Russen auf der Brünner Straße, noch funfzehnhundert Gefangene gemacht. Man hatte vorausgesetzt, daß Brünn, sehr geeignet, eine Belagerung in aller Form auszuhalten, einer der Stützpuncte des Feindes seyn würde; man hatte sich getäuscht. Der Kaiser Franz II. war ausgerückt, um sich nach Olmütz zurückzuziehen, und hatte es völlig ohne Vertheidigung gelassen. Alexander war auch einen Augenblick lang dort gewesen, um Kutusof zu einem Rückzuge Glück zu wünschen, der in seinen Augen ein Sieg war, und war auf der Stelle von dort wieder abgereist, um in Olmütz mit seinem Verbündeten, dem teutschen Kaiser, zusammenzutreffen.

Als die Franzosen am 18ten November Brünn besetzten, fanden sie sechszig Kanonen dort, dreihunderttausend Centner Pulver und beträchtliche Vorräthe sowohl an Getreide als an Mehl, so wie an Bedarf aller Art und an Kleidungsstücken. Napoleon untersuchte die Festungswerke. Er befahl, die Festung Spielberg, die den Ort bestreicht und die ihm von großer Wichtigkeit zu seyn schien, zu bewaffnen und mit Lebensmitteln zu versorgen.

Am 21sten November versuchten sechstausend Mann russischer Reiterei den Vereinigungspunct der Straßen von Brünn und Olmütz zu vertheidigen. Es erfolgte ein heftiges Reiterei-Zusammentreffen, in welchem sich Marschall Bessières mit vier Schwadronen der Garde, die Generale Walther und d'Hautpoult, so wie die Obersten Düronel und Bourdon auszeichneten. Der Feind entfernte sich. Die beiden Heere befanden sich zwischen Brünn und Olmütz funfzehn Stunden auseinander.

Stets mit Anordnungen für die folgenden Tage beschäftigt, versäumte der Kaiser der Franzosen doch nicht, die Frucht der schon gethanen Arbeiten einzusammeln. Aus seinem Hauptquartier in Brünn befiehlt er, daß eine außerordentliche Kriegssteuer von hundert Millionen Franken in Mähren, Oestreich und den andern von seinen Truppen schon eroberten Provinzen erhoben werde. Unterstützt ihn das Glück, wie er hofft, so kann diese Entscheidung der Vorsicht, die er vor der Schlacht genommen, eine der offenen oder geheimen Friedensbedingungen werden.

Der teutsche Kaiser, der, wie wir sahen, schon einige Versuche zur Unterhandlung gemacht hatte, schickte den Grafen Giulay auf's Neue zu Napoleon. Dem Grafen Giulay war dieses Mal der Graf Stadion beigegeben, ein Mann, der von da an als sehr wenig friedliebend und als eifriger Franzosenfeind sich gezeigt hat. Napoleon empfing sie in Brünn am 27sten November. Er bot einen Waffenstillstand für den Fall an, daß man über ein endliches Abkommen übereinkäme; aber es wurde ihm nicht schwer, zu durchschauen, daß dieser neue Schritt nur eine List war, um seine Unternehmen zu verzögern. Die östreichischen Gesandten wurden eingeladen, sich mit Hrn. von Talleyrand zu besprechen.

Auch ein anderer politischer Agent wünschte beim Kaiser der Franzosen Zulaß zu erhalten; nämlich der preußische Minister, Graf von Haugwitz, der nach der Unterzeichnung des Vertrags vom 3ten November, wodurch Preußen dem Bunde beigetreten war, den Auftrag erhalten hatte, ihm das neue Ultimatum, über das die drei Höfe von Rußland, Preußen und Oestreich übereingekommen waren, zu überbringen. Dieser Minister wurde unter verschiedenen Vorwänden in Bernadotte's Hauptquartier, das noch in Iglau war, aufgehalten.

Nach dem Beispiele des Kaisers Franz II. hatte auch Napoleon gemeint, seinen Wunsch nach Frieden aussprechen zu müssen; aber er that es bei dem Kaiser Alexander. Er hatte seinen Adjutanten Savary an diesen Monarchen geschickt, um ihm zu seinem Eintreffen Glück zu wünschen. Savary, sehr wohl aufgenommen von Alexander und dem Großfürsten Constantin, konnte Napoleon treuen Bericht über die blinde Bethörung des jungen Generalstabes abstatten, der den Kaiser von Rußland umgab. Uebrigens hatte damals dieses Vertrauen einige Entschuldigung. Die vereinigten russischen und östreichischen Heere bildeten eine Masse von mehr als neunzigtausend Mann. Der französische Kaiser hatte nur fünf und sechszigtausend ihnen entgegenzustellen. Seine Lage schien gewagt. Nur bei geschickteren Gegnern wäre sie's gewesen.

Ungeachtet ihrer Ueberlegenheit an Zahl, wäre es doch im Interesse der vereinigten Heere gewesen, die Zeit hinzuhalten und ihre Vereinigung mit Erzherzog Carl durch Ungarn vorzubereiten, außerdem Preußen Zeit zu lassen, sich auf dem Kriegsschauplatze einzufinden. Doch so viel Ueberlegung war unvereinbar mit der Eingebildetheit der kriegerischen Umgebung des Kaisers Alexander. Außerdem hatte die Unvorsichtigkeit und Raubsucht der russischen Truppen in wenigen Tagen alle Hülfsmittel des Landes, das sie besetzt hielten, aufgezehrt, und man mußte entweder vorrücken oder eine rückgängige Bewegung machen. Diese letztere Auskunft hätte ihrem Stolze zu viel gekostet. Seit dem 24sten November hatte man sich zu einer angreifenden Bewegung entschlossen, doch die Schwierigkeit des Unterhalts bestimmte, sie um zwei Tage zu verzögern. Am 27sten setzte sich das vereinigte Heer in fünf Säulen in Bewegung, die beiden erstern unter den Befehlen russischer Generale, die beiden letztern unterm Befehle des Fürsten Johann Liechtenstein, Befehlshabers des östreichischen Heeres. Ihnen folgte die Aushülfarmee, zehn Bataillone und achtzehn Schwadronen stark, unterm Befehle des Großfürsten Constantin. Schlecht unterrichtet von der Stellung der Franzosen, rückte General Kutusof nur mit großer Umsicht vor, als er aber erfahren hatte, daß die französische Vorhut, die Wischau besetzt hielt, nicht verstärkt worden war, ließ er sie auf der Stelle angreifen. Der Angriff war vorausgesehen. General Treilhard, der diesen Posten besetzt hielt, hatte Befehl, sich nach Rausnitz zurückzuziehen; doch, obgleich vom Prinzen Mürat beschützt, konnte er seinen Rückzug nicht ausführen, ohne dem Feinde ein Hundert Gefangene zu lassen. Ermuthigt durch diesen ersten Erfolg, griffen die Russen noch an demselben Abende Rausnitz an. Der Punct ward eine

18*

Zeitlang vertheidigt, obgleich Bagration dort seine sämmtlichen Truppen und sein ganzes Geschütz in Anwendung brachte; der Prinz Mürat richtete es so ein, daß der Feind, als er den Punct aufgab, ihm bei seinem Rückzug hinterdreinzog.

Am folgenden Tage, den 28sten November, stellte sich das vereinigte Heer vor Wischau auf, wo sein Hauptquartier war. Seine Zuversicht wuchs in dem Maaße, als es auf dem Gebiet Fortschritte machte, wohin der Kaiser Napoleon es berufen hatte. Seit dem 20sten November, wo er sich auf die Hochebene von Austerlitz begeben hatte, auf der die Divisionen des Marschalls Soult eingelagert waren, hatte er zu den Generalen seines Gefolges gesagt, indem er ihnen die zwischenliegenden Dörfer zeigte: „Meine Herren, machen Sie sich mit dieser Gegend recht vertraut; in wenigen Tagen wird dies Ihr Schlachtfeld seyn."

Am 29sten nahm Napoleon seine Bywacht zwei Stunden vorwärts Brünn auf einer Höhe, welche die Soldaten den Kaiserhügel nannten. Seine Rechte war an den See von Menitz gestützt; der Mittelpunct war durch sumpfiges Land und hochufrige Bäche gedeckt; seine Linke, die bis zu einem Bergzuge reichte, hatte den Bosenitzberg vor sich, einen steilen Berg, den er durch eine starke Batterie hatte befestigen lassen und den er Santon genannt hatte, weil er ihn an eine ähnliche Stellung in Aegypten erinnerte. Alle diese Vertheidigungsanstalten schienen zum Zweck zu haben, einen Rückzug dem Auge zu entziehen. Die Russen wurden dadurch getäuscht. Ihre einzige Besorgniß war, daß er ihnen nicht entlaufe; sie dachten nur daran, ihn zu umgarnen. Alles hatte den Zweck, sie in diesem Irrthume zu erhalten. Mürat machte eine Recognoscirung; er wechselte einige Kugeln und zog sich dann eilig zurück, als fürchte er ein gefährliches Gefecht.

Zu derselben Zeit, am 30sten, ließ Napoleon dem Kaiser Alexander eine Zusammenkunft antragen. Statt sie anzunehmen, begnügte sich der russische Monarch, ihm seinen Adjutanten, den Fürsten Dolgorucki, zu schicken. Er wurde von Napoleon an den Vorposten empfangen; ein neuer Umstand, der die Besorgniß der Franzosen sicher aussprach. Man arbeitete angestrengt an den Verschanzungen. Die französischen

Doppelwachen standen eine ganz nahe bei den andern. Alles verkündigte einen Schrecken, der einem nahen Untergang vorausgeht. Die Besprechung des Fürsten Dolgorucki mit Napoleon entsprach diesen äußeren Anzeichen; der französische Kaiser hielt sehr an sich, während stolz auf die Gunst seines Monarchen und auf eine Sendung, die ihn in den Stand setzte, Napoleon eine hochmüthige Sprache hören lassen, an die dieser gar nicht gewohnt war, der russische Generaladjutant, voll von dem mit England abgeredeten Plänen, sich keine der Plaudereien versagte, wodurch er die geheimsten Absichten seines Hofes verrathen konnte. Napoleon als schon geschlagen ansehend, zeigte er ihm die Möglichkeit des Friedens nur mittelst seiner Verzichtung auf die eiserne Krone, die Aufgebung Italiens und die Abtretung Belgiens. Napoleon verstand alles das anzuhören, er gewann es über sich, seinen Unwillen zu bezwingen und ließ seinen aufgeblasenen Erzähler in der Trunkenheit seiner thörichten Hoffnungen. Nach seiner Rückkehr zu Alexander bestärkte Fürst Dolgorucki nur die Täuschungen des Hauptquartiers, und beim Aufmarsch zum Kampfe schien man nur daran zu denken, wie man das französische Heer ganz und gar fangen oder vernichten könne. Die alte Erfahrung der östreichischen Generale wollte vergeblich diese selbstgefällige Gluth mäßigen. Ihre Stimme verklang ungehört. Die Oestreicher waren keine Russen; die Fehler der Oestreicher hatten den ganzen Ruhm der Franzosen begründet. Dieser Hochmuth, den Kutusof selbst theilte, gab ihm seine Bewegungen ein.

Am 1sten December dehnte sich das russische Heer, in der Hoffnung, die Franzosen zu umgehen, durch einen Seitenmarsch auf einem Raume von vier Stunden aus, indem es sich längs dem französischen Heer hinzog, das scheinbar sich nicht aus seiner Stellung herauswagte. Napoleon bemerkte diese Bewegung, um seine eigenen Worte zu gebrauchen, mit unaussprechlicher Freude. „Vor morgen Abend," sagte er zu General Berthier, „gehört dieses Heer mir." Auf der Stelle erläßt er einen Aufruf an sein Heer, einen Aufruf, der seiner und der Soldaten würdig war, der ihnen sogar den Plan der Schlacht enthüllt. „Während die Russen," sagt er zu ihnen, „marschiren, um meine Rechte zu umgehen, bieten sie mir die Seite..... Ich werde dem Feuer fern bleiben, wenn Ihr, mit gewohnter Tapferkeit, Unordnung und Verwirrung in die feindlichen Reihen bringt; doch wäre der Sieg nur einen Augenblick ungewiß, so würdet Ihr Euern Kaiser sich den ersten Kugeln aussetzen sehen." — „Du brauchst Dich nicht auszusetzen," sagte ihm Abends einer seiner alten Grenadiere; „Du brauchst nur mit den Augen zu fechten; morgen werden wir Dir Fahnen und russisches Geschütz bringen, um den Jahrestag Deiner Krönung zu feiern." Der Gedanke an den Jahrestag der Krönung wird auf der Stelle ergriffen. Man steckt einige Strohwische zur Erinnerung des Tages in Brand, und im Augenblicke darauf sieht man eine ungeheure Feuerlinie glänzen, auf der Jubelgeschrei, das untrügliche Vorzeichen des Sieges, erklingt. Welcher andere Krieger, General oder Fürst, konnte je sich schmeicheln, in den Herzen seiner Soldaten so lebhafte und so erhebende Freudengefühle geweckt zu haben?

In der Nacht traf der Kaiser seine letzten Anordnungen. Er gab den Befehl über den linken Flügel an Marschall Lannes; über das Centrum an Bernadotte; über den rechten Flügel an Marschall Soult. Marschall Davoust war auf die äußerste Rechte mit der Division Friant und mit der Dragonerdivision des General Bourcier entsandt, um die Linke des Feindes im Zaume zu halten. Der Kaiser blieb mit zehn Bataillonen Garde und Oudinots zehn Grenadierbataillonen, die jetzt General Düroc befehligte, da Oudinot bei Güntersdorf verwundet worden war, im Rückhalt. Um Ein Uhr des Morgens war der Kaiser zu Pferde, die ersten Strahlen des Tages mit Ungeduld erwartend. Die Sonne ging strahlend auf, einen der schönsten Herbsttage herbeiführend. Jeder Marschall erhielt seine letzten Befehle und verfügte sich im Galopp zu seinem Corps. „Soldaten," sagte Napoleon, indem er an ein Paar Regimentern vorbeiritt, „wir müssen dem Feldzuge durch Einen Donnerschlag ein Ende machen," und das wiederholte Geschrei: „es lebe der Kaiser!" gab ihm die Antwort, daß der Donner bereit sey und nur sein Zeichen erwarte.

Kanonendonner ließ sich auf der äußersten Rechten hören.

Es war die feindliche Vorhut, die sie schon überflügelt hatte. Auf dieser Bewegung beruhte Kutusofs großer Gedanke. Doch Napoleon hatte diesen großen Gedanken errathen. Marschall Davoust stand dort. Die Russen hatten gemeint, sie brauchten nur zu marschiren, um den rechten Flügel der Franzosen zu umgehen. Man mußte auch fechten und siegen. Der Kampf war auf dieser Stelle sehr hartnäckig. Die Dörfer Telnitz und Sokolnitz waren die Schauplätze unglaublicher Anstrengungen, zehnmal vom Marschall Davoust und einem noch einmal so starken Feinde erneuert. Der östreichische General Kienmayer zeigte dort eben so viel Geschicklichkeit als Ausdauer. Die erste und zweite russische Heersäule und ein Theil der dritten waren den ganzen Tag über auf dieser Stelle beschäftigt, vom wirklichen Schlachtfelde sonach fern gehalten. Diese verschiedenen Corps standen unter der Oberleitung des russischen Generals Burhövden.

Beinahe in dem Augenblicke, wo der Kampf, so zu sagen, außerhalb des allgemeinen Gefechtes anfing, hatte Marschall Soult, der den rechten Flügel befehligte, sich auf die Höhen von Pratzen begeben, die von der vierten feindlichen Heersäule besetzt waren. Diese vierte Heersäule, bei der sich der Oberbefehlshaber Kutusof befand, bildete das Centrum des Heeres. Nach gelehrten Bewegungen und glänzenden Kämpfen blieb Soult Herr der Höhen von Pratzen, und bald darauf bemächtigte er sich eben so der Höhen von Aujezd, wodurch er dem Feinde die Möglichkeit nahm, die Schlacht wieder in Ordnung zu bringen.

Bernadotte mit dem Mittelkern, Mürat mit seiner Reiterei, Lannes mit dem linken Flügel, hatte nicht weniger thätigen Theil an dem großen Ereigniß genommen, das sich vorbereitete. Sie hatten den Fürsten Johann Liechtenstein, Bagration, fast die ganze Reiterei der vereinigten Heere und die vom Großfürsten Constantin befehligten Aushülfen vor sich. Seit dem Morgen hatte Napoleon dem Marschall Bernadotte Befehl gegeben, seine beiden Divisionen auf die Höhen von Blasowitz zu bringen. Mürat hatte sich links von Bernadotte in Schlachtordnung aufgestellt und Lannes lehnte sich an den Santon, oder den Berg von Bosenitz. So arg war die

Verwirrung beim Feinde durch die falschen Bewegungen, daß Großfürst Constantin, der die Aushülfen befehligte, sich in der ersten Linie befand und mit Bernadotte's Schützen und General Kellermanns Reiterei handgemein ward. Kellermann, den überlegene Streitkräfte bis zum Fußvolke zurückdrängten, hatte sich in den Zwischenräumen der Bataillone durchgezogen, um sich im Rücken wieder aufzustellen. Uhlanen, die ihn verfolgten, hatten sich in diese Zwischenräume hineingestürzt und wurden nun durch das Kreuzfeuer unserer Bataillone mit Kugeln bedeckt und beinahe vernichtet. Mürat und Lannes gewannen dafür auf ihrer Seite Boden. Die Reiterangriffe wurden so ausgeführt, daß im glücklichen Falle sie dem Feinde viel Schaden thaten, und im entgegengesetzten man sich immer auf's Fußvolk zurückziehen konnte, das stets vorwärts ging, um sie zu unterstützen. Als ein Corps russischer Dragoner sich zwischen zwei Regimenter französischen Fußvolks gestürzt hatte, bildeten diese Regimenter ihre Vierecke und vernichteten das Corps durch das Feuer ihres kleinen Gewehrs. Die Höhen von Blasowitz, zugleich durch Bernadotte's linken Flügel und Lannes rechten angegriffen, wurden genommen; der rechte Flügel der Verbündeten wurde nach und nach aus allen seinen Stellungen gedrängt, und nachdem er viel Menschen und Geschütz verloren, war er gezwungen, sich auf Austerlitz zurückzuziehen, das Hauptquartier der beiden Kaiser. So gab es auf feindlicher Seite nicht mehr ein einziges Heer, das in einem Sinne verfuhr, und dessen Theile sich unter einander stützten; es gab drei verschiedene, vereinzelte Heere, welche die Franzosen von vorn und von der Seite hatten und nur Tapferkeit ohne Berechnung, einen örtlichen Widerstand ohne Zusammenhang entgegenstellen konnten. Von Seiten der Franzosen hingegen hing Alles zusammen; Alles ging in Uebereinstimmung vorwärts und unterstützte sich zum gemeinsamen Ergebniß. Marschall Soult lieh dem Marschall Davoust seinen Beistand, der allein nicht im Stande gewesen wäre, den gegen ihn vereinigten Kräften die Spitze zu bieten, und auf der andern Seite ersetzte die Division des General Drouet, von Bernadotte's Corps abgetheilt, eine der Divisionen des Marschalls Soult auf den Höhen von Pratzen.

Indessen um den Zusammenhang des Kerns der vereinigten Heere mit dem linken Flügel herzustellen, war die Aushülfe der kaiserlichrussischen Garde dem französischen Fußvolke entgegengeworfen worden. Zwei Bataillone vom vierten Linienregimente, auf welche die russische Garde zu Pferde angerannt war, wurden, obgleich sich tapfer vertheidigend, zerstreut; die Unterofficiere, welche den Regimentsadler trugen, wurden getödtet, der Adler vom Feinde genommen. Napoleon war nicht fern. Auf der Stelle stürzt er die Reiterei seiner Garde auf die russische Garde. General Rapp, an der Spitze der Mameluken, zweier Schwadronen Jäger und zweier Schwadronen Grenadiere, stürzt er mit unwiderstehlichem Ungestüm auf sie. Der Kampf war lebhaft, heiß, aber kurz. Die Russen wurden niedergerannt, in die ärgste Unordnung gebracht, ein Theil niedergesäbelt, ein anderer gefangen genommen; unter den letzteren befand sich Fürst Repnin, Oberst der Rittergarden. Der Großfürst Constantin selbst verdankte nur der Schnelligkeit seines Pferdes seine Rettung. Von der Höhe der Hochebene von Austerlitz konnten die beiden Kaiser, Zeugen dieses schrecklichen Wirrwarrs, mit eigenen Augen beurtheilen, mit welchem Heldenvolke sie's zu thun hatten. Ueberall war der Eifer gleich; es war erst Ein Uhr nach Mittag, und schon war der Sieg völlig entschieden. Nur an der äußersten Rechten hörte man noch Kanonendonner; dort hatte Marschall Davoust mit sehr ungleichen Kräften lange dem Feinde den Boden streitig gemacht, und dann durch Marschall Soult unterstützt, hatte er die Russen und Oestreicher an die beiden Seen von Menitz und Satschau angekeilt. Die Ankunft des Kaisers an dieser Stelle, mit zwanzig Kanonen, beschleunigte auch auf dieser Seite die Auflösung, die schon nicht mehr zweifelhaft war. Eins der russischen Corps unter Buxhövdens Befehlen, das acht und dreißig Stück Geschütz mit ihren Pulverkarren bei sich führte, wollte einen alten versenkten Damm von Aujezd nach Satschau einschlagen, und sich der täuschenden Festigkeit des Eises vertrauend, versank es in das Wasser des See's. Glücklicher, obgleich sehr mißhandelt durch unsere Truppen und unser Geschütz, entkamen einige östreichische Regimenter, indem sie sich auf einem schmalen Damme, durch den die beiden Seen getrennt sind, hindrückten. Ein Theil des russischen Corps von Doctorow ward durch unsere Truppen vernichtet, oder, eben so irregeführt durch das Eis, das mit Prasseln unter der Last der Geschütze und des Fuhrwerks einbrach, kam es erbarmenswürdig im Menitzsee um; ein fürchterlicher Anblick, der den alten Soldaten von Aegypten das Schauspiel von Abukir wieder in's Gedächtniß brachte.

Für Napoleon ist es nicht genug, zu siegen; ihm liegen noch andere Pflichten ob. Er durcheilt das Schlachtfeld, beeilt die Hülfe für die Verwundeten, richtet tröstende Worte an sie und vernimmt noch die kräftigsten Beweise ihrer Ergebenheit. Er besucht die Bivwachten, er dankt den Soldaten, er preiset sie wegen ihrer schönen Thaten, wünscht allen Glück, denn nicht einer hat sich nicht als Held gezeigt. Erst um Mitternacht hält er beim Posthause vor Posorsitz an. Die Schlacht ist gewonnen; jetzt gilt es, ihre Früchte zu ärndten. Er fertigt an alle Corps Befehle ab, die Trümmer des vereinigten Heeres auf den verschiedenen Straßen zu verfolgen, die ihnen zur Flucht offen standen. Bei Tagesanbruch war das ganze französische Heer in Bewegung.

Die Ergebnisse des Sieges vom 2ten waren ungeheuer. Die Zahl der Mannschaft, die zum Kampfe untüchtig geworden war in dem vereinigten Heere, hat man auf vierzigtausend geschätzt, die so vertheilt gewesen wären: zehntausend Todte auf dem Schlachtfelde; zwanzigtausend Gefangene, darunter neunzehntausend Russen, und ungefähr tausend Oestreicher; zehntausend Mann verwundet, zerstreut oder verloren. Unter den Gefangenen bemerkte man drei Generallieutenants, sechs Generalmajors, zwanzig Oberofficiere und achthundert andere Officiere von allen Graden. Das vereinigte Heer hatte vierzig Fahnen verloren, sechs und achtzig Kanonen, vierhundert Pulverkarren und alles sein schweres Fuhrwerk. Die Franzosen haben sechstausend Verwundete eingestanden, aber blos neunhundert Todte; eine Angabe, die zu unbedeutend scheint und doch, nach der Versicherung aller Kriegsleute, genau wahr seyn kann, weil erst im Augenblicke der Niederlage der Tod seine Sichel über die Besiegten schwingt. Außerdem darf man nicht vergessen, daß das französische Heer nur fünf und sechszigtausend Mann stark war, und daß bei dieser Anzahl weder der Rückhalt der Garden zu Fuß, noch die zehn Bataillone Oudinot'scher Grenadiere Theil an der Schlacht nahmen.

Um das Ganze dieses großen Tages besser zu erfassen, hab' ich mich beschränkt, mit Eigennamen geizig, nur die Marschälle, welche die Heerabtheilungen befehligten, vorzuführen; aber die Gerechtigkeit und der Ruhm der Geschlechter verlangen, daß ich wenigstens die übrigen Führer nenne, die auf diesen Feldern einen Theil der Unsterblichkeit sich eroberten. Wie könnte ich in Marschall Lannes Corps die Divisionsgenerale Suchet und Caffarelli vergessen; im Bernadotteschen Rivaud und Drouet; im Soult'schen Vandamme, Legrand und diesen prächtigen Saint-Hilaire, der, gleich am Anfange des Gefechtes verwundet, doch den ganzen Tag auf dem Schlachtfelde blieb; im Davoust'schen Friant und Gudin? Bei der Reiterei, die Mürat befehligte, müßte man alle Generale und alle Obersten nennen; doch muß man hervorheben die Generale Kellermann, Sebastiani, Walther, Beaumont, d'Hautpolt und Nansouty. Die verwundeten Generale waren Sebastiani, Kellermann, Walther, Walhubert, Compans und Rapp. Walhubert starb allein an seinen Wunden. „Ich wünschte mehr für Sie gethan zu haben," schrieb dieser General in seinen letzten Augenblicken an Napoleon. „In einer Stunde werde ich nicht mehr seyn. Ich brauche Ihnen meine Frau und meine Kinder nicht zu empfehlen." Die Empfehlung war wirklich überflüßig. Der Frau und den Kindern war Napoleons Dankbarkeit gesichert. Diese Art von Schulden war ihm heilig.

Die Unterhandlung thut besonders Fürsten noth, die kein Heer mehr haben. Am 2ten Abends noch hatte Kaiser Franz einen Parlementair abgeschickt, der am 3ten um vier Uhr des Morgens sich bei Bernadotte's Vorposten einstellte, und bald vor Napoleon geführt ward. Dieser Herold war der Fürst Johann Liechtenstein; er kam im Namen seines Souverains, der für den Oberbefehlshaber des vereinten Heeres galt, um einen Waffenstillstand zu erbitten, und eine Zusammenkunft vorzuschlagen. Die Wahl des Parlementairs war dem Kaiser angenehm, und schien einen aufrichtigen Wunsch des Friedens zu verrathen. Napoleon empfing den Fürsten Liechtenstein mit Auszeichnung; doch um seinem Heere die unbeschränkte Wirksamkeit zu sichern, die er noch für zuträglich hielt, so nahm er die Zusammenkunft nur für den 4ten December an. Sie hatte bei den französischen Vorposten nahe bei Sarutschitz statt.

Indem er den teutschen Kaiser zum Feuer seines Bywachts führte, sagte er: „Ich empfange Sie in dem einzigen Schlosse, daß ich seit zwei Monaten bewohne." — „Sie machen sich's so gut zu Nutze, daß es Ihnen gefallen muß," antwortete Franz II. Die Zusammenkunft dauerte fast zwei Stunden. Man hat geschrieen über die Aeußerung, welche die französischen Armeeberichte dem teutschen Kaiser in Bezug auf die Engländer in den Mund legen. „Das sind," sagt dieser Fürst, wenigstens den französischen Heerberichten zufolge, „Kaufleute, welche das ganze Festland in Flammen stecken, um sich den Welthandel zu sichern." Warum sollte in einer Unterhaltung mit Napoleon, dessen Schlüsse alle darauf hinausgehen mußten, diese Meinung zu verbreiten, warum sollte bei dieser natürlichen Geistesstimmung, die den Schlußfolgen des Siegers so viel Einfluß über die Ansichten des Besiegten giebt, warum sollte der teutsche Kaiser, in der Lage, worin er sich in Folge britischer Aufregungen befand, nicht ein solches Urtheil, und selbst aus Ueberzeugung, über das Benehmen Englands haben aussprechen können? Sind denn die Fürsten so bedenklich in ihren Ausdrücken über Verbündete, die sie aufgeben, besonders an der Seite eines furchtbaren Gegners, dessen Freundschaft sie suchen?

Bei der Zusammenkunft der beiden Kaiser wurde man über die Grundsätze eines Waffenstillstandes einig. Man überließ die Bedingungen in Ordnung zu bringen, Bevollmächtigten, die man gegenseitig ernennen wollte. Der kitzlichste Punct bei dieser Zusammenkunft war die Forderung einer Waffenruhe für die schon von den Franzosen eingeschlossenen Reste des russischen Heeres. Napoleon willigte darein: „Ich will den Marsch meiner Heersäulen anhalten; aber Eure kaiserliche

Majestät versprechen mir, daß die russischen Heere nach Rußland zurückkehren." „Das ist die Absicht des Kaisers," erwiederte Franz II., „das kann ich versichern. Uebrigens können Sie sich durch Ihre eigenen Officiere noch diese Nacht davon überzeugen."

General Savary ward zum Kaiser Alexander geschickt. „Kann ich mich in Sicherheit zurückziehen?" sagte der Kaiser zu ihm. — „Ja, Sire, wenn E. M. genehmigt, worüber die Kaiser von Oestreich und Frankreich übereingekommen sind." — „Und was ist das?" — „Daß das Heer E. M. nach Hause zurückkehrt, auf Tagemärschen, welche durch den Kaiser werden vorgeschrieben werden, und daß es Teutschland und östreichisch Polen räumt. Unter dieser Bedingung habe ich Auftrag vom Kaiser, mich zu den Vorposten zu begeben, die Ihnen schon im Rücken sind, und dort Befehle zur Sicherstellung Ihres Rückzuges zu ertheilen, weil der Kaiser den Freund des ersten Consuls ehren will." — „Was verlangt man dafür als Gewähr?" — „Sire, Ihr Ehrenwort." — „Ich gebe es." Der Armeebericht vom 5ten December, der diese Einzelheiten enthält, schließt mit folgenden Worten: „Man versichert, der Kaiser habe nach seiner Besprechung mit dem teutschen Kaiser gesagt: „Dieser Mann veranlaßt mich zu einem Fehler, denn ich hätte meinen Sieg verfolgen und das ganze östreichische und russische Heer gefangen nehmen können; aber einige Thränen weniger werden fließen."

Der Vorwurf, allen seinen Vortheil nicht bis auf's Aeußerste getrieben zu haben, ist ihm wirklich nicht geschenkt worden. Mit viel Bitterkeit und Strenge hat man seine Milde getadelt. „Kaiser Alexanders Leben," sagt ein Geschichtsschreiber [1]), „war in Napoleons Händen. Er gab den Artilleristen Befehl, nicht auf den Kaiser von ganz Rußland zu schießen.... Er that mehr, er sicherte seine Flucht!... Eine weise und gute Staatskunst hätte gefordert, daß die beiden Kaiser, Alexander und Franz, zu Gefangenen gemacht und nach Frankreich geführt worden wären." Zuverlässig hätte Napoleon, wenn er alle Unterhandlung ausschlug, mehr Ge-

1) Man sehe Montgaillard, Th. VI. S. 179, 180, 185, 186, 187.

fangene machen können; er konnte die Reste des vereinigten Heeres auflesen und vernichten; doch hätte er auch, wie man voraussetzt, sich so sicher der Person der beiden Kaiser bemächtigen können? Ermüdete und umzingelte Massen sind gezwungen, sich zu ergeben; doch Einzelne, und besonders Könige, haben es fast immer in ihrer Gewalt, zu entkommen, wenn sie nicht fechtend, wie Franz I. in Pavia, gefangen werden. Folglich ist die Voraussetzung sehr grundlos, wenn man hinzusetzt: „Alexander hatte zu der Erklärung Grund, daß er zufrieden sey. Napoleon schenkte ihm das Leben und gab ihm die Freiheit obendrein." Der Zweck dieser übertriebenen Voraussetzungen ist, Napoleon der eiteln Ruhmsucht beschuldigen zu können; ihn als einen Emporkömmling durch die französische Revolution darzustellen, der nur danach gierte, in den Staatskalender der europäischen Fürsten einzurücken, und sich Herr Bruder durch die beiden mächtigsten Monarchen nennen zu hören!" Der Geschichtsschreiber, dessen Worte wir anführen, vergißt, daß der teutsche Kaiser zuerst mit Napoleons Kaiserwürde anerkannt hat, und daß er ihn schon seit mehr als einem Jahre Herr Bruder nennt. Uebrigens kann ich, trotz dieser Bemerkungen, doch den Sinn des Verfassers nicht ganz verwerfen. Man bemerkt, daß er erbitterter und heftiger gegen Alexander und Franz II. ist, wenn er Austerlitz und Sanct Helena zusammenstellt, als gegen Napoleon; und daß Napoleons großes Unrecht in seinen Augen ist, nicht unbarmherzig gegen Alexander und Franz II. gewesen zu seyn. Vielleicht liegt doch ein Gefühl von Recht dem harten Ausspruche dieses Sittenrichters zum Grunde, und selbst seinem Urtheile etwas Wahres. Wie er, muß man von Zeit zu Zeit bemerken, daß in Napoleon, bei manchen Ereignissen, eine gewisse antike Heftigkeit war, welche die modernen Sitten beleidigt, daß aber dafür eine wahre oder falsche Mäßigung, die der neuen Zeit angehört, ihm in andern Lagen die Wohlthaten der Heftigkeit eines andern Jahrhunderts entzog. Die fühlbare Rache, die übrigens Napoleon sich in Bezug auf die Personen versagt, behält er seinen Worten vor und läßt sie da aussprudeln. Hätte er den teutschen und russischen Kaiser zu Gefangenen gemacht, so möchten diese Fürsten ihm eher ihre Gefangenschaft vergeben haben, als sie ihm die beleidigenden Angriffe seiner Armeeberichte vergeben.

Beging Napoleon wirklich einen so großen Fehler, als er sich versagte, Alles, was der Sieg von den flüchtigen Russen und Oestreichern zu seiner Verfügung ließ, zu verfolgen und zu nehmen? Die Erbitterung bis zu diesem Uebermaaße treiben, wäre so viel gewesen, als Oestreich zu verzweifelten Mitteln zwingen, den Krieg verlängern und sich der Gefahr aussetzen, daß das französische Heer, durch seine Erfolge selbst geschwächt, auf's Neue in einen Kampf mit den preußischen Heeren verwickelt werden konnte, die damals noch frisch, unberührt und mit einem alten Zauber umgeben waren. Ein auf der Stelle zugestandener Waffenstillstand sicherte dem teutschen Kaiser einen vortheilhaften Frieden, wies Rußland nach Hause, entwaffnete Preußen, das um Gnade bitten mußte, und ließ Frankreich in der glänzendsten Lage. Diese Partei, die man ergriff, schien wirklich die vernünftigere. Der Waffenstillstand ward am 6ten December unterzeichnet. Das französische Heer behielt oder verbesserte seine Besetzungslinie. Oestreich versagte sich jede Truppenaushebung in den Erbstaaten und in Ungarn. Bevollmächtigte sollten zusammentreten, um den Frieden zu verhandeln.

Mit Oestreich war sein Abschluß unausbleiblich. Dieselbe Nothwendigkeit traf aber nicht Rußland. Im Kriege besiegt, besiegt durch Napoleons Großmuth, wollte Alexander dem Frieden ausweichen, wenn er auch die Einstellung des Krieges annahm, wenigstens in den mährischen Flachfeldern. Am 7ten früh reiste er nach seiner Hauptstadt ab. An demselben Tage schickte Napoleon den Fürsten Repnin mit andern Gefangenen von der kaiserlichen Garde zurück.

Der russische Kaiser war nicht blind über die Gefahr seiner Lage und hatte daher, ohne das Ergebniß der von Franz II. bei Napoleon geforderten Zusammenkunft abzuwarten, sich und seinen Truppen die freie Rückkehr nach Hause zu versichern gesucht. War aber das Mittel, zu dem er seine Zuflucht genommen, auch ganz würdig, ehrenwerth und ritterlich? Man mag selbst urtheilen. Der einzige Weg zum Rückzuge, der ihm übrig blieb, war der Uebergang über den Fluß

March, mittels der Gödinger Brücke. Marschall Davoust rückte vor, um ihm diesen Uebergang abzuschneiden und hatte nur ein unbedeutendes Hinderniß zu überwinden, um zuerst dort zu seyn. Vergeblich hat das östreichische Corps, das den Punct vertheidigt, eine Waffenruhe verlangt. Dieses Verlangen ist abgeschlagen worden und der französische Marschall setzte seinen Angriff fort. Die Gefahr ist dringend. Es giebt Augenblicke, wo alle Mittel erlaubt sind, und die Rettung eines Kaisers kann ein zweifelhaftes Verfahren entschuldigen. Der östreichische General Meerfeldt begiebt sich als Herold zum Marschall Davoust, und stellt ihm ein Handschreiben des Kaisers Alexander in folgenden Ausdrücken zu: „Ich befuge[1]) den General Meerfeldt, dem französischen Generale bekannt zu machen, daß die Kaiser von Teutschland und Frankreich in diesem Augenblicke sich besprechen, daß in diesen Gegenden Waffenstillstand ist, und es folglich unnütz scheint, mehr brave Leute zu opfern." Der Angriff hört auf. Die Oestreicher und Russen machen ruhig ihren Rückzug über die Gödinger Brücke. In der Zwischenzeit hatte der General Savary, wie oben erzählt, sich zu Kaiser Alexander begeben und auf die Erklärung dieses Fürsten, daß er dem Uebereinkommen zwischen Kaiser Napoleon und Kaiser Franz II. beitrete, überbrachte dieser General dem Marschall Davoust den Befehl, sich dem Rückzuge des Feindes nicht zu widersetzen. Alexander[2]) hatte voraus gesorgt. Das war im Voraus geschehen.

Der Kaiser der Franzosen war seinem Heere Lob und Belohnungen schuldig. Mehrere Befehle vom 7ten, ein Aufruf vom 8ten genügten dieser doppelten Verpflichtung. „Soldaten," sagte er in seinem Aufrufe, „ich bin mit Euch zufrieden... Ihr habt Eure Adler mit unsterblichem Ruhme geschmückt ... der Friede kann nicht fern seyn ... Wenn Alles, was zur Sicherstellung des Glückes und der Wohlfahrt unsers

1) Am 4ten December.

2) Ich hatte diesen Umstand, den General Savary seitdem in seinen Denkschriften erzählt hat, oft so anführen hören. Ein Minister Napoleons hat mir versichert, er habe das Handschreiben des Kaisers Alexander gesehen.

Vaterlandes noth thut, geschehen seyn wird, werde ich Euch nach Frankreich heimführen ... Mein Volk wird Euch mit Freuden wiedersehen, und Ihr werdet nur zu sagen brauchen: ich war bei der Schlacht von Austerlitz, um die Antwort zu hören: das ist ein Tapferer!" Dieser Aufruf, in so kriegerischer Form, und aus dem einige Worte sprüchwörtlich geworden sind, gefiel dem Stolze. Napoleon hatte durch zwei Befehle am Tage vorher zum Herzen gesprochen. Durch den einen [1]) sicherte er den Wittwen der Generale, Officiere und Soldaten, die in der Schlacht von Austerlitz geblieben waren, Jahrgehalte zu. Durch den andern nahm er alle ihre Kinder an Kindesstatt an. Die Knaben sollten im kaiserlichen Schlosse von Rambouillet, die Mädchen im Schlosse von Saint Germain erzogen werden; er behielt sich vor, die Knaben zu versorgen und die Mädchen zu verheirathen. Wenn nie ein Heer sich um das Vaterland verdienter machte, so verstand auch nie ein Staatshaupt, die Belohnungen den Diensten besser anzupassen.

Dieselben Geschichtsschreiber, die Napoleon den Vorwurf machen, die Früchte seines Sieges nicht hinreichend eingesammelt zu haben, haben durch einen merkwürdigen Widerspruchsgeist sich auch über die Eile ausgelassen, mit der der teutsche Kaiser sich dem Gesetze des Siegers unterwarf. Man hört kein Wunder, wenn sie pomphaft die Hülfsmittel aufzählen, die der östreichischen Monarchie noch Erzherzog Johanns und Erzherzog Carls Heere, ein Aufgebot in Ungarn und in den Erblanden, die nahen Verstärkungen, die dem russischen Heere unter General Benningsen bevorstanden, und endlich das unmittelbare Eintreffen der Preußen darboten, die allein ausgereicht hätten, über das französische Heer zu siegen. Hört man sie sprechen, so sollte man glauben, Napoleon habe den Besiegten für ihre Milde zu danken. Alle diese Behauptungen sind in ihrer Grundlage wankend, weil sie etwas, was

1) Den Wittwen der Generale . . . . 6000 Fr.
" " " " Obersten und Majore . . . . . . 2400 "
" " " " Hauptleute . . . . 1200 "
" " " " Lieutenants und Unterlieutenants 800 "
" " " " Soldaten . . . . 200 "

nicht vorhanden war, Einigkeit, Gleichheit des Interesses bei den Verbündeten, voraussetzen. Für Rußland ist der Zweck des Krieges durchaus verfehlt. Sein Zweck war, Frankreich in seine alte Gränzen einzuweisen. Soll es sich vollends für einen Plan zu Grunde richten, der augenscheinlich nichts mehr als ein Hirngespinnst ist? Wollen wir eine ritterliche Aufopferung für seinen Verbündeten annehmen. Es schickt ein Heer ihm zu Hülfe; aber wann trifft das Heer ein? Wird Napoleon inzwischen unthätig bleiben? Preußen ist mit einem furchtbaren Heere unterweges; aber erst gegen den 15ten November ist dieses Heer im Stande, zu wirken, und sollte die Nachricht von der Schlacht von Austerlitz nicht seine Bewegungen langsamer machen? Alle seine Kraft, sein Ruf, der seine Hauptkraft ausmacht, ist noch unberührt. Soll Preußen sie der Gefahr eines Kampfes aussetzen, dessen schlechter Ausgang es in den gemeinen Untergang stürzen, und dessen theuer erkaufter Erfolg doch keine andere Wirkung haben kann, als die dem teutschen Kaiser auferlegten Bedingungen minder lästig zu machen? Franz II. wäre unsinnig gewesen, wenn er sein Heil von einem solchen Wunder der Uneigennützigkeit erwartet hätte.

Die Schlacht von Austerlitz befestigt Frankreichs Uebermacht über das Festland. Oestreichs Heer in Teutschland besteht nicht mehr. Sein italienisches Heer, geschwächt und entmuthigt durch eine Reihe unglücklicher Gefechte, ist außer Stande, etwas zu unternehmen. Die Ueberbleibsel des russischen Heeres kehren durch Napoleons Gnade nach Rußland zurück. Oestreich ist folglich gezwungen, den Frieden durch die Aufopferung eines Theils seiner Besitzungen zu erkaufen. Preußen hat sich bloßgegeben ohne Schwertschlag, und wird die Strafe eines Abfalls büßen, den es nicht einmal Zeit hatte, erfolgreich zu machen. Neapel wird bald seine Untreue wegen der gegen Frankreich eingegangenen Verpflichtungen büßen; kurz, auf dem ganzen Festlande ist der Bund vernichtet; aber, wie es der Kaiser in seinem Aufrufe ausgesprochen: „was macht das England?“ Alle seine Verbündeten leiden, aber die Herrschaft über's Meer bleibt ihm. Durch die Schlacht von Trafalgar ist diese Oberhoheit ihm für lange gesichert.

Berauscht durch diesen Erfolg, tröstet sich die englische Regierung leicht über die Unfälle der verbündeten Mächte, deren Einmischung ihm einen so nützlichen Dienst erzeigt hat. Es hatte ihnen thätige Theilnahme im Norden versprochen. Diese Theilnahme beschränkte sich darauf, Truppen zu zeigen, die nichts thaten. Die erstern erschienen erst am 18ten November. Es war ein Corps von zehn- bis zwölftausend Mann, zusammengesetzt aus einigen englischen Regimentern und der hannöverschen Legion, unter dem Befehle des Generals Don. Die Landung geschah in Stade. Ein zweites englisches Armeecorps, gleichfalls von zehntausend Mann und befehligt vom Grafen Cathcart, landete später an der Mündung der Weser. Dies geschah am 27sten December, folglich beinahe einen Monat, nachdem das Schicksal des Krieges entschieden, und einige Tage sogar, nachdem Oestreich den Frieden unterzeichnet hatte. Das war die Hülfe, die England Verbündeten darbot, die sich für dasselbe aufgeopfert hatten. England hätte in Teutschland nur Teutschland vertheidigt. Es ist anderwärts beschäftigt, für sich selbst zu erwerben. Es opfert das Festland, macht Europa unglücklich, aber es ist Herr des Meeres und erwirbt das Vorgebirge der guten Hoffnung.

Uebrigens muß man zunächst Preußens, eine Zeitlang unentschiedener, Stellung, dann dem gewöhnlichen Nichtzusammenhange der Bündnisse, den unbedeutenden Vortheil zuschreiben, den man von den im nördlichen Teutschland versammelten Truppen zog. Man sollte meinen, daß fünf und zwanzigtausend Russen unter dem Grafen Tolstoy, zwölftausend Schweden und die zehn- bis zwölftausend Engländer unter Don, selbst ohne Graf Cathcart's Corps, etwas Dreisteres hätten unternehmen können, und sich nicht auf die Besetzung eines unvertheidigten Landes und die Berennung Hamelns, des einzigen Punctes, wo die Franzosen eine Besatzung hatten, zu beschränken gebraucht hätten. Die Zeit war noch nicht gekommen, wo die Engländer eine kriegerische Rolle mit einigem Ruhme auf dem Festlande spielen sollten.

FSC
www.fsc.org
MIX
Papier aus ver-
antwortungsvollen
Quellen
Paper from
responsible sources
FSC® C141904

Druck:
Customized Business Services GmbH
im Auftrag der KNV-Gruppe
Ferdinand-Jühlke-Str. 7
99095 Erfurt